Peter Braun (Hg.)

FERRARI

ALLE SERIEN- UND RENNFAHRZEUGE

VON 1947 BIS HEUTE

HEEL

INHALT

Impressum 4

Editorial 5

Enzo Ferrari:
Stammvater des Mythos 6

Teil 1:
Ferrari-Serienmodelle 1947 - 2000 12
Alle jemals in Serie bzw. Kleinserie produzierten Modelle, übersichtlich Jahr für Jahr bebildert und jeweils mit den wichtigsten technischen Daten, Produktionszahlen und Fahrgestellnummern sowie einem kurzen erklärenden Text zur Modellgeschichte versehen

Teil 2:
Ferrari im Rennsport:
Es lebe der Sport 122

1947 - 1952 Prolog
Geburt einer Legende: Vom 125S zum 250S 124

1953 - 1961 Die ersten Jahre der Sportwagen-WM
Die Frontmotor-Ära 132

1953: Erster WM-Titel mit Hindernissen 134
1954: Das kleine Leistungs-Plus 137
1955: Fruchtlose Experimente 140
1956: Wieder auf der Straße der Sieger 143
1957: Triumphe und Tragödien 147
1958: Allen Schicksalsschlägen zum Trotz 150
1959: Die Wachablösung 153
1960: Die Revanche 156
1961: Ferrari Weltmeister aller Klassen 158

1962 - 1964 Die GT-Jahre
Die unschlagbaren GTO 162

1962: Ein fulminanter Auftakt 163
1963: Die Zukunft gehört dem Mittelmotor 166
1964: Jetzt erst recht: Triumph auf der ganzen Linie 169

1965 - 1973 Die Prototypen-Epoche

Ein neues Konzept setzt sich durch 174

1965: Challenge-Sieg, aber GT-Niederlage 176
1966: Ein echtes Krisenjahr 180
1967: Der größte Triumph: 1-2-3 in Daytona 183
1968: WM ohne Ferrari 186
1969: Akuter Fahrermangel 187
1970: Ferrari beißt sich die Zähne aus 188
1971: Zwei Trumpfkarten ohne Stich 192
1972: Der Mythos der Unbesiegbarkeit 195
1973: Nicht immer siegt der Stärkere 198

1974 - 1993: Die Sportwagen-WM im Schatten der Formel 1 202
1993 - 2000: GT-Einsätze der 90er Jahre: Privat-Vergnügen 204
F333 SP: Und ewig lockt Amerika 206

Ferrari Challenge: 212

For Gentlemen only 214

Historic Challenge: 220

Geschichtsbewusstsein auf Italienisch 222

Teil 3:

Ferrari in der Formel 1:

Die unendliche Geschichte 228

Scuderia 2000: Senkrechtstarter 230
Erfolgsbilanz: 125 Ferrari-Siege in der Formel 1 236
Formel-1-Statistik 238

1950 - 1965

Die Zeit der Holzlenkräder und Speichenfelgen 240

Die Epoche der Gentlemen-Driver 242
Eine Gentleman-Entscheidung: Ferraris erster WM-Titel 252
Triumph der Technik: Die Mittelmotor-Epoche 257

1966 - 2000

Die moderne Formel 1 268

Aus Amateuren werden Profis 270
Mit dem 312T zur Weltmeisterschaft 277
Letzter WM-Titel für einen Zwölfzylinder-Sauger 282
Die wilden 80er: Turbo-Power für das springende Pferdchen 284
Fast Weltmeister mit zwölf Zylindern 290
Mit Schumacher zurück auf die Erfolgsstraße 294

Fahrerportraits:

Alberto Ascari 245
Juan Manuel Fangio 249
Mike Hawthorn 255
Wolfgang Graf Berghe von Trips 261
Phil Hill 265
John Surtees 267
Niki Lauda 275
Jody Scheckter 283
Gilles Villeneuve 287
Michael Schumacher 301

Formel-1-Technik:

Entwicklungsgeschichte 302

Die Vorgeschichte 304
Gegen den großen Durst: 4,5-Liter-V12 304
Gute Hausmannskost: Die Vierzylinder 305
Kompakte Kraftwerke: V8 und V6 306
Eine neue Ära: Ferrari setzt auf den Mittelmotor 307
Zurück zur Leistung: Die Dreiliterformel 310
A star is born: Der Zwölfzylinder-Flachmotor 312
Roaring 80's: Die Turbo-Ära 314
Rückkehr zur Vernunft: Die 3,5-Liter-V12 317
Beginn der Neuzeit mit zehn Zylindern 319

Anhang 322

Sportwagen-WM-Ergebnisse 322

Alle Rennen, alle Ferrari-Platzierungen von 1953 - 1993

Formel-1-Statistik: 334

Alle GP-Platzierungen 1950 - 1999

Technische Daten: 342

Serienmodelle 1947 - 2000 344
Rennsportwagen 1947 - 1982 350
Formel 1 1950 - 2000 366

Heel Verlag GmbH
Gut Pottscheidt
53639 Königswinter
Tel.: (0 22 23) 92 30-0
Fax: (0 22 23) 92 30 26

Verantwortlich für den Inhalt:
Peter Braun (Hrsg.)

Autoren:
Peter Braun, Dr. Wolfgang Hörner, Gregor Schulz, Klaus Kleophas, Andreas Dziedzic, Henry T. Kistler, Bertil Majer

Bildmaterial:
Gunther Asshauer, Peter Braun, Dr. Wolfgang Hörner, Henry T. Kistler, Günther Krause, Thomas Kunert („Kuni"), Rainer W. Schlegelmilch, Gregor Schulz, Archiv Ferrari, Archiv Ferrari World, Archiv Gozzi, Ernst-Jürgen Rapp, Jörg-Thomas Födisch, Angelo Bianchetti, Günther Molter

Aktualisiertes Layout und Satz:
Heel Verlag GmbH, Axel Mertens
Druck: Egedsa, Sabadell (Barcelona), Spanien

Printed and bound in Spain

ISBN 3-89365-839-4

EDITORIAL

Liebe Ferraristi,

es gab eine Ferrari-Geschichte vor Michael Schumacher und 360 Modena, und es gab neben den triumphalen Siegesserien auch Perioden des Misserfolgs. Unsere Gesellschaft neigt dazu, die Vergangenheit eindimensional abzubilden, doch gerade diese Vereinfachung ist völlig ungeeignet, um die über 50-jährige Erfolgsstory der Marke mit dem springenden Pferdchen im Emblem in ihrer ganzen Tragweite und Bedeutung zu erfassen. Wer den Mythos Ferrari begreifen will, kommt nicht umhin, sich mit der ganzen Geschichte auseinander zu setzen. Die Idee, die in der zweiten Hälfte der neunziger Jahre erschienenen Ferrari-World-Sonderhefte zu den Themen „Serienmodelle", „Sportwagen" und „Formel 1" zu Beginn des neuen Jahrtausends zu einer umfassenden, aktualisierten und erweiterten Ferrari-Enzyklopädie zusammenzufassen, hat uns von Anfang an fasziniert. Auch wenn keinem von uns die Ehre gebührt, die Geschichte des Hauses Ferrari neu recherchiert zu haben, so haben die konzentrierte Arbeit am Thema und der permanente Informationsaustausch unter den Autoren jedem Einzelnen von uns die Augen für die nicht immer offensichtlichen Zusammenhänge zwischen den drei großen Betätigungsfeldern der Marke geöffnet. Und so ist es uns gelungen, eine weitgehend lückenlose Dokumentation der Modell- und Renngeschichte zusammen zu stellen, die Ihnen als interessierten „Tifosi" die wichtigsten Daten und Fakten auf einen Blick liefert und Sie darüber hinaus noch zum „Schmökern" animiert.

Ich möchte mich als Herausgeber an dieser Stelle bei den Autoren Pia und Andreas Dziedzic, Dr. Wolfgang Hörner, Lilo und Henry T. Kistler, Klaus Kleophas, Bertil Majer und Gregor Schulz für ihre Mitarbeit bedanken. Ohne ihre Expertise in den einzelnen Fachgebieten wäre am Ende nur ein lebloses Kompendium der Ereignisse herausgekommen – so aber hat jede einzelne Geschichte ihr eigenes Leben und wird damit erst ihrem Sujet gerecht.

Maßgeblichen Anteil an der Aussagekraft des vorliegenden Bandes haben auch die brillanten Fotos, die zum großen Teil von den Autoren selbst beigesteuert wurden und die faszinierenden Fahrzeuge in ihrem heutigen, gepflegten Zustand zeigen. Die mitreißenden Rennfotos – speziell aus der Formel 1 – stammen aus dem Archiv der Frankfurter Fotografen-Legende Rainer W. Schlegelmilch, ergänzt mit Ferrari-Archivfotos sowie stimmungsvollen Momentaufnahmen von den Zeitzeugen Günther Molter, Ernst-Jürgen Rapp und Gunther Asshauer. Auch ihnen gebührt daher mein Dank, denn wenn es zum Thema Ferrari auch viel zu sagen gibt, so lebt die Ferrari-Geschichte doch letzten Endes durch die Bilder der atemberaubenden Renn- und Sportwagen, der triumphalen Erfolge und der einzigartigen Menschen, die sie begleiteten.

Peter Braun

Enzo Ferrari

STAMMVATER DES MYTHOS

von Peter Braun

Für die meisten Menschen bietet schon das normale Durchschnittsleben genug Aufregung und Herausforderung; Enzo Ferrari hingegen suchte genau diese Herausforderung, sie war sein Lebenselixier. Begonnen hatte er mit nichts als seinem Verstand und seinem Ehrgeiz, und er schuf sich ein Reich, das über Generationen Bestand haben sollte und auch noch in Zukunft bestehen wird - eine der bemerkenswertesten Leistungen eines einzelnen Unternehmens, das in der Automobilgeschichte ohne Beispiel steht. Er nannte sein Lebenswerk „La Ferrari", als ob es ein eigenes Leben besäße.

Sein Charakter spiegelte sich in seinen Autos wider, und der war ebenfalls bemerkenswert, vielleicht sogar interessanter als alle seine Autos zusammengenommen. Allenthalben als unnahbare Eminenz respektiert, kannte er Gott und die Welt, doch wohl kaum jemand kannte ihn selbst. Einer der wenigen Menschen, die er ein wenig näher an sich heranließ, der Karossier Pinin Farina, beschrieb Ferraris Charakter als „verschlossen wie eine Walnuss." Andere Zeitgenossen, sogar jene, die mit einer gewissen Zuneigung zu ihm sprachen (und es gab viele, die das nicht taten), benutzten Wörter wie schwierig, störrisch, unnachgiebig, schroff, abweisend, ausbeuterisch, stur, feindselig oder grausam. Für manche war er ein „stolzer Egomane", für andere ein „Feudalherrscher". Er hatte ein aufbrausendes Temperament, vor dem gestandene Männer verstummten, und er konnte einem Feind jahrzehntelang grollen. In seiner Nähe erstarrte alles in ehrfürchtigem Schweigen, und nicht umsonst nannte man ihn den „Papst des Nordens".

Enzo Ferrari wurde zwei Jahre vor der Jahrhundertwende geboren, im Februar, einem bitterkalten Monat in Norditalien, genauer gesagt am 18. Februar. Er war der zweite Sohn von Alfredo Ferrari, einem Schmied und Werkzeugmechaniker mit eigenem metallverarbeitenden Betrieb am Südrand von Modena. Enzo wurde jeden Morgen vom metallischen Klang der Werkzeuge geweckt, was zweifellos einen prägenden Einfluss auf den Jungen hatte, der nur ein Ziel vor Augen hatte: Er wollte Rennfahrer werden.

Nach kurzer, freudloser Schulkarriere wurde er jedoch zum Militär einberufen, denn Italien befand sich im Ersten Weltkrieg. Er verlor Vater und Bruder durch Krankheiten, und als er nach seiner Entlassung aus der Armee bei Fiat um eine Anstellung nachfragte, wies man ihm die Tür. Es war Winter, und seine Kleidung war abgetragen. Enzo Ferrari vergaß nie, wie er sich auf einer schneebedeckten Bank im Parco Valentino niederließ. „Ich war allein, mein Vater und mein Bruder waren tot. Einsamkeit und Verzweiflung überfielen mich, und ich weinte."

Enzo Ferrari hatte Glück und fand dennoch eine Arbeit, und zwar gar keine so schlechte. Er wurde von einem Turiner Unternehmer als Test- und Überführungsfahrer eingestellt. Man schrieb das Jahr 1919, und in Automobilherstellerkreisen war man davon überzeugt, dass die beste Art der Werbung für ein Automobil der Rennsport sei. Den Beruf des Rennfahrers kannte man in jenen

Nachkriegstagen allerdings noch nicht, und das neueste Produkt des Patrons auf der Rennstrecke vorzuführen, gehörte selbstverständlich zu den Pflichten des Testfahrers. So kam es, daß Enzo Ferraris Traum von der Rennfahrerkarriere im Alter von 21 Jahren unversehens in Erfüllung gehen sollte!

Der Rennfahrer Enzo Ferrari war mit Sicherheit kein großer Star, doch er feierte eine Reihe bescheidener Erfolge bei lokalen Rennveranstaltungen und er konnte sich darüber freuen, sogar den großen Tazio Nuvolari verschiedene Male geschlagen zu haben, der später einmal eine zentrale Figur in Ferraris Rennstall werden und als einer der größten Rennfahrer in die Geschichte eingehen sollte. „Ich glaube, ich habe mich als Rennfahrer gar nicht mal so dumm angestellt", resümierte er später. Aber er wusste, dass er nicht das Zeug zu einem der ganz Großen hatte. „Ich wurde von Zweifeln geplagt", sagte er, „...weil ich wusste, dass ich einen großen Fehler hatte: Ich hatte immer zu viel Ehrfurcht vor der Mechanik, wogegen man, um erfolgreich zu sein, den Wagen auch manchmal schinden können muss. Ein rücksichtsloser Fahrstil widerstrebte mir im Innersten. Wenn ich fahre, dann nicht nur, um irgendwo hinzukommen, sondern weil ich Freude empfinde, wenn ich merke, wie der Wagen reagiert."

Wie viele Rennfahrer hatte auch Ferrari ein gewisses Organisations- und Verhandlungsgeschick entwickelt, und der Mailänder Autohersteller Alfa Romeo war gerne bereit, ihm eine Chance zu geben. Bald hatte Ferrari seine Hände in fast allen Unternehmungen seines Arbeitgebers. „Während meiner Jahre bei Alfa Romeo hatte ich ein sehr breites Aufgabenfeld", schrieb er. „Ich hatte mir vorgenommen, Menschen und Dinge einschätzen zu lernen. Ich war Fahrer, Organisator, Rennleiter und Mädchen für alles, ohne festgelegtes Einsatzgebiet. Gleichzeitig war ich für den Verkauf von Alfa-Romeo-Fahrzeugen in der Emilia Romagna verantwortlich. Ich habe nie behauptet, dass ich ein Konstrukteur oder ein Erfinder sei. Ich bringe Sachen in Gang und sorge dafür, dass sie auch in Gang bleiben."

Gegen Ende des Jahres 1929 gründete er in Modena seinen ersten eigenen Rennstall, die Scuderia Ferrari, ein privates Betreuungsunternehmen für die Alfa-Rennwagen betuchter „Gentlemen-Driver". Wie nicht anders zu erwarten, machte Enzo aber bald mehr aus dem Laden. Die Scuderia heuerte professionelle Rennfahrer an, darunter den fabelhaften Nuvolari, den stillen Achille Varzi und den zukünftigen Weltmeister Giuseppe Farina. Der Rennstall lief so gut, dass die von Ferrari eingesetzten Alfa, die in der Hauptsache gegen Maserati und Bugatti antraten, 1932 und 1933 die Grand-Prix-Szene nach Belieben beherrschten. Die zweite Saison war der Auftakt einer fünf Jahre dauernden Periode, in der der in finanzielle Nöte geratene Hersteller (dessen Leitung bald unter staatliche Fittiche genommen wurde) Ferraris Rennstall offiziell als Werksteam agieren ließ. Die Scuderia blieb jedoch von Alfa Romeo unabhängig, und das schwarze Pferd auf gelbem Grund löste das Alfa-Emblem des grün-weißen Kleeblatts an den Werkswagen ab.

Um das Jahr 1938 herum galt der vierzigjährige Ferrari bereits zu Recht als der „Große alte Mann" des italienischen Rennsports, und zählte damit zu den bedeutendsten Figuren im europäischen Motorsport. Sogar bei seiner Regierung war man auf den außergewöhnlichen Mann aufmerksam geworden. Er erhielt den Ehrentitel „Commendatore", was jedoch nichts mit dem gleichlautenden militärischen Rang zu tun hatte, wie manche Zeitgenossen gerne glauben, sondern einer formellen Belobigung gleichkam.

Enzo Ferrari, der Geschäftsmann: Hier mit Rainold Firestone im Ferrari-Werk anlässlich der Präsentation des „Cavallino"-Reifens.

Enzo Ferrari, der Gönner: Hier mit „Juventus"-Präsident Giampiero Boniperti. Ferrari hegte grosse Bewunderung für den Turiner Fußballclub.

Enzo Ferrari, der Mann, der die Frauen verehrte: Das seltene Foto zeigt den Commendatore mit der Schauspielerin Ingrid Bergman, der Ehefrau des Regisseurs Roberto Rosselini.

Alfa stieg 1938 wieder selbst in den Rennsport ein und holte Ferrari als Rennleiter nach Mailand. Aber für einen Mann, der neun Jahre

Enzo Ferrari, der Opernfreund: Hier mit Mirella Freni, dem einstigen Star der Mailänder Scala.

Enzo Ferrari, „il Commendatore". Paul Newman erhält ein Autogramm.

lang sein eigener Herr gewesen war, wurde es bei Alfa rasch zu eng, zumal er auch persönliche Differenzen hatte. So war wohl niemand sonderlich überrascht, als Enzo im November 1938 Alfa schon wieder verließ.

Abermals zogen dunkle Kriegswolken am Horizont auf, und für Enzo Ferrari gab es bessere Orte, um den Krieg zu überstehen: Er ging zurück nach Modena und arbeitete für sich selbst. Teil seiner Abmachung mit Alfa war, die Scuderia mindestens vier Jahre nicht wiederzubeleben und auch nicht an Rennveranstaltungen teilzunehmen. Am 1. September 1939 gründete er jedoch die Firma Auto-Avio Costruzioni (AAC) - die Katze konnte das Mausen nicht lassen. Schon bald montierte er in seiner Werkstatt einen Sportwagen mit zwei gekoppelten Fiat-Vierzylindern, den er nicht Ferrari, sondern schlicht „Tipo 815" nannte, für 8 Zylinder und 1500 ccm Hubraum. Alle Überlegungen, den Wagen vielleicht in Serie zu bauen, wurden jedoch bald hinfällig, denn am 10. Juni 1940 führten die italienischen Faschisten ihre Nation an der Seite der Nazis in den Zweiten Weltkrieg.

Italiens Eintritt in den Krieg stürzte die Nation in eine Katastrophe, und Enzo war natürlich alles andere als begeistert von dieser Entwicklung. Doch als ob er es geahnt hätte, zog er sich rechtzeitig in seine kleine Fabrik in Modena zurück, stellte die Rennsportambitionen einstweilen zurück und produzierte Kugellager-Fertigungsmaschinen in deutscher Lizenz. Ferraris kleine Fabrik gedieh trotz des Krieges prächtig und beschäftigte bald über 100 Arbeiter.

Außerdem musste er umziehen, denn als sich 1943 das Blatt für die Achse Berlin-Rom zu wenden schien, zwang man ihn, seine Fabrik aus dem Einzugsbereich des Luftangriffsziels Modena zu verlegen. Wohl weil seine Frau dort bereits etwas Land besaß, wählte er einen Platz knapp 16 Kilometer südlich von Modena, direkt vor dem Dörfchen Maranello an der Nationalstraße 12 gelegen.

Als der Krieg zu Ende ging, stand Ferrari erneut mit leeren Händen da. Doch er hatte darauf geachtet, seine Werkstatt mit exzellenten Leuten auszustatten. Einige hatte er seinerzeit von der Scuderia Ferrari, bzw. von Alfa Romeo mitgebracht, andere hatte er in sechs Jahren in der für ihre talentierten Handwerker bekannten Region aufgespürt.

Ferrari beschrieb seine Landsleute so: „In Modena haben die Männer eine krankhafte Liebe zu Rennwagen... Der Arbeiter in dieser Gegend, ob Kopf- oder Handarbeiter, ist äußerst intelligent und sehr aktiv. Die Menschen in der Gegend haben von Natur aus einen rebellischen Charakter - sie sind nicht gerade sehr zugänglich. Kurz, die Kombination von Blut und Charakter bringt hier hartnäckige, talentierte und wagemutige Männer hervor - genau die Qualitäten, die man braucht, wenn man Rennwagen bauen will."

Jahrzehnte später erinnerte sich Ferrari, dass der erste Wagen, der seinen Namen trug, „als völlig konventionelles Fahrzeug konzipiert und nicht das Ergebnis eines Experiments war. Alles, was wir wollten, war ein Triebwerk nach dem Stand der Technik zu bauen, wenn auch ein besonderes."

Nun mag der Wagen ja noch als konventionelles Konzept durchgehen, aber was sich Enzo unter einem „Triebwerk nach dem Stand der Technik" vorstellte, hätte einem normalen Konstrukteur schlicht die Sprache verschlagen!

Was in der kleinen Werkstatthalle der Ufficina Ferrari 1946 seine ersten Töne spuckte, war in jeder Hinsicht ein besonderes

Enzo Ferrari, der Staatsmann: Hier mit dem italienischen Ministerpräsidenten Giovanni Gronchi.

Bücher & Boutique

Peter Higham/Bruce Jones
Rennstrecken der Welt
192 Seiten, ca. 300 farbige Abbildungen,
Format 300 x 310 mm,
Hardcover mit Schutzumschlag
ca. DM 68,– / SFR 62,–
ISBN 3-89365-890-4

Maurizio Tabucchi
Alfa Romeo – die komplette Typenhistorie Alle Bilder, Daten und Fakten
ca. 180 Seiten, ca. 320 Abbildungen, Format 195 x 255 mm, Hardcover
DM 58,00 / SFR 52,50
ISBN 3-89365-837-8

Mischa Berghoff
Autopflege – Tipps und Tricks von Profis
ca. 200 Seiten, ca. 200 größtenteils farbige Abbildungen,
Format 210 x 297 mm,
Hardcover
ca. DM 29,80 / SFR 29,80
ISBN 3-89365-836-X

Jörg-Thomas Födisch/
Robert Ostrovsky
SONDERAUSGABE
Der Nürburgring – die legendäre Rennstrecke von 1927 bis heute
ca. 176 Seiten, ca. 350 größtenteils farbige Abbildungen,
Format 310 x 250 mm,
Hardcover kaschiert
DM 39,90 / SFR 37,00
Originalausgabe DM 78,00
ISBN 3-89365-841-6

KALENDER 2001

Dieter Rebmann
Ferrari 2001
12 Seiten + Titelblatt + Zusatzblatt mit Kurztexten, Querformat
595 x 480 mm,
Spiralbindung
ISBN 3-89365-824-6
DM 49,80

Der Sekt für Ferraristi

„Handverlesen" wäre im Falle der Kellerei Ferrari der angemessene Begriff, denn solches sind auch die Chardonnay-Trauben, die von besonderen Weingütern bezogen werden.

Ⓐ **Ferrari Brut**
Rassiger Spumante, in der Flasche gereift,
0,75l-Flasche, VSB-NR.: 659-081, **DM/SFR 49,-**
1,5l Magnum, Bestellnr.: VSB-NR.: 659-082, **DM/SFR 89,-**

Ⓑ **Giulio Ferrari Riserva**
Der Spitzen-Spumante, aus Chardonnay-Trauben, sieben Jahre lang gelagert.
0,75l-Flasche, Bestellnr.: VSB-NR.: 659-098, **DM/SFR 98,-**

Ⓒ **Ferrari Perlé**
Ein besonderer, edler Jahrgangs-Spumante mit herausragendem, feinartigem Bukett.
0,75l-Flasche, VSB-NR.: 659-097, **DM/SFR 59,-**

Ⓓ **Ferrari Rosé**
Ein Spumante Rosé mit lebendiger, markanter Fülle, dessen feinbeeriges Fruchtbukett seine animierende Frische unterstreicht. 0,75l-Flasche, Bestellnr.: VSB-NR.: 659-096, **DM/SFR 52,-**

Bestell-Hotline: 05 31 / 79 90 79, HEEL Bestell-Fax: 05 31 / 79 59 39

Enzo Ferrari, der Gastgeber. Hier empfängt der Commendatore die frischgebackenen Ferrari-Werksfahrer Gilles Villeneuve und Didier Pironi.

Enzo Ferrari, der Mann, der Jugendträume wahrmacht. Hier übernimmt Prinz Bernhard der Niederlande seinen neuen 330 GT 2+2.

Enzo Ferrari und sein Ebenbild: Der Schauspieler Adolfo Celi verkörperte den „Alten" im Frankenheimer-Film „Grand Prix".

Triebwerk, speziell für eine kleine Firma im Klima der verzweifelten Armut, die nach dem Krieg in Italien herrschte. In solchen Zeiten hatte sich noch jeder Automobilbauer, auch einige größere Hersteller in der anderen Wiege des Sportwagenbaus, England, bereits schwer genug getan, ein neues Fahrzeug um einen alten Motor herum zu konstruieren.

Für Ferrari war der wichtigste und interessanteste Teil eines Automobils stets der Motor. Er hatte dies bereits mit dem Vorkriegs-815 demonstriert, für den er nicht einfach ein bestehendes Triebwerk abgeändert, sondern praktisch ein neues konstruiert hatte. Für das neue Modell wollte er sogar noch einen Schritt weiter gehen. Als Kraftquelle sollte nicht irgendein ordinäres, simples Triebwerk herhalten, und ein aufgemotzter Fiat-Motor schon gar nicht! Nein, der erste Ferrari sollte einen ganz neuen Aluminium-V-Motor mit obenliegenden Nockenwellen und zwölf Zylindern haben.

Enzo Ferrari nannte Motor und Fahrzeug schlicht „Tipo 125", was für den Hubraum eines einzelnen Zylinders in Kubikzentimetern stand. Diese ziemlich verwirrende Arithmetik sollte die Ferrari-Enthusiasten noch lange Zeit beschäftigen, denn man musste immer erst nachrechnen, wieviel Hubraum der Motor wirklich besaß. Projekte mit 8, 6, 4 oder sogar nur 2 Zylindern lagen indes noch in weiter Ferne, und so blieb anfänglich wenigstens der Multiplikator 12 stets derselbe. Der heiser rasselnde, erregende Klang von zwölf Zylindern trug sicher maßgeblich dazu bei, Ferrari auf Anhieb einen Platz in der Historie zu sichern. Den ersten Ferrari mit einem Zwölfzylinder auszurüsten war schon aus Imagegründen ein genialer Schachzug.

Der erste Ferrari 125 Competizione war ein von Gioachino Colombo spartanisch ausgestatteter und sehr zweckmäßig gestylter, offener Zweisitzer. Die auf den August 1945 zurück gehende Konstruktion wurde von Aurelio Lampredi und verschiedenen anderen Ingenieuren fertig entwickelt und in Bau gegeben. Das erste Exemplar stand am 11. Mai 1947 in Piacenza an der Startlinie zu seinem ersten Rennen und feierte nur zwei Wochen später unter Franco Cortese in Rom seinen ersten Sieg. Er sollte im Juni in fünf Rennen noch drei weitere Siege einheimsen, und im Juli stieß Tazio Nuvolari zur Scuderia Ferrari, der dann für weitere Schlagzeilen sorgte.

So begann das wohl bemerkenswerteste und dauerhafteste Engagement im Automobilrennsport, das die Welt je erleben sollte. In den folgenden fünf Jahrzehnten galoppierte das kleine schwarze Pferdchen durch alle Klassen des internationalen Motorsports und sammelte eine bis heute unerreichte Serie von Rennsiegen und Meisterschaften.

Die Serienfahrzeug-Produktion hatte für Enzo Ferrari zumindest in den Anfangsjahren keine besondere Bedeutung - außer, dass der Verkauf von straßenzulassungsfähigen Sportwagen den Bau von Rennwagen subventionieren sollte. Nachdem seine Sportwagen aufgrund der Rennerfolge der Monoposti überraschender Weise auf große Resonanz seitens des kaufkräftigen Publikums stießen, überdachte der „Commendatore" seine Position. Nach dem Wegfall der großen „Individualmarken" der zwanziger und dreißiger Jahre (u.a. Bugatti, Isotta-Fraschini, Hispano Suiza u.ä.) war er buchstäblich der einzige Anbieter, der den Reichsten der Reichen „maßgeschneiderte" Karosserien von einem Couturier ihrer Wahl anbieten konnte. Dass die ausgefallenen Einzelstücke ihrem Wesen nach nicht besonders komfortabel waren, wurde durch ihr sportliches Pedigree mehr als wettgemacht - und letzten Endes gab es auch unter den begüterten Zeitgenossen genügend sportlich ambitionierte Fahrer, die die direkte Abstammung der Ferrari-Sportwagen und Gran-Turismo-Berlinetten aus dem Rennsport zu schätzen wussten.

Ferrari Formula 1
Meisterfotos von Rainer Schlegelmilch und den Texten von Hartmut Lehbrink.
360 Seiten, ca. 800 Abb., Leineneinband, Schutzumschlag, Format 270 x 316 mm, deutsch, engl. und franz.
DM 49,90 / SFR 46,-
VSB-Titelnr.: 659-513

Roger Hicks
Das Ferrari Buch
240 Seiten, rund 450 oft großformatige Farbabb., Format 305x365 mm, gebunden mit farbigem Schutzumschlag
DM 98,- / SFR 89,-
ISBN: 3-89365-364-3

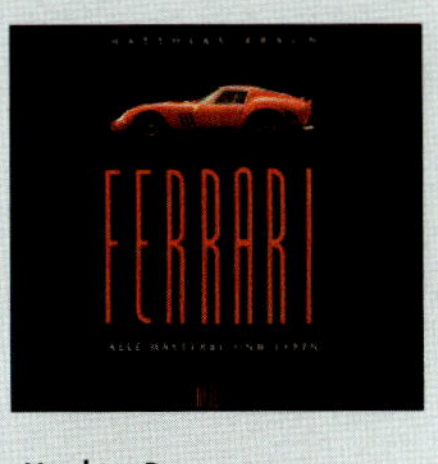

Matthias Braun
Ferrari-Modelle, Alle Maßstäbe & Typen
180 Seiten, ca. 350 Farbfotos, Format 290 x 265 mm, gebunden mit farbigem Schutzumschlag,
DM 98,- / SFR 89,-
ISBN 3-89365-461-5

Dennis Adler
Ferrari
128 Seiten, 120 teils farbige Abbildungen, Softback
DM/SFR 24,80
ISBN 3-89365-708-8

SONDERAUSGABE

Armbanduhren - Die Klassiker
256 Seiten, über 350 Farbfotos, 237 x 305 mm, gebunden
ISBN 3-89365-571-9
Sonderpreis
DM/SFR 24,80
(statt DM 98,-)

Peter Braun / Luis Fernandes (Hrsg.)
Armbanduhren-Katalog 1999
ca. 408 Seiten, rund 1500 Farbfotos, 210 x 297 mm, Softback
ISBN 3-89365-571-9
DM/SFR 35,-

Kollektion Ferrari World
Jetzt können Sie Ihre Ferrari World-Sammlung komplettieren. Heft 1 - 10 im handgefertigten, leinenbezogenen Schmuckschuber zum Sonderpreis - Sie sparen gegenüber den Einzelpreisen DM 59,80!
Sonderpreis:
DM 98,- / SFR 89,-
Bestellnr. 065507

Kollektion „Ferrari World" II
Heft 11 - 20 im handgefertigten, leinenbezogenen Schmuckschuber (Einzelpreis: DM 12,80 je Heft + DM 29,80 für Schuber)
Komplettpreis:
DM 98.- / SFR 89.-
ISBN 3-89365-591-3

Kollektion „Ferrari World" III
Heft 21 - 30 im handgefertigten, leinenbezogenen Schmuckschuber (Einzelpreis: DM 12,80 je Heft + DM 29,80 für Schuber)
Komplettpreis:
DM 98.- / SFR 89.-
Bestellnr.: 659-170

Peter Braun (Hrsg.)
Ferrari World Spezial:
Alle Ferrari 1947 bis 1997
128 Seiten, ca. 300 überwiegend farbige Abbildungen, Format 210 x 297 mm, Softback
DM/SFR 19,80
ISBN 3-89365-571-9

Kistler, Dziedzic, Hörner
Ferrari World Spezial:
Ferrari Rennsportwagen und Prototypen
128 Seiten, ca. 250 überwiegend farbige Fotos, 210 x 297 mm, Softback
DM / SFR 19,80
ISBN 3-89365-659-6

Von Peter Braun, Rainer W. Schlegelmilch (Fotos)
Ferrari World Spezial:
Ferrari in der Formel 1
(1950 - 1996)
128 Seiten, ca. 100 teils farbige Abbildungen, Format 210 x 297 mm, Softcover, A2-Poster
DM/SFR 19,80
ISBN 3-89365-519-0

Günther Zink
Oldtimer Katalog Nr. 13
Europas größter Führer für klassische Automobile der Welt
ca. 316 Seiten, ca. 800 teils farbige Abbildungen, Format: 210 x 297 mm, Softcover
DM / SFR 29,80 /
ISBN 3-89365-730-4
Erscheint: ca. 3/99

Robert de la Rive Box / Richard Crump
Maserati
Sport-, Renn- und Gran-Tursimo-Wagen seit 1926
ca. 344 Seiten, über 600 teils farbige Abbildungen, Format: 215 x 275 mm, Hardcover kaschiert
DM 89,- / SFR 79,-
ISBN 3-908008-79-8
VSB-Titelnr.: 025-079

Sparrow/Kessel
Alfa Spider
128 Seiten und rund 120 Farbfotos, Format 206 x 229 mm, Softbackausführung,
DM/SFR 24,80
ISBN 3-89365-534-4

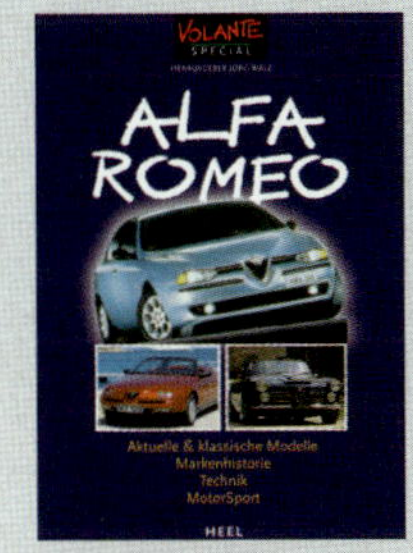

Jörg Walz (Hrsg.)
Volante Spezial: Alfa Romeo
128 Seiten, ca. 250 überwiegend farbige Fotos, 210 x 297 mm, Softback
DM / SFR 19,80
ISBN 3-89365-661-8

Eberhard Kittler
Das Große Fiat-Spider-Buch
184 Seiten, ca. 250 teils farbige Abb., Format 255 x 340 mm, gebunden mit farbigem Schutzumschlag
DM 78,- / SFR 71,-
ISBN 3-89365-501-8

Lucas Cellini
Das Große Alfa-Spider-Buch
erweiterte Neuauflage (Sonderausgabe im Softcover)
ca. 208 Seiten, ca. 280 teils farbige Fotos, 255 x 344 mm,
DM 35,- / SFR 32,50
(Preis der Originalausgabe DM 78,-)
ISBN 3-89365-687-1
Erscheint: ca. 3/99

DIE SERIENMODELLE 1947 - 2000

zusammengestellt von

Lilo & Henry T. Kistler,
Pia & Andreas Dziedzic,
Wolfgang Hörner, Peter Braun

77
YPY 333
60
ZH 31206
AE 999 EA

1947

125/159S

V12 - 1497 (1903) ccm - 72-90 (120) PS bei 6000/min (7000/min)

Ferrari begann seine Karriere als Fahrzeugkonstrukteur von einem hohen Plateau: Seine erste Kreation unter eigenem Namen trug einen nur 1,5 Liter großen, hoch drehenden Zwölfzylinder unter der Haube. Die beiden ersten fertig gestellten Fahrzeuge (01C und 02C) nahmen am 11. Mai 1947 an ihrem ersten Rennen in Piacenza teil, wahrscheinlich Fahrgestellnummer 01C mit der hier dargestellten Karosserie, Nummer 02C mit einer bei Ferrari entstandenen, recht handwerklich wirkenden „Spider Corsa"-Karosserie mit freistehenden Rädern. Franco Cortese, der zwei Wochen später den „Gran Premio di Caracalla" in Rom und damit das erste Rennen für die junge Marke Ferrari gewann, müsste demnach mit 01C unterwegs gewesen sein. Noch im selben Jahr wurde zumindest 02C mit einem auf knapp zwei Liter aufgebohrten Triebwerk zum Tipo 159S aufgerüstet.

Produziert 1947, 4 Exemplare (01C, 02C, 002C, 004C)
(Bild: 01C)

159S SPIDER CORSA

V12 - 1903 ccm - 120 PS bei 7000/min

Im September 1947 setzte Ferrari zusätzlich zum Spider 01C und Spider Corsa 02C (beide mit 1,5-Liter-Motoren) die Fahrgestellnummer 002C mit Zweiliter-V12 ein. Die zweite Karosserie dieses Typs wirkte nun schon deutlich eleganter. (Bild: Raymond Sommer auf 002C)

166 SPIDER CORSA

V12 - 1995 ccm - 120 PS bei 6800/min

Kurz vor Jahresende liefen die ersten Zwölfzylinder-Motoren vom Typ 166, die sukzessive in alle vier existierenden Chassis eingebaut wurden, bevor die Autos (bis auf den Spider 02C) in Kundenhand übergingen. Prinz Igor Troubetzkoy kaufte 01C, mittlerweile anscheinend in 010I umbenannt, Gabriele Besana 002C und Soave Besana, Gabrieles älterer Bruder, erwarb 004C. (Bild: 010I/01C)

166 SPORT ALLEMANO SPIDER

V12 - 1995 ccm - 90 PS bei 5600/min

Mit einer größeren Bohrung von 60 mm wurde ein Hubraum von nun zwei Litern erreicht. Eingekleidet wurde dieser Spider von der Carrozzeria Allemano in Turin. Die Karosserie unterschied sich nicht wesentlich von der des 125 Sport. Lediglich die Kühlerverkleidung aus Aluminium war etwas verändert worden, die Heckpartie leicht heruntergezogen. Erstmals wurde ein Weber-Doppelvergaser verwendet. Der Wagen wurde 1948 vom „Gruppo Inter"-Rennstall von Prinz Igor Troubetzkoy und Graf Bruno Sterzi eingesetzt, der auch die beiden Spider Corsa 01C/010I und 006I für die Gebrüder Besana betreute.
Produziert 1948, 1 Exemplar
Fgst.-Nr. 001S

166 SPORT ALLEMANO COUPÉ

V12 - 1995 ccm - 90 PS bei 5600/min

Im Jahr 1948 tauchte bei der Mille Miglia auch ein 166 Coupé auf, wiederum eingekleidet von der Carrozzeria Allemano in Turin. Es wird angenommen, dass es sich bei den beiden Allemano-Exemplaren mit den Fahrgestellnummern. 001/S und 003/S um die beiden einzigen Fahrzeuge dieses Typs handelt. Sie werden allgemein als die ersten Gran-Turismo-Sportwagen von Ferrari angesehen.
Produziert 1948, 1 Exemplar
Fgst.-Nr. 003S

166 SPORT TOURING COUPÉ

V12 - 1995 ccm - 90 PS bei 5600/min

Das 166 Sport Touring Coupé wurde im September 1948 am Salon von Turin vorgestellt. Er hatte bereits große Ähnlichkeit mit dem Nachfolgemodell, dem 166 Inter und wird deshalb auch oft mit diesem verwechselt. Der Radstand von 2620 mm war jedoch beibehalten worden. Eingekleidet wurde dieses Fahrzeug von Touring.
Produziert 1948, 1 Exemplar
Fgst.-Nr. 005S

166 INTER SPIDER CORSA

V12 - 1995 ccm - 120 PS bei 7000/min

Im Gegensatz zu den „Sport"-Modellen mit langem Radstand (2620 mm) firmierten die schon 1947 in Grundzügen entwickelten 166 Spider Corsa im Jahr 2 von Ferrari unter der Bezeichnung „Inter". Die unlängst zutage geförderten Belege über die Abfolge der frühen Fahrgestellnummern lässt vermuten, dass in diesem Jahr nur zwei solche Fahrzeuge entstanden: 006I und 008I. 004C war, wie die Nomenklatur verrät, schon 1947 fertiggestellt worden, und bei der Fahrgestellnummer 010I handelt es sich dem Vernehmen nach um das umgestempelte Chassis 01C, ebenfalls von 1947. Es steht zu vermuten, dass der einstige Spider 002C (mit Vollkarosserie) in diesem Jahr zum Spider Corsa mit freistehenden Rädern umgebaut wurde (Bild: 002C)

Produziert 1948 - 1950, 24 Exemplare
Fgst.-Nr. zwischen 0002M und 0064M
(Bild: 006M) bei Änderung: 0002M

166 MM TOURING BARCHETTA

V12 - 1995 ccm - 120/140 PS bei 6600/min

Auf dem Turiner Salon von 1948 debütierte eine neue Karosserieform, die als einer der großen Ferrari-Klassiker in die Geschichte eingehen sollte: Die „Barchetta" („kleines Boot") von Felice Bianchi Anderloni, dem Chefstylisten der Carrozzeria Touring, wurde zum Sinnbild italienischer Sportwagenbaukunst. Die Karosserie wurde durch einen aus leichten Rohren bestehenden Hilfsrahmen verstärkt, wobei die Endkanten der Blech um die filigranen Rohre herum gebördelt waren (bekannt als „Superleggera"-Bauweise, ein Patent der Firma Touring). Beim Motor handelte es sich um einen Zweiliter-V12, aus dem Ingenieur Gioachino Colombo mittels dreier Weber-DCF-Vergaser mit 32 mm Querschnitt bis zu 140 PS zauberte.

166 INTER TOURING COUPÉ

V12 - 1995 ccm - 110 PS bei 6000/min

Beim 166 Inter Touring Coupé handelt es sich um das erste in einer Kleinserie gebaute Straßenfahrzeug von Ferrari. Ein zweisitziges Coupé mit einem Notsitz, erstmals ausgestellt 1949 auf dem Automobilsalon in Genf. Der 166 Inter ist ein echter Meilenstein in der Entwicklung der Ferrari-Fahrzeuge, denn er markierte die Abkehr vom reinen Rennwagenbau. Seinen Siegesfahrten, der eleganten Form und den ausgeklügelten mechanischen Details ist es zu verdanken, dass die Fabrik aus Maranello schon bald auf der ganzen Welt berühmt war.

Produziert 1949 - 1950, 18 Exemplare
Fgst.-Nr. zwischen 007S und 0079S (Bild: 017S)

166 INTER FARINA COUPÉ

V12 - 1995 ccm - 110 PS bei 6000/min

Der erste von den Stabilimenti Farina (nicht Pinin Farina) karossierte Ferrari war der 166 Inter. Er entstand im März 1949 und unterschied sich durch eine etwas sportlichere Form von den Fahrzeugen der Carrozzeria Touring. Er erinnerte jedoch stark an den Cisitalia 202. Bemerkenswert ist der Lufteinlass oberhalb des Kühlers. Es wurden insgesamt fünf Fahrzeuge mit kleinen Varianten gebaut. Die Räder „Cabo Sport" von Carlo Borrani waren ein typisches Merkmal der Ferrari-Tourenwagen.

Produziert 1949 - 1950, 5 Exemplare
Fgst.-Nr. 009S, 021S, 031S, 037S und 041S (Bild: 009S)

Produziert 1949 - 1950, 3 Exemplare
Fgst.-Nr. 011S, 033S und 063S (Bild: 011S)

166 INTER FARINA CABRIOLET

V12 - 1995 ccm - 110 PS bei 6000/min

Das ebenfalls von der Stabilimenti Farina karossierte Cabriolet wurde 1949 in Genf vorgestellt. Es unterschied sich nur durch kleine Details vom Coupé, außer dass natürlich das Dach fehlte. Wegen des Verdecks hatte man eine flachere Kofferraumform gewählt, ausserdem fehlte der Lufteinlass über dem Kühler. Auch hier wurden die bekannten „Cabo Sport"-Räder von Borrani montiert. Nie sahen jedoch zwei Fahrzeuge völlig gleich aus. Verkauft wurde das erste Ferrari-Cabriolet (Fgst-Nr. 011S) an den Filmregisseur Roberto Rossellini, dessen Name auch in späteren Jahren immer wieder in den Kundenlisten auftauchen sollte. Genauere Betrachtungen zeigen, dass dieses Modell wohl beim Simca Sport Pate gestanden hat.

166 MM TOURING BARCHETTA

V12 - 1995 ccm - 140 PS bei 6600/min

Am 14. September 1948 begann auf dem Turiner Automobilsalon die eindrucksvolle Karriere des ersten straßentauglichen Ferrari, dem von Touring karossierten 166 MM (0002 M). Das Kürzel „MM" stand dabei für „Mille Miglia", jenen Langstreckenklassiker, den Clemente Biondetti im Mai dieses Jahres an Bord eines 166 Coupés gewonnen hatte. Mit nur 650 kg Leergewicht erreichte die Rennversion 220 km/h, was Luigi Chinetti und Lord Selsdon zum größten Triumph ihrer Laufbahn verhalf: Am 26. Juni 1949 gewannen sie mit ihrer Barchetta (0008 M) die erste Nachkriegsauflage der 24 Stunden von Le Mans mit einer Durchschnittsgeschwindigkeit von respektablen 132,42 km/h.

Produziert 1948 - 1950, 24 Exemplare
Fgst.-Nr. zwischen 0002M und 0064M (Bild: 0008M)

166 MM TOURING BERLINETTA „LE MANS"

V12 - 1995 ccm - 140 PS bei 6600/min

Ursprünglich handelt es sich bei dieser von Franco Cornacchia georderten Berlinetta um das Chassis des 125 Spider (002C), der am 11. Mai 1947 in Piacenza debütiert hatte. Im September 1949 kaufte Cornacchia das nackte Fahrgestell, das, nachdem es eine neue Chassisnummer (020I) erhalten hatte, bei Touring karossiert wurde. Im Mai 1950 meldete er den Wagen für seine Scuderia Guastalla bei der Mille Miglia an. Während Gianni Marzotto und Mario Crosara auf dem 195 Touring zum Sieg flogen, schieden seine Piloten Giovanni Rota und Luigi Toscano kurz vor Halbzeit in Rom aus.

Produziert 1949 - 1950, 5 Exemplare
Fgst.-Nr. 020I, 026M, 0042M, 0048M, 0066M (Bild: 020I)

166 INTER SPIDER CORSA

V12 - 1995 ccm - 150 PS bei 7000/min

1949 entstanden die letzten Inter Spider Corsa, mutmaßlich die Fahrgestellnummern 012I, 014I, 016I und 018I, die sich von den Vorjahresmodellen hauptsächlich durch andere Frontpartien und stärkere Motoren unterschieden. (Bild: 016I)

1950 Serienmodelle

166 INTER TOURING COUPÉ

V12 - 1995 ccm - 110 PS bei 6000/min

Die meisten der 166 Inter erhielten eine Coupé-Karosserie der Carrozzeria Touring. So auch der erste und der letzte 166 Inter.

Produziert 1949 - 1950, 18 Exemplare
Fgst.-Nr. zwischen 007S und 0079S (Bild: 053S)

166 INTER GHIA COUPÉ

V12 - 1995 ccm - 110 PS bei 6000/min

Bei diesem Coupé handelt es sich um den ersten und einzigen 166 Inter mit einer Ghia-Karosserie. Im Gegensatz zu den anderen Karosserie-Herstellern, die meistens mit Aluminiumblechen arbeiteten, verwendete Ghia als Besonderheit dieser Zeit fast ausschließlich Stahlblech.

Produziert 1950, 1 Exemplar
Fgst.-Nr. 049S

166 INTER VIGNALE COUPÉ

V12 - 1995 ccm - 110 PS bei 6000/min

Die meisten Entwürfe für Vignale stammten aus der Feder des jungen, talentierten Designers Giovanni Michelotti. So auch diese ersten von Vignale für Ferrari karossierten 166 Inter. Die in mühsamer Handarbeit entstandenen Fahrzeuge unterschieden sich alle durch kleine Details.

Produziert 1950, 9 Exemplare
Fgst.-Nr. zwischen 039S und 071S (Bild: 039S)

166 INTER FARINA COUPÉ

V12 - 1995 ccm - 110 PS bei 6000/min

Die Stabilimenti Farina waren das einzige Karosseriebau-Unternehmen, das den 166 Inter wahlweise als Coupé oder als Cabriolet einkleidete.

Produziert 1949 - 1950, 5 Exemplare
Fgst.-Nr. 009S, 021S, 031S, 037S und 041S (Bild: 037S)

166 INTER FARINA CABRIOLET

V12 - 1995 ccm - 110 PS bei 6000/min

Bei dem auf dem Pariser Automobilsalon 1950 gezeigten 166 Inter Stabilimenti Farina Cabriolet handelte es sich um das letzte Cabriolet, das vom alt eingesessenen Turiner Karossier für Ferrari eingekleidet wurde. Es unterschied sich komplett von den beiden früher gebauten Cabriolets. Die Windschutzscheibe war nicht mehr geteilt, der Lufteinlass in der Motorhaube war breiter und mit Chrom verziert, und auch die Seiten hatten auffallende Chromleisten erhalten. Neu waren auch (für Farina) die Borrani-Speichenräder.

Produziert 1949 - 1950, 3 Exemplare
Fgst.-Nr. 011S, 033S und 063S (Bild: 033S)

166 INTER BERTONE CABRIOLET

V12 - 1995 ccm - 110 PS bei 6000/min

Der erste und für lange Zeit einzige Ferrari mit einer Karosserie von Bertone war dieses 166 Inter Cabriolet. Es konnte auf der Turiner Automobilausstellung 1950 bewundert werden.

Produziert 1950, 1 Exemplar
Fgst.-Nr. 057S

166 MM TOURING BARCHETTA

V12 - 1995 ccm - 140 PS bei 6600/min

Für die 1950er Saison wies der Typ 166 keine grundlegenden technischen Neuerungen auf. Ferrari hatte sich inzwischen als Sportwagenkonstrukteur etabliert und bot die bildschöne 166 MM Barchetta als Competizione- (Rennsport-) und Lusso- (Touren-) Versionen an, wobei sich letztere in erster Linie durch die komplette Lederausstattung des Cockpits inklusive der Instrumententafel von der Rennversion abhob. Obwohl in diesem Jahr Sportwagen mit größerem Hubraum dominierten, konnten die Zweiliter-Barchetten einige Erfolge verbuchen, darunter das Daily-Express-Serienwagenrennen von Silverstone (Ascari) und die 12 Stunden von Paris-Montlhéry, das wiederum Chinetti und Lucas (0054M) gewannen. Insgesamt verließen etwa zwei Dutzend „kleine Boote" das Werk in der Via Ludovico da Breme in Turin.

Produziert 1948 - 1950, 24 Exemplare
Fgst.-Nr. zwischen 0002M und 0064M (Bild: 0040M)

166 MM TOURING BERLINETTA „LE MANS"

V12 - 1995 ccm - 140 PS bei 6600/min

Im März 1950 wies der berühmte Genfer Salon erstmals einen Ferrari-Stand auf. Zu dieser Gelegenheit zeigte Touring seine neue Berlinetta, bei der er wesentliche Stilelemente der Barchetta übernommen hatte. Der kompakte Dachaufbau unterstrich die aggressive Linienführung dieses für Renneinsätze konzipierten Zweisitzers. Aus Gewichtsgründen bestanden mit Ausnahme der geteilten Frontscheibe alle anderen Glasflächen aus Plexiglas. Im Gegensatz zur Le Mans Berlinetta (0026M) lag der Tankeinfüllstutzen wieder auf dem hinteren Dachpfosten. Yvonne Simon und Michèle Kasse starteten 1950 als erstes Damenteam in einem Ferrari (0042M) bei den 24 Stunden von Le Mans, mussten allerdings nach 6 Stunden abgeschlagen aufgeben.

Produziert 1949 - 1950, 5 Exemplare
Fgst.-Nr. 020I, 0026M, 0042M, 0048M, 0066M (Bild: 0042M)

166 MM VIGNALE COUPÉ

V12 - 1995 ccm - 140 PS bei 6600/min

Nachdem die Karosseriewerkstätten Touring, Ghia und Stabilimenti Farina als Einkleider sportlicher und luxuriöser Ferrari zu Ansehen gekommen waren, stieß im Sommer 1950 ein neuer Blechkünstler hinzu: Alfredo Vignale. Bis zur Mitte dieser Dekade avancierten er und sein junger Stardesigner Giovanni Michelotti zum erfolgreichsten Tandem in Sachen Ferrari-Styling. Als einen ihrer ersten Aufträge kleideten sie einen 166 MM als Sport-Coupé ein, das der Mailänder Ferrari-Händler Franco Cornacchia geordert hatte.

Produziert 1950, 1 Exemplar
Fgst.-Nr. 0062M

166/212 MM REGGIANI COUPÉ „UOVO"

V12 - 2562 ccm - 170 PS bei 6600/min

Im November 1950 orderte Giannino Marzotto ein nacktes 166-MM-Chassis (024MB), dessen neuer 2,56-Liter-Motor mit drei Vergasern bestückt 170 PS abgab. Dieses Fahrgestell wurde durch die Paduaner Karossiers Fontana und Reggiani zu einem einzigartigen Coupé aufgebaut, das wegen seines stromlinienförmigen Gesamteindruckes schnell den Spitznamen „l'Uovo" („das Ei") weg hatte. Um möglichst wenig Tankstopps einlegen zu müssen, war der Wagen mit einem 156 Liter fassenden Tank ausgestattet. Sowohl beim Giro di Sicilia, als auch bei der Mille Miglia führte Marzotto mit über 20 km Vorsprung, bevor er ausscheiden musste. Den Giro di Toscana konnte er hingegen für sich entscheiden.

Produziert 1950, 1 Exemplar
Fgst.-Nr. 024 MB

195 SPORT TOURING BERLINETTA „LE MANS"

V12 - 2341 ccm - 180 PS bei 7000/min

Dieses Einzelstück war anlässlich der Turiner Ausstellung im Mai 1950 zu sehen. Der Hubraum von 2,3 Litern war durch die auf 66 mm erweiterte Bohrung des 166-MM-Motors erreicht worden. Erstmals wurde eine Version mit 3 Weber-Doppelvergasern des Typs 32 DCF versehen. Auch hier die für Touring typische Form, mit langer Motorhaube, runden Kotflügeln und einem kurzen, runden Heck. Der 195 S wurde 1950 bei der Mille Miglia erfolgreich eingesetzt: Das Team Marzotto/Crosara fuhr den Sieg heraus.

Produziert 1950, 1 Exemplar
Fgst.-Nr. 0060M

195 INTER TOURING COUPÉ

V12 - 2341 ccm - 135 PS bei 6000/min

Nur gerade drei Exemplare waren von der Carrozzeria Touring eingekleidet worden. Der 195 Inter, der ja Motor und Getriebe im wesentlichen vom 166 Inter beibehalten hatte, unterschied sich nur durch die unterschiedlichen Aufbauten der Karosseriehersteller. Bei Touring war vor allem wieder die massive Formgebung, die schon beim 166 Inter aufgefallen war, beibehalten worden. Und das Fließheck, welches zu jener Zeit bei fast allen Karosseriebauern sehr beliebt war, fand offenbar auch den Zuspruch der Vignale-Stylisten.

Produziert 1950 - 1951, 3 Exemplare
Fgst.-Nr. 081S, 0085S und 0123S (Bild: 0085S)

Produziert 1950 - 1951, 12 Exemplare
Fgst.-Nr. zwischen 083S und 0181EL (Bild: 0097S)

195 INTER VIGNALE COUPÉ

V12 - 2341 ccm - 135 PS bei 6000/min

Beim 195 Inter handelte es sich grundsätzlich um ein Fahrzeug, das sich nur wenig von seinem Vorgänger 166 Inter unterschied. Die einzige technische Modifikation betraf die größere Bohrung von nun 65 mm. Auch das Verdichtungsverhältnis war durch neue Zylinderköpfe von 8:1 auf 7,5:1 reduziert worden. Wie bei einer so kleinen Stückzahl nicht anders zu erwarten, unterschied sich auch hier äußerlich jedes einzelne Fahrzeug vom anderen, und der Charakter des Einzelstücks steht auch hier stark im Vordergrund.

195 INTER GHIA COUPÉ

V12 - 2341 ccm - 135 PS bei 6000/min

Auch die von der Carrozzeria Ghia karossierten 195 Inter unterschieden sich nicht stark vom 166 Inter, dessen Form in etwa beibehalten worden war. Auch hier ist, wie bei den anderen Karosseriebauern dieser Zeit, die Tendenz zum Fließheck deutlich sichtbar. Gut zu erkennen: Der massige Kühlergrill mit der geschwungenen Form, ein Ghia-Markenzeichen

Produziert 1950 - 1951, 10 Exemplare
Fgst.-Nr. zwischen 0087S und 0183EL (Bild: 0105S)

195 INTER MOTTO COUPÉ

V12 - 2341 ccm - 135 PS bei 6000/min

Bei diesem 195 Inter handelt es sich um ein Einzelstück, karossiert von der kleinen Werkstatt Motto.

Produziert 1950, 1 Exemplar
Fgst.-Nr. 0117S

275 S TOURING BARCHETTA

V12 - 3322 ccm - 270 PS bei 6000/min

Um einen konkurrenzfähigen Grand-Prix-Motor konstruieren zu können war Aurelio Lampredi darauf angewiesen, die Abmessungen des „Colombo"-Motorblocks zu verändern, da sich mit einem Zylindermittenabstand von 90 mm ein Gesamthubraum von 4,5 Liter nicht realisieren ließ. Der Abstand wuchs auf 108 mm, wodurch die Länge des Motorblocks um satte 13 cm anstieg - der „Lampredi-Longblock" war geboren. Als wichtigste Neuerung fanden sich von unten in die (nicht abnehmbaren) Zylinderköpfe eingeschraubte Laufbuchsen, was eine optimale Dichtheit garantierte. Die erste Version dieses Lampredi-Aggregates verfügte über 3,3 Liter Hubraum und wurde eigens für die Mille Miglia in zwei 275 S Touring Barchetta eingebaut, die beide, trotz ihrer hervorragenden Besetzung (Ascari/Nicolini und Villoresi/Cassani) nicht ins Ziel kamen. Später wurden sie auf 4,1 Liter hochgerüstet und mehrfach rekarossiert.

Produziert 1950, 2 Exemplare
Fgst.-Nr. 0030MT, 0032MT (Bild: 0030 MT)

195 INTER TOURING COUPÉ

V12 - 2341 ccm - 135 PS bei 6000/min

Die Carrozzeria Touring präsentierte auf der Automobilausstellung von Turin 1951 einen 195 Inter. Er wies im Unterschied zum Vorjahresmodell einige Änderungen auf: Der Kühlergrill stand senkrechter, die Stoßstangen waren verschwunden und drei Luftschlitze saßen direkt in den hinteren Dreiecksfenstern. Beibehalten worden war die geteilte Windschutzscheibe. Eine Neuheit bei Ferrari war auch die Zweifarbenlackierung.

Produziert 1950 - 1951, 3 Exemplare
Fgst.-Nr. 081S, 085S und 0123S (Bild: 085S)

195 INTER VIGNALE COUPÉ

V12 - 2341 ccm - 135 PS bei 6000/min

Ein nach einer Idee von Michelotti und von Vignale karossiertes Fahrzeug konnte sich zu Beginn des Jahres 1951 unter die Preisträger des Schönheits-Wettbewerbs von Viareggio einreihen. Auch hier hatte das Fließheck eine gewisse Leichtigkeit in die Formgebung gebracht. Ein typisches Kennzeichen der Vignale-Schöpfungen waren der leicht nach vorne gezogene Kühlergrill und die starke Krümmung der hinteren Kotflügel in Höhe der Radausschnitte.

Produziert 1950 - 1951, 12 Exemplare
Fgst.-Nr. zwischen 083S und 0181EL (Bild: 0181EL)

195 INTER GHIA COUPÉ

V12 - 2341 ccm - 135 PS bei 6000/min

Der im März 1951 anlässlich des Genfer Automobilsalons präsentierte 195 Inter aus dem Hause Ghia unterschied sich in seiner Form kaum vom 166 Inter. Auch hier war die klare Linienführung des Coupés klar zu erkennen. Einige Wochen später, auf der Ausstellung in Turin, wurde bereits ein leicht geändertes Coupé gezeigt. Die Anordnung diverser Chrom-Zierteile war modifiziert worden. Weggelassen wurden z.B. drei Zierleisten in der Mitte der Motorhaube, vorne beim Kühlergrill. Neu dazu gekommen waren hingegen zwei schmale Chromleisten auf den hinteren Kotflügelkanten, als Verlängerung der Rückleuchten-Einfassungen.

Produziert 1950 - 1951, 10 Exemplare
Fgst.-Nr. zwischen 087S und 0183EL (Bild: 0129S)

195 INTER GHIA AIGLE COUPÉ

V12 - 2341 ccm - 135 PS bei 6000/min

Nur gerade ein Exemplar des 195 Inter war von der in Aigle (CH) ansässigen Karosseriefirma hergestellt worden. Nach einem Entwurf von Giovanni Michelotti stellte die Schweizer Firma ein Coupé her, welches in einigen Punkten an die Vignale-Kreationen erinnerte. Die Windschutzscheibe war hier ebenfalls geteilt, der Dachaufbau indes nicht ganz so weit nach hinten gezogen. Auch die Kühlerverkleidung hatte eine ganz spezielle Form.

Produziert 1951, 1 Exemplar
Fgst.-Nr. 0195EL

212 INTER TOURING COUPÉ

V12 - 2562 ccm - 130/170 PS bei 6500/min

Bei der Carrozzeria Touring zeigte sich 1951 bereits ein deutlicher Rückgang des Geschäfts mit Ferrari-Rennsportwagen. Der 212 Inter war mit einem sehr ähnlichen Design versehen worden wie die „Berlinetta Le Mans" aus dem Jahre 1950. Von den sechs mit einer Berlinetta-Karosserie von Touring eingekleideten 212 Inter hatte ein Exemplar ein ganz spezielles Chassis erhalten. Der hier gezeigte 212 Inter „Tuboscocca" (Fgst.-Nr. 0141T) besaß ein Gitterrohrchassis, dessen Rahmenausläufer bis in das Dach hochgezogen waren, die Windschutzscheibe war ohne Mittelsteg einteilig ausgeführt.

Produziert 1951 - 1952, 6 Exemplare
Fgst.-Nr. zwischen 0141T und 0251EU
(Bild: 0141T)

212 INTER FARINA COUPÉ

V12 - 2562 ccm - 130/170 PS bei 6500/min

Dieses Einzelstück eines 212 Inter gilt als eine der letzten Konstruktionen der Stabilimenti Farina, bevor sich die Tore des großen Turiner Werkes für immer schlossen. Der senkrecht stehende Kühler mit dem darüberliegenden Chromteil verlieh diesem 212 Inter seinen eigenen Charakter. Ein weiteres Merkmal waren die vier Seitenfenster.

Produziert 1951, 1 Exemplar
Fgst.-Nr. 0107ES

212 INTER PININ FARINA CABRIOLET

V12 - 2562 ccm - 130/170 PS bei 6500/min

Das zweisitzige Cabriolet mit seiner streng klassischen Linienführung erschien 1951 und darf als Battista „Pinin" Farinas Ferrari-Erstlingswerk betrachtet werden. Es war die Zeit, als sich der jüngste Bruder des „großen" Giovanni Farina diskret dem erlauchten Kreis der Ferrari-Karossiers anschloss. Auffallend bei diesem Modell war der großzügig dimensionierte Kühlergrill. Schön zu sehen auch, wie harmonisch sich das Verdeck in das Gesamtbild einfügt.

Produziert 1951 - 1952, 2 Exemplare
Fgst.-Nr. 0177E und 0235EU (Bild: 0177E)

212 INTER VIGNALE COUPÉ

V12 - 2562 ccm - 130/170 PS bei 6500/min

Der harmonische Unterbau des Cabriolets bildete die Basis der 212 Michelotti-Vignale-Konstruktion, welche zu einem sehr eleganten Coupé führte. Anlässlich des Pariser Salons von 1951 wurde der erste Entwurf präsentiert, doch während der anlaufenden Produktion veränderte sich das Aussehen der einzelnen Fahrzeuge stark. Waren bei einigen Modellen zunächst Kühlergrills mit konkaver Form eingebaut worden, ging man einige Zeit später wieder zu konvexen Formen zurück. Chromleisten in der Nähe des Kühlergrills oder an der Heckklappe waren bei einigen Modellen angebracht, bei anderen jedoch weggelassen worden.

Produziert 1951 - 1953, 31 Exemplare
Fgst.-Nr. zwischen 0111ES und 0289EU (Bild: 0161EL)

212 INTER VIGNALE CABRIOLET

V12 - 2562 ccm - 130/170 PS bei 6500/min

Im April 1951wurde den Besuchern des Turiner Autosalons der erste 212 Inter gezeigt. Michelotti und Vignale gehörten zu den ersten Karosserieherstellern, die den 212 Inter einkleideten. Zu Beginn war die große Ähnlichkeit mit der Karosserie des 166 und 195 Inter deutlich sichtbar. Die klassische Form war beibehalten worden, der rechteckige Kühlergrill wies nun ein Kreuzmuster auf.

Produziert 1951 - 1952, 6 Exemplare
Fgst.-Nr. zwischen 0125EL und 0255EU (Bild: 0125EL)

212 INTER GHIA COUPÉ

V12 - 2562 ccm - 130/170 PS bei 6500/min

Einmal mehr zeigte sich, dass das „fastback"-Fließheck, welches bereits beim 166 und 195 Inter erfolgreich eingesetzt worden war, auch bei neuen Karosserien noch immer als ein wichtiges Stylingelement eingesetzt wurde. Beim neuen Coupé war das Dreiecksfenster auf der Seite etwas verlängert worden. Die klassische ovale Form hatte sich beim Kühlergrill wieder durchgesetzt. Einige Fahrzeuge hatten zudem eine etwas massigere Form erhalten mit zwei zusätzlichen Notsitzen, im Unterschied zu den viersitzigen Coupés.

Produziert 1951 - 1952, 13 Exemplare
Fgst.-Nr. zwischen 0145E und 0213EL (Bild: 0149E)

212 INTER GHIA AIGLE COUPÉ

V12 - 2562 ccm - 130/170 PS bei 6500/min

Die kleine Karosseriefirma Ghia SA aus der Schweiz (Aigle) stellte ebenfalls eine Karosserie für einen 212 Inter her. Auffallend auch hier die beinahe rechteckige Form des Kühlers und die sehr große Frontscheibe. Ein Einzelstück mit einer etwas eigenwilligen Form - was übrigens auch für das vom englischen Spezialisten Abbott karossierte Coupé (Fgst.-Nr. 0165E) galt (ohne Abb.).

Produziert 1951, 1 Exemplar
Fgst.-Nr. 0137E

212 EXPORT TOURING BARCHETTA

V12 - 2562 ccm - 170 PS bei 6500/min

Die erste (0078 E) der sieben von Touring karossierten Barchetten mit dem 2,6-Liter-V12 kann auf eine bewegte Geschichte zurück blicken. Bei den 24 Stunden von Le Mans 1951 verlor Jean Larivière in der 6. Runde die Kontrolle über seinen Wagen und verunglückte dabei tödlich. Mit der wieder aufgebauten Barchetta gewannen Pagnibon und Barraquet im September die Tour de France Automobile, die in sechs Etappen über 5240 km quer durch Frankreich führte. Phil Hill, späterer Formel-1-Weltmeister, brachte die Barchetta nach Kalifornien, wo er seine ersten Lorbeeren (Sieg in Torrey Pines) auf einem Ferrari errang.

Produziert 1951 - 1952, 7 Exemplare
Fgst.-Nr. zwischen 0078E und 0158ED (Bild: 0078E)

212 EXPORT TOURING BERLINETTA LE MANS

V12 - 2562 ccm - 160 PS bei 6500/min

Mit dem Tipo 212, der wie alle seine Vorgänger seine Kennzahl aus dem Hubraum des Einzelzylinders erhielt, verfolgte Ferrari wie bisher die Politik der Vergrößerung des Motorvolumens, was aus einer erneuten Erweiterung der Bohrung auf nunmehr 68 mm resultierte. Beim „212 Export" handelte es sich um die sportliche Variante des 2,6-Liter-Motors, der von drei Weber-36DCF-Vergasern versorgt ca. 160 PS abgab. 1951 produzierte die Carrozzeria Touring drei sogenannte „Le Mans"-Berlinetten, die allerdings nie bei dem Langstreckenklassiker zum Einsatz kamen.

Produziert 1951, 3 Exemplare
Fgst.-Nr. 0088E, 0108E, 0112E
(Bild: 0108E)

212 EXPORT VIGNALE CABRIOLET

V12 - 2562 ccm - 150 PS bei 6500/min

Während der rechteckige Kühlergrill mit dem auffälligen Kreuzmuster des erstgebauten Export-Cabriolets (0106E) etwas schwerfällig wirkt, besticht der ovale sogenannte „Crossbar-Grill" (insgesamt existieren nur 10 Ferrari mit dieser Kühlergrillvariante) des rabenschwarzen Zweisitzers mit der Chassisnummer 0110E durch die Leichtigkeit seiner Linien. Im Gegensatz zu den Renn-„Exports" verfügten die Cabriolets nur über einen einzigen Weber-Vergaser mit 36 mm Querschnitt. Ausgeliefert wurde das Fahrzeug im Frühjahr 1951 an Jorge Da Cunha D'Almeida Araujo, den damaligen Argentinischen Botschafter in Paris.

Produziert 1951, 2 Exemplare
Fgst.-Nr. 0106E, 0110E (Bild: 0110 E)

212 EXPORT VIGNALE COUPÉ/BERLINETTA

V12 - 2562 ccm - 160 PS bei 6500/min

Die meisten der Export Coupés verdienten sich ihre Sporen im Rennsport, was angesichts des guten Handlings (nur 2,25 m Radstand) und des niedrigen Leistungsgewichts nicht weiter verwundert. Explizite Erwähnung gebührt Franco Cornacchias Zweisitzer (0096E), den er an den Franzosen Jacques Peron verlieh, der damit 1951 besonders erfolgreich unterwegs war: Sieg bei der Rallye du Maroc, 9. in Le Mans, Zweiter bei der Tour de France. Anders verhielt es sich mit dem rot-schwarz lackierten Coupé (0080E), dessen Front ein sogenannter „Crossbar"-Kühlergrill schmückte. Dieser Wagen, der nie eine Rennpiste sah, ging durch die Hände von sieben italienischen Besitzern, bevor er im November 1953 nach Amerika verkauft wurde. Prinzipiell muss an dieser Stelle auch auf die 212 MM Vignale Berlinetta (#0070M) verwiesen werden, die ebenfalls eine geschlossene Zweisitzer-Karosserie von Vignale erhielt und an Franco Cornacchia verkauft wurde.

Produziert 1951 - 1952, 8 Exemplare
Fgst.-Nr. 0070M, 0080E, 0092E, 0096E, 0098E, 0128E, 0131E und 0146E (Bild: 0080E)

Produziert 1951 - 1952, 3 Exemplare
Fgst.-Nr. 0076E, 0090E, 0214ED (Bild: 0090E)

212 EXPORT VIGNALE SPIDER

V12 - 2562 ccm - 160 PS bei 6500/min

1951/52 fertigte das eingespielte Duo Vignale/Michelotti drei Spider auf Basis des 212 Export, die mit ihrer schlichten, gedrungenen Linienführung imponierten. Der erste Spider, der auf einem alten 166 Spider Corsa (006I) basierte, wurde im April 1951 auf dem Turiner Salon präsentiert und ging später für 1 Million Lire an den Herzog Antonio Vaselli aus Viterbo. Die Spider mit den Chassisnummern 0090E und 0214ED erstanden für Umberto Marzotto, respektive Sig. Vanoni. Es ist möglich, dass der letzte 212 Export zwischen 1954 und 1956 jeweils an den 1000-km-Rennen von Buenos Aires teilnahm.

1951 Serienmodelle

212 EXPORT MOTTO SPIDER/BERLINETTA

V12 - 2562 ccm - 170 PS bei 6500/min

1951 kleidete die kleine Carrozzeria Motto zwei „212 Export" ein. Mit der zuerst gebauten Berlinetta (0074E) belegte das italo-amerikanische Duo Checcacci und Harry Schell den dritten Platz bei der Tour de France Automobile 1951. Während die Berlinetta bei der Mille Miglia die Segel streichen musste, landeten Piero Scotti und Beifahrer Ruspaggiari mit ihrem eigenwillig gestylten Spider (0094E) auf der dritten Position. Das Jahr 1951 ging ohnehin in die Annalen der italienischen Rennsportmeisterschaften ein, da der Kampf um den Titel, den Scotti am Ende vor Stagnoli gewann, fast ausschließlich mit Ferrari-Sonderkarosserien (Motto, Campana, Zagato, Fontana, Reggiani) ausgetragen wurde.

Produziert 1951, je 1 Exemplar (Spider und Berlinetta)
Fgst.-Nr. 0074E (Berlinetta), 0094E (Spider)

212 EXPORT FONTANA SPIDER/BERLINETTA

V12 - 2562 ccm - 160 PS bei 6500/min

In der langen Historie Ferraris kamen bei keinem anderen Typ mehr Karosseriebauer zum Einsatz als beim 212 Export. Nicht unerheblich beteiligt an diesem Umstand war die Scuderia Marzotto, deren Sport-besessene Brüder sich bei zahllosen Rennen in die Siegerlisten eintrugen. 1951/52 brachten sie den von der in Padua beheimateten Carrozzeria Fontana eingekleideten 2,6-Liter-Spider (0086E) zum Einsatz, der wegen seiner fast identischen Karosserie häufig mit dem ex-275S (0030MT) verwechselt wird. Bei der Mille Miglia 1952 schieden Serena und Piccolo, in aussichtsreicher Position liegend, wegen eines Feuers aus.

Produziert 1951, je 1 Exemplar (Spider und Berlinetta)
Fgst.-Nr. 0084E (Berlinetta), 0086E (Spider)

340 AMERICA TOURING BARCHETTA

V12 - 4101 ccm - 220 PS bei 6000/min

In diesem Jahr produzierte die Carrozzeria Touring fünf 340 America, die als Kundenversionen an den Schweizer Otto Wild, den Franzosen Pierre-Louis Dreyfus und die Amerikaner William Spear, Edward Hall und Jim Kimberly verkauft wurden. Das rechtsgelenkte Sportmodell debütierte bereits im Oktober 1950 auf dem Salon de Paris und verfügte über ein synchronisiertes Fünfganggetriebe. Da man die Wagen vorwiegend im Rennsport einsetzte, hatte man sie vorsorglich mit einer Trockensumpfschmierung ausgestattet. Die 24 Stunden von Le Mans 1951 erwuchsen für Ferrari zu einem regelrechten Desaster: von den 4 gestarteten 4,1-Liter-Boliden überstand lediglich die von Chinetti und Lucas pilotierte Barchetta (0124A) den Marathon und belegte nach 3328,16 km den achten Platz.

Produziert 1951, 5 Exemplare
Fgst.-Nr. 0114A, 0116A, 0118A, 0120A, 0124A (Bild: 0116A)

340 AMERICA TOURING BERLINETTA

V12 - 4101 ccm - 220 PS bei 6000/min

Im Jahr 1951 hatte Ferrari bei seinen Sportmodellen voll und ganz auf Hubraum gesetzt. Bereits im März des Jahres konnten die Besucher der Turiner Automobil-Ausstellung ein von Touring karossiertes Coupé bestaunen, das offenkundig in Anlehnung zur im Vorjahr produzierten 166 LM Berlinetta entstanden war. Mit dieser Rennsport-Berlinetta (0122A) erstanden die Brüder Blaton, die unter dem Pseudonym „Blary" und „Beurlys" in die Rennsport-Geschichte eingingen, ihren ersten Ferrari.

Produziert 1951, 2 Exemplare
Fgst.-Nr. 0122A, 0126A (Bild: 0126A)

340 AMERICA VIGNALE BERLINETTA

V12 - 4101 ccm - 220 PS bei 6000/min

Der von Ingegnere Aurelio Lampredi konstruierte 4,1-Liter-V12 („Longblock") wurde zwischen 1950 und 1952 in insgesamt 25 Sportmodelle (inklusive der beiden bereits vorgestellten 275 Sport) eingebaut. Mit elf Fahrzeugen übernahm die Carrozzeria Vignale den Löwenanteil der Produktion, darunter auch die berühmte Berlinetta mit der Startnummer 405, die 1951 „Gigi" Villoresi und Sig. Cassani zum Sieg bei der Mille Miglia trug. Wegen des schlechten Wetters gab es eine ganze Reihe schwerer Unfälle, so dass die meisten der 26 gestarteten Ferrari nicht bis ins Ziel kamen. Besonders schwer erwischte es Mitfavorit Alberto Ascari, dessen 340 America kurz nach dem Start von der Strecke abkam und einen Zuschauer tötete. Trotz heftig verbeulter Front und blockierten Getriebes erreichte der 42-jährige Villoresi nach 12.50,18 Stunden als Erster den Start- und Zielort Brescia und erfüllte sich damit seinen Lebenstraum.

Produziert 1951 - 1952, 5 Exemplare
Fgst.-Nr. 0082A, 0132A, 0174A, 0196A, 0212A (Bild: 0082A)

212 INTER TOURING COUPÉ

V12 - 2562 ccm - 130/170 PS bei 6500/min

Lediglich drei weitere Ferrari wurden 1952 mit einer Karosserie von Touring eingekleidet. Da die Zusammenarbeit mit Ferrari weiterhin rückläufig war, wurden von Touring auch die bekannten, aber bereits etwas veralteten Formen beibehalten.

Produziert 1951 - 1952, 6 Exemplare
Fgst.-Nr. zwischen 0141T und 0251EU (Bild: 0215EL)

212 INTER PININ FARINA COUPÉ

V12 - 2562 ccm - 130/170 PS bei 6500/min

Eine genauere Betrachtung des von Pinin Farina produzierten Coupés zeigt deutlich die strengen Linien des beim Cabriolet verwendeten Designs. Ein sichtbares Merkmal sind der deutlich vorspringende Kühlergrill, der einen massigen Eindruck macht. Die Dachkonstruktion hat vier Seitenfenster, und die stark gewölbte Heckscheibe ist durch zwei Dachholme in drei Glasflächen unterteilt.

Produziert 1952 - 1953, 15 Exemplare
Fgst.-Nr. zwischen 0229EL und 0291EU (Bild: 0263EU)

212 INTER PININ FARINA CABRIOLET

V12 - 2562 ccm - 130/170 PS bei 6500/min

Pinin Farina kleidete auch in diesem Jahr ein Cabriolet ein (0235EU). Es unterschied sich vom ersten Modell eigentlich nur durch die neu eingeführte Linkslenkung und durch etwas größere Rückleuchten. Der Filmregisseur Roberto Rossellini, welcher das Cabriolet kaufte, setzte es 1953 bei mehreren Rennen erfolgreich ein.

Produziert 1951 - 1952, 2 Exemplare
Fgst.-Nr. 0177E und 0235EU (Bild: 0235EU)

212 INTER VIGNALE COUPÉ

V12 - 2562 ccm - 130/170 PS bei 6500/min

Das diesjährige Modell war mit einigen technischen Modifikationen versehen worden. Es hatte neue Zylinderköpfe und drei Weber-Doppelvergaser vom Typ 36 DCF erhalten. Die Nenndrehzahl von 6500/min war unverändert geblieben, die Leistung betrug nun jedoch etwa 170 PS. Eine wesentliche Neuerung war die Verlegung der Lenkung ab Fgst.-Nr. 0211 auf die linke Seite, nachdem italienische Sportwagen bis dato eigentlich immer als Rechtslenker ausgeliefert worden waren. Auch die in diesem Jahr von Vignale gebauten 212 Inter erhielten ihre persönliche Note durch unterschiedliche Dekorationen. Bei unserem Modell (Fgst.-Nr. 197EL) fällt wiederum der massive Kühlergrill mit den beiden relativ großen, integrierten Scheinwerfern auf. Gut zu sehen sind auch die beiden kurzen Stoßstangen zu beiden Seiten des Kühlergrills. Auf die Motorhaube aufgesetzt wurde bei diesem Modell oft ein als Insektenabweiser dienendes Stück Plexiglas. Die in der vordersten Spitze der Kotflügel angebrachten Blinkleuchten setzen einen interessanten Akzent, wie auch die auffällige Zweifarbenlackierung.

Produziert 1951 - 1953, 31 Exemplare
Fgst.-Nr. zwischen 0111ES und 0289EU (Bild: 0197EL)

212 INTER VIGNALE CABRIOLET

V12 - 2562 ccm - 130/170 PS bei 6500/min

Auch die neue Generation des 212 Inter von Michelotti-Vignale zeigte wieder einige interessante, sich stark voneinander unterscheidende Karosserieaufbauten. Beim abgebildeten Fahrzeug (Fgst.-Nr. 0255EU) ist die spezielle Form der Stoßstange gut zu sehen. Natürlich war auch die Kühlergrillform ganz speziell, mit dieser massiven Unterteilung in der Mitte. Eine Besonderheit war auch die Platzierung des Ferrari-Emblems direkt im Kühlergrill, statt wie üblich auf einer Karosseriefläche.

Produziert 1951 - 1952, 6 Exemplare
Fgst.-Nr. zwischen 0125EL und 0255EU (Bild: 0255EU)

212 INTER GHIA COUPÉ

V12 - 2562 ccm - 130/170 PS bei 6500/min

Auch die Ferrari-Ära von Ghia neigte sich 1952 langsam, aber sicher ihrem Ende zu. Die 212 Inter mit Ghia-Karosserien wurden immer seltener. Bedauert wurde allgemein, dass das Coupé mit zwei Seitenscheiben nicht mehr hergestellt wurde.

Produziert 1951 - 1952, 13 Exemplare
Fgst.-Nr. zwischen 0145E und 0213EL (Bild: 0169E)

212 INTER GHIA CABRIOLET

V12 - 2562 ccm - 130/170 PS bei 6500/min

Die hohe Windschutzscheibe und die weit heruntergezogenen Abdeckungen über den Hinterrädern waren ein besonderes Merkmal der im Jahre 1952 gezeigten Cabriolet-Variante von Ghia, präsentiert anlässlich der Automobilausstellung in Turin.

Produziert 1952, 1 Exemplar
Fgst.-Nr. 0233EL

212 INTER TOURING BARCHETTA

V12 - 2562 ccm - 130/170 PS bei 6500/min

Der letzte Ferrari, der eine Touring-Karosserie erhielt, war eine Sonderanfertigung auf der technischen Basis des 212 Inter. Der Wagen wurde Ende 1952 an die Ford Motor Company geliefert. Das Chassis des 166 MM war einfach um 35 Zentimeter verlängert worden, was dem Fahrzeug eine eher merkwürdige, unproportionierte Form verlieh.

Produziert 1952, 1 Exemplar
Fgst.-Nr. 0253EU

212 EXPORT TOURING BARCHETTA

V12 - 2562 ccm - 170 PS bei 6500/min

1952 entstand die letzte Touring-Barchetta auf Basis des 212-Export-Chassis mit der Fahrgestellnummer 0158ED.

Produziert 1951 - 1952, 7 Exemplare
Fgst.-Nr. zwischen 0078E und 0158ED (Bild: 0136E)

225 S TOURING BARCHETTA

V12 - 2715 ccm - 210 PS bei 7200/min

Für den Typ 225 S wurde der Hubraum des Colombo-„Shortblock" auf 2715,46 ccm erhöht, was sich wiederum durch Aufbohren der Zylinderlaufbuchsen um 2 mm gerade noch so eben realisieren ließ. Erstmals flossen bei der Konstruktion des Motors einige Lampredi-Merkmale mit ein, wie z.B. der Ventiltrieb mit verschleißmindernden Rollenstößel. Durch Erhöhung der Verdichtung auf 8,5:1 stieg die Motorleistung auf über 200 PS an. Die Carrozzeria Touring fertigte nur eine einzige 225er Barchetta (0166ET), die an Eugenio Castellotti ausgeliefert wurde. Während er noch bei der Mille Miglia die Segel streichen musste, belegte er beim GP von Monaco, der 1952 ausnahmsweise für Sportwagen über 2 Liter ausgeschrieben war, den zweiten Platz und siegte sogar beim GP von Portugal, dicht gefolgt vom einheimischen Lokalmatador Oliveira auf einem 225 S Vignale Spider.

Produziert 1952, 1 Exemplar
Fgst.-Nr. 0166ED

225 S VIGNALE BERLINETTA

V12 - 2715 ccm - 210 PS bei 7200/min

Auch die von der Turiner Karosserieschmiede Vignale gebauten Berlinetten markierten eine eindrucksvolle Siegesserie. Pierre Boncompagni (Pseudonym: „Pagnibon") erkämpfte 1952 mit seinem geschlossenen Zweisitzer (0152ED) mindestens 10 Siege bei französischen Berg- und Straßenrennen und landete als einziger Ferrarista auf dem zweiten Rang bei der Tour de France. Landsmann Jean Lucas siegte mit seiner Berlinetta (0164ED) in Orléans, Bressuire und Les Sables d'Olonne. Das dritte Exemplar (0168ED) ging via Luigi Chinetti nach Amerika, wo es von den Gebrüdern Young in Sebring eingesetzt wurde. Mit Numero Vier (0170ED) wurde Caraceni 1952 Italienischer Bergmeister. Die letzte Berlinetta (0178ED) erstand Graf Antonio Sterzi, der immerhin den Coppa Intereuropa von Monza gewinnen konnte.

Produziert 1952, 5 Exemplare
Fgst.-Nr. zwischen 0152 ED und 0178 ED (Bild: 0152 ED)

225 S VIGNALE SPIDER

V12 - 2715 ccm - 210 PS bei 7200/min

19 der insgesamt 20 produzierten Ferrari 225 S wurden von der Carrozzeria Vignale eingekleidet, die Anfang der fünfziger Jahre fast eine Art Monopolstellung bei Ferrari innehatte. 14 Exemplare verließen die Werkstätten in der Turiner Via Cigliano als Spider. Als typisches Stilmerkmal fanden sich meistens 3 ovale Entlüftungslöcher in den vorderen Kotflügeln. Das Debüt des sportlichen Zweisitzers bei der 19. Auflage der Mille Miglia im Mai 1952 fiel komplett ins Wasser, da keiner der fünf gestarteten Piloten das Ziel ins Brescia erreichen konnte. Trotz dieser Pleite war der 225 S einer der erfolgreichsten Rennspider aus Maranello. Während Vittorio Marzotto (0154ED) den GP von Monaco gewinnen konnte, stand Bruder Paolo (0182ED) beim Coppa d'Oro delle Dolomiti, beim Giro di Calabria und in Senigallia ganz oben auf dem Treppchen.

Produziert 1952, 14 Exemplare
Fgst.-Nr. zwischen 0154 ED und 0220 ED (Bild: 0218ET)

Produziert 1952, 1 Exemplar
Fgst.-Nr. 0156ET

250 S VIGNALE BERLINETTA

V12 - 2953 ccm - 230 PS bei 7500/min

Diese nur einmal gebaute Vignale Sport-Berlinetta kann mit Fug und Recht als Stammvater aller Dreiliter-Renn-Ferrari angesehen werden. Während der Hub seit 1947 mit 58,8 mm unverändert geblieben war, bohrte man im März 1952 den Motor eines 225 S (Sperimentale 0156ET) von 70 auf 73 mm auf, woraus das klassische Hubvolumen resultierte: Der Tipo 250 war geboren. Im Mai 1952 triumphierten Bracco und Copilot Rolfo bei der XIX. Mille Miglia, als sie mit ihrem furiosen Ritt über die Apennin-Pässe dem deutschen 300SL-Geschwader den Sieg vor der Nase wegschnappten. Damit nicht genug, in Le Mans katapultierte Ascari die Berlinetta zum Rundenrekord, Bracco gewann wenig später die 12 Stunden von Pescara und hätte wahrscheinlich auch bei der Carrera Panamericana gesiegt, wenn ihm nicht das marode Getriebe den Dienst versagt hätte.

340 MEXICO VIGNALE BERLINETTA

V12 - 4101 ccm - 280 PS bei 6600/min

Nach dem unerwarteten Doppelsieg der 212 Coupés bei der Carrera Panamericana 1951 realisierte Enzo Ferrari die Wichtigkeit von Erfolgen im Motorsport für den Verkauf seiner teuren Preziosen auf dem noch unberührten Absatzmarkt Nordamerika. Speziell aus diesem Anlass entwickelte man den 340 „Mexico“, geschaffen zu einem einzigen Zweck, nämlich die „Carrera“ auch 1952 zu gewinnen. Insgesamt wurden nur drei Coupés dieses Typs produziert, deren Karosserie-Entwurf deutlich die innovative Linienführung des jungen Giovanni Michelotti aufzeigt. Mit dem „Mexico“ trieb der Stardesigner aus dem Hause Vignale die extravagante Gestaltung der Kotflügel an die Grenzen des technisch machbaren. Diese waren in der Tat so schmal ausgearbeitet, dass die Frontscheinwerfer „ausgelagert“ werden mussten.

Produziert 1952, 3 Exemplare
Fgst.-Nr. 0222AT, 0224AT, 0226AT (Bild: 0226AT)

Produziert 1952, 1 Exemplar
Fgst.-Nr. 0228AT

340 MEXICO VIGNALE SPIDER

V12 - 4101 ccm - 280 PS bei 6600/min

Neben den drei „Mexico“-Berlinetten enstand in den Werkstätten von Vignale ein einsamer Spider. Gilberto Colombos Firma „Gilco Autotelai“ übernahm die Konstruktion des völlig neuartigen Fahrwerks, das aus einem Geflecht unterschiedlich starker Rohre bestand und daher „Tubolare“ (von „tubo“ = Rohr) genannt wurde. Mit Hinblick auf die schnurgeraden, endlosen Hochgeschwindigkeitspassagen der „Carrera“, entschied man sich für ein nicht synchronisiertes Fünfganggetriebe mit Overdrive, was dem nur 1.000 kg schweren Spider eine atemberaubende Höchstgeschwindigkeit von über 260 km/h verlieh. Erst in allerletzter Minute verzichtete man auf den Einsatz des Spiders, der mit Bill Spear am Volant an den Start gehen sollte. Ironischerweise sorgte eben dieser Bill Spear ein Jahr später für die sportliche Rehabilitation der Mexico-Serie, indem er 1953 überlegen die nationale SCCA-Meisterschaft gewann.

340 AMERICA VIGNALE COUPÉ

V12 - 4101 ccm - 220 PS bei 6000/min

1952 produzierte Vignale ein herrschaftliches 340 America Coupé (0132A), das mit seinem üppigen Chromzierat allerdings ziemlich überladen wirkte - was die amerikanische Zeitschrift „Road & Track“ nicht daran hinderte, dem „großen“ Ferrari im Februar 1952 eine Titelstory zu widmen. Völlig anders präsentierten sich die restlichen drei Coupés, die weniger luxuriös ausgestattet waren und wesentlich sportlicher, aggressiver auftraten. So etablierten sich Simon & Vincent 1952 bei den 24 Heures du Mans als erfolgreichstes Ferrari-Team, indem sie das kornblumenblaue Coupé (0206A) schlussendlich als Fünfte ins Ziel brachten. Nach sensationellem Auftakt hatten die beiden für Luigi Chinetti startenden Franzosen sogar zwei Stunden in Führung gelegen, waren zwischenzeitlich aber bis auf den 17. Rang zurückgefallen.

Produziert 1952, 4 Exemplare
Fgst.-Nr. 0132A, 0174A, 0196 A, 0212 A (Bild: 0212A)

340 AMERICA VIGNALE SPIDER

V12 - 4101 ccm - 220 PS bei 6000/min

Bei dieser Vignale-Barchetta, korrekt eher als Spider bezeichnet, handelte es sich um die zivilere Straßenvariante des von Touring im Vorjahr karossierten Rennsport-Zweisitzers. Insgesamt verließen sechs Exemplare dieses attraktiven Gefährtes die Werkstätten von Alfredo Vignale. Mit einem Verdichtungsverhältnis von 8,0:1 und drei 40er Weber-DCV-Vergasern betrug die Leistung 220 PS bei 6.000/min, was dem 900-kg-Leichtgewicht zu erfreulichen Fahrleistungen verhalf.

Produziert 1952, 6 Exemplare
Fgst.-Nr. 0138AM, 0140A, 0202A, 0204A, 0206A, 0238A (Bild: 0140 A)

340 AMERICA GHIA COUPÉ/BERLINETTA

V12 - 4101 ccm - 220 PS bei 6000/min

Die Carrozzeria Ghia stand ebenfalls zu Diensten, als es darum ging, den 340 America einzukleiden. Bevor sie jedoch eine Kleinserie von „Fastback"-Berlinetten produzierten, versahen sie den 4,1-Liter-Tourensportler zunächst einmal mit einer 2+2-Coupé-Karosserie (0130AL), die erstmals auf dem Pariser Salon zu bestaunen war. Unumstrittener Star der von Ghia produzierten 340 America dürfte Tony Parravanos Berlinetta (0150A) gewesen sein, die 1952 mit Ernie und Jack McAfee (Ferrari-Händler aus dem sonnigen Kalifornien) bei der Carrera Panamericana an den Start ging. Versiert in Sachen Tuning, hatten die McAfees ihren Wagen mittels einer Batterie von sechs Weber-Vergasern und Halibrand-Felgen anstatt der üblichen Speichenräder aufgerüstet - was sich als folgenschwerer Fehler erwies, da die geschlossenen Magnesiumfelgen die mexikanische Hitze nicht abführen konnten, was in zahllosen Reifenpannen mündete. Nichtsdestotrotz beendeten die (übrigens nicht miteinander verwandten) Namensvettern die „Carrera" (als bestes Privatteam) auf der fünften Position.

Produziert 1952, 5 Exemplare
Fgst.-Nr. 0130AL (Coupé), 0142A, 0144A, 0148A, 0150A (Bild: 0142A)

Produziert 1952, 1 Exemplar
Fgst.-Nr. 0232AL

342 AMERICA VIGNALE CABRIOLET

V12 - 4101 ccm - 200 PS bei 5000/min

Mit dem 342 America, dem nur eine viermonatige Produktionsdauer beschieden war, schuf Ferrari einen exklusiven Touren-Sportwagen, der sich nicht nur durch sein aristokratisches Design vom 340 America abhob, sondern auch durch sein um 300 kg höheres Leergewicht. Als weiteres Merkmal findet sich eine Linkslenkung, während das Volant sämtlicher Sport-Spider auf der rechten Seite lag. Einer, der die Unterschiede genau kennen müsste, war der Schweizer Otto Wild, der im Januar 1953 das erste von Vignale karossierte Cabriolet (0232AL) erstand, nachdem er bereits 1951 eine 340 America Barchetta gekauft hatte.

342 AMERICA PININ FARINA COUPÉ

V12 - 4101 ccm - 200 PS bei 5000/min

Im Winter 1952/53 setzte der Typ 342 America den Anfangspunkt einer Serie luxuriöser Tourenwagen, die mehr als eine Dekade später im ultimativen 500 „Superfast" enden und gleichzeitig ihren Höhepunkt erfahren sollte. Allen gemeinsam war der „lange" Lampredi-Motor, dem es anfänglich noch etwas an Kraft mangelte. Als Neuerung fand sich an Stelle des sportlich betonten Fünfganggetriebes des 340 America nunmehr ein synchronisiertes Vierganggetriebe, das über eine Einscheiben-Trockenkupplung an den Motor gekoppelt war. Zur bequemeren Unterbringung der Passagiere wuchs der Radstand auf 2650 mm, bei verbreiteter Spur von 1325/1320 mm. Während das erste der drei von Pinin Farina gefertigten Coupés noch eine glatte Motorhaube aufwies, schmückten die beiden anderen Modelle zwei übereinander liegende Lufteinlässe, wodurch die ohnehin schon massiv wirkende Linie zusätzlich an Gewicht zusetzte.

Produziert 1952 - 1953, 3 Exemplare
Fgst.-Nr. 0240AL, 0242AL, 0246AL (Bild: 0246AL)

342 AMERICA PININ FARINA CABRIOLET

V12 - 4101 ccm - 200 PS bei 5000/min

Pinin Farina erwies sich einmal mehr als Couturier der Schönen und Reichen: Sein erstes Cabriolet (0234AL) wurde direkt an das belgische Königshaus ausgeliefert, das aus seiner Vorliebe für Ferrari-Sportwagen keinen Hehl machte. Das zweite PF-Cabriolet (0248AL), das im Januar 1953 auf der New York International Motor Show präsentiert wurde, soll übrigens mit einem 4,5-Liter-Aggregat ausgestattet gewesen sein, womit es als Versuchsträger der kommenden 375er-Serie fungiert hätte.

Produziert 1952 - 1953, 2 Exemplare
Fgst.-Nr. 0234AL, 0248AL (Bild: 0248AL)

1953 Serienmodelle

Produziert 1953, 2 Exemplare
Fgst.-Nr. 0264M, 0272M (Bild: 0272M)

166 MM/53 AUTODROMO SPIDER

V12 - 1995 ccm, 160 PS bei 6600/min

Über diese Wagen ist in der Vergangenheit nicht viel bekannt geworden. Der Spider auf Basis des Chassis mit der Fahrgestellnummer 0272M verfügte über eine eigenwillige, höchstwahrscheinlich von Autodromo/Modena gefertigte Karosserie, die in ihrer schlichten Linienführung am ehesten an den Stil Vignales erinnert. 1953 startete Alberico Cacciari zusammen mit seinem Copiloten „Mason“ bei der Mille Miglia, die sie an 56. Position beendeten. Vier Monate später platzierte sich Cacciari an zweiter Stelle beim großen Sportwagenpreis des „Supercortemaggiore“. 1955 tauchte der Wagen plötzlich als Leinwandstar des 20th-Century-Fox-Streifens „The Racers“ auf, der auf einer Erzählung von Hans Ruesch beruhte, der sich seinerseits als Ferrari-Pilot versucht hatte.

166 MM/53 ABARTH SPIDER

V12 - 1995 ccm, 160 PS bei 6600/min

Dieser Spider war das einzigartige Ergebnis einer einmaligen Liaison, der Verbindung eines Ferrari-Fahrwerks mit einer Abarth-Karosserie. Franco Cornacchia, Mailands Ferrari-Händler, orderte 1953 den ultraleichten Zweiliter-V12 (813 kg) für seine Scuderia Guastalla. Beim 13. Giro di Sicilia konnte Giulio Musitelli immerhin den Klassensieg verbuchen. Die nur 55 kg schwere Karosserie, deren Design Franco Scaglione zugeschrieben wird, ließ sich vollständig zerlegen und konnte schnell vom Chassis getrennt werden. Leider wurde der Aufbau später zerstört und durch eine konventionelle Scaglietti-Karosserie ersetzt.

Produziert 1953, 1 Exemplar
Fgst.-Nr. 0262M

Produziert 1953, drei Exemplare
Fgst.-Nr. 0244M, 0300M, 0308M (Bild: 0244M)

166 MM/53 VIGNALE BERLINETTA

V12 - 1995 ccm, 160 PS bei 6600/min

Beim allerersten Modell der auch „Serie II“ genannten 166 MM aus dem Jahr 1953 handelte es sich um Francois Picards Vignale Berlinetta (0244M), mit der sich der Franzose den Sieg bei den 12 Stunden von Hyères holte. Bei den 12 Stunden von Reims belegte er mit seinem Partner Charles Pozzi den zweiten Rang in der Zweiliter-Klasse. Während Vignale diese Berlinetta noch im Stil seiner 1952er-Kreationen karossierte, tauchten bei der Tour de France zwei völlig neu gestaltete Exemplare auf (0300M und 0308M), die unter Herzet/Bianchi und Dumay/Causse die Plätze 6 und 7 belegten.

166 MM/53 VIGNALE SPIDER

V12 - 1995 ccm, 160 PS bei 6600/min

Die Gesamtproduktion der 1953 gebauten 166 MM der Serie II belief sich auf etwa 12-15 Exemplare, von denen die Hälfte mit einer Vignale-Karosserie ausgestattet waren, die den Stil des neuen 250/340 „Mille Miglia“ kopierte. Die kleinen wendigen Spider schienen wie geschaffen für den Einsatz bei Sportwagenrennen in der Klasse bis zwei Liter Hubraum. Beim ersten Rennen der Sportwagen-Weltmeisterschaft 1953, den 12 Hours of Sebring, retteten Ed Lunken und Charles Hassan, unterwegs auf einem 166 MM/53 (0324M), die Ehre der Scuderia, indem sie mit ihrem 6. Platz den ersten WM-Punkt für Ferrari erstritten. Bei der Mille Miglia landeten die formschönen Spider abgeschlagen nur auf den Rängen 15 und 24.

Produziert 1953, 6 Exemplare
Fgst.-Nr. 0266M, 0278M, 0290M, 0314M, 0324M, 0342M (Bild: 0290M)

166 MM/53 PININ FARINA BERLINETTA

V12 - 1995 ccm, 160 PS bei 6600/min

Diese Berlinetta ruht auf dem letzten bekannten Fahrgestell (0346M) des 166 MM Serie II und wurde 1953 vom Deutschen Kurt Zeller bei Pinin Farina in Auftrag gegeben, für den es der einzige Zweiliter-Ferrari bleiben sollte. Seine kraftvolle Kreation ähnelt den großen Brüdern der kleinen Berlinetta, die als 250 MM, 340 MM und 375 MM für Furore sorgen sollten. Obwohl Zeller eine ausgeprägte motorsportliche Aktivität entwickelte, z.B. bei der Tour de Belgique, schaffte er nie den Sprung aufs Siegertreppchen.

Produziert 1953, 1 Exemplar
Fgst.-Nr. 0346M

212 INTER PININ FARINA COUPÉ

V12 - 2562 ccm - 130/170 PS bei 6500/min

Pinin Farina hatte sich innerhalb kurzer Zeit mit seinen Aufbauten einen Namen gemacht und sich so an die Spitze der italienischen Karosseriebauer gearbeitet. Anlässlich des Brüsseler Automobilsalons stellte er 1953 nochmals eine leicht veränderte Variante des Coupés vor. Der Kühlergrill war etwas schmaler gehalten, die Verbindung von Dach und Windschutzscheibe etwas abgeändert. Der 212 Inter wurde in der zweiten Hälfte des Jahres 1953 vom 250 Europa und vom 375 America abgelöst.

Produziert 1952 - 1953, 15 Exemplare
Fgst.-Nr. zwischen 0229EL und 0291EU (Bild: 0279EU)

212 INTER VIGNALE COUPÉ

V12 - 2562 ccm - 130/170 PS bei 6500/min

Anlässlich des Automobilsalons von Genf 1953 wurde die neueste Coupé-Variante des Teams Michelotti-Vignale vorgestellt. Da der 212 Inter in der zweiten Jahreshälfte durch den 250 Europa und den 375 America abgelöst wurde, gab es in diesem letzten Herstellungsjahr der 212 Inter keine wesentlichen technischen Änderungen mehr. Einmal mehr wurden bei der Fertigung der Karosserien vor allem bei einzelnen Chromteilen individuelle Wünsche der Kunden berücksichtigt. Mit dem 212 Inter Coupé war die Zusammenarbeit von Vignale und Ferrari de facto zu Ende, lediglich ein einzelner 250 Europa wurde noch von Vignale eingekleidet.

Produziert 1951 - 1953, 31 Exemplare
Fgst.-Nr. zwischen 0267EU und 0289EU (Bild: 0285EU)

250 EUROPA PININ FARINA COUPÉ

V12 - 2963 ccm - 200-220 PS bei 6000/min

Strenggenommen handelte es sich beim 250 Europa um den Zwillingsbruder des luxuriösen 375 America, der jedoch mit seinem gewaltigen Hubraum in erster Linie für den amerikanischen Markt bestimmt war. Abgesehen vom kleineren Motor ähnelten sich beide Modelle, die auf dem längsten jemals für einen Ferrari verwendeten Chassis (2800 mm Radstand) ruhten, nämlich wie ein Ei dem anderen. Das im Europa verwendete Lampredi-„Longblock"-Aggregat verfügte über ein quadratisches Verhältnis von Bohrung und Hub (68 x 68 mm), woraus ein Einzelhubraum von 246,95 ccm resultierte. Obwohl die Motorleistung, beflügelt durch drei Weber-Doppelvergaser, 220 PS betrug, waren die Fahrleistungen des Europa, bedingt durch das relativ hohe Leergewicht (ca. 1150 kg) nicht übertrieben sportlich. 1953 belief sich die Jahresproduktion dieses von Pinin Farina gezeichneten Coupés auf acht Exemplare, die weitgehend der ersten ausgelieferten Version (0299EU) entsprachen, die der Filmproduzent Roberto Rossellini in Empfang nehmen durfte.

Produziert 1953 - 1954, 16 Exemplare
Fgst.-Nr. zwischen 0299EU und 0325EU (1953), bzw. 0331EU und 0351EU (1954) (Bild: 0323 EU)

250 EUROPA PININ FARINA CABRIOLET

V12 - 2963 ccm - 200-220 PS bei 6000/min

Pinin Farina karossierte die einzige offene Version des 250 Europa (0311EU), die als „Ariowitch-Cabrio", benannt nach seiner Erstbesitzerin, in die Geschichte einging. Im Januar 1954 wurde das silberne Cabriolet mit seiner eleganten Persenning auf der New York Auto Show erstmals der Öffentlichkeit präsentiert. Auf dieser Ausstellung debütierte übrigens auch das zweite 250 Europa Vignale Coupé (0313EU), das sich auf dem Stand von Ferrari-Importeur Luigi Chinetti neben einem 375 Indianapolis und einem knallgelben 375 MM in bester Gesellschaft befand.

Produziert 1953, 1 Exemplar
Fgst.-Nr. 0311EU

250 EUROPA VIGNALE COUPÉ

V12 - 2963 ccm - 200-220 PS bei 6000/min

Die Uraufführung des neuen Dreiliter-Coupés vom Typ 103 fand im Oktober 1953 im Grand Palais des Pariser Automobil Salons statt. Dass Giovanni Michelotti den ersten 250 Europa (0295EU) karossiert hatte, erkannte man unschwer an der hohen Gürtellinie und den charakteristischen, weit über die wuchtige Stoßstange ragenden Kotflügel, die mit schweren Chromteilen verziert waren. Bei der zweiten Version (0313EU) aus dem Hause Vignale handelte es sich um ein interessantes, zweifarbig lackiertes Coupé mit Panorama-Heckscheibe, das wie oben erwähnt auf der New York Auto Show vorgestellt wurde. Während die Historie der erstgenannten Wagen gut dokumentiert ist, streiten sich die Gelehrten immer noch über die Geschichte eines dritten Vignale-Coupés (0347EU), das 1954 produziert worden sein soll.

Produziert 1953 - 1954, drei Exemplare
Fgst.-Nr. 0295EU, 0313EU, 0347EU

250 MM PININ FARINA BERLINETTA

V12 - 2953 ccm - 240 PS bei 7200/min

Der 250 MM war der Stammvater einer langen Ahnenreihe, die aus der Zusammenarbeit von Ferrari und Pinin Farina entspringen sollte. Aus diesem Grunde war das Erscheinen des 250 MM in Genf ein historisches Ereignis. Pinin Farina kleidete die meisten der 250 MM mit einer Berlinetta-Karosserie aus Aluminium ein.

Produziert 1953, 18 Exemplare
Fgst.-Nr. zwischen 0236MM und 0356MM (Bild: 0316MM)

250 MM VIGNALE SPIDER

V12 - 2953 ccm - 240 PS bei 7200/min

Der im März 1953 in Genf vorgestellte 250 Mille Miglia (Fgst.-Nr. 0230MM) wurde nach dem Salon an den Filmregisseur Roberto Rossellini verkauft. Der 250 MM entstand als Ergebnis der mit dem 250 Sport unternommenen Versuche und konnte als absolute Neuheit das synchronisierte Fünfganggetriebe präsentieren. Michelottis Entwurf war sehr originell. Die Scheinwerfer saßen nicht mehr an den Kotflügelspitzen, sondern rechts und links vom Kühlergrill. Die so entstandene, rundliche Linienführung gab dem Fahrzeug eine kompakte Form. Kleine Details wie unterschiedliche Kühleröffnungen oder andere Platzierungen der Scheinwerfer gaben jedem einzelnen Fahrzeug eine persönliche Note und verliehen den von Vignale karossierten Autos den Charakter von Einzelstücken. Zu erwähnen wäre noch, dass im Herbst 1952 auf dem Pariser Salon ein 250-MM-Chassis ohne Karosserie ausgestellt wurde und dass Vignale auch ein Coupé auf Basis des MM-Chassis baute (0334MM).

Produziert 1953, 13 Exemplare
Fgst.-Nr. zwischen 0230MM und 0390MM (Bild: 0260MM)

340 MM TOURING SPIDER

V12 - 4101 ccm - 300 PS bei 6600/min

Zwei der zehn gebauten 340 MM erhielten eine Karosserie von Touring in Mailand. Einer davon (Fgst.-Nr. 0294AM) wurde bei einem seiner Renneinsätze so stark beschädigt, dass er 1957 mit einer komplett neuen Spider-Karosserie von Scaglietti versehen wurde. Als echte Wettbewerbsfahrzeuge hatten alle 340 MM Rechtslenkung.

Produziert 1953, 2 Exemplare
Fgst.-Nr. 0268AM und 0294AM (Bild: 0268AM)

340 MM PININ FARINA BERLINETTA

V12 - 4101 ccm - 300 PS bei 6600/min

Als Nachfolger des 340 America kam der 340 MM. Zwar war das Design dem 250 MM täuschend ähnlich, aber er unterschied sich doch in einigen Details. Der Radstand war um zehn Zentimeter verlängert worden, was in der längeren Motorhaube zum Ausdruck kam. Die Windschutzscheibe war nun zweigeteilt, und zur besseren Belüftung der Bremsen waren zu beiden Seiten des Kühlergrills sowie hinten in den Kotflügeln Luftschlitze angebracht. Alle drei Fahrzeuge wurden 1953 in Le Mans eingesetzt. Noch vor dem Rennen war der Motor des ersten 340 MM auf 84 mm Zylinderbohrung vergrößert worden, und wenig später folgten auch die zwei anderen - wodurch sie zu 375 MM reiften.

Produziert 1953, 3 Exemplare
Fgst.-Nr. 0318AM, 0320AM und 0322AM (Bild: 0322AM)

340 MM VIGNALE SPIDER

V12 - 4101 ccm - 300 PS bei 6600/min

Der 340 MM wurde 1953 als stärkere und verbesserte Version des 340 America vorgestellt. Alle 340 MM erhielten Rechtslenkung. Bei der Mille Miglia 1953 gelang Giannino Marzotto mit seinem Beifahrer Marco Crosara ein wichtiger Sieg. (Fgst.-Nr. 0280AM)

Produziert 1953, 4 Exemplare
Fgst.-Nr. 0280AM, 0284AM, 0324AM und 0350AM (Bild: 0350AM)

375 MM PININ FARINA BERLINETTA

V12 - 4494 oder 4522 ccm - 340 PS bei 7000/min

Die Mechanik des 375 MM basierte auf dem 340 MM von 1953, mit einem von 4,1 auf knapp 4,5 Liter aufgebohrten Triebwerk. Die meisten 340 MM wurden zu einem späteren Zeitpunkt mit dem größeren Motor ausgerüstet und mutierten so zu 375 MM. Der vor allem vom Ferrari-Werksteam eingesetzte 375 MM erwies sich in Rennfahrerkreisen als ein sehr begehrtes und auch erfolgreiches Rennfahrzeug. Seinen ersten Sieg fuhr ein umgebauter 340/375 MM Ende 1953 in Casablanca heraus. Der 375 MM wurde mit zwei verschiedenen Motoren angeboten: Zur Wahl standen ein Rennmotor mit 80 mm Bohrung und 74,5 mm Hub (Hubraum 4494 ccm) oder ein „Kundenmotor" mit 84 mm Bohrung und 68 mm Hub (Hubraum 4522 ccm).

Produziert 1953 - 1954, 9 Exemplare
Fgst.-Nr. zwischen 0318AM und 0472AM (Bild: 0358AM)

375 MM PININ FARINA SPIDER

V12 - 4494 oder 4522 ccm - 340 PS bei 7000/min

Die meisten der 22 gebauten 375 MM erhielten eine offene, zweisitzige Spider-Karosserie von Pinin Farina wie das hier gezeigte Modell mit der Fahrgestellnummer 0360AM.
Produziert 1953 - 1954, 14 Exemplare
Fgst.-Nr. zwischen 0360AM und 0460AM (Bild: 0360AM)

375 AMERICA PININ FARINA COUPÉ

V12 - 4523 ccm - 300 PS bei 6300/min

Der mit einem 4.5-Liter-Motor ausgerüstete 375 America wurde im Herbst 1953 in Paris vorgestellt. Beim Ausstellungsfahrzeug handelte es sich um das von Pinin Farina eingekleidete Exemplar mit der Fgst.-Nr. 0293AL (AL stand für „America Lungo"). Er ersetzte den 212 Inter und den in nur sechs Exemplaren gebauten 342 America. Zusammen mit dem 375 America wurde auch der 250 Europa vorgestellt. Diese beiden Modelle waren vom Aufbau her identisch, jedoch mit verschiedenen Motoren bestückt. Der größere, stärkere Motor im 375 America war vorwiegend für die amerikanischen Kunden gedacht, der kleinere Dreiliter-V12 im 250 Europa für die europäische Käuferschaft.

Produziert 1953 - 1954, 8 Exemplare
Fgst.-Nr. zwischen 0293AL und 0355AL (Bild: 0329AL)

375 AMERICA VIGNALE COUPÉ

V12 - 4523 ccm - 300 PS bei 6300/min

Von der nur zwölf Exemplare umfassenden Produktion des 375 America kleidete Vignale drei Coupés und ein Cabriolet ein.
Produziert 1953 - 1954, 3 Exemplare
Fgst.-Nr. 0301AL, 0327AL und 0337AL

625 TF VIGNALE COUPÉ

4 Zyl. in Reihe - 2498 ccm - 220 PS bei 6800/min

Seinen Namen bezog das Modell „Targa Florio" (TF) vom gleichnamigen Langstreckenrennen in Sizilien, das für seine materialmordende Straßenbeschaffenheit und die Physis des Fahrers stark belastende Streckenführung berüchtigt war. Es wurden lediglich drei 625 Targa Florio hergestellt, alle mit Vignale-Karosserie, jedoch nur ein einziges Coupé.
Produziert 1953, 1 Exemplar
Fgst.-Nr. 0302TF

625 TF VIGNALE SPIDER

4 Zyl. in Reihe - 2498 ccm - 220 PS bei 6800/min

Der 625 Targa Florio war der erste Straßen-Ferrari, der keinen Zwölfzylindermotor, sondern einen Reihen-Vierzylindermotor erhielt. Es wurden nur gerade drei Fahrzeuge gebaut. Sie wurden vorwiegend als Versuchsfahrzeuge benutzt und schon bald an private Kunden im In- und Ausland weiter verkauft.
Produziert 1953, 2 Exemplare
Fgst.-Nr. 0304TF und 0306TF (Bild:0304TF)

735 S FERRARI SPIDER

4 Zyl. in Reihe - 2941 ccm - 225 PS bei 6800/min

Das einzigartige Design des 735 Sport stammt aus der Rennabteilung des Hauses Ferrari selbst. Da das Projekt 735 S in sehr kurzer Zeit fertig gestellt werden musste, ließ es sich Lampredi nicht nehmen, auch beim Entwurf der Karosserie selbst Hand anzulegen. Die Karosserien wurden dann im Auftrag von Ferrari bei der Carrozzeria Autodromo in Modena hergestellt. Wahrscheinlich wurden nur drei Ferrari vom Typ 735 S produziert.

Produziert 1953, 3 Exemplare
Fgst.-Nr. 0428MD, 0444MD und 0446MD

Produziert 1953 - 1954, 16 Exemplare
Fgst.-Nr. zwischen 0299EU und 0351EU (1954)
(Bild: 0331EU)

250 EUROPA PININ FARINA COUPÉ

V12 - 2963 ccm - 200-220 PS bei 6000/min

Bis zur Präsentation seines Nachfolgers, dem 250 Europa GT, wurden 1954 noch insgesamt 9 Coupés des 250 Europa (mit dem Dreiliter-Lampredi-Triebwerk) produziert. Während sich Vignale nur eines Exemplares annahm (0347EU), zeichnete Pinin Farina für die verbleibenden acht Coupés verantwortlich, die sich kaum vom Vorjahresmodell unterschieden. Charakteristisch für die Touren-Sportwagen dieser Epoche war die dezente Farbgebung, die bis auf wenige Ausnahmen im diskreten Silbergrau oder Blaugrau erschienen. Wie bei unserem präsentierten Modell, hatte die Dachkonstruktion häufig eine zweite Farbe, die dem ansonsten schlichten Eindruck etwas Kontrast verlieh.

250 EUROPA GT PININ FARINA COUPÉ

V12 - 2953 ccm - 220-240 PS bei 7000/min

Produziert 1954 - 1956, 34 Exemplare
Fgst.-Nr. zwischen 0357GT und 0427GT
Rennversionen: 0369GT, 0383GT, 0385GT, 0415GT
Show Cars: 0393GT, 0403GT, 0425GT (Bild: 0383GT)

Trotz seiner Namensverwandtschaft („Europa" mit und ohne „GT") hatte der erste Europa GT (0357GT), der 1954 auf dem Pariser Salon exakt ein Jahr nach der Präsentation seines Vorgängers vorgestellt wurde, nur wenig mit diesem gemeinsam. Oberflächlich betrachtet ähnelte die Karosserie schon der des Europa, wirkte jedoch wesentlich kompakter und sportlicher. Unter der von Pinin Farina kreierten Hülle wartete man allerdings mit einem völlig neuen Konzept auf. Dabei griff Ferrari auf den von Colombo entwickelten Dreiliter-V12-Motor (Typ 112 mit kurzem Motorblock) zurück, bei dem es sich um die gezähmte Variante des im 250 MM verwendeten Rennaggregates handelte. Der Fortschritt machte auch vor dem auf 2600 mm verkürzten Chassis (Typ 508) nicht halt. Während die Hinterachse lediglich unter die Rahmenlängsträger wanderte, musste die vordere Querblattfeder den moderneren Schraubenfedern weichen, was dem GT eine verbesserte Straßenlage verlieh. Zwischen Juli 1954 und Januar 1956 entstanden bei Pinin Farina 27 Stahlblech-Coupés, die sich in ihrer klassisch schlichten Linienführung mehr oder weniger ähnelten.
Zusätzlich zu den sogenannten „Standard-Coupés" kleidete Pinin Farina noch drei Show Cars und vier Wettbewerbsversionen ein, die in ihrer Karosserieform stark an die Rennberlinetten vom Typ 250/375 MM erinnerten. Diese Wagen begründeten maßgeblich den Erfolg der 250-GT-Serie, in der die Dreiliter-Ferrari über eine Dekade lang die restliche Gran-Turismo-Konkurrenz in Grund und Boden fuhren. 1955 machte der spanische Marquis Alfonso de Portago den Anfang, als er am Steuer seiner PF-Berlinetta (0415GT) das GT-Rennen von Nassau auf den Bahamas gewann und damit den ersten Sieg eines 250 GT verbuchen konnte. Mit den beiden Berlinetten 0393GT und 0425GT, die über Entlüftungsschlitze in den hinteren Dachpfosten verfügten, nahm Pinin Farina die Silhouette der 1957 folgenden Berlinetta „Tour de France" vorweg.

Produziert 1954, 1 Exemplar
Fgst.-Nr. 0359GT

250 EUROPA GT VIGNALE COUPÉ

V12 - 2953 ccm - 240 PS bei 7000/min

Bis auf eine einzige Ausnahme (0359GT) stammten sämtliche 250 Europa GT aus der Werkstatt von Pinin Farina, der inzwischen zu Ferraris Lieblings-Karossier aufgestiegen war. Als eine der letzten Arbeiten des Designer-Gespanns Michelotti-Vignale orderte das Belgische Königshaus ein Spezial-Coupé, das durch seinen originellen Dachaufbau für Aufsehen sorgte. Das eigens für Prinzessin Liliane de Réthy produzierte Coupé, das aufgrund der Panorama-Heckscheibe und der ungewöhnlich großen Windschutzscheibe eine hervorragende Rundumsicht bot, wurde übrigens in das Ferrari-Jahrbuch des Jahres 1955 aufgenommen.

250 MONZA PININ FARINA SPIDER

V12 - 2953 ccm - 240 PS bei 7200/min

Als Nachfolger des 250 MM handelt es sich beim 250 Monza um ein Modell, das nur viermal gebaut wurde. Es entstand auf einem 500-Mondial-Chassis, erhielt aber das V12-Triebwerk, wie es schon im Vorjahr beim 250 MM verwendet wurde. Über die Gründe, die zum Bau und Einsatz des 250 Monza mit V12-Motor führten, ist wenig bekannt. Das Projekt fiel zeitlich in eine Periode, in der das komplette Sportwagen- und Rennsportprogramm auf die erfolgversprechenden Vierzylinder-Reihenmotoren mit 2 bis 3 Liter Hubraum umgerüstet wurde. 1954 erhielten zwei der vier gebauten 250 Monza eine offene Karosserie von Pinin Farina, wovon einer (Fgst.-Nr. 0432M) nach einem schweren Unfall 1957 mit einer Spider-Karosserie von Scaglietti versehen wurde.

Produziert 1954, 3 Exemplare
Fgst.-Nr. 0420M, 0432M und 0466M

1954 Serienmodelle

250 MONZA SCAGLIETTI SPIDER

V12 - 2953 ccm - 240 PS bei 7200/min

Hier die Scaglietti-Spider-Karosserie, mit der 1954 einer der insgesamt vier gebauten 250 Monza ausgestattet wurde.

Produziert 1954, 1 Exemplar
Fgst.-Nr. 0442M

375 MM PININ FARINA BERLINETTA

V12 - 4494 oder 4522 ccm - 340 PS bei 7000/min

Der 375 MM wurde mit zwei verschiedenen Motoren angeboten: einem Rennmotor mit 80 mm Bohrung und 74,5 mm Hub (Hubraum 4494 ccm) oder einem sogenannten „Kundenmotor" mit 84 mm Bohrung und 68 mm Hub (Hubraum 4522 ccm).

Produziert 1953 - 1954, 9 Exemplare
Fgst.-Nr. zwischen 0318AM und 0472AM (Bild: 0416AM)

375 MM PININ FARINA SPIDER

V12 - 4494 oder 4522 ccm - 340 PS bei 7000/min

Die Mehrzahl der 22 gebauten 375 MM erhielt eine Spider-Karosserie von Pinin Farina.

Produziert 1953 - 1954, 14 Exemplare
Fgst.-Nr. zwischen 0360AM und 0460AM (Bild: 0362AM)

375 MM PININ FARINA COUPÉ SPECIALE

V12 - 4522 ccm - 340 PS bei 7000/min

Der später als „Bergman-Special" bekannte Ferrari basiert auf dem Chassis eines 375 MM und gilt als einer der schönsten je gebauten Ferrari. Für Pinin Farina war es eine wichtige Stilstudie für spätere Entwicklungen. Viele einzelne Elemente fanden in der Folgezeit bei seinen Entwürfen zu Sportwagen und GT-Fahrzeugen Verwendung. Einige bemerkenswerte Details waren u.a. die Klappscheinwerfer und die auffallende Lufthutze in der weit heruntergezogenen Front, aber auch die speziell geformten Blinker auf den vorderen Kotflügeln. Die seitlichen Einbuchtungen in den Karosserieflanken hinter den Vorderrädern zierten später auch die Chevrolet Corvette. Die „Schokoladenseite" des Bergman-Ferrari war jedoch zweifelsfrei die Heckpartie mit der senkrecht stehenden Heckscheibe und den weit auslaufenden C-Säulen. Die komplette Heckpartie ließ sich in einem Stück als ein riesiger Deckel zum Kofferraum aufklappen. Gezeigt wurde dieses außergewöhnliche Fahrzeug 1954 auf dem Pariser Salon.

Produziert 1954, 1 Exemplar
Fgst.-Nr. 0456AM (Bild: 0456AM)

375 MM GHIA COUPÉ SPECIALE

V12 - 4522 ccm - 340 PS bei 7000/min

Auf der Turiner Autoshow 1955 zeigte der sonst eher als konservativ bekannte Ghia diese Einzelanfertigung auf der Basis eines 375-MM-Chassis. Deutlich war bei diesem Prototypen der amerikanische Designeinfluss zu erkennen. Der wuchtige Chromgrill und die Armaturen oder die ausgefallene zweifarbige Lackierung liessen keinen Zweifel an der projektierten Klientel.

Produziert 1954, 1 Exemplar
Fgst.-Nr. 0476AM

375 MM PININ FARINA COUPÉ SPECIALE

V12 - 4522 ccm - 340 PS bei 7000/min

Hier handelt es sich um eine Einzelanfertigung von Pinin Farina auf der Basis eines 375 MM. Auf der Automobilausstellung von Turin 1955 konnte dieses spezielle Coupé bewundert werden. Es wies bereits einige Stilelemente auf, die später beim 250 GT „Tour de France" wieder auftauchen sollten.

Produziert 1954, 1 Exemplar
Fgst.-Nr. 0490AM

Produziert 1954, 6 Exemplare
Fgst.-Nr. 0384AM, 0386AM, 0392AM, 0394AM, 0396AM und 0398AM (Bild: 0392AM)

375 PLUS PININ FARINA SPIDER

V12 - 4954 ccm - 330 PS bei 6000/min

Das Triebwerk des 375 Plus basiert auf dem langhubigen Formel-1-Motor von 1951 bzw. dem 375 Indy von 1952. Es wurde aufgebohrt auf 84 mm und kam so auf einen stattlichen Hubraum von 4954 ccm, wobei das „Plus" in der Typenbezeichnung in jeder Hinsicht wörtlich zu nehmen ist. Warum man den Neuen jedoch in der bewährten Einzelhubraum-Nomenklatur nicht „412" nannte, bleibt wohl Enzo Ferraris Geheimnis. Die 375 Plus erhielten im Gegensatz zu den 375 MM eine DeDion-Hinterachse. Wegen des ausladenden DeDion-Rohrs musste der Treibstofftank etwas höher eingebaut werden, was zu einer voluminösen Ausbuchtung auf dem Kofferraumdeckel führte. Diese Ausbuchtung ist ein sicheres Erkennungsmerkmal des 375 Plus gegenüber dem 375 MM. Er wurde vom Ferrari werksseitig ab Februar 1954 bei verschiedenen Rennen eingesetzt. Es folgten Siege in Le Mans mit Gonzalez/Trintignant und bei der Carrera Panamericana mit Umberto Maglioli.

375 PLUS SCAGLIETTI/SUTTON SPIDER

V12 - 4954 ccm - 330 PS bei 6000/min

Nur ein einziger 375 Plus wurde von Scaglietti eingekleidet. Dieser erhielt jedoch nach einem schweren Unfall in Sebring Mitte der fünfziger Jahre unter seinem amerikanischen Besitzer eine neue Karosserie von Sutton, einer kleinen US-Karosseriewerkstatt.

Produziert 1954, 1 Exemplar
Fgst.-Nr. 0478AM

375 PLUS PININ FARINA CABRIOLET

V12 - 4954 ccm - 330 PS bei 6000/min

Der heute als „König Leopolds Ferrari“ bekannte 375 Plus kann als Einzelanfertigung eingestuft werden. Als letzter gebauter 375 Plus entstand er Ende 1954 auf einem Spezialchassis vom Typ 102 und erhielt einen 375-Plus-Rennmotor. Während der Herstellung seines Ferrari stattete der interessierte Käufer, König Leopold von Belgien, dem Karossier Pinin Farina in Turin einen Besuch ab. Eine Besonderheit ist der auf dem Deckel des Handschuhfaches angebrachte Höhenmesser, ein exklusives Zubehör, welches der König bei jedem seiner Autos einbauen ließ - aus welchem Grund auch immer. Sehr ausgefallen war auch das giftgrüne Lederinterieur im schwarz lackierten Wagen.

Produziert 1954, 1 Exemplar
Fgst.-Nr. 0488AMM)

375 AMERICA PININ FARINA COUPÉ

V12 - 4523 ccm - 300 PS bei 6300/min

Die 1954 entstandenen 375 America mit Pinin-Farina-Karosserie sind auf den ersten Blick nicht von ihren „kleinen Brüdern“, den 250 Europa GT zu unterscheiden. Lediglich das letzte gebaute Exemplar (0355AL) macht da eine Ausnahme. Der 1955 in Turin ausgestellte Ferrari entstand im Auftrag von Giovanni Agnelli. Sein quadratischer Kühlergrill verlieh dem Wagen ein sehr Limousinen-haftes Aussehen, das sich deutlich vom gängigen italienischen Sportwagengeschmack abhob.

Produziert 1953 - 1954, 8 Exemplare
Fgst.-Nr. zwischen 0293AL und 0355AL (Bild: 0329AL)

375 AMERICA VIGNALE COUPÉ

V12 - 4523 ccm - 300 PS bei 6300/min

Auf der Automobilausstellung in Turin 1954 wurde dieses leuchtend gelb lackierte Coupé von Vignale mit der Fgst.-Nr. 0327AL präsentiert.

Produziert 1953 - 1954, 3 Exemplare
Fgst.-Nr. 0301AL, 0327AL und 0337AL (Bild: 0327AL)

375 AMERICA VIGNALE CABRIOLET

V12 - 4523 ccm - 300 PS bei 6300/min

Der einzige von Vignale als Cabriolet karossierte 375 America entstand 1954 nach einem Design von Giovanni Michelotti. Ein auffallendes Merkmal war die nach amerikanischem Muster weit herumgezogene Windschutzscheibe mit ihren in umgekehrter Richtung stehenden Dachholmen (sog. „Panorama-Scheibe“).

Produziert 1954, 1 Exemplar
Fgst.-Nr. 0353AL

500 MONDIAL PININ FARINA BERLINETTA

4 Zyl. in Reihe - 1985 ccm - 155 PS bei 7000/min

Nur zwei 500 Mondial erhielten von Pinin Farina eine Berlinetta-Karosserie. Die Berlinetta („kleine Berlina", d.h. Limousine) unterschied sich von der Form her nicht stark vom Spyder. Interessant war bei den Aufbauten von Pinin Farina, dass der Kühlergrill schräg nach hinten geneigt war. Beide Fahrzeuge wurden mit Rechtslenkung ausgestattet.

Produziert 1954, 2 Exemplare
Fgst.-Nr. 0422MD und 0452MD (Bild: 0452MD)

500 MONDIAL PININ FARINA SPIDER

4 Zyl. in Reihe - 1985 ccm - 155 PS bei 7000/min

Der Name des 500 Mondial erinnerte an die Weltmeisterschaftserfolge der Zweiliter-Ferrari in den Jahren 1952 und 1953 unter Alberto Ascari. Die 500 Mondial erhielten als erste Serien-Fahrzeuge die Vierzylinder-Reihenmotoren. Diese zeichneten sich speziell durch Doppelzündung (zwei Zündkerzen pro Brennraum), Trockensumpfschmierung, ein mit dem Hinterachsdifferenzial verblocktes Getriebe und eine DeDion-Hinterachse aus. Alle Fahrzeuge erhielten Rechtslenkung.

Produziert 1954, 13 Exemplare
Fgst.-Nr. zwischen 0404MD und 0458MD (Bild: 0434MD)

Produziert 1954 - 1955, 17 Exemplare
Fgst.-Nr. zwischen 0446MD und 0580MD (Bild: 0454MD)

500 MONDIAL SCAGLIETTI SPIDER

4 Zyl. in Reihe - 1985 ccm - 155-170 PS bei 7000/min

Enzo Ferraris Sohn Dino hatte den jungen Karosseriebauer Franco Scaglietti gebeten, nach seinem Entwurf auf einem alten 166er-Chassis eine neue Karosserie anzufertigen. Die so entstandene, originelle Karosserie diente Scaglietti später als Entwurf für viele Ferrari-Rennwagen. Die Frontpartie hatte eine aerodynamisch bessere, flachere und langgestreckte Form erhalten. Diese erste Kooperation war der Grundstein zu einer Zusammenarbeit von Scaglietti und Ferrari, die bis zum heutigen Tage andauert. Als der 500 Mondial im Februar 1954 zum ersten Rennen antrat, trug er bereits die neue Karosserie. Alle 500 Mondial wurden mit Rechtslenkung gebaut.

750 MONZA PININ FARINA SPIDER

4 Zyl. in Reihe - 2992 ccm - 260 PS bei 6000/min

Nur ein einziger 750 Monza wurde mit einer Spider-Karosserie von Pinin Farina versehen.

Produziert 1954, 1 Exemplar
Fgst.-Nr. 0486M

750 MONZA SCAGLIETTI SPIDER

4 Zyl. in Reihe - 2992 ccm - 260 PS bei 6000/min

Als Nachfolgemodell des 500 Mondial kam der 750 Monza im Autodromo von Monza zu seinem ersten Einsatz.

Produziert 1954, 30 Exemplare
Fgst.-Nr. zwischen 0440M und 0586M (Bild: 0454M)

118 LM SCAGLIETTI SPIDER

6 Zyl. in Reihe - 3747 ccm - 280 PS bei 6400/min

Der Sechszylinder-Reihenmotor war aus dem vierzylindrige Formel-1-Motor vom Typ 625 GP entstanden. Der von Scaglietti karossierte Spider erhielt den Namen 118 LM (die Zahl 118 ist kein Hubraumschlüssel, sondern die interne Projektbezeichnung) und war der erste Ferrari-Sechszylinder. Dem Modell war aber leider kein großer Erfolg beschieden, und so wurde der 118 LM schon nach wenigen Renneinsätzen mit dem Ferrari-Werksteam durch den 121 LM ersetzt. Keiner der drei bis fünf gebauten 118 LM existiert heute mehr.
Produziert 1955, 3-5 Exemplare
Fgst.-Nr. 0484LM, 0542LM, 0544LM

121 LM SCAGLIETTI SPIDER

6 Zyl. in Reihe - 4412 ccm - 330 PS bei 6000/min

Die Ära der Sechszylinder-Reihenmotoren war nur sehr kurz, und der 121 LM war als zweite Evolutionsstufe des Sechszylinder-Konzepts bereits der letzte Vertreter seiner Art. Im Gegensatz zum 118 LM überlebte der 121 LM als wichtiger Ferrari-Zeitzeuge, denn als Folge des Totalausfalls der 121-LM-Flotte bei der Mille Miglia 1955 und in Le Mans im selben Jahr wurden drei von vier Exemplaren an amerikanische Privatrennfahrer verkauft. Die Autos waren zwar unerhört schnell, hatten aber schlechte Bremsen und krankten an Fahrwerksproblemen.
Produziert 1955, 4 Exemplare
Fgst.-Nr. 0484LM, 0532LM, 0546LM und 0558LM (Bild: 0546LM)

500 MONDIAL SCAGLIETTI SPIDER

4 Zyl. in Reihe - 1985 ccm - 155-170 PS bei 7000/min

Im Laufe des Jahres 1955 wurde die Mondial-Serie I von der Serie II abgelöst. Die Fahrzeuge der Serie II unterschieden sich rein äußerlich kaum von ihren Vorgängern, jedoch war die Leistung mit 170 PS etwas erhöht worden. Außerdem kamen bei der neuen Serie Fünfganggetriebe zum Einsatz. Alle 500 Mondial waren rechtsgelenkt. Als Serie-II-Mondial gelten Fahrzeuge ab Fgst.-Nr. 0512MD bis 0580MD.

Produziert 1954 - 1955, 17 Exemplare
Fgst.-Nr. zwischen 0446MD und 0580MD (Bild: 0528MD)

857 S SCAGLIETTI SPIDER

4 Zyl. in Reihe - 3431 ccm - 280 PS bei 5800/min

Als Nachfolger des 750 Monza (Dreiliter) und Vorläufer des 860 Monza (3,5 Liter) wurde 1955 der 857 S mit auf 3,4 Liter vergrößertem Hubraum gebaut.
Produziert 1954, 4 Exemplare
Fgst.-Nr. 0570M, 0578M, 0584M und 0588M (Bild: 0578M)

410 SUPERAMERICA SERIE I PININ FARINA COUPÉ

V12 - 4962 ccm - 340 PS bei 6000/min

Wie der Name schon sagt, sollte auch der 410 Superamerica vornehmlich dem Kundenkreis jenseits des großen Teiches vorbehalten bleiben. Entwickelt als Ersatz des 375 America, stellte er von Seiten des Motors und des Fahrgestells eine erhebliche Verbesserung dar. Das fahrbereite Chassis (tipo 514), das auf dem Pariser Salon im Oktober 1955 enthüllt wurde, hatte mit dem Ersatz der vorderen Querblattfeder durch Schraubenfedern eine erhebliche Verjüngungskur erfahren. Vorn ruhte der riesige Lampredi-Motor (tipo 126), der durch Verwendung neuer Zylinderlaufbuchsen über fast 5 Liter Hubraum verfügte.

Produziert 1955 - 1956, 13 Exemplare
Fgst.-Nr. 0423SA, 0471SA (1955), zwischen 0475 SA und 0501 SA (1956) (Bild: 0475SA)

Produziert 1956 - 1957, 79 Exemplare
Fgst.-Nr. zwischen 0429GT und 0675GT (Bild: 0633GT)

250 GT BOANO COUPÉ

V12 - 2953 ccm - 220-230 PS bei 7000/min

Der auf dem Genfer Automobilsalon 1956 vorgestellte 250 GT „Boano" bildete zusammen mit seinem direkten Nachfolger, dem 250 GT „Ellena", eine relativ kleine Bauserie. Das Design stammte von Pinin Farina, gebaut wurden jedoch nur wenige Exemplare von Pinin Farina selbst, da die Firma gerade mit dem Neubau vor den Toren Turins beschäftigt war. In der Eile musste ein anderes Karosseriewerk gefunden werden. Mario Boanos kleines Unternehmen erwies sich als geeignet, hatte der Meister doch früher bei Pinin Farina und später auch bei Ghia gearbeitet und sich einen Namen gemacht. Als Basistriebwerk diente dem „Boano" der Motor des 250 Europa GT, die erste Version des später zur Legende werdenden „Colombo-V12". Im Gegensatz zum Nachfolger „Ellena" ist der „Boano" wegen seines niedrigeren Dachaufbaus in der Ferrari-Fachsprache auch als als „low roof coupé" bekannt. Einige wenige Fahrzeuge erhielten eine Aluminiumkarosserie. Zusammen mit dem Boano Coupé zeigte Pinin Farina auf dem Genfer Automobilsalon 1956 auch eine Cabrioletversion (0461GT). Diese wurde jedoch nie in Serie gebaut, und so blieb es bei diesem Einzelstück.

250 GT LWB SCAGLIETTI BERLINETTA „TOUR DE FRANCE"

V12 - 2953 ccm - 230-260 PS bei 7000/min

Der 250 GT LWB Scaglietti Berlinetta „Tour de France" war das Nachfolgemodell des 250 MM und des 250 Europa. Zwar war das Chassis den früheren Modellen sehr ähnlich, es verfügte jedoch anstelle der Blattfedern an der Vorderradaufhängung nun über Schraubenfedern. Auch erhielt der „TdF" ein vollsynchronisiertes Vierganggetriebe. Es wurden Motoren vom Typ 128B eingebaut (erkennbar an den im Innern des Zylinder-V's liegenden Zündkerzen). Gebaut wurde das Fahrzeug bei Scaglietti in Modena nach einem Design von Pinin Farina. Die Fahrzeuge erhielten alle Aluminiumkarosserien und außer der Windschutzscheibe, die aus Glas bestand, rundum Plexiglasscheiben. Das spartanische Interieur half zusätzlich, das Gewicht mit 1050 kg (trocken) sehr niedrig zu halten. Es wurden nur Fahrzeuge mit Linkslenkung hergestellt. Seinen „Kriegsnamen" verdiente der „Tour de France" mit dem Sieg von de Portago/Nelson (mit Fgst.-Nr. 0557GT) bei der gleichnamigen französischen Langstrecken-Rallye im Jahre 1956.

Produziert 1956, 8 Exemplare
Fgst.-Nr. zwischen 0503GT und 0619GT (Bild: 0557GT)

250 GT LWB ZAGATO BERLINETTA „TOUR DE FRANCE"

V12 - 2953 ccm - 230-260 PS bei 7000/min

Wie die meisten von Zagato karossierten Wagen warem auch die wenigen Zagato-Ferrari an den zwei höckerartigen Erhebungen („double bubble") im Dach und an den Fensterpfosten in Z-Form leicht zu erkennen. Motor und Chassis unterschieden sich nicht von den von Scaglietti karossierten Fahrzeugen.

Produziert 1956, 2 Exemplare
Fgst.-Nr. 0515GT und 0537GT (Bild: 0515GT)

250 GT LWB SCAGLIETTI BERLINETTA „TOUR DE FRANCE"

V12 - 2953 ccm - 235-260 PS bei 7000/min

Die zweite Karosserieversion des „Tour de France" trug als charakteristisches Merkmal in der C-Säule 14 Entlüftungsschlitze, die der Innenraumentlüftung dienten. Seiten- und Heckscheiben waren auch weiterhin aus Plexiglas gefertigt. Die Motorhaube war komplett abnehmbar, nun mit einer Lufthutze und einer darunter liegenden Kaltluftbox versehen, um die Vergaser mit beruhigter Ansaugluft zu versorgen. Gegen Ende 1956 erfuhr die LWB-Berlinetta einige Modifikationen: Es kamen drehmomentstärkere Motoren vom Typ 128C zum Einsatz, kombiniert mit einem verbesserten Getriebe. Es wurden auch weiterhin nur Fahrzeuge mit Linkslenkung und mit Aluminiumkarosserie gebaut.

Produziert 1956 - 1957, 9 Exemplare
Fgst.-Nr. zwischen 0585GT und 0707GT (Bild: 0597GT)

1956 Serienmodelle

Produziert 1956 - 1959, 40 Exemplare
Fgst.-Nr. zwischen 0655GT und 1475GT (Bild: 0655GT)

250 GT PININ FARINA CABRIOLET SI

V12 - 2953 ccm - 240 PS bei 7000/min

Ferrari hatte 1956 bereits seit einiger Zeit kein „zahmes" offenes Modell mehr im Programm. Um so größer war das Interesse der Öffentlichkeit, als auf dem Genfer Automobilsalon 1957 ein solches Fahrzeug zu bewundern war. Es wird vermutet, dass das von Mario Boano gebaute Cabriolet (Fgst.-Nr. 0461GT von 1955) Battista „Pinin" Farina dazu bewogen hatte, ein eigenes Cabriolet zu entwerfen. Seine Kreation mit der Fgst.-Nr. 0655GT wies als Besonderheit eine tief ausgeschnittene Fahrertür im Stil der klassischen Spider auf und verfügte somit über zwei völlig unterschiedliche Karosserieflanken und -silhouetten. Nach dem Salon ging dieses Cabriolet an den Ferrari-Werksfahrer Peter Collins.

290 MM SCAGLIETTI SPIDER

V12 - 3490 ccm - 320 PS bei 7300/min

Nach dem Verlust der Sportwagen-Weltmeisterschaft 1955 kehrte Ferrari wieder zum Zwölfzylinder zurück. Der neue Motor „tipo 130", der wesentlich kürzer, dafür aber ungewöhnlich breit baute, besiegelte das Ende der Ära Lampredi. Vittorio Jano, der neue Chef-Ingenieur, setzte weiterhin auf Doppelzündung und große Vierfach-Vergaser, wodurch sich die Leistung auf 320 PS bei 7300/min steigern ließ. Genug für zwei Siege bei der Sportwagen-WM, so konnte Eugenio Castellotti die Mille Miglia und Hill/Trintignant den Schwedischen Grand Prix gewinnen, womit sich die Scuderia den dritten WM-Titel sicherte.

Produziert 1956, 4 Exemplare
Fgst.-Nr. 0606MM, 0616MM, 0626MM, 0628MM (Bild: 0616MM)

Produziert 1956, 4 Exemplare
Fgst. Nr.: 0592CM, 0594CM (Berlinetta), 0596CM, 0598CM (Bild: 0598CM)

410 SPECIALE SCAGLIETTI SPIDER/BERLINETTA

V12 - 4961 ccm - 345 PS bei 6800/min

Normalerweise war es bei Ferrari üblich, dass die Tourenversion sich mit leichter zeitlicher Verzögerung aus dem Rennsport ableitete. Eine seltene Ausnahme bildeten die Tipo 410 Speciale, die als Weiterentwicklung des normalen „Superamerica" angesehen werden müssen. Die ersten beiden dieser Spezialanfertigungen wurden 1955 an den extravaganten Tony Parravano ausgeliefert. Während 0592CM, der wie ein in die Länge gezogener 750 Monza aussah, noch auf einem 2800-mm-Chassis ruhte, wirkten der zweite und dritte Scaglietti-Spider (0592CM und 0598CM) mit 2350 mm Radstand wesentlich gedrungener und aggressiver. Die vierte Variante dieser Baureihe wurde im Auftrag des Franzosen Michel-Paul Cavallier im Stil einer 250 GT Rennberlinetta karossiert.

860 MONZA SCAGLIETTI SPIDER

4 Zyl. in Reihe - 3431 ccm - 310 PS bei 6200/min

Das Nachfolgemodell des 750 Monza und des 857 S mit vergrößertem Hubraum von nun 3,5 Litern war der 860 Monza, auch „Super-Monza" genannt. Verwendet wurde das gleiche Chassis wie beim 290 MM.

Produziert 1956, 2 Exemplare
Fgst.-Nr. 0602M und 0604M (Bild: 0604M)

500 TR SCAGLIETTI SPIDER

4 Zyl. in Reihe - 1984 ccm - 180 PS bei 7000/min

Der 500 Testa Rossa wurde am 26. April 1956 in New York erstmals gezeigt. Er war das Nachfolger des 500 Mondial, was auch im Fahrgestellnummern-Suffix „MDTR" für „Mondial Testa Rossa" zum Ausdruck kommt. Im Gegensatz zur landläufigen Meinung war der Urvater aller Testarossa-Modelle also kein Zwölfzylinder, sondern ein Reihenvierzylinder, dessen Ventildeckel leuchtend rot lackiert war.

Produziert 1956, 19 Exemplare
Fgst.-Nr. zwischen 0600MDTR und 0654MDTR
(Bild: 0636MDTR)

625 LM TOURING SPIDER

4 Zyl. in Reihe - 2498 ccm - 225 PS bei 6200/min

Eigens für das 24-Stunden-Rennen von Le Mans 1956 wurden vom Werk drei 500 TR mit größeren Motoren ausgerüstet, um das Hubraumlimit von 2,5 Litern konsequent auszuschöpfen. Nach dem Rennen erhielten sie wieder ihre Zweiliter-Motoren und wurden verkauft. Es waren dies die letzten von der Carrozzeria Touring eingekleideten Ferrari.

Produziert 1956, 3 Exemplare
Fgst.-Nr. 0632MDTR, 0642MDTR und 0644MDTR
(Bild: 0642MDTR)

Produziert 1956, 1 Exemplar, Fgst.-Nr. 0473SA

410 SUPERAMERICA SERIE I GHIA COUPÉ

V12 - 4962 ccm - 340 PS bei 6000/min

Die karosserietechnisch erstaunlichste Realisation eines Superamerica war wohl das rote von Ghia gebaute Coupé (0473SA), das 1956 von Amerikaner Robert C. Wilke geordert wurde, immerhin sein fünftes Spezialcoupé. Dabei handelte es sich um den letzten von Ghia gebauten Ferrari. Dieser Entwurf wird dem damaligen Chefdesigner Mario Savonuzzi zugeschrieben, der einige Monate zuvor schon den recht bizarren Chrysler „Gilda" (eine Hommage an Rita Hayworth) entworfen hatte. Gemäß des Auftraggebers richtete man sich völlig nach dem damaligen Geschmack der Neuen Welt, so wich sogar das klassische Nardi-Lenkrad einem amerikanischen Substitut. Dass Savonuzzi als Verfechter der Theorie galt, nach außen geschwungene Heckflossen wirkten bei hoher Geschwindigkeit stabilisierend, ist überdeutlich zu erkennen.

410 SUPERAMERICA SERIE I PININ FARINA COUPÉ

V12 - 4962 ccm - 340 PS bei 6000/min

Im Januar 1956 präsentierte Ferrari auf dem Brüsseler Salon erstmals ein komplettes Fahrzeug, das in seiner Linienführung an die zur gleichen Zeit produzierten 250 GT Boano erinnerte. Exklusiv in jeder Hinsicht war dann auch der Preis von $16.800, was einen Kaiser Bao-Dai (0493SA) nicht hindern konnte, zur mondänen Klientel zu gehören.

Produziert 1955 - 1956, 13 Exemplare
Fgst.-Nr. zwischen 0423SA und 0501 SA (Bild: 0479SA)

410 SUPERAMERICA SERIE I BOANO COUPÉ

V12 - 4962 ccm - 340 PS bei 6000/min

Die von Mario Boano und dessen Sohn Paolo gegründete Carrozzeria Boano nahm sich der Kreation zweier 410 Superamerica an. Das zuerst gebaute Coupé (0477SA) zeigte sich etwas klassischer als der von Ghia produzierte „Dart"-Ferrari, verfügte aber auch über Heckflossen, die in diesem Fall jedoch nach außen gebogen waren. Die besondere Originalität dieses Entwurfes bestand jedoch in der geteilten Panorama-Heckscheibe, wie man sie später beim tschechischen Tatra wiederfinden konnte.

Produziert 1956, 1 Exemplar
Fgst.-Nr. 0477SA

410 SUPERAMERICA SERIE I BOANO CABRIOLET

V12 - 4962 ccm - 340 PS bei 6000/min

Das auf dem Turiner Automobil-Salon 1956 vorgestellte Boano Cabriolet (0485SA) entsprach stilistisch weitgehend dem bereits auf der Genfer Ausstellung gezeigten 250 GT Cabriolet (0462GT), bei dem sich erstmals die nach außen gebogenen Heckflossen fanden. Während der Präsentation konnte sich Juan Manuel Fangio über die Gegenwart der damaligen Miss France freuen - aber das nur nebenbei.

Produziert 1956, 1 Exemplar
Fgst.-Nr. 0485SA

410 PININ FARINA COUPÉ SPECIALE „SUPERFAST"

V12 - 4962 ccm - 360 PS bei 6000/min

Der von Sergio Pinin Farina gezeichnete 410 Superfast (0483SA) war unbestritten das Traumauto des Pariser Salons im Oktober 1956. Die einzigartige Karosserie, die auf dem um 20 cm verkürzten Chassis (2600 mm Radstand) des „Superamerica" ruhte, nahm als wegweisende Studie kommende Stilelemente vorweg (z.B. breiter, geschwungener Kühlergrill und verkleidete Frontscheinwerfer). Als besonderes Gadget sei noch die gewölbte Frontscheibe erwähnt, die völlig ohne Dachpfosten auskam. Die eigentliche Besonderheit schlummerte jedoch unter der langen Motorhaube: ein 410-Sport-Triebwerk mit Doppelzündung (24 Zündkerzen) und mindestens 360 PS.

Produziert 1956, 1 Exemplar
Fgst.-Nr. 0483SA

250 GT LWB SCAGLIETTI BERLINETTA „TOUR DE FRANCE“

V12 - 2953 ccm - 235-260 PS bei 7000/min

Keine wesentlichen Änderungen gegenüber dem Vorjahr, da Nachfolger (mit drei Entlüftungsschlitzen in der C-Säule) bereits in Sicht.

Produziert 1956 - 1957, 9 Exemplare
Fgst.-Nr. zwischen 0585GT und 0707GT (Bild: 0677GT)

250 GT LWB ZAGATO BERLINETTA „TOUR DE FRANCE“

V12 - 2953 ccm - 235-260 PS bei 7000/min

Keine der insgesamt fünf von Zagato entworfenen und gebauten Ferrari-Berlinetten glich der anderen bis ins Detail. So erhielt der eine „Tour de France“ von 1957 (Fgst.-Nr. 0665GT) ein Dach mit zwei Erhöhungen („double bubble“), während beim anderen Fahrzeug (Fgst.-Nr. 0689GT) das Dach flach gehalten war. Bei beiden Exemplaren befanden sich die Scheinwerfer hinter Plexiglas-Abdeckungen.

Produziert 1957, 2 Exemplare
Fgst.-Nr. 0665GT und 0689GT (Bild: 0665GT)

Produziert 1957 - 1958, 18 Exemplare
Fgst.-Nr. zwischen 0723GT und 0895GT (Bild: 0771GT)

250 GT LWB SCAGLIETTI BERLINETTA „TOUR DE FRANCE“

V12 - 2953 ccm 235-260 PS bei 7000/min

Alle „Tour de France“ dieser Serie hatten verkleidete Scheinwerfer. Das sichtbare Erkennungsmerkmal waren die drei Entlüftungsschlitze in der C-Säule (statt 14). Die Motorhaube war auch bei den Modellen dieses Jahres abnehmbar. Neu waren drei seitliche Motorraum-Entlüftungsschlitze in den vorderen Kotflügeln. Viele, aber nicht alle erhielten vorne und hinten Stoßstangen aus Aluminium, die nicht am Chassis, sondern an der Karosserie befestigt waren. Neu wurde eine Einscheibenkupplung verwendet. Auch weiterhin wurden nur Fahrzeuge mit Linkslenkung und mit Aluminiumkarosserie gebaut.

250 GT BOANO COUPÉ

V12 - 2953 ccm - 220-230 PS bei 7000/min

Im Laufe des Jahres 1957 wurde der 250 GT Boano von seinem Nachfolgemodell 250 GT Ellena abgelöst.

Produziert 1956 - 1957, 79 Exemplare
Fgst.-Nr. zwischen 0429GT und 0675GT (Bild: 0675GT)

250 GT ELLENA COUPÉ

V12 - 2953 ccm - 220-230 PS bei 7000/min

Im Jahre 1957 verließen Vater und Sohn Boano die gerade vier Jahre alte Firma und überließen diese dem langjährigen Kompagnon Luciano Pollo und Schwiegersohn Ezio Ellena. In der entsprechend umbenannten Karosseriewerkstatt entstanden danach die 250 GT „Ellena", die sich vom „Boano" in erster Linie durch eine erhöhte Dachpartie unterschieden. Alle Fahrzeuge erhielten Stahlkarosserien.

Produziert 1957 - 1958, 49 Exemplare
Fgst.-Nr. zwischen 0679GT und 0887GT (Bild: 0807GT)

250 GT CALIFORNIA SPYDER LWB

V12 - 2953 ccm - 260 PS bei 7000/min

Der Prototyp des 250 GT California Spyder wurde im Dezember 1957 vorgestellt und repräsentierte eine neue Karosserievariante des 250 GT mit langem Radstand (LWB). Das Design stammte von Pinin Farina in Turin, die Serienproduktion mit Stahlblech-Karosserie, aber Aluminiumhauben und -türen (einzelne Modelle auch mit Ganzaluminium-Karosserie), übernahm Scaglietti in Modena. Der California Spyder war in erster Linie für den US-amerikanischen Markt bestimmt; nur wenige Exemplare blieben in Europa. Diese unterschieden sich zumeist durch nicht verkleidete Scheinwerfer und kleinere Ausstattungsdetails. Alle Fahrzeuge erhielten Linkslenkung.

Produziert 1957 - 1960, 50 Exemplare
Fgst.-Nr. zwischen 0769GT und 1715GT (Bild: 0769GT)

250 GT PININ FARINA CABRIOLET SERIE I

V12 - 2953 ccm - 240 PS bei 7000/min

Jedes dieser 40 gebauten Cabriolets der Serie I unterschied sich durch das eine oder andere Detail von den übrigen. Viele gingen an wichtige Persönlichkeiten aus Wirtschaft, Politik und Gesellschaft. Die technische Konzeption des Cabriolets unterschied sich nur wenig von den schnellen Berlinetta-Versionen. Dagegen brachte das Cabriolet mit Ganzstahl-Karosserie fast eine Vierteltonne mehr Gewicht auf die Waage. Auf speziellen Kundenwunsch wurde 1957 ausnahmsweise eine Ausführung mit Rechtslenkung gebaut.

Produziert 1956 - 1959, 40 Exemplare
Fgst.-Nr. zwischen 0655GT und 1475GT (Bild: 0811GT)

315 S SCAGLIETTI SPIDER

V12 - 3783 ccm - 360 PS bei 7200/min

Um auch 1957 noch konkurrenzfähig zu sein, mussten sich die Mannen um Vittorio Jano etwas einfallen lassen, da Maserati mit dem brutalen „450 S", die nächste Stufe des kalkulierten Wettrüstens bereits gezündet hatte. In der ersten Entwicklungsstufe erhielt das aus dem 290 MM stammende 3,5-Liter-Aggregat neue Zylinderköpfe, in denen sich nunmehr zwei Nockenwellen pro Zylinderreihe befanden. Nach dem erfolglosen Saisonstart in Buenos Aires wurde dieser erste Doppelnockenwellenmotor (tipo 136) unverzüglich auf 76 mm aufgebohrt, wodurch der Hubraum auf 3783 ccm anwuchs: der tipo 140 war geboren. Den größten Erfolg konnte Piero Taruffi im Mai 1957 verbuchen, als er bei seiner 14. Teilnahme endlich die Mille Miglia gewann.

Produziert 1957, 3 Exemplare
Fgst.-Nr.: 0646, 0656, 0684

Produziert 1957, 4 Exemplare
Fgst.-Nr.: 0674, 0676, 0700, 0764
(Bild: 0764)

335 S SCAGLIETTI SPIDER

V12 - 4023 ccm - 390 PS bei 7800/min

Nachdem auch im zweiten Rennen der WM (12 Stunden von Sebring), Ferraris Doppelnocker-Modelle weit hinter den Maserati geblieben waren, unterzog man den tipo 140 erneut einer Leistungskur. Der Hubraum wurde auf 4023 ccm aufgestockt, genug für 390 PS bei 7800/min. Innerhalb weniger Monate war die Leistung um mehr als 20% gestiegen. Für die Mille Miglia vertraute der Commendatore sein schwerstes Geschoss den Teams Collins/Klemantaski und de Portago/Nelson an. Letztere sollten das Rennen nicht überleben. Nur 40 km vor dem Ziel verunfallte der spanische Edelmann und riss 10 Zuschauer mit in den Tod. Nach dieser Katastrophe von Guidizzolo wurde die Mille Miglia nicht mehr veranstaltet. Das letzte Exemplar, das im Auftrag Luigi Chinettis für Alan Connell gebaut wurde, glich in seiner Linienführung dem 250 TR.

500 TRC SCAGLIETTI SPIDER

4 Zyl. in Reihe - 1984 ccm - 180 PS bei 7000/min

Der 500 TRC wurde 1957 nur während einiger Monate produziert. Alle im Frühjahr 1957 gebauten Fahrzeuge wurden von Privatfahrern eingesetzt. Es waren die letzten Vierzylinder-Sportwagen von Ferrari, danach wurde wieder ganz auf die V12-Motoren umgestellt (die Präsentation der Kundenversion des 250 TR erfolgte bereits im November 1957). Da ab 1957 ein neues Reglement der FIA (Anhang „C") in Kraft war, mussten die 500 TRC entsprechend angepasst werden. Sie verfügten nun über zwei Türen und eine einteilige, durchgehende Windschutzscheibe, laut Reglement mindestens 100 cm breit und 15 cm hoch. Die Scaglietti-Karosserie unterschied sich vom 500 TR durch ausgeprägte Kotflügelausbuchtungen über allen vier Rädern sowie runden Radausschnitten. Einige erhielten eine spezielle zweifarbige Lackierung nach einem Entwurf von Scaglietti. Alle Fahrzeuge wurden mit Rechtslenkung ausgeliefert.

Produziert 1957, 20 Exemplare
Fgst.-Nr. zwischen 0658MDTR und 0702MDTR (Bild: 0682MDTR)

Produziert 1957, 4 Exemplare
Fgst.-Nr. 0713SA, 0715SA, 0717SA, 0721SA (Bild: 0721SA)

410 SUPERAMERICA SERIE II PININ FARINA COUPÉ

V12 - 4962 ccm - 340 PS bei 6000/min

Ab 1957 übernahm man das für den „Superfast" verkürzte Fahrgestell mit 2600 mm Radstand auch für den Superamerica. Die Karosserie ähnelte weitgehend der ihres Vorgängers, und nur dem Kenner offenbart sich, dass Pinin Farina die fehlenden 20 cm in der reduzierten Türlänge eingespart hatte. Keines der exklusiven Coupés blieb in Europa: Während die beiden erstgebauten 410er nach Nordamerka verkauft wurden, ging das dritte Serie-II-Coupé an den Schah von Persien. Der letzte Wagen dieser Serie sollte eigentlich via Carlos Kauffman, jahrzehntelang Ferraris Mann in Südamerika, an den venezolanischen Diktator Jimenez ausgeliefert werden, was jedoch durch einen kleinen Staatsstreich verhindert wurde.

410 PININ FARINA COUPÉ SPECIALE „SUPER FAST"

V12 - 4962 ccm - 350 PS bei 6000/min

Der 1957 in Turin ausgestellte Superfast 4.9 (0719SA) stellte die gelungene Weiterentwicklung seines Vorgängers dar. Im Gegensatz zum Showcar von Paris verfügte der große Lampredi-Motor des „4.9" wieder über eine Einzelzündung, trug aber noch die 42-mm-Vergaser (anstatt der üblichen Weber-Mischbatterie mit 40 mm Durchmesser). Durch den Wegfall der Heckflossen und der seitlichen Chromschienen hatte die Silhouette deutlich an Gewicht verloren. Anstelle der hinteren senkrechten Chromhörner fand sich nunmehr eine schmale Stoßstange, die sich um die Kotflügel herumzog. Ausgeliefert wurde das gelungene Coupé an den Holländer Jan de Vroom, der zusammen mit Luigi Chinetti zu den Gründungsmitgliedern des „North American Racing Team" gehörte.

Produziert 1957, 1 Exemplar
Fgst.-Nr.: 0719SA

Produziert 1957, 1 Exemplar
Fgst.-Nr.: 0671SA

410 SUPERAMERICA SERIE II SCAGLIETTI COUPÉ

V12 - 4962 ccm - 340 PS bei 6000/min

Neben den vier von Pinin Farina produzierten Exemplaren der Superamerica-Serie II, karossierte Scaglietti im Auftrag von Dottor Wax dieses originelle Spezial-Coupé. Der Dachaufbau der verwegenen Konstruktion entsprach weitgehend dem des ersten Superfast (drei Entlüftungsschächte im Dachpfosten), war allerdings aus poliertem, rostfreien Stahl gefertigt. Dieses ungewöhnliche Material fand auch bei den Heckflossen, den Stoßstangenhörnern und den belüfteten Flankenunterseiten Verwendung, was im grellen Kontrast zur roten Karosserie stand. Das i-Tüpfelchen in Sachen Styling bildeten jedoch der blau-silberne Kunststoffbezug, der Interieur und Schalensitze einhüllte.

250 GT LWB SCAGLIETTI BERLINETTA „TOUR DE FRANCE“

V12 - 2953 ccm - 235-260 PS bei 7000/min

Keine wesentlichen Änderungen gegenüber dem Vorjahr, da Nachfolger (mit nur einem Entlüftungsschlitz in der C-Säule) bereits in Sicht.

Produziert 1957 - 1958, 18 Exemplare
Fgst.-Nr. zwischen 0723GT und 0895GT (Bild: 0781GT)

250 GT LWB SCAGLIETTI BERLINETTA „TOUR DE FRANCE“

V12 - 2953 ccm - 240-260 PS bei 7000/min

Bei den TdF-Modellen, die ab der Jahresmitte 1958 gebaut wurden, gab es nur noch eine einzelne Entlüftungshutze in der C-Säule - nach zunächst vierzehn Schlitzen und zuletzt drei hutzenförmigen Entlüftungen. Die Plexiglas-Scheinwerferverkleidungen waren nun mit Chromrändern eingefasst. Der Motor vom Typ 128D ersetzte das Modell 128C, dazu kam wieder ein neues Getriebe zum Einsatz. Einige Fahrzeuge waren mit Schiebefenstern aus Plexiglas sowie ohne Türverkleidungen ausgerüstet. Wie bisher auch wurden nur Fahrzeuge mit Linkslenkung und Alu-Karosserie hergestellt.

Produziert 1958 - 1958, 36 Exemplare
Fgst.-Nr. zwischen 0897GT und 1401GT (Bild: 0925GT)

250 GT ELLENA COUPÉ

V12 - 2953 ccm - 220-230 PS bei 7000/min

Keine wesentlichen Änderungen gegenüber dem Vorjahr. Die Produktion wurde im Laufe des Jahres eingestellt.

Produziert 1957 - 1958, 49 Exemplare
Fgst.-Nr. zwischen 0679GT und 0887GT (Bild: 0871GT)

250 GT CALIFORNIA SPYDER LWB

V12 - 2953 ccm - 260 PS bei 7000/min

Die Produktion des 250 GT California Spyder lief im Januar 1958 an. Die ersten sieben Exemplare entsprachen technisch noch weitgehend dem Prototyp von 1957, danach wurden größere Modifikationen vorgenommen. Als Triebwerk diente nun der Motor Typ 128D auf einem neuen Chassis vom Typ 508D. Auch die Form der Rückleuchten wurde geändert.

Produziert 1957 - 1960, 50 Exemplare
Fgst.-Nr. zwischen 0769GT und 1715GT (Bild: 1073GT)

Produziert 1958 - 1960, ca. 350 Exemplare
Fgst.-Nr. zwischen 0841GT und 2081GT (Bild: 1007GT)

250 GT PININ FARINA COUPÉ

V12 - 2953 ccm - 240 PS bei 7000/min

Bereits Ende 1957 waren bei Pinin Farina in Turin erste Pläne zu einem Coupé entstanden. 1958 wurden verschiedene Prototypen gebaut, die sich stilistisch bereits wesentlich von früheren Modellen unterschieden. Die Gürtellinie war tiefer gesetzt, und die Fensterfläche hatte sich proportional vergrößert. Auch die seit kurzem beim Cabriolet verwendete breite, rechteckige Kühlerform fand beim Design des Coupés Verwendung. Zwar hatte Pinin Farina bei einem Prototyp den Versuch unternommen, die große Panorama-Heckscheibe zu verkleinern und dadurch Platz für zusätzliche Dreiecksfenster zu schaffen, doch konnte sich diese Bauweise nicht durchsetzen. Der Prototyp mit der Fgst.-Nr. 0853 wurde an Prinz Bertil von Schweden verkauft. Am 25. Juni 1958 war das Coupé anlässlich einer in Mailand abgehaltenen Pressekonferenz offiziell vorgestellt worden, und bereits im Oktober 1958 begann bei Pinin Farina im neuen Karosseriewerk in Grugliasco die Serienproduktion.

250 GT PININ FARINA CABRIOLET SERIE I

V12 - 2953 ccm - 240 PS bei 7000/min

Keine besonderen Änderungen gegenüber dem Vorjahr, außer dass sich ohnehin alle PF-Cabriolets durch das eine oder andere Detail voneinander unterschieden. Auch 1958 wurde auf speziellen Kundenwunsch eine Ausführung mit Rechtslenkung gebaut. Die Marchal-Nebelleuchten befanden sich nun hinter dem Kühlergrillgitter.

Produziert 1956 - 1959, 40 Exemplare
Fgst.-Nr. zwischen 0655GT und 1475GT (Bild: 0963GT)

250 TESTA ROSSA SCAGLIETTI SPIDER

V12 - 2953 ccm - 300 PS bei 7200/min

Bei der Pressekonferenz vom 22. November 1957 präsentierte Ferrari die Kundenversion des 250 Testa Rossa, die offiziell den 500 TRC ersetzte. Die von Scaglietti gefertigte Leichtmetall-Karosserie mit ihren weit ausgeschnittenen Kotflügeln blieb nahezu unverändert. Im Gegensatz zu den Prototypen saß der Fahrer allerdings auf der linken Seite. Insgesamt wurden 19 (andere Quellen nennen 22) vereinfachte „Kunden-TR" in den Handel gebracht, die zwar alle äußerst sportlich, aber nicht kompromisslos konzipiert waren. So verfügten sie über eine hintere Starachse mit zwei Längsblattfedern, während die Werks-TR '58 eine De-Dion-Hinterachse hatten. Größter Schwachpunkt blieben die Trommelbremsen, die trotz ihrer gewaltigen Dimension nur ungenügend verzögerten. Das Triebwerk (tipo 128/LM) stammte in direkter Linie vom ehrwürdigen Colombo „small block" ab und leistete, ausgestattet mit sechs Weber-38DCN-Doppelvergasern 300 PS bei 7200/min. Mit dieser Armada von Kunden-TR unterstützten Privatfahrer aus aller Herren Länder die Scuderia bei ihren Kämpfen um die Markenweltmeisterschaft.

Produziert 1957 - 1958, 19 (22) Exemplare
Fgst.-Nr: zwischen 0710 TR und 0758 TR (Bild: 0722TR)

412 MONZA-INDIANAPOLIS SCAGLIETTI SPIDER

V12 - 4023 ccm - 440 PS bei 8000/min

Der Typ „412 MI" (0744MI) war zweifellos der unumstrittene Star beim „Los Angeles Times Grand Prix", der 1958 auf der Rennstrecke von Riverside, Kalifornien, stattfand. Dabei handelte es sich um eine einzigartige Hybrid-Version, einen „Hot Rod" nach amerikanischem Muster, zusammengestückelt aus den besten Komponenten, die damals verfügbar waren. Fahrwerk und Karosserie stammten vom Typ „315 S", in die man den Motor des 412 MI transplantiert hatte. Dieses gewaltige, 440 PS leistende Viernockenwellen-Aggregat verfügte über zwei Marelli-Zündverteiler, die jeweils zwei Zündkerzen pro Zylinder speisten.
Produziert 1958, 1 Exemplar
Fgst.-Nr. 0744MI

410 SUPERAMERICA SERIE III PININ FARINA COUPÉ

V12 - 4962 ccm - 360 PS bei 7000/min

Der Pariser Salon 1958 gilt als Geburtsstunde des Serie-3-Superamerica, der sich in zahlreichen Details von seinen Vorgängern unterschied. Die wesentlichen Neuerungen betrafen das Lampredi-Triebwerk (tipo 126A), dessen Zylinderköpfe völlig neu konzipiert wurden - so wanderten die Zündkerzen von Innenfeld der V-Konstruktion an die Außenseiten der Zylinderreihen, wodurch die Motorleistung um 20 PS gesteigert werden konnte. Die Spurweite des Fahrgestells, das weiterhin mit einem Radstand von 2600 mm aufwartete, wurde vorn und hinten um mehr als 10 cm verbreitert. Nach dem Debütauftritt des zweifarbig lackierten Prototyp (1015SA) im Oktober 1958 auf dem Pariser Salon wurde der Wagen, nunmehr in Metallic-Dunkelgrün, auf der Turiner Automobilausstellung gezeigt.

Produziert 1958, 1 Exemplar
Fgst.-Nr. 1015SA

Produziert 1959 - 1960, 5 Exemplare
Fgst.-Nr. 0766TR, 0768TR, 0770TR, 0772TR, 0774TR
(Bild: 0768 TR)

250 TR '59 FANTUZZI SPIDER

V12 - 2953 ccm - 308 PS bei 7400/min

Der Prototyp des TR '59 wurde Ende des Jahres 1958 vorgestellt. Unter der auf der Motorhaube in exzentrischer Position thronenden, transparenten Kunststoffhutze ließen sich deutlich die zwölf Ansaugstutzen der Weber-Vergaser-Batterie erkennen, die dem 10 cm links von der Fahrzeugmitte montierten Aggregat (tipo 128 TR59/LM) zu über 300 PS bei 7400/min verhalfen. Die Karosseriearbeiten besorgte Medardo Fantuzzi, der sein Talent bisher in die Dienste der Maserati-Rennabteilung gestellt hatte. Als wichtigste Neuerung fanden sich die lang ersehnten Dunlop-Scheibenbremsen an allen vier Rädern, die endlich die veralteten Trommelbremsen ersetzten. Obwohl die Saison in Sebring mit einem Doppelsieg der TR '59 begonnen hatte, ging die WM 1959 an Aston Martin verloren.

250 GT LWB SCAGLIETTI BERLINETTA „TOUR DE FRANCE"

V12 - 2953 ccm - 240-260 PS bei 7000/min

Da ab 1959 unter anderem in Italien keine Scheinwerfer mit Plexiglas-Abdeckungen mehr zugelassen waren, gab es den TdF wahlweise auch mit unverkleideten Scheinwerfern. Auch die Instrumentenbestückung des Armaturenbretts wies diverse Varianten auf. Der Motor wurde in seinem letzten Einsatzjahr noch einmal überarbeitet.

Produziert 1958 - 1959, 36 Exemplare
Fgst.-Nr. zwischen 0897GT und 1401GT (Bild: 1321GT)

250 GT LWB ZAGATO BERLINETTA „TOUR DE FRANCE"

V12 - 2953 ccm - 240-260 PS bei 7000/min

Der letzte von Zagato eingekleidete „Tour de France" erhielt eine Karosserie mit einem flachen Dach. Auffallend an diesem fünften Zagato-Ferrari waren die Stoßstangen, welche nur aus einem dünnen Stahlrohr bestanden. Die Scheinwerfer befanden sich hinter Plexiglas-Abdeckungen.

Produziert 1959, 1 Exemplar
Fgst.-Nr. 1367GT

250 GT LWB SCAGLIETTI BERLINETTA „INTERIM"

V12 - 2953 ccm - 260 PS bei 7000/min

Bindeglied zwischen dem TdF und dem legendären SWB bildete die sogenannte „Interim"-Berlinetta, die auf dem langen Fahrgestell des TdF bereits eine entsprechend angepasste Karosserie im Stil des späteren SWB erhielt. Diese von Pinin Farina entworfene, in sieben Exemplaren gebaute Berlinetta unterschied sich durch das zusätzliche hintere Seitenfenster und natürlich den um 200 mm längeren Radstand vom definitiven SWB. Die „Interim"-Berlinetten dienten vor allem als Testautos für den Nachfolger des TdF und wurden ausschließlich als Linkslenker hergestellt. Sie erhielten einen abermals verbesserten Motor vom Typ 128DF (Zündkerzen im Inneren des Zylinder-V). Aus Gewichtsgründen waren bei diesen von Scaglietti in Aluminium karossierten Berlinetten alle Fenster außer der Windschutzscheibe aus Plexiglas gefertigt. Im Herbst wurde die Produktion der Berlinetta mit langem Radstand (2600 mm) eingestellt.

Produziert 1959, 7 Exemplare
Fgst.-Nr. zwischen 1377GT und 1523GT (Bild: 1461GT)

Produziert 1959 - 1962, 165 Exemplare
Fgst.-Nr. zwischen 1539GT und 4065GT (Bild: 1539GT)

250 GT BERLINETTA SWB

V12 - 2953 ccm - 240-280 PS bei 7000/min

Als Nachfolger des 250 GT LWB „TdF" wurde die 250 GT Berlinetta SWB (für „Short Wheel Base" = kurzer Radstand) mit der Fgst.-Nr. 1539GT auf dem Pariser Salon im Herbst 1959 vorgestellt. Man darf ohne Übertreibung sagen, dass die neue, rundliche Karosserieform (von Pinin Farina) auf dem um 200 mm verkürzten GT-Chassis der Hit der Pariser Automobilausstellung war und der Ferrari-Stand von Interessenten buchstäblich überrollt wurde. Die Berlinetta SWB wurde als erster Serien-Ferrari mit hydraulisch betätigten Scheibenbremsen ausgestattet. Beim Ausstellungsmodell fehlten noch die hinteren Seitenscheiben, die Entlüftungsschlitze hinter den Radausschnitten und die Aussparung im Kofferraumdeckel zur Kennzeichenbefestigung.

250 GT BERLINETTA SWB BERTONE

V12 - 2953 ccm - 240-280 PS bei 7000/min

Bertones erster Karosserieentwurf auf der Basis des 250 GT SWB geht auf einen speziellen Wunsch des Genueser Geschäftsmannes Wax zurück, der mit ziemlich genauen Vorstellungen zu ihm gekommen war und sich diese Sonderanfertigung bauen ließ. Auffallend an diesem Einzelstück sind vor allem das aus rostfreiem Edelstahl hergestellte Dach, die speziellen Campagnolo-Aluminiumfelgen mit Zentralverschluss sowie die außergewöhnliche Platzierung von Tachometer und Drehzahlmesser in der Mitte des Armaturenbretts - was einige Jahre später beim 250 GT Lusso für Aufsehen sorgen sollte. Bevor das Fahrzeug ausgeliefert wurde, konnte es im Frühjahr 1960 noch auf dem Genfer Salon bewundert werden.

Produziert 1959, 1 Exemplar
Fgst.-Nr. 1739GT

250 GT CALIFORNIA SPYDER LWB

V12 - 2953 ccm - 260 PS bei 7000/min

Im Herbst 1959 erhielt der California Spyder LWB serienmäßig Scheibenbremsen rundum sowie das neue V12-Triebwerk vom Typ 128 F mit an den Zylinderkopfaußenseiten liegenden Zündkerzen. Erkennbar sind diese Modelle an neuen Motorraumentlüftungsgrills in den Kotflügelflanken sowie an den verchromten Einfassungen von Scheinwerferabdeckungen und Ansaugluftuhutze. Es wurden einige „Competizione"-Versionen mit Aluminium-Karosserie hergestellt, welche hauptsächlich bei Rennen in Nordamerika zum Einsatz kamen.

Produziert 1957 - 1960, 50 Exemplare
Fgst.-Nr. zwischen 0769GT und 1715GT (Bild: 1603GT)

250 GT PININ FARINA COUPÉ

V12 - 2953 ccm - 240 PS bei 7000/min

Infolge des starken Produktionsanstieges bei den Modellen der Baureihe 250 GT hielt bei der Karosseriegestaltung des Coupés zwangsläufig eine gewisse Uniformität Einzug. Anlässlich der verschiedenen Automobilausstellungen des Jahres 1959 bekam das Coupé erstmals Dunlop-Scheibenbremsen, die übergangslos in die Serie einflossen. Zur Auswahl standen nach wie vor fünf verschiedene Hinterachsübersetzungen, was natürlich in unterschiedlichen Höchstgeschwindigkeiten resultierte. Etwa zur gleichen Zeit hatte man das Getriebe mit einem elektrisch zuschaltbaren Overdrive ausgestattet und dem Coupé somit einen fünften Gang, den sogenannten „Schnellgang" spendiert.

Produziert 1958 - 1960, ca. 350 Exemplare
Fgst.-Nr. zwischen 0841GT und 2081GT (Bild: 1349GT)

250 GT PININ FARINA CABRIOLET SERIE I

V12 - 2953 ccm - 240 PS bei 7000/min

Jedes dieser insgesamt 40 Cabriolets der so genannten Serie I unterschied sich durch das eine oder andere Detail von den Übrigen. Im Sommer 1959 wurde die Serie I durch die analog zum Coupé ausstattungsmäßig weitgehend vereinheitlichte Serie II abgelöst.

Produziert 1956 - 1959, 40 Exemplare
Fgst.-Nr. zwischen 0655GT und 1475GT (Bild: 1475GT)

250 GT PININ FARINA CABRIOLET SERIE II

V12 - 2953 ccm - 240 PS bei 7000/min

Als Nachfolger des Serie-I-Cabriolets wurde das neue Cabriolet auf der Pariser Automobilausstellung im Oktober 1959 der Öffentlichkeit vorgestellt. Es handelte sich dabei um die stilistisch eng an den geschlossenen Zweisitzer angelehnte, offene Version des Pinin-Farina-Coupés, allerdings mit einer etwas höher geschwungenen Kotflügelkante über dem hinteren Radlauf. Leider stand das Cabriolet der Serie II immer etwas im Schatten des California Spyder. Angetrieben wurde es durch den Dreiliter-Colombo-V12 vom Typ 128 mit außenliegenden Zündkerzen. Es wurde dasselbe Chassis wie beim Pinin Farina Coupé verwendet.

Produziert 1959 - 1962, ca. 200 Exemplare
Fgst.-Nr. zwischen 1537GT und 3807GT (Bild: 2145GT)

410 SUPERAMERICA SERIE III PININ FARINA COUPÉ

V12 - 4962 ccm - 360 PS bei 7000/min

Um die Leistungssteigerung auf 360 PS verkraften zu können, hatte man den 410 Superamerica der Serie III einen verstärkten Rahmen und größer dimensionierte Trommelbremsen spendiert. Das erste anmutige Coupé dieser 1959er-Serie (1265SA) wurde übrigens, nachdem man es auf dem Genfer Salon präsentiert hatte, an Auto Becker in Düsseldorf ausgeliefert. Alle anderen Exemplare fanden ihren Weg nach Amerika, wo die Zeitschrift Road & Track einen Testbericht mit dem treffenden Titel „Groß, schön und brutal - definitiv nichts für Mittellose oder Herzkranke" veröffentlichte.

Produziert 1959, 11 Exemplare
Fgst.-Nr. zwischen 1265SA und 1495SA (Bild: 1311SA)

400 SUPERAMERICA PININ FARINA COUPÉ

V12 - 3967 ccm - 340 PS bei 7000/min

Die meisten Ferrari-Liebhaber halten den 400 Superamerica für die schlichte Weiterentwicklung der 410er-Variante, in Wirklichkeit handelt es sich jedoch um einen völlig neu konstruiertes Modell, das nur noch wenig mit seinem Vorgänger gemein hatte. Im November 1959 präsentierte Ferrari auf der Ausstellung von Turin ein einzigartiges Coupé, das später an den zukünftigen Präsidenten des FIAT-Konzerns, Giovanni Agnelli, ausgeliefert wurde. Dieses Einzelstück bestach durch die Mischung althergebrachter und moderner Details. Während die amerikanische Frontscheibe und der große quadratische Kühlergrill geradezu antiquiert wirkten, können die modernen Doppelscheinwerfer und die verwendeten Scheibenbremsen als zukunftsweisend betrachtet werden.

Produziert 1959, 1 Exemplar
Fgst.-Nr. 1517SA

250 TR '60 FANTUZZI SPIDER

V12 - 2953 ccm - 308 PS bei 7400/min

Um dem neuen Appendix „C" der FIA für die 1960er WM-Saison gerecht zu werden, hatte man die letzten TR '59, die jetzt als TR '59/60 geführt werden sollten, mit einer über die ganze Karosseriebreite reichenden Windschutzscheibe ausgerüstet, die die verlangte Mindesthöhe von 32 cm exakt erfüllte. Obwohl man das Chassis um 7 cm kürzte, was in Verbindung mit dem neuen Viergang-Getriebe ein deutlich verbessertes Handling ergab, stieg das Leergewicht auf 786 kg. Nichtsdestotrotz siegten die „Rotköpfe" in Buenos Aires (Hill/Allison) und bei den 24 Stunden von Le Mans (Gendebien/Frère), womit Ferrari endlich Revanche für die im letzten Jahr erlittene Niederlage nehmen konnte.

Produziert 1959 - 1960, 5 Exemplare
Fgst. Nr.: 0770TR, 0772TR, 0774TR, 0780TR, 0782TR
(Bild: 0774TR)

250 GT BERLINETTA SWB

V12 - 2953 ccm - 220-275 PS bei 7000/min

Ab Mai 1960 erfuhren die SWB verschiedene Modifikationen. So erhielten sie zum Beispiel Entlüftungsschlitze hinter den Radausschnitten, eine Kennzeichen-Aussparung im Kofferraumdeckel sowie an den vorderen Kotflügeln seitliche Tropfenblinker. Im Sommer 1960 wurden die ersten SWB mit Rechtslenkung hergestellt. Außerdem baute Ferrari zusätzlich zur „Competition Berlinetta" mit Aluminiumkarosserie auch noch eine „zahmere" Straßenversion, die in Stahlblech eingekleidet wurde. Die nächsten Veränderungen wurden bereits im August 1960 vorgenommen: Die Innenraum-Entlüftungsöffnung befand sich nun über dem Heckfenster im Wagendach. Als Triebwerk fungierte bei der Renn-Berlinetta der Tipo 168B und bei der Stahl-Berlinetta (auch „Lusso" genannt) der Tipo 128F. Außerdem erhielten die Competition-SWB eine Kaltluftbox um die Vergaseransaugtrichter, während die Straßenversionen mit einem Luftfilter versehen wurden. Beide Versionen waren mit Schiebe- oder Kurbelfenstern lieferbar.

Produziert 1959 - 1962, 165 Exemplare
Fgst.-Nr. zwischen 1539GT und 4065GT (Bild: 2095GT)

250 GT CALIFORNIA SPYDER LWB

V12 - 2953 ccm - 260 PS bei 7000/min

Keine wesentlichen Änderungen gegenüber dem Vorjahr. Die Produktion des California Spyder LWB wurde Ende Februar 1960 eingestellt.

Produziert 1957 - 1960, 50 Exemplare
Fgst.-Nr. zwischen 0769GT und 1715GT (Bild: 1699GT)

250 GT CALIFORNIA SPYDER SWB

V12 - 2953 ccm - 280 PS bei 7000/min

Gezeigt wurde der California Spyder SWB erstmals am Genfer Automobilsalon 1960. Der jetzt auf dem kurzen Chassis (2400 mm) gebaute Spyder hatte von Anfang an Scheibenbremsen und einen neuen Motor vom Typ 168. Bei einigen Fahrzeugen wies die Front verkleidete Scheinwerfer auf. Es wurden keine Rechtslenkerversionen gebaut. Von seinem Vorgänger, dem California Spyder LWB, ist er auf den ersten Blick nur schwer zu unterscheiden. Als sicheres Erkennungszeichen des California Spyder SWB gilt der halb versenkte Lufteinlass auf der Motorhaube. Dieser ragte beim LWB noch völlig über das Profil der Haube heraus.

Produziert 1960 - 1963, 53 Exemplare
Fgst.-Nr. zwischen 1795GT und 4137GT (Bild: 2249GT)

1960 Serienmodelle

250 GT PININ FARINA COUPÉ

V12 - 2953 ccm - 240 PS bei 7000/min

Keine wesentlichen Änderungen gegenüber dem Vorjahr. Die Produktion wurde gegen Ende des Jahres 1960 eingestellt.

Produziert 1958 - 1960, ca. 350 Exemplare
Fgst.-Nr. zwischen 0841GT und 2081GT (Bild: 1927GT)

250 GT PININ FARINA CABRIOLET SERIE II

V12 - 2953 ccm - 240 PS bei 7000/min

Ab 1960 war auf Wunsch auch ein Hardtop erhältlich. Ansonsten keine wesentlichen Änderungen gegenüber dem Vorjahr.

Produziert 1959 - 1962, ca. 200 Exemplare
Fgst.-Nr. zwischen 1537GT und 3807GT (Bild: 2145GT)

Produziert 1960, 1 Exemplar
Fgst.-Nr. 1737GT

250 GT SWB PININ FARINA CABRIOLET SPECIALE

V12 - 2953 ccm - 280 PS bei 7000/min

Das unter der Auftragsnummer PF 22495 produzierte Cabriolet, das auf den ersten Blick erscheint wie ein früher Pinin Farina 400 Superamerica mit abnehmbarem Hardtop, entstand im Auftrag von Monsieur Villard aus Paris. Dabei handelte es sich um eine einzigartige Spezialversion, in deren SWB-Chassis ein reinrassiges Renntriebwerk vom Typ 168 in höchster Tuningstufe montiert war. Selten zuvor wurde in Maranello ein derart ambivalentes Meisterwerk geschaffen: Während der Wagen auf der einen Seite durch sein penibel austariertes Renn-Equipment (inklusive Plexiverglasung) imponierte, bot er im Innenraum allen erdenklichen Luxus, wozu zum Beispiel ein mechanischer Jaeger-Chronograph zählte. Das Hardtop bestach durch seine schlanke Linienführung und verbarg als Krönung des Ganzen ein sogenanntes „Vistadome", ein transparentes Sonnendach, das unter einem mit Dachhimmel bezogenen Aluminiumblech verschwinden konnte.

250 GTE 2+2

V12 - 2953 ccm 240 PS bei 7000/min

Mit dem 250 GTE 2+2 begann auch für Ferrari das Zeitalter der echten Serienfertigung, bezeichnenderweise mit einem recht braven Viersitzer-Modell. Ermöglicht wurde die Vergrößerung der nutzbaren Innenraumlänge durch das Verschieben der Motor-/Getriebeeinheit um knappe 20 Zentimeter nach vorn. Der Zwölfzylinder-V-Motor des 250 GTE war ein alter Bekannter: Im GTE verrichtete die 128E genannte Version des Colombo-Motors ihren Dienst. Obwohl nicht für die Rennstrecke geboren, wurde die jüngste Kreation von Ferrari anlässlich des 24-Stunden-Rennens von Le Mans dem staunenden Publikum vorgestellt. Er stand jedoch nicht beim Rennen im Einsatz sondern wurde von einem Streckenmarschall gefahren. Die offizielle Vorstellung erfolgte dann etwas später auf dem Pariser Salon 1960. Die zeitlos-elegante Form der Pinin-Farina-Karosserie erfuhr bis zum offiziellen Serienanlauf nur kleine Modifikationen.

Produziert 1960 - 1963, ca. 955 Exemplare
Fgst.-Nr. zwischen 1895GT und 4961GT (Bild: 2043GT)

Produziert 1959 - 1961, 6 Exemplare
Fgst.-Nr. 1611SA, 1885SA, 1945SA, 2331SA, 2407SA, 3309SA

400 SUPERAMERICA PININ FARINA CABRIOLET

V12 - 3967 ccm - 340 PS bei 7000/min

Beim 400 Superamerica benutzte Ferrari erstmals in seiner Typengeschichte nicht mehr den Inhalt des Einzelzylinders zur Namensgebung, sondern ein Zehntel des Gesamthubraumes. Im Rahmen des Brüsseler Salons stellte Pininfarina sein neustes Cabriolet (1611SA) der Öffentlichkeit vor, das in zahlreichen Details an das auf dem 250 GT basierende Cabriolet erinnerte. Wegen des kürzeren Radstandes wirkt die Silhouette des 4-Liter-Cabriolets jedoch erheblich kompakter und kräftiger. Insgesamt wurden 6 Exemplare des offenen Zweisitzers nach diesem Basisentwurf produziert. Das gelbe, 1961 auf dem Genfer Salon präsentierte Cabriolet (2407SA) verfügte über ein adrettes Hardtop mit stark geneigter Heckscheibe.

400 SUPERFAST 2-4 PININ FARINA COUPÉ

V12 - 3967 ccm - 340 PS bei 7000/min

Der auf dem Turiner Salon 1960 vorgestellte Superfast 2 (2207SA) gilt als eines der ganz großen Meisterstücke des Hauses Pininfarina. Das Turiner Unternehmen überraschte die Öffentlichkeit mit einem revolutionären Konzept, das direkt aus dem Windkanal zu stammen schien. Bestimmend wirkten die riesige, glatte Fläche der weit heruntergezogenen Frontpartie, in der die Klappscheinwerfer völlig verschwanden. Die kleine ovale Kühleröffnung und der sich verjüngende Heckbereich unterstrichen die Verwandtschaft mit einem Tragflächenprofil. Im März 1962 präsentierte Pininfarina auf dem Genfer Salon mit dem metallicgrünen Superfast 3 (3361SA), die Weiterentwicklung des Vierliter-Experimental-Coupés, dessen Dachaufbau bei vergrößerter Glasfläche noch zierlichere Verstrebungen aufwies. Kurz danach erschien der Superfast 4, bei dem es sich um die rekarossierte Variante der 2. Version handelte.

Produziert 1960 - 1962
Fgst.-Nr. 2207SA (1960/62), 3361SA (1962)

Produziert 1960, 1 Exemplar
Fgst.-Nr. 2311SA

400 SUPERAMERICA SCAGLIETTI SPIDER

V12 - 3967 ccm - 340 PS bei 7000/min

Obwohl man eigentlich jedem Superamerica eine Spezialkarosserie bescheinigen müsste, gibt es einige Exemplare, die diese Bezeichnung mit noch größerer Berechtigung tragen. Eines davon ist der im Auftrag von Michel Paul Cavallier, dem Präsidenten der Hüttenwerke von Mont-Mousson gebaute Spider (2311SA), den Scaglietti 1960 karossierte. Für dieses Projekt kopierte er die Karosserie des 250 GT California Spyder nahezu hundertprozentig. Dass der Zweisitzer wegen der Vierliter-Maschine etwas massiger ausfiel und sich beim Radstand zwei zusätzliche Zentimeter verbargen, bemerkte kaum jemand.

1961 Serienmodelle

250 TRI '61 FANTUZZI SPIDER

V12 - 2953 ccm - 240 PS bei 7000/min

Keine wesentlichen Änderungen gegenüber dem Vorjahr. Die Produktion wurde gegen Ende des Jahres 1960 eingestellt.

Produziert 1958 - 1960, ca. 350 Exemplare
Fgst.-Nr. zwischen 0841GT und 2081GT (Bild: 1927GT)

250 GT BERLINETTA SWB

V12 - 2953 ccm - 240 PS bei 7000/min

Ab 1960 war auf Wunsch auch ein Hardtop erhältlich. Ansonsten keine wesentlichen Änderungen gegenüber dem Vorjahr.

Produziert 1959 - 1962, ca. 200 Exemplare
Fgst.-Nr. zwischen 1537GT und 3807GT (Bild: 2145GT)

250 GT BERLINETTA SWB BERTONE COUPÉ

V12 - 2953 ccm - 240 PS bei 7000/min

Das atemberaubende Design dieses Einzelstücks stammt aus der Feder von Giorgetto Giugiaro - damals noch Angestellter bei Bertone - und konnte auf dem Genfer Automobilsalon des Jahres 1962 bewundert werden. Später diente der Wagen Nuccio Bertone eine Zeit lang als persönliches Fortbewegungsmittel.

Produziert 1961, 1 Exemplar
Fgst.-Nr. 3269GT

250 GT CALIFORNIA SPYDER SWB

V12 - 2953 ccm 280 PS bei 7000/min

Gegenüber dem Vorjahresmodell wurden 1961 keine gravierenden Änderungen vorgenommen. Wobei jedoch zu erwähnen wäre, dass verschiedene Motortypen zum Einbau kamen. Vom California Spyder SWB wurden nur drei Renn-Versionen mit Aluminiumkarosserie und zum Teil mit außen liegenden Schnelltankverschlüssen hergestellt.

Produziert 1960 - 1963, 53 Exemplare
Fgst.-Nr. zwischen 1795GT und 4137GT (Bild: 2377GT)

250 GT PININFARINA CABRIOLET SERIE II

V12 - 2953 ccm - 240 PS bei 7000/min

Keine wesentlichen Änderungen gegenüber dem Vorjahr.

Produziert 1959 - 1962, ca. 200 Exemplare
Fgst.-Nr. zwischen 1537GT und 3807GT (Bild: 2833GT)

250 GTE 2+2

V12 - 2953 ccm 240 PS bei 7000/min

Insgesamt betrachtet lässt sich die Bauzeit des 250 GTE in drei Serien unterteilen.. 1961 wurden Modelle der ersten beiden Serien produziert. Nachfolgend die wichtigsten Erkennungsmerkmale der beiden Serien: Bei den Fahrzeugen der Serie I wurden die zunächst von einem breiten Chromring eingefassten Scheinwerfer dezent versenkt in den Kotflügeln montiert. Die Rückleuchten bestanden aus einer Dreiergruppe kleiner Rundleuchten. Bei den Fahrzeugen der Serie II, welche ab Mitte 1961 gebaut wurden, waren Scheinwerfer und Rückleuchten der Serie I beibehalten worden, jedoch hatte das Armaturenbrett geringe Modifikationen erfahren.
Produziert 1960 - 1963, ca. 955 Exemplare
Fgst.-Nr. zwischen 1895GT und 4961GT (Bild: 2655GT)

330 GT 2+2 PININFARINA COUPÉ

V12 - 3967 ccm - 300 PS bei 6600/min

Bereits im Winter 1961/62 gab es Versuche, den neuen Vierlitermotor in das Fahrgestell des 250 GT 2+2 einzubauen. Bevor das serienmäßige 330 GT 2+2 Coupé im Januar 1964 der Öffentlichkeit vorgestellt wurde, hatten bereits drei „Versuchs"-Exemplare das Werk verlassen.

Produziert 1961 - 1962, 3 Exemplare
Fgst. Nr.: 2947, 3105 (1961), 4085 (1962)

400 SUPERAMERICA PININFARINA COUPÉ „AERODINAMICO" SERIE I

V12 - 3967 ccm - 340 PS bei 7000/min

Mit dem auf dem Genfer Salon im März 1961 erstmals gezeigten Prototypen (02373SA) der Serie-I-Coupés begann Pininfarina die Produktion einer Kleinserie von 13 „Aerodinamico"-Zweisitzern, die allesamt auf dem kurzen Fahrgestell (2420 mm) basierten. Wie alle anderen 400 Superamerica verfügten auch sie über das 4-Liter-Triebwerk (tipo 163), das die neuste Entwicklungsstufe des altehrwürdigen 1,5-Liter-Colombo-V12 darstellte. Die hauptsächlichen Detailvarianten betrafen die hinteren Radkastenabdeckungen und vor allem die Frontscheinwerfer, die bei 8 Exemplaren mit einer Glasabdeckung versehen waren.
Produziert 1961 - 1962, 13 Exemplare
Fgst.-Nr. zwischen 2373SA und 3621SA (Bild: 2861SA)

250 GT BERLINETTA SWB

V12 - 2953 ccm - 220-275 PS bei 7000/min

Mit dem Erscheinen des 250 GTO war das Ende der SWB-Ära abzusehen, und es wurden nur noch kleinere Veränderungen vorgenommen. So erhielten die Stahl-Berlinetten ein teilweise in Wagenfarbe lackiertes Armaturenbrett. Ende 1962 wurde die Produktion eingestellt.

Produziert 1959 - 1962, 165 Exemplare
Fgst.-Nr. zwischen 1539GT und 4065GT
(Bild: 3695GT)

250 GT CALIFORNIA SPYDER SWB

V12 - 2953 ccm - 280 PS bei 7000/min

Keine wesentlichen Änderungen gegenüber dem Vorjahr.

Produziert 1960 - 1963, 53 Exemplare
Fgst.-Nr. zwischen 1795GT und 4137GT
(Bild: 3867GT)

250 GT PININFARINA CABRIOLET SERIE II

V12 - 2953 ccm - 240 PS bei 7000/min

Keine wesentlichen Änderungen gegenüber dem Vorjahr. Die Produktion wurde Ende 1962 nach ungefähr 200 gebauten Exemplaren eingestellt.

Produziert 1959 - 1962, ca. 200 Exemplare
Fgst.-Nr. zwischen 1537GT und 3807GT
(Bild: 3699GT)

250 GTE 2+2

V12 - 2953 ccm - 240 PS bei 7000/min

Produktion von Fahrzeugen der sogenannten „Serie II". Keine wesentlichen Änderungen gegenüber dem Vorjahr.

Produziert 1960 - 1963, ca. 955 Exemplare
Fgst.-Nr. zwischen 1895GT und 4961GT (Bild: 3787GT)

Produziert 1962 - 1964, 39 Exemplare
Fgst.-Nr. zwischen 3223GT und 5575GT (Bild: 3505GT)

250 GTO

V12 - 2953 ccm - 300 PS bei 7500/min

Der 250 GTO war der letzte echte Gran-Turismo-Sportwagen aus dem Hause Ferrari, eine Weiterentwicklung des 250 gT SWB von Ingenieur Giotto Bizzarrini. Welchen Stellenwert das Modell für die Politik des Hauses Ferrari hatte, lässt sich an der Tatsache ablesen, dass der Commendatore Enzo Ferrari die Entwicklung des 250 GTO von Anfang an persönlich verfolgte und sich an den Gesprächen der Ingenieuren beteiligte. Im Rahmen einer Pressekonferenz präsentierte Ferrari im Februar 1962 den 250 GTO, wobei das „O" für „Omologato" stand - ein kleiner Vorgriff auf das umstrittene Homologationsverfahren vor der internationalen Motorsportbehörde, die den GTO zunächst nicht als eine Weiterentwicklung des SWB anerkennen wollte: Von der 250 GT Berlinetta hatte der GTO im wesentlichen auch nur den Radstand von 2400 mm, die Vorderachskonstruktion und die Scheibenbremsen geerbt. Die Karosserie des im traditionellen Rosso Corsa lackierten Ausstellungsstücks war mit einem in den italienischen Nationalfarben grün-weiß-rot gehaltenen Längsstreifen verziert und ließ mit seiner flachen Schnauze und der (noch unbespoilerten) Abrisskante am Heck keinen Zweifel an den gesteckten sportlichen Zielen. Zu Produktionsbeginn erhielten die ersten GTO einen aufgesetzten Heckspoiler, bei den später gebauten Modellen wurde der Spoiler direkt in die Karosserie integriert. Bei seinem Debüt in Sebring sicherte sich der GTO im März 1962 prompt den Klassensieg, und bereits im April lief die Produktion auf vollen Touren. Die Siegesserie des Jahres 1962 erreichte im Oktober mit dem Triumph bei den 1000 Kilometern von Paris in Montlhéry ihren vorläufigen Höhepunkt: Die acht gestarteten GTO sicherten sich die Plätze 1 bis 5.

330 GT 2+2 PININFARINA COUPÉ

V12 - 3967 ccm - 300 PS bei 6600/min

1962 entstand der letzte von drei Versuchsträgern, anhand derer die Verwendbarkeit des neuen Vierlitermotors im Fahrgestell des 250 GT 2+2 untersucht wurde.

Produziert 1961 - 1962, 3 Exemplare
Fgst. Nr.: 2947, 3105 (1961), 4085 (1962)

400 SUPERAMERICA PININFARINA COUPÉ „AERODINAMICO“ SERIE I

V12 - 3967 ccm - 340 PS bei 7000/min

Die letzten 5 „Aerodinamico“ der ersten Serie entstanden. Die Ablösung („Serie II“) stand schon bereit.

Produziert 1961 - 1962, 13 Exemplare
Fgst.-Nr. zwischen 2373SA und 3621SA (Bild: 3513SA)

400 SUPERAMERICA PININFARINA COUPÉ „AERODINAMICO“ SERIE II

V12 - 3967 ccm - 340 PS bei 7000/min

Ende 1962 wurde das Chassis des Superamerica wieder um 18 cm gestreckt, was nicht unbedingt den Passagieren zu Gute kam, da sich der Raumgewinn in erster Linie hinter den Vordersitzen, also im Bereich der Gepäckablage bemerkbar machte. Zwischen der Erstpräsentation im Oktober 1962 auf der Londoner Earls Court Show und dem Produktionsende des 400 SA verließen 20 Coupés mit langem Fahrgestell die Werkstätten Pininfarinas. Die Verkleidung der Hinterräder war zwischenzeitlich verschwunden, 14 Exemplare trugen abgedeckte Frontscheinwerfer. Jahresproduktion 1962: 5 Exemplare.

Produziert 1962 - 1964, 20 Exemplare
Fgst.-Nr. zwischen 3747SA und 5139SA (Bild: 4031SA)

400 SUPERAMERICA PININFARINA CABRIOLET SERIE II

V12 - 3967 ccm - 340 PS bei 7000/min

Um seinen Kunden den Spaß am offen Fahren zu verschönern, entstanden zwischen Dezember 1962 und Juli 1963 vier 400 Superamerica Cabriolets mit Langchassis. Obgleich Pininfarina den gelungenen Grundentwurf der Serie I übernahm, wirkte ihre Karosserie ein wenig unproportioniert, was wohl in der verlängerten Heckpartie begründet ist. Das erste Cabriolet verblieb in Italien (Sig. Monzino), das zweite metallic-blaue Exemplar fand seinen Käufer via Auto Becker in Düsseldorf und Numero drei und vier gingen nach Amerika.
Produziert 1962 - 1963, 4 Exemplare
Fgst.-Nr. 4241SA (1962), 4423SA, 4781SA, 5093SA (1963)

250 GT CALIFORNIA SPYDER SWB

V12 - 2953 ccm - 280 PS bei 7000/min

Keine wesentlichen Änderungen gegenüber dem Vorjahr. Die Produktion wurde im Februar 1963 eingestellt.

Produziert 1960 - 1963, 53 Exemplare
Fgst.-Nr. zwischen 1795GT und 4137GT (Bild: 4121GT)

250 GT BERLINETTA LUSSO

V12 - 2953 ccm - 240 PS bei 7500/min

Bereits Ende 1962 wurden zwei Prototypen des 250 GT/L (so die offizielle Nomenklatur) vorgestellt. Der erste Prototyp, gebaut von Pininfarina (Fgst.-Nr. 3849), wurde erst während des Pariser Salons fertig gestellt und konnte deshalb erst am letzten Samstag des Salons gezeigt werden. Wobei er sofort auf großes Interesse stieß. Auf dem Salon von Turin wurde kurze Zeit später ein zweiter Prototyp gezeigt, welcher von Scaglietti gebaut wurde (Fgst.-Nr. 4053) Die Produktion des Lusso, dem designierten Nachfolgemodell der SWB Berlinetta, begann Anfang 1963. Aus Stabilitätsgründen war eine Ganzstahlkarosserie gewählt worden. Einige wenige Exemplare waren mit Weber 40DCZ-6 Vergasern ausgerüstet. Es wurden zwei verschiedene Hinterachsübersetzungen angeboten: Die Standardversion mit 4,00:1 und als Option 3,78:1, beide serienmäßig mit Sperrdifferenzial. Im Unterschied zum ersten Prototyp, der noch das gleiche Armaturenbrett hatte wie der SWB, wurde bei den Produktionsfahrzeugen das von Scaglietti entworfene Armaturenbrett verwendet. Hier waren die Hauptinstrumente in der Mitte zwischen Fahrer und Beifahrer angeordnet, während sich direkt vor dem Fahrer nur eine Batterie kleinerer Anzeigeinstrumente befand. Auch hatten beide Türen kleine Dreiecks-Ausstellfenster erhalten. Trotz der üppigen Ausstattung lag das Trockengewicht nur knapp über einer Tonne, und die Fahrleistungen waren dementsprechend.

Produziert 1962 - 1964, 350 Exemplare
Fgst.-Nr. zwischen 3849 und 5955 (Bild: 5247)

Produziert 1960 - 1963, ca. 955 Exemplare
Fgst.-Nr. zwischen 1895GT und 4961GT (Bild: 4485GT)

250 GTE 2+2

V12 - 2953 ccm 240 PS bei 7000/min

Die dritte Produktionsserie des 250 GTE wurde anlässlich des Automobilsalons in Genf 1963 vorgestellt. Ein untrügliches Erkennungsmerkmal dieser letzten GTE-Baureihe sind die länglichen Rückleuchteneinheiten, welche die bislang verwendeten Dreiergruppen kleiner Rundleuchten ersetzten. Die runden Zusatzscheinwerfer fanden nun ihren endgültigen Platz direkt unterhalb der Scheinwerfer. Im Unterschied zu den Fahrzeugen der Serien I und II hatten die Scheinwerfer wieder einen Chromring erhalten und waren wieder aus ihren Vertiefungen hervorgetreten. Die Gleichstrom-Lichtmaschine war durch einen Drehstrom-Alternator ersetzt worden. Die Produktion wurde Ende des Jahres eingestellt.

250 GTO

V12 - 2953 ccm - 300 PS bei 7500/min

Obwohl in insgesamt 39 Exemplaren produziert (und damit nicht unbedingt seltener als mancher Ferrari-Klassiker aus den fünfziger Jahren), ist der 250 GTO unter Sammlern und Enthusiasten das wohl begehrenswerteste Ferrari-Modell aller Zeiten. Der Grund dafür liegt in der puren Faszination von Karosserieform, Fahrleistungen und sportlichem Erfolg. Die Siegesserie des GTO setzte sich auch 1963 fort, und Ferrari wurde mit über 100 Punkten Vorsprung vor Jaguar erneut GT-Weltmeister. 36 Fahrzeuge erhielten eine Karosserie der sogenannten Serie I, gebaut in den Jahren 1962 und 1963. Wegen der heruntergezogenen Front war der Motor tiefer eingebaut als bei den SWB. Sportliche Details wie der Schnelltankverschluss und die eindrucksvolle Vergaserbatterie mit ihren zwölf kurzen Ansaugtrichtern ließen keinen Zweifel an der kämpferischen Natur des GTO.

Produziert 1962 - 1964, 39 Exemplare
Fgst.-Nr. zwischen 3223GT und 5575GT (Bild: 4491GT)

Produziert 1963, 4 Exemplare
Fgst.-Nr. 4381SA, 4453SA, 4619SA, 4725SA (Bild: 4453SA)

330 LM

V12 - 3967 ccm - 390 PS bei 7500/min

Die 330 LM Berlinetta kann als konsequente Weiterentwicklung des 4-Liter-GTO angesehen werden. Die von Pininfarina entworfene Karosserie stellte eine gelungene Mischung der 250er-Versionen Lusso und GTO dar, die durch stilistische Elemente aus Zeiten eines 250 MM aufgefrischt wurde. Von diesem Prototypen entstanden insgesamt 4 Exemplare, die allesamt auf dem 574er-Chassis ruhten, das einen Radstand von 2500 mm aufwies. Bis auf den dritten Wagen, der über nur drei Vergaser verfügte und nie an Rennen teilnahm, verfügten die restlichen Versionen über ein 163-LM-Triebwerk (mit sechs Weber-42DCN-Vergasern), das zwischen 390 und 400 PS abgab.

330 AMERICA 2+2

V12 - 3967 ccm - 300 PS bei 6600/min

Der 330 America, der eine Art Interims-Version zwischen dem 250 GTE und dem 330 GT 2+2 darstellte, unterschied sich äußerlich nicht von den letzten Modellen der Dreiliter-Reihe, wenn man einmal vom Schriftzug „America“ auf dem Kofferraumdeckel absieht. Eigentlich schien es keinen Grund für die Existenz dieser Fahrzeuge zu geben, da der 330 GT 2+2 bereits in Vorbereitung war und die Produktion des 250 GTE gerade auslief. Die 50 Exemplare des „America“ wurden wohl auf Drängen von Luigi Chinetti produziert, der damals für den nordamerikanischen Ferrari-Vertrieb verantwortlich war. Das letzte Exemplar (5125) trug übrigens die 1000. GTE-Karosserie aus dem Pininfarina-Werk Grugliasco.

Produziert 1963, 50 Exemplare
Fgst.-Nr. zwischen 4953 und 5125 (Bild: 5023)

Produziert 1963 - 1967, 1080 Exemplare (625 Serie I, 455 Serie II)
Fgst.-Nr. 4963, 4967 (Prototypen), zwischen 5263 und 10193 (Bild: 6397)

330 GT 2+2 (SERIE I)

V12 - 3967 ccm - 300 PS bei 6600/min

Am Ende des Jahres 1963 trat der 330 GT 2+2 direkt in die Fußstapfen seines kleineren Vorgängers 250 GTE. Besonders deutlich machte sich der verlängerte Radstand (2650 mm) für die Fondpassagiere bemerkbar, die über 10 cm mehr Kniefreiheit verfügten. Die für dieses Modell charakteristischen Doppelscheinwerfer („Chinese Eyes“ - „Schlitzaugen“) hatte das 2+2 Coupé vom Superfast 4 übernommen, was ihm nicht nur Beifall einbrachte. Obwohl die Kenndaten seines Motors (tipo 209) mit denen des 400 Superamerica (tipo 163) übereinstimmten, handelte es sich um eine komplette Neukonstruktion. Zur Optimierung des Kühlwasserkreislaufs hatte man nämlich den Zylindermittenabstand von 90 auf 94 mm erhöht, wodurch der ehemalige „Colombo-Block“ ein wenig gestreckt wurde.

400 SUPERAMERICA PININFARINA CABRIOLET SERIE II

V12 - 3967 ccm - 340 PS bei 7000/min

Während das erste, hier abgebildete Superamerica-Cabriolet der Serie II in Italien (Sig. Monzino) geblieben war, wurden die drei 1963 produzierten Exemplare nach Deutschland und den USA verkauft.

Produziert 1962 - 1963, 4 Exemplare
Fgst.-Nr. 4241SA (1962), 4423SA, 4781SA, 5093SA (1963) (Bild: 4241SA)

400 SUPERAMERICA PININFARINA COUPÉ „AERODINAMICO" SERIE II

V12 - 3967 ccm - 340 PS bei 7000/min

Insgesamt wurden 1963 13 „Aerodinamico" produziert, mit geringfügigen Unterschieden, wie es sich für handgefertigte Luxus-Ferrari gehörte.

Produziert 1962 - 1964, 20 Exemplare
Fgst.-Nr. zwischen 3747SA und 5139SA (Bild: 4443SA)

Produziert 1963, 1 Exemplar
Fgst.-Nr.: 5149GT

250 LM (PROTOTYP)

V12 - 2953 ccm - 300 PS bei 7500/min

Die Weltpremiere des Typ „250 LM" (5149GT) fand anlässlich der Pariser Automobilausstellung im Oktober 1963 statt. Bei der neuen Berlinetta handelte es sich im Grunde um nichts anderes als den 63er-Rennprototyp „250 P", dessen breiter Überrollbügel zu einem kompletten Dachaufbau gewachsen war. Trotz aller Tricks und Finessen scheiterte der Versuchs Ferraris, den neuen „LM" der F.I.A. als „Grand Tourisme" unterzuschieben, da niemand auf der Welt glaubte, dass er wirklich die verlangten 100 Exemplare produzieren wollte. Nachdem die einzigartige, von Pininfarina gezeichnete Berlinetta von Paris über Turin und London nach Brüssel getingelt war, erwarb sie Luigi Chinetti, um sie unter seinem N.A.R.T.-Banner mit den Rodriguez-Brüdern einzusetzen.

1964 Serienmodelle

250 GT BERLINETTA LUSSO

V12 - 2953 ccm - 240 PS bei 7500/min

Keine wesentlichen Änderungen gegenüber dem Vorjahr. Im September 1964 wurde die Produktion eingestellt.

Produziert 1962 - 1964, 350 Exemplare
Fgst.-Nr. zwischen 3849 und 5955 (Bild: 5345)

250 GTO '64

V12 - 2953 ccm - 300 PS bei 7500/min

Der GTO Jahrgang 1964 (Serie II) wies eine Reihe äußerlicher Modifikationen auf. Besonders auffällig war das scheinbar direkt vom 250 LM übernommene Dach, wobei zu bemerken ist, dass nicht alle Exemplare genau gleich aussahen. Einige waren mit einem Dachspoiler versehen, bei anderen Exemplaren fehlte er. Auch bei den Motorhauben gab es Unterschiede: Ein Teil der Fahrzeuge hatte Lufteinlassöffnungen, bei anderen fehlten sie. Es wurden lediglich drei von Grund auf neue Fahrzeuge gebaut, bei den übrigen vier handelte es sich um rekarossierte Serie-I-Fahrzeuge. Die GT-Weltmeisterschaft ging 1964 zum dritten Mal nach Maranello. Die Produktion des GTO wurde Ende des Jahres eingestellt.

Produziert 1962 - 1964 39 Exemplare
Fgst.-Nr. zwischen 3223GT und 5575GT (Bild: 5575GT)

Produziert 1964 - 1966, 32 Exemplare
Fgst.-Nr. zwischen 5149 und 8165

250 LM PININFARINA BERL. SPECIALE

V12 - 3286 ccm - 310 PS bei 7500/min

Obwohl der offizielle Name „250 LM Berlinetta" lautete, verfügte ausschließlich der erste Prototyp über eine Dreiliter-Maschine, alle weiteren 31 gebauten Exemplare trugen einen 3,3-Liter-Zwölfzylinder (tipo 210) und hätten somit nach gültiger Ferrari-Nomenklatur „275 LM" heißen müssen. Nichtsdestotrotz avancierte der formvollendete Renner zum ersten straßentauglichen Mittelmotorfahrzeug der Sportwagenmarke aus Maranello. Nur drei Exemplare erhielten eine Linkslenkung, während bei allen anderen das Volant auf der rechten Seite saß, typisch für den Rennsport. In diesem Metier schlug sich der relativ untermotorisierte Sport-Prototyp recht tapfer: Der schönste Erfolg dürfte zweifelsohne der völlig unerwartete Sieg bei den 24 Stunden von Le Mans 1965 gewesen sein, als sich Jochen Rindt und Masten Gregory gegen die wesentlich stärkeren Ford GT 40 durchsetzen konnten.

275 GTB

V12 - 3285 ccm - 280 PS bei 7600/min

Anlässlich der Automobilausstellung von Paris im Oktober 1964 wurden die beiden neuen Modelle 275 GTB (Berlinetta) und 275 GTS (Spyder) der Öffentlichkeit vorgestellt. Die Produktion begann im Herbst 1964, und bereits vor Jahresende konnten die ersten Modelle ausgeliefert werden. Pininfarina war mit Stilelementen des GTO '62 und '64 sowie der Heckpartie des Lusso eine bemerkenswerte Synthese gelungen. Erstmals fand im 275 GTB/GTS bei einen Ferrari-Tourenwagen eine unabhängige Hinterradaufhängung Verwendung. Eine weitere Neuheit (für die Serienproduktion) war das mit dem Hinterachsdifferenzial verblockte Fünfganggetriebe. Mit einem Verdichtungsverhältnis von 9,2:1 und drei Weber-Doppelvergasern von je 40 mm Ansaugquerschnitt wurde eine Leistung mit 280 PS bei 7600 /min angegeben. Es stand auch der Einbau von sechs Weber-Doppelvergasern zur Wahl, was die Leistung nochmals um 20 PS anhob. Als Option konnte das Fahrzeug auch mit Aluminiumkarosserie bestellt werden.

Produziert 1964 - 1966, 442 Exemplare
Fgst.-Nr. zwischen 6003 und 8979 (Bild: 6949)

Produziert 1964 - 1966, 200 Exemplare
Fgst.-Nr. zwischen 6001 und 8653 (Bild: 6807)

275 GTS

V12 - 3285 ccm 260 PS bei 7000/min

Seit der Produktionseinstellung des California Spyder zu Beginn des Jahres 1963 waren keine offenen Ferrari mehr gebaut worden. Anlässlich der Automobilausstellung von Paris im Oktober 1964 wurde der 275 GTS zusammen mit dem 275 GTB präsentiert. Trotz der augenfälligen Unterschiede in der Karosseriegestaltung hatten die beiden neuen Modelle unter dem Blech viele Gemeinsamkeiten. So wiesen Berlinetta und Spyder das gleiche Fahrwerk mit 2400 mm Radstand auf, und beide verfügten über den gleichen 3,3-Liter-Motor - allerdings in einer etwas weniger sportlichen Version für den Spyder, dessen Triebwerk bei 7000/min rund 260 PS entwickelte. Ein kürzeres Übersetzungsverhältnis verlieh dem Spyder außerdem eine etwas niedrigere Spitzengeschwindigkeit. Die von Pininfarina entworfene, kompakte und harmonische Karosserie erinnerte stark an das knapp ein Jahr zuvor entstandene Coupé 330 GT 2+2. Die Frontpartie hatte allerdings nur zwei Scheinwerfer, das Heck kürzere und weniger massige Proportionen. Ein Hardtop war als Option erhältlich, eine Klimaanlage wurde nicht angeboten.

330 GT 2+2

V12 - 3967 ccm - 300 PS bei 6600/min

Kein wesentlichen Änderungen in der laufenden Produktion der „Serie I".

Produziert 1963 - 1967, 1080 Exemplare
(625 Serie I, 455 Serie II)
Fgst.-Nr. 4963, 4967 (Prototypen),
zwischen 5263 und 10193 (Bild: 7187)

400 SUPERAMERICA PININFARINA COUPÉ „AERODINAMICO" SERIE II

V12 - 3967 ccm - 340 PS bei 7000/min

1964 wurden die letzten beiden „Aerodinamico" produziert (5131SA, 5139SA), mit geringfügigen Unterschieden, wie es sich für handgefertigte Luxus-Ferrari gehörte.

Produziert 1962 - 1964, 20 Exemplare
Fgst.-Nr. zwischen 3747SA und 5139SA (Bild: 5131SA)

500 SUPERFAST PININFARINA COUPÉ SERIE I

V12 - 4963 ccm - 400 PS bei 6500/min

Der auf dem Genfer Salon 1964 vorgestellte Ferrari 500 Superfast trat die direkte Nachfolge des 400 Superamerica an - ein echtes Meisterwerk Pininfarinas, das wegen seiner außergewöhnlichen und oft blaublütigen Klientel als „Königs-Ferrari" in die Geschichte einging. Das gewaltige Fünfliter-Aggregat (tipo 208) basierte in seinen Zylinderabmessungen (Bohrung x Hub: 88 x 68 mm) auf dem alten Lampredi-Block, womit die Gemeinsamkeiten (108 mm Zylindermittenabstand) allerdings auch schon erschöpft waren. Was die Karosserie betraf, so ruhte diese auf dem Chassis des 330 GT, das seinen Radstand von 2650 mm beibehielt. 1964 verließen nur 6 mit besonderer Sorgfalt hergestellte Exemplare die Pininfarina-Werkstätten in Grugliasco, von denen vier als Show-Cars in Genf, Turin, Brüssel und Chicago fungierten.

Produziert 1964 - 1965, 25 Exemplare
Fgst.-Nr. 5951SF - 5985SF (1964), 5989SF - 6679SF (1965) (Bild: 5975SF)

Produziert 1964 - 1966, 32 Exemplare
Fgst.-Nr. zwischen 5149 und 8165 (Bild: 6053)

250 LM PININFARINA BERLINETTA SPECIALE

V12 - 3286 ccm - 310 PS bei 7500/min

Um dem Charakter des Gran Turismo mehr Nachdruck zu verleihen, nahm sich Battista „Pinin" Farina den 250 LM noch einmal vor. Schon auf dem Genfer Frühjahrssalon 1965 präsentierte er seine gezähmte Privatversion (6025), die sich durch eine modifizierte Dachpartie mit langgestreckter Plexiglas-Heckscheibe auszeichnete. Der Clou waren jedoch die wie Flügeltüren aufklappbaren Dachhälften, die den Einstieg in die nur knapp einen Meter hohe Berlinetta erleichterten. Im Innenraum warteten luxuriöse, rote Lederfauteuils und Fensterheber auf den Passagier. Später wurden noch zwei weitere Exemplare im Stil dieses LM „Stradale" umgebaut, wovon eines an der Grafen Volpi di Misurata (5995) und eines an den Ferrari-Exzentriker Tom Meade (5903) gingen.

275 GTB

V12 - 3285 ccm - 280 PS bei 7600/min

Die Heckpartie des 1965 anlässlich der Pariser Automobilausstellung vorgestellten 275 GTB war modifiziert worden. Ein deutlich vergrößertes Heckfenster verschaffte bessere Sichtverhältnisse, nach außen verlegte Haubenscharniere vergrößerten das Volumen des Kofferraums. Auf der Frankfurter Automobilausstellung zeigte Pininfarina seine persönliche Interpretation des GTB (Fgst.-Nr. 6437): Es fehlten die verchromten Einfassungen der Scheinwerferverkleidungen, und auf der Motorhaube erschienen wieder Profilhöcker über den Vergaserdomen. Außerdem fehlte auf der Fahrerseite das Dreiecks-Ausstellfenster, und wie zum Trotz hatte er wieder die kleine Heckscheibe der ersten 275 GTB eingesetzt. Die Serienversion wies gegenüber dem Vorjahr keine nennenswerten Änderungen von Motor und Chassis auf.

Produziert 1964 - 1966, 442 (445) Exemplare
Fgst.-Nr. zwischen 6003 und 8979 (Bild: 7617)

275 GTB COMPETIZIONE

V12 - 3285 ccm - 280 PS bei 7600/min

Eine limitierte Stückzahl von 14 der 455 hergestellten Serien-GTB war als sogenannte Rennversion erhältlich. Der als 275 GTB/C Prototyp gebaute Wagen (Fgst.-Nr. 6021) war mit 6 Weber-Doppelvergaser bestückt und hatte eine leicht veränderte Karosserie. Die nächsten drei Fahrzeuge (Fgst.-Nr. 6701, 6885 und 7185) unterschieden sich dann bereits radikal von den Serienfahrzeugen. Nur diese drei Fahrzeuge erhielten einen Motor mit Trockensumpfschmierung. Bei allen 275 GTB Competizione wurden spezielle Rohrrahmen und Karosserieformen benutzt. So erhielten die meisten einen außenliegenden Tankeinfüllstutzen und zusätzliche Entlüftungsschlitze in den hinteren Kotflügeln sowie auch in den Bug eingelassene Nebelscheinwerfer.

Produziert 1965, 14 Exemplare
Fgst.-Nr. zwischen 6021 und 7641 (Bild: 6885)

275 GTS

V12 - 3285 ccm - 260 PS bei 7000/min

1965 wurden an der Karosserie einige Modifikationen vorgenommen. Dazu zählten die neu gezeichneten seitlichen Motorraumentlüftungen, die wie bei den 330 GTS, 330 GT 2+2 und Superfast aus drei einfachen Schlitzen bestanden. Die vier Auspuffrohre waren in einem größeren Abstand zueinander angebracht. Auf Wunsch konnte das Fahrzeug mit einem extra breiten Beifahrersitz bestellt werden.

Produziert 1964 - 1966, 200 Exemplare
Fgst.-Nr. zwischen 6001 und 8653 (Bild: 7787)

330 GT 2+2

V12 - 3967 ccm - 300 PS bei 6600/min

Zwischen seiner offiziellen Präsentation bei der Pressekonferenz am 11. Januar 1964 und seinem Produktionsende im Spätherbst 1967 erfuhr der 330 GT 2+2 mindestens 27 Veränderungen. Wichtig erscheint die Interim-Serie (6939 - 7547), bei der das Vierganggetriebe mit Overdrive der Marke Laycock de Normanville gegen ein fortschrittlicheres, synchronisiertes Fünfganggetriebe ausgetauscht wurde, die Wagen aber noch über 4 „Chinese Eyes"-Frontscheinwerfer verfügten. Da die Hinterachsübersetzung (8/34) unverändert blieb, änderte sich auch nichts an der angekündigten Höchstgeschwindigkeit von 245 km/h. Erst im Anschluss hieran erfolgte im Herbst 1965 der Wechsel zur Serie II, bei der Pininfarina wieder zu den zwei klassischen Scheinwerfern zurückkehrte.

Produziert 1963 - 1967, 1080 Exemplare (625 Serie I, 455 Serie II)
Fgst.-Nr. 4963, 4967 (Prototypen), zwischen 5263 und 10193 (Bild: 7761)

Produziert 1964 - 1965, 25 Exemplare
Fgst.-Nr. 5951SF - 5985SF (1964), 5989SF - 6679SF (1965) (Bild: 6615SF)

500 SUPERFAST PININFARINA COUPÉ SERIE I

V12 - 4963 ccm - 380 PS bei 6500/min

Zweifellos zielte Ferrari mit dem Superfast auf die Klientel der Reichen und der Superreichen, was die Liste der Erstbesitzer beweist, die z.B. Prinz Aga Khan, den Schah von Persien, den holländischen Prinzen Bernhard oder den Schauspieler und Regisseur Peter Sellers („Der rosarote Panther") aufweist. Was dieses Publikum damals wollte, waren Hubraum und Drehmoment ohne Ende. Tatsächlich handelte es sich beim 500 Superfast um den hubraumstärksten Ferrari bis zur Produktion des neuen 456 GT, der immerhin dreißig Jahre auf sich warten ließ. Die Verschmelzung von Colombo- und Lampredi-Elementen bekam dem Motor recht gut. Dank dreier Weber-40DCZ6-Vergaser betrug die Leistung 380 PS, was dem 1400 kg schweren Coupé eine Höchstgeschwindigkeit jenseits der magischen 250-km/h-Marke verlieh. 1965 wurden 19 Exemplare produziert.

500 SUPERFAST PININFARINA COUPÉ SERIE II

V12 - 4963 ccm - 380 PS bei 6500/min

Die Modifikationen des 500 Superfast der Serie II entsprachen weitgehend den im Sommer 1965 vorgenommenen Veränderungen am 330 GT 2+2. Am einfachsten konnte man den neuen Fünfliter an den anders gestalteten seitlichen Motorentlüftungen erkennen, die nunmehr über drei Schlitze anstelle der bisherigen 11 Öffnungen verfügten. Unter dem von Pininfarina entwickelten Blechkleid wirkten jetzt ein vollsynchronisiertes Fünfganggetriebe sowie eine Borg-&-Beck-Kupplung. Zwischen Juli 1965 und Mai 1966 liefen insgesamt 12 Exemplare der Serie 2 vom Stapel, die wiederum allesamt berühmte Kunden fanden.

Produziert 1965 - 1966, 12 Exemplare (1965: 4, 1966: 8)
Fgst.-Nr. 7817SF, 7975SF, 8019SF, 8083SF (1965), zwischen 8253SF und 8897 SF (1966) (Bild: 8019SF)

1966 Serienmodelle

Produziert 1964 - 1966, 442 Exemplare
Fgst.-Nr. zwischen 6003 und 8979 (Bild: 8135)

275 GTB

V12 - 3285 ccm - 280 PS bei 7600/min

Im Januar 1966 wurde auf dem Automobilsalon von Brüssel ein 275 GTB mit komplett überarbeiteter Frontpartie präsentiert. Eine längere Nase (daher der Insidername „Long Nose", gegenüber „Short Nose" für das Vorgängermodell) brachte mehr Eleganz in die Linie und mehr Ruhe in das Fahrverhalten, da zuvor bei hohen Geschwindigkeiten ein deutliches Anheben der Nase zu verzeichnen gewesen war. Gleichzeitig hatte sich die Längsstabilität verbessert. Weitere Modifikationen am Fahrwerk rechtfertigten die neue Chassis-Typbezeichnung 596. In der kurzen Zeit vom Frühling bis Sommer 1966, als die Produktion des 275 GTB auslief, wurden ungefähr 200 Exemplare des „Long Nose"-GTB gebaut.

275 GTB/4

V12 - 3285 ccm - 300 PS bei 8000/min

Der 275 GTB/4 wurde im Oktober 1966 auf dem Pariser Salon vorgestellt und sah dem 275 GTB „Long Nose" sehr ähnlich. Nur am Profilhöcker in der Mitte der Motorhaube ließen sich die beiden Modelle voneinander unterscheiden. Erstmals war der Motor eines Tourenwagens von Ferrari mit vier obenliegenden Nockenwellen ausgerüstet worden - daher der Zusatz „/4" in der Typenbezeichnung. Wie beim 275 GTB/C hatte man eine Trockensumpfschmierung gewählt, wobei das Fassungsvermögen des getrennten Öltanks von 10 Liter auf über 16 Liter erhöht wurde. Außerdem wurden zwei Lucas-Elektrolüfter vor dem Kühler angebracht (statt wie bisher einer). Ein weiterer kleiner Unterschied war ein verchromtes „Cavallo Rampante" auf dem Kofferraumdeckel. Als Option standen Speichenräder, ein außenliegender Tankeinfüllstutzen sowie elektrische Fensterheber (!) zur Auswahl. 19 Fahrzeuge wurden mit einer Aluminiumkarosserie hergestellt.

Produziert 1966 - 1967, 331 Exemplare
Fgst.-Nr. zwischen 8769 und 11069 (Bild: 9035)

Produziert 1966, 12 Exemplare
Fgst.-Nr. zwischen 9007 und 9085 (Bild: 9035)

275 GTB/C

V12 - 3285 ccm - 300 PS bei 7600/min

Obwohl sie sich rein äußerlich nicht vom GTB der Serie II (Long Nose) unterschieden, lag dem 275 GTB/C (für „Competizione") ein völlig anderes Konzept zugrunde. Motor und Fahrwerk hatten mit dem Serienfahrzeug nicht mehr viel gemeinsam. Zahlreiche Motorteile waren zur Leistungssteigerung neu oder speziell überarbeitet: verstärkte Kolben, Spezial-Kurbelwelle und nur bei diesem Modell verwendete Weber-Doppelvergaser (nur 3 Stück!). Im Gegensatz zum Serienfahrzeug, welches ja ebenfalls mit Aluminiumkarosserie erhältlich war, fand beim 275 GTB/C halb so dünnes Aluminiumblech Verwendung. Außer der Frontscheibe bestanden alle Fenster aus Plexiglas. Einzige augenfällige Unterschiede zur Serie waren indes die breiten Räder, die etwas bauchigeren Kotflügelverbreiterungen und eine auf dem vorderen Kotflügel eingelassene Klappe mit darunter liegendem Öleinfüllstutzen.

275 GTS

V12 - 3285 ccm - 260 PS bei 7000/min

Keine wesentlichen Änderungen gegenüber dem Vorjahr. Die Produktion wurde im Frühjahr 1966 eingestellt. Als der 330 GTS die Nachfolge des 3,3-Liter-Spider antrat, waren insgesamt 200 Exemplare produziert.

Produziert 1964 - 1966, 200 Exemplare
Fgst.-Nr. zwischen 6001 und 8653 (Bild: 7985)

Produziert 1966 - 1968, ca. 600 Exemplare
Fgst.-Nr. zwischen 08329 und 11613 (Bild: 9979)

330 GTC

V12 - 3967 ccm - 300 PS bei 6600/min

Der auf dem Genfer Salon im März 1966 vorgestellte 330 GTC schloss jene Lücke, die der 250 GT Lusso seit seiner Produktionseinstellung hinterlassen hatte. Endlich gab es wieder eine Alternative zur Sport-Berlinetta 275 GTB und den großen Viersitzern. Die von Pininfarina gezeichnete Karosserie orientierte sich weitgehend an den Linien des 500 Superfast, kopierte jedoch das Heck des 1964 vorgestellten 275 GTS. Dank der großen Fensterflächen, der filigranen Dachpfosten und der niedrigen Gürtellinie wirkte der Vierliter-Sportwagen erstaunlich kompakt und schlank. Die Karosserie ruhte auf dem von der Berlinetta übernommenen Kurzchassis (tipo 592C mit 2400 mm Radstand), das sich durch seine Einzelradaufhängung und Scheibenbremsen rundum auszeichnete.

330 GT 2+2

V12 - 3967 ccm - 300 PS bei 6600/min

Mit dem Wechsel zu einer herkömmlichen Scheinwerferanordnung waren beim 330 GT 2+2 auch eine ganze Reihe tiefgreifender Änderungen vorgenommen worden. Die zweitauffälligste Neuerung bestand in den neuen Campagnolo-Leichtmetallfelgen, die die klassischen Borrani-Drahtspeichenräder ersetzten. Die meisten Ferraristi gewöhnten sich indes nur zögerlich an den neuzeitlichen Geschmack und orderten die „Borranis", die weiterhin optional erhältlich waren. Mit der Servolenkung und Klimaanlage standen erstmals Sonderausstattungen zur Wahl, die bisher als Ferrari-unüblich galten, was insbesondere jenen missfiel, die in einem Ferrari als reinrassige Fahrmaschine verstanden haben wollten.

Produziert 1963 - 1967, 1080 Exemplare (625 Serie I, 455 Serie II)
Fgst.-Nr. 4963, 4967 (Prototypen), zwischen 5263 und 10193 (Bild: 8455)

Produziert 1966 - 1968, ca. 100 Exemplare
Fgst.-Nr. 8899, 9155, 9199, 9297 (1966), zwischen 9343 und 11713 (Bild: 9781)

330 GTS

V12 - 3967 ccm - 300 PS bei 6600/min

Der 330 GTS, der im Oktober 1966 gleichzeitig mit dem 275 GTB/4 auf dem Pariser Automobil-Salon vorgestellt wurde, trat die direkte Nachfolge des 275 GTS an. Da es sich beim neuen Spider im Grunde um die offene Version des sechs Monate zuvor präsentierten 330 GTC handelte, verkörperte er mehr als die motortechnisch aufgepeppte Version des 275 GTS und unterschied sich von diesem in den unterschiedlichsten Punkten (Fahrwerk, Fünfganggetriebe etc.). Äußerlich am Augenfälligsten war der Verlust der eckigen Nase des 275ers, die einer runderen Front hatte weichen müssen - offenbar inspiriert vom Superfast.

365 CALIFORNIA PININFARINA CABRIOLET

V12 - 4390 ccm - 320 PS bei 6600/min

Der Prototyp des luxuriösen, zweisitzigen Cabriolets erschien erstmals auf dem Genfer Salon 1966. Das einzige, was er mit seinem Ahnen, dem 250 GT Spider von 1958, gemeinsam hatte, war die Bezeichnung „California". Tatsächlich handelte es sich eher um den legitimen Nachfolger des 500 Superfast, auf dessen langem Chassis (tipo 598 mit 2650 mm Radstand) die formvollendete Pininfarina-Karosserie basierte. Im Frontbereich erinnert der 4,4-Liter mit seiner schmalen Kühleröffnung, den Perspex-verkleideten Scheinwerfern und den einklappbaren Nebelleuchten am ehesten an das Special-Coupé 330 GTC, das 1966 an das belgische Königshaus ausgeliefert wurde. Zwischen der Präsentation des Prototyps und seiner Auslieferung vergingen über vier Monate, so dass in diesem Jahr nur noch zwei weitere Cabriolets fertiggestellt wurden.

Produziert 1966 - 1967, 20 Exemplare
Fgst.-Nr. 8347, 9127, 9447 (1966), zwischen 9615 und 10369 (1967) (Bild: 9127)

500 SUPERFAST PININFARINA COUPÉ SERIE II

V12 - 4963 ccm - 380 PS bei 6500/min

Letztes Produktionsjahr des „Superfast II": Eine Ära geht zu Ende.

Produziert 1965 - 1966, 12 Exemplare (1965:4, 1966:8)
Fgst.-Nr. 7817SF, 7975SF, 8019SF, 8083SF (1965), zwischen 8253SF und 8897 SF (1966) (Bild: 8253SF)

275 GTB/4

V12 - 3285 ccm - 300 PS bei 8000/min

Keine wesentlichen Änderungen gegenüber dem Vorjahr. Die Produktion wurde Ende des Jahres eingestellt.

Produziert 1966 - 1967, 331 Exemplare
Fgst.-Nr. zwischen 8769 und 11069
(Bild: 10987)

275 GTB/4 NART SPYDER

V12 - 3285 ccm - 300 PS bei 8000/min

Obwohl er nicht als ganz offizielles Modell angesehen werden kann, stellte der Spyder N.A.R.T. (North American Racing Team) eine interessante Variante des 275 GTB/4 dar. Er verdankt seine Entstehung dem Ferrari-Importeur für die Vereinigten Staaten, Luigi Chinetti, der in Maranello eine kleine Serie von 275 GTB/4 ohne Dachaufbau anfertigen ließ. Bereits Anfang des Jahres 1967 wurde das erste Exemplar anlässlich des 12-Stunden-Rennens von Sebring (Florida) seiner Feuertaufe unterzogen. Die ersten beiden Fahrzeuge, Fgst.-Nr. 9437 und 9751, hatten eine Aluminiumkarosserie. Auch wenn die 10 N.A.R.T. Spyder heute zu den gesuchtesten Ferrari-Spezialitäten zählen mögen - 1967 hatte es für Luigi Chinetti so ausgesehen, als würde er auf seinen Autos sitzen bleiben. Man munkelt, dass er die 10 N.A.R.T.-Spyder zum Teil nur mit erheblichem Preisnachlass an den Mann bzw. die Frau brachte.

Produziert 1967, 10 Exemplare
Fgst.-Nr. zwischen 9437 und 11057 (Bild: 9437)

330 GTC

V12 - 3967 ccm - 300 PS bei 6600/min

In den End-Sechzigern hieß Ferraris ultimatives Reise-Coupé 330 GTC. Angetrieben wurde der komfortable Zweisitzer vom gleichen Vierliter-Zwölfzylinder (tipo 209/66), der auch schon die viersitzigen 2+2-Coupés zu sportlichen Fahrleistungen beflügelte. Die Tatsache, dass das Fünfgang-Schaltgetriebe mit dem Hinterachsdifferenzial verblockt war, verlieh dem Wagen ein neutraleres Fahrverhalten als dem 330 GT 2+2, der auf Grund der Massenkonzentration über der Vorderachse wenig sportlich zum Untersteuern neigte. Von Vorteil erwies sich auch ein neues Befestigungssystem, das die durch ein solides Rohr miteinander verbundenen Einheiten Motor und Getriebe/Differenzial in vier Punkten elastisch verankerte, was Abrollgeräusche wirksam von der Karosserie fernhielt.

Produziert 1966 - 1968, ca. 600 Exemplare
Fgst.-Nr. zwischen 08329 und 11613
(Bild: 9979)

330 GT 2+2

V12 - 3967 ccm - 300 PS bei 6600/min

Kenner neigen dazu, die an ihren Einfachscheinwerfern leicht zu erkennende Serie II noch weiter zu unterteilen. Bei der „Serie III" änderte sich die Aufhängung des Motors, der nur noch an zwei Befestigungspunkten (anstelle der bisher üblichen vier) im Chassis verankert war. Die dazu erforderliche Neukonstruktion des Motorblocks ermöglichte es, die Pedalerie nunmehr hängend zu installieren, was den Bedienungskomfort wesentlich verbesserte. Mit dem Erscheinen des Nachfolgers, dem 365 GT 2+2, endete im Herbst 1967 die Produktion des Ferrari-Bestsellers nach vier Jahren.

**Produziert 1963 - 1967, 1080 Exemplare (625 Serie I, 455 Serie II)
Fgst.-Nr. 4963, 4967 (Prototypen), zwischen 5263 und 10193 (Bild: 8937)**

330 GTS

V12 - 3967 ccm - 300 PS bei 6600/min

Zwei Drittel der Produktion des Vierliter-Pininfarina-Spiders entstanden im Verlauf des Jahres 1967, wovon die meisten wie schon bei seinen Vorgängern (250 California Spyder und 275 GTS) üblich ihren Weg nach Amerika fanden. Die schnörkellose, kompakte Karosserie basierte auf dem kurzen Chassis (tipo 592) des 275 GTB und bestach durch ihr schlichtes, aber exklusives Interieur. Analog zum Coupé erfuhr auch das Fahrgestell des Spider die erprobten Modifikationen (Lagerung von Motor und Kraftübertragung auf jeweils zwei soliden Gummipuffern, hängende Pedale), was die Übertragung von Motorvibrationen wirksam verhinderte.

**Produziert 1966 - 1968, ca. 100 Exemplare
Fgst.-Nr. 8899, 9155, 9199, 9297 (1966), zwischen 9343 und11713 (Bild: 9781)**

**Produziert 1967 - 1971, ca. 800 Exemplare
Fgst.-Nr. 10431, 10479 (Prototypen), zwischen 10791 und 14099 (Bild: 11725)**

365 GT 2+2

V12 - 4390 ccm - 320 PS bei 6600/min

Die Popularität der viersitzigen Ferrari kann daran ermessen werden, dass zwischen 1960 und 1967 nahezu 2100 Exemplare der Modelle 250 GTE und 330 GT 2+2 verkauft wurden. Dies entsprach über 50% der Gesamtproduktion von Ferrari. Der neue 365 GT 2+2 sollte diese Erfolgsserie natürlich fortsetzen, und so bot er gegenüber seinen Vorgängern neben mehr Hubraum, Leistung und Drehmoment eine hintere Einzelradaufhängung. Eine kleine Revolution stellten die von Koni entwickelte Niveauregulierung und die Servolenkung dar, die erstmals in einem Sportwagen aus Maranello verwendet wurden. Vorgestellt wurde der innovative Viersitzer erstmals auf dem Pariser Salon im Spätherbst 1967.

365 CALIFORNIA PININFARINA CABRIOLET

V12 - 4390 ccm - 320 PS bei 6600/min

Der Motor des „California" basierte auf dem 4,4-Liter-Rennaggregat (tipo 214) mit einer Nockenwelle pro Zylinderreihe, das 1965/66 in den werksunterstützten 365 P2 zum Einsatz kam. Bei einer Verdichtung von 8,8:1 wurde die Höchstleistung mit 320 PS angegeben, was den offenen Zweisitzer in 7,1 Sekunden von 0 auf 100 km/h katapultierte. Der Name „California" erschien nicht ungerechtfertigt, wenn man bedenkt, dass von 20 produzierten Exemplaren deren sieben direkt nach Amerika gingen, allein fünf davon via Luigi Chinetti. Drei verblieben in Italien, zwei gingen nach England und je eines nach Spanien und Deutschland - an Harry Riegel, besser bekannt als „Mr. Haribo".

**Produziert 1966 - 1967, 20 Exemplare
Fgst.-Nr. 8347, 9127, 9447 (1966), zwischen 9615 und 10369 (1967) (Bild: 10077)**

1968 Serienmodelle

Produziert 1968 - 1969, 152 Exemplare
Fgst.-Nr. zwischen 00102 und 00410 (Bild: 00186)

DINO 206 GT

V6 - 1986 ccm - 180 PS bei 8000/min

Auf der Automobilaustellung in Turin im November 1967 wurde der Dino 206 GT der Öffentlichkeit präsentiert, nachdem bereits in früheren Jahren einige „Dino"-Studien von Pininfarina vorgestellt worden waren. Das bei Fiat produzierte V6-Leichtmetalltriebwerk mit 2 Litern Hubraum war hinter dem Fahrersitz quer vor der Hinterachse eingebaut. Somit war der Dino 206 GT nicht nur der erste in Serie produzierte Ferrari-Sechszylinder, sondern auch der erste in größeren Stückzahlen gebaute Mittelmotorwagen des italienischen Herstellers. Produktionsbeginn war im Herbst 1968, die von Pininfarina entworfene Dino-Karosserie wurde von Scaglietti in Modena hergestellt, und zwar ausschließlich in Aluminium. Von seinem in weitaus größeren Stückzahlen produzierten Nachfolger 246 GT (erste Serie) lässt sich der Dino 206 GT an seinem freiliegenden Tankdeckel unterscheiden.

330 GTC

V12 - 3967 ccm - 300 PS bei 6600/min

Bevor der 365 GTC 1969 die Nachfolge des Vierliters antrat, endete die Serienproduktion des 330 GTC, ohne dass es größere Modifikationen gegeben hätte. Heute gilt der 330 GTC als idealer, alltagstauglicher Klassiker, der mit herausragenden Fahrleistungen (Höchstgeschwindigkeit 242 km/h) aufwartet.

Produziert 1966 - 1968, ca. 600 Exemplare
Fgst.-Nr. zwischen 08329 und 11613 (Bild: 10617)

330 GTS

V12 - 3967 ccm - 300 PS bei 6600/min

Letztes Produktionsjahr des Vierliter-Spider. Bis zur Markteinführung seines Nachfolgers, dem 365 GTS im Jahre 1969, waren ziemlich genau 100 Exemplare fertiggestellt worden.

Produziert 1966 - 1968, ca. 100 Exemplare
Fgst.-Nr. 8899, 9155, 9199, 9297 (1966), zwischen 9343 und11713

365 GT 2+2

V12 - 4390 ccm - 320 PS bei 6600/min

Das traditionelle Chassis (tipo 591) entsprach weitgehend dem des Typs 330 GT 2+2, bei dem man allerdings die Spurweiten (vorn um 86 und hinten 79 mm) erheblich verbreitert hatte. Für den moderaten Federungskomfort der unabhängig aufgehängten Hinterräder sorgten Schraubenfedern und Teleskopstoßdämpfer der Marke Koni. Zur damals Ferrari-unüblichen Standardausstattung gehörten Servolenkung, Klimaanlage, Radio und Fensterheber. Tatsächlich handelte es sich beim 365 GT 2+2 um den bisher bequemsten Ferrari, der je das Werk verlassen hatte, was die amerikanische Zeitschrift Road & Track dazu veranlasste, ihn als „Königin-Mutter aller Ferrari" zu titulieren.

Produziert 1967 - 1971, ca. 800 Exemplare
Fgst.-Nr. 10431, 10479 (Prototypen), zwischen 10791 und 14099 (Bild: 12619)

Produziert 1967 - 1968, 5 Exemplare
Fgst.-Nr. 10287, 11001, 11795, 11929 und 12037 (Bild: 10287)

365 GTB/4 DAYTONA PROTOTYP

V12 - 4390 ccm - 352 PS bei 7500/min

Der erste Prototyp des zur Legende gewordenen „Daytona" war bereits 1967 entstanden, und zwar auf dem Chassis eines 275 GTB/4. Strenggenommen handelte es sich bei den beiden ersten Prototypen eher um neu karossierte 275 GTB/4, wobei nur das Heck komplett neu gestaltet worden war, die Front hingegen noch klar das Vorgängermodell erkennen ließ. Insgesamt wurden fünf Prototypen gebaut, wovon zwei auf dem Pariser Salon im Oktober 1968 erstmals öffentlich gezeigt wurden (Fgst.-Nr. 11795 am Stand von Pininfarina, Fgst.-Nr. 12037 am Stand von Ferrari). Die Presse taufte das neue Modell sogleich „Daytona", zur Erinnerung an den Triumph der roten Renner beim gleichnamigen amerikanischen 24-Stunden-Rennen im Vorjahr. Der Karosserieentwurf von Pininfarina zeigte eine sehr klassische Form mit einer langen Motorhaube und einem kompakten Heck. Scharfe Kanten tauchten vor allem an den vorderen Kotflügeln auf, die sich von den Rundungen des 275 GTB/4 deutlich unterschieden. Auch die Lufteinlassöffnung für den Kühler wies nicht mehr die markante ovale Form auf, sondern war durch eine eckige, in die Frontpartie integrierte Öffnung ersetzt worden.

DINO 206 GT

V6 - 1986 ccm - 180 PS bei 8000/min

Dem Dino 206 GT war nur eine kurze Produktionszeit beschieden, die bereits im April 1969 endete.

Produziert 1968 - 1969, 152 Exemplare
Fgst.-Nr. zwischen 00102 und 00410 (Bild: 00186)

DINO 246 GT

V6 - 2418 ccm - 195 PS bei 7600/min

Der Dino 246 GT wurde anlässlich des Automobilsalons in Genf 1969 vorgestellt. Äußerlich unterschied sich der neue Dino abgesehen von einer im linken Ausläufer des Dachaufbaus angebrachten Tankdeckel-Abdeckklappe nicht von seinem Vorgänger. Das Heck trug wieder die Aufschrift „Dino GT", und es brauchte schon einen Kennerblick um festzustellen, dass der Radstand um sechs Zentimeter länger geworden war. Eine wichtige Neuerung betraf den V6-Motorblock, der nun in Stahlguss hergestellt wurde. Gleichzeitig war der Hubraum dank neuer Zylinderabmessungen auf 2418 ccm vergrößert worden. Die Karosserie bestand mittlerweile aus Stahlblech, wobei einige Modelle Türen und Hauben aus Aluminium erhielten. Die Dino 246 GT wurden in drei voneinander sehr unterschiedlichen Baureihen produziert, innerhalb derer zudem noch drei verschiedene Basisversionen für Europa, die USA und Großbritannien existierten. Die Reihe L umfasst die zwischen 1969 und 1971 gebauten Fahrzeuge mit den Fgst.-Nr. 00402 bis 01116 .

Produziert 1969 - 1974, 2487 Exemplare
Fgst.-Nr. zwischen 00400 und 07650 (Bild: 00426)

Produziert 1968 - 1970, ca. 150 Exemplare
Fgst.-Nr. zwischen 11823 und 12795 (Bild: 12229)

365 GTC

V12 - 4390 ccm - 320 PS bei 6600/min

Im Spätherbst 1968 trat der 365 GTC die direkte Nachfolge des 330 GTC an. Äußerlich unterschied er sich von seinem Vorgänger nur durch den Wegfall der drei seitlich in den Kotflügeln sitzenden Motorraum-Entlüftungsschlitze, die sich jetzt auf der Motorhaube in der Nähe der Windschutzscheibe befanden. Unter der Haube hatte sich hingegen mehr geändert. Durch Erweiterung der Bohrung auf 81 mm ließen sich über 400 ccm an Hubraum gewinnen, woraus ein erheblich verbessertes Drehmoment resultierte. Die Maximalleistung des 4,4-Liter-Aggregats (tipo 245 C) betrug bei gleicher Drehzahl nunmehr 320 PS. Das von den 330er-Versionen stammende Chassis (tipo 592C) wurde in einigen Punkten modifiziert, wobei der Wechsel vom Dunlop/Girling-Bremssystem zur ATE-Anlage am Bedeutendsten ausfiel.

365 GT 2+2

V12 - 4390 ccm - 320 PS bei 6600/min

Während der fast vierjährigen Produktionsspanne wurden an diesem Modell keine wesentlichen Änderungen vorgenommen. Erwähnenswert wäre lediglich der Wechsel von den konventionellen, gelochten Leichtmetallrädern zu den erstmals beim Daytona gezeigten Felgen mit fünfzackigem Sternmuster, selbstverständlich standen die Borrani-Drahtspeichenräder weiter optional zur Verfügung. Beim 4,4-Liter-Triebwerk (tipo 245) handelte es sich um die aufgebohrte Version des „Colombo-Longblock", der erstmals im 330 GT auftauchte. Das Vergasersystem bestand aus drei Weber-Vergasern vom Typ 40 DFI/5, was dem Motor zu 320 PS bei kommoden 6600/min verhalf.

Produziert 1967 - 1971, ca. 800 Exemplare
Fgst.-Nr. 10431, 10479 (Prototypen), zwischen 10791 und 14099 (Bild: 12619)

Produziert 1969, 20 Exemplare
Fgst.-Nr. zwischen 11227 und 12493 (Bild: 12243)

365 GTS

V12 - 4390 ccm - 320 PS bei 6600/min

Die Karriere des 365 GTS dauerte nur wenige Monate, so dass die Produktion bereits nach 20 Exemplaren eingestellt wurde. Ursächlich scheint dieser relative Misserfolg durch die drakonischen Sicherheitsbestimmungen für offene Fahrzeuge in den Vereinigten Staaten begründet zu sein. Dabei begann alles gar nicht so schlecht, gegenüber seinem Hubraum-Vetter, dem 365 California, dessen Chassis zu lang und das Fahrwerk zu altmodisch waren, zeigte er sich klar überlegen. Wie der gleichzeitig produzierte 365 GTC unterschied er sich äußerlich von seinem Vorgänger lediglich durch die veränderte Lage der Motorraum-Entlüftungsschlitze, die sich nunmehr auf der Motorhaube befanden. Angesichts der 320 produzierten Exemplare der drei Spider-Varianten (275, 330 und 365 GTS) wird deutlich, dass es sich um die bis dahin erfolgreichste „offene Serie" aus dem Hause Ferrari handelte.

365 GTB/4 DAYTONA

V12 - 4390 ccm - 352 PS bei 7500/min

Die Produktion des „Daytona" begann im Frühjahr 1969. Der traditionelle Ferrari-Chassisrahmen aus verschweißten Stahlrohren mit ovalem Querschnitt wurde auch hier beibehalten, und die durch ein Mantelrohr fest miteinander verbundenen Baugruppen Motor und Getriebe/Differenzial waren wie beim 275 GTB/4 nur an vier Punkten am Fahrgestell verankert (zwei am Getriebe und zwei am Motor). Der Motorblock war verlängert worden, um dem beträchtlich erhöhten Hubraum gerecht zu werden. Die Spurweite war bei unverändertem Radstand von 2400 mm beträchtlich verbreitert worden. Die Bremsscheiben hatten einen geringeren Durchmesser, was durch ein wirksameres Innenbelüftungssystem ausgeglichen wurde. Die Trockensumpfschmierung, welche ebenfalls bereits beim 275 GTB/4 Verwendung gefunden hatte, wurde beibehalten.

Produziert 1969 - 1973, 1260 Exemplare
Fgst.-Nr. zwischen 10287 und 17615 (Bild: 13649)

Produziert 1969 - 1973, 125 Exemplare
Fgst.-Nr. zwischen 12851 und 17073 (Bild: 12851)

365 GTB/4 DAYTONA SPYDER

V12 - 4390 ccm - 352 PS bei 7500/min

Der erste und einzige Daytona Spyder mit Plexiglasverkleidungen über den Scheinwerfern (Fgst.-Nr. 12851) wurde auf der Frankfurter Automobilausstellung im September 1969 ausgestellt. Noch vor dem Produktionsanlauf wurde bekannt, daß die neuen US-Sicherheitsbestimmungen keine zusätzlichen Abdeckungen vor der Scheinwerfer-Streuscheibe mehr erlauben würden, weshalb man für das nächste Modelljahr des Daytona auf Klappscheinwerfer zurückgriff. Die Verwandlung der Berlinetta in einen Spyder war rundum gelungen, die optischen Retuschen gegenüber dem Coupé beschränkten sich auf eine flachere Kofferraumhaube und entsprechend nachmodellierten hinteren Kotflügeln. Mechanisch unterschied sich der Spyder nicht von der Berlinetta. Nur im Fahrzeuginnern gab es einige kleine Unterschiede. So erhielt die Spider-Version eine spezielle Sonnenblende in Form eines Rouleaus, befestigt mit einem Saugnapf an der Frontscheibe. Verständlicher Weise fehlte am Armaturenbrett der Schalter für die Heckscheibenheizung.

Produziert 1969 - 1974, 2487 Exemplare
Fgst.-Nr. zwischen 00400 und 07650 (Bild: 00426)

DINO 246 GT

V6 - 2418 ccm - 195 PS bei 7600/min

Anfang des Jahres 1970 wurden die Zentralverschlussnaben zur Radbefestigung durch ein herkömmliches System mit fünf Bolzen ersetzt, wobei allerdings das Felgenmuster unverändert blieb. Es wurden auch größere Reifen aufgezogen. Einige Besonderheiten der L-Serie betrafen das Druckknopfschloss zum Öffnen des Kofferraums, Türschlösser in den seitlichen Lufteinlassschlitzen sowie zwei Rückfahrscheinwerfer unter den Stoßstangen. Es gab keine Ablagefächer in den Türverkleidungen, und die Kopfstützen waren von den Sitzen getrennt an der Rückwand befestigt. Ab Oktober 1970 wurden auch Fahrzeuge mit Rechtslenkung hergestellt.

365 GT 2+2

V12 - 4390 ccm - 320 PS bei 6600/min

Tatsächlich gelang es dem 365 GT 2+2 in die Fußstapfen seiner berühmten Vorgänger, den viersitzigen 250 GTE und 330 GT 2+2, zu treten und ihren Erfolg fortzusetzen. Bis zur Einstellung der Produktion im Frühjahr 1971 entstanden etwa 800 Fahrzeuge seines Typs, was wiederum über 50% der Ferrari-Gesamtproduktion dieses Zeitraums ausmachte. Erst Ende 1972 tauchte auf dem Pariser Salon mit dem 365 GT4 2+2 ein neues Coupé auf, das als würdiger Nachfolger dieser Tradition bezeichnet werden konnte.

Produziert 1967 - 1971, ca. 800 Exemplare
Fgst.-Nr. 10431, 10479 (Prototypen), zwischen 10791 und 14099 (Bild: 12619)

Produziert 1969 - 1973, 1260 Exemplare
Fgst.-Nr. zwischen 10287 und 17615 (Bild: 13875)

365 GTB/4 DAYTONA

V12 - 4390 ccm - 352 PS bei 7500/min

Aufgrund der geänderten Sicherheitsvorschriften in den USA, die ab 1971 Plexiglas-Abdeckungen vor den Scheinwerfern nicht mehr zuließen, musste eine Ersatzlösung gefunden werden, die die gelungene Optik der Daytona-Front nicht entstellte. Zunächst sollten nur die für den amerikanischen Markt gebauten Fahrzeuge mit Klappscheinwerfern ausgerüstet werden. Die erste US-Version wurde im April 1970 gebaut und ausführlich getestet. Mit der Produktion konnte indes erst Ende des Jahres begonnen werden. Ansonsten keine wesentlichen Änderungen.

Produziert 1969 - 1974, 2487 Exemplare
Fgst.-Nr. zwischen 00400 und 07650
(Bild: 03338)

DINO 246 GT

V6 - 2418 ccm - 195 PS bei 7600/min

Anfang 1971 wurden die letzten vier Wagen der L-Serie gebaut, die von der M-Serie abgelöst wurde (Fgst.-Nr. 01118 bis 02130). Von diesem Baumuster wurden im ersten Halbjahr 1971 506 Exemplare gebaut, bis es dann seinerseits von der E-Serie abgelöst wurde. Die Dino Typ M sind nicht sehr zahlreich vertreten, denn sie stellen lediglich 20 Prozent der Gesamtproduktion dar. Einige Besonderheiten der M-Serie: Die beiden Rückfahrleuchten unten an den Stoßstangen fielen weg und wurden durch eine einzelne zwischen den Auspuffendrohren angeordnete Leuchte ersetzt. Der Druckknopf zum Öffnen des Kofferraums entfiel und wurde durch einen Hebel hinter dem Fahrersitz ersetzt. In jeder Türe befand sich ein Ablagefach aus Kunststoff. Die Kopfstützen waren in den Sitzen integriert. Von der nun folgenden E-Serie wurden 1624 Exemplare hergestellt (Fgst.-Nr. 02132 bis 08518). Einige Besonderheiten der E-Serie: Als Sonderausstattung standen zur Verfügung: Klimaanlage, elektrische Fensterheber, Sitze mit hellem Skai- oder schwarzem Lederbezug. Im November 1971 kam auch die USA-Version auf den Markt.

365 GT 2+2

V12 - 4390 ccm - 320 PS bei 6600/min

Einstellung der Produktion im Frühjahr 1971 nach ca. 800 Exemplaren.

Produziert 1967 - 1971, ca. 800 Exemplare
Fgst.-Nr. 10431, 10479 (Prototypen), zwischen 10791 und 14099 (Bild: 12683)

Produziert 1971 - 1973, ca. 500 Exemplare Fgst.-Nr. zwischen 14179 und 16289 (Bild: 15547)

365 GTC/4

V12 - 4390 ccm - 340 PS bei 6800/min

Im Grunde sollte der 1971 in Genf präsentierte 365 GTC/4 den viersitzigen 365 GT 2+2 ersetzen. Während er äußerlich trotz seiner geschwungenen Gürtellinie mehr dem neuen Daytona ähnelte (Spötter nannten ihn zärtlich „Gobbone" - den Buckligen - oder auch „Banane"), erinnert er konzeptionell an die 330/365 GTC der Jahre 1966-69, die eine Art Bindeglied zwischen den sportlichen Berlinetten und den viersitzigen Luxus-Coupés darstellten. Gegenüber dem reinrassigen Daytona bildete er die sportlich elegante Alternative mit komfortabler Innenausstattung und mehr Raum, wobei die von Pininfarina entworfene Karosserie weit weniger aggressiv als die der Sport-Berlinetta wirkte. Obwohl das Chassis (tipo 616) 15 cm kürzer war als das des 365 GT 2+2, wies es mit Bremskraftverstärker, Lenkhilfe und Niveauregulierung dessen Konstruktionsmerkmale auf. Die innenbelüfteten Scheibenbremsen stammten indes wiederum vom 365 GTB/4.

Produziert 1969 - 1973, 1260 Exemplare (Berlinetta) bzw. 125 Exemplare (Spyder) Fgst.-Nr. zwischen 10287 und 17615 (Berlinetta) bzw. zwischen 12851 und 17073 (Spyder) (Bild: 14537)

365 GTB/4 DAYTONA UND DAYTONA SPYDER

V12 - 4390 ccm - 352 PS bei 7500/min

Anfang des Jahres wurden die ersten USA-Versionen ausgeliefert, nachdem endgültig feststand, dass das Fahrzeug den amerikanischen Sicherheits- und Abgasbestimmungen genügte. Die USA-Version musste zusätzlich mit seitlichen Positionsleuchten an den hinteren Kotflügeln ausgerüstet werden. Gleichzeitig erfolgte auch bei den europäischen Modellen die Umstellung auf Klappscheinwerfer. Obwohl der Daytona Spyder bereits im September 1969 in Frankfurt der Öffentlichkeit vorgestellt worden war, begann die Produktion erst 1971. Von Anfang an wurden sowohl bei der europäischen wie auch bei der amerikanischen Version Klappscheinwerfer eingebaut. Zudem erhielten die USA-Versionen die für den amerikanischen Markt vorgeschriebenen seitlichen Positionsleuchten.

Produziert 1971, 5 Exemplare
Fgst.-Nr. 14407, 14429, 14437, 14885 und 14889 (Bild: 14889)

365 GTB/4 DAYTONA COMPETITION I

V12 - 4390 ccm - 360 PS bei 7700/min

Anfang 1971 wurde mit dem Bau der ersten drei Fahrzeuge begonnen, vor dem Hintergrund einer Beteiligung an der Tour de France Auto. Großer Wert wurde auf eine radikale Gewichtsreduktion gelegt. Die Karosserie bestand aus Aluminium und alle sich öffnenden Teile wie auch die Rückfenster und Seitenscheiben waren aus Kunststoff gefertigt. Ein Fahrzeug (Fgst.-Nr. 14429) hatte ein italienischer Kunde zu seinem privaten Gebrauch gekauft. Der sportliche Erfolg der anderen beiden Competition-Daytonas war eher bescheiden: Das Fahrzeug mit der Fgst.-Nr. 14437 der Scuderia Fillipinetti, gefahren von Elford und Kingsland, beendete die Tour de France 1971 auf dem vierten Platz, das Auto von Charles Pozzi (Fgst.-Nr. 14407), gefahren von Andruet und Roure, beendete die Tour gar nur auf Platz neun. Diese erste Serie von Renn-Daytonas wurde durch zwei weitere Modelle ergänzt, mit Glasscheiben anstelle der Plexifenster. Sie wurden Anfang 1972 an das NART geliefert, rechtzeitig zum 12-Stunden-Rennen von Sebring (Fgst.-Nr. 14885 und 14889).

Produziert 1969 - 1974, 2487 Exemplare
Fgst.-Nr. zwischen 00400 und 07650 (Bild: 03578)

DINO 246 GT

V6 - 2418 ccm - 195 PS bei 7600/min

Ab ca. Fgst.-Nr. 04250 wurden bei den in Europa und den USA ausgelieferten Modellen parallel arbeitende Scheibenwischer eingeführt, wobei Fahrzeuge mit Rechtslenkung die ineinanderkämmenden Scheibenwischer bis zum Produktionsende behielten. Etwa zur gleichen Zeit änderte man auch die vorderen Stoßstangen. Sie wurden kürzer und ließen nun den ganzen Kühlereinlass frei, was zu einer Modifikation der Frontpartie führte. Kühlereinlass und Grill wurden nun etwas eckiger, die unter den Stoßstangen liegenden Lufteinlässe rundlicher. Bei den USA-Ausführungen erhielten einige Dinos breitere Felgen (7"), wobei bei diesen auch die Radausschnitte breiter gestaltet wurden. Außerdem waren auf Wunsch sogenannte Daytona-Sitze zu haben.

DINO 246 GTS

V6 - 2418 ccm - 195 PS bei 7600/min

Als der Dino 246 GTS im Jahre 1972 auf dem Genfer Automobilsalon vorgestellt wurde, war der 246 GT schon drei Jahre auf dem Markt. Zum ersten Mal baute Ferrari ein Fahrzeug im Targa-Look mit abnehmbaren Dachteil und einem festen, Überrollbügel. Augenfälligste Merkmale des 246 GTS waren das unabhängig von der Fahrzeugfarbe stets schwarz lackierte Hardtop und die drei Entlüftungsschlitze, die das hintere Dreiecksfenster ersetzten. Klimaanlage, elektrische Fensterheber, Ledersitze und elektrische Antenne waren als Sonderausstattung zu haben. Die amerikanische Ausführung gab es auch mit breiteren 7-Zoll-Felgen und verbreiterten Radausschnitten.

Produziert 1972 - 1974, 1274 Exemplare
Fgst.-Nr. zwischen 003408 und 08518 (Bild: 04364)

Produziert 1971 - 1973, ca. 500 Exemplare
Fgst.-Nr. zwischen 14179 und 16289 (Bild: 15785)

365 GTC/4

V12 - 4390 ccm - 340 PS bei 6800/min

Der 4,4 Liter Zwölfzylinder (tipo 260), der sich durch vier obenliegende Nockenwellen auszeichnete, basierte auf dem neu entwickelten Triebwerk des Daytona, verfügte jedoch über eine völlig neuartige Vergaserbestückung. Um einige Zentimeter an Bauhöhe zu sparen und somit eine niedrigere Schwerpunktlage zu ermöglichen, hatte man die sechs Weber-DCOE-Vergaser nicht mehr senkrecht, sondern waagerecht positioniert. Ein Großteil der Klientel dieser Serie stammte wieder einmal aus den USA. Für diesen wichtigen Absatzmarkt musste man in Maranello eine Sonderversion entwickeln, die die strengen Abgasvorschriften erfüllte, was eine Leistungsminderung auf 320 PS zur Folge hatte. Äußerlich konnte man die US-365er an den vier an den Flanken befindlichen Begrenzungsleuchten erkennen, Servolenkung und Klimaanlage gehörten hier zur Standardausrüstung.

365 GTB/4 DAYTONA

V12 - 4390 ccm - 352 PS bei 7500/min

Ferrari hatte bei der obersten Motorsportbehörde einen Antrag auf Zulassung zur „Gruppe 4" Spezial-Gran-Turismo-Sportwagen gestellt. Die Chancen standen allerdings schlecht, denn der Daytona war ein reines Serienfahrzeug und die erlaubten Änderungen entsprechend begrenzt. Am 1. Januar 1972 wurde die Zulassungsgenehmigung jedoch erteilt. Technisch gab es bei den Produktionswagen keine wesentlichen Änderungen gegenüber dem Vorjahr.

Produziert 1969 - 1973, 1260 Exemplare
Fgst.-Nr. zwischen 10287 und 17615 (Bild: 15001)

365 GTB/4 DAYTONA SPYDER

V12 - 4390 ccm - 352 PS bei 7500/min

Keine wesentlichen Änderungen gegenüber dem Vorjahr. Ende des Jahres wurde die Produktion der europäischen Version eingestellt.

Produziert 1969 - 1973, 125 Exemplare
Fgst.-Nr. zwischen 12851 und 17073 (Bild: 15911)

365 GTB/4 DAYTONA COMPETITION II

V12 - 4390 ccm - 402 PS bei 8300/min

1972 wurden wiederum fünf Daytona Competition gebaut. Diese neuen Fahrzeuge der Serie II starteten alle in Le Mans. Sie erhielten in diesem Jahr Stahlkarosserien, Räder und Bereifung waren noch etwas breiter ausgefallen. Sonst gab es keine wesentlichen technischen Änderungen gegenüber der ersten Serie.

Produziert 1972, 5 Exemplare
Fgst.-Nr. 15225, 15373, 15667, 15681 und 15685 (Bild: 15373)

365 GT/4 2+2

V12 - 4390 ccm - 320 PS bei 7000/min

1972 debütierte auf dem Stand des französischen Importeurs Charles Pozzi eine völlig neue Pininfarina-Karosserieform. Der in Paris vorgestellte 2+2-Sitzer mit dem Viernockenwellen-Motor war die logische Fortsetzung des in die Jahre gekommenen 365 GT 2+2, dessen Produktion man bereits im Frühjahr 1971 eingestellt hatte. Vom technischen Aufbau, abgesehen vom 20 cm längeren Chassis, entsprach er fast vollständig dem 365 GTC/4. Um noch mehr Platz für die Passagiere zu gewinnen, hatte man die Spurweite vorn und hinten um jeweils 3 cm verbreitert. Trotz des wesentlich üppiger dimensionierten Innenraums war das neue Coupé außen insgesamt kürzer als seine Vorgänger war.

Produziert 1972 - 1976, ca. 470 Exemplare
Fgst.-Nr. zwischen 17083 und 18895 (Bild: 17117)

DINO 246 GT

V6 - 2418 ccm - 195 PS bei 7600/min

Keine wesentlichen Änderungen gegenüber dem Vorjahr.

Produziert 1969 - 1974, 2487 Exemplare
Fgst.-Nr. zwischen 00400 und 07650 (Bild: 04608)

DINO 246 GTS

V6 - 2418 ccm - 195 PS bei 7600/min

Keine wesentlichen Änderungen gegenüber dem Vorjahr.

Produziert 1972 - 1974, 1274 Exemplare
Fgst.-Nr. zwischen 003408 und 08518 (Bild: 05180)

365 GTC/4

V12 - 4390 ccm - 340 PS bei 6800/min

Letztes Produktionsjahr des „Gobbone". Ein knappes halbes Tausend dieser „Familien-Daytona" fand zufriedene Käufer. Heute gilt der GTC/4 als preiswerte Alternative zum Daytona mit weitgehend identischer Technik - und gewöhnungsbedürftigen Linien...

Produziert 1971 - 1973, ca. 500 Exemplare
Fgst.-Nr. zwischen 14179 und 16289

365 GTB/4 DAYTONA

V12 - 4390 ccm - 352 PS bei 7500/min

Keine wesentlichen Änderungen gegenüber dem Vorjahr. Die Produktion wurde im Sommer 1973 eingestellt.

Produziert 1969 - 1973, 1260 Exemplare
Fgst.-Nr. zwischen 10287 und 17615 (Bild: 16487)

365 GTB/4 DAYTONA SPYDER

V12 - 4390 ccm - 352 PS bei 7500/min

Keine wesentlichen Änderungen gegenüber dem Vorjahr. Ende des Jahres wurde auch die Produktion der amerikanischen Version eingestellt.

Produziert 1969 - 1973, 125 Exemplare
Fgst.-Nr. zwischen 12851 und 17073 (Bild: 16497)

365 GTB/4 DAYTONA COMPETITION III

V12 - 4390 ccm - 450 PS bei 8500/min

Eine erfolgreiche Rennsaison 1972 rechtfertigte noch größere Anstrengungen für die Rennsaison 1973. Eine neue Serie von fünf Daytona Competition (Serie III) wurde gebaut. Mit 450 PS waren die diesjährigen Triebwerke noch stärker als ihre Vorgänger. Die wichtigsten Veränderungen des Motors gegenüber dem Vorjahr betrafen das auf 9,9:1 angehobene Verdichtungsverhältnis sowie die Spezialkolben mit verchromten Ringen und verstärkten Kolbenbolzen. Die Pleuelstangen waren wie bei den GTO-Typen aus dem Vollen herausgearbeitet und geschmiedet, die Nockenwellen gestatteten größere Ventilüberschneidungen und eine „schärfere" Zündfolge. Vier Benzinpumpen ersetzten die noch im Vorjahr verwendeten zwei Pumpen. Die NART-Fahrzeuge erhielten eine Spezialvorrichtung zur Getriebekühlung. Die Bremssättel waren verändert worden, um größere Bremsbeläge aufnehmen zu können. Zwei spezielle Benzineinfüllstutzen und zwei verformbare Kunststofftanks wurden eingebaut. Alle 15 Competition-Fahrzeuge waren vom Ferrari-Kundenservice-Zentrum in Modena aufgebaut worden, und nicht, wie bisweilen vermutet, von der Rennabteilung in Maranello.

Produziert 1973, 5 Exemplare
Fgst.-Nr. 16343, 16363, 16367, 16407 und 16425 (Bild: 16343)

Produziert 1973 - 1976, 387 Exemplare (Bild: 17403)

365 GT/4 BERLINETTA BOXER

12-Zyl.-Flachmotor - 4391 ccm - 380 PS bei 7200/min

Zwei Jahre nachdem der 365 GT/4 BB auf dem Pariser Autosalon präsentiert worden war, lief im Herbst 1973 die Serienproduktion an. Der von dem neuen 180°-V12-Flachmotor angetriebene Mittelmotorsportwagen (übrigens der erste reine Straßen-Ferrari dieser Bauart) hatte allerdings seit seiner Premiere 1971 einige Modifikationen über sich ergehen lassen müssen. So besaß die Serienversion unter anderem sechs statt vier Rückleuchten (inkl. Blinker) und auch die Zahl der Auspuffrohre war auf den gleichen Betrag erhöht worden. Die Linie des Berlinetta Boxer, der von Hausdesigner Pininfarina gezeichnet worden war, wurde durch die zweifarbige Lackierung (die untere Wagenhälfte war in schwarz gehalten) noch flacher.

365 GT/4 2+2

V12 - 4390 ccm - 320 PS bei 7000/min

Im Herbst 1972 hatte Ferrari auf dem Pariser Autosalon einen neuen viersitzigen Ferrari präsentiert, der die vakante Stelle des 1971 ausgelaufenen 365 GT 2+2 einnahm. Technisch war das Auto keine Sensation, denn es stimmte weitestgehend mit der des 365 GTC/4 überein. Das bewährte 4,4-Liter-Aggregat (365 ccm Hubraum pro Zylinder) war unverändert übernommen worden. Aber auch das Fahrwerk der 365er-Serie war - technischer Stand 365 GTC/4 - weiter verwendet worden. Einzige Ausnahme waren der Radstand, der von 2,5 auf 2,7 m verlängert worden war, und die hintere, verbreiterte Spur. Doch dafür bestach der 365 GT/4 2+2 durch seine elegante Karosserieform, für die sich einmal mehr Hausdesigner Pininfarina verantwortlich zeichnete. Zudem hatten die Passagiere unter dem zeitlosen Blechkleid mehr Platz als beim alten 365 GT 2+2.

Produziert 1972 - 1976, ca. 470 Exemplare
Fgst.-Nr. zwischen 17083 und 18895 (Bild: 17421)

DINO 246 GT

V6 - 2418 ccm - 195 PS bei 7600/min

Die letzten drei im Kalenderjahr 1974 hergestellten Dino 246 GT erfuhren gegenüber den Vorjahresmodellen keine Veränderungen mehr. Die Produktion wurde Anfang 1974 eingestellt.

Produziert 1969 - 1974, 2487 Exemplare
Fgst.-Nr. zwischen 00400 und 07650 (Bild: 07172)

DINO 246 GTS

V6 - 2419 ccm - 195 PS bei 7600/min

Keine wesentlichen Änderungen gegenüber dem Vorjahr. Produktion im Sommer 1974 eingestellt.

Produziert 1972 - 1974, 1274 Exemplare
Fgst.-Nr. zwischen 003408 und 08518 (Bild: 07248)

Produziert 1974 - 1980, 2826 Exemplare

DINO 308 GT/4

V8 - 2926 ccm - 255 PS bei 7000/min

Wieder einmal konnte sich der Pariser Autosalon mit einer Ferrari-Neuheit schmücken. Im Herbst 1973 präsentierten die Italiener dort den neuen Dino, der in konsequenter Dino-Manier 308 (3,0 Liter Hubraum, 8 Zylinder) hieß. Im Gegensatz zu den früheren Dino-Modellen war das neue Fahrzeug ein 2+2-Sitzer mit Mittelmotor. Allerdings hatte die zweite Sitzreihe wohl eher eine Alibi-Funktion und diente im Ferrari-Alltag mehr als Ablage für Handgepäck. Aber auch ansonsten war der 308 GT/4 eine vollständige Neukonstruktion, die nichts mehr mit dem 246 GT gemeinsam hatte und die auch deutlich mehr Ferrari-Gene als der Vorläufer besaß. So wurde beispielsweise nun auch der Motor bei Ferrari (und nicht bei Fiat) gefertigt. Und noch einen wesentlichen Unterschied gab es: Zum ersten Mal hatte Ferrari wieder einen Design-Auftrag an Bertone und nicht an Pininfarina gegeben. Möglicherweise war Bertone zu diesem Zeitpunkt der Einzige, der sich an die Aufgabe eines viersitzigen Mittelmotor-Coupés heran wagte.

365 GT4/BB

12-Zyl.-Flachmotor - 4391 ccm - 380 PS bei 7200/min

Nach dem Auslaufen der Produktion des 365 GTB/4 übernahm der BB nun die Rolle des Spitzenmodells in Ferraris Modellpalette.

Produziert 1973 - 1976, 387 Exemplare (Bild: 17689)

Produziert 1972 - 1976, ca. 470 Exemplare
Fgst.-Nr. zwischen 17083 und 18895

365 GT4 2+2

V12 - 4390 ccm - 320 PS bei 7000/min

Obschon es sich beim 365 GT4 2+2 um die bisher schnellste Möglichkeit handelte, vier Passagiere auf der Straße bequem von A nach B zu transportieren (mit einer Höchstgeschwindigkeit von 242 km/h war er sogar schneller als der Porsche Carrera), war dem Coupé kein überragender Verkaufserfolg beschieden. Das mag an seinem hohen Preis gelegen haben: Während man den leistungsstärksten Zuffenhauser Boxer für 37.980 DM erwerben konnte, musste man für den Ferrari365 GT4 2+2 stolze 89.675 DM auf den Tisch legen. Die relativ geringe Produktionszahl von 470 Exemplaren resultierte aus dem Verlust des amerikanischen Absatzmarktes, da Ferrari sich nicht Willens zeigte, eine spezielle US-Version zu fertigen.

1975 Serienmodelle

DINO 208 GT/4

V8 - 1991 ccm - 170 PS bei 7700/min

Im Frühjahr 1975 erschloß sich Ferrari eine neue Zielgruppe und präsentierte einen Wagen mit 2-Liter-Motor. Dank seines geringeren Hubraums fiel der in Genf vorgestellte 208 GT/4 unter die Grenze der Luxussteuer, die in Italien für Fahrzeuge ab 2000 ccm erhoben wird - wo er auch ausschließlich angeboten wurde. Technisch beschränkten sich die Unterschiede auf eine verkleinerte Zylinderbohrung. Optisch war die „Sparversion" übrigens an fehlenden Nebelscheinwerfern, einer anderen Bereifung, einem einzigen Auspuffrohr und an Modifikationen im Innenraum zu erkennen.

Produziert 1975 - 1980, 840 Exemplare

DINO 308 GT/4

V8 - 2926 ccm - 255 PS bei 7000/min

Die 3-Liter-Version des viersitzigen Mittelmotor-Coupés wurde 1975 unverändert weiterproduziert.

Produziert 1974 - 1980, 2826 Exemplare

365 GT/4 BERLINETTA BOXER

12-Zyl.-Flachmotor - 4391 ccm - 380 PS bei 7200/min

Auch vier Jahre nach seiner Präsentation war der 365 GT/4 BB unverändert im Programm.

Produziert 1973 - 1976, 387 Exemplare

365 GT/4 2+2

V12 - 4390 ccm - 320 PS bei 6800/min

Der 365 GT/4 2+2, Jahrgang 1975, bedurfte keiner Modellpflege und blieb ohne Modifikationen weiter im Programm.

Produziert 1972 - 1976, 470 Exemplare
Fgst.-Nr. zwischen 17083 und 18895

Produziert 1975 - 1980, 2897 Exemplare
(davon 808 vetroresina)

308 GTB

V8 - 2926 ccm - 255 PS bei 7000/min

Auf dem Pariser Autosalon 1975 präsentierte Ferrari, noch ganz im Taumel der gerade mit Niki Lauda gewonnen Formel-1-Weltmeisterschaft, den 308 GTB. Der im Gegensatz zum 308 GT/4 wieder zweisitzige Sportwagen schloss die Lücke, die nach dem Ableben des Dino 246 GT entstanden war. Der GTB übernahm einen Großteil der 308-GT/4-Technik (z.B. Motor, Fahrwerk). Der Gitterrohrrahmen war übrigens die letzte Neukonstruktion dieser Art bei Ferrari. Für die zeitlose Form hatte wieder Hausdesigner Pininfarina gesorgt, der sich jedoch mit einem neuen Material vertraut machen musste: Als erster Serien-Ferrari verfügte der 308 GTB über eine Kunststoff-Karosserie („vetroresina" - Fiberglas).

DINO 308 & 208 GT/4

V8 - 2926 (1991) ccm - 255 (170) PS bei 7000/min (7700/min)

Beide Modelle waren ohne Änderungen im Ferrari-Modellprogramm.

308 GT/4: Produziert 1974 - 1980, 2826 Exemplare
208 GT/4: Produziert 1975 - 1980, 840 Exemplare

365 GT/4 BERLINETTA BOXER

12-Zyl.-Flachmotor - 4391 ccm - 380 PS bei 7200/min

Im Herbst 1976 lief die Produktion des 365 GT/4 BB aus, der durch eine überarbeitete Version, den 512 BB, ersetzt wurde. Späte 365 GT/4 BB wurden übrigens schon mit einer Motorhaube à la 512 BB ausgestattet, die sich durch weitere Reihen Lufteinlässe auszeichnete.

Produziert 1973 - 1976, 387 Exemplare

365 GT/4 2+2

V12 - 4390 ccm - 320 PS bei 6800/min - Fünfganggetriebe - Radstand 2700 mm

Auch für das elegante V12-Coupé stand eine Modellpflege an, und so lief die Produktion im Herbst '76 aus.

Produziert 1972 - 1976, 470 Exemplare
Fgst.-Nr. zwischen 17083 und 18895

Produziert 1976 - 1981, 929 Exemplare

512 BB

12-Zyl.-Flachmotor - 4943 ccm - 360 PS bei 6200/min

Ferrari stellte auf dem Pariser Autosalon von 1976 die überarbeitete Version des Berlinetta Boxer vor. Wesentliche Weiterentwicklung war der neue Fünfliter-Flachmotor, der sich in seiner prinzipiellen Konstruktion kaum von der alten 4,4-Liter-Maschine unterschied. Aber äußerlich erfuhr der 512 BB (die Nomenklatur entspricht der des 308: 5 Liter Hubraum und 12 Zylinder) einige Änderungen. So wurde wieder auf vier Auspuffrohre und vier Rückleuchten „abgerüstet". Der Wagen erhielt außerdem einen kleinen Frontspoiler, breitere Reifen, einen längeren Hecküberhang, eine neue Motorhaube sowie zusätzliche Lufteinlässe vor den Hinterrädern. Die ersten 512 entstanden übrigens schon im Herbst 1976.

308 GT/4: Produziert 1974 - 1980, 2826 Exemplare (Bild)
208 GT/4: Produziert 1975 - 1980, 840 Exemplare

308 & 208 GT/4

V8 - 2926 (1991) ccm - 255 (170) PS bei 7000/min (7700/min)

In Anbetracht rückläufiger Produktionszahlen des GT/4 entschloss man sich bei Ferrari zu einem formal wichtigen Schritt: Ab dem Modelljahr 1977 durften sich sowohl der 308 GT/4 als auch der 208 GT/4 endlich Ferrari nennen. Gleichzeitig wurden alle Dino-Logos durch das „Cavallino Rampante" ersetzt. Einher gingen kleine Modifikationen, wie ein neues Kühlergrilldesign, eine neue Innenausstattung und die Umrüstung von zwei auf einen Zündverteiler.

308 GTB

V8 - 2926 ccm - 255 PS bei 7000/min

Bis Mitte 1977 wurde der 308 GTB unverändert weitergebaut. Erst mit Einführung des Schwestermodells 308 GTS im Herbst '77 wurde auch die Berlinetta leicht facegeliftet.
Produziert 1975 - 1980, 2897 Exemplare (davon 808 vetroresina)

400 GT & 400 GT AUTOMATIC

V12 - 4823 ccm - 340 PS bei 6500/min

Im Herbst 1976 war die Sensation auf dem Pariser Salon perfekt: Ferrari baute ein Fahrzeug mit Automatik-Getriebe. Dazu hatten die Italiener bei General Motors die Turbo-Hydramatic (mit drei Fahrstufen) angekauft, die fortan optional im 400 erhältlich war. Ansonsten war der Hubraum auf 4,8 Liter (400 ccm pro Zylinder) erhöht worden, was neben mehr Leistung auch zu einem höheren Drehmoment führte. Auch optisch gab es einige kleine Korrekturen: Ein diskreter Frontspoiler, neue Felgen mit 5 Bolzen anstatt der Zentralverschlüsse, 4 anstelle von 6 Heckleuchten und einen komfortableren Innenraum.
Produziert 1976 - 1979, 501 Exemplare

308 GTS

V8 - 2926 ccm - 255 PS bei 7000/min

Auf der Frankfurter IAA präsentierte Ferrari im September 1977 die offene Variante des 308. Ganz im Stil des Dino 246 GTS besaß der 308 GTS ein herausnehmbares Dachmittelteil, das hinter den Sitzen verstaut werden konnte. Aus Gründen der Stabilität wurde der GTS mit einer Karosserie aus Stahl versehen. Außerdem musste das Modell mit einer herkömmlichen Nasssumpfschmierung (mit Ölwanne) auskommen - ein Tribut an die Rahmen-Modifikationen und die daraus resultierenden beschränkten Platzverhältnisse.

Produziert 1977 - 1980, 3219 Exemplare

Produziert 1975 - 1980, 2897 Exemplare (davon 808 vetroresina)

308 GTB

V8 - 2926 ccm - 255 PS bei 7000/min

Mit Einführung des 308 GTS kam auch der 308 GTB in den Genuss einiger Modifikationen: Fortan bestand die Außenhaut wieder aus Stahl (zu erkennen an der Einbuchtung für das Hecknummernschild und den nun nicht mehr in dem Stoßfänger eingelassenen Rückfahrscheinwerfer), er behielt jedoch weiterhin die Trockensumpfschmierung. Die Abbildung zeigt übrigens eine US-Version des 308 GTB, die äußerlich an den vergrößerten Stoßfängern, an den seitlichen Reflektoren und an den vergrößerten Kühlschlitzen auf der Motorhaube zu erkennen ist.

308 GT/4: **Produziert 1974 - 1980, 2826 Exemplare**
208 GT/4: **Produziert 1975 - 1980, 840 Exemplare**

308 & 208 GT/4

V8 - 2936 (1991) ccm - 255 (170) PS bei 7000/min (7700/min)

Trotz weiter zurückgegangener Verkaufszahlen blieb das viersitzige Mittelmotor-Coupé in der italienischen Zweiliter-Version unverändert im Programm. Auch der 308 GT/4 wurde unverändert weiter produziert.

512 BB

12-Zyl.-Flachmotor - 4943 ccm - 360 PS bei 6200/min

Unverändert blieb der 512 BB das Flaggschiff im Programm der Italiener.

Produziert 1976 - 1981, 929 Exemplare

400 GT & 400 GT AUTOMATIC

V12 - 4823 ccm - 340 PS bei 6500/min

Ohne Änderungen ging der 400 in das neue Modelljahr. Die Version mit Automatik-Getriebe verkaufte sich erwartungsgemäß in den USA sehr gut.

Produziert 1976 - 1979, 501 Exemplare

Produziert 1979 - 1984, 1308 Exemplare

400I & 400I AUTOMATIC

V12 - 4823 ccm - 310 PS bei 6400/min

Als erster Serien-Ferrari wurde der 400 im Sommer 1979 auf eine Einspritzanlage umgerüstet. Unter der Motorhaube arbeitete von nun an die K-Jetronic von Bosch, die die bisherigen Weber-Doppelvergaser ablöste. Auch wenn die Leistungseinbuße drastischer hätte ausfallen können, so wirkte die neue Version spürbar schlapper. Dennoch: Die verschärften Abgasbestimmungen, vor allem in Haupt-Exportland USA, machten die Entwicklung unumkehrbar und den 400i bei Ferrari zu einem Vorreiter in Sachen Abgasreinigung. Äußerlich war der „i" aber (bis auf das Typenschild) praktisch nicht von seinem noch bis in den Herbst hinein produzierten Vorgänger zu unterscheiden. Lediglich die Anordnung der Nebelscheinwerfer hatte sich verändert.

308 & 208 GT/4

V8 - 2926 (1991) ccm - 255 (170) PS bei 7000/min (7700/min)

Auch im dritten Jahr des Ferrari-Zeichens lief der Verkauf des GT/4 nur schleppend. Beide Modelle (208/308) blieben unverändert und warteten auf die Ablösung durch den Mondial. Letzte Exemplare beider Versionen entstanden noch bis in das Frühjahr 1980 hinein.

308 GT/4: Produziert 1974 - 1980, 2826 Exemplare (Bild)
208 GT/4: Produziert 1975 - 1980, 840 Exemplare

308 GTB/GTS

V8 - 2926 ccm - 255 PS bei 7000/min

Der 308 GTB und der 308 GTS blieben ohne Änderung im Programm.

308 GTB: Produziert 1975 - 1980, 2897 Exemplare
308 GTS: Produziert 1977 - 1980, 3219 Exemplare

512 BB

12-Zyl.-Flachmotor - 4943 ccm - 360 PS bei 6200/min

Ohne Änderungen war der 512 BB weiter in Produktion.

Produziert 1976 - 1981, 929 Exemplare

Produziert 1980 - 1982, 703 Exemplare

MONDIAL 8

V8 - 2926 ccm - 214 PS bei 6600/min

Der Mondial 8 wurde als Nachfolger des 308 GT/4 im März auf dem Genfer Salon vorgestellt und avancierte sofort zum Dienstwagen von Gilles Villeneuve. Dieser hatte sicherlich nur wenig Freude an dem 2+2-Sitzer, in dem erstmals eine Einspritzvariante des bekannten 3-Liter-Motors ihren Dienst tat. Der Tribut an die verschärften US-Abgasvorschriften war hoch: Nur noch 214 PS brachte der V8 des Mondial auf den Rollenprüfstand. Der Name „Mondial" war eine Reminiszenz an den Rennsportwagen 500 Mondial aus den fünfziger Jahren - das erste Mal übrigens, dass Ferrari bewusst auf einen historischen Namen zurückgriff.

208 GTB/GTS

V8 - 1991 ccm - 155 PS bei 6600/min

Bereits kurz nach Auslaufen der Produktion des 208 GT/4 schob Ferrari ein neues Zweiliter-Modell nach. Diesmal war der bekannte „Spar-Motor" in die Karosserie des 308 GTB bzw. GTS verpflanzt worden. Obwohl die Maschine praktisch unverändert übernommen worden war, sank die ohnehin nicht üppige Leistung wegen der inzwischen auch in Europa verschärften Abgasbestimmungen auf 155 PS. Äußerlich waren die wiederum nur für den Binnenmarkt bestimmten Modelle nur an kleinen Details, wie etwa Stoffsitzen, schmaleren Reifen oder fehlenden Nebelscheinwerfern zu erkennen.

208 GTB: Produziert 1980 - 1982, 160 Exemplare
208 GTS: Produziert 1980 - 1982, 140 Exemplare

308 GTB/GTS

V8 - 2926 ccm - 255 PS bei 7000/min

Bis zum Jahresende 1980 mussten 308 GTB und 308 GTS warten, um mit dem neuen Einspritzmotor des GTSi bedient zu werden. So lange blieben beide Modelle unverändert.

308 GTB: Produziert 1975 - 1980, 2897 Exemplare
308 GTS: Produziert 1977 - 1980, 3219 Exemplare (Bild)

512 BB

12-Zyl.-Flachmotor - 4943 ccm - 360 PS bei 6200/min

Auch in diesem Jahr musste sich der 512 BB keinerlei Modellpflege unterziehen.

Produziert 1976 - 1981, 929 Exemplare

400 I & 400 I AUTOMATIC

V12 - 4823 ccm - 310 PS bei 6400/min

Ohne Änderungen ging das Luxus-Coupé in das neue Modelljahr.

Produziert 1979 - 1984, 1308 Exemplare

308 GTBi: Produziert 1980 - 1982, 494 Exemplare (Bild)
308 GTSi: Produziert 1980 - 1982, 1743 Exemplare

308 GTBI/GTSI

V8 - 2926 ccm - 214 (209) PS bei 6600/min

Verschärfte Abgasnormen in nahezu der gesamten Welt zwangen Ferrari weiter zum Handeln. So wurde auch im 308 der Dreiliter-V8-Motor mit einer Bosch-K-Jetronic versehen, die diesen zwar sauber, aber auch schlaff machte. Gerade einmal 214 (Spider: 209) PS besaß die überarbeitete Maschine, die ein gutes halbes Jahr zuvor im Mondial 8 ihr Debüt gegeben hatte. Mit dem Einbau der Einspritzanlage gingen weitere Modifikationen im Motorenbereich einher. Die Augenfälligste war die Verwendung von schwarzem Schrumpflack. Außerdem wurden nun auch die GTB-Modelle auf Nasssumpfschmierung umgerüstet. Eine neue Sitzanlage, neue Instrumentierung und neue Bedienelemente trugen dem Zeitgeist der 80er Jahre Rechnung. Zudem wurden den Einspritzmodellen neue Außenspiegel, neue Klappscheinwerfer und eine neue Doppelrohr-Auspuffanlage spendiert.

MONDIAL 8

V8 - 2926 ccm - 214 PS bei 6600/min

Auch ein Jahr nach Produktionsbeginn wurde der Mondial 8 nicht gerade zum Liebling der Ferraristi. Eher schon zur bevorzugten Wahl von Geschäftsleuten, die den Wagen vor allem in dezenten Farben bestellten.

Produziert 1980 - 1982, 703 Exemplare

208 GTB/GTS

V8 - 1991 ccm - 155 PS bei 6600/min

Ohne Änderungen (und ohne großen Erfolg) blieb die Italo-Version des 308 weiter im Programm. Im Frühjahr 1982 lief die Produktion der notorisch untermotorisierten 208 GTB/GTS aus.

208 GTB: Produziert 1980 - 1982, 160 Exemplare
208 GTS: Produziert 1980 - 1982, 140 Exemplare

512 BB

12-Zyl.-Flachmotor - 4943 ccm - 360 PS bei 6200/min

Die verschärften Abgasnormen führten auch beim Berlinetta Boxer zum Ende der Vergaser-Ära. Das Bild zeigt den im Herbst 1981 aus dem Programm genommenen 512 BB sowie dessen Nachfolger, den 512 BBi.

Produziert 1976 - 1981, 929 Exemplare

400 I & 400 I AUTOMATIC

V12 - 4823 ccm - 310 PS bei 6400/min

Der 400 i wurde unverändert produziert. Dabei betrug der Anteil an Automatik-Fahrzeugen insgesamt fast zwei Drittel der Fabrikation.

Produziert 1979 - 1984, 1308 Exemplare

Produziert 1981 - 1984, 1007 Exemplare

512 BBI

12-Zyl.-Flachmotor - 4943 ccm - 340 PS bei 6000/min

Im Herbst 1981 präsentierte Ferrari den BB mit Bosch K-Jetronic. Die „Entgiftungskur" des flachen Zwölfzylinders führte allerdings im Gegensatz zu den 308-Modellen nur zu einem bescheidenen Leistungsverlust von 20 PS. Die Ingenieure nutzten die Chance des technischen Updates und unterzogen den 512 einer sanften Modellpflege. Die Fronthaube erhielt Luftauslassgitter in Wagenfarbe, der Frontgrill wurde schmaler und der BB bekam neue Nebel- und Parkleuchten sowie breitere Reifen. Detailänderungen gab es außerdem im Innenraum. Während in den 70er Jahren die zweifarbige Lackierung besonders beliebt gewesen war, wurden fortan mehr Fahrzeuge mit Uni-Lackierung bestellt.

MONDIAL QUATTROVALVOLE

V8 - 2926 ccm - 240 PS bei 6600/min

Auch im Ferrari-Werk hatte man registriert, dass die Leistung des bisherigen Mondial 8 (und auch der Einspritz-Modelle des 308) dem sportlichen Image der Marke nicht gerecht wurden. Zur Lösung dieses Problems griffen die Techniker auf die Anfang der 80er in Mode kommende Vierventil-Technik (quattrovalvole = vier Ventile) zurück, um dem Dreiliter-V8 wieder wie ehedem 240 PS zu entlocken. Aber auch der Innenraum wurde bei der Gelegenheit überarbeitet. Speziell die Anordnung der beim alten Mondial berühmt-berüchtigten „Check-Control" wurde zusammen mit einigen anderen Details verändert.

Produziert 1982 - 1985, 1145 Exemplare

MONDIAL 8

V8 - 2926 ccm - 214 PS bei 6600/min

Obwohl bereits die leistungsstärkere Vierventil-Version im Programm war, wurde der Mondial 8 bis Mitte des Jahres unverändert weitergebaut. Letzte Exemplare entstanden sogar noch 1983.

Produziert 1980 - 1982, 703 Exemplare

Produziert 1982 - 1985, 437 Exemplare

208 GTB TURBO

V8, 1991 ccm, 220 PS bei 7000/min

Nachdem die Leistung der Zweiliter-Modelle für Ferrari wenig schmeichelhaft gewesen war, besannen sich die Italiener einer Formel-1-erprobten Tuning-Methode: der Turbo-Aufladung. Durch diesen Eingriff schnellte die Leistung des 2-Liter-V8 auf 220 PS, womit die Italo-Version nur noch 20 PS schwächer war als der neu entwickelte Vierventiler mit 3 Litern Hubraum. Gleichzeitig wurden am Zweilitermotor die Vergaser gegen eine K-Jetronic-Einspritzanlage ausgetauscht. Zur besseren Belüftung der KKK-Turbolader erhielt der 208 einen zusätzlichen Lufteinlassschlitz vor dem Hinterrad sowie die „luftigere“ Motorraumabdeckung der US-Versionen. Weitere Unterschiede zum 308: großer Frontspoiler, Dachspoiler, fehlende Nebelscheinwerfer, anderer Kühlergrill sowie zahlreiche kleine Details. Zunächst war das auf dem Turiner Salon im April 1982 vorgestellte Fahrzeug nur als Berlinetta erhältlich.

308 GTBI/GTSI

V8 - 2926 ccm - 214 (209) PS bei 6600/min

Bereits im zweiten Lebensjahr der Einspritzversion des 308 stand das Ende der Produktion ins Haus. Zuviele Käufer waren von den schwachen Fahrleistungen des „Iniezione“ enttäuscht. Und mit dem Vierventil-Motor stand ein potenter Nachfolger in den Startlöchern. Auch der 308 GTSi wartete sehnsüchtig auf den Vierventiler.

308 GTBi: Produziert 1980 - 1982, 494 Exemplare
308 GTSi: Produziert 1980 - 1982, 1743 Exemplare (Bild)

400 I & 400 I AUTOMATIC

V12 - 4823 ccm - 315 PS bei 6400/min

Neuen Schwung gab es für den 400 i im Herbst 1982. Dank überarbeiteter Nockenwellen und Auspuffkrümmer verbesserten sich Leistung und Drehmomentverlauf. Aber auch der Innenraum wurde grundlegend überarbeitet. Neben dem modifizierten Fahrwerk sind die 400 i (zumindest bei originalen Fahrzeugen) an der erstmals in Wagenfarbe lackierten Heckleuchtenleiste und den ebenso lackierten Luftgittern auf der Motorhaube zu erkennen.

Produziert 1979 - 1984, 1308 Exemplare

308 GTB QUATTROVALVOLE

V8 - 2926 ccm - 240 PS bei 6600/min

Wie schon bei Einführung des Zweiventil-Einspritzmotors kam auch bei der Vergabe des Vierventil-Motors der 308 gegenüber dem Mondial erst ein halbes Jahr später an die Reihe. Mit 240 PS erreichte der 308 wieder das Niveau früherer Jahre. Optisch gab es auch im Rahmen dieser Modellpflege einige Retuschen: Luftauslässe auf der Fronthaube, einen modifizierten Kühlergrill (jetzt mit verchromtem Pferdchen), eckige Seitenblinker, neue Felgen sowie rundliche Außenspiegel (in der Europa-Version), die erstmalig auf beiden Seiten angebracht und elektrisch verstellbar waren.

Produziert 1982 - 1985, 748 Exemplare

308 GTS QUATTROVALVOLE

V8 - 2926 ccm - 240 PS bei 6600/min

Um mit dem 308 wieder an alte Zahlen (Verkauf und Leistung) anknüpfen zu können, entwickelte Ferrari Vierventil-Zylinderköpfe für den 3-Liter-Motor. Die Legende will es, dass Enzo Ferrari persönlich den Anstoß dazu gab. Wie dem auch sein, der neue Motor brachte den 308 wieder auf die Erfolgsstraße zurück. Auch wenn sein Drehmoment noch nicht das der Vergaser-Version erreichte, so war der überarbeitete Motor ein voller Erfolg. Aber auch in anderer Hinsicht war das Aggregat wichtig: Mit dem Quattrovalvole war Ferrari erstmals in der Lage, adäquate Katalysator-Modelle (vor allem für die USA anzubieten). Als Blickfang diente im Motorraum übrigens der mit rotem Schrumpflack überzogene Luftsammler, der den Schriftzug „quattrovalvole" trug.

Produziert 1982 - 1985, 3043 Exemplare

MONDIAL QUATTROVALVOLE

V8 - 2926 ccm - 240 PS bei 6600/min

Im ersten vollen Produktionsjahr unverändert im Programm.

Produziert 1982 - 1985, 1145 Exemplare

208 GTB TURBO

V8 - 1991 ccm - 220 PS bei 7000/min

Blieb unverändert in Italien auf dem Markt.

Produziert 1982 - 1985, 437 Exemplare

208 GTS TURBO

V8 - 1991 ccm - 220 PS bei 7000/min

1983 wurde der erste mit einem Turbolader bestückte Serien-Ferrari auch als Spider angeboten. Wiederum nur in Italien.

Produziert 1983 - 1985, 250 Exemplare

512 BBI

12-Zyl.-Flachmotor - 4943 ccm - 340 PS bei 6000/min

Der Berlinetta Boxer blieb unverändert im Lieferprogramm.

Produziert 1981 - 1984, 1007 Exemplare

400 I & 400 I AUTOMATIC

V12 - 4823 ccm - 315 PS bei 6400/min

Das elegante Coupé, das vor allem in dezenten Lackierfarben sehr beliebt war, wurde unverändert produziert.

Produziert 1979 - 1984, 1308 Exemplare

Produziert 1984 - 1986, 272 Exemplare

288 GTO

V8 - 2855 ccm - 400 PS bei 7000/min

Auf dem Genfer Autosalon präsentierte Ferrari im März ein neues Super-Modell: Den offiziell nur als „GTO" bezeichneten Sportwagen (zur besseren Unterscheidung vom 250 GTO von 1962 wurde der Zusatz 288 für 2,8 Liter Hubraum und 8 Zylinder verwendet) auf Basis des 308 GTB. Ursprünglich hatte Ferrari geplant, das Fahrzeug in der Gruppe B zu homologieren und bei entsprechenden Rundstreckenrennen einzusetzen - die wegen der nicht zustande gekommenen Rennserie jedoch nie ausgetragen wurden. Bestückt war der GTO mit feinster Technik: Zwei Turbolader beatmeten den V8 und entlockten ihm auf diese Weise 400 PS. Das brachte den GTO auf 305 km/h und somit in den Rang, der erste Serienwagen der Welt zu sein, der die „Schallmauer" von 300 km/h durchbrechen konnte. Sowohl im Innenraum (z.B. an der Sitzanlage) als auch an der Außenhaut unterschieden sich 308 und GTO deutlich voneinander. Speziell der um 12 Zentimeter längere Radstand, vier große Zusatzscheinwerfer, hohe Außenspiegel, eine markante Heckabrisskante und eine von hinten deutlich sichtbare Getriebebox machen eine Unterscheidung leicht.

MONDIAL QUATTROVALVOLE

V8 - 2926 ccm - 240 PS bei 6600/min

Ohne Änderungen ging der Mondial quattrovalvole, der äußerlich immer noch mit dem Mondial 8 identisch war, in das Modelljahr 1984.

Produziert 1982 - 1985, 1145 Exemplare

MONDIAL CABRIOLET

V8 - 2926 ccm - 240 PS bei 6600/min

Ende 1983 präsentierte Ferrari das lang erwartete Mondial-Cabriolet im Rahmen der Spa Ferrari Days. Offiziell wurde der erste vollständig zu öffnende Ferrari seit dem Daytona Spyder auf dem Brüsseler Autosalon im Januar 1984 vorgestellt. Während Innenraum und Antriebstechnik identisch mit denen des Mondial quattrovalvole waren, mussten einige Änderungen in der räumlichen Verteilung vorgenommen werden. Um Platz für das komplett versenkbare Verdeck zu haben, musste die hintere Sitzreihe noch weiter nach vorne rutschen, so dass ihr wirklich nur noch die Rolle einer Ablage zufiel. Dafür besaß das geschlossene Cabriolet die gleiche Silhouette wie das Mondial Coupé.

Produziert 1984 - 1985, 629 Exemplare

1984 Serienmodelle

208 GTB/GTS TURBO

V8, 1991 ccm, 220 PS bei 7000/min

Der Italo-Turbo ging ohne Änderungen in das neue Modelljahr.

208 GTB turbo: Produziert 1982 - 1985, 437 Exemplare
208 GTS turbo: Produziert 1983 - 1985, 250 Exemplare

308 GTB/GTS QUATTROVALVOLE

V8 - 2926 ccm - 240 PS bei 6600/min

Ohne Änderungen gingen beide 308-Modelle in das Produktionsjahr 1984.

308 GTB qv: Produziert 1982 - 1985, 748 Exemplare
308 GTS qv: Produziert 1982 - 1985, 3042 Exemplare

512 BBI

12-Zyl.-Flachmotor - 4943 ccm - 340 PS bei 6000/min

Ohne Änderungen wurde auch der 512 BBi weitergebaut, der allerdings zusehends in den Schatten des GTO sowie des angekündigten BB-Nachfolgers geriet.

Produziert 1981 - 1984, 1007 Exemplare

400 I & 400 I AUTOMATIC

V12 - 4823 ccm - 315 PS bei 6400/min

In unveränderter Form fand der 400 i seine Abnehmer. Zum Jahreswechsel wurde er durch eine renovierte Version, den 412, abgelöst.

Produziert 1979 - 1984, 1308 Exemplare

Produziert 1984 - 1991, 7177 Exemplare

TESTAROSSA

12-Zyl.-Flachmotor - 4942 ccm - 390 PS bei 6300/min

Mit großem Pomp wurde im Oktober 1984 die Vorstellung des Testarossa in Paris zelebriert. Der Name Testarossa („roter Kopf", wegen der rot lackierten Zylinderköpfe) weckte natürlich sofort Erinnerungen an den erfolgreichen 250 Testa Rossa der 50er Jahre. Und erfolgreich sollte der neue Testarossa auch werden. Wie kaum ein anderer Ferrari setzte der 512-Nachfolger, der von Grund auf neu konstruiert war, einen Meilenstein im Automobildesign. Pininfarina hatte es geschafft, eine für damalige Verhältnisse geradezu futuristische Form zu schaffen, die später nicht nur bei Ferrari Pate für weitere Modelle stehen sollte. Aber auch der moderne 12-Zylinder-Flachmotor, der echte 390 DIN-PS auf den Prüfstand brachte, trug zur allgemeinen Testarossa-Euphorie bei.

MONDIAL QUATTROVALVOLE

V8 - 2926 ccm - 240 PS bei 6600/min

Auch im letzten halben Jahr seines Daseins blieb der Mondial quattrovalvole von Modifikationen verschont.

Produziert 1982 - 1985, 1145 Exemplare

MONDIAL CABRIOLET

V8 - 2926 ccm - 240 PS bei 6600/min

Das Cabriolet kurbelte den Mondial-Verkauf merklich an - wahrscheinlich der Grund dafür, weshalb das Cabriolet nicht auf Basis des 308 entstanden war. Vor allem im sonnigen Kalifornien erfreute sich das Modell großer Beliebtheit.

Produziert 1984 - 1985, 629 Exemplare

MONDIAL 3.2

V8 - 3185 ccm - 270 PS bei 7000/min

Im Herbst 1985 erfolgte anlässlich der Frankfurter IAA die erste große Überarbeitung des Mondial. Er erhielt den neuen 270 PS starken V8, dessen Hubraum auf 3,2 Liter (daher Mondial 3.2) vergrößert worden war. Nun war der Mondial erstmals stärker (und schneller) als der 308 GT/4, den er 1980 abgelöst hatte. Neben einem völlig neu gestalteten Innenraum waren die größten Änderungen vor allem optischer Natur. Nicht nur, dass die einst schwarzen Front- und Heckstoßfänger fortan in Wagenfarbe lackiert waren, sondern die gesamte Form war - und das ohne geänderten Radstand - harmonischer geworden.

Produziert 1985 - 1988, 987 Exemplare

MONDIAL 3.2 CABRIOLET

V8 - 3185 ccm - 270 PS bei 7000/min

Ebenfalls zur Frankfurter IAA erschien das Cabriolet zum Mondial 3.2. Es enthielt all jene Änderungen, die auch in das Coupé eingeflossen waren. Und durch die spezielle Verdeck-Konstruktion (das Dach selbst war nach wie vor mechanisch zu schließen) behielt auch das Mondial 3.2 cabriolet die Karosseriekontur des Coupés.

Produziert 1985 - 1988, 810 Exemplare

208 GTB/GTS TURBO

V8, 1991 ccm, 220 PS bei 7000/min

Der 208 wurde noch im ganzen Jahr 1985 produziert, verschwand allerdings zum Jahresende aus dem Programm.

208 GTB turbo: Produziert 1982 - 1985, 437 Exemplare
208 GTS turbo: Produziert 1983 - 1985, 250 Exemplare

308 GTB/GTS QUATTROVALVOLE

V8 - 2926 ccm - 240 PS bei 6600/min

Ein gutes halbes Jahr lang wurde der 308 noch produziert, bevor er durch den 328 abgelöst wurde.

308 GTB qv: Produziert 1982 - 1985, 748 Exemplare
308 GTS qv: Produziert 1982 - 1985, 3042 Exemplare

328 GTB

V8 - 3185 ccm - 270 PS bei 7000/min

Auf dem Frankfurter Automobil Salon zeigte Ferrari im Herbst 1985 den überarbeiteten 308. Erstmals seit der Vorstellung der Modellreihe im Jahre 1975 war der Hubraum verändert worden. Dieser wurde durch vergrößerten Hub und Bohrung auf 3185 ccm erweitert, woraus sich die Bezeichnung 328 (3,2 Liter Hubraum, 8 Zylinder) ableitet. Natürlich blieben der neuen Maschine Einspritz- und Vierventiltechnik erhalten.

Produziert: 1985 - 1989, 1344 Exemplare

328 GTS

V8 - 3185 ccm - 270 PS bei 7000/min

Erstmals erhielten die Zweisitzer-V8 zeitgleich mit dem Mondial eine neu entwickelte Motorversion. Mit dieser Aufrüstung ging außerdem auch eine kosmetische Behandlung einher. Der neue 328 wurde glatter, ohne dabei die zeitlose Pininfarina-Linie des 308 anzutasten. Viele Teile wurden am 328 in Wagenfarbe lackiert: Stoßfänger, Lüftungsgitter, Heckspoiler und vieles mehr. Aber auch einige Funktionselemente, wie Türgriffe, Außenspiegel und nicht zuletzt das Armaturenbrett sowie der gesamte Innenraum, wurden neu gestaltet.
Produziert 1985 - 1989, 3067 Exemplare

288 GTO

V8 - 2855 ccm - 400 PS bei 7000/min

Ursprünglich waren 200 Modelle vom GTO vorgesehen (eben die zur Homologation als Gruppe-B-Sportwagen notwendigen). Doch weil die Nachfrage das Angebot deutlich überstieg, entstanden bis Ende 1985 271 Exemplare. Und im Jahr 1986 wurde noch ein 272. Exemplar des in Deutschland 260.000 DM (laut Liste) teuren Wagens produziert.

Produziert 1984 - 1986, 272 Exemplare

412 & 412 AUTOMATIC

V12 - 4942 ccm - 340 PS bei 6600/min

Auf dem Genfer Salon stellte Ferrari im März ´85 eine neue Version seines großen Frontmotor-Coupés vor. Sein Hubraum war auf fast 5 Liter angewachsen (412 ccm beträgt der Hubraum eines einzelnen Zylinders), was zu einer Leistungssteigerung auf 340 PS führte. Erstmals kam außerdem eine Einspritzanlage von Magneti Marelli zum Einsatz. Insgesamt war die immerhin schon 13 Jahre alte Karosserieform dem Geschmack der Zeit angepasst worden: Die Stoßfänger waren nun in Wagenfarbe lackiert, die Felgen wurden neu gestaltet, die Kofferraumlinie verlief höher, die vorderen Blinkergläser wurden weiß und der 412 erhielt einen gründlich überarbeiteten Innenraum. Schließlich besaß das V12-Coupe noch ein weiteres Novum: Als erster Ferrari verfügte es über ein Antiblockiersystem (ABS), das sogar zur Serienausstattung gehörte.
Produziert 1985 - 1989, 576 Exemplare

Produziert 1986 - 1989, 308 Exemplare

GTB TURBO

V8 - 1991 ccm - 254 PS bei 6500/min

Erwartungsgemäß setzte Ferrari den Zweilitermotor auch in die Karosserie des 328 GTB ein. So debütierte auf dem Turiner Autosalon im April 1986 der GTB turbo, bei dessen Namensgebung die Zahl 208 weggelassen wurde (wohl zur besseren Unterscheidung von den früheren Modellen). Optisch unterschied sich die Turbo-Version nur durch einen zweiten Lufteinlassschlitz vor den Hinterrädern, dem an anderer Stelle angebrachten Pininfarina-Schriftzug und einem mit Luftschlitzen versehenen Heckstoßfänger von der Sauger-Version.

GTS TURBO

V8 - 1991 ccm - 254 PS bei 6500/min

Technisch unterschied sich der Motor im GTS turbo durch die Verwendung von Ladeluftkühlern vom 208 turbo. Diese bewirkte eine erhebliche Leistungssteigerung des Motors auf 254 PS, so dass dieser dem 270 PS starken Dreiliter-Saugmotor praktisch ebenbürtig war.

Produziert 1986 - 1989, 828 Exemplare

MONDIAL 3.2

V8 - 3185 ccm - 270 PS bei 7000/min

Im ersten Modelljahr blieb das Mondial-3.2-Coupé ohne Änderungen.

Produziert 1985 - 1988, 987 Exemplare

MONDIAL 3.2 CABRIOLET

V8 - 3185 ccm - 270 PS bei 7000/min

Auch die Cabrioletversion des Mondial 3.2 blieb im ersten Modelljahr ohne Modifikationen.

Produziert 1985 - 1988, 810 Exemplare

328 GTB

V8 - 3185 ccm - 270 PS bei 7000/min

Ferraris Erfolgsmodell wurde 1986 ohne Modifikationen weiter produziert.

328 GTB: Produziert 1985 - 1989, 1344 Exemplare

328 GTS

V8 - 3185 ccm - 270 PS bei 7000/min

Auch die Spider-Version, die sich übrigens deutlich besser verkaufte als die Berlinetta, blieb unverändert im Programm.

328 GTS: Produziert 1985 - 1989, 3067 Exemplare

TESTAROSSA

12-Zyl.-Flachmotor - 4942 ccm - 390 PS bei 6300/min

Im zweiten Modelljahr gab es eine kleine Änderung am Testarossa. Durch eine Lockerung der EG-Richtlinien konnte der einzelne, weit abstehende und hoch angebrachte Außenspiegel durch zwei „normale" Spiegel ersetzt werden.

Produziert 1984 - 1991, 7177 Exemplare

412

V12 - 4942 ccm - 340 PS bei 6600/min

Der 412 war unverändert im Programm. Die Automatik-Version war übrigens nicht mehr durch ein spezielles Typenschild von der Fünfgang-Version zu unterscheiden.

Produziert 1985 - 1989, 576 Exemplare

1987 Serienmodelle

MONDIAL 3.2 & 3.2 CABRIOLET

V8 - 3185 ccm - 270 PS bei 7000/min

Auch im Jahr 1987 waren keine Modellpflegemaßnahmen am Mondial 3.2 notwendig.

Mondial 3.2: Produziert 1985 - 1988, 987 Exemplare
Mondial 3.2 cabriolet: Produziert 1985 - 1988, 810 Exemplare

GTB/GTS TURBO

V8 - 1991 ccm - 254 PS bei 6500/min

Die Zweiliter-Turbo-Versionen des attraktiven Zweisitzers wurden 1987 unverändert für den italienischen Markt gebaut.

GTB turbo: Produziert 1986 - 1989, 308 Exemplare
GTS turbo: Produziert 1986 - 1989, 828 Exemplare

328 GTB/GTS

V8 3185 ccm - 270 PS bei 7000/min

Der 328 GTB/GTS wurde in unveränderter Form angeboten.

328 GTB: Produziert 1985 - 1989, 1344 Exemplare
328 GTS: Produziert 1985 - 1989, 3067 Exemplare (Bild)

TESTAROSSA

12-Zyl.-Flachmotor - 4942 ccm - 390 PS bei 6300/min

Der Testarossa wurde im Jahr 1987 unverändert produziert.

Produziert 1984 - 1991, 7177 Exemplare

412

V12 - 4942 ccm - 340 PS bei 6600/min

Ohne Änderungen wurde der 412 weiter produziert.

Produziert 1985 - 1989, 576 Exemplare

Produziert 1988 - 1992, 1331 Exemplare

F40

V8 - 2936 ccm - 478 PS bei 7000/min

Am 21. Juli 1987 präsentierte Ferrari in Maranello ein Modell, das mit Fug und Recht als Meilenstein im Sportwagenbau bezeichnet werden kann. Nachdem die Produktion des GTO offiziell ausgelaufen war, entwickelten die Ingenieure in Italien mehrere Evolutions-GTO. Aus ihnen wurde schließlich direkt der F40 abgeleitet. Sein Name stand für das Firmenjubiläum: 40 Jahre Ferrari. Und dieses Jubiläums erwies sich der F40 als würdig. Sein 478 PS starker Biturbo-Motor katapultierte den Wagen in etwas mehr als 11 Sekunden auf Tempo 200 km/h und ließ ihn astronomische 324 km/h schnell werden. Zum Zeitpunkt, als der F40 anlässlich der Frankfurter IAA im September 1987 erstmals einer breiten Öffentlichkeit vorgestellt wurde, galt seine Produktion als limitiert. Sehr zum Ärger einiger treuer Kunden und Sammler wurde diese Beschränkung mit Beginn der Serienfertigung (und dem unerwarteten Kaufandrang) fallen gelassen.

MONDIAL 3.2 & 3.2 CABRIOLET

V8 - 3185 ccm - 270 PS bei 7000/min

Der Mondial - Coupé wie Cabriolet - wurde ab dem Modelljahr 1988 serienmäßig mit ABS ausgestattet. Wegen der im Frühjahr 1989 anstehenden Überarbeitung lief die Produktion des Mondial 3.2 Ende des Jahres aus.

Mondial 3.2:
Produziert 1985 - 1988, 987 Exemplare
Mondial 3.2 cabriolet:
Produziert 1985 - 1988, 810 Exemplare

GTB/GTS TURBO

V8 - 1991 ccm - 254 PS bei 6500/min

Wie auch der 328 war die 2-Liter-Version ab 1988 wahlweise mit ABS erhältlich.

GTB turbo: Produziert 1986 - 1989, 308 Exemplare
GTS turbo: Produziert 1986 - 1989, 828 Exemplare (Bild)

328 GTB

V8 - 3185 ccm - 270 PS bei 7000/min

Der 328 war ab dem Modelljahr ´88 gegen Aufpreis mit einem Antiblockiersystem von Teves lieferbar. Voraussetzung hierfür war allerdings, dass das Fahrwerk, speziell die Spur, modifiziert wurde, so dass der 328 fortan auf den Rädern des Mondial unterwegs war.

Produziert 1985 - 1989, 1344 Exemplare

328 GTS

V8 - 3185 ccm - 270 PS bei 7000/min

Auch die Spider-Version war ab dem Modelljahr ´88 mit Teves-ABS und Mondial-Leichtmetallfelgen lieferbar.

Produziert 1985 - 1989, 3067 Exemplare

TESTAROSSA

12-Zyl.-Flachmotor - 4942 ccm - 390 PS bei 6300/min

Weitgehend unverändert wurde der Testarossa produziert. Nur die Zentralverschlussfelgen wurden gegen neu gestaltete Felgen mit fünf konventionellen Bolzen ausgetauscht.

Produziert 1984 - 1991, 7177 Exemplare

412

V12 - 4942 ccm - 340 PS bei 6600/min

Am 412 wurden auch 1988 keine Änderungen vorgenommen.

Produziert 1985 - 1989, 576 Exemplare

348 TS

V8 - 3405 ccm - 300 PS bei 7200/min

Das Ende des 308 bzw. des 328 kam im Sommer 1989. Das Werk stellte auf dem Höhepunkt des Ferrari-Booms einen Nachfolger vor, der von Grund auf neu entwickelt worden war. Der Wagen besaß im Gegensatz zum Vorgänger eine selbsttragende Karosserie, der Motor (auf 3,4 Liter Hubraum vergrößert) war nun quer eingebaut, und das Getriebe lief fortan quer („trasversale", daher das „t" im Namen) zur Fahrzeugachse. Der V8-Motor leistete nun satte 300 PS, was dem 348 dank der guten Aerodynamik zu 280 km/h verhalf.

Produziert 1989 - 1993, ca. 7100 Exemplare (tb & ts)

348 TB

V8 - 3405 ccm - 300 PS bei 7200/min

Auch wenn sich der 348 grundlegend vom 328 unterschied, so war das Karosserie-Konzept dasselbe. Dementsprechend gab es den 348 sowohl als Berlinetta (tb) als auch als Spider (ts) mit herausnehmbaren Dachmittelteil. Ansonsten fanden sich an Haut des 348 mehr Stilelemente des Testarossa (beispielsweise die Rippen an der Seite, die Lamellen vor den Rückleuchten und die gesamte Frontpartie) als des 328 wieder. Und mit dem vergrößerten Radstand wuchs auch die Breite: Mehr als 17 cm war der 348 breiter als der 328.

Produziert 1989 - 1993, ca. 7100 Exemplare (tb & ts)

Produziert 1989 - 1993, 1850 Exemplare (840 t und 1010 cabrio)

MONDIAL T UND T CABRIOLET

V8 - 3405 ccm - 300 PS bei 7200/min

Diesmal war der Viersitzer wieder früher als der Zweisitzer mit der Modellpflege dran. Bereits zum Genfer Autosalon im März präsentierte Ferrari einen neuen Mondial. Auch nach dieser Kur erschien der Mondial wieder ein bisschen adretter, ohne dass man an seinem ursprünglichen Konzept etwas verändert hätte. Gleichzeitig wuchs auch der Innenraum. Zwar war auch der Mondial T alles andere als geräumig, doch war er bei weitem nicht mehr mit dem Ur-Mondial zu vergleichen. Erneut bekam auch das Cockpit eine Renovierung, die den Mondial T richtig aufgeräumt erscheinen ließ. Namensgebend für den Mondial T war übrigens wie beim 348 tb/ts das neue, quer (transvers) eingebaute Getriebe.

F40

V8 - 2936 ccm - 478 PS bei 7000/min

Trotz Aufhebung der Limitierung explodierte der Marktwert der F40. Bereits beim Durchfahren des Werkstors war der F40 rund 1 Million DM mehr wert, als in der Preisliste stand. In der Euphorie der Spekulanten fielen den wenigsten die Unterschiede einzelner Modelle auf. Ferrari bot vom F40 eine sogenannte Komfortversion (Kurbelfenster und Klimaanlage) und eine Sportversion (Plexi-Schiebefenster, ohne Klimaanlage) an. Während die meisten F40 mit dem höhenverstellbaren Aktiv-Fahrwerk ausgerüstet waren, entstanden vor allem in den ersten Jahren auch einige Modelle ohne diese Fahrhilfe.

Produziert 1988 - 1992, 1331 Exemplare

1989 Serienmodelle

TESTAROSSA

12-Zyl.-Flachmotor - 4942 ccm - 390 PS bei 6300/min

Der Testarossa war weiter unverändert in Produktion.

Produziert 1984 - 1991, 7177 Exemplare

412

V12 - 4942 ccm - 340 PS bei 6600/min

Zum Jahresende ´89 lief die Produktion des in unterschiedlichen Formen 17 Jahre lang produzierten 412 aus.

Produziert 1985 - 1989, 576 Exemplare

328 GTB/GTS

V8 - 3185 ccm - 270 PS bei 7000/min

Obwohl bereits der Nachfolger angekündigt war, blieb der 328 sehr gefragt. Im letzten halben Jahr seiner Produktion wurde er nicht mehr verändert.

328 GTB: Produziert 1985 - 1989, 1344 Exemplare
328 GTS: Produziert 1985 - 1989, 3067 Exemplare (Bild)

GTB/GTS TURBO

V8 - 1991 ccm - 254 PS bei 6500/min

Mit dem Ende der Produktion des 328 war auch das Ende der Zweiliter-Version gekommen, deren Produktion im Herbst ´89 eingestellt wurde.

GTB turbo: Produziert 1986 - 1989, 308 Exemplare (Bild)
GTS turbo: Produziert 1986 - 1989, 828 Exemplare

MONDIAL T UND T CABRIOLET

V8 - 3405 ccm - 300 PS bei 7200/min

Für kurze Zeit schienen die Mondial-Modelle ein Geheimtipp im allgemeinen Ferrari-Boom der späten 80er und frühen 90er Jahre zu sein, und schon bald waren auch die 2+2, offen wie geschlossen, wie ihre Schwestermodelle auf Jahre hinaus ausverkauft. Wie alle Ferrari-Modelle der Zeit, die in Deutschland angeboten wurden, hatte der Mondial serienmäßig einen Katalysator eingebaut.

Produziert 1989 - 1993, 1850 Exemplare (840 t und 1010 cabrio)

348 TB/TS

V8 - 3405 ccm - 300 PS bei 7200/min

Im Jahr 1990 lief die Produktion des 348 richtig an. Die Nachfrage überstieg die Produktionskapazitäten bei weitem, so dass das Modell auf Jahre hinaus ausverkauft war. Die Produktion des offenen 348 ts lief etwas langsamer an, da zunächst Probleme mit der Verwindungssteifheit der Karosserie aufgetreten waren.

Produziert 1989 - 1993, ca. 7100 Exemplare (tb & ts)

F40

V8 - 2936 ccm - 478 PS bei 7000/min

Selbst vor dem Super-Sportwagen F40 machte der Katalysator nicht halt. Spätestens seit der Katalysatorpflicht in Deutschland war auch der F40 mit Abgasreinigung erhältlich. Obwohl die Leistung dadurch angeblich nicht beeinträchtigt wurde, schwörten einige Käufer auf die Kat-lose Version und ließen teilweise die Katalysatoren wieder ausbauen.

Produziert 1988 - 1992, 1331 Exemplare

TESTAROSSA

12-Zyl.-Flachmotor - 4942 ccm - 390 PS bei 6300/min

Wie die Achtzylinder-Modelle war der Testarossa in diesen turbulenten Boom-Jahren auf Monate hinaus ausverkauft.

Produziert 1984 - 1991, 7177 Exemplare

MONDIAL T UND T CABRIOLET

V8 - 3405 ccm - 300 PS bei 7200/min

Im dritten Modelljahr wurden sowohl das Coupé als auch das Cabriolet unverändert weitergebaut.

Produziert 1989 - 1993, 1850 Exemplare (840 t und 1010 cabrio)

348 TB/TS

V8 - 3405 ccm - 300 PS bei 7200/min

Beide Versionen des 348 wurden ohne Änderungen produziert.

Produziert 1989 - 1993, ca. 7100 Exemplare (tb & ts)

F40

V8 - 2936 ccm - 478 PS bei 7000/min

Der F40 wurde 1991 unverändert gebaut - und zu unverändert hohen Preisen gehandelt.

Produziert 1988 - 1992, 1331 Exemplare

TESTAROSSA

12-Zyl.-Flachmotor - 4942 ccm - 390 PS bei 6300/min

Bis zum Jahresende 1991 wurde der Testarossa unverändert weitergebaut, bevor er sich für das Jahr 1992 einer Überarbeitung unterziehen musste.

Produziert 1984 - 1991, 7177 Exemplare

512 TR

12-Zyl.-Flachmotor - 4943 ccm - 428 PS bei 6750/min

Zum Jahreswechsel stellte Ferrari eine überarbeitete Form des Testarossa vor. Im Wesentlichen wurde das Fahrzeug dem Stil der 90er Jahre angepasst: Der Wagen bekam eine neue Frontpartie, die stark an die des 348 angelehnt war, die Schwellerleisten wurden in Wagenfarbe lackiert, die Motorhaube wurde geändert, neue Spiegel wurden angebracht und das Fahrzeug bekam neue Felgen spendiert. Technisch änderte sich am Wagen nicht viel. Feinarbeiten entlockten dem Testarossa-Motor nun 428 PS. Mit der Zahl 512 hatte Ferrari wieder die Nomenklatur des Berlinetta Boxer (5 Liter Hubraum, 12 Zylinder) aufgegriffen und mit dem Testarossa-Kürzel versehen.

Produziert 1992 - 1994, 2280 Exemplare

MONDIAL T UND T CABRIOLET

V8 - 3405 ccm - 300 PS bei 7200/min

Der Mondial t und das Mondial t cabriolet blieben ohne Änderungen im Programm.

Produziert 1989 - 1993, 1850 Exemplare (840 t und 1010 cabrio)

348 TB/TS

V8 - 3405 ccm - 300 PS bei 7200/min

Technisch und optisch blieb beim 348 alles beim Alten. Neu war jedoch, dass es für den 348 ts ein Softtop gab, das platzsparender unterzubringen war.

Produziert 1989 - 1993, ca. 7100 Exemplare (tb & ts)

F40

V8 - 2936 ccm - 478 PS bei 7000/min

Obwohl wahrscheinlich noch einige Exemplare mehr des F40 hätten verkauft werden können, wurde die Produktion nach 1331 Exemplaren im Sommer 1992 eingestellt.

Produziert 1988 - 1992, 1331 Exemplare

Produziert 1993 - 1998

456 GT 2+2

V12 - 5474 ccm - 442 PS bei 6250/min

Zu Ehren des 40-jährigen Bestehens der belgischen Importeurs-Gesellschaft „Garage Francorchamps" präsentierte Ferrari sein neues viersitziges Coupé mit Frontmotor im Rahmen einer exklusiven Veranstaltung am 24. September 1992 in Brüssel. Das von Grund auf neue Fahrzeug schloss die Lücke, die mit dem Ende der Produktion des 412 entstanden war. Lange war über Aussehen und Namen des neuen Modells spekuliert worden, dessen Erscheinen schon einige Jahre früher erwartet worden war. Mit der Bezeichnung 456 folgte Ferrari wieder der alten Tradition, den Hubraum eines einzelnen Zylinders anzugeben. Mit den 442 PS des völlig neu konstruierten V12-Motors (mit 65° Zylinderwinkel) katapultierte sich der 456 GT an die Spitze der Modellpalette. Genauso neu war außerdem das erstmals in einem Ferrari verwendete Sechsganggetriebe.

348 SPIDER

V8 - 3405 ccm - 320 PS bei 7800/min

Seit dem ersten 308 GTB tauchte das Thema Vollcabriolet regelmäßig im Zusammenhang mit einem Targa-Spider auf. Doch es dauerte bis zum 348 (und auch dann noch ganze vier Jahre), bis Ferrari ein „bügelfreies" Cabriolet auf Basis des Zweisitzers anbot. Das im März auf dem Genfer Salon gezeigte Fahrzeug begeisterte durchweg durch seine Linie - geschlossen wie auch offen, weil wie schon beim Mondial cabriolet das Verdeck völlig versenkbar war. An dem als Spider bezeichneten Cabriolet waren die Schweller in Wagenfarbe lackiert (bisher waren diese am 348 schwarz gewesen). Außerdem erhielt der 348 spider - ein halbes Jahr vor den beiden andren 348-Modellen - eine durch Feinarbeit leistungsgesteigerte Version den V8-Motors.

Produziert 1993 - 1995, ca. 1400 Exemplare (GTB, GTS, spider)

Produziert 1993 - 1994, ca. 1400 Exemplare (GTB, GTS, spider)

348 GTB

V8 - 3405 ccm - 320 PS bei 7800/min

Auf der Frankfurter IAA zeigte Ferrari eine leicht modifizierte Version des 348 tb/ts. Optisch waren die neuen Modelle an einem leicht modifizierten Kühlergrill und vor allem an den in Wagenfarbe lackierten Schürzen zu erkennen. Unter der Haube tat die etwas überarbeitete Version des 3,4-Liter-V8-Motor, der zuvor im 348 spider debütiert hatte, ihren Dienst. Nominell leistete der Motor nun 320 PS.

348 GTS

V8 - 3405 ccm - 320 PS bei 7800/min

Auf der Frankfurter IAA 1993 debütierte neben dem 348 GTB auch die analog modellgepflegte GTS-Version.

Produziert 1993 - 1994, ca. 1400 Exemplare (GTB, GTS, spider)

348 TB/TS

V8 - 3405 ccm - 300 PS bei 7200/min

Im Herbst stand eine Modellpflege des 348 an. Bis dahin wurden die Fahrzeuge unverändert gebaut. Neu war allerdings, dass mit der Ferrari challenge die Italiener einen Markenpokal für den 348 ins Leben gerufen hatten. Für die USA gab es außerdem im Frühjahr eine kleine Sonderserie des 348 tb, die weitgehend dem späteren 348 GTB entsprach.

Produziert 1989 - 1993, ca. 7100 Exemplare (tb & ts)

348 GT COMPETIZIONE

V8 - 3405 ccm - 320 PS bei 7800/min

Zusammen mit der Einführung des 348 GTB/GTS stellte Ferrari auch eine Wettbewerbsversion des 348 vor. Das von Haus-Tuner Michelotto aufgebaute Fahrzeug besaß alle Extras eines Rennwagens. Von Schalensitzen und einem Sicherheitskäfig war bis hin zu Rennbremsen und einem modifizierten Fahrwerk alles an Bord. Zunächst war an Einsätze in verschiedenen GT-Meisterschaften gedacht worden. Als sich aber abzeichnete, dass hierfür das Fahrzeug ungeeignet sein würde, avancierte es zur Perle für Sammler-Garagen.

Produziert 1993 - 1994, ca. 50 Exemplare

512 TR

12-Zyl.-Flachmotor - 4943 ccm - 428 PS bei 6750/min

Der 512 TR blieb unverändert im Programm.

Produziert 1992 - 1994, 2280 Exemplare

MONDIAL T UND T CABRIOLET

V8 - 3405 ccm - 300 PS bei 7200/min

Im Sommer 1993 lief die Produktion des Mondial t und des Mondial t cabriolet aus. Bereits zur IAA im September war der Viersitzer aus dem Lieferprogramm gestrichen. Dennoch konnte man bis in das Frühjahr 1994 hinein noch fabrikneue Fahrzeuge beziehen. Die auf 320 PS leistungsgesteigerten Motoren erhielten sie jedoch nicht mehr.

Produziert 1989 - 1993, 1850 Exemplare (840 t und 1010 Cabrio)

F355 BERLINETTA

V8 - 3496 ccm - 380 PS bei 8200/min

Produziert 1994 - 1999, 3938 Exemplare

Im Frühsommer 1994 präsentierte Ferrari knapp ein dreiviertel Jahr nach der letzten Modellpflege am 348 eine neue Generation der V8-Serie. In die Weiterentwicklung des 348 waren so viele Neuheiten eingeflossen, dass der F355, den es wiederum als Berlinetta und als Spider (GTS) gab, eine eigenständige Neuheit wurde. Optisch fallen neben zahlreichen Veränderungen vor allem die fehlenden Rippen in den seitlichen Lufteinlässen und die Rückkehr zu runden Heckleuchten auf. Der besondere Clou am F355 war jedoch, dass er, obwohl er mit Neuheiten „vollgestopft" war, nahezu zum gleichen Preis des 348 GTB/GTS angeboten wurde. Wie schon für den 348 gab es auch für den F355 einen Challenge-Sportkit, mit dem das Fahrzeug ab 1995 in der Ferrari Challenge antrat.

F355 GTS

V8 - 3496 ccm - 380 PS bei 8200/min

Namensgebend für den F355 waren sein auf 3,5 Liter vergrößerter Hubraum sowie die neue Fünfventil-Technik. Als erster Ferrari kam der F355 in den Genuss eines hierfür entsprechend entwickelten Zylinderkopfs, der dem F355 380 PS bescherte - Fahrleistungen auf BB- und Testarossa-Niveau waren garantiert. Nicht zuletzt deshalb war die Resonanz auf den F355 durchwegs positiv.

Produziert 1994 - 1999, 2048 Exemplare

348 GTB/GTS

V8 - 3405 ccm - 320 PS bei 7800/min

Die Produktion der vom 355 abgelösten 348 GTB/GTS lief Mitte des Jahres aus.

Produziert 1993 - 1994, ca. 1400 Exemplare (GTB, GTS, spider)

348 SPIDER

V8 - 3405 ccm - 320 PS bei 7800/min

Der 348 spider war ohne Änderungen im Programm.

Produziert 1993 - 1995, ca. 1400 Exemplare (GTB, GTS, spider)

348 GT COMPETIZIONE

V8 - 3405 ccm - 320 PS bei 7800/min

Die wenigen „echten" 348 GT competizione (wobei eine Unterscheidung praktisch nicht möglich ist), die in dieser Zeit entstanden, machten nur in den seltensten Fällen Bekanntschaft mit Rennstrecken, sondern erhielten größtenteils Zulassungen für die Straße.

Produziert 1993 - 1994, ca. 50 Exemplare

512 TR

12-Zyl.-Flachmotor - 4943 ccm - 428 PS bei 6750/min

Bis in den Herbst hinein blieb der 512 TR unverändert im Programm, wurde dann aber durch den F512 M abgelöst.

Produziert 1992 - 1994, 2280 Exemplare

456 GT 2+2

V12 - 5474 ccm - 442 PS bei 6250/min

Im Jahr 1994 war der 456 GT unverändert das Flaggschiff der Modellpalette.

Produziert 1993 - 1998

Produziert 1995 - 1998, 349 Exemplare

F50

V12 - 4700 ccm - 520 PS bei 8500/min

Auf dem Genfer Autosalon präsentierte Ferrari den legitimen Nachfolger des 1992 ausgelaufenen F40. Und wie dieser wurde auch der F50 nach einem Ferrari-Jubiläum (50 Jahre Ferrari, mit ein bisschen Vorlauf) bezeichnet. Der neue Supersportwagen wurde als offener Spider mit einem serienmäßigen Hardtop ausgeliefert (ansonsten gab es für das Fahrzeug kein Verdeck). Aber auch beim Antrieb vertraute man beim F50 auf eine andere Technik, denn unter seiner großen Motorhaube steckte ein 12-Zylinder-Saugmotor, der wie zahlreiche andere Komponenten direkt aus dem Formel-1-Rennwagen von 1991/92 abgeleitet war. Im Gegensatz zum F40 bewahrte Ferrari beim F50 eine Selbstbeschränkung: Exakt 349 Exemplare des F50 sollten bis Anfang 1998 auf der Montagelinie in Maranello entstehen.

F512 M

12-Zyl.-Flachmotor - 4943 ccm - 440 PS bei 6750/min

Auf dem Pariser Autosalon stelle Ferrari eine letzte Evolutionsstufe des Testarossa vor. Zahlreiche mehr oder weniger gelungene Änderungen sollten frischen Wind in die Bestellungen bringen. Auffälligste Neuheit war der Wegfall der Lamellen vor den Rückleuchten, die seit 1984 ein Erkennungsmerkmal des Testarossa gewesen waren. Dafür erhielt der F512 M runde Rückleuchten, die aber nicht so recht zu dem Auto passen wollten. Außerdem wurde die Frontpartie überarbeitet, wobei der Kühlergrill optisch dem des F355 angepasst und die Klappscheinwerfer gegen fest montierte, flache Ellipsoid-Scheinwerfer ausgetauscht wurden. Weitere sichtbare Neuerung waren die neuen, asymmetrischen Felgen. Aber auch unter der Haube tat sich einiges: Der Testarossa-Motor (der Schriftzug stand nach wie vor auf dem Aggregat zu lesen) leistete nun 440 PS. Das Drehmoment stieg ebenfalls etwas an. Wahlweise konnte der F512 M mit einer zweifarbigen Sportsitzanlage bestellt werden.

Produziert 1995 - 1996, 500 Exemplare

F355 SPIDER

V8 - 3496 ccm - 380 PS bei 8200/min

Im Frühsommer schob Ferrari noch das Vollcabriolet aus der F355-Serie nach, das den 348 spider ablöste. Während das Fahrzeug technisch den anderen F355 entsprach, ist erwähnenswert, dass der F355 spider mit einem halbautomatischen Verdeckmechanismus ausgestattet ist.

Produziert 1995 - 1999, 2663 Exemplare

F355 BERLINETTA

V8 - 3496 ccm - 380 PS bei 8200/min

Ab dem Frühjahr 1995 wurden beide F355 mit Doppel-Airbags ausgestattet. Ansonsten blieben die Fahrzeuge aber unverändert.

Produziert 1994 - 1999, 3938 Exemplare

F355 GTS

V8 - 3496 ccm - 380 PS bei 8200/min

Auch der F355 GTS erhielt im Frühjahr 1995 Airbags in Handschuhfachkonsole und Lenkrad-Pralltopf.

Produziert 1994 - 1999, 2048 Exemplare

348 SPIDER

V8 - 3405 ccm - 320 PS bei 7800/min

Letzte Exemplare des 348 spider entstanden noch 1995. Ab dem Frühsommer war dann auch der F355 als Vollcabriolet lieferbar.

Produziert 1993 - 1995, ca. 1400 Exemplare (GTB, GTS, spider)

456 GT 2+2

V12 - 5474 ccm - 442 PS bei 6250/min

Im neuen Modelljahr konnte der 456 GT mit einigen Detailverbesserungen aufwarten. Neben einigen Änderungen im Innenraum ist vor allem der serienmäßige Doppel-Airbag erwähnenswert.

Produziert 1993 - 1998

1996 Serienmodelle

550 MARANELLO

V12 - 5474 ccm - 485 PS bei 7000/min

Nach langer Zeit präsentierte Ferrari wieder ein neues Modell in Deutschland (in der Vergangenheit hatte es bislang nur einige kleine Vorstellungen im Rahmen der Frankfurter IAA gegeben). Schon ein paar Monate früher war durchgesickert, dass Ferraris Neuester wieder mit Frontmotor ausgestattet sein würde. Damit endete die Ära Testarossa, dessen Nachfolge der 550 maranello antrat, endgültig. Sowohl der Motor als auch das Fahrgestell des zweisitzigen 550 maranello basieren auf dem 456 GT 2+2.

Seit 1996 in Produktion

F355 BERLINETTA, GTS UND SPIDER

V8 - 3496 ccm - 380 PS bei 8200/min

Die gesamte F355-Baureihe war ohne Änderungen im Lieferprogramm.

Produziert 1994 (F355 spider: 1995) - 1999, 3938 berlinetta, 2048 GTS, 2663 spider

F50

V12 - 4700 ccm - 520 PS bei 8500/min

Die Produktion des Supersportwagens F50 lief ohne Änderungen weiter.

Produziert 1995 - 1998, 349 Exemplare

F512 M

12-Zyl.-Flachmotor - 4943 ccm - 440 PS bei 6750/min

Bis in den Frühsommer wurden noch die letzten Exemplare des F512 M produziert. Doch das allgemeine Interesse galt seinem schon angekündigten Nachfolger.

Produziert 1995 - 1996, 500 Exemplare

456 GT & 456 GTA

V12 - 5474 ccm - 442 PS bei 6250/min

Auf dem Genfer Autosalon wurde im März eine Variante des 456 GT präsentiert, die schon lange erwartet worden war: ein 456 mit Automatikgetriebe. In der als 456 GTA bezeichneten Version kam im Gegensatz zu den Automatikversionen der 70er und 80er Jahre ein von Ferrari selbst entwickeltes Automatik-Getriebe mit 4 Fahrstufen zum Einsatz, bei dem zwischen unterschiedlichen Schaltprogrammen gewählt werden kann.

Produziert 1993 - 1998

F50

V12 - 4700 ccm - 520 PS bei 8500/min

Die Produktion des ultimativen Supersportwagens für die Straße lief zum Winter 97/98aus.

Produziert 1995 - 1998, 349 Exemplare

550 MARANELLO

V12 - 5474 ccm - 485 PS bei 7000/min

Der sportliche Zweisitzer-GT der Oberklasse, der als „Ferrari für das 21. Jahrhundert" die Weichen für eine neue Modellpolitik gestellt hatte, wurde unverändert weiter produziert.

Seit 1996 in Produktion

456 GT & 456 GTA

V12 - 5474 ccm - 442 PS bei 6250/min

Der große viersitzige Gran Turismo stand in seinem vierten Produktionsjahr langsam für ein Facelift an.

Produziert 1993 - 1998

F355 BERLINETTA, GTS UND SPIDER

V8 - 3496 ccm - 380 PS bei 8200/min

Die komplette 355-Baureihe blieb unverändert in Produktion.

Produziert 1994 (F355 spider: 1995) - 1999, 3938 berlinetta, 2048 GTS, 2663 spider

1998 Serienmodelle

456M GT & 456M GTA

V12 - 5474 ccm - 442 PS bei 6250/min

Das große Frontmotor-Coupé wurde für den Modelljahrgang 1998 einem gründlichen Facelift unterzogen. Eine neu gestaltete Frontpartie mit neuer, glattflächiger Motorhaube und größerem Kühlergrill sind die markantesten äußerlichen Merkmale. Auch das komplett neu durchgestylte Cockpit mit neuen Sitzen und neu arrangierten Schaltern und Instrumenten unterscheiden den „M" (für „Modificata") deutlich von seinem Vorgänger. Unsichtbar bleiben dagegen die neue Vorderachse mit Anti-Dive-Geometrie, das elektronisch gesteuerte ASR und das überarbeitete Motor-Management. Das Modell 456M ist weiterhin in einer Sechsgang-Schaltversion (456M GT) oder mit einer von Ferrari entwickelten Viergang-Getriebeautomatik (456M GTA) erhältlich.

355F1 BERLINETTA

V8 - 3496 ccm - 380 PS bei 8200/min

Zur Saison 1998 führte Ferrari die ursprünglich für die Formel 1 entwickelte Schaltautomatik „Selespeed" als erster Automobilhersteller in Serie ein..In den Genuss der elektrohydraulischen Kupplungsbetätigung mit automatischem Gangwechsel (nicht zu Verwechseln mit einem konventionellen Automatikgetriebe) kam der sportliche F355, der nun 355F1 hieß. Geschaltet wird beim F1-Getriebe wie beim Rennwagen über zwei Greifwippen am Lenkradkranz, rechts zum Hochschalten, links zum Herunterschalten. Das sequenzielle Schaltprogramm - d.h. die Gänge können wie bei einer Motorradschaltung nur in ihrer logischen Reihenfolge nacheinander eingelegt werden, ein Überspringen einzelner Gänge ist nicht möglich - verkürzt die Schaltzeiten auf wenige Millisekunden, wobei die Steuerung durch Eingriffe in das Motor-Management eine kurze Gas-Pause einlegt bzw. beim Herunterschalten sogar Zwischengas gibt. Der wählbare Automatik-Modus nimmt dem Fahrer jegliche Schaltarbeit ab und reagiert je nach Gaspedalstellung entweder sportlich oder komfortbetont - wenngleich die Qualität der Schaltvorgänge nie die Geschmeidigkeit eines Automatikgetriebes erreicht. Die Popularität der F1-Schaltung führte 1998 zu kurzfristigen Lieferengpässen: Der Anteil des 355 F1 innerhalb der F355-Palette betrug zeitweise über 70%.

Produziert 1998 - 1999

F355 BERLINETTA, GTS UND SPIDER

V8 - 3496 ccm - 380 PS bei 8200/min

Die komplette 355-Baureihe blieb unverändert in Produktion.

Produziert 1994 (F355 spider: 1995) - 1999, 3938 berlinetta, 2048 GTS, 2663 spider

550 MARANELLO

V12 - 5474 ccm - 485 PS bei 7000/min

Seit 1996 mit geringfügigen technischen Modifikationen analog zum 456M GT/GTA in Produktion.

360 MODENA

V8 - 3586 ccm - 400 PS bei 8500/min

Auf dem Genfer Salon 1999 debütierte der mit Spannung erwartete Nachfolger des F355. Schneller, stärker und geräumiger als sein Vorgänger verschob der 360 Modena die Messlatte für Hochleistungssportwagen noch einmal ein gutes Stück nach oben. Dass er trotz rundum gewachsener Abmessungen darüber hinaus noch ein gutes Stück leichter geraten ist als der F355, geht auf das Konto der komplett aus Aluminium gefertigten Fahrwerks- und Karosserieteile. Die aerodynamisch ausgefeilte Form, die den profilierten Unterboden als wichtigste Abtrieb-erzeugende Fläche nutzt, entstand in Zusammenarbeit mit F1-Konstrukteur Rory Byrne im hauseigenen Ferrari-Windkanal. Sergio Pininfarina zeichnet für die gelungene Optik verantwortlich, die zahlreiche kleine Design-Anspielungen z.B. auf den 250 LM oder den „sharknose"-TRI enthält. Vom Start weg war der 360 Modena wahlweise mit konventionellem oder sequenziell über Lenkradwippen geschaltetem Sechsganggetriebe erhältlich.

Seit 1999 in Produktion

355F1 BERLINETTA

V8 - 3496 ccm - 380 PS bei 8200/min

Im letzten Produktionsjahr keine Änderungen gegenüber dem Vorjahresmodell.
Produziert 1998 - 1999

F355 BERLINETTA, GTS UND SPIDER

V8 - 3496 ccm - 380 PS bei 8200/min

Im letzten Produktionsjahr keine Änderungen gegenüber dem Vorjahresmodell.

Produziert 1994 (F355 spider: 1995) - 1999, 3938 berlinetta, 2048 GTS, 2663 spider

456M GT & 456M GTA

V12 - 5474 ccm - 442 PS bei 6250/min

Im letzten Produktionsjahr keine Änderungen gegenüber dem Vorjahresmodell.

Seit 1998 in Produktion

550 MARANELLO

V12 - 5474 ccm - 485 PS bei 7000/min

Seit 1996 ohne größere Modifikationen in Produktion

2000 Serienmodelle

Seit 2000 in Produktion

360 SPIDER

V8 - 3586 ccm - 400 PS bei 8500/min

Ein Jahr nach der Berlinetta 360 Modena wurde - wiederum auf dem Genfer Automobilsalon - die Spider-Version vorgestellt, die indes auf den Modell-Beinamen „Modena" verzichtet. Das elektrohydraulisch betätigte Verdeck benötigt jeweils 28 Sekunden, um sich vollautomatisch über das Cockpit zu spannen oder unter der festen Abdeckung hinter den einzelnen Überrollbügeln zu verschwinden. Der Windschutzscheibenrahmen wurde gegenüber der Berlinetta verstärkt, um ebenfalls als Überrollschutz zu funktionieren, und die Aluminium-Bodengruppe erfuhr an den wichtigen strukturellen Punkten ebenfalls Verstärkungen, um die Verdrehsteifheit des offenen Zweisitzers sicher zu stellen.

360 MODENA

V8 - 3586 ccm - 400 PS bei 8500/min

Keine Veränderungen gegenüber dem Vorjahr.

Seit 1999 in Produktion

456M GT & 456M GTA

V12 - 5474 ccm - 442 PS bei 6250/min

Keine Veränderungen gegenüber dem Vorjahr.

Seit 1998 in Produktion

550 MARANELLO

V12 - 5474 ccm - 485 PS bei 7000/min

Keine Veränderungen gegenüber dem Vorjahr.

Seit 1996 in Produktion

ALLEE
2000
ALLEE
2100
2200
Ferrari

MO 3601SP

ES LEBE DER SPORT
1947 - 2000

von Andreas Dziedzic
Technische Beschreibungen: Henry T. Kistler

22
535
Agip
EXXON
LISTA
MAKING WORKSPACE WORK
11
98
A-R 2550
19
McDonald's
Weil am Rhein
35
ENTREMONT
47
Ferrari FRANCE
CH. POZZI
SANDEMAN
MARCHAL
GOODYEAR
2
Shell
547

Geburt einer Legende:

VOM 125 S ZUM 250 S

Aus heutiger Sicht begann der Triumphzug der erfolgreichsten Marke der Motorsporthistorie auf einer sehr unsicheren Grundlage, denn Ferraris Entschluss, Sport- und Rennwagen zu produzieren, fiel in eine Zeit, als Italien noch stark unter den Folgen des Krieges zu leiden hatte. 1946 einen Zwölfzylindermotor konstruieren zu wollen, um damit seine eigenen sportlichen Ambitionen zu befriedigen, war mehr als ein Vabanquespiel.
Ferrari wagte es dennoch.
So weit bekannt ist, entstanden 1947 in Maranello in einem sehr bescheiden ausgestatteten Werk drei kleine Spider, die bald die Welt aufhorchen lassen sollten. Während das Debüt des nur 1,5 Liter großen Zwölfzylinders am 11. Mai wegen eines lächerlichen Schadens an der Benzinpumpe noch ins Wasser fiel, erkämpfte Franco Cortese mit dem zierlichen Tipo 125 bereits zwei Wochen später den ersten Sieg eines Ferrari.
Im Laufe des Jahres erfuhren die Modelle erhebliche Verbesserungen an Fahrgestell und am Motor, der auf 2 Liter aufgebohrt sowie mit stand- und drehzahlfesten Gleitlagern für Pleuel und Kurbelwelle versehen wurde - die Geburtsstunde des berühmten Tipo 166 war gekommen.
Für die Saison 1948 verfügte Ferrari über insgesamt 11 Fahrzeuge, von denen der größte Teil die merkwürdige „Spider Corsa"-Karosserie mit freistehenden Kotflügeln trug. Beim Giro di Sicilia, der ursprünglich gleichzeitig mit der Targa Florio ausgetragen wurde, tauchte zum ersten Mal ein 166 Sport (001S) auf, dessen kantige Karosserie höchstwahrscheinlich von Allemano stammte. Tatsächlich siegten nach strapaziösen 1077 Kilometern Clemente Biondetti und der weißrussische Prinz Igor Troubetzkoy am Steuer eben dieses Ferraris. Der Automobilrennsport war in jenen Tagen immer ncoh in erster Linmie ein Tummelplatz für begüterte

125 SPORT

V12 - 1497 ccm - 72 PS bei 6000/min

Man schrieb das Jahr 1946, als sich Enzo Ferrari daran machte, sein erstes Fahrzeug zu bauen. Er war von Anfang an davon überzeugt, dass ein V12-Motor das richtige Triebwerk sei, um im Rennsport vorne mitmischen zu können. So beauftragte er den Ingenieur Gioachino Colombo mit der Konstruktion des ersten Ferrari-V12. Dieser nur 1497 ccm große Motor wies ein Hubverhältnis von 55 x 52,5 mm auf und leistete 72 PS bei 6000/min. Motorblock, Ölwanne und Zylinderköpfe waren aus einer Aluminiumlegierung gefertigt. Die zweimal sechs Zylinder lagen in einem Winkel von 60° zueinander. Durch einen Versatz der beiden Zylinderbänke um 20 mm wurde die paarweise Anlenkung der Pleuel auf je einem Hubzapfen möglich. Die Steuerung der zwei Ventile pro Zylinder besorgte die durch eine Kette angetriebene Nockenwelle (eine pro Zylinderreihe). Drei Weber Doppel-Fallstromvergaser vom Typ 32 DCF sorgten für die Gemischaufbereitung. Das aus Ovalrohren zusammen geschweißte Fahrgestell wies vorne eine Einzelradaufhängung mit Querlenkern oben und einer Querblattfeder unten auf. Hinten war die Starrachse an zwei halbelliptischen Längsblattfedern aufgehängt. Das unsynchronisierte Fünfganggetriebe war in einer Einheit mit dem Motor zusammen an fünf Punkten am Rahmen befestigt. Das erste Fahrzeug, dessen Haube das Cavallino Rampante zierte, erhielt die Typenbezeichnung 125 S. Dabei stand die Zahl 125 für den Inhalt pro Zylinder. Durch einfache Multiplikation kann der Hubraum des Motors berechnet werden. 1947 entstanden zwei Exemplare des 125 S. Die Fgst.-Nr. 01C erhielt eine Karosserie von Touring in Mailand. Das Fgst.-Nr. 02C wurde vom Ferrari-Werk mit einer „Spider Corsa"-Karosserie mit freistehenden Rädern versehen.

Produziert 1947, 2 Exemplare
Fgst.-Nr. 01C, 02C

Industrielle und Adlige - auch der zweite, sechstplatzierte Ferrari vom Typ 166 SC war mit Soave Besana und D. Bruni rein gräflich besetzt. Die Mille Miglia am 1. und 2. Mai sollte als das große „Nuvolari-Drama" in die Geschichte eingehen. Millionen verfolgten in ganz Italien am Radio den furiosen Sturmlauf des „Fliegenden Mantuaners", dessen Einsatz wegen seines bedenklichen Gesundheitszustandes lange Zeit fraglich gewesen war. Auf den Pässen Furlo und Scheggia nahm Nuvolari bei einer irrwitzigen Fahrt, die seinen 166 SC bereits den linken Vorderkotflügel gekostet hatte, der Konkurrenz 12 Minuten ab. Beim Kontrollpunkt in Rom riss er auch noch die Motorhaube herunter, die sich infolge eines weiteren Remplers gelockert hatte. Bis Florenz baute er seinen Vorsprung auf volle 29 Minuten aus, hatte allerdings in der Nähe von Livorno abermals eine Karambolage, die den Beifahrersitz aus der Halterung schlug. Doch erst ein gebrochener Achsbolzen konnte seine Siegesfahrt stoppen - der „Maestro" war geschlagen.
Die Enttäuschung über Nuvolaris Missfortüne überschattete fast Clemente Biondettis Erfolg, der auf einem Tipo 166 S Allemano Coupé (003S) Ferraris ersten Sieg bei dieser Traditionsveranstaltung unter Dach und Fach brachte und die Marke Ferrari in Italien zum Tagesgespräch machte.
In den folgenden Monaten und Jahren fuhren wahre Geschwader von 166-Spider zahlreiche weitere Siege heraus. Besondere Aufmerksamkeit verdient hierbei Luigi Chinettis mitreißender Kampf beim 12-Stunden-Rennen von Paris-Montlhéry. Obwohl die Veranstaltung als reines Sportwagen-Rennen ausgeschrieben war, mischten sich diverse Formel-1-Boliden unter die Starter und übernahmen natürlich sofort die Spitze. Chinetti, der schon vor dem Krieg zweimal für die Scuderia Ferrari - damals noch mit Alfa Romeo - die 24 Stunden von Le Mans gewonnen hatte, ließ sich jedoch nicht abschütteln und wartete auf seine Chance.
Eigentlich hätte Lord Selsdon den quirligen Italo-Amerikaner ablösen sollen. Da dieser ob des vorgelegten Höllentempos aber lieber zuschaute, musste Chinetti das strapaziöse Rennen quasi im Alleingang bestreiten.

▲ *Enzo Ferrari verstand sich nicht als Konstrukteur, auch vom Rennfahren verstand er nach eigenem Urteil „nicht sonderlich viel". Dafür feierte er schon in den dreißiger Jahren als Teamchef Erfolge.*

Nach einer taktischen wie physischen Meisterleistung triumphierte Chinetti schließlich mit seinem eigenen Zweiliter-Spider-Corsa (016I) deutlich vor den hubraumgewaltigen Talbot und Delage. Insgesamt war 1948 ein äußerst erfolgreiches Rennsportjahr für Ferrari, bei dem die Tipo 166 neun Mal als Erste durchs Ziel gingen und 9 zweite sowie 6 dritte Plätze herausfuhren.
Wie schon im Vorjahr begann auch die Saison 1949 mit Biondettis Sieg bei der kombinierten Targa Florio/Giro di Sicilia, die er in diesem Jahr mit einem 166 Spider Corsa gewann. Der italienische Meisterfahrer Franco Cortese, unterwegs mit der von Touring karossierten 166 MM Barchetta („kleines Boot"), kam hingegen nicht ins Ziel.
Das wichtigste Rennen aus italienischer Perspektive blieb jedoch die Mille Miglia, deren Streckenführung man erneut geändert hatte, so daß sie „nur noch" über 1589 km führte. Am frühen Morgen des 24. April begaben sich insgesamt neun Zweiliter-Ferrari auf die

166 SPORT

V12 - 1995 ccm - 90 PS bei 5600/min

Mit der Änderung des Hubverhältnisses auf 60 x 58,8 mm wurde ein Hubraum von zwei Litern erreicht, was auch eine Leistungssteigerung auf 90 PS bei 5600/min zur Folge hatte. Eingekleidet wurde die Fgst.-Nr. 001S als Spider von der Carrozzeria Allemano in Turin. Diese Karosserie unterschied sich nicht wesentlich von der des 125 Sport. Seine Bezeichnung 166 Sport im Unterschied zum 166 Corsa weist darauf hin, dass es sich bei diesem Ferrari-Typ um eine neue Generation handelt. Zusätzlich entstanden zwei weitere 166 Sport, ein Allemano Coupé (Fgst.-Nr. 003S) und ein Touring Coupé (Fgst.-Nr. 005S).

Produziert 1948, 3 Exemplare
Fgst.-Nr. 001S, 003S, 005S

166 MM

V12 - 1995 ccm - 140 PS bei 7000/min

Der 166 MM erhielt seinen Namen zu Ehren des ersten Sieges bei der Mille Miglia durch die Scuderia im Jahre 1948. Der mit dem Zweiliter-Colombo-Motor ausgerüstete Rennwagen leistete 140 PS bei 7000/min. Auf dem Rohrrahmen mit einem Radstand von 2200 mm entstanden nicht weniger als sechs verschiedene Aufbauten. Vignale, Zagato und Reggiani bauten je ein Coupé, Campano einen Spider. Zusätzlich erhielten 30 Fahrzeuge ihre Kleider von Touring (25 als Barchetta und 5 als Coupé). Die Carrozzeria Touring arbeitete nach ihrem patentierten Konstruktionsprinzip „Superleggera". Die so hergestellten Fahrzeuge erhielten Aluminium-Karosserien, die anhand eines Holzmodells geformt wurden und anschließend durch Umbördeln der Blechkanten an einem leichten Rohrgestell befestigt wurden.

Produziert 1948 - 1951, 34 Exemplare
Fgst.-Nr. zwischen 0002M und 0072M (Bild: 0008M)

Reise, von denen nur drei das Ziel in Brescia erreichen sollten. Als Bonetto Rom mit einem sagenhaften Durchschnitt von 132 km/h erreichte, führte er mit 4 Minuten vor Taruffi und 7 weiteren Minuten vor Biondetti, die beide ebenfalls einen 166 MM pilotierten. Auf der Bergetappe nach Pescara ließen die Bremsen an Bonettos Ferrari stark nach, wodurch Taruffi die Führung übernehmen konnte. Nicht für lange jedoch, denn kurz hinter Ravenna erlag sein Ferrari den Strapazen des 1000-Meilen-Rennens. Am Ende erreichte der 51-jährige Biondetti nach 12:07 Stunden als Erster das Ziel, gefolgt von Bonetto, dessen Barchetta wieder besser in Schwung gekommen war.

Am 25. Juni gelang es dem Automobile Club de l'Ouest mit Hilfe der französischen Regierung, endlich wieder ein 24-Stunden-Rennen in Le Mans zu organisieren. Seit 10 Jahren hatte an der Sarthe, der Geburtsstätte des Sportwagen-Rennens, keine derartige Veranstaltung mehr stattgefunden. Unter den 49 Startern befanden sich auch zwei 166 MM Barchetta in der von Touring patentierten „Superleggera"-Leichtbauweise, mit denen sich Jean Lucas/ „Ferret" und Luigi Chinetti/Peter Selsdon der versammelten Konkurrenz stellten.

▲ *Der 125S sicherte Ferrari im Juni 1947 den ersten Rennsieg unter Franco Cortese.*

Schon vor dem Rennen hatte Selsdon an den Folgen einer Lebensmittelvergiftung gelitten - ein Umstand, der den fast 49-jährigen Chinetti zwang, über 23 der 24 Stunden allein hinter dem Lenkrad zu verbringen. Nachdem „Ferret" in der 5. Stunde, in Führung liegend, aus der Maison-Blanche-Kurve rutschte, übernahm

Ein Export Spider, karossiert von der Carrozzeria Fantana aus Padua. Hier die Fgst.-Nr. 0086E von Marzotto bei der Mille Miglia 1951. ▼

Chinetti die Spitze, die er trotz nachlassender Kupplung nicht mehr abgeben sollte. Ob er nun wirklich ein Kaugummi benutzt hatte, um ein Leck im Benzintank zu versiegeln oder während der Fahrt tatsächlich Öl nachgoss, wie die Legende zu wissen vorgibt, ist dabei nicht einmal von vorrangiger Bedeutung. Viel wichtiger war, dass Chinetti mit seinem wahrhaft heroisch erfochtenen Sieg die Marke mit dem schwarzen Rappen im gelben Schild erstmals bei einer im Ausland ausgetragenen, internationalen „Grande Épreuve" in den Mittelpunkt des Weltinteresses gerückt und somit als Geburtshelfer des Ferrari-Mythos fungiert hatte. Nur zwei Wochen

Luigi („Gigi") Villoresi war lange Zeit der unumstrittene Starfahrer der Scuderia Ferrari. Seine Fahrzeugbeherrschung war geradezu legendär, ebenso seine Leidensfähigkeit und sein Durchsetzungsvermögen.

später gewannen Chinetti/Lucas auf einer Zweiliter-Barchetta das 24-Stunden-Rennen im belgischen Spa-Francorchamps und unterstrichen den Anspruch der jungen Sportwagenmarke.
Für die Saison 1950 präsentierte Ferrari den nagelneuen Tipo 195 S mit einem 2,3-Liter-V12, der erstmals beim Giro di Sicilia eingesetzt wurde. Obwohl hinter dem Volant der schnellen Barchetta kein Geringerer als Alberto Ascari wirkte, musste Ferrari in diesem Jahr

▲ *Der 166 Inter Spider Corsa (im Bild Fgst.-Nr. 016I) zählte in den späten vierziger Jahren zu den erfolgreichsten Sportwagen.*

275 S TOURING BARCHETTA

V12 - 3322 ccm - 270 PS bei 7200/min

Gioachino Colombo hatte Ferrari verlassen und war zu Alfa Romeo zurückgekehrt. Sein 32-jähriger Assistent Aurelio Lampredi übernahm die Leitung der Konstruktionsabteilung. Der von Colombo entwickelte Grand-Prix-Motor (1,5 Liter Hubraum mit Kompressor) erwies sich 1949 als nicht konkurrenzfähig. Deshalb machte sich Lampredi daran, ein neues Konzept für einen Rennmotor auszuarbeiten. Seiner Meinung nach waren die aufgeladenen Motoren zu durstig und zudem mit ihrem begrenzten Hubraum von 1,5 Liter stark benachteiligt gegenüber den Saugmotoren, die bis 4,5 Liter Hubraum aufweisen durften.
Im Großen und Ganzen konnte Lampredi den Aufbau des Colombo-Motors beibehalten. Da jedoch der Colombo-Block über einen zu kleinen Zylindermittenabstand verfügte und sich somit nur beschränkt aufbohren ließ, musste Lampredi seinen Block länger gestalten. Der Abstand wuchs von 90 mm auf 108 mm, und schon war der später als „Lampredi-Langblock" benannte neue Ferrari-Motor geboren. Eine weitere wichtige Neuerung waren die von unten in die nicht abnehmbaren Zylinderköpfe eingeschraubten Laufbüchsen, was ein Bersten der Zylinderkopfdichtung unmöglich machte.
Motoren dieser neuen Bauart kamen erstmals auf der Mille Miglia von 1950 zum Einsatz, um den zukünftigen Grand-Prix Motor zu testen. Zwei 275 S wurden mit

dem 270 PS starken Motor ausgerüstet, Ende des Jahres 1950 wurde daraus der Motor des 340 America abgeleitet.

Produziert 1950, 2 Exemplare, Fgst.-Nr. 0030MT (Bild), 0032MT

195 SPORT TOURING BERLINETTA „LE MANS“

V12 - 2341 ccm - 180 PS bei 7000/min

Parallel zu seiner Neuentwicklung arbeitete Aurelio Lampredi auch an der Weiterentwicklung des im 166 MM verwendeten Colombo-Motors. Die Hubraumvergrößerung auf 2341 ccm wurde durch eine auf 66 mm erweiterte Bohrung erreicht, was eine Leistungssteigerung auf 180 PS bei 7000/min bewirkte. Dieses Einzelstück konnte anläßlich der Turiner Ausstellung im Mai 1950 bewundert werden. Seine Berlinetta-Karosserie hatte die Touring-typische Form erhalten: Die lange Motorhaube mit den runden Kotflügeln und das kurze, runde Heck. Beim Chassis gab es mit der Verlängerung des Radstandes auf 2250 mm nur eine kleine Veränderung.

Produziert 1950, 1 Exemplar
Fgst.-Nr. 0060M

den Gebrüdern Bornigia auf Alfa Romeo die Lorbeeren überlassen. Wenigstens landeten die beiden 166 MM von Inico Bernabei/Pacini und Motta/Alterio auf dem Treppchen.
Zur 17. Mille Miglia am 22./23. April 1950 traten nicht weniger als elf Ferrari 166 und zwei Tipo 195 S an, von denen einer die bekannte Barchetta- und der andere die neue Berlinetta-Karosserie erhalten hatte. Zusätzlich startete die Scuderia erstmals mit zwei Tipo 275 S mit dem neuen 3,3-Liter-Zwölfzylinder, die man Ascari und Villoresi anvertraute.
Vom Start weg lag der erst 22-jährige „Giannino“ Marzotto in der metallic-blauen Berlinetta an der Spitze. Nach einem Drittel der zu absolvierenden Distanz führte plötzlich Luigi („Gigi“) Villoresi auf der 3,3-Liter-Barchetta, die allerdings noch vor Halbzeit mit Kupplungsschaden liegen blieb. Während sich nach 13:39 Stunden der jüngste der vier ins Rennen gegangenen Gebrüder Marzotto souverän den Sieg holte, sicherten sich Giovanni Bracco und Umberto Maglioli mit ihrem 4. Platz den Erfolg in der Klasse bis 2 Liter Hubraum.

Als König Farouk von Marokko am 24. Juni um 16 Uhr die Startflagge zu den 24 Stunden von Le Mans senkte, hatten die meisten Zuschauer und Experten auf das Ferrari-Team gesetzt, die sich diesmal mit zwei 195 S und drei 166 MM in die Schlacht stürzten. Raymond Sommer, der „Bär aus den Ardennen“, legte mit seiner blauen, von Touring karossierten Berlinetta einen atemberaubenden Start hin und führte während der ersten beiden Stunden das Rennen souverän an. Chinetti, an Bord einer 195er Barchetta, verlegte sich hingegen aufs Abwarten und lauerte in vierter Position, von der er sich bis auf den zweiten Platz vorarbeiten konnte. Zu diesem Zeitpunkt waren die 166 MM von Leygonie/Rubirosa und des Damenteams Simon/Kasse bereits ausgefallen.
Nachdem auch noch die beiden 2,3-Liter-Modelle hoffnungslos zurückgefallen waren, richtete sich die Aufmerksamkeit auf Lord Selsdon bzw. seinen Copiloten Jean Lucas, der dann aber den letzten 166 MM in der 17. Stunde am „Tertre Rouge“ im knietiefen Sand der Auslaufzone vergrub. Somit erreichte nach dem Vorjahreserfolg kein einziger Ferrari das Ziel.

340 AMERICA

V12 - 4102 ccm - 230 PS bei 6000/min

Wie es scheint, waren die zwei 275 S nur bei der Mille Miglia 1951 von der Scuderia Ferrari eingesetzt worden. Doch schon im Herbst beim Pariser Salon war die Weiterentwicklung des Lampredi-Motors in einer 4,1-Liter-Version, eingebaut im 340 America, zu bewundern. Die Bohrung war von 72 mm auf 80 mm vergrößert und die ursprünglichen drei Weber-Doppelvergaser vom Typ 40 DCF durch solche vom Typ 42 DCF ersetzt worden. Die neue Motorleistung betrug 230 PS bei 6000/min. Bedingt durch den längeren Motor musste auch das Chassis etwas angepasst werden, was zu einer Verlängerung des Radstandes um stattliche 170 mm auf 2420 mm führte. Die insgesamt 25 gebauten Exemplare des 340 America wurden in nicht weniger als sieben verschiedene Karosserieformen eingekleidet.

Produziert 1950 - 1953, 25 Exemplare
Fgst.-Nr. zwischen 0030MT und 0238A (Bild: 0140A)

212 INTER

V12 - 2562 ccm - 130/170 PS bei 6500/min

Als Ablösung des 195 Inter konnte der 212 Inter von den Erfahrungen profitieren, die mit den Touren- und den Rennsport-Wagen gesammelt wurden. Abermals vergrößerte sich der Hubraum durch Aufbohren des Colombo-Blockes auf 68 mm. Die Leistung stieg somit, je nachdem ob ein Einzel-Vergaser oder drei Vergaser verwendet wurden, auf 130 oder 170 PS bei 6500/min. Es entstanden 10 verschiedene Karosserieaufbauten auf den insgesamt 80 gebauten 212 Inter-Chassis. Touring, Ghia, Vignale, Ghia Aigle, Abbott, Stabilimenti Farina und erstmals auch Pinin Farina führten diese Arbeit aus. Die Mehrzahl (31 Stück) erhielt eine Coupé-Karosserie von Vignale.

Produziert 1951 - 1953, 80 Exemplare
Fgst.-Nr. zwischen 0111ES und 0291EU (Bild: 0161EL)

Die Ehre des Langstrecken-Spezialisten Luigi Chinetti wurde zwar einen Monat später mit dem Sieg bei den 12 Stunden von Paris wieder hergestellt, doch die internationale Konkurrenz hatte aufgeholt. Nachdem man die im Zweiten Weltkrieg völlig zerstörten Gebirgsstraßen Siziliens 1951 notdürftig repariert hatte, konnte die Targa Florio endlich wieder auf den traditionellen Circuito delle Madonie zurückkehren. In diesem Jahr galt es 8 Runden zu absolvieren, die sich jeweils 72 km durch Städte, Bergdörfer und ungezähmte Natur schlängelten. Der 212 Export von Cornacchia/Bracco landete schließlich auf dem zweiten Platz, nur geschlagen vom ehemaligen Ferrari-Fahrer Franco Cortese am Steuer eines Frazer-Nash. Beim Giro di Sicilia verwies Vittorio Marzotto, unterwegs mit dem skurrilen, von Fontana karossierten 212 Export Spider, Piero Taruffi auf einer „normalen" 2,5-Liter-Barchetta auf den zweiten Platz. In diesem Jahr überwarf sich Giacchino Colombo, der geniale Konstrukteur der ersten Ferrari-Zwölfzylinder-Motoren, endgültig mit Ferrari. Von nun an hatte sein ehemaliger Assistent Aurelio Lampredi freie Bahn, und er trieb die Entwicklung des so genannten „Big Block"-Triebwerks, dessen jüngste Evolutionsstufe der 340 America war.
Die Mille Miglia war längst zu einer Domäne hoch spezialisierter Fahrer und Rennteams geworden, und die leistungsstarken Spezialkonstruktionen waren immer schwerer zu beherrschen. Alberto Ascari kam kurz nach dem Start mit seinem mächtigen 340 America von der Straße ab, als er durch die Autoscheinwerfer eines Zuschauerwagens geblendet wurde, der die Startnummern der Fahrzeuge erkennen wollte. Während Ascari aufgeben musste, konnte „Gigi" Villoresi nach einem bösen Ausrutscher, wobei die halbe Front seiner Vignale Berlinetta (0082A) zerdrückt wurde, das Rennen fortsetzen und mit 20 Minuten Vorsprung vor Bracco auf Lancia gewinnen. Nachdem die Ferrari-Sportwagen seit nunmehr fünf Jahren von einem Triumph zum nächsten eilten, besiegte am 14. Juli der Argentinier José Froilàn Gonzalez beim Großen Preis von England auch die bisher übermächtigen Formel-1-Alfa und besiegelte damit auch den ersten Grand-Prix-Erfolg des Hauses Ferrari. Ein anderes Rennen sollte Ferrari die Tür zum wichtigsten automobilen Absatzmarkt, den USA, aufstoßen - die Carrera Panamericana, seit 1950 die ultimative Veranstaltung in Sachen Endurance-Rennen. Bei dieser einzigartigen Veranstaltung mussten die Teams Mexiko in acht Etappen Mexiko durchqueren. Die in fünf Tagen zurückzulegenden 3113 Kilometer galten als extrem gefährlich, geradezu furchteinflößend.
Die prestigeträchtige „Carrera" bot eine Strecke, die über hohe Pässe, unzählige Serpentinen und endlose Wüstengeraden führte. Dabei säumten bis zu 8 Millionen heißblütiger Mexikaner die Fahrbahn - leidenschaftliche Rennfans, die darauf brannten, den Siegeszug des Automobils „live" mitzuerleben. Wie schon 1949 bei den 24 Stunden von Le Mans meldete aber der Commendatore auch diesmal kein eigenes Team (um im Falle eines Misserfolges sein internationales Ansehen nicht zu gefährden), sondern griff in die Trickkiste und schickte seinen Mailänder Ferrari-Händler Franco Cornacchia und dessen „Scuderia della Guastalla" an die Front. Cornacchia brachte seine beiden 212 Vignale 2+2 mit den besten verfügbaren Piloten an den Start. Während Piero Taruffi, genannt „El Zorro Plateado" („der Silberfuchs") zusammen mit Luigi Chinetti ins Rennen ging, teilte sich Alberto „Il Ciccio" Ascari den heißen Fahrersitz mit Luigi „Gigi" Villoresi. Tatsächlich kam es erstmals zur Konfrontation der distinguierten Herrenfahrer der alten Welt mit den waghalsigen Hasardeuren des amerikanischen Kontinents, die immer noch glaubten, dass ihre leistungsstarken, aber schwergewichtigen Limousinen den „italienischen Spielzeugautos" haushoch überlegen seien.
Von den 91 in Tuxtla Gutierrez gestarteten Konkurrenten, die im Kampf um die 550.000 Pesos Siegprämie mitreden wollten, erreichten nach ungeheueren Strapazen für Mensch und Material nur 35 Teams das Ziel in Ciudad Juarez. Der Plan Chinettis, Beifahrer und gleichzeitig Koordinator des Ferrari-Unternehmens, sich anfangs auf den kurvigen Bergstraßen zurück zu halten, so Reifen zu sparen, um dann im Endspurt das Feld auf den endlosen Vollgas-Geraden zu überrollen, scheiterte schon während der ersten Etappe nach Oaxaca. Der tückische, reifenmordende Straßenbelag machte den Pirelli-„Supersports" schnell den Garaus, so dass Taruffi zweimal und Ascari gar viermal die Reifen wechseln mussten, was sie auf den 14. bzw. 45. Platz verwies. Mit den einheimischen Goodrich-

340 MEXICO

V12 - 4101 ccm - 280 PS bei 6600/min

Die Grundidee des 340 Mexico basierte auf dem für den amerikanischen Markt bestimmten 340 America. Da der eher luxuriöse Sportwagen jedoch den Strapazen des quer durch Mexico stattfindenden Rennens nicht gewachsen war, entstanden speziell für die Carrera Panamericana 1952 vier 340 Mexico (drei Berlinetten, ein Spider). Das komplett neue Fahrgestell erhielt die interne Bezeichnung „AT" (America Tubolare).
Der nur wenig überarbeitete Lampredi-Motor des 340 America mit einem Hubraum von 4101 ccm und einem Hub-Verhältnis von 80 x 68 mm erbrachte eine Leistung von 280 PS bei 6600/min. Als wichtigste Modifizierung erhielt er schärfere Nockenwellen. Um auf den langen Etappen eine höhere Endgeschwindigkeit zu erreichen, baute Ferrari ein neu abgestimmtes Fünfganggetriebe ein. Für den Einsatz auf den holprigen Straßen erhielt die von zwei Dreieckslenkern geführte und an zwei halbelliptischen Blattfedern aufgehängte Hinterachse Unterstützung von vier zusätzlichen Hebelstoßdämpfern der Marke Houdaille. Durch die Verwendung von 16"-Rädern wurde Platz geschaffen, um größere Bremstrommeln einzubauen.

Produziert 1952, 4 Exemplare
Fgst.-Nr. 0222AT, 0224AT, 0226AT, 0228AT (Bild)

LKW-Reifen lief es dann aber wesentlich erfolgreicher. Ascari gewann überlegen die zweite Etappe nach Puebla, und Taruffi die am gleichen Tag folgende Wertungsprüfung nach Mexiko-Stadt. Auf dieser „Königsetappe", einer unaufhörlichen Folge von Haarnadelkurven, die über den 3195 Meter hohen Puerte-del-Aire-Paß führten, offenbarte Taruffi sein fahrerisches Können und deklassierte seine frustrierten Gegner nach Belieben. Ascari, auf der Etappe nach Mexico-Stadt erneut von Reifenproblemen zurückgeworfen, gewann die drei folgenden Etappen, was ihm in der Schlussabrechnung den zweiten Rang einbrachte. Taruffi und Chinetti begnügten sich damit, die Gegner in Schach zu halten und passierten nach einer Gesamtfahrzeit von 21:57:52 Stunden als gefeierte Sieger die Ziellinie in Ciudad-Juarez. Wahrlich fürstlich war für damalige Verhältnisse das Preisgeld, üppige $ 23.180 für den Sieg und immerhin noch $ 17.385 für den Zweitplatzierten.
Chinetti, der später seinen eigenen Rennstall, das N.A.R.T. (North American Racing Team), gründen sollte, war somit der erfolgreichste aller Privatfahrer, die bei unzähligen Veranstaltungen beachtliche Erfolge einheimsen konnten. Mit diesem überlegenen Doppelerfolg seiner kapriziösen Supersportwagen hatte Ferrari endlich die notwendige Aufmerksamkeit in den USA erreicht - der Siegeszug auf dem amerikanischen Kontinent konnte beginnen.
Am 1. März 1952 debütierte mit der Experimental-Berlinetta 250 Sport ein weiteres Meisterwerk aus dem Hause Vignale, das nach nur einen Monat währenden Karosseriearbeiten ausgeliefert werden konnte. Das Herzstück des 900-Kilogramm-Leichtbau-Coupés, der komplett neu entwickelte Dreiliter-Zwölfzylinder mit erstaunlichen 230 PS, konnte durchaus als bahnbrechend bezeichnet werden. Der größte Vorteil gegenüber dem Lampredi-„Big Block" bestand jedoch in seinem geringen Gewicht, was dem Ferrari auf kurvenreichen Strecken ein Höchstmaß an Handlichkeit verlieh.
Die Mille Miglia vom 3. und 4. Mai 1952 war der erste Auftritt des kleinen Coupés. Es sollte sofort zum Hauptdarsteller in einem Drama werden, das an Spannung kaum zu überbieten war.

Das Szenario: Dauerregen, glitschige Straßen, rutschige Serpentinen und die nebelverhangenen Pässe von Futa und Raticosa. Die Stimmung war angeheizt wie selten zuvor, hatten doch die Deutschen zum automobilen Großangriff geblasen. Mit von der Partie war Porsche unter der Rennleitung von Huschke von Hanstein, und Mercedes-Benz mit Alfred Neubauer als schwergewichtigem Feldherrn. Seine Wunderwaffe hieß 300 SL, ein Prototyp mit Gitterrohrrahmen, Bosch-Einspritzung und futuristischen Flügeltüren, pilotiert von Altmeister Rudolf Caracciola, Hermann Lang und dem Meisterfahrer Karl Kling. Natürlich durften auch die Engländer nicht fehlen, die ihren mit Scheibenbremsen bestückten Jaguar C-Typ in die Waagschale warfen, wobei kein Geringerer als Stirling Moss am Volant agierte.
Für Ferrari sprang der italienische Bergmeister Giovanni Bracco, wohlsituierter Textilunternehmer und trinkfreudiger, kettenrauchender Lebemann, in die Bresche. Von ihm wusste man beispielsweise, dass er in einer Spezialhalterung seines Ferrari stets eine Flasche Cognac mitführte und während der Rennen bis zu vier Schachteln „Chesterfield"-Zigaretten konsumierte.
Das Duell David gegen Goliath konnte beginnen.
Unter den 502 Teilnehmern, die sich bei peitschendem Regen zum Start aufreihten, befand sich neben Braccos Wagen eine Armada von 26 weiteren Ferrari. Bracco drehte gleich nach dem Start um 6:11 Uhr (daher seine Startnummer 611) kräftig auf und legte trotz der Witterungsbedingungen die ersten 303 Kilometer bis Ravenna in wenig mehr als zwei Stunden zurück. Damit hatte bereits mit seinem 250S fünf Minuten Vorsprung auf den Mercedes von Kling heraus gefahren, der zwei Minuten vor Vittorio Marzotto mit seinem Tipo 225S Vignale Spider lag. Während der nächsten Etappe nach Ancona kamen zwei weitere Ferrari-Piloten nach einem schwachen Start immer besser ins Rennen: Piero Taruffi auf einem 340 America Spider und Eugenio Castellotti mit seiner 225 Touring Barchetta. Nach 874 km war Halbzeit in Rom. Kling und sein Copilot Hans Klenk lagen nach 6:45 Stunden dicht vor Taruffi an der Spitze.

Bracco hatte auf den langen Geraden 12 Minuten verloren, behauptete aber die dritte Position, dicht gefolgt von zwei 2,7-Liter-Vignales. Taruffi startete einen vorgezogenen Endspurt und prügelte seinen 4,1 Liter großen 340 America bis zum Kontrollpunkt in Siena an die Spitze des Feldes. Doch sein halsbrecherischer Fahrstil forderte seinen Tribut: In Castellina di Chianti brach an seinem Spider ein Kreuzgelenk an der Antriebsachse. Kling sah bereits wie der sichere Sieger aus, doch Bracco gab nicht auf: In geradezu selbstmörderischer Manier driftete er über die Pässe und schoss um 18:21 Uhr in Brescia über die Ziellinie. Kling, der 12 Minuten nach ihm gestartet war, hätte demnach spätestens um 18:33 Uhr die Ziellinie passieren müssen, um seinen Vorsprung ins Ziel zu retten.
Für die Zuschauer schleppten sich die Minuten quälend langsam dahin - jeden Moment hätte der deutsche Silberpfeil um die Ecke kommen müssen. Als das Duo Kling/Klenk schließlich erst um 18:37 Uhr völlig demoralisiert in Brescia einfuhr, kannte der Jubel der Tifosi bereits keine Grenzen mehr. Bracco und sein Mechaniker Rolfo hatten das schon verloren geglaubte Rennen für Ferrari gerettet. In dieser Nacht feierten alle rennsportbegeisterten Italiener den Triumph ihrer tapferen Landsleute, die mit ihrem Parforce-Ritt den fünften Sieg in Folge für die Scuderia erkämpft hatten.
Dieser furiose Auftaktsieg blieb nicht der einzige Paukenschlag der sensationellen Renn-Berlinetta (0156 ET), denn schon im Juni 1952 versuchten sich Alberto Ascari und Luigi Villoresi mit dem kleinen Coupé bei den 24 Stunden von Le Mans. Ascari übernahm sofort die Spitze und stellte mit einer Durchschnittsgeschwindigkeit von 173,159 km/h den absoluten Rundenrekord auf, bevor er in der dritten Stunde mit verbrannter Kupplung die Waffen streckten musste. Insgesamt entwickelte sich dieses Wochenende nicht zum Glückstag für die Scuderia Ferrari. Als nächstes erwischte es nämlich den 340 America von René Dreyfus/Léon Dernier („Eldé"), die ohnehin aussichtslos im hinteren Drittel mit Kupplungsproblemen zu kämpfen hatten. Es waren noch keine 6 Stunden des Rennens absolviert, als sich die bis dahin viertplatzierten Rosier/Trintignant mit ihrem 4.1-Liter-Spider verabschieden mussten. Weitere sechs Stunden später eliminierte eine malade Elektrik die beiden Berlinetten von „Pagnibon"/Cole und Moran/Cornacchia. Am Aussichtsreichsten lag zu diesem Zeitpunkt das eingespielte Team von Chinetti/Lucas im Rennen, deren Vignale 340 Spider jedoch wenig später wegen zu frühen Nachtankens disqualifiziert wurde.
Um ein Haar hätte sich das Ferrari-Totalausfall-Debakel des Vorjahres wiederholt, wären da nicht André Simon und Lucien Vincent gewesen, die mit 27 Runden Rückstand als glückliche Fünfte ins Ziel kamen. Alles Pech der Welt hatte jedoch Pierre Levegh zu verkraften, dessen blauer Talbot-Lago nach über 23 Stunden Alleingang den Geist aufgab und somit den Weg frei machte für den Doppelsieg der deutschen Silberpfeile von Hermann Lang/Fritz Riess und Theo Helfrich/Helmut Niedermayer.
Besser lief es für die Scuderia am 15. August 1952, als erneut Giovanni Bracco/Paolo Marzotto mit dem Experimental-GT überlegen die 12 Stunden von Pescara gewannen. Den Abschluss und Höhepunkt der Rennsaison bildete jedoch ohne Zweifel die 3. Carrera Panamericana Mexico, bei der ein wie entfesselt fahrender Bracco nach sieben Etappensiegen in der achten und letzten Prüfung ausschied. Den Sieg erbten wieder einmal die Mercedes 300 SL, die sich in diesem Jahr als härteste Konkurrenten von Ferrari etabliert hatten.
Mit der Einführung einer Sportwagen-Weltmeisterschaft im Folgejahr änderte sich zwar nichts Grundlegendes an der Zusammenstellung der Starterfelder und der Kräfteverhältnisse unter den Konkurrenten. Nach so viel Pech in der Saison 1952 sollte der Scuderia Ferrari das Glück jedoch bald wieder hold sein und der erst fünf Jahre jungen Marke (!) zu einem wertvollen moralischen Erfolg verhelfen, auf dem das gesamte Engagement in der Sportwagen-Weltmeisterschaft aufbaute.
Die folgenden Kapitel erzählen die von Höhen und Tiefen geprägte Geschichte der erfolgreichsten Sportwagenmarke während ihres über Fünfzig-jährigen Engagements im Sportwagen-, GT- und Prototypen-Rennsport.

250 SPORT VIGNALE BERLINETTA

V12 - 2953 ccm - 230 PS bei 7500/min

Beim 250 S handelt es sich um ein als Einzelstück gebautes Versuchsfahrzeug. Der Motor vom Typ 212 wurde auf 73 mm aufgebohrt, was den Hubraum von 2562 ccm auf 2953 ccm vergrößerte. Die daraus geschöpfte Leistung erhöhte sich von 160 PS auf 230 PS bei 7500/min.

Produziert 1952, 1 Exemplar
Fgst.-Nr. 0156ET

1953 - 1961

DIE ERSTEN JAHRE DER SPORTWAGEN-WM

DIE FRONT

MOTOR-ÄRA

1953 ERSTER WM-TITEL MIT HINDERNISSEN

Die eigentliche Neuheit der Rennsaison 1953 war die von der obersten Sportkommission der FIA (Fédération Internationale de l'Automobile) ins Leben gerufene Sportwagen-Weltmeisterschaft. Dabei galt es in sieben Wertungsläufen, fünf davon in der Alten Welt und deren zwei in der Neuen (USA und Mexiko), möglichst viele Punkte zu sammeln. Die ersten Sechs eines Rennens erhielten Punkte nach einem bestimmten Verteilungsschlüssel (8-6-4-3-2-1), wobei nur das beste Ergebnis jeder Marke in die Wertung aufgenommen wurde. Während der Weltmeistertitel der Kategorie Rennwagen stets den siegreichen Piloten ehrte (man spricht daher auch von der „Fahrer-Weltmeisterschaft"), sollte dieses neu geschaffene Championat ausdrücklich die Marke auszeichnen und dadurch wie eine Art „Katalysator" für die Automobilentwicklung wirken. Angesichts dieser Tatsache nahm die Bedeutung hochgezüchteter Sportwagen in den kommenden Jahren exponentiell zu.

SEBRING '53

Um von Anfang an den internationalen Charakter der neuen Meisterschaft unter Beweis zu stellen, wurde der erste Wertungslauf der Marken-Weltmeisterschaft für Sportwagen am 8. März 1953 vom SCCA (Sports Car Club of America) in Sebring/Florida ausgerichtet. Kluger Weise hatte die Scuderia Ferrari keinen offiziellen Vertreter zu diesem 12-Stunden-Rennen entsandt, das auf einem zwar schnellen, aber äußerst holprigen Flughafenkurs ausgetragen wurde. Wie erwartet ging der Aston Martin DB3 der Briten Collins und Duke sofort in Führung, die er allerdings zur 3-Stunden-Marke nach einer Kollision mit einem Jaguar aufgeben musste. Die 12.500 faszinierten Zuschauer hielt es kaum auf ihren Plätzen, als der Cunningham C4-R von Fitch und Walters in Führung ging und sich nach 173 Runden den ersten (und für lange Zeit letzten) Sieg eines amerikanischen Wagens im WM-Theater sicherte.
Die vier privat eingesetzten Ferrari hatten nicht viel zu vermelden. Am besten schlugen sich noch Bill Spear und ein gewisser Phil Hill, die mit Spears Ferrari 225 Barchetta Vignale lange Zeit den vierten Platz behaupten konnten, bis der junge Kalifornier eine Schikane verfehlte und den Spider eliminierte. Nicht viel besser erging es „Gentleman" Jim Kimberly, der seinen eigenen 225 Sport in der siebten Stunde abstellen musste. Am Ende rettete ausgerechnet der kleinste der gestarteten Ferrari, ein 166 MM mit Zweiliter-V12, die Ehre der Marke aus Maranello, indem er einen wertvollen Punkt im Kampf um den ersten Marken-WM-Titel verbuchte.

MILLE MIGLIA '53

„Gigi" Villoresis Sieg mit dem Tipo 340 MM beim Giro di Sicilia sollte ein gutes Omen für die am 26. April stattfindende Mille Miglia

340 MM

V12 - 4102 ccm - 300 PS bei 6600/min

Ferrari konnte 1953 drei verschiedene Sportwagentypen mit V12-Motor für den WM-Einsatz anbieten: Den 250 MM mit dem Dreiliter-Motor, den 166 MM/53 mit der Zweiliter-Version und den 340 MM mit dem Lampredi-4,1-Liter-Motor. Dieser wurde 1953 als stärkere und verbesserte Version des 340 America vorgestellt. Die Gemischaufbereitung besorgten nun 3 Weber-Vierfachvergaser (übrigens ein Merkmal aller 1953 gebauten Sportwagen). Sie verhalfen dem 340 MM zu einer Leistung von 300 PS bei 6600/min. Einige erhielten im Laufe des Jahres die einfacher zu handhabenden Weber-Doppelvergaser, andere einen größeren Motor vom Typ 375 MM. Die Zündverteiler wurden ersetzt durch zwei Magnetzünder. Statt des bis dahin verwendeten Fünfganggetriebes wurde ein neues Viergang-Getriebe eingesetzt. Der Radstand betrug 2500 mm. Alle zehn gebauten 340 MM erhielten Rechtslenkung und Karosserien von Touring, Pinin Farina oder Vignale.

Produziert 1953, 10 Exemplare
Fgst.-Nr. zwischen 0268AM und 0350AM

375 MM

V12 - 4494 oder 4522 ccm - 340 PS bei 7000/min

Die Mechanik des 375 MM basierte auf dem 340 MM aus dem Jahre 1953. Die meisten dieser Fahrzeuge hatten einen größeren Motor erhalten und waren zu 375 MM umgebaut worden. Der vor allem vom Ferrari-Werksteam eingesetzte 375 MM war in Rennfahrerkreisen sehr begehrt und auch ein erfolgreiches Rennfahrzeug. Er wurde wahlweise mit einem Rennmotor mit einem Hubraum von 4494 ccm (80 x 74,5 mm) oder einem kurzhubigeren „Kundenmotor" mit 4522 ccm Hubraum (84 x 68 mm) angeboten. Die Leistung betrug im letzteren Fall 340 PS bei 7000/min. Zwei senkrecht hinter den Zylinderköpfen angebrachte Marelli-Magnetzünder sorgten für die Zündung, zur Gemischaufbereitung standen wahlweise drei Weber-Vierfachvergaser (40 IF4C) oder drei Weber-Doppelvergaser (42 DCZ) zur Verfügung. Das Fahrgestell war auf 2600 mm Radstand verlängert. Der Antrieb erfolgte über ein synchronisiertes Viergang-Getriebe auf eine Starrachse. Interessanter Weise erhielt der erste 375 MM eine Vignale-Spider-Karosserie und die 22 danach Entstandenen entweder eine Spider- oder Berlinetta-Karosserie von Pinin Farina. Ausnahme: die Fgst.-Nr. 0476AM, welche von Ghia für den Turiner Salon 1956 mit einer speziellen Karosserie eingekleidet wurde.

Produziert 1953 - 1954, 23 Exemplare
Fgst.-Nr. zwischen 0318AM und 0490AM

▲ *Arbeitsplatz zahlreicher Ferrari-Werks- und Privatfahrer: Das Cockpit des 340 MM.*

sein, bei der zwischen 4:46 und 6:37 Uhr 27 Ferrari an den Start gingen. Diesmal setzte der Commendatore voll auf den neuen 4,1-Liter-Lampredi-Motor, der vier offene Zweisitzer antrieb. Während Giannino Marzotto und Tom Cole jeweils am Volant eines kompakten Vignale Spider an den Start gingen, wurden die von der Carrozzeria Touring produzierten Spider von Luigi Villoresi und Giuseppe Farina pilotiert. Trotz dieser schlagkräftigen Streitmacht favorisierten die Medien die leichtgewichtigen Alfa Romeo 6C „Disco Volante", die von so prominenten Fahrern wie Fangio, Sanesi und Kling gesteuert wurden. Zum ersten Mal in der Nachkriegszeit herrschte auf der ganzen Strecke trockenes Wetter, was die Durchschnittsgeschwindigkeiten eklatant in die Höhe trieb. Die Ferrari konnten das forcierte Tempo nicht mitgehen: Schon in Ravenna brach das Differenzial an Villoresis 340 MM, und kurz vor Halbzeit in Rom erwischte es das Duo Farina/Parenti, als sie ihren Touring Spider gegen eine Wand setzten. Dass die Mille Miglia auch für versierte Profis wie Juan Manuel Fangio keine Spazierfahrt war, bekam der Argentinier auf den serpentinenreichen Pässen von Futa und Raticosa zu spüren, als sich seine „Fliegende Untertasse" kaum noch lenken ließ. Dieser Umstand ermöglichte es dem - wie immer makellos gekleideten - Giannino Marzotto, mit dem Vierliter-Vignale-Spider vorbei zu ziehen und unter dem tosenden Applaus seiner Landsleute in Brescia Einzug zu halten. Damit ging die begehrte Siegestrophäe zum sechsten Mal in Serie nach Maranello. Der vierte Rang ging an Thomas L.H. Cole, der mit seinem privaten Spider den Ferrari-Erfolg komplettierte.

LE MANS '53

Die Geschichte des nächsten WM-Laufes ist schnell erzählt. Da auf der 5 km langen Geraden von Mulsanne die Aerodynamik maßgeblich die Höchstgeschwindigkeit beeinflusst, vertraute die Scuderia auf drei geschlossene Berlinetten, von denen man zwei mit 4,1-Liter-Motoren ausgestattet hatte. In der 12. Runde stoppte Mike Hawthorn an den Boxen, um Bremsflüssigkeit nachfüllen zu lassen - ein Fauxpas, da dies laut Reglement während der ersten 28 Runden verboten ist und somit automatisch seine Disqualifikation zur Folge hatte. Damit kam sein Teamkollege Giuseppe Farina nicht einmal zum Einsatz.
Alberto Ascari, der den Viereinhalbliter-Ferrari von Villoresi übernommen hatte, drückte nun mächtig auf das Tempo und stellte mit 181,642 km/h einen phantastischen neuen Rundenrekord auf. Trotz schleifender Kupplung gelang es den beiden Champions, sich lange in der Spitzengruppe zu halten, bis in der 20. Stunde das Getriebe seinen Dienst versagte.
Zu diesem Zeitpunkt hatte die gefährliche Strecke an der Sarthe bereits ein Opfer gefordert: Exakt um 6:14 Uhr hatte Tom Cole eingangs der schnellen der Maison-Blanche-Kurve die Kontrolle über seinen 340 MM Spider verloren und war bei über 170 km/h aus dem Wagen geschleudert worden. Der sympathische Anglo-Amerikaner war augenblicklich tot. So blieben für Ferrari nur noch die Marzotto-Brüder, die mit der dritten Berlinetta nach 24 Stunden und 3956,66 zurückgelegten Kilometern den fünften Platz behaup-

teten - eine Distanz, die in den Jahren zuvor souverän zum Sieg gereicht hätte.

SPA, NÜRBURGRING UND TOURIST TROPHY '53

Bei den 24 Stunden von Spa-Francorchamps, die ein ähnliches Prestige wie das Rennen von Le Mans besaßen und die als vierter Lauf zur WM zählten, siegten Mike Hawthorn und Giuseppe Farina auf einer modifizierten 375 MM Berlinetta. Im Ziel führte der Ferrari mit 18 Runden Vorsprung vor zwei privat gemeldeten Sportwagen der Marke Jaguar, die nach dem Le-Mans-Erfolg als ernsthafte Anwärterin auf den ersten WM-Titel galt.
Am 30. August 1953 hob sich das erste Mal der Vorhang zum ADAC-1000-km-Rennen auf dem Nürburgring, bei dem sich 54 Renn- und Seriensportwagen eine Materialschlacht auf Biegen und Brechen lieferten. Welche Bedeutung man dieser Veranstaltung im „Wirtschaftswunderland" Deutschland zumaß, ließ sich daran erkennen, dass kein Geringerer als Bundespräsident Theodor Heuss persönlich die Siegerehrung vornahm. Während die hoch favorisierten Lancia D24 bereits nach der 15. Runde mit erschöpften Batterien nicht mehr anspringen wollten, holten sich die virtuos agierenden Ascari und Farina auf dem Vignale Spider mit 4,5 Litern Hubraum souverän den Sieg, gefolgt von Steward und Salvadori im Jaguar C-Type sowie Bechem und Helfrich auf dem schmalbrüstigen 1500-ccm-Borgward.
Vor dem letzten Rennen auf europäischem Boden, der traditionellen Tourist Trophy von Dundrod, führte Ferrari in der WM-Wertung hauchdünn mit nur zwei Zählern vor Jaguar, den heimlichen Favoriten. Glücklicherweise verwiesen die Aston Martin DB 3S die landeseigene britische Konkurrenz auf den vierten Rang im Index-Klassement, so dass schlussendlich die berüchtigte Carrera Panamericana den Ausschlag geben musste.

CARRERA PANAMERICANA '53

Wie im Vorjahr leitete Franco Cornacchia, Mailands autorisierter Ferrari-Händler, den Mexiko-Einsatz von vier 375-MM-Berlinetten mit generalstabsmäßiger Organisation. Keine einzige europäische Veranstaltung konnte sich mit der „Carrera" messen, bei der in 5 Tagen 8 Etappen mit insgesamt 3077 km zurückgelegt werden mussten. Leider forderte das Rennen auch im diesem Jahr neun Todesopfer, darunter die Ferrari-Piloten Stagnoli und Scotuzzi, denen schon auf der ersten Etappe ein Reifen ihres 375 MM platzte, wodurch der Wagen von der Strecke flog und völlig demoliert wurde. Einzig Umberto Maglioli vermochte den schnellen Lancia zu folgen, schied allerdings in der fünften Etappe aus, als seine Berlinetta bei über 200 km/h ein Rad verlor. Dennoch gewann er die letzten drei Etappen, da es das Reglement gestattete, den Ferrari des völlig erschöpft zurückgefallenen Privatiers Mario Ricci zu übernehmen.
So konnten die Lancia-Piloten Fangio, Taruffi und Castellotti mit ihrem Dreifachsieg den größten Triumph der Marken-Historie genießen. Nur einer hatte noch mehr Grund zum Feiern: Enzo Ferrari im fernen Maranello. Mancini und Serena hatten mit ihrem vierten Platz die entscheidenden Punkte im Kampf um die erste Marken-Weltmeisterschaft in der Kategorie Sportwagen geholt.

Der 735 Sport trug eine bei Ferrari „hausgeschneiderte" Karosserie aus Aluminiumblech.

Der junge Brite Mike Hawthorn und Eugenio Castellotti (links) genossen Mitte der fünfziger Jahre die besondere Zuwendung des Commendatore.

DAS KLEINE 1954 LEISTUNGS-PLUS

Während der Wintermonate 1953/54 arbeitete man in Maranello mit Hochdruck an der Titelverteidigung der Sportwagen-WM, so dass der neue Tipo 375 MM „Spider Competizione“ schon am 23. Dezember erfolgreich bei den 12 Stunden von Casablanca getestet werden konnte. Die eigentliche Marken-Weltmeisterschaft begann in diesem Jahr am 24. Januar mit den 1000 km de la Ciudad von Buenos Aires. Die Scuderia entsandte lediglich einen 375er-Werkswagen, den Giuseppe „Nino“ Farina und Umberto Maglioli bequem mit drei Runden Vorsprung ins Ziel brachten. Weniger glücklich verlief das Rennen für die argentinischen Privat-Fahrer Ibañez und Janices, die zwischenzeitlich auf dem zweiten Platz gelegen hatten, bis Janices bei der Anfahrt auf den „Puente de la Noria“-Kreisel die Gewalt über den nagelneuen 375 MM Spider verlor, sich überschlug und mitten in die in entgegengesetzter Richtung fahrende Konkurrenz rutschte. Wie durch ein Wunder blieb die erwartete Kollision aus, und der glückliche Janices konnte völlig unverletzt unter dem Wrack hervorkriechen. Während Harry Schell und Alfonso de Portago mit dem „España-USA“-250-MM den zweiten Platz belegten, reichte es für Maurice Trintignant und Louis Rosier, die mit ihrem französisch-himmelblauen 4,5-Liter-Zwölfzylinder (übrigens ein ehemaliger Grand-Prix-Bolide, der eine Sportwagenkarosserie mit Mittellenkung erhalten hatte) an den Start gegangen waren, nur zum 7. Rang im Gesamtklassement.

SEBRING '54

Da bei den zum dritten Mal ausgetragenen 12 Stunden von Sebring, die als zweiter Lauf zur Sportwagen-WM zählten, keine Geldpreise ausgesetzt waren, verzichtete Enzo Ferrari auf eine offizielle Werks-Teilnahme und entsandte statt dessen sein Team zum 2-Stunden-Rennen von Dakar im afrikanischen Senegal. Trotz des gewaltigen Lancia-Aufgebotes, das in Florida vier Werkswagen umfasste, übernahm Phil Hill in William Spears' 375 MM kurzfristig die Spitze, bis er in der 60. Runde mit Getriebedefekt ausschied. Dafür stieß plötzlich der baugleiche Zwölfzylinder des Cunningham-Teams auf den zweiten Platz vor, abwechselnd pilotiert von den Vorjahres-Siegern Walters und Fitch. Nachdem Harry Schell und „Fon“ de Portago mit dem Vignale Spider bereits nach 22 Runden die Segel hatten streichen müssen, schieden auch Walters und Fitch nach 8 Stunden aus, so dass kein Ferrari das Ziel erreichte. Den Sieg holten sich völlig unerwartet Moss und Lloyd im Osca MT4 mit nur 1,5 Litern Hubraum.

375 PLUS

V12 - 4954 ccm - 330 PS bei 6000/min

Der für die Beteiligung an der Marken-Weltmeisteschaft von 1954 entwickelte 375 Plus stand ausschließlich den Werksfahrern zur Verfügung, die Privatfahrer durften nur den zum Verkauf bestimmten 375 MM einsetzen. Das Triebwerk des 375 Plus leistete 330 PS bei 6000/min. Es basierte auf dem langhubigen „Formel-1-Motor“ von 1951 bzw. dem 375 Indy von 1952. Es wurde auf 84 mm aufgebohrt und kam so auf einen stattlichen Hubraum von 4954 ccm, wobei das „Plus“ in der Typenbezeichnung den zusätzlichen halben Liter Hubraum bezeichnete. Warum man den Neuen in guter Einzelhubraum-Nomenklatur nicht gleich 412 nannte, bleibt wohl Ferraris Geheimnis.

Als Neuerung waren die Zylinderlaufbüchsen in den Block eingeschraubt. Der 375 Plus erhielt im Gegensatz zum 375MM mit Starrachse eine DeDion-Hinterachse. Deswegen musste der Treibstofftank etwas höher eingebaut werden, was zu einer voluminösen Ausbuchtung auf dem Kofferraumdeckel führte. Diese Ausbuchtung war ein sicheres Erkennungsmerkmal des 375 Plus gegenüber dem 375 MM. Bei Pinin Farina entstanden sechs Exemplare mit dieser Spider-Karosserie. Nur ein einziger 375 Plus wurde von Scaglietti eingekleidet. Dieser erhielt nach einem schweren Unfall in Sebring Mitte der fünfziger Jahre eine neue Karosserie von Sutton. Zusätzlich entstand ein spezielles Pinin Farina Cabriolet für König Leopold von Belgien (Fgst.-Nr. 0488AM).

Produziert 1954, 8 Exemplare
Fgst.-Nr. zwischen 0384AM und 0488AM

MILLE MIGLIA '54

Das berühmt-berüchtigte Tausend-Meilen-Rennen von Brescia nach Rom und zurück erlebte am ersten Mai-Sonntag 1954 seine 21. Wiederholung. Schon 50 km nach dem Start schleuderte Nino Farina in Pescara von der Strecke und zerschmetterte den schweren Werks-375-Plus an einem Baum, wobei er selbst mit einem Armbruch relativ glimpflich davonkam. Der zweimalige Mille-Miglia-Sieger Giannino Marzotto gab an der Adria auf, da er sich dem gewaltigen Zwölfzylinder nicht gewachsen fühlte. Bei Halbzeit in Rom, dem südlichsten Punkt der Strecke, führten zwei Lancia vor Umberto Maglioli im zweiten 4,9-Liter-Werkswagen und Paolo Marzotto im 375 MM, dicht gefolgt von Vittorio Marzotto (6.), Scotti (8.) und Biondetti (10.). Nach Siena rutschten nacheinander die 375 MM von Paolo Marzotto und Scotti von der regennassen Strecke. Dasselbe Schicksal ereilte Maglioli auf dem Futa-Pass, just als er zum letzten Angriff auf den führenden Ascari blies. Der einzige „Überlebende" der Scuderia war nunmehr der älteste der Marzotto-Brüder, Vittorio, Rechtsanwalt und Mitglied des italienischen Parlamentes, der den kleinen Vierzylinder 500 Mondial als Zweiter ins Ziel brachte. Rennveteran Clemente Biondetti, immerhin dreifacher Mille-Miglia-Sieger, platzierte sich mit seinem Dreiliter-Morelli-Ferrari an vierter Stelle im Gesamtklassement.

LE MANS '54

In Le Mans gingen wiederum die Jaguar als Favoriten an den Start. Die neuen D-Type waren mit ihrem revolutionären Semi-Monocoque-Chassis und ihrer windschlüpfigen Karosserie wie geschaffen für dieses Rennen. Die Scuderia Ferrari antwortete mit der schieren Gewalt der drehmomentstarken 4,9-Liter-Lampredi-Aggregate, die in Form dreier 375 Plus Spider ins Rennen gingen. Außer diesen Werkswagen meldete Luigi Chinetti, Ferraris quirliger Agent aus Amerika, die Fahrer Porfirio Rubirosa und Innocente Baggio mit einer von Pinin Farina karossierten 375 MM Berlinetta. Briggs Cunningham nannte seinen modifizierten 375 MM Spider, den er Phil Walters und John Fitch anvertraute.
Schon nach vier Runden erwischte es den jungen Grafen Baggio, der seine 4,5-Liter-Berlinetta im Ausgang der „Tertre Rouge"-Kurve tief in einer Sandbank „beerdigte". Gegen 20 Uhr begann der große Regen, der bis zum Ende der traditionellen „Épreuve" anhalten sollte. Im Verlauf der achten Stunde wurde der 375 Plus von Maglioli und Marzotto immer langsamer, bevor er mit undichten Differential aufgeben musste. Im ersten Morgengrauen des verregneten 13. Juni brach die Hinterachse des eigenwilligen Cunningham-Ferrari, der über hydraulisch betätigte, wassergekühlte Trommelbremsen verfügte. Nicht viel später ereilte der Getriebeteufel den von Louis Rosier und Robert Manzon gesteuerten 4,9-Liter-Spider, der über weite Strecken an zweiter Position gelegen hatte.
Von nun an gab es nur noch das Duell des einzig verbliebenen Ferrari gegen den letzten D-Type, der nur 2 Runden Rückstand hatte. Als um 14:22 Uhr Maurice Trintignant beim letzten Stopp den führenden Ferrari an Gonzalez übergeben wollte, brach in den Boxen die blanke Panik aus, da sich der Zwölfzylinder beharrlich weigerte, wieder anzuspringen. Erst nach acht Minuten konnte Froilàn Gonzalez, wegen seiner drei Zentner Lebendgewicht auch liebevoll „Pampas-Stier" genannt, die Fahrt wieder aufnehmen. Der komfortable Vorsprung war zusammengeschmolzen. Duncan Hamilton, der seine Chance gekommen sah, trieb seinen Jaguar bis an die Grenze, was Gonzalez ungeachtet der katastrophalen

500 MONDIAL

4 Zylinder in Reihe - 1985 ccm - 155-170 PS bei 7000/min

Der Name des 500 Mondial erinnerte an die Weltmeisterschaftssiege der Formel-2-Ferrari in den Jahren 1952 und 1953. Der 500 Mondial erhielt als erster Serien-Ferrari den Vierzylinder-Reihenmotor. Der Hubraum von 1985 ccm wurde durch ein Hub-Verhältnis von 90 x 78 mm erreicht. Als wesentliche Neuheit verfügte der Lampredi-Motor über zwei durch Zahnräder angetriebene obenliegende Nockenwellen. Die Schmierung erfolgte, wie bei Rennwagen üblich, nach dem Trockensumpf-System. Die beiden vorne am Motor angebrachten Magnetzünder sorgten für eine korrekte Zündung des mit je zwei Kerzen pro Zylinder ausgerüsteten 500 Mondial. Die Leistung betrug 155 PS bei 7000/min. Ein direkt am Differenzial angeblocktes Viergang-Getriebe übertrug die Kraft auf die DeDion-Hinterachse. Im Verlaufe des Jahres 1955 wurde die Serie I von der Serie II abgelöst. Die Fahrzeuge dieser zweiten Serie unterschieden sich rein äußerlich kaum von ihrem Vorgängermodell. Die Leistung war mit 170 PS etwas erhöht worden. Außerdem wurden die Serie-II-Fahrzeuge mit einem Fünfgang-Getriebe ausgerüstet, die vordere Querblattfeder war durch zwei Schraubenfedern ersetzt. Die 32 gebauten 500 Mondial erhielten, bis auf zwei bei Pinin Farina eingekleidete Berlinetten, Spider-Karosserien von Pinin Farina und erstmals auch von Scaglietti. Enzo Ferraris Sohn Dino hatte den jungen Karosseriebauer Franco Scaglietti gebeten, nach seinem Entwurf auf einem alten 166er-Fahrgestell eine neue Karosserie anzufertigen. Die so entstandene Karosserie diente Scaglietti später als Entwurf für den 500 Mondial und viele weitere Ferrari-Rennwagen. Diese Kooperation war der Grundstein zu einer Zusammenarbeit von Scaglietti und Ferrari, die heute noch andauert. Alle 500 Mondial wurden mit Rechtslenkung gebaut.

Produziert 1954 - 1955, 32 Exemplare
Fgst.-Nr. zwischen 0404MD und 0580MD
(Serie II: zwischen 0512MD und 0580MD)

750 MONZA SCAGLIETTI SPIDER

4 Zylinder in Reihe - 2992 ccm - 260 PS bei 6000/min

Der 1954 gleichzeitig mit dem 500 Mondial entwickelte 750 Monza unterschied sich rein äußerlich kaum von seinem kleineren Bruder. Auch er erhielt den Lampredi-Vierzylinder-Reihenmotor. Der wesentlichste Unterschied lag im größeren Hubraum von 2992 ccm. Die mit einem Hub-Verhältnis von 103 x 90 mm erreichte Leistung betrug 260 PS bei 6000/min. Die zwei Weber-Doppelvergaser vom Typ 58 DCOA/3 waren auf der rechten Seite des mit Doppelzündung und zwei Zündverteilern ausgerüsteten Motors angebracht. Es wurde ein Fünfgang-Getriebe verwendet. Der 750 Monza mit der Fgst.-Nr. 0486M erhielt eine Spider-Karosserie von Pinin Farina. Die restlichen 30 Exemplare wurden von Scaglietti mit einer Spider-Karosserie eingekleidet.

Produziert 1954 - 1955, 31 Exemplare
Fgst.-Nr. zwischen 0440M und 0586M

▲ *Auf Langstreckenrennen wurden nach wie vor schnelle Renn-Berlinetten wie dieser 250 GT eingesetzt.*

Wetterverhältnisse dazu veranlasste, seinerseits die letzten Reserven aus dem müden Zwölfzylinder herauszuquetschen. Langsam, aber stetig vergrößerte sich wieder die Lücke zwischen den beiden Kontrahenten - Hamilton, der Le-Mans-Sieger von 1953, hatte kapituliert. 9 Sekunden nach 16 Uhr absolvierte der Argentinier die 301. Runde und gewann damit das zweitwichtigste Rennen seines Lebens - nach seinem historischen ersten Ferrari-Formel-1-Sieg in Silverstone 1951.

TOURIST TROPHY '54

Trotz der Bedenken der FIA zählte die britische Tourist Trophy als vorletzter Lauf in der Wertung zur Marken-Weltmeisterschaft. Seit 1928 wurde hier traditionsgemäß der Sieg nicht unter den schnellsten Wagen ermittelt, sondern auf Basis einer obskuren Handicap-Formel errechnet, die die hubraumschwachen Fahrzeuge eindeutig bevorteilte. Handicap oder nicht, keine der favorisierten Equipen konnte es sich leisten, auf die Teilnahme im nordirischen Dundrod zu verzichten. Während ein französischer DB-Panhard mit einem kläglichen Durchschnitt von 94,5 km/h den Sieg einheimsen konnte, triumphierten Hawthorn und Trintignant auf dem neuen 750 Monza überlegen in der Distanzwertung, was ihnen 6 wichtige WM-Punkte einbrachte und damit Ferrari vorzeitig den Titelgewinn sicherte.

CARRERA PANAMERICANA '54

Nach dem Erfolg in Nordirland verzichtete die Scuderia auf einen offiziellen Werkseinsatz in Mexiko und verkaufte ihre 4,9-Liter-Spider nach Übersee. Jack McAfee, der John Edgars neu erworbenen 375 Plus pilotierte, hatte die Startnummer 1 erhalten und ging somit als Erster auf die 530 km lange Etappe nach Oaxaca, wo er jedoch nie ankam. Kurz vor dem Service-Depot Rio Hondo verlor er die Kontrolle über den schwer beherrschbaren Boliden, flog mit knapp 200 km/h aus einer Kurve und rollte direkt in einen Abhang. Während Jack mit leichten Blessuren davon kam, erlag sein Beifahrer Ford „Zorro" Robinson noch am Unfallort seinen Verletzungen. Insgesamt kostete das Rennen 1954 acht Menschen das Leben, was die Diskussionen über den Wert der mörderischen Veranstaltung erneut anfachte. Nach fünf entbehrungsreichen Tagen gewann Umberto Maglioli mit Erwin Goldschmidts 375 Plus die 3070 km lange Tortur, wobei der brillante Rennfahrer den mittelamerikanischen Staat mit einem unglaublichen Durchschnitt von 173,7 km/h durcheilte. Der Einzige, der ihm hätte gefährlich werden können, war Phil Hill, der zusammen mit Mechaniker Ritchie Ginther einen 4.5-Liter-Vignale-Spider fuhr. Sie gewannen die erste, dritte und achte Etappe, was ihnen am Ende den zweiten Platz einbrachte.

Enzo Ferrari, der in diesem Jahr auf zwei völlig unterschiedliche Motorenkonzepte gesetzt hatte, konnte beruhigt aufatmen. Zwar hatten die gewaltigen Lampredi-Zwölfzylinder in Buenos Aires, Le Mans und Mexiko dominiert, die Zukunft jedoch gehörte den neuen Vierzylindern, die auf der Mille Miglia und der Tourist Trophy jeweils den zweiten Rang belegt hatten.

1955 FRUCHTLOSE EXPERIMENTE

In der Saison 1955 verzichtete die Scuderia Ferrari auf die bewährten Zwölfzylinder, die ihr in den Jahren zuvor so viel Erfolg beschert hatten. Ferraris Entschluss, im Rennsport mit Vier- und Sechszylindermotoren anzutreten, hatte sich bereits 1954 angekündigt, und der Commendatore war dafür bekannt, dass er einen einmal beschrittenen Weg bis zum bitteren Ende ging. Auch wenn er sich als falsch erweisen sollte.
Bevor Motoren-Papst Aurelio Lampredi seine sieben Jahre währende Amtszeit beendete, entwickelte der Ingenieur noch eine Reihe von Sechszylinder-Aggregaten, bei denen Enzo Ferrari erstmals von der üblichen Nomenklatur abwich, die Wagen entsprechend des Hubvolumens eines jeden Zylinders zu benennen. Demnach hätte der gewaltige Reihenmotor Tipo 625 heißen müssen (3750 ccm : 6 = 625 ccm); er erhielt jedoch die Bezeichnung 118 LM, die direkt von der hausinternen Klassifikation der Motorentwicklung (Projekt 118) stammte.

BUENOS AIRES '55

Der Auftakt der Weltmeisterschaft der Sportwagen fand am 23. Januar in Buenos Aires statt, bei dem die 1000 km auf einer 17 km langen Rundstrecke mit Straßencharakter absolviert werden mussten. Die Scuderia war sich ihres Sieges so sicher, dass sie lediglich einen einzigen 118 LM, dessen Schicksal in den Händen von Froilàn Gonzalez und Maurice Trintignant lag, sowie einen 750 Monza mit Umberto Maglioli und Clemar Bucci zum Einsatz brachte. Alles andere als ein Sieg gegen die schwache Konkurrenz wäre eine Katastrophe gewesen. Die Katastrophe nahm greifbare Formen an, als Gonzalez wegen Problemen an der Benzinpumpe querfeldein zu den Boxen fuhr und Clemar Bucci sich kurz darauf nach einer Panne anschieben ließ, woraufhin beide prompt disqualifiziert wurden. So lag es an den einheimischen Ferraristi Carlos Enrique Diaz Saenz Valiente und Jose Miguel Ibañez mit ihrem privaten 375 Plus, die Kastanien aus dem Feuer zu holen. Ihr Erfolg sollte nicht nur als der einzige Ferrari-Sieg in diesem Jahr, sondern auch als erster und letzter Triumph eines waschechten Privat-Teams bei einem Lauf zur Sportwagen-WM in die Automobilhistorie eingehen.

SEBRING '55

Obwohl die Scuderia bei den 12 Stunden von Sebring nicht offiziell vertreten war, überwachte Nello Ugolini, Enzos erfahrener

118 LM SCAGLIETTI SPIDER

6 Zylinder in Reihe - 3747 ccm - 280 PS bei 6400/min

Beflügelt durch die mit den Vierzylindern 1954 errungenen Erfolge hielt Ferrari an seiner Strategie „weg vom Zwölfzylinder" weiter fest. Als letztes Projekt vor seinem Weggang zu Fiat entwickelte Lampredi einen Sechszylinder-Reihenmotor. Die Weiterentwicklung des 500 Mondial erfolgte durch eine Verlängerung des Motorblocks um zwei Zylinder. Bei diesem ersten Ferrari-Sechszylinder mit der Bezeichnung 306 S handelte es sich um ein reines Versuchsmodell, das nie in einem Rennen eingesetzt wurde. Diese Aufgabe sollte der 118 LM mit seinem größeren Hubraum von 3747 ccm übernehmen, der durch ein Hub-Verhältnis von 94 x 90 mm erreicht wurde. Der 280 PS starke 118 LM erhielt interessanterweise nicht die nach dem Hubraumschlüssel übliche Typenbezeichnung, sondern wurde nach seiner internen Projektbezeichnung benannt. Die von Scaglietti gefertigte Karosserie glich zwar der des 750 Monza, war aber wegen des um 15 cm längeren Chassis entsprechend länger ausgefallen. Der Aufbau des Fahrwerks entsprach dem seines Vorgängers. Der 118 LM wurde schon nach wenigen Renneinsätzen des Ferrari-Werksteams durch den 121 LM ersetzt. Keiner der 118 LM existiert heute mehr.

Produziert 1955, 3-5 Exemplare
Fgst.-Nr. 0484LM, 0542LM, 0544LM u.a.

121 LM SCAGLIETTI SPIDER

6 Zylinder in Reihe - 4412 ccm - 330 PS bei 6000/min

In der nur kurz dauernden Ära des Sechszylinder-Reihenmotors löste der 121 LM als dritte Evolutionsstufe den 118 LM ab. Der durch eine Vergrößerung der Bohrung auf 102 mm erreichte Hubraum von 4412 ccm verhalf dem 121 LM zu einer Leistung von 330 PS bei 6000/min. Leider konnte er seine gewaltige Kraft nie entsprechend umsetzen. Er war zwar unerhört schnell, hatte aber miserable Bremsen und war dementsprechend schwierig zu fahren. Im folgenden Jahr wurde wieder auf den Vierzylinder zurückgegriffen. Die 121 LM, von denen nur vier Exemplare gebaut wurden, sind die einzigen heute noch existierenden Ferrari mit diesem Motorentyp.

Produziert 1955, 4 Exemplare
Fgst.-Nr. 0484LM, 0532LM, 0546LM und 0588LM

Rennleiter, den Einsatz der elf privaten Ferrari, die um 10 Uhr auf die lange Reise gingen. Das bis zur letzten Sekunde spannende Rennen entwickelte sich auf Grund der eher amateurhaften Rennleitung des Flugplatzrennens zu einer der kontroversesten Veranstaltungen der Sportwagengeschichte. In der 11. Stunde überholte Allen Guibersons 750 Monza, gefahren von Phil Hill und

Carroll Shelby, den in Führung liegenden Jaguar D-Type von Hawthorn und Walters. Da sich die Reihenfolge nicht mehr änderte, wurde das amerikanische Team als Sieger proklamiert. Später sprach man jedoch den Jaguar-Piloten den Erfolg zu, da sich ein Rundenzähler geirrt haben soll und der Ferrari angeblich eine Runde zurück lag.

GIRO DI SICILIA UND MILLE MIGLIA '55

Nach einem Erfolg beim Giro di Sicilia brachte Rennleiter Ugolini mit berechtigten Hoffnungen vier der gewaltigen Sechszylinder bei der Mille Miglia den Start. Kurz hinter Verona bemerkte Paolo Marzotto, der bis dahin mit 198 km/h Schnitt der Schnellste gewesen war, wie sich die Karkasse eines Hinterreifens aufzulösen begann - nur mit knapper Not vermied er einen schweren Unfall. Zwischenzeitlich hatte Eugenio Castellotti, als einziger mit dem neuen 4,4 Liter großen 121 LM unterwegs, das eingespielte Gespann Stirling Moss und Denis Jenkinson überholt, die eine Minute vor ihm gestartet waren. Die erkämpfte Führung währte jedoch nur eine kurze Weile, da er schon in Ravenna die schmalen Hinterreifen wechseln musste, die dem urgewaltigen Drehmoment nicht gewachsen waren. Nach drei Stunden hatte sich Piero Taruffi, der um 7:28 Uhr mit dem 118 LM als allerletzter Teilnehmer in Brescia auf die Strecke gegangen war, die Führung erkämpft und lieferte sich mit Moss eine legendäre Schlacht, bis ihn in Viterbo eine defekte Benzinpumpe aus dem Rennen warf. Einzig Umberto Maglioli und Luciano Monteferrario, die als Dritte ins Ziel einfuhren, gelang es, den letzten der „Wunderwagen" ins Ziel zu bringen. Mercedes-Benz dokumentierte hingegen mit seinem Doppelsieg die Anwartschaft auf den WM-Titel.

LE MANS '55

Nach dem schwachen Abschneiden bei der Mille Miglia sollten die sogenannten „Super-Monza" 121 LM auf der Hochgeschwindigkeitspiste an der Sarthe kurzzeitig für Furore sorgen, als sich Castellotti mit dem kraftstrotzenden 4,4-Liter-Sechszylinder die beste Trainingszeit sicherte. Dabei erreichte der Ferrari mit 282 km/h auf der schier endlosen Hunaudières-Geraden die absolute Höchstgeschwindigkeit des gesamten Wochenendes. Die ersten zwei Stunden des Rennens standen ganz im Zeichen des Dreikampfes zwischen Castellottis Ferrari 121 LM, Fangios Mercedes 300 SLR und Hawthorns Jaguar D-Type, die sich einen Kampf auf Biegen und Brechen lieferten. Um exakt 18:28 Uhr ereignete sich dann der fürchterlichste Unfall der Automobilsportgeschichte, als der 300 SLR von „Levegh" (alias Pierre Bouillon) mit hoher Geschwindigkeit auf Lance Macklins Austin Healey auflief. Durch die ungeheure Wucht des Aufpralls wurde der Mercedes förmlich in Stücke gerissen, die wie Geschosse in den Zuschauertribünen einschlugen und mehr als 80 Menschen den Tod brachten.
Trotz dieser Katastrophe ging das Rennen weiter. Nach 4 Stunden

▲ *Beflügelt durch die Erfolge der Vierzylinder experimentierte Aurelio Lampredi 1955 mit verschiedenen Alternativen zum Zwölfzylinder. Wie gut oder wie schlecht die 118 und 121 LM wirklich waren, lässt sich angesichts der Überlegenheit der Mercedes in der Saison 1955 nicht mehr einwandfrei nachvollziehen.*

Fahrzeit beendete ein überhitzter Motor Castellottis Hoffnungen auf den Sieg. Nicht viel besser erging es Hill und Maglioli auf dem zweiten LM, denen ein streikendes Getriebe einen Strich durch die Rechnung machte. Den dritten Werks-Spider pilotierten Maurice Trintignant und Harry Schell, die in der ersten Stunden viel Boden verloren und sich vom 54. auf den 9. Platz vorkämpften, bis auch sie in der 10. Stunde aufgeben mussten. Um zwei Uhr morgens nahm Mercedes-Rennchef Neubauer jedoch sein gesamtes Team aus dem Rennen und überließ damit den Briten kampflos den Sieg.

TOURIST TROPHY '55

Die Unglücksserie schien auch bei der Tourist Trophy nicht abreißen zu wollen, wobei diesmal drei Todesstürze zu verzeichnen waren. Die drei Silberpfeile dominierten den als schwierig bekannten Parcours von Dundrod im Norden Irlands und verwiesen die geschockte Konkurrenz auf die Plätze. Selbst die Scuderia Ferrari, die mit drei nagelneuen Vierzylindern vom Typ 856 S nach Ulster gekommen war, vermochte in keiner Phase des Rennens in das Geschehen an der Spitze einzugreifen. Während Olivier Gendebien schon im Training einen schweren Unfall erlitt, konnten Castellotti und Taruffi mit ihrem 6. Platz wenigstens die Ehre Ferraris retten, auch wenn ihr Rückstand gegenüber dem Sieger 5 stattliche Runden betrug.

TARGA FLORIO '55

Zum 50jährigem Jubiläum erwies die FIA der Targa Florio auf dem sizilianischen Madonie-Bergrundkurs die Ehre, in den erlauchten Kreis der WM-Läufe mit einbezogen zu werden. Noch stand Ferrari an der Spitze des Championats, und ein 2. Platz hätte genügt, die WM zu verteidigen. Aus dieser Situation entwickelte sich das sensationellste Sportwagenrennen der Saison 1955 zu einem Duell „Maranello gegen Untertürkheim", in dem 45 deutsche Mechaniker gegen lediglich 10 Schrauber aus Oberitalien kämpften.

Am 16. Oktober erfolgte punkt 7 Uhr morgens der Start, bei dem die Fahrzeuge im 30-Sekunden-Abstand auf die Reise geschickt wurden. Nach der 3. von 14 zu absolvierenden Runden führte der Moss-Mercedes vor dem Ferrari von Castellotti und dem 300 SLR von Fangio. Noch war die WM also nicht verloren. Nach elf Runden lag Manzon, der Castellotti abgelöst hatte, immer noch in sicherer zweiter Position, als er kurz vor dem letzten Wechsel eine Mauer touchierte und ohne jede Assistenz ein Vorderrad wechseln musste. In den verbleibenden Runden versuchte Castellotti mit akrobatischem Geschick und wahrer Todesverachtung, den Rückstand zu egalisieren, belegte schlussendlich jedoch nur den dritten Rang. Damit hatte die Scuderia Ferrari ihren Titel im Kampf um die Marken-Weltmeisterschaft an Mercedes-Benz abgetreten, die sich als späte Reaktion auf die Le-Mans-Trgödie nach diesem Erfolg vom Rennsport zurückzogen.

1956
WIEDER AUF DER STRASSE DER SIEGER

In Italien hatte man am Ende der Renn-Saison 1955 den automobilen Notstand ausgerufen. Der Verlust der Formel-1-Weltmeisterschaft und das enttäuschende Abschneiden der Sportzweisitzer hatten tiefe Kerben in das Selbstwertgefühl der aufstrebenden Industrienation gerissen. Die einzige Chance, im internationalen Wettbewerb wieder konkurrenzfähig zu werden, bestand in der Zusammenführung ehemaliger Erzfeinde. So überließ die Scuderia Lancia, die nach dem tragischen Verlust ihres Starfahrers Alberto Ascari ohnehin den Rennsport quittieren wollte, am 26. Juli 1955 ihre komplette Rennabteilung der Scuderia Ferrari. Als wichtigste Konsequenz dieses Schachzuges galt der Weggang des Ferrari-Chefingenieurs Aurelio Lampredi, der zukünftig sein Glück bei Fiat suchte. Von nun an leitete Vittorio Jano, Lancias genialer Motorenpapst, die Geschicke bei der Scuderia Ferrari.
Als weiterer entscheidender Faktor zum Gewinn der Sportwagen-

▲ *Fangio im 500 TR mit Touring-Karosserie vor einem Scaglietti-TR.*

500 TR SCAGLIETTI SPIDER

4 Zylinder in Reihe - 1984 ccm - 180 PS bei 7000/min

Nach der empfindlichen Niederlage gegen Mercedes im vergangenen Jahr musste unbedingt etwas Entscheidendes geschehen. Die Weiterentwicklung des Sechszylinder-Reihenmotors wurde komplett aufgegeben. Dafür sollten die Schwachpunkte des 500 Mondial mit dem Vierzylinder-Motor ausgemerzt und gleichzeitig der V12-Motor wieder eingesetzt werden. Auch die Übergabe des Lancia-Werksmaterials an Ferrari - dazu gehörten unter anderem auch eine Menge von Projekten, Konstruktionsplänen und Entwürfen - sollten eine Verbesserung herbeiführen. Das neue Konstruktionsteam um Vittorio Jano machte sich auch gleich an die Verbesserung des 500er-Motors. Eine neue Kurbelwelle, verstärkte Lager, ein leichteres Schwungrad, ein überarbeiteter Ventiltrieb mit stärker gespreiztem Ventilwinkel, verstärkte Pleuel und andere Weber-Doppelvergaser vom Typ 40 DCO/3 waren die wichtigsten Änderungen. Als sichtbares Zeichen dieser Leistungskur erhielt das neue Triebwerk einen roten Zylinderkopf und dementsprechend auch seinen Namen: Testa Rossa.
Der 500 Testa Rossa war der Urvater und damit das direkte Vorbild verschiedener späterer „Testa Rossa"-Modelle. Sein Triebwerk leistete 180 PS bei 7000/min. Der Antrieb der zwei obenliegenden Nockenwellen erfolgte über Zahnräder. Die Doppelzündung besorgten nun anstelle der Magneten zwei Zündverteiler. Während die anderen Vierzylinder-Rennsportwagen von Ferrari ihr Getriebe in Baueinheit mit dem Differenzial trugen (Transaxle-Bauweise), erhielt der 500 TR ein direkt mit dem Motor verblocktes und vollsynchronisiertes Vierganggetriebe. An Stelle der DeDion-Hinterachse fand eine simple Starrachse an Schraubenfedern Verwendung. Auch die Federung der Vorderachse besorgten nun zwei Schraubenfedern und lösten die bis dahin verwendete Querblattfeder ab. Seine Verwandtschaft zum 500 Mondial war auch an dem Zusatz zur Fahrgestell-Nummer „MD" zu erkennen, der dem 500 TR zusätzlich zum „TR" vorangestellt wurde. 16 Exemplare erhielten die von Pinin Farina entworfene und durch Scaglietti ausgeführte Spider-Karosserie. Diese glich der des größeren Bruders (860 Monza), hatte aber eine niedrigere und flachere Schnauze. Drei weitere 500 TR erhielten eine Spider-Karosserie von Touring und waren die letzten von der Carrozzeria Touring eingekleideten Ferrari.

Produziert 1956, 19 Exemplare
Fgst.-Nr. zwischen 0600MDTR und 0654MDTR

Pivatfahrer Prinz Starabba beim GP von Bari 1956.

WM war in diesem Jahr der Teilnahmeverzicht des Mercedes-Benz-Werkteams aufgrund des Le-Mans-Desasters des Vorjahres. Dieser Schicksalsschlag ermöglichte zudem den Wechsel des vielleicht größten Rennfahrers aller Zeiten, Juan Manuel Fangio, zur Scuderia Ferrari. Zusätzlich komplettierten Phil Hill, Eugenio Castellotti, Olivier Gendebien, Peter Collins, Wolfgang Graf Berghe von Trips und der spanische Edelmann Alfonso de Portago das illustre Fahrerteam.
Für das Championat 1956 waren sieben Wertungsläufe ausgeschrieben, von denen die Tourist Trophy und die Carrera Panamericana ausfielen. Der dritte Lauf, Le Mans, dessen eigenständiges Reglement sich nicht mit dem der FIA vereinbaren ließ, wurde nicht gewertet, weshalb man nachträglich den großen Preis von Schweden als fünften Wettbewerb austrug.

BUENOS AIRES '56

Die erste Veranstaltung der Saison fand am 29. Januar in Buenos Aires statt, bei der anfänglich die drehmomentgewaltigen 4,9-Liter-Ferrari 410S dominierten. Doch in der 61. Runde versagte das Getriebe des Musso/Collins-Wagens und in der 89. Runde auch noch das des Fangio/Castellotti-Ferrari, was der Paarung Moss/Menditeguy den einzigen Maserati-Sieg der argentinischen Temporada-Ära ermöglichte. Immerhin retteten Hill und Gendebien mit dem alten Vierzylinder 857S den zweiten Rang und damit sechs wichtige Punkte im Kampf um die WM-Krone.

SEBRING '56

Eraldo Sculati, seines Zeichens Nachfolger des Rennleiters Ugolini, setzte die gerade fertig gewordenen 860 Monza erstmals am 24. März beim internationalen 12-Stunden-Rennen von Sebring ein. Nie zuvor hatte man auf amerikanischem Boden solch ein erlesenes Starterfeld bewundern können: Die Scuderia Ferrari war durch drei Vierzylinder-Modelle vertreten, die sich neun Jaguar D-Type, drei Aston Martin DB3S, drei Chevrolet Corvette und zwei Maserati 300S zum Kampf stellten. Das Rennen, bei dem erstmals mehr als

Herzstück des „Testa Rossa" war der kompakte Vierzylinder mit seinem feuerrot lackierten Zylinderkopf.

860 MONZA SCAGLIETTI SPIDER

4 Zylinder in Reihe - 3431 ccm - 310 PS bei 6200/min

Als Basis für den 860 Monza (Werkswagen für 1956) dienten der 857 S und der 750 Monza des Vorjahres. Der mit einem Hub-Verhältnis von 102 x 105 mm erreichte Hubraum von 3431 ccm sorgte für eine Leistung von 310 PS bei 6200/min. Dies führte auch zu seinem Kosenamen „Super-Monza". Verwendet wurde das gleiche Chassis wie beim Zwölfzylinder-Modell 290 MM. Für die Federung vorne und hinten waren Schraubenfedern eingebaut. Die im Unterschied zum 750 Monza langgestreckte Linienführung der Karosserie entstand nach einem Entwurf von Pinin Farina bei Scaglietti. Es wurden nur drei Exemplare gebaut (Fgst.-Nr. 0602M, 0604M und 0628M).

Produziert 1956, 3 Exemplare
Fgst.-Nr. 0602M, 0604M und 0628M

290 MM SCAGLIETTI SPIDER

V12 - 3491 ccm - 320 PS bei 7300/min

Auf dem gleichen Chassis (Typ 520) wie der 860 Monza mit dem Vierzylinder-Motor entstand 1956 auch ein Modell mit 12 Zylindern. Mit dem 290 MM ging die Ära der Lampredi-Motoren zu Ende. Die Ingenieure Bellentani, Massimino und Fraschetti vom neuen Team in Maranello ließen sich mit dem Konzept des völlig neuen Triebwerkes etwas einfallen. Das Lampredi-Prinzip mit den in die Zylinderköpfe eingeschraubten, „nassen" (d.h. direkt vom Kühlwasser umspülten) Zylinderlaufbüchsen fand man auch hier wieder. Doch wegen des neuen Hub-Verhältnisses von 73 x 69,5 mm, welches einen Hubraum von 3491 ccm ergab, bekam der Motor ein ganz anderes Aussehen. Er wirkte kürzer, aber breiter als der Lampredi-Motor. Beibehalten wurde die Ventilsteuerung mit je einer obenliegenden Nockenwelle. Total überarbeitet wurde hingegen der Zylinderkopf: Vergrößerte Ein- und Auslassventile sollten für eine bessere Füllung der Brennräume sorgen. Die Zündung der zwei Kerzen pro Zylinder erfolgte wie beim 410 S mittels vier Zündverteilern, die paarweise hinter den sie antreibenden Nockenwellen platziert waren. Die drei Weber-Vierfachvergaser vom Typ 36 IR4/C1 verhalfen dem neuen Zwölfzylinder zu beachtlichen 320 PS bei 7300/min. Ein synchronisiertes Vierganggetriebe sorgte für die Kraftübertragung auf die DeDion-Hinterachse. Der 290 MM erhielt die gleiche von Pinin Farina entworfene und bei Scaglietti gebaute Karosserie wie der 860 Monza. Einziger Unterschied war der Lufteinlass auf der Motorhaube, der beim Zwölfzylinder-Modell (290 MM) länger war. Als weiteres Erkennungsmerkmal wies der 290 MM zwei Auspuffrohre auf, eines auf jeder Seite. Es entstanden fünf Exemplare.

Produziert 1956, 5 Exemplare
Fgst.-Nr. 0606, 0616, 0626, 0628, 0646

1000 Meilen absolviert wurden, gestaltete sich zu einer Lehrstunde in Sachen Taktik und fahrerischer Brillanz, wobei Fangio/Castellotti und Musso/Schell einen großartigen Doppelsieg herausfuhren. Einzig Mike Hawthorn auf dem favorisierten Jaguar D-Type vermochte anfänglich Fangio und Co. Paroli zu bieten, musste jedoch dem Rekordtempo Tribut zollen und schied in der 162. Runde aus. Ein Schicksal, das auch den dritten Ferrari-Werkswagen (857S) ereilte, der von Alfonso de Portago und „Gentleman" Jim Kimberly bei dessen einzigem offiziellen Werkseinsatz für die Scuderia Ferrari gefahren wurde.

▲ *Nicht zur WM zählende Sportwagenrennen boten oftmals ein illustres Starterfeld, das von reinrassigen Rennwagen bis zu frisierten Limousinen ein breites Spektrum der europäischen Autoindustrie wiedergab.*

MILLE MIGLIA '56

Bei der Mille Miglia, die am 29. April zum vorletzten Mal ausgetragen wurde, trat die Scuderia mit insgesamt vier 3,5-Liter-Sportwagen an. Zu den beiden 290-MM-Zwölfzylindern, die von Fangio und Castellotti pilotiert wurden, gesellten sich zwei 860 Monza mit Musso und Peter Collins am Volant, wobei Letzterer den Fotografen Louis Klemantaski als Passagier mitführte. Anfänglich konnten die schnellen Maserati noch mithalten. Insbesondere Altmeister Taruffi, der schon 1933 (!) seinen ersten Mille-Miglia-Podestplatz errungen hatte, bedrängte immer wieder den führenden Castellotti, schied jedoch kurz vor Rom durch einen Unfall aus. Je schlechter das Wetter wurde, desto mehr setzte sich Castellotti von seinen Verfolgern ab und gewann mit über 12 Minuten Vorsprung vor dem zweitplatzierten Collins, der mit seiner völlig durchgeweichten „Last" noch vor Musso (4.) und Fangio (5.) durchs Ziel ging. Platz fünf und damit den Sieg in der GT-Wertung holten sich Gendebien und Washer auf ihrem 250 GT LWB, womit der Ferrari-Triumph komplettiert wurde.

NÜRBURGRING '56

Auch im vierten Lauf zur Sportwagen-WM, dem ADAC-1000-km-Rennen auf dem Nürburgring, startete das Ferrari-Team mit guten Chancen, hatte doch Fangio im Training mit 10:03,6 min. die absolute Bestzeit vorgelegt. Bereits in der ersten Runde machte de Portagos 860 Monza eingangs der Karussell-Kurve einen Abstecher in die Botanik und wurde wegen der Inspruchnahme fremder Hilfe später disqualifiziert. Einen der beiden gestarteten 290 MM erwischte es in Runde vier, als sich Musso hinter der Südkehre in einem Graben überschlug. Fangio und Castellotti, die sich am Steuer des zweiten 3,5-Liter-Vierzylinders abwechselten, fuhren ein besonnenes Rennen, konnten aber dem Ansturm des französisch-britischen Maserati-Teams nicht standhalten und mussten sich mit dem zweiten Rang zufrieden geben. Mit fast zehnminütigem Abstand folgte der zweite Ferrari-Zwölfzylinder, den nacheinander Hill, Wharton, de Portago und Gendebien pilotiert hatten.

An vierter und fünfter Stelle passierten dann noch zwei privat gemeldete schwedische Ferrari-Teams die Ziellinie. Nach dem Reinfall des Vorjahres, als sich Ferrari dem perfekt organisierten Mercedes-Benz-Team hatte geschlagen geben müssen, war es für den Commendatore die reinste Freude, diesmal den Erzfeind Maserati ausgestochen und sich den dritten Marken-Weltmeisterschaftstitel gesichert zu haben.

KRISTIANSTAD '56

Für 1956 hatte die oberste Sportbehörde ein neues Reglement erlassen, nach dem nur die drei besten erzielten Resultate aus fünf Wertungsläufen für die WM gezählt wurden. Ferrari und Maserati, bisher jeweils zweimal siegreich, gingen daher am 12. August mit gleichen Titelchancen ins letzte Rennen der Saison, den „Sverige Grand Prix" auf der extrem unebenen Strecke. Während Maserati fünf Exemplare der siegverwöhnten Tipo 300S ins Rennen schickte, fuhr die Scuderia lieber zweigleisig und entsandte drei 290 MM und zwei 860 Monza in den Hexenkessel von Kristianstad. Schon nach 27 Runden waren drei der Maserati nicht mehr im Rennen. Zur Halbzeit führten erwartungsgemäß Fangio und Castellotti auf dem 860 Monza vor den beiden Zwölfzylindern von Collins/von Trips und Trintignant/Hill. Kurz zuvor war Manzon, der den dritten 290 MM von Collins/Gendebien übernommen hatte, auf seiner eigenen Ölspur ins Weizenfeld gerutscht, aus dem er sich mit mehr befreien konnte. Gegen Schluss des Rennens gab es noch eine kleine Sensation, als der führende Vierzylinder plötzlich streikte und den Dienst versagte. Doch auch ohne Großmeister Fangio erzielten die Mannen der Scuderia einen triumphalen Erfolg, wobei der zweite 860er, den nacheinander Hawthorn, de Portago und Hamilton pilotiert hatten, auf dem dritten Platz landete. Noch erfolgreicher schnitten die beiden 290 MM ab, die mit Trintignant/Hill und von Trips/Collins die ersten beiden Ränge belegten.

Ein Heer von Privatfahrern auf 500 TR unterstützte die Ferrari-Werksmannschaft in der Mitte der fünfziger Jahre. Im Bild Prinz Starabba aus Bari.

410 SPORT

V12 - 4962 ccm - 380 PS bei 7000/min

Interessanterweise handelt es sich beim 410 S von 1956 um ein Modell, das von einem Serien-Fahrzeug abstammt. Als Basis dafür diente die Touren-Version 410 Super America von 1955. Es entstanden zwei Werkswagen (Fgst.-Nr. 0596CM und 0598CM) und zwei Kunden-Fahrzeuge, Fgst.-Nr 0592CM für den Amerikaner Tony Parravano und Fgst.-Nr. 0594CM mit einer Berlinetta-Karosserie für den Franzosen Michel-Paul Cavallier. Diese beiden Spezialanfertigungen waren mit Einfachzündung ausgerüstet. Im Gegensatz dazu erhielten die beiden „410 S"-Werkswagen modifizierte Triebwerke mit Doppelzündung. Wie schon 1951 bei den damaligen Formel-1-Wagen 375 GP angewandt, wurden die zusätzlichen Zündkerzen an den Außenseiten des „V" zwischen den Auslasskanälen angeordnet. Eine spezielle Haube, die seitlich über die Kotflügel der Scaglietti-Karosserie heruntergezogen wurde, ließ dies von außen gut erkennen. Das Anhängsel „CM" an die Fahrgestell-Nummer ließ darauf schließen, dass die 410 S speziell für die „Carrera Messicana" entwickelt wurden. Leider bekamen sie keine Start-Gelegenheit mehr bei diesem Rennen, da es nach dem Drama in Le Mans 1955 nie wieder ausgetragen wurde. Bei ihrem einzigen Werkseinsatz, den 1000 Kilometern von Buenos Aires am 29. Januar 1956, fielen beide 410 S aus und wurden anschließend verkauft.

Produziert 1955, 4 Exemplare
Fgst.-Nr. 0592CM, 0594CM, 0596CM, 0598CM

1957 TRIUMPHE UND TRAGÖDIEN

Zwar hatten die Ferrari beim letzten Rennen der vergangenen Saison im schwedischen Kristianstad die Nase vorn behalten, im Training hatte jedoch eindeutig Stirling Moss mit dem schnellen Maserati 300S dominiert. Man musste sich also etwas einfallen lassen, um im Rüstungswettstreit mitzuhalten, zumal Maserati mit dem angekündigten 450S die nächste Stufe des kalkulierten Wahnsinns bereits gezündet hatte.

▲ *Alfonso de Portago bei der Mille Miglia 1957, wenige Stunden vor seinem tödlichen Unfall.*

Der Anhang C des CSI, das Regelwerk der Markenweltmeisterschaft, erfuhr in diesem Jahr einige umstrittene Änderungen. So wurden z.B. eine Tür auf der Beifahrerseite, ein Beifahrersitz, eine Windschutzscheibe von 15 cm Höhe und ein Verdeck gefordert, das allerdings beim Rennen nicht mitgeführt werden musste.

BUENOS AIRES '57

Wie inzwischen üblich begann die Weltmeisterschaft mit den 1000 Kilometern von Buenos Aires, die dieses Mal auf dem ungewöhnlichen Straßenkurs von Costanera ausgetragen wurden. Die gefährlich unebene Strecke ließ selbst für damalige Maßstäbe in punkto Sicherheit einiges zu wünschen übrig. Man muss bedenken, dass die Boliden die Zielgerade im Gegenverkehr befuhren, die Bahnen lediglich getrennt durch Heuballen und bunte Flatterbänder.

Die sündteuren neuen Viernockenwellen-Wunderwaffen der Scuderia Ferrari versagten komplett: Peter Collins schaffte mit dem 290 S nicht einmal drei Runden. Wenig besser schlug sich der zweite 290 S, der von Castellotti, Musso und von Trips pilotiert lediglich bis auf den 6. Rang vorrückte, bevor er in der 55. Runde mit Zündaussetzern ausschied. Nachdem Fangio (Maserati) ausgefallen war, rückte Masten Gregory mit dem alten 290 MM auf den ersten Platz vor, den er bis ins Ziel nicht mehr abgeben sollte.

SEBRING UND MILLE MIGLIA '57

Der erste Einsatz des Tipo 315 S bei den 12 Stunden von Sebring verlief nicht viel erfolgreicher, doch wenigstens kamen Collins/Trintignant und de Portago/Musso diesmal bis ins Ziel.

500 TRC SCAGLIETTI SPIDER

4 Zylinder in Reihe - 1984 ccm - 180 PS bei 7000/min

Um den Unterschied zwischen Rennsportwagen und Straßenfahrzeugen zu verringern, wurde von der CSI 1957 der Anhang „C" als Zusatz zum Reglement eingeführt. Auch der 500 TRC (das „C" bezog sich auf den Anhang „C", je nach Auslegung vermutet man dahinter auch die Abkürzung für „clienti", d.h. „Kunden") musste entsprechend angepasst werden. Er verfügte nun über zwei Türen und eine einteilige Windschutzscheibe, die mindestens 100 cm breit und 15 cm hoch sein musste. Alle im Frühjahr 1957 gebauten Fahrzeuge wurden bei Rennen durch Privatfahrer eingesetzt. Motor, Getriebe und Hinterachse wurden vom 500 TR übernommen. Das Chassis wurde leicht verändert, was einen tieferen Einbau des Motors ermöglichte. Dadurch konnte Scaglietti die Frontpartie tiefer und mit einer schräg nach vorne abfallenden Motorhaube gestalten. Auch die ausgeprägten Kotflügelausbuchtungen über allen vier Rädern und runde Radausschnitte verhalfen dem 500 TRC gegenüber dem 500 TR zu einer eleganteren Form. Einige erhielten eine spezielle Zweifarbenlackierung nach einem Entwurf von Scaglietti: Einen breiten Mittelstreifen, der sich vorne und hinten durch geschwungene Rundungen verbreiterte und seitlich unten an den Flanken weiterlief. Der 500 TRC war der letzte Vierzylinder-Sportwagen von Ferrari, danach wurde wieder ganz auf die V12-Motoren umgestellt. Alle 20 gebauten Fahrzeuge erhielten Rechtslenkung.

Produziert 1957, 20 Exemplare
Fgst.-Nr. zwischen 0658MDTR und 0708MDTR

315 SPORT SCAGLIETTI SPIDER

V12 - 3783 ccm - 360 PS bei 7800/min

Die Weiterentwicklung des V12-Motors erfolgte 1957 durch eine Überarbeitung des im 290 MM verwendeten Triebwerks Tipo 130. In einer ersten Stufe wurden die Zylinderköpfe einer gründlichen Kur unterzogen, was dazu führte, dass mit dem 290 S erstmals ein Ferrari-Sportwagen mit vier obenliegenden Nockenwellen ausgestattet wurde. Anstelle der Haarnadelfedern wurden nun je zwei konzentrisch ineinanderliegende Schraubenfedern verwendet. Dank dieser Neuerung entstand genügend Raum, die zwei Zündkerzen pro Zylinder von oben im Zylinderkopf zu platzieren. Der Hubraum des Tipo 136 blieb mit 3490 ccm gleich wie beim 290 MM. Die Leistung dagegen konnte leicht gesteigert werden auf 330 PS bei 8000/min. Eingebaut wurde dieses Triebwerk in ein Chassis Tipo 520, das auch schon beim 860 Monza und 290 MM Verwendung fand. Die Scaglietti-Karosserie erhielt ebenfalls die im Anhang „C" des Reglements geforderten Änderungen. Der 290 S wurde nur bei einem einzigen Rennen (1000 km von Buenos Aires) im Januar 1957 eingesetzt. Denn sofort nach seiner Rückkehr aus Südamerika erfuhr der V12-Motor eine weitere Modifizierung. Durch eine Erweiterung der Bohrung auf 76 mm konnte der Hubraum auf 3783 ccm erhöht werden und die Leistung auf 360 PS bei 7800/min gesteigert werden. Dieses Triebwerk (Tipo 140) kam bereits im März 1957 beim 315 S zum Einsatz.

Produziert 1957, 5 Exemplare
Fgst.-Nr. 0656, 0674, 0676, 0684, 0700

Während Maserati sich für seine Niederlage in Buenos Aires mit einem Doppelsieg revanchierte, eroberten Masten Gregory und Lou Brero mit dem konventionell ohc-gesteuerten V12 den vierten Platz. Die dritte Ausbaustufe des ambitionierten Ferrari-Konzepts (335 S) debütierte beim wichtigsten Rennen der Saison, der 24. und - wie sich hersausstellen sollte - zugleich letztmalig ausgetragenen Mille Miglia. Ferrari marschierte mit einer gewaltigen Streitmacht in den Kampf gegen die Maserati, doch das mit Spannung erwartete Duell blieb aus. Bereits 12 Kilometer nach dem Start beendete ein gebrochenes Bremspedal am Maserati 450 S Coupé die hoch gesteckten Ambitionen des stärksten Rivalen. So wurde die Mille Miglia zum Heimspiel der Ferraristi, bei dem zunächst Wolfgang von Trips und später Peter Collins an der Spitze standen. Collins, der den berühmten Sportfotografen Louis Klemantaski an Bord hatte, atomisierte bis Bologna alle bestehenden Rekorde, bis er nur 230 km vom Ziel entfernt mit Differenzialschaden aufgeben musste. Jetzt schlug die große Stunde von „Silberfuchs" Piero Taruffi, mittlerweile über 50 Jahre alt und trotz unzähliger Chancen noch immer ohne Mille-Miglia-Gesamtsieg. In seinem 13. Anlauf übernahm er ein letztes Mal die Führung, die er vor einem rücksichtsvoll agierenden Wolfgang von Trips (wie Taruffi auf einem 315 S unterwegs) bis ins Ziel behaupten konnte.

Der spätere Formel-1-Pilot Phil Hill entschied den WM-Titel mit einem Sieg in Venezuela für Ferrari.

Der triumphale Sieg der Scuderia wurde indes vom tragischen Unfall des spanischen Edelmannes Alfonso de Portago überschattet, der in dritter Position liegend mit seinem 335 S kurz vor dem Ziel von der Fahrbahn abkam und 11 Menschen mit sich in den Tod riss. Dieser Unfall, der als „Katastrophe von Guidizzolo" in die Geschichte einging, veranlasste die italienischen Behörden, die auf öffentlichen Straßen ausgetragene Mille Miglia für immer zu verbieten.

NÜRBURGRING '57

Wer glaubte, die restliche Saison würde zu einem rein italienischen Duell werden, der sah sich getäuscht, als Tony Brooks mit dem relativ zierlichen Aston Martin DBR1, assistiert von Cunningham-Reid, souverän das Internationale ADAC-Rennen auf dem Nürburgring gewann. Ein Erfolg, den auch die gewaltig (über)motorisierten Ferrari 315 S und 335 S nicht verhindern konnten, da der britische Sechszylinder seine geringere Motorleistung durch überlegene Scheibenbremsen und eine vorzügliche Straßenlage wettmachte. Collins und Gendebien auf dem Vierliter-Ferrari und Hawthorn und Trintignant auf dem 3,8-Liter-Wagen mussten sich mit dem zweiten bzw. dritten Platz begnügen.
Fast unbemerkt debütierte auf dem Nürburgring ein völlig neuer Dreiliter-Zwölfzylinder, der in den nächsten Jahren für Furore sorgen sollte: Erstmals ging der Prototyp des legendären „Testa Rossa" an den Start, der, um möglichst wenig Aufsehen zu erregen, unter dem Banner des amerikanischen „Temple Buell"-Rennstalls lief. Im Training erwies sich der neue V12 als fast ebenso schnell wie die größeren Werkswagen und lag während des Rennens mit Masten Gregory am Volant zeitweise an vierter Position, bis der unerfahrene Morelli, der die „Grüne Hölle" zum ersten Mal sah, das Cockpit übernahm und bis auf den 10. Rang zurückfiel.

LE MANS '57

Der fünfte Lauf zur WM, die legendären 24 Stunden von Le Mans, endete mit einem unerwarteten, sensationellen Ergebnis, das für die

Scuderia Ferrari einem Waterloo gleichkam. Anstatt des erhofften Sieges überstand lediglich das Ersatzteam mit Stuart Lewis-Evans und Marino Severi das Rennen - als Fünftplatzierte, hinter den vier siegreichen Jaguar. Ferrari musste sich mit der Ehre trösten, dass Luigi Musso mit dem sensationellen Rundenrekord von 3:59,6 Minuten als Erster die 200-km/h-Schallmauer durchbrochen hatte. Dabei hatte es anfänglich gar nicht so übel ausgesehen: Sofort nach dem Start hatte Collins mit dem 335 S die Führung übernommen, war aber schon nach einigen Runden mit Kolbenfresser ausgefallen. Der Vierliter von Hawthorn und Musso hatte ihn daraufhin an der Spitze abgelöst, um in der fünften Stunde mit fallendem Öldruck aufzugeben. Da Lewis-Evans und Severi mit dem 315 S von Anfang

▲ *Der 500 TRC war die in einigen Punkten aufwendig modifizierte Weiterentwicklung des 500 TR, die 1957 auch verstärkt an Privatfahrer verkauft wurde.*

an ganz auf Ankommen gefahren waren, hatten nun alle Hoffnungen auf dem zweiten TR-Prototyp gegolten, den sich Gendebien und Trintignant teilten. Lange Zeit hatte er an dritter Position gelegen, bis auch dieser Zwölfzylinder nach acht Stunden wegen defekter Kolben die Waffen strecken musste.

KRISTIANSTAD '57

Eigentlich hätten die Fahrer der Scuderia Ferrari am 11. August beim Schwedischen Grand Prix in Rabelovsbana die WM besiegeln können. Vom Start bis ins Ziel beherrschten jedoch die bärenstarken 4,5-Liter-Maserati das Rennen, allen voran Stirling Moss und Jean Behra, die mit ihrem verdienten Sieg die Entscheidung im Championat auf das Saison-Finale in Caracas (Venezuela) verschoben. Collins und Hill fuhren eher zurückhaltend und belegten an Bord des 335 S den zweiten Rang, während Musso und sein Teamgefährte Hawthorn mit einem identischen 4,1-Liter-Zwölfzylinder auf Platz vier landeten. Weder der Nürburgring-TR-Prototyp (3,1 Liter), noch der Le-Mans-TR-Prototyp (3 Liter) erreichten das Ziel.

CARACAS '57

Mit 25 gegenüber 33 Zählern hatte das Maserati-Team in Venezuela noch eine theoretische Chance auf den Marken-WM-Titel. Rennleiter Ugolini schickte vier offizielle Werkswagen in die Schlacht, die allesamt mit spektakulären Unfällen auf dem gefährlich verwinkelten Straßenkurs ausscheiden sollten.
Am verrücktesten trieb es dabei Stirling Moss, der nach 33. Runden sicher in Führung lag, als er mit ca. 260 km/h einen deutlich langsameren AC Bristol rammte, wobei dieser in zwei Teile zerbrach. Doch damit nicht genug: Zu Fuß an den Boxen angekommen, sprang der wie durch ein Wunder völlig unverletzt gebliebene Moss in den angeschlagenen Maserati von Behra und Schell, der beim Tanken Feuer gefangen hatte und notdürftig gelöscht worden war. Durch den heftigen Fahrtwind fing das noch glimmende Sitzkissen erneut Feuer, was Stirling jedoch nicht daran hinderte, das Feld von hinten aufzurollen. Zu allem Unglück kollidierte auch noch Joakim Bonnier mit dem einzigen Werks-Dreiliter, als er in aussichtsreicher Position liegend ein Rad verlor und dem 450S von Harry Schell die Bahn kreuzte. Während Schells Wagen sofort in hellen Flammen stand, landete der Maserati des Schweden schwer beschädigt an einem Telegrafenmasten. Zum Glück erlitten beide Piloten nur mittelschwere Verletzungen.
Ohne ernsthafte Konkurrenz konnten nun die Ferrari ihre Runden drehen, und sie überquerten in geschlossener Formation die Ziellinie, wobei sie sich allerdings nicht in einer Runde befanden. Collins und Hill triumphierten mit deutlichem Vorsprung vor Hawthorn und Musso im zweiten 335 S. Die zur Unterstützung der großen Werksboliden angetretenen Testa-Rossa-Prototypen mit den Deutschen von Trips und Seidel und dem französisch-belgischen Gespann Trintignant/Gendebien belegten die Plätze drei und vier. Mit diesem Erfolg versetzte die Scuderia dem Erzrivalen aus dem Nachbarort Modena den Todesstoß und gewann zum vierten Mal souverän die Marken-Weltmeisterschaft.

335 SPORT SCAGLIETTI SPIDER

V12 - 4023 ccm - 390 PS bei 7800/min

Die dritte Evolutionsstufe des Viernockenwellen-Motors sollte endlich den erwarteten Erfolg bringen. Der Hubraum wurde erneut vergrößert. Durch eine neue Kurbelwelle und ein Vergrößern der Bohrung erreichte man ein Hub-Verhältnis von 77 x 72 mm und einen daraus resultierenden Hubraum von 4023 ccm. Die angegebene Leistungssteigerung von 30% gegenüber dem 315 S verhalf dem 335 S mit nun 390 PS bei 7800/min beinahe dazu, die 400 PS seines größten Rivalen, des Maserati, zu erreichen. Schon im Mai 1957 sollte der 335 S seinen ersten Sieg feiern können. Von vier gebauten Exemplaren kamen drei davon kurze Zeit als 315 S zum Einsatz (Fgst.-Nr. 0674, 0676, 0700). Neu gebaut wurde das Fahrzeug mir der Fgst.-Nr. 0764.

Produziert 1957, 4 Exemplare
Fgst.-Nr. 0674, 0676, 0700, 0764

1958 ALLEN SCHICKSALS-SCHLÄGEN ZUM TROTZ

Für die Jahre 1958-1960 beschränkte die FIA den Hubraum der im „Coupe des Constructeurs" zugelassenen Sportwagen einigermaßen willkürlich und kurzfristig auf drei Liter. Dies hatte zur bedauerlichen Folge, dass die härtesten Konkurrenten, die zuvor ganz auf eine unlimitierte Hubraumentwicklung gesetzt hatten, urplötzlich ohne Arbeitsgerät da standen.
Besonders hart traf dies Maserati, die sich mit der Verwirklichung des nunmehr nutzlosen Tipo 450S an den Rand des Bankrotts manövriert hatten. Die verwirrende Typenvielfalt der Ferrari zahlte sich hingegen aus, und speziell mit dem Dreilitermodell „Testa Rossa" hatte man offensichtlich aufs richtige Pferd gesetzt.

BUENOS AIRES '58

Bei den „Mil Kilometros de la Ciudad" von Buenos Aires, dem Auftakt zur Marken-WM, gelang es nicht einmal dem großen Juan Manuel Fangio, der bis zur 25. Runde den Maserati 300S des spanischen Privatfahres Francesco Godia lenkte, den Siegeszug der Ferrari zu stören. Romolo Tavoni, der neue „direttore sportivo" der Scuderia, hatte drei brandneue Werks-TR '58 zum Rio de la Plata verschifft, die von zwei 250-TR-Kundenversionen unterstützt wurden. Schon in der ersten Kurve eliminierte Italiens Starpilot Luigi Musso den ersten Scuderia-TR, als er mit Trintignants 250 GT zusammenstieß. Nach dem Ausfall Fangios konnte nichts und niemand Phil Hill und Peter Collins daran hindern, ihren fehlerlosen Lauf mit dem Sieg zu krönen. Gegen Schluss des Rennens überholte Hill das komplette übrige Feld mit Ausnahme von Gendebien, um zu verhindern, daß Stirling Moss auf den zweiten Platz vorstieß.

SEBRING '58

Nach ihrer Abwesenheit in Südamerika erschien die britische Konkurrenz bei den „7th Annual 12 Hours of Sebring" in verstärkter Formation. David Brown brachte gleich zwei DBR-1 zum Einsatz, die dank ihrer hervorragenden Manövrierfähigkeit als hohe Favoriten gehandelt wurden. Stirling Moss und Tony Brooks waren dem Feld bereits förmlich enteilt, während Mike Hawthorn und Phil Hill mit Roy Salvadori im zweiten Aston Martin ein packendes Rad-an-Rad-Duell um die Ehrenplätze ausfochten. Doch die Briten hatten sich zu früh gefreut: Bereits im ersten Drittel versagte die Kraftübertragung beider Aston Martin, was den Scuderia-Ferrari-Piloten Hill/Collins den sicheren Sieg bescherte. Olivier Gendebien, der seinen TR in der vierten Runde auf das Heck eines vor ihm abrupt bremsenden Lister-Jaguars gesetzt hatte, wurde Zweiter. Wie nicht anders zu erwarten war, hatte das wellige „Hendrick Airfeld" auch in diesem Jahr seinen Tribut gefordert.
Unter den Sebring-Opfern befanden sich jedoch auch ein paar Ferraristi. Besonders übel erwischte es Chet Flynn, der schwerverletzt ausschied, als er seinen 250 TR über eine Sandbank katapultierte und sich mehrfach überschlug. Und in der neunten Stunde waren Hawthorn und von Trips im dritten TR '58 gestrandet, nachdem sie sich zwischenzeitlich auf den zweiten Rang vorgekämpft hatten.

▲ *Der zweite Prototyp des „Testa Rossa" (Fgst.-Nr. 0704 TR) entstand auf der Basis eines 500-TRC-Vierzylinder-Chassis mit Starrachse. Das Auto steht heute im Ford-Museum in Detroit.*

TARGA FLORIO '58

Trotz glühender Hitze kam das Ferrari-Team bei der 42. Auflage der Targa Florio zu seinem dritten Sieg im dritten Saisonrennen. Targa Florio, das hieß wieder einmal 1000 km auf schwierigstem Terrain, 14 Runden mit jeweils 702 Kurven, oder anders ausgedrückt: Alle 3,8 Sekunden eine Kurve, und das über eine Dauer von knapp 11 Stunden - eine Tortur für Mensch und Maschine.
Wie wichtig dem Commendatore dieser 1958 am 11. Mai stattfindende WM-Lauf war, mag man daran ersehen, dass er neben den beiden Sebring-Wagen (mit Collins/Hill und Hawthorn/von Trips) noch den ersten Prototypen mit Seidel/Munaron zum Einsatz brachte. Sozusagen als Joker schickte Romolo Tavoni zusätzlich Musso/Gendebien auf dem neuesten TR '58 ins Rennen, der eine

Batterie von sechs Solex-Doppelvergasern aufwies, was dem Aggregat 30 zusätzliche Pferdestärken verlieh. Offenbar war dies das ideale Rüstzeug für den „Circuito Piccolo Madonie", denn bereits nach der ersten Runde führte Musso mit 11 Sekunden vor Collins. Im vierten Umlauf machte Phil Hill, der inzwischen Collins abgelöst hatte, Bekanntschaft mit einer Felswand, woraufhin der junge Kalifornier das rechte Hinterrad wechseln musste und mit platten Vorderreifen an die Boxen schlich - dennoch reichte es zum vierten Platz.

Eine kleine Sensation ereignete sich in der 11. Runde, als ein theatralisch mit den Händen gestikulierender Luigi Musso 50 Meter an den Boxen vorbei rollte und mit dem Kommentar „niente freni" langsam zum Stillstand kam. Sein herausgefahrener Vorsprung genügte allerdings, um den Schaden zu reparieren, und Mussos Teamkollege Gendebien sicherte sich den ersten Platz. Mike Hawthorn, ohnehin kein Freund der Targa Florio, bemerkte zu spät, dass sich der französische Meisterfahrer Jean Behra mit dem Porsche an ihm vorbei gemogelt hatte und verfehlte mit nur 52 Sekunden Rückstand den zweiten Rang.

NÜRBURGRING '58

Das internationale ADAC-1000-km-Rennen auf der Nordschleife des Nürburgrings stand ganz im Zeichen von Stirling Moss und seines Dreiliter-Aston-Martin. Dabei überließ er seinem Copiloten Jack Brabham nur für acht der 44 Runden das Volant, um auf den verbleibenen 821 Kilometern die gesamte Konkurrenz, inklusive aller Ferrari, scheinbar nach Belieben zu distanzieren. Insgesamt gingen sieben Testa Rossa ins Rennen, von denen vier offiziell die Farben der Scuderia vertraten. Die drei privat eingesetzten

250 TESTA ROSSA SCAGLIETTI SPIDER

V12 - 2953 ccm - 300 PS bei 7200/min

In Anbetracht der für 1958 angekündigten Reglementänderung, die den Hubraum für alle zur Marken-Weltmeisterschaft zugelassenen Rennwagen auf 3 Liter begrenzte, begann Ferrari schon 1957 mit der Entwicklung des neuen Testa Rossa. Verschiedene Fahrgestelle und Motoren konnten in diesem Jahr dank des noch nicht begrenzten Hubraums an der Marken-Weltmeisterschaft teilnehmen. Interessanterweise entstanden damals weder reine Experimentalfahrzeuge noch Entwickungsmodelle. Die Prototypen wurden sofort bei Rennen eingesetzt und anhand der gesammelten Erfahrungen fürs nächste Rennen entsprechend verbessert. Somit konnten sie getestet werden und gleichzeitig mithelfen, wichtige WM-Punkte zu sammeln.

Der erste Prototyp (Fgst.-Nr. 0666TR) entstand auf einem 290 MM Fahrgestell mit DeDion-Hinterachse und Längsblattfedern. Als Antriebsaggregat wurde ein auf 3,1 Liter aufgebohrter 250-GT-Motor verwendet, den man aber schon nach dem ersten Rennen durch einen 3,0-Liter-Motor ersetzte. Ein 500-TRC-Fahrgestell mit Starrachse und Schraubenfedern diente dem zweiten Prototyp (Fgst.-Nr. 0704TR) als Basis. Angetrieben wurde dieser von Anfang an mit einem 3,0 Liter Motor, der seinen Ursprung im bekannten von Gioachino Colombo 1947 entworfenen V12-Triebwerk hatte. Somit konnten 1957 zwei verschiedene Prototypen Erfahrungen sammeln und als Nachfolger des 500 TRC ein Jahr später mit Erfolg in die Marken-Weltmeisterschaft eingreifen. Der 250 Testa Rossa war geboren. Erkennungsmerkmal und namensgebend waren weiterhin die roten Ventildeckel. Auch erhielten die größeren Ventile im Zylinderkopf Schraubenfedern anstelle der herkömmlichen, platzraubenden Haarnadelfedern. Dadurch konnten die Zylinderköpfe mit 24 Bolzen befestigt werden. Vorher war nur Platz für 18 Bolzen gewesen, was zu häufigen Defekten der Zylinderkopfdichtung geführt hatte. Die Zündkerzen waren außen zwischen den Auspuffkrümmern angebracht. Der 250 TR erreichte mit seiner Leistung von 300 PS bei 7200/min die magische Grenze von 100 PS/Liter. Alle Kundenversionen erhielten Linkslenkung und waren mit einer Starrachse ausgerüstet.

Damit die vorderen Trommelbremsen optimal durch den Fahrtwind gekühlt werden konnten, entstand bei Scaglietti die als „Pontoon-Fender" bekannt gewordene originelle Karosserie. Nur die Profilrundungen und die Scheinwerfer in den Spitzen blieben von den vorderen Kotflügeln übrig. Dazwischen zog sich eine lange Schnauze weit nach vorne, was zu einer sehr originellen Frontpartie führte. Seitlich hinter den Vorderrädern waren die Kotflügel bis zu den Türen ausgeschnitten, was eine optimale Entlüftung der Bremsen gewährleistete. Da sich aber herausstellte, dass bei hoher Geschwindigkeit die Fahrzeuge etwas unstabil wurden, entschied sich Ferrari die Werks-Testa-Rossa mit einer konventionellen Karosserie auszurüsten. Zur besseren Belüftung der Bremsen wurden bei diesen in der Nase ovale Öffnungen angebracht. Die Werkswagen erhielten Rechtslenkung im Unterschied zu den Kundenversionen, die auf vielfachen Wunsch mit Linkslenkung ausgerüstet waren. Außerdem waren die Werkswagen mit unterschiedlichen Hinterachsen ausgerüstet, entweder Starrachse oder DeDion-Hinterachse.

Produziert 1957 - 1958, 18 Exemplare
Fgst.-Nr. zwischen 0710TR und 0758TR (Kundenversion)

Kundenversionen stammten vom Österreicher Gottfried Köchert (mit dem deutschen Copiloten Erwin Bauer), der „Ecurie Nationale Belge" mit Willy Mairesse und Alain de Changy und dem schwedisch-finnischen Gespann Curt Lincoln und Pentii Keinanen, die den 250 TR der „Scuderia Askolin" pilotierten.
Als um 9 Uhr die Startflagge fiel, sprintete Mike Hawthorn bereits zu seinem TR '58, konnte allerdings aus dem Frühstart keinen Gewinn ziehen, da er so über den ihm mit wilden Flüchen nachsetzenden Moss lachen musste, dass es ihm kaum gelang, den Zündschlüssel herumzudrehen. Bei Halbzeit, also nach 22 Runden, führte Moss mit 74 Sekunden vor den Testa Rossa von Collins und Gendebien, die Hawthorn bzw. von Trips abgelöst hatten. In der 34. Runde setzte Hawthorn seinen Werkswagen kurzzeitig in den Graben, wodurch sein Rückstand auf den führenden Aston Martin bis ins Ziel auf fast 4 Minuten anwuchs. Auf den Rängen 3 bis 5 folgten die drei restlichen Vertreter der Scuderia Ferrari. Leider ereignete sich nach Schluss des Rennens noch ein bedauerlicher Unfall: Erich Bauer, der zusammen mit dem Wiener Köchert als 10. gewertet wurde, übersah das Abwinksignal und kam in seiner Auslaufrunde aus mysteriösen Gründen von der Strecke ab und erlag später seinen schweren Verletzungen.

unerfahrenen Privat-Piloten kreiselten reihenweise von der Strecke, darunter auch drei der sieben gestarteten Kunden-TR. Lucien Bianchi, der sich mit seinem Landsmann Willy Mairesse auf dem belgischen National-TR abwechselte, eröffnete den Reigen der Ausfälle, gefolgt vom Franzosen François Picard, der den 250 TR des Guatemalteken Jaroslav „Jerry" Juhan unter der Dunlop-Brücke eliminierte. Gegen 21 Uhr folgte ihm an gleicher Stelle Bruce Kessler, der mit dem N.A.R.T.-TR-Prototypen in den zuvor verunglückten

▲ *Der 250 „Testa Rossa" mit seiner eigenwilligen Frontpartie entwickelte sich Ende der fünfziger Jahre zum übermächtigen Renngerät.*

Jaguar D-Type von „Mary" Brousselet raste. Während Kessler sich leicht verletzt aus dem brennenden Wrack retten konnte, starb der Franzose noch am Unfallort. In der gleichen Stunde verabschiedete sich der Motor des kubanischen Zwölfzylinders, den Alfonso Gomez-Mena aus Havanna zusammen mit dem italienischen Karossier Piero Drogo bewegte. Von den sieben 250 TR überstanden lediglich „Beurlys"/de Changy und Hugus/Eriksson an 6. bzw. 7. Position das Rennen. Den Regenspezialisten Phil Hill schien das alles nicht zu beeindrucken. Er pflügte sich im Wechsel mit Olivier Gendebien durch die Fluten und gewann die Schlacht an der Sarthe mit dem größten dort je herausgefahrenen Vorsprung (161 km).
Da im weiteren Verlauf der Saison zwei der besten Ferrari-Fahrer (Musso und Collins) ihr Leben verloren, verzichte der Commendatore auf die Teilnahme bei der Tourist Trophy, die ohnehin für den Ausgang der WM nur noch statistische Bedeutung hatte. So wurde das Rennen, wie erwartet, eine leichte Beute der Aston Martin, die die Plätze 1 bis 3 belegten. In der Endabrechnung triumphierte jedoch einmal mehr das Team aus Maranello, das mit 32 Punkten deutlich vor Aston Martin und Porsche lag, die jeweils nur 18 Zähler verbuchen konnten.

LE MANS '58

Bei dem am 21. Juli in Le Mans stattfindenden 24-Stunden-Rennen gingen die in den Vorjahren so erfolgreichen britischen Teams sang- und klanglos unter. Ein Desaster, das mit dem frühen Ausscheiden Stirling Moss begann, der seinen grünen Aston Martin in reinster Grand-Prix-Manier über den Sarthe-Kurs geprügelt hatte. Der Einzige, der ihm anfänglich hatte folgen können, war „Taffy" von Trips, der mit Wolfgang Seidel ein rein deutsches Duo bildete. Leider musste Seidel im späteren Rennverlauf einem querstehenden Konkurrenten in den Sand ausweichen, aus dem er den Werks-Ferrari nicht wieder befreien konnte. Collins und Hawthorn verfügten über den Sebring-TR, fielen allerdings zurück (nachdem Hawthorn noch rasch die schnellste Rennrunde hingelegt hatte) und mussten in der 11. Stunde mit Kupplungsschaden aufgeben. Den dritten offiziellen Werks-TR teilten sich Hill und Gendebien, die ab der dritten Stunde die Spitze übernommen hatten und bis zum Schluss beibehielten.
Der schlimmste Feind aller Akteure war jedoch der sintflutartige Regen, der von jedem Team seinen Tribut forderte. Insbesondere die

1959
DIE WACHABLÖSUNG

In der Saison 1958 hatten die Testa Rossa mit vier Erfolgen in sechs WM-Läufen klar dominiert. Ein teuer erstrittener Sieg in einer Schlacht, die nicht ohne Opfer blieb. Nach Luigi Musso und Peter Collins verlor auch der amtierende Formel-1-Weltmeister Mike Hawthorn bei einem Verkehrsunfall sein Leben. Rennleiter Romolo Tavoni musste ein völlig neues Team rekrutieren, wodurch die Saison spannender werden sollte, als dem Commendatore lieb sein konnte.

SEBRING '59

Die durch Budgetgründe bedingte Annullierung der 1000 km von Buenos Aires verschob den Auftakt zur Sportwagen-WM auf den 21. März, an dem die „12 Hours of Sebring" über die Bühne gingen. Neben vier privat eingesetzten 250 TR schickte die Scuderia drei ihrer nagelneuen Fantuzzi TR '59 in die Eröffnungsschlacht auf dem holprigen Flughafenkurs in Zentral-Florida. Jean Behra, der bekannte französische Ex-Maserati-Pilot kontrollierte in den ersten Runden das Rennen, bis Olivier Gendebien ihm mit dem Ferrari Nr. 8 die Führung entriss. Um 14:22 Uhr musste Phil Hill, der den TR '59 von Gendebien übernommen hatte, wegen eines defekten Differenzials aufgeben. Darauf hatte Stirling Moss nur gewartet, der ohne Zögern mit dem Lister-Jaguar die Spitze übernahm. Rennleiter Tavoni fackelte nicht lange und setzte die erfahrenen Langstrecken-Asse Hill und Gendebien in den bisher von Gurney und Daigh pilotierten TR '59 - ein kluger Schachzug, wie sich bald erweisen sollte. Ab 16:30 Uhr gingen heftigste Gewitterschauer mit sintflutartigen Regenfällen auf die Strecke nieder, die das Rennen in eine denkwürdige Wasserschlacht verwandelten. Alle Fahrer mit Ausnahme von Phil Hill, für den die Gesetze des Aquaplanings nicht zu gelten schienen, waren gezwungen, ihr Renntempo erheblich zu drosseln. Völlig unbeirrt zog der Kalifornier seine Kreise und lag wenig später uneinholbar in Führung, die er bis zum Rennende nicht mehr abgeben sollte. Eine bravouröse Leistung, die ihm nach dem Regenerfolg von Le Mans im Vorjahr endgültig den Titel „Rainmaster" einbrachte. Mit nur einer Runde Rückstand auf den Sieger passierten die Newcomer Cliff Allison und Chuck Daigh auf dem dritten TR '59 die Ziellinie, gefolgt von drei Porsche RSK.

TARGA FLORIO '59

Bei der am 24. Mai stattfindenden Targa Florio erlebte die Scuderia Ferrari ein totales Fiasko, denn keiner der vier gestarteten Werkswagen erreichte das Ziel. Nach der Eröffnungsrunde lag Dan Gurney, dessen Testa Rossa mit einem 330 PS leistenden

250 TR '59 FANTUZZI SPIDER

V12 - 2953 ccm - 300 PS bei 8000/min

Die Plexiglasabdeckung, die über den Lufttrichtern der Vergaser auf der Motorhaube leicht nach links verschoben angebracht war, ließ darauf schließen, dass der Motor aus Gewichtsgründen von der Mitte verschoben montiert wurde, was zusammen mit dem rechts sitzenden Fahrer für einen besseren Schwerpunkt sorgte. Entworfen wurde die Karosserie von Pinin Farina, und erstmals erhielt ein Ferrari-Modell eine in Medardo Fantuzzis Werkstatt in Aluminium gehämmerte Karosserie. Fantuzzi hatte zuvor sein Talent als Hofkarossier der Maserati-Rennabteilung bewiesen. Alle 250 TR '59 erhielten Rechtslenkung. Die zwei großen Vorteile des neuen Testa Rossa waren das Gewicht, das dank eines etwas abgeänderten und neu konzipierten Fahrgestells um 50 Kilogramm verringert werden konnte, sowie die längst fällige Neuerung in Form von Scheibenbremsen. Erwähnenswert ist an dieser Stelle jedoch, dass versuchsweise bereits in verschieden Ferrari Scheibenbremsen eingebaut worden waren. So hatte der 750 Monza von Louis/Dreyfus für die 24 Stunden von Le Mans 1957 Bremsscheiben der Marke Messier aus Frankreich erhalten. Auch das persönliche 250 GT Cabriolet von Peter Collins war in England auf Dunlop-Scheibenbremsen umgebaut worden. Es hatte aber noch bis zum September 1958 dauern sollen, bis ein offiziell mit Scheibenbremsen ausgerüsteter Ferrari (ein Dino 256 F1) an den Start ging.
Als weitere Neuerung erhielt der TR '59 Teleskop-Stoßdämpfer der Marke Koni, die innerhalb der Schraubenfedern angeordnet waren. Die Leistung des Motors wurde mit 300 PS bei 8000/min beziffert, was zusammen mit der Senkung des Gesamtgewichts auf 750 kg einer Leistungssteigerung gleichkam. Eine Zweischeiben-Trockenkupplung verband das Fünfganggetriebe mit dem Motor. Alle 1959 gebauten Testa Rossa wurden ausschließlich vom Werk eingesetzt und vorerst keinem Privatteam zum Kauf angeboten. Bedingt durch verschiedene Motorschäden erfuhren die TR '59 im Sommer 1959 eine Modifikation, die äußerlich nur durch eine kleine, auf dem vorderen Kotflügel befindliche Klappe zu erkennen war. Darunter versteckt befand sich der Öleinfüllstutzen der nun auf Trockensumpf umgebauten Triebwerke.

Produziert 1959, 5 Exemplare
Fgst.-Nr. 0766TR, 0768TR, 0770TR, 0772TR, 0774TR

Der junge deutsche Edelmann Wolfgang Graf Berghe von Trips zählte nach einigen sporadischen Einsätzen für Ferrari 1959 zum Fahrer-Stamm der Scuderia. Sein verwegener Fahrstil und seine spektakulären Unfälle brachten ihm den Spitzmamen „Count Crash" ein.

Spezialmotor ausgerüstet war, an der Spitze. Schon im ersten Umlauf war Gendebien mit Hinterachsschaden ausgeschieden, Teamgefährte Phil Hill kam nicht einmal zum Einsatz. Gegenüber den schwerfälligen Ferrari zeigten sich die leichtfüßigen Porsche RSK deutlich überlegen, ein entfesselt fahrender Jo Bonnier pulverisierte Runde um Runde den Streckenrekord. Einzig Jean Behra versuchte, dem schnellen Schweden zu trotzen und setzte in der vierten Runde alles auf eine Karte. Auf der Bergab-Passage Richtung Compofelice rutschte er aus einer Linkskurve und landete kopfüber auf einer Weide. Wie durch ein Wunder kletterte der mutige Franzose jedoch völlig unverletzt unter dem Wrack hervor, und nach kurzer Inspektion des kapitalen Schadens gelang es ihm mit Hilfe der Zuschauer, den Wagen erneut auf die Räder bringen. Nach einigen gezielten Tritten gegen die verbeulten Kotflügel konnte Behra das Rennen wieder aufnehmen.
Zwischenzeitlich war Gurney, dessen TR ebenfalls einen Differenzialschaden erlitten hatte, an den Boxen gestrandet. Das war aber offenbar kein Hindernis für Gendebien, der in den waidwunden Zwölfzylinder sprang, um selbst zu sehen, was sich noch machen ließe. Dieses Chaos komplettierte nun Jean Behra, der just in diesem Moment zum Fahrerwechsel einlief: Geschockt vom Anblick des fahrenden Schrotthaufens verweigerte Tony Brooks schlichtweg die Übernahme des Lenkrades. Während Behra noch mit freundlichen Argumenten versuchte, Brooks davon zu überzeugen, dass der TR eigentlich gar nicht so übel laufe, verlor der völlig entnervte Rennleiter Romolo Tavoni die Beherrschung. Seine wenig einfühlsamen Worte, Brooks sei ein Feigling und werde schließlich dafür bezahlt, Rennen zu bestreiten und nicht die Prima Donna zu spielen, verfehlten ihre Wirkung nicht: Unter lautem Fluchen nahm der junge Engländer die Verfolgung der führenden Porsche auf. Nicht für lange allerdings, denn bereits eine Runde später flog auch er aus einer Kurve, was dem ohnehin arg strapazierten Testa Rossa den Gnadenstoß versetzte. Eine Episode, die aufzeigt, aus welchem Holz Rennfahrer damals geschnitzt sein mussten, wenn sie für Enzo Ferrari fahren wollten...

250 GT LWB SCAGLIETTI BERLINETTA „INTERIM"

V12 - 2953 ccm - 260 PS bei 7000/min

Das Übergangsmodell zwischen dem 250 GT „Tour de France" und dem 250 GT SWB entstand auf dem Fahrgestell des 250 GT TdF. Die sogenannte „Interim-Berlinetta" erhielt eine entsprechend angepasste Karosserie im Stil des späteren 250 GT SWB. Diese von Pinin Farina entworfene, bei Scaglietti gebaute Berlinetta unterschied sich äußerlich durch den langen Radstand (2600 mm) und das zusätzliche hintere Seitenfenster vom späteren 250 GT SWB. Die „Interim-Berlinetta" dienten vor allem als Testautos für das Nachfolgemodell des 250 GT TdF und wurden mit Linkslenkung hergestellt. Sie erhielten einen wiederum verbesserten Motor vom Typ 128DF mit einem Hubraum von 2953 ccm. Ausgerüstet mit Einfachzündung leistete er 260 PS bei 7000/min. Der Antrieb erfolgte über ein direkt am Motor angeflanschtes Viergang-Getriebe. Die versuchsweise eingebauten Scheibenbremsen mussten aber wieder durch die herkömmlichen Trommelbremsen ersetzt werden, da die CSI diese Modifikation nicht zuließ. Aus Gewichtsgründen waren bei dieser von Scaglietti in Aluminium karossierten Berlinetta alle Fenster außer der Windschutzscheibe aus Plexiglas. Es entstanden sieben Fahrzeuge (Fgst.-Nr. zwischen 1377GT und 1523GT).

Produziert 1959, 7 Exemplare
Fgst.-Nr. zwischen 1377GT und 1523GT

NÜRBURGRING '59

Stirling Moss präsentierte sich nach seinen Siegen in den Jahren 1956 und 1958 erneut als unbezwingbarer „Herrscher des Nürburgrings" und wies mit seinem Aston Martin DBR 1/300 die Konkurrenz der Scuderia Ferrari in die Schranken. Auch sein Copilot Jack Fairman, der nach einem unglücklichen Dreher und einem Ausflug in die Eifelwälder die Führung zwischenzeitlich an Gendebien und Hill abgab, konnte nicht verhindern, dass Moss schlussendlich vor den Testa Rossa ins Ziel ging. Nach 7 Stunden, 33 Minuten und 18 Sekunden trennten ihn 39 Sekunden von den Zweitplatzierten Hill/Gendebien, während Behra und Brooks mit dem Werks-TR '59 den achtbaren dritten Platz erstritten, gefolgt von Gurney und Allison auf Rang fünf.

LE MANS '59

Von den Sportwagenrennen, die für den „Coupe des Constructeurs" gewertet wurden, galt Le Mans stets als das „Königsrennen". So verwundert es nicht, dass Rennleiter Romolo Tavoni fast das Blut in den Adern gefror, als Jean Behra seinen Wagen im Eifer des Startgefechts gleich zweimal abwürgte und nach der Einführungsrunde lediglich als 16. die Tribünen passierte. Der kleine Franzose legte jedoch ein Höllentempo vor und arbeitete sich so lange mit Elan durch den Pulk der vor ihm liegenden Wagen, bis er in der 18. Runde endlich in Führung lag. Obwohl Rennleiter Tavoni pausenlos „go slow" signalisierte, distanzierte Behra seine Kontrahenten Minute um Minute.
Wie am Nürburgring war auch an der Sarthe Moss der „Lockvogel" des Aston-Martin-Teams, der die Ferrari anheizen solte, dem mörderischen Tempo zu folgen. Den Piloten blieb nichts anderes übrig, als die Maschinen ständig zu überdrehen, womit der Hitzetod der hochgezüchteten Aggregate vorprogrammiert war. Zuerst erwischte es Cliff Allison und „Nano" da Silva-Ramos, der seinen einzigen Werkseinsatz vorzeitig mit Motorschaden abbrechen musste. In der neunten Stunde brach Gurney, der Behra abgelöst hatte, den Schalthebel ab, und nach insgesamt 129 Runden stellte auch er seinen TR '59 mit durchgebrannter Kopfdichtung in die Boxen. Von den drei privat eingesetzten TR 250 war keinerlei Unterstützung mehr zu erwarten, da diese bis zur 8. Stunde sämtlich ausgefallen waren.

Die „Interim-Berlinetta" basierte auf dem langen Chassis des 250 GT „Tour de France". Der modellgepflegte „Testa Rossa" von 1959 (links) trug eine eher konventionelle Karosserie.

So lastete die ganze Bürde, die Ehre der sieggewohnten Traditionsmarke zu retten, auf Phil Hill und Olivier Gendebien, die tatsächlich um 2 Uhr in der Nacht die Spitze übernahmen. Nach neun Stunden Führungsarbeit und mit einem Vorsprung von mehr als zwei Runden erlag jedoch auch ihr Zwölfzylinder dem Hitzetod. Während die Aston Martin mit einem triumphalen Doppelsieg ins Ziel einzogen, hatte keiner der sechs gestarteten Testa Rossa die Schlacht überlebt. Einzig die vier ins Rennen gegangenen 250 GT liefen nach wie vor einwandfrei und belegten die Plätze drei bis sechs.

TOURIST TROPHY '59

Bei der am 5. September in Goodwood stattfindenden „24th R.A.C. Tourist Trophy" musste die Scuderia auf Jean Behra verzichten, der am 1. August bei einem nicht zur Meisterschaft zählenden Sportwagenrennen über den Kurvenrand der berüchtigten AVUS-Nordkurve geraten war und dabei den Tod gefunden hatte. Natürlich schoss Moss nach olympiareifem Le-Mans-Start als erster los, gefolgt von Phil Hill, der allerdings den Fehler beging, den enteilten Aston Martin möglichst schnell wieder einholen zu wollen, wobei er den Zwölfzylinder überdrehte und noch in der ersten Runde mit Ventilschaden aufgeben musste.
Nachdem der führende Aston Martin DBR 1/300 beim Tankstop in Flammen aufgegangen war, konnte der Commendatore noch einmal hoffen, da ein zweiter Platz zur Titelverteidigung genügt hätte. Aber es half alles nichts: Moss, der den Wagen von Shelby und Fairman übernahm, war an diesem Tage einfach nicht zu schlagen. Tavoni befahl Tony Brooks, alles aus dem in dritter Position liegenden TR '59 herauszuholen. Leider suggerierten die Boxensignale dem Briten, dass er inzwischen vor und nicht hinter dem Zweitplatzierten von Trips (Porsche) lag. Zu spät bemerkte er seinen Irrtum und wurde bei seiner Hatz auf den Porsche mehrere Runden von Moss abgeblockt. Am Ende passierte Brooks zwei Sekunden hinter „Taffy" von Trips das Ziel als Dritter, womit die Scuderia nach 1955 zum zweiten Mal den Marken-Weltmeistertitel verloren hatte.

DIE REVANCHE 1960

In den Wintermonaten hatte man in Maranello emsig an der Modernisierung der altgedienten TR '59 gearbeitet, die entsprechend Anhang „C" des FIA-Reglements mit einer über die ganze Breite reichenden Windschutzscheibe (Mindesthöhe 25 cm), größerer Bodenfreiheit (12 cm) und einem „Gepäckraum" ausgestattet werden mussten. Immer wieder protestierten die Sportwagenpiloten gegen die neue Scheibe, die bei Regen, Nebel oder Verklebungen durch Schmutz und Fliegen zur echten Gefahr werden konnte.

BUENOS AIRES '60

Wie schon 1958 begann die WM mit Argentiniens berühmter „Temporada", den 1000 Kilometern de la Ciudad von Buenos Aires. Bereits im Training markierte Phil Hill mit dem neuem TR '59/60 einen Rundenrekord und so seine Anwartschaft auf den Sieg. In den ersten beiden Stunden führten jedoch Masten Gregory und Dan Gurney an Bord des taufrischen Camoradi-Maserati T61 Birdcage, die jedoch in der 57. Runde mit Getriebeschaden aufgeben mussten. Nach 106 absolvierten Umläufen des skurrilen Kurses, der aus dem Autodromo Municipal und einem Teilstück der „General La Paz"-Autobahn bestand, passierte Hill als strahlender Sieger die schwarzweiß karierte Flagge, gefolgt von Ginther und von Trips im zweiten Werks-TR.

Äußerst spektakulär agierten Ludovico Scarfiotti und Altmeister Froilàn Gonzales mit dem 2,4 Liter Frontmotor-Dino, die in ihrem Übereifer mehrfach von der Bahn kreiselten, bevor sie nach 39 Runden mit Zündaussetzern ausschieden.

SEBRING '60

Die 12 Stunden von Sebring begannen in diesem Jahr mit einem Eklat, da der Veranstalter die Verwendung des von Amoco gelieferten Superbenzins vorschrieb. Die Teams von Porsche und Ferrari, die einen Exklusivvertrag mit einer anderen Mineralölgesellschaft hatten, verweigerten dies strikt und boykottierten offiziell das Rennen.

So nutzte Luigi Chinetti die Gelegenheit, sich den Buenos-Aires-Sieger-TR für sein North American Racing Team (N.A.R.T.) auszuborgen. Chuck Daigh und Richie Ginther hielten sich fünf Stunden in aussichtsreicher Position, bis eine defekte Zylinderkopfdichtung alle Hoffnungen zunichte machte. Obwohl drei Runden später auch noch die Kupplung des Dino 196S der Rodriguez-Brüder versagte, fanden sich am Ende sieben Ferrari unter den ersten zehn Plätzen, darunter drei 250 GT California Spyder! Am besten schlugen sich Pete Lovely und Jack Nethercutt, die mit ihrem TR '59 die dritte Position belegten und damit für Ferrari die Kastanien aus dem Feuer geholt hatten.

TARGA FLORIO '60

Die am 8. Mai ausgetragene Targa Florio sollte der Scuderia wieder kein Glück bringen. Schon während des Trainings demolierte Allison den erstmals offiziell eingesetzten TRI '60, der sich durch eine unabhängige Hinterradaufhängung („independent rear suspension", daher das „i" in der Modellbezeichnung) von seinem Vorgängermodell abhob. In Runde fünf verabschiedete sich Richie Ginther mit dem einzigen ins Rennen gegangenen TR '59/60, als er aus einer Kurve rutschte und den Fantuzzi-Spider frontal gegen einen Baum setzte. Dem Commendatore war bewusst, dass seine schwerfälligen Zwölfzylinder den schwächeren, aber handlicheren Porsche in Sachen Wendigkeit klar unterlegen waren. Aus diesem Grunde

250 TRI `60 FANTUZZI SPIDER

V12 - 2953 ccm - 300 PS bei 7200/min

Anlässlich des Le-Mans-Testtages am 9. April 1960 stellte Ferrari den neuen TRI `60 vor. Das „I" in der Typenbezeichnung deutete auf die verwendete Einzelradaufhängung hin („independent suspension"). Das Fahrgestell war nochmals überarbeitet und auf einen Radstand von 2250 mm verkürzt worden. Das Getriebe war überarbeitet worden, und es wurden innenbelüftete Bremsscheiben verwendet. Auch das Gesamtgewicht konnte mit neuerdings 685 kg nochmals deutlich gesenkt werden. Die 1960 parallel zum TRI eingesetzten 250 TR erfuhren gegenüber dem Vorjahr nur kleine Änderungen. Zwei TR `59 wurden an Kunden verkauft, das Fahrgestell der anderen drei TR `59 auf 2280 mm gekürzt und somit zu „TR `59/60" (Fgst.-Nr. 0770TR, 0772TR, 0774TR). Der sichtbare Tankeinfüllstutzen wurde von der Mitte des Kofferraumdeckels in die Kopfstützenverkleidung verlegt, und die Windschutzscheibe musste wegen der neuen Vorschriften der CSI erhöht werden.

Produziert 1960, 2 Exemplare
Fgst.-Nr. 0780TR, 0782TR

DINO 246S FANTUZZI SPIDER

V6 - 2417 ccm - 248 PS bei 7500/min

Seinen Ursprung verdankt der Motor des Dino 246 S dem Erfolg des 1956 von Alfredo Ferrari und Vittorio Jano entworfenen Formel-2-Triebwerks vom Typ 156 F2. Die ersten zwei Prototypen des Dino waren noch mit vier Nockenwellen ausgerüstet und wiesen einen Zylinderwinkel von 65° auf. Doch bereits 1959 entstanden Motoren der zweiten Generation mit je einer obenliegenden Nockenwelle und einem Zylinderwinkel von 60°. Die Karosserie des 246 S mit der reglementbedingten hohen Windschutzscheibe kam von der Carrozzeria Fantuzzi.

Produziert 1960, 2 Exemplare
Fgst.-Nr. 0778, 0784

▲ *Ölstandskontrolle bei einem 250 TR '60 während der Targa Florio 1960.*

unterstützte er seine „Lieblinge" durch drei Dino-Sechszylinder, die auf dem mit 702 Kurven gespickten „Circuit de Madonie" besser zurecht kamen. Hill und von Trips landeten mit sechsminütigem Rückstand auf den siegreichen Porsche RS 60 in zweiter Position, gefolgt von Ludovico Scarfiotti und Willy Mairesse sowie den Rodriguez-Brüdern auf dem vierten bzw. siebten Platz.

NÜRBURGRING '60

In der Nebelschlacht auf dem gefürchteten Nürburgring triumphierte zum dritten Mal in Folge Stirling Moss, der diesmal im 2,9-Liter-Maserati des Camoradi-Teams Platz genommen hatte. Während Porsche mit Bonnier und Gendebien sechs Zähler kassieren konnte, retteten Allison, Mairesse und Phil Hill das Ferrari-Team mit vereinten Kräften vor dem drohenden Untergang. Zuvor hatten die 2,4-Liter-Dino von Ginther (Kopfdichtung) und Scarlatti (Feuer beim Betanken), sowie von Trips' TRI '60 (Kopfdichtung) nacheinander die Segel gestrichen.
Wäre Phil Hill, der den abgeschlagenen TR '59/60 in vierter Position übernommen hatte, nicht beim Überrunden langsamer Konkurrenten behindert worden, hätte es vielleicht noch zu einem zweiten Rang gereicht. So führte nun aber Porsche mit 26 Zählern deutlich vor der Scuderia Ferrari, die bisher lediglich 22 Punkte verbuchen konnte.

LE MANS '60

Die am 26. Juni stattfindenden 24 Stunden von Le Mans mussten die Entscheidung bringen, und nur ein Sieg konnte das Blatt für Ferrari noch wenden. Aus diesem Grunde fuhr die Scuderia alle verfügbaren Geschosse auf: Insgesamt gingen 12 Ferrari ins Rennen, von denen die Hälfte das Ziel erreichen sollte. Im Training hatte Masten Gregorys Maserati „Birdcage" klar dominiert, und genauso souverän setzte sich der junge Amerikaner in den ersten Stunden des Rennens auch an die Spitze, verfolgt von einer Meute von sechs Testa Rossa. Am dichtesten blieb ihm Olivier Gendebien auf den Fersen, den Ferrari eigens für dieses Rennen verpflichtet hatte. Das Cockpit des konventionellen TR '59/60 teilte er sich mit dem rennerfahrenen Motor-Journalisten Paul Frère, der hier sein größtes Rennen fahren sollte. Das belgisch-amerikanische Gespann Mairesse/Ginther hielt lange mit dem neuen TRI '60 den zweiten und später den dritten Platz, bis der Werkswagen mit Getriebeschaden ausfiel. Geradezu sensationell behauptete sich der erst achtzehnjährige Ricardo Rodriguez, der mit dem N.A.R.T.-TR '59 unterwegs war.
Um ein Haar wäre das ganze Unternehmen „Le Mans" für Ferrari gescheitert. Normalerweise hätte nämlich der erste Tankstopp etwa in der 30. Runde vonstatten gehen sollen - so lange, das hatten die Berechnungen Tavonis ergeben, würden die 120 Liter Superbenzin im Heck der Testa Rossa reichen. Während der zweiten Stunde überprüfte Chefingenieur Carlo Chiti jedoch die Verbrauchstabellen, wobei er konstatierte, dass Änderungen an der Hinterachsübersetzung und am Auspuffsystem nicht berücksichtigt worden waren. Die roten Boliden hatten bereits 25 Runden zurückgelegt, als Tavoni Boxentafeln mit dem Befehl „sofort reinkommen" zeigen ließ. Zu spät für von Trips und Scarfiotti, die mitten auf der Strecke mit trockenen Tanks stehen blieben. Mehr Glück hatte Gendebien, der ohne einen Tropfen Benzin rollend die rettenden Boxen erreichte. Nach dem von Tavoni erwarteten Ausfall der schnellen Birdcage, fuhren Gendebien und Frère mit großem Vorsprung dem Sieg entgegen, wobei sie exakt 4.217,527 Kilometer zurücklegten. Als Zweite konnten sich der junge Mexikaner Ricardo Rodriguez und André Pilette aus Belgien platzieren, die vom Ausfall des Duos Mairesse/Ginther in der 17. Stunde profitiert hatten. Rang vier ging an Fernand Tavanos privat eingesetzten 250 GT, der sich knapp vor drei weiteren SWB-Berlinetten ins Ziel rettete.
Ferrari hatte mit seinem vierten Sieg in Le Mans endlich Revanche für die im letzten Jahr erlittene Niederlage genommen und damit erneut die Markenweltmeisterschaft erkämpft.

1961 FERRARI WELTMEISTER ALLER KLASSEN

Carlo Chiti, dem beleibten Florentiner Chefingenieur der Scuderia Ferrari, war es gelungen, seine Mitarbeiter davon zu überzeugen, dass die Wettbewerbsfähigkeit der roten Renner zukünftig nur über die Reduktion des Cw-Wertes erhalten werden könnte. Das Ergebnis seiner ersten Windkanalversuche war der Testa Rossa der Saison 1961, über dessen Stummelheck sich ein etwa 12 cm hohes Luftleitblech zog, das als „Spoiler" in die Geschichte eingehen sollte. ´

SEBRING '61

Aus Furcht vor der erneut erstarkten Konkurrenz setzte Ferrari alles daran, den Auftakt zur Sportwagen-WM, die 12 Stunden von Sebring zu gewinnnen. Offiziell meldete die Ferrari SEFAC SpA (Società per Azioni Esercizio Fabbriche Automobile e Corse) drei Werkswagen, die von acht privaten Sportwagen und drei zusätzlichen GT-Modellen unterstützt wurden. Nach dem Ausfall von Stirling Moss und Masten Gregory, die mit den Camoradi-Maserati „Birdcage" dem Feld bereits in den ersten Runden enteilt waren, führten völlig unerwartet die mexikanischen Rodriguez-Brüder auf dem speziell präparierten N.A.R.T.-TR '59/60. Gegen 11 Uhr übernahm Richie Ginther mit dem Werks-Dino-246 die Führung, die „Taffy" von Trips jedoch zwei Stunden später mit einer sehenswerten Pirouette ins Infield wieder vergab. Bis zur 121. Runde bauten Pedro und Ricardo Rodriguez ihren Vorsprung auf über 16 km aus, bis bei Einbruch der Dämmerung die Lichtmaschine des Zwölfzylinders den Dienst versagte. Der Sieg ging daher an das eingespielte Langstrecken-Duo Phil Hill und Olivier Gendebien, die mit dem erstmals eingesetzten TR '61 1757 km absolvierten. Kurioserweise wurde Phil bei seiner Zieldurchfahrt nicht mit der karierten Flagge empfangen, da man diese zuvor dem vermeintlichen Gewinner Ritchie Ginther gezeigt hatte. Ginther und von Trips, die den anfänglich von Mairesse und Baghetti pilotierten „Zwitter-TRI" '60/61 in fünfter Position übernommen hatten, erstritten mit ihrem beherzten Fahrstil aber nur den zweiten Platz, eine Runde vor den glücklosen Rodriguez-Brüdern und dem vierten TR (Sharp/Hissom). Dem Erzrivalen Porsche blieben somit nur zwei Punkte, die Holbert und Penske auf einem RSK erkämpften.

TARGA FLORIO '61

Tribune di Cerda, 30. April 1961: Wie schon im Vorjahr versprachen die 10 Runden auf dem anspruchsvollen „Piccolo Circuito della Madonie" in Sizilien ein spannungsgeladenes Rennen zu werden, ganz im Sinne von Vicenzo Florio, der 1906 die Targa Florio ins Leben gerufen hatte. Zum ersten Mal seit der Einführung des Testa Rossa verzichtete der Commendatore auf den Start seiner geliebten Zwölfzylinder. Statt dessen konzentrierten sich alle Kräfte auf die

Strahlende und tragische Helden: Phil Hill (Mitte) wurde 1961 Formel-1-Weltmeister, Pedro Rodriguez (unten) blieb der Erfolg lange verwehrt, und Wolfgang Graf Berge von Trips (links, mit Rennleiter Carlo Chiti) verlor in Monza bei einem Formel-1-Rennen sein Leben.

Führung, der zwischenzeitlich wieder den schwach fahrenden Graham Hill abgelöst hatte. Nichts schien den schnellen Briten aufhalten zu können, der den kurz zuvor aufgestellten Rundenrekord erneut unterbot. Noch lag jedoch ein Sieg für die Scuderia Ferrari in Reichweite, und so bestimmte Rennleiter Tavoni den ungestümen Graf Berghe von Trips als Schlussfahrer für die beiden letzten Runden. Von Trips konnte nicht ahnen, dass der führende Camoradi-Porsche von Stirling Moss nach fast siebenstündiger Tortur auf der langen Buofornello-Geraden, nur vier Minuten vom Ziel entfernt, die Waffen strecken würde. „Taffy" fuhr, als wäre ihm Leibhaftige auf den Fersen: In seiner letzten Runde blieben die Chronometer bei unglaublichen 40:03,4 min stehen, was einen Stundenmittel von 107,48 km/h entsprach.

Erstmals hatte mit dem 246 SP ein Ferrari mit Mittelmotor gesiegt, und damit war das Ende der Frontmotor-Ära eingeläutet.

beiden 246 SP, die aufgrund ihres geringeren Kampfgewichtes und der besseren Gewichtsverteilung auf dem kurvenreichen Gebirgskurs deutliche Handlingvorteile boten. Die schwierigen Streckenverhältnisse forderten bereits in der ersten Runde ihr Opfer: Phil Hill touchierte bei der Abfahrt nach Collesano einen Randstein und landete im Straßengraben. Fast hätte er zuvor sogar Graf Berghe von Trips mit ins Unglück gerissen, den er bei dem gewagten Überholmanöver böse abgedrängt hatte. Während Stirling Moss seinen Vorsprung mit dem Camoradi-Porsche RS 61 bis zum Fahrerwechsel in der vierten Runde kontinuierlich ausbaute, konnte „Taffy" den Abstand auf den zweitplatzierten Porsche von Jo Bonnier verringern. Als kluger Schachzug erwies sich Tavonis Entscheidung, Gendebien den verbleibenden Werks-Ferrari zu überlassen, denn der Belgier erkämpfte sich mit einem neuen Streckenrekord die Spitzenposition. Als Gendebien in Runde acht in einem Bergdepot Benzin fassen musste, eroberte Moss wieder die

NÜRBURGRING '61

Am 28. Mai schickte die Scuderia die beiden 246 SP auf den mit 176 Kurven gespickten Nürburgring, unterstützt von Chinettis N.A.R.T.-TR (zwischenzeitlich auch mit dem „Haifischmaul" ausgestattet), dem man volle Werksunterstützung garantiert hatte. Wie inzwischen üblich, ging erst einmal ein wild davonstürmender Stirling Moss im 1700er Porsche in Führung. Ihm dicht auf den Fersen folgte Phil Hill, der in der zweiten Runde die Führung übernahm. Runde für Runde verbesserte er den bestehenden Streckenrekord für Sportwagen, bis die Uhren im achten Umlauf sensationelle 9:15,8 min anzeigten. In der 16. Runde schlug aus heiterem Himmel das Wetter um: Regen und Schnee behinderten die

250 TRI `61 FANTUZZI SPIDER

V12 - 2953 ccm - 315 PS bei 7500/min

Ingenieur Carlo Chiti war verantwortlich für die neue Formgebung der 250 TRI `61. Er hatte die Bedeutung der strömungsgünstigen Formgebung erkannt, und anhand zahlreicher Versuche in einem Windkanal entstand die neue Form der 250 TRI `61 und Dino.

Der hinter dem Cockpit erhöhte Teil der Karosserie ging am Ende einer verlängerten Haube in einen auffallend steilen Spoiler über. Die Windschutzscheibe wurde entlang der Türen bis ganz nach hinten gezogen. Alle Sportmodelle, ob mit Front- oder Mittelmotor, konnten mit dieser Karosserieform - wiederum von Fantuzzi hergestellt - eingekleidet werden. Die neue Frontpartie bestand aus zwei ovalen, in eine flache Spitze auslaufenden Kühleröffnungen, oft „Haifischmaul" (oder „sharknose") genannt und das Erkennungszeichen aller 1961 gebauten Renn-Ferrari.

Durch den auf 2324 mm verkürzten Radstand musste der weiterhin etwas von der Mitte nach links verschoben eingebaute Motor tiefer im Fahrgestell platziert werden. Der Dreilitermotor leistete 315 PS bei 7500/min. Es entstanden nur zwei TRI 61 (Fgst.-Nr. 0792TR, 0794TR).

Produziert 1961, 2 Exemplare
Fgst.-Nr. 0792TR, 0794TR

DINO 246 SP FANTUZZI SPIDER

V6 - 2417ccm - 270 PS bei 8000/min

Die am 13. Februar 1961 veranstaltete Ferrari-Pressekonferenz zur Vorstellung des neuen 246SP barg eine Sensation: Erstmals hatte Ferrari ein Mittelmotor-Fahrzeug gebaut.
Der Dino-V6-Motor, jetzt wieder mit 65°-Zylinderwinkel und vier obenliegenden Nockenwellen, war hinter dem Fahrer eingebaut. Der 246 SP wies Einzelradaufhängungen vorne und hinten auf und war mit Scheibenbremsen ausgerüstet, die an der Hinterachse direkt am Differenzialgehäuse angelenkt waren, wie beim Formel-1-Rennwagen. Der Motor des 246SP leistete 270 PS bei 8000/min. Es entstanden nur zwei Fahrzeuge (Fgst.-Nr. 0790, 0796).

Produziert 1961, 2 Exemplare
Fgst.-Nr. 0790, 0796

Akteure. Von Trips, der Hill abgelöst hatte, behauptete jedoch die Führung vor dem Moss-Porsche, Casner (Maserati), Rodriguez (TR '60/61) und Ginther auf dem zweiten 246 SP.
Nach dem nächsten Fahrerwechsel überschlugen sich die Ereignisse: Die Dino-Motoren entwickelten durch die in den Motorraum eindringenden Wassermassen Zündaussetzer, und Moss holte auf. Kurz bevor er jedoch vorbeiziehen konnte, platzte der Motor des kleinen Porsche-Vierzylinders, und er musste seine Chancen auf den fünften Sieg am Ring begraben. Es sollte aber auch nicht der Tag der Ferrari werden, denn drei Runden später rutschte Phil Hill mit dem SP von der Strecke. Der Wagen fing sofort Feuer, doch wie durch ein Wunder entkam der Amerikaner unverletzt. Bedingt durch diese Ausfälle führten überraschend Casner und Gregory, die mit dem Maserati Tipo 61 „Birdcage" des Camoradi-Teams den Sieg heimfuhren. Die mexikanischen Rodriguez-Brüder bestritten ein fehlerfreies Rennen und hatten bis zum Ende durchaus noch Chancen auf den Gesamtsieg.
Ricardo avancierte zum tragischen Helden des Rennens: Kurz bevor er zum führenden Maserati aufschließen konnte, platzte der rechte Vorderreifen. Auf gebrochener Felge jonglierte er den TR in die Boxen und wurde dafür mit dem zweiten Rang belohnt. Wie schon bei der Targa Florio setzte Rennleiter Tavoni in der Schlussphase des Rennens von Trips in den zweiten 2,4-Liter-Werkswagen. „Taffy" brachte das Kunststück fertig, sich in den verbleibenden 12 Runden vom zehnten auf den dritten Rang zu verbessern.

LE MANS '61

Bei den 24 Stunden von Le Mans richteten sich die Hoffnungen der Scuderia wieder auf die Zwölfzylinder. Phil Hill und Olivier Gendebien, seinerzeit das wohl erfolgreichste Langstreckenduo, erhielt den brandneuen TR '61, mit dem Hill im April-Training sämtliche Rekorde pulverisiert hatte. Enzo Ferrari zeigte sich tief beeindruckt vom Talent der mexikanischen Rodriguez-Brüder, weshalb er sich gegen den Willen seines Rennleiters Tavoni entschloss, den

GTO ante portas: Verschiedene Experimente ebneten dem später übermächtigen Dreiliter-GTO den Weg. So auch diese Berlinetta mit einer abgespeckten SuperAmerica-Karosserie und einem waschechten Testa-Rossa-Triebwerk.

zweiten TR '61 an Luigi Chinettis North American Racing Team (N.A.R.T.) auszuleihen. Von Anfang an lieferten sich die TR '61 ein heißes Kopf-an-Kopf-Rennen, bei dem beide Parteien Tavonis „Go slow"- Signale ignorierten. Gegen 4 Uhr morgens mußte der Rodriguez-Wagen wegen auftretender Zündprobleme außerplanmäßig an die Boxen. Tavoni, ohnehin erzürnt über die selbstherrliche Entscheidung des Commendatore, ließ die Mechaniker mit Bedacht langsam arbeiten, so dass Hill und Gendebien einen komfortablen Vorsprung von vier Runden herausfahren konnten. In der 17. Stunde kam von Trips' in zweiter Position liegender Werks-Dino mit leergefahrenem Tank zum Stillstand - wieder hatten Fehlkalkulationen des Teams zum Ausfall eines erfolgversprechenden Wagens geführt. Die verzweifelt kämpfenden Rodriguez-Brüder fuhren mit Abstand die schnellsten Rundenzeiten, bis ihnen in der 23. Stunde ein gebrochenes Pleuel ein gewaltiges Loch in den Motorblock schlug. Hill und Gendebien triumphierten nach 4476,58 km mit neuer Rekorddistanz zum zweiten bzw. dritten Mal als Sieger des prestigeträchtigsten Rennens der Welt. Der zweite Platz ging an Willy Mairesse und den Neuling Mike Parkes im TR '60/61, gefolgt vom begisch-französischen Team Guichet/Noblet, die mit ihrer 250 GT Berlinetta gleichzeitig die GT-Wertung gewannen.

PESCARA '61

Obwohl der letzte Lauf der WM, die 4 Stunden von Pescara, in punkto Marken-WM nur noch reine Formsache war, konnte Ferrari dieser Veranstaltung auf italienischen Boden nicht fernbleiben. Während Ginther und Baghetti mit dem 246 SP die Farben der Scuderia vertraten, schickte Domenico („Mimmo") Dei, der Besitzer des ortsansässigen Rennstalls „Scuderia Centro Sud", Lorenzo Bandini und Guido Scarlatti auf dem TR '60/61 ins Rennen. Zur Halbzeit erwischte es den Mittelmotor-Prototypen, der infolge eines gebrochen Lenkhebels ausscheiden musste. Davon völlig unbeeindruckt fuhr Lorenzo Bandini das Rennen seines Lebens: In der zweiten Runde fiel er bedingt durch einen unvorhergesehen Boxenstop weit zurück, um seine Hatz in 37. Position wieder aufzunehmen. Bandini wuchtete den großen TR mit Bärenkräften durch die engen Kurven, lag nach Runde 4 an zehnter und sechs Runden später bereits an dritter Stelle. Unter dem unbeschreiblichen Jubel seiner Landsleute ging er nach 23 Runden mit über 12 km Vorsprung durchs Ziel.

Mit 34 Punkten gewann Ferrari erneut überlegen den Marken-WM-Titel. Das glanzvolle Abschneiden der Testa Rossa, die zwischen 1958 und 1961 zehn der insgesamt 21 WM-Läufe gewinnen konnten, beendete aber gleichzeitig die Ära der Frontmotor-Boliden.

1962-1964

DIE GT-JAHRE

DIE UNSCHLAGBAREN GTO

1962 EIN FULMINANTER AUFTAKT

Der Beschluss der Fédération Internationale de l'Automobile (FIA), ab 1962 nur noch Fahrzeuge der Homologationskategorie „Gran Turismo" statt der gewohnten Rennsportwagen zuzulassen, erwies sich als weise Entscheidung. Somit kämpften erstmals „Serienwagen" um die Krone der neuen „Weltmeisterschaft der Marken", die in 8 Läufen für drei Hubraumklassen ermittelt werden sollte. Verständlicher Weise weigerten sich die Veranstalter der großen Rennen, die spektakulären Sportwagen und Prototypen völlig von der Teilnahme auszuschließen. Aus diesem Grund wurde parallel zur WM-Kategorie ein sogenannter „Sports Car Cup" ins Leben gerufen, in dessen Rahmen sich die Prototypen bis drei Liter Hubraum in vier Läufen messen durften. Zusätzlich initiierte der traditionelle Ausrichter der 24 Stunden von Le Mans, der französische Automobile Club de l'Ouest, noch eine dritte Kategorie, in der Prototypen bis vier Liter Hubraum startberechtigt waren. Diese als „Challenge Mondial de Vitesse et d'Endurance" bekannte Trophäe konnte nur diejenige Marke erringen, die sich bei allen vier Rennen (Sebring, Targa Florio, Nürburgring und Le Mans) beteiligt hatte.

Obwohl die Vielfalt zu einer ungeahnten Belebung des GT-Rennsports führte, verfehlte die Maßnahme dennoch ihr Ziel, da die Gewinner in den entsprechenden Hubraumklassen im Prinzip schon vor Beginn der WM-Läufe feststanden. Tatsächlich triumphierten Abarth, Porsche und Ferrari in jedem Rennen ihrer entsprechenden Kategorie, ohne dass ein anderer Gegner auch nur den Hauch eine Chance gehabt hätte. Zudem sorgte die Vielzahl von Kategorien und Hubraumklassen für Verwirrung unter den Zuschauern.

▲ *1962 bildete der 268 SP die Speerspitze der Ferrari-Protoypen-Armada. Das Bild zeigt die heute noch existierende Fgst.-Nr. 0798, aufgenommen beim Coys Historic Festival in Silverstone.*

SEBRING '62

Da die Scuderia Ferrari infolge des neuen Reglements offiziell auf eine Teilnahme an der WM verzichtet hatte, erschienen anlässlich der am 24. März ausgetragenen 12 Stunden von Sebring ausschließlich private Ferrari-Teams. Unter den insgesamt 65 Teilnehmern befanden sich elf Ferrari, darunter drei alte Testa Rossa, ein Front- und zwei Mittelmotor-Dino, sowie fünf 250 GT. Obwohl die Veranstaltung für die meisten Ferrari-Teams ausgesprochen erfolgreich verlief, hatten einige Teilnehmer auch weniger Glück. Während sich das amerikanisch-kanadische Duo Fulp und Ryan mit dem N.A.R.T.-Achtzylinder-Dino-248-SP nie richtig in Szene setzen konnte, fuhren die furchtlosen Rodriguez-Brüder ein brillantes Rennen. Bereits in der elften Runde übernahm Pedro die Führung, die Ricardo erst nach vier Stunden im Kampf um die Spitze wieder abgeben musste, als der Motorblock des 2,4-Liter-Dino-Sechszylinders undicht wurde. Am Ende triumphierten überraschend Lucien Bianchi und Joakim Bonnier, die den modifizierten TRI '61 des venezianischen Grafen Giovanni Volpi di Misurata mit zehn Runden Vorsprung ins Ziel brachten. Ein Erfolg, der nur durch den kapitalen Fehler eines „Plombeurs" (ein offizieller „Aufpasser" der Rennorganisation, der über die strikte Einhaltung des Boxenreglements wacht) zu Ungunsten von Stirling Moss und Innes Ireland möglich geworden war: Der gute Mann hatte übereifrig den Tankdeckel des in Führung liegenden N.A.R.T.-TRI '61 geöffnet, was die Mechaniker veranlasste, vorzeitig nachzutanken. Dies bedeutete aber einen Regelverstoß, den die Sportkommissare unnachgiebig mit der sofortigen Disqualifikation der beiden britischen Piloten ahndeten. Entscheidende WM-Punkte konnten die altgedienten Endurance-Haudegen Phil Hill und Olivier Gendebien verbuchen, die den ersten Renneinsatz der neuen GTO-Berlinetta in zweiter Position und damit als Sieger der GT-Wertung beendeten. Heute gilt Giotto Bizzarrini, der von Anfang an die Weiterentwicklung des 250 GT SWB Competizione vorangetrieben hatte, als geistiger Vater dieses vielleicht sensationellsten Straßensportwagens aller Zeiten („O" steht für „omologato" , italienisch für „homologiert").

TARGA FLORIO '62

Schon im Training zur Targa Florio eliminierte ein eingeklemmter Gaszug Phil Hill, der mit dem 268 SP wild fluchend von der Strecke rutschte. So lag es an den beiden verbliebenen Sechszylinder-Dino, den Angriff der Porsche-Armada abzuwehren. Schnellster Mann des Tages war einmal mehr der Belgier Willy Mairesse, der mit seinem

Ludovico Scarfiotti (links) und Lorenzo Bandini bewegten den 268 SP 1962 bei seiner Feuertaufe.

Unten: Ricardo Rodriguez, der jüngere der beiden schnellen mexikanischen Brüder.

246 SP nur 40:00,3 min. für den „Piccolo Circuit de Madonie" benötigte. Seine Copiloten Ricardo Rodriguez und Olivier Gendebien erwiesen sich als nicht wesentlich langsamer und verhalfen dem Mittelmotor-Ferrari mit 2,4 Litern Hubraum zu seinem zweiten Targa-Florio-Sieg in Folge. Obwohl sich auch Giancarlo Baghetti mit dem kleinen Dino 196 SP von der Strecke drehte, gelang es ihm und seinem Copiloten Lorenzo Bandini, den zweiten Platz vor dem neuen Achtzylinder-Porsche RS 62 für Ferrari zu sichern. WM-Punkte holte sich wiederum ein 250 GTO, den diesmal Ferraro und Scarlatti zum Erfolg führten.

NÜRBURGRING `62

Exakt drei Wochen später traf sich die komplette Fahrer-Elite zum siebten Internationalen ADAC-1000-km-Rennen auf dem Nürburgring. Die Veranstaltung begann mit einer kleinen Sensation, als Jim Clark mit dem vergleichweise winzigen Lotus 23 (1500 ccm) die ersten elf Runden vor der hubraumstarken Konkurrenz in Führung lag. Das eingespielte Duo Phil Hill und Olivier Gendebien hatte sich diesmal in einem 246 SP zusammengefunden. Die beiden markierten nach 7:33,28 den zweiten Ferrari-Nürburgringsieg nach 1953. Ihnen dicht auf den Fersen folgten Willy Mairesse und Mike Parkes mit der 330 GTO Berlinetta (#3673 SA), die mit nur 2:21,5 Minuten Rückstand die Ziellinie passierte. Eine verzweifelte Schlacht focht Pedro Rodriguez, der beim Start zunächst mit Anlasserproblemen liegen geblieben war und nun das ganze Feld von hinten aufrollen musste. Nach sieben Runden lag der wahnwitzige Mexikaner mit dem aufgebohrten N.A.R.T.-268-SP bereits in dritter Position, rutschte dann allerdings im Eifer des Gefechtes von der nassen Strecke und schied aus. Nicht viel besser erging es Lorenzo Bandini, der mit dem kleinen 196 SP an vierter Position liegend ohne Öl in die Boxen rollte. Trotz des Ausfalles der beiden gestarteten GTO ging auch in diesem Lauf der Sieg in der GT-Wertung an Ferrari. Vor allem die deutschen Piloten Peter Nöcker und Wolfgang Seidel lieferten dem begeisterten Heimpublikum mit ihrem SWB ein denkwürdiges Spektakel.

▲ *Blick in die improvisierte Ferrari-Box anlässlich der 24h von Le Mans.*

330 TRI FANTUZZI SPIDER

V12 - 3967 ccm - 390 PS bei 7500/min

Der letzte Testa Rossa: Obwohl die Ära der Frontmotor-Konstruktionen vorbei war und diese Bauweise bei der Scuderia Ferrari schon 1961 durch den Dino 246 SP mit Mittelmotor ersetzt wurde, baute Ferrari für 1962 den 330 TRI. Bei diesem Wagen handelte es sich um ein Versuchsmodell mit einem 4-Liter-Motor und einer Spider-Karosserie. Verwendet wurde ein V12-Motorblock aus der Produktion des 400 Super America mit 3967 ccm und einem Hub-Verhältnis von 77 x 71 mm, allerdings erheblich modifiziert. So erhielt der ursprünglich vom 250 GT abstammende Motor verschiedene Teile des Testa Rossa, z.B. Zylinderköpfe, Trockensumpf-Schmierung, spezielle Kolben, Ventiltrieb etc., was sich in einer Leistung von 390 PS bei 7500/min niederschlug.

Als Fahrgestell wurde das des 250 TRI `61 (Fgst.-Nr. 0780 umnummeriert in 0808) mit Doppelquerlenker-Aufhängungen vorne und hinten verwendet. Die hinteren Bremsscheiben waren direkt an der Getriebe-/ Differenzial-Einheit angeordnet.

Der Motor wurde immer noch leicht schräg nach links versetzt eingebaut, in einem auf 2420 mm Radstand verlängerten Rohrrahmen.

Produziert 1962, 1 Exemplar
Fgst.-Nr. 0808

250 GTO

V12 - 2953 ccm - 300 PS bei 7500/min

Als Ende 1961 durch die CSI bekannt gegeben wurde, dass ab 1962 die Sportwagen-Weltmeisterschaft für die GT-Fahrzeuge ausgeschrieben werde, war Ferrari darauf nicht unvorbereitet. Die Entwicklung des 250 GTO unter der Leitung von Giotto Bizzarrini war bereits weit fortgeschritten. Der 250 GTO war das einzige Auto, an dessen Entwicklung der Commendatore von Anfang an beteiligt war. Bis dahin war Enzo Ferrari der überzeugten Meinung, seine Autos seien so stark, dass die Aerodynamik eine unbedeutende Rolle spiele. Erst als sich verschiedene Fahrer der 250 GT Berlinetta über ein sehr instabiles Fahrverhalten bei hoher Geschwindigkeit beklagten, sah Ferrari ein, dass nur durch eine Verbesserung der Aerodynamik die erforderliche Erhöhung der Geschwindigkeit möglich war.

Anhand der im Windkanal der Universität von Pisa durchgeführten Versuche und Experimente entstand die heute legendäre GTO-Karosserie. An der flachen Schnauze und der (ursprünglich unbespoilerten) Abrisskante am Heck war klar ersichtlich, dass es sich hier um ein sehr schnelles Fahrzeug handelte. Mit Beginn der Produktion erhielten die ersten 250 GTO einen aufgesetzten Spoiler, der bei den später gebauten Exemplaren in die Karosserie integriert war. Den Radstand (2400 mm), die Vorderachskonstruktion und die Scheibenbremsen erbte der 250 GTO von der 250 GT Berlinetta. Der modifizierte V12-Motor mit einem Hubraum von 2953 ccm leistete beachtliche 300 PS bei 7500/min (100 PS/l). Das mit 6 Weber-Doppelvergaser vom Typ 38 DCN bestückte Triebwerk verhalf dem 250 GTO zu einer Spitzengeschwindigkeit von 300 km/h.

Es entstanden 36 Exemplare mit dem 3-Liter-Motor und drei mit dem 4-Liter-Motor (inklusive der 7 Serie-II-Modelle).

Produziert 1962 - 1964, 39 Exemplare
Fgst.-Nr. zwischen 3223GT und 5575GT

LE MANS ´62

Das am 23./24. Juni 1962 stattfindende 24-Stunden-Rennen von Le Mans hatte 1961 mit vorhersehbaren Ergebnissen und oft monotonem Rennverlauf viel von seinem Flair eingebüßt. Da half auch die eigens für das Rennen 1962 ins Leben gerufene „Versuchskategorie“ nicht, die dem letztgebauten Testa Rossa mit seinem Vierliter-Triebwerk erlaubte, doch an den Start zu gehen. Der von Hill und Gendebien pilotierte Bolide hörte auf die Bezeichnung 330 TRI und pulverisierte mit seinem 400 PS starken Motor alle bis dato bestehenden Le-Mans-Rekorde. Er setzten damit den glanzvollen Schlusspunkt unter die Rennkarriere der Frontmotor-Zwölfzylinder. Fast hätten die in Le Mans besonders strengen Sportkommissare kurz vor dem Start noch für eine echte Sensation gesorgt, als sie die Bodenfreiheit der beiden gemeldeten Dino überprüften. Damals wurden die Untersuchungen mit Hilfe einer exakt zwölf Zentimeter hohen Holzkiste durchgeführt, die unter den Wagen durchgeschoben wurde. Da die Schrauben zur Sitzverankerung bei den Dinos ein wenig aus dem Wagenboden herausragten, blieb das „Messinstrument“ hängen: Ein klarer Reglementsverstoß. Eugenio Dragoni, neuer „Direttore Sportivo“ der Ferrari SEFAC SpA., akzeptierte die Entscheidung der Sportkommissare nicht. Er drohte, die ganze Scuderia zurück nach Maranello zu schicken, wenn seine Dino nicht starten dürften. Die Drohung verfehlte ihre Wirkung nicht: Alle Ferrari gingen an den Start. Die extrem schnellen Vierliter-GTO-Berlinetta komplettierten das Werksquartett - leider gingen sie im Rennen sang- und klaglos unter. Als erstes erwischte es jedoch den Ferrari TRI 61 und die Experimental-Berlinetta („Breadvan“) der Scuderia „SSS Repubblica di Venezia“. In beiden quittierte zur vierten Stunde das Getriebe den Dienst. Die hitzigen Rodriguez-Brüder fuhren währenddessen einmal mehr wie besessen. Sie kämpften bis zur dreizehnten Stunde um die Führung, als um exakt 4:45 Uhr auch das Getriebe des 2,4-Liter-Dino versagte. Der Achtzylinder-Dino von Giancarlo Baghetti und Ludovico Scarfiotti hielt knapp fünf Stunden länger, bevor sich auch hier das Getriebe in seine Einzelteile zerlegte. Unter den zehn Erstplatzierten befanden sich trotzdem fünf Ferrari. Hinter den Gesamtsiegern Hill/Gendebien auf 330 TRI belegten Noblet/Guichet den zweiten, Eldé/Beurlys den dritten, Grossman/Roberts den sechsten und Hugus/Reed den neunten Rang, sie alle kamen auf 250 GTO ins Ziel.

Damit hatte der GTO, der die ganze Saison hindurch souverän die GT3-Kategorie dominiert hatte, seine Extraklasse eindrucksvoll unter Beweis gestellt und locker den Titel im Markenchampionat erkämpft. Enzo Ferrari hatte mit dem triumphalen Erfolg seiner Prototypen (vier Siege in vier Rennen) das gesteckte Ziel erreicht und zusätzlich den „Internationalen Preis für Schnelligkeit und Ausdauer“ für sich entschieden. Zu diesem Zeitpunkt entstand in Maranello bereits ein neuer spektakulärer Hybrid-Rennwagen, der die konzeptionellen Vorteile des Frontmotor-V12 und des Mittelmotor-SP miteinander verband.

1963
DIE ZUKUNFT GEHÖRT DEM MITTELMOTOR

In der Saison 1963 griff die Verwirrung in Bezug auf das Wettbewerbsreglement weiter um sich. Noch nicht einmal die FIA konnte sich auf eine zufriedenstellende Definition der Kategorien „GT-Wagen" und „GT-Prototypen" einigen. Einigkeit herrschte nur darüber, dass drei große Langstreckenprüfungen (Sebring, Nürburgring und Le Mans) für Prototypen ohne Hubraumlimit ausgetragen werden sollten. Die Boliden bis drei Liter Hubraum bekamen zusätzlich auf der Targa Florio und in Monza die Chance, um Meisterschafts-Punkte zu kämpfen. In der GT-Wertung sollten zudem noch Bergrennen und Rallyes das Championat ergänzen.
Da sich der Commendatore sicher sein konnte, dass seine GTO auch in diesem Jahr unschlagbar sein würden, überließ er die Gran-Turismo-Meisterschaft komplett den Privatrennställen und konzentrierte sich auf die GT-Prototypen-Kategorie. Am 4. März 1963 präsentierte Enzo Ferrari im Autodromo di Monza die Wettbewerbsfahrzeuge für die kommende Saison. Neben dem revolutionären Mittelmotor-Prototypen 250 P stellte er mit dem Vierliter-V12 330 LMB den letzten echten Ferrari-Frontmotor-Rennwagen vor, von dem nur drei Exemplare gebaut werden sollten. Der Nachfolger von Konstrukteur Carlo Chiti, der junge Mauro Forghieri, hatte die schwierige Aufgabe übernommen, das eingespielte Rennteam neu zu formieren. Heißblütige Novizen wie Nino Vaccarella und ehemalige Motorrad-Rennfahrer wie John Surtees wurden zur Verstärkung der bisherigen Pilotenriege angeheuert.

Lorenzo Bandini war 1963 zum erklärten Liebling von Enzo Ferrari aufgestiegen. Er brachte dem mit einem 2,6-Liter-V8 ausgerüsteten 268 SP das Laufen bei – und das Siegen.

SEBRING '63

Die „12 Hours of Sebring" in Florida fanden am 23. März auf dem inzwischen legendären Hendricks Airfield statt. Das Rennen sah zuerst die kurzfristige Führung von Phil Hill, der inzwischen die Position des Star-Piloten im gefürchteten Cobra-Team eingenommen hatte. Die anfängliche Freude in der „Schlangengrube" sollte indes nicht lange währen: Ab der zweiten Runde lagen stets die Wagen aus Maranello auf den vorderen Plätzen, mit Ausnahme der vierzehnten Runde, als sich Jim Hall mit seinem avangardistischen Chaparral kurzfristig in Front katapultierte. In den ersten neun Stunden bestimmte der 330 TRI/LM des N.A.R.T. das Geschehen auf der Piste, bis die Lichtmaschine des Frontmotor-Zwölfzylinders mit Beginn der Dämmerung den Dienst versagte. Eigentlich hätten die Streckenkommissare den „blinden" Wagen aus dem Rennen nehmen müssen. Die sonst so strengen Herren drückten aber beide Augen zu, was Graham Hill kurz vor Schluss fast noch den Kopf gekostet hätte, als er in kompletter Dunkelheit die „Esses"-Kurve schlichtweg verpasste und geradewegs ins Grün neben der Piste schoss. Wie ein Vampir im Dunkeln wartete er dann ab, um sich im Lichtkegel der folgenden Konkurrenten wieder auf die Piste zurückzustehlen. Trotz dieses Handicaps absolvierten er und Pedro Rodriguez 206 Runden, was ihnen schließlich den dritten Platz einbrachte. Am Ende feierte jedoch der 250 P mit einem Doppelsieg von Ludovico Scarfiotti und John Surtees sowie Willy Mairesse und Nino Vaccarella seinen furiosen Einstand. Insgesamt kamen zehn der zwölf gestarteten Vertreter aus Maranello ins Ziel, sechs von ihnen fanden sich auf den ersten Rängen wieder. Sieger der GT-Kategorie wurden überraschend Augie Pabst und Roger Penske im GTO des MECOM-Racing-Teams.

TARGA FLORIO '63

Für die Scuderia stellte der Führerscheinentzug des Sizilianers Nino Vaccarella und das für ihn daraus resultierende Startverbot für die am 5. Mai stattfindende Targa Florio ein böses Omen dar. Schon im inoffiziellen Training erwischte es Scarfiotti, der tatenlos zusehen musste, wie sein „Muletto", der 246-SP-Testwagen mit Zwölfzylinder-Motor, in Flammen aufging und völlig zerstört wurde. In der Startrunde dominierte Scarfiotti zwar auf dem 250 P, bereits im nächsten Umlauf verlor er jedoch wegen Störungen der Benzinzufuhr kostbare Zeit und fiel später ganz aus. Die Spitze übernahm sein Teamkamerad Parkes, der den Wagen nach vier Runden an Surtees übergab. Der junge Engländer geriet im Übereifer von der Strecke, und dabei schlug der Benzintank des zweiten Werkswagens leck. Die Ehre der Scuderia lastete von nun an auf dem Dino 196 SP, den Lorenzo Bandini bisher im Alleingang durch das Kurvengewirr der Targa manövriert hatte. Fairerweise überließ es Rennleiter Dragoni dem „arbeitslosen" Scarfiotti, den wendigen Zweiliter in Führung zu bringen und seine zuvor begangenen Fehler somit wieder auszubügeln. Zwei Runden vor Schluss übergab Scarfiotti mit komfortablem Vorsprung an Willy Mairesse, der den letzten Stint des Rennens übernehmen sollte. Kurz vor Rennende setzte jedoch sintflutartiger Gewitterregen ein. Mairesse verlor in der letzten Kurve die Kontrolle über den Rennwagen, drehte sich und touchierte eine Mauer. Dadurch wurde die Heckverkleidung aus ihren Verschlüssen gerissen. Die gewaltige Heckklappe des waidwunden 196 SP hinter sich herschleifend, überquerte Mairesse schließlich mit 11,8 Sekunden Rückstand auf den siegreichen Porsche die Ziellinie.

NÜRBURGRING '63

Das Rennen in der „Grünen Hölle" des Nürburgrings gehörte längst zu den Highlights der Saison. Im Jahr 1963 pilgerten über 250.000 Rennfans an die kurvenreiche Eifelstrecke, um das Duell Porsche gegen Ferrari „live" zu verfolgen. Anfänglich verlief für die Italiener alles nach Plan - die beiden 250 P lagen unangefochten in Führung - bis in der sechzehnten Runde eine sensationelle Meldung am Dunlop-Turm aufleuchtete: Der Porsche von Phil Hill und Jo Bonnier lag in Front. Was war geschehen?
Mike Parkes hatte beim Überholen in der Aremberg-Kurve die Poststraßenbrücke gestreift und dabei seinem 250 P ein Rad abgerissen, das führerlos über die Strecke sprang. Willy Mairesse, der seinem Teamkollegen dicht auf den Fersen war, hatte keine Chance mehr, auszuweichen. Sein Prototyp wurde schwer am linken Vorderwagen getroffen und musste mit einem Plattfuß zu den Boxen schleichen. Doch in der Eifel war das Glück auf der Seite der beiden Pechvögel der Targa Florio, Mairesse und Surtees. Nach erfolgtem Radwechsel und anschließender fulminanter Aufholjagd hätten sie zwar keine reelle Chance gehabt, die sieben Minuten Rückstand auf den Porsche wieder einzuholen. In der 21. Runde rutschte Hill jedoch von der Strecke und ebnete damit den Weg für einen weiteren Ferrari-Sieg. Der eigentliche Knüller der 1000

250 P

V12 - 2953 ccm - 310 PS bei 7500/min

1963 ging ein wichtiges Kapitel in der Geschichte von Ferrari zu Ende. Die Zukunft gehörte der Mittelmotor-Konstruktion.
Aus der Sicht der FIA sollte sich die Sportwagen-Weltmeisterschaft mehr in Richtung GT-Wagen verlagern und in drei Klassen ausgetragen werden (bis 1000 ccm, bis 2000 ccm und über 2000 ccm Hubraum), doch dem Automobile Club de l'Ouest als Organisator des 24-Stunden-Rennens von Le Mans erschien dies als zu wenig spektakulär und man befürchtete, die großen Zuschauerzahlen könnten ausbleiben. Darum entschied man, eine zusätzliche Klasse am Start zuzulassen. Mit dieser Idee vermochten sie auch noch die Organisatoren von Sebring, der Targa Florio und des 1000-km-Rennens vom Nürburgring zu begeistern, und so war die Prototypen-Weltmeisterschaft für Rennsportwagen doch noch gerettet.
Der erste Mittelmotor-Prototyp tauchte bereits im November 1962 bei Testfahrten im Autodromo di Modena auf. Es handelte sich um einen umgebauten 246 SP (Fgst.-Nr. 0796), dessen Rohrrahmen etwas verlängert wurde, um den 3-Liter-V12 des Testa Rossa aufnehmen zu können. Der 250 P hatte rundum Einzelradaufhängung und Scheibenbremsen, hinten innenliegend, d.h. direkt am Differenzialgehäuse angeordnet. Dahinter saß das unsynchronisierte Fünfganggetriebe, was den Vorteil bot, die Endübersetzung durch einfaches Auswechseln der Getriebewellen an Höchstgeschwindigkeiten zwischen 211 und 286 km/h anzupassen.
Die von Pininfarina entworfene Karosserie des 250 P wirkte nicht mehr so elegant wie die seines Vorgängers, des 246 SP. Der Wagen war trotz des verlängerten Radstands fünf Zentimeter kürzer, 19 cm breiter und 11 cm höher. Der zugleich als Spoiler wirkende Überrollbügel wurde beibehalten. Offiziell vorgestellt wurde der 250 P zusammen mit dem 330 LMB am 4. März 1963 auf der neu umgebauten Rennstrecke von Monza.

Produziert 1963, 4 Exemplare
Fgst.-Nr. 0810, 0812, 0814, 0816

1963 Rennsportwagen & Prototypen

Privatfahrer wie der Brite David Piper vertraten mit den 250 GTO die „inoffiziellen Werksfarben" und kümmerten sich nebenbei nicht selten auch auch um die Weiterentwicklung des erfolgreichen GT-Rennwagens. Das Bild links zeigt das Duo Piper/Gregory in Le Mans 1963, das unten stehende Bild den Piper/Cantrell-GTO am Nürburgring, ebenfalls 1963.

Kilometer war jedoch der zweite Platz von Noblet und Guichet, die mit ihren 250 GTO souverän die GT-Wertung für sich entschieden.

LE MANS `63

Beim „Grand Prix d'Endurance des 24 Heures du Mans", wie die offizielle Bezeichnung des international wohl bedeutendsten Langstrecken-Rennens lautete, gaben sich am 15. Juni 1963 nicht weniger als elf Ferrari die Ehre. An den Start gingen drei 250 P, drei 330 LMB und ein Vierliter-Testa-Rossa (der Vorjahres-Sieger der Prototypen-Kategorie). Vier private Teams meldeten ihre GTO, um die Meisterschaft in der Grand-Tourisme-Klasse unter sich auszumachen. Trotz des schwachen Abschneidens der bärenstarken 330 LM Berlinetta (zwei Ausfälle und ein magerer fünfter Rang im Gesamtklassement) entwickelte sich Le Mans 1963 für Ferrari zum totalen Triumph. Gegen 21 Uhr, also nach fünf Stunden, gaben die Roten in erdrückender Übermacht den Ton an. Unter den ersten zehn Wagen befand sich die sensationelle Zahl von acht Ferrari.
Den Tross führte John Surtees an, der mit seinem 250 P den bestehenden Rundenrekord auf sagenhafte 207,714 km/h steigerte. Stunden später fing der souverän in Führung liegende Prototyp Feuer, wobei sich Pechvogel Mairesse schwere Verbrennungen zuzog. Scarfiotti und Bandini, die schon seit der vierten Stunde mit ihrem 250 P in Lauerstellung gelegen hatten, übernahmen die Führung, die sie bis zum Schluss nicht mehr abgeben sollten. Ihnen folgte mit sechzehn Runden Rückstand der GTO des belgischen Teams Jean Blaton („Beurlys") und Gérald Langlois van Ophem. Nur 120 Meter trennten sie vom dritten 250 P von Mike Parkes und Altmeister Umberto Maglioli, die noch vor Mitternacht viel Zeit an den Boxen verloren hatten. Der undankbare vierte Rang ging ebenfalls an einen 250 GTO des belgischen Nationalteams, womit sich die schnellen Berlinetten wieder einmal gegen Cobra, Jaguar und die neuen Aston Martin 214 durchgesetzt hatten. Zum vierten Mal in Folge hatte ein Wagen mit dem schwarzen Hengst im Emblem an der Sarthe gewonnen.
Den neunten Ferrari-Titel in der Maken-WM besiegelten wie im Jahr zuvor die schnellen 250 GTO Berlinetta, die mit Ausnahme von Monza bei allen wichtigen Rennen mindestens einen Doppelsieg gelandet hatten.

330 LMB

V12 - 3967 ccm - 400 PS bei 7500/min

Als letzter mit Frontmotor-Prototyp von Ferrari entstand 1963 der 330 LMB. Er war eine Weiterentwicklung des 1962 entstandenen 4-Liter-GTO-Prototyps. Seine Karosserie ähnelte einerseits der des 250 GTO, verfügte andererseits aber auch über Elemente des 250 GT Lusso. Der Motor basierte auf dem 400 Super America mit je einer obenliegenden Nockenwelle und einer Zündkerze pro Brennraum. 77 mm Bohrung und 71 mm Hub ergaben einen Hubraum von 3967 ccm. Die Leistung betrug 400 PS bei 7500/min. Der Antrieb erfolgte über ein direkt am Motor angeflanschtes Viergang-Getriebe.

Produziert 1962 , 4 Exemplare
Fgst.-Nr. 4381SA, 4453SA, 4619SA, 4725SA

Jetzt erst recht: 1964

TRIUMPH AUF DER GANZEN LINIE

Eigentlich sollten die neuen 250 Le Mans Berlinetta zu Ferraris Wunderwaffe im Kampf um die Internationale Trophäe für GT-Wagen werden. Schon einmal hatte der Commendatore die FIA-Sportkommissare übertölpelt, als er ihnen den 250 GTO als optimierte Variante der SWB-Berlinetta verkaufte. Dieses Mal glaubte niemand mehr daran, dass Maranello wirklich die verlangten 100 Exemplare produzieren wollte, die zur Homologation notwendig waren. Damit blieb der 250 LM vor den Augen der Sporthoheit ein Prototyp. Basta.

▲ *Enzo Ferrari ließ gerne seine guten Beziehungen bei der FIA spielen.*

DAYTONA '64

Die GT-Saison begann am 16. Februar mit dem angesehenen „Daytona Continental"-Rennen, bei dem Carroll Shelbys neu entwickeltes „Cobra Aerodynamic Coupé" als stärkster Konkurrent eingeschätzt wurde. Tatsächlich dominierte der blaue Achtzylinder das Rennen, bis der Wagen beim Boxenstopp in Flammen aufging. Obwohl an Pedro Rodriguez' 250 GTO '64 der linke Vorderreifen explodierte, was den ganzen Aluminiumkotflügel zerfetzte, konnten er und Phil Hill das Rennen überlegen gewinnen. Ihnen folgten sechs weitere GTO, die die Plätze 2-3-5-9-11-12 einnahmen.

SEBRING '64

Insgesamt waren für 1964 drei neue 330 P produziert worden, die gerade noch rechtzeitig vor den 12 Stunden von Sebring fertiggestellt werden konnten. Als schnellster Ferrari-Pilot erwies sich wieder einmal John Surtees, der mit Lorenzo Bandini den Vierliter-Werks-Prototypen in dritter Position ins Ziel brachte. Weniger glücklich ver-

330 P

V12 - 3967 ccm - 390 PS bei 7500/min

Schon Ende 1963 war ein 250 P mit einem größeren Motor (4 Liter Hubraum) versehen und als „330 P" eingesetzt worden. Der vom 400 Superamerica abstammende Motor hatte sich schon 1963 im 330 TRI und 330 LMB bewährt. Das Ziel, die Leistung der Prototypen zu steigern, konnte mit dem 390 PS starken Motor erreicht werden. Trotzdem wurde der in Fahrerkreisen als handlicher geltende 275 P (320 PS) dem stärkeren Bruder vorgezogen. Der Gewichtsunterschied der bis auf den Motor identischen Fahrzeuge betrug beachtliche 30 kg. Die Ferrari mit den Fgst.-Nr. 0818, 0820 und 0822 wurden entweder mit Motoren des Typs 275 oder 330 bestückt.

Produziert 1964, 3 Exemplare
Fgst.-Nr. 0818, 0820, 0822

275 P

V12 - 3286 ccm - 320 PS bei 7700/min

Der 275 P entsprach im Grunde genommen dem 250 P, abgesehen von seinem auf 77 mm aufgebohrten Motor. Der Hubraum betrug nunmehr 3285 ccm, die Leistung erhöhte sich auf 320 PS bei 7700/min. Die Karosserie des 275/330 P unterschied sich durch verschiedene kleine Erkennungsmerkmale vom 250 P. So liefen Windschutzscheibe und Überrollbügel in gerader Linie zum Seitenfenster. Die Lufteinlässe zur Belüftung der hinteren Bremsen wurden etwas weiter nach vorne und oben auf dem Kotflügel platziert. Der Kraftstoff-Einfüllstutzen befand sich neu auf dem vorderen Kotflügel.

Produziert 1964, 3 Exemplare
Fgst.-Nr. 0818, 0820, 0822

lief das Rennen für Rodriguez und Fulp im 330 P '63 des N.A.R.T., der schon nach vierzig Runden wegen eines mangelhaft verankerten Reserverads die Segel streichen musste. Nicht viel besser erging es Graham Hill und Joakim Bonnier, die den 330 P '64 des britischen Ferrari-Importeurs Maranello Concessionaires mit Ölverlust abstellen mussten, nachdem sie von der 122. bis zur 134. Runde in Führung gelegen hatten. Noch übler spielte das Schicksal dem ersten 250 LM mit, im dem sich Tom O'Brian ein Auge verletzte, als die Windschutzscheibe zerbarst. Damit nicht genug: Während des Auftankens stieß jemand gegen den Starterknopf des 250 LM, woraufhin das ganze Auto sofort in Flammen aufging. Trotz aller Widrigkeiten beendete der 275 P von Parkes und Maglioli das Rennen als Sieger, gefolgt vom italienischen Duo Scarfiotti/Vaccarella, ebenfalls auf 275 P. Der beste GTO platzierte sich an siebter Stelle hinter drei Cobra-Ford, die damit überlegen die GT-Wertung gewannen.

TARGA FLORIO UND SPA '64

Im Jahr 1964 verzichtete der Commendatore aus persönlichen, bis heute mysteriös gebliebenen Gründen auf den offiziellen Einsatz seiner Prototypen bei der Targa Florio. Er überließ damit den wohlpräparierten Kunden-Ferrari das Feld. Der erste europäische WM-Lauf wurde leichte Beute der Porsche-Werksteams, das einen überlegenen Doppelsieg herausfuhr. Den Klassensieg in der GT-III-Wertung (fünfter Rang im Gesamtklassement) holten sich Ferlaino/Taramazzo mit ihrem modifizierten GTO '62/64.
Am 17. Mai startete die größte je bei einem Rennen eingeschriebene Zahl von Ferrari GTO beim „Grand Prix de Spa 500 km" in Francorchamps. Inmitten der belgischen Ardennen traten nicht weniger als elf der furchteinflößenden Berlinetten gegen die Porsche und Cobras an, und verwiesen sie schonungslos auf die Plätze. Nach zweieinhalb Stunden war der Spuk beendet: Die GTO, allen voran Mike Parkes, belegten die ersten vier Positionen.

250 LM

V12 - 2953/3286 ccm - 300/320 PS bei 7500/min

Der langsam in die Jahre kommende 250 GTO stand für eine Weiterentwicklung an, wollte Ferrari in der GT-Klasse weiterhin erfolgreich sein. Am Mittelmotor-Konzept führte kein weg vorbei, und so entstand auf der Basis des 250 P der 250 LM. Seine Herkunft konnte er nur schwer leugnen, handelte es sich doch klar um den mit einem Dach versehenen 250 P.
Enzo Ferrari schwebte vor, den 250 LM als Weiterentwicklung des 250 GT (250 GTO) in der GT-Klasse homologieren zu lassen, was jedoch misslang. Immerhin war schon 1962 beim 250 GTO Protest aufgekommen. Auf internationalem Terrain blieb dem 250 LM nichts Anderes übrig, als sich mit den reinen Prototypen zu messen.
Streng genommen hätte der Wagen „275 LM" heißen müssen, denn nur der Prototyp (Fgst.-Nr. 5149) erhielt einen 3-Liter-Motor. Alle danach gebauten 31 Exemplare wurden mit dem auf 3,3 Liter aufgebohrten Triebwerk versehen, das auch den 275 P antrieb. Die Leistung betrug 320 PS bei 7500/min. Im Werksteam wurde der 250 LM nie eingesetzt. Es war die Aufgabe der Privatteams und Kunden, seine Renntauglichkeit unter Beweis zu stellen. Nur drei Exemplare erhielten Linkslenkung, während alle anderen mit der im Rennsport üblichen Rechtslenkung ausgerüstet waren.

Produziert 1964 - 1965, 32 Exemplare
Fgst.-Nr. zwischen 5149 und 8165

250 GTO '64

V12 - 2953 ccm - 300 PS bei 7500/min

Der 250 GTO Jahrgang 1964 (Serie II) unterschied sich in Bezug auf Fahrgestell und Motor nicht von seinem Vorgänger. Er wies aber äußerlich eine Reihe von Modifikationen auf. Besonders auffällig war das scheinbar direkt vom 250 LM übernommene Dach, wobei zu bemerken ist, dass nicht alle Exemplare genau gleich aussahen. Einige waren mit einem Dachspoiler versehen, bei anderen Exemplaren fehlte er. Auch bei den Motorhauben gab es Unterschiede. Ein Teil der Fahrzeuge hatte Lufteinlassöffnungen, bei anderen fehlten sie. Es wurden lediglich drei von Grund auf neue Fahrzeuge gebaut, vier weitere waren rekarossierte Serie-I-Fahrzeuge (GTO '62/63).

Produziert 1964, 7 Exemplare
Fgst.-Nr. 3413GT, 4091GT, 4399GT, 4675GT, 5571GT, 5573GT und 5575GT

NÜRBURGRING '64

Mit dem am 31. Mai ausgetragenen ADAC-1000-km-Rennen auf dem Nürburgring kam es endlich zum lang erwarteten Duell Ford gegen Ferrari: Phil Hill und Bruce McLaren gingen mit dem neuen GT 40 an den Start. Nachdem der einsame US-Streiter allerdings schon in der vierzehnten Runde wegen einer gebrochenen Hinterachsstrebe aus dem Rennen fiel, konnte nichts und niemand den vierten Ferrari-Ring-Sieg in Folge verhindern. Innes Ireland wurde wegen regelwidrigen Nachtankens disqualifiziert, nachdem er in der 29. Runde zu den Boxen gerannt kam, sich einen Zwanzig-Liter-Kanister schnappte und zu seinem knapp einen Kilometer entfernten 275 P '64 zurück lief. Dass die gefürchtete Nordschleife besonders bei Regenwetter der gefährlichste Kurs der Saison war, bewiesen zahlreiche Ausrutscher und Unfälle. Während Surtees, der mit seinem 275 P '64 souverän in Führung lag, aus der Rechtskurve in der „Quiddelbacher Höhe" rutschte, verlor Maglioli mit dem an fünfter Stelle liegenden 250 LM im „Karussell" die Bodenhaftung und flog ebenfalls ab. Den Sieg holten sich erwartungsgemäß Scarfiotti und Vaccarella im übriggebliebenen 275 P '64, den sie in einer neuen Rekordzeit von 7:08,27 Stunden (140,5 km/h) ins Ziel brachten. Als außerordentliche Leistung kann man das Abschneiden der beiden letztgebauten GTO '64 bezeichnen, die auf den Positionen Zwei und Vier einliefen.

Der besonnene, hoch talentierte Mike Parkes war vom Testfahrer zum Rennprofi aufgestiegen.

Der Mann des Jahres 1964: John Surtees war nicht nur im Formel-1-Cockpit erfolgreich, sondern feierte auch im Sportwagen triumphale Siege.

LE MANS '64

Für die am 20. Juni stattfindenden „24 Heures du Mans" nahm die Bedrohnung durch die Ford Motor Company erheblich zu. Das amerikanische Unternehmen brachte drei GT-40-Prototypen und zwei Cobra Daytona Coupés an den Start. Ferrari entsandte vier Werkswagen nach Frankreich. Sie wurden durch Luigi Chinettis 330 P und 250 LM, durch Colonel Ronnie Hoares 330 P sowie den 250 LM der Equipe Nationale Belge unterstützt. Gleich in der Startrunde verlor der Piper/Rindt-LM den Ölfilter, der Wagen musste sofort abgestellt werden. Pedro Rodriguez legte mit dem 330 P (N.A.R.T.) mehrere Rekordrunden vor, bevor er in der fünften Stunde mit durchgebrannter Zylinderkopfdichtung aufgeben musste. In der siebten Stunde ereignete sich zwischen „Arnage" und „Maison Blanche" ein folgenschwerer Unfall, als Peter Bolton, unterwegs auf einer AC Cobra mit dem 275 P von Maglioli/Baghetti kollidierte.

Während der Ferrari geradeaus ins Unterholz donnerte, überschlug sich die Cobra mehrmals und begrub drei junge Zuschauer unter sich.

Als der Morgen dämmerte, war abzusehen, dass einer der Ferrari-Prototypen das Rennen gewinnen würde. Von großen Kämpfen konnte nicht mehr die Rede sein, es ging nur noch ums nackte Überleben. Der einzige Wagen, der sich nach 24 Stunden noch gesund anhörte, war der 3,3-Liter von Guichet und Vaccarella. Das Duo wurde nach 4695,310 km als Sieger abgewunken. Graham Hill und Joakim Bonnier im Vierliter-V12 und Surtees und Bandini, die sich im Werks-330-P abwechselten, machten den Triumph perfekt. Der italienische David aus Maranello hatte den übermächtigen Goliath aus Dearborn vernichtend geschlagen.

In der GT-Kategorie dauerte der Kampf der vier gestarteten GTO gegen die beiden Daytona-Cobras hingegen über die ganze Distanz. Am Ende triumphierten Dan Gurney und Bob Bondurant, die als Vierte im Gesamtklassement den GT-Sieg erstmals nach Amerika trugen.

▲ *Enzo Ferrari im Gespräch mit seinen „mexikanischen Söhnen", den Rodriguez-Brüdern Ricardo und Pedro (im Overall).*

REIMS '64

Bei den „12 Heures de Reims" trugen die GTO von Parkes/Scarfiotti und Piper/Maggs den Kampf um den Titel in der GT-Wertung unter sich aus, da die Daytona-Cobras wieder einmal frühzeitig ausgefallen waren. Den Gesamtsieg holten sich Hill und Bonnier auf 250 LM, denen Surtees und Bandini, unterwegs im N.A.R.T.-LM, dicht auf den Fersen waren. Bliebe zu bemerken, dass sich bei diesem Rennen erstmals ein damals noch unbekannter Formel-3-Pilot mit Chris Amon am Steuer von Ulf Norinders GTO abwechselte. Der junge Fahrer mit Namen Jackie Stewart sollte später noch von sich reden machen...

TOURIST TROPHY '64

Die 29. Ausgabe der „Tourist Trophy", die zum letzten Mal im südenglischen Goodwood stattfand, öffnete sich nun auch den Prototypen. Nach 130 Runden kreuzte Graham Hill auf dem 330 P von GB-Importeur Maranello Concessionaires als Erster die Ziellinie, gefolgt von David Piper in seinem privaten, BP-grün lackierten 250 LM. Die GT-Wertung dominierten erneut deutlich die Cobras, die auf dem relativ flüssig zu fahrenden Kurs den Ferrari die Rücklichter zeigten.

TOUR DE FRANCE UND BRIDGEHAMPTON '64

Der für den 6. September geplante Gran-Turismo-WM-Lauf, die „Coppa Inter-Europa", entwickelte sich zur „Schlacht am grünen Tisch": Drei Rennen vor Toresschluss war sich der Commendatore durchaus bewusst, dass es noch einmal eng werden könnte. Auf der schnellen Rennstrecke von Monza waren die windschlüpfigen Daytona Coupés genauso favorisiert wie die GTO bei der Tour de France, Bridgehampton galt dagegen als Heimspiel der Amerikaner. Da insgesamt nur sieben Ergebnisse in die Wertung eingingen, hätte es nach dieser Rechnung 86,1 : 84,6 für die Cobras gestanden. Was jetzt folgte, war aus der jeweiligen Sicht des Betrachters entweder ein „brillanter Schachzug" oder aber ein „schmutziger Trick". Angeregt durch Enzo Ferrari forderten die Veranstalter des Rennens in Monza, dass entweder der 250 LM als GT-Wagen homologiert werden solle, oder das Rennen überhaupt nicht stattfinden würde. Resultat des „sanften Drucks" auf die italienische Sporthoheit: Der WM-Lauf wurde annulliert und damit die Weltmeisterschaft hinter verschlossenen Türen entschieden. Die übrigen beiden Rennen verliefen wie prognostiziert. Bianchi und Berger siegten mit ihrem GTO überlegen bei der Tour de France, und Ken Miles brachte seine Cobra beim Saisonfinale in Bridgehampton als Erster ins Ziel, gefolgt von fünf weiteren Ford V8.

Ob nun List oder Geniestreich, ohne Zweifel gehörte das Jahr 1964 zu den absoluten Highlights der Firmenhistorie. Obwohl die FIA dem 250 LM (wohl zu Recht) die Homologation verwehrt hatte, konnten die betagten GTO die GT-Wertung knapp vor den wilden Cobras gewinnen. Der Triumph der neuen 3,3- und Vierliter-Zwölfzylinder bei den Prototypen und im Challenge Mondial wurde schließlich durch den Titel des Allround-Talents John „Il Grande" Surtees in der Formel 1 gekrönt. Was für ein Jahr!

EIN NEUES
KONZEPT SETZT
SICH DURCH

1965-1973

DIE PROTOTYPEN-EPOCHE

1965 CHALLENGE-SIEG, ABER GT-NIEDERLAGE

In Detroit standen die Zeichen auf Krieg, denn trotz Millionen-Dollar-Investionen und modernster Computer-Technologie war es Ford USA im Vorjahr nicht gelungen, Ferrari den Rang abzulaufen. So blies man jenseits des „Großen Teiches" zur größten automobilen Offensive, seit Henry Ford für die „Tin Lizzy" das Fließband erfunden hatte.
Natürlich blieb man angesichts dieser Herausforderung auch in Maranello nicht untätig und arbeitete über die Wintermonate intensiv an den erfolgreichen Prototypen, wobei sich der Einfluss der Formel-1-Technik immer deutlicher bemerkbar machte. Wie im letzten Jahr wurde auch 1966 an zwei Fronten gleichzeitig gekämpft, zum einen um die Internationale Meisterschaft für Gran-Turismo-Wagen und zum anderen um die zweifellos prestigeträchtigere „Challenge Mondial de Vitesse et d'Endurance", den Weltpokal für Prototypen.

DAYTONA '65

Kommen wir zum lang erwarteten ersten Auftritt des neuen 330 P2 beim „Daytona Continental", das in diesem Jahr über eine Distanz von 2000 km ausgetragen wurde. Das Rennen endete für Luigi Chinetti, unter dessen N.A.R.T.-Banner drei Prototypen an den Start gingen, mit einer mittleren Katastrophe. Der einzige Ferrari, der nach gut zwölf Stunden noch fuhr, war ein alter 250 GTO, mit dem Hayes, Hurt und Clarke 308 Runden absolvierten. Dies reichte am Ende zwar zum siebten Rang im Gesamtklassement, konnte aber

275/330 P2

V12 - 3285/3967 ccm - 350/410 PS bei 8500/min

Um dem Machtkampf gegen den Giganten Ford eine bessere und noch stärkere Waffe entgegen halten zu können, entwickelte Ferrari für 1965 einen komplett neuen Prototypen. So waren die in der Formel 1 gemachten Erfahrungen eine wichtige Grundlage zum Gelingen des 275/330 P2.
Die wichtige Aufgabe wurde Ingenieur Mauro Forghieri und seinem Team zugewiesen. Bereits Ende 1963 hatte Ferrari bei den Formel-1-Rennwagen damit begonnen, die bislang verwendeten Gitterrohrrahmen durch teilweise selbsttragende Karosserien aus Rohren und vernieteten Aluminiumblechen zu ersetzen. Diese Bauweise kam nun auch bei den Prototypen zur Anwendung. Auch die Hinterradaufhängung der neuesten Generation stammte in direkter Linie von der Formel 1 ab. Die Antriebskraft wurde über ein Fünfganggetriebe auf die nun mit deutlich breiteren Leichtmetallfelgen und schlauchlosen Dunlop-Reifen ausgerüsteten Räder übertragen.
Als augenfälligste Neuerung wies der komplett überarbeitete Motor des 275/330 P2 eine mit vier obenliegenden Nockenwellen bestückte Ventilsteuerung auf. Die Kraftstoffversorgung erfolgte über sechs Weber-Doppelvergaser vom Typ 42 DCN/2. Außerdem erhielt jeder der zwölf Zylinder zwei Zündkerzen. Die Leistung betrug beim 275 P2 350 PS bei 8500/min und beim 330 P2 410 PS bei 8200/min. Fantuzzi fertigte die Aluminium-Karosserie anhand von Windkanalstudien.
Es entstanden fünf Exemplare mit den Fgst.-Nr. 0826, 0828, 0830, 0832 und 0836, die mit zwei verschiedenen Motoren (wahlweise 3,3 oder 4 Liter Hubraum) bestückt wurden. Bevor die 275/330 P2 an ausgewählte Privatteams weiter verkauft wurden, erhielten sie einen 4,4-Liter-Motor und die Bezeichnung 365 P (siehe technische Beschreibung umseitig).

Produziert 1965, 5 Exemplare
Fgst.-Nr. 0826, 0828, 0830, 0832, 0836

nicht verhindern, dass drei Cobra Daytona Coupés die GT-Wertung anführten. Im Training hatte Surtees mit dem Vierliter-P2 noch die absolute Bestzeit hingelegt, war allerdings schon in der 116. Runde ausgeschieden, als zum wiederholte Male ein Hinterreifen platzte und die Antriebswelle abriss. Bereits im 51. Umlauf war Walt Hansgen, der sich mit David Piper den blau-weißen 330 P-'64 teilte, auf einer Öllache von der Piste gerutscht, und es sollte nicht lange dauern bis auch der letzte Prototyp, ein 275 P-'64, den nacheinander Grossman, Fulp und Rodriguez pilotierten, mit defekter Kupplung ausschied. Nach diesem Debakel war der Weg frei für Miles und Ruby, die mit ihrem Ford GT 40 327 Runden drehten und damit den ersten Sieg für Ford errangen.

SEBRING '65

Beim traditionellen „Sebring 12 Hour Endurance Race" gab es bereits im Vorfeld Probleme, da Chef-Organisator Alec Ullman auch den hubraumgewaltigen Sportwagen (Chaparral, Lotus und Lola) die Teilnahme erlaubte, woraufhin Enzo Ferrari das Rennen boykottierte - sehr zum Bedauern der 60.000 Zuschauer, die sich einen spannenderen Tag gewünscht hätten. Den Sieg verbuchten Hall und Sharp mit ihrem ultraleichten 5,4-Liter-Chaparral, der mit einem halbautomatischen Getriebe ausgestattet war. Nichtsdestotrotz stellten sich neun private Ferrari der Herausforderung, die bis auf den von Piper und Maggs gefahrenen 250 LM eine eher traurige Vorstellung boten. Während sich nämlich das britisch-südafrikanische Gespann innerhalb der 190 absolvierten Runden vom 52. auf den erfreulichen dritten Platz vorkämpfte, verdienen die Ergebnisse der nachfolgenden Privat-Ferrari nicht der Erwähnung.

MONZA '65

Nach dem wenig rühmlichen Saisonauftakt in Amerika griff die Scuderia beim 1000-km-Rennen von Monza erstmals offiziell ins WM-Geschehen ein, wobei drei Viernockenwellen-Modelle zum Einsatz kamen. Gleich nach dem Start setzten sich fünf Ferrari von den Ford GT 40 ab. Auch in diesem Jahr forderte das „Autodromo Nazionale" in königlichen Schlosspark seine Opfer. Tommy Spychiger, der den in zweiter Position liegenden Scuderia-Filipinetti-365-P von Herbert Müller übernommen hatte, sollte aus seiner ersten Runde nicht mehr zurückkehren. Mit etwa 290 km/h war er ohne jede erkennbare Bremswirkung in die Parabolica-Kurve gestochen - der Wagen flog über einen kleinen Erdwall, wo er in einem dahin-

365 P

V12 - 4390 ccm - 380 PS bei 7300/min

Die Kundenversion des 275/330 P2 erhielt einen 4,4-Liter-Motor und wurde 365 P genannt. Der vom 330 P abstammende Motor wurde auf 81 mm aufgebohrt und leistete nun 380 PS bei 7300/min. Der mit nur einer obenliegenden Nockenwelle pro Zylinderreihe und mit Einfachzündung ausgerüstete 365 P war 1965 vor allem für die Renneinsätze der privaten Teams wie N.A.R.T., Scuderia Filipinetti oder Maranello Concessionaires sowie zur Unterstützung des Werksteams bestimmt.

Produziert 1965, 4 Exemplare
Fgst.-Nr. 0824, 0826, 0836, 0838

▲ *„Big John“ im Pech: Die Formel-1-Weltmeisterschaft war verloren gegangen, und auch bei den Sportwagen-Einsätzen für die Scuderia Ferrari lief 1965 nicht immer alles nach Plan.*

ter liegendem Wäldchen völlig ausbrannte. Spychiger war sofort tot. Am Ende triumphierten Parkes und Guichet, die mit ihrem 275 P2 den leistungsstärkeren 330 P2 von Surtees und Scarfiotti in Schach halten konnten.

TARGA FLORIO '65

Bei der zum 49. Mal veranstalteten Targa Florio, die mit ihren 702 Kurven pro Runde zu den langsamsten, dafür aber anspruchsvollsten Rennen gehörte, debütierte der neue 275 GTB Competizione, den Giampiero Biscaldi und Bruno Deserti pilotierten. In der zweiten Runde pulverisierte „Ninni“ Vaccarella mit seinem 3,3-Liter-P2 den bestehenden Rundenrekord, der von nun an bei unglaublichen 39:21,0 min. stand. Mit nur fünfzig Sekunden Rückstand folgte Ludovico Scarfiotti auf dem zweiten 275 P2, der allerdings in der dritten Runde von der Strecke abkam und ausschied. Bis zum siebten Umlauf lagen Guichet und Baghetti mit dem dritten P2 sicher auf dem zweiten Rang, bis ihnen ein Kurzschluss in der Elektrik einen Strich durch die Rechnung machte. Die letzte Runde wurde für „Professore“ Vaccarella, der damals in Sizilien eine Privatschule leitete, zu einem wahren Triumphzug. Die Targa Florio, Ferrari und Vaccarella waren zu einer unsterblichen Einheit verschmolzen.

SPA & NÜRBURGRING '65

Auch beim Rennen von Spa-Francorchamps ging der Sieg an einen Lokalmatador, der in den belgischen Ardennen natürlich Willy Mairesse hieß. „Wild Willy“ brauchte für die 500 km mit dem gelben Ecurie-Francorchamps-LM lediglich 2:29:45,7 min., was einem Stundenmittel von 203,362 km/h entsprach.

Am 23. Mai wurde etwa 300.000 Zuschauer am Nürburgring Zeugen einen ungleichen Kampfes, der bereits nach 4 Runden mit dem gewaltigen K.O. des amerikanischen Herausforderers und einem erneuten Triumph der italienischen Streitmacht endete. Schon nach der ersten Runde lag „Big John“ Surtees mit dem Werks-Vierliter-P2 18 Sekunden vor Phil Hill, dessen Ford GT 40 allerdings bald ausfiel. Surtees und Scarfiotti dominierten während des gesam-

DINO 166/206 P

V6 - 1593/1987 ccm - 185/205 PS bei 9000/min

Optisch der „kleine Bruder“ des 330 P2. Was die Technik anbelangt, so stammte der 166 P direkt vom 1961 gebauten 156 F1 ab, ähnlich wie der 246 SP einst vom 246 F1 abgeleitet worden war.

Der Dino-Motor der ersten Generation mit einem Zylinderwinkel von 65°, vier obenliegenden Nockenwellen und Doppelzündung leistete 185 PS bei 9000/min. Der Antrieb erfolgte über ein direkt mit dem Differenzial verblocktes Fünfganggetriebe. Der mit Einzelradaufhängung ausgerüstete Dino verfügte über vier innenbelüftete, hinten sogar innenliegende Scheibenbremsen.

Im Laufe der Saison 1965 modifiziert Ferrari den 166 P mit einem auf zwei Liter aufgebohrten Motor und konnte so die Leistung auf 205 PS bei 8800/min steigern. Die neue Typenbezeichnung lautete nun Dino 206 P.

Produziert 1965, 1 Exemplar
Fgst.-Nr. 0834

Der 250 LM bzw. 275 LM von Jochen Rindt und Masten Gregory sicherte Ferrari 1965 den Sieg in Le Mans – den letzten, wie sich zeigen sollte. Das Bild oben zeigt den Wagen von Piper/Attwood.

ten Rennverlaufes nach Belieben und passierten in neuer Rekordzeit (6:53:05), gefolgt von Parkes und Guichet (275 P2) als Erste die Ziellinie. Als herausragender Protagonist des Tages etablierte sich jedoch der kleine 1,6-Liter-Dino-166, mit dem Bandini und Vaccarella nicht nur die Porsche, sondern auch sämtliche verbliebenen Ford GT 40 und Cobras distanzierten. Der von Franco Rocchi präparierte 185-PS-V6 lief mit der Zuverlässigkeit eines Schweizer Uhrwerks und brachte den Wagen auf den vierten Platz.

LE MANS `65

Bei den 24 Stunden von Le Mans gingen insgesamt 51 Wagen an den Start, darunter ein Aufgebot von 11 Ford (darunter sechs Prototypen) sowie fünf Cobra Daytona Coupés. Dieser Streitmacht stellte Maranello ebenfalls 11 Fahrzeuge entgegen, wobei die SEFAC zwei 330 P2 mit Surtees/Scarfiotti und Parkes/Guichet, einen 275 P2 mit Bandini/Biscaldi und einen Dino 166 einsetzte, den Baghetti und Casoni fuhren. Da keiner der Ford- oder Ferrari-Werkswagen den 24-Stunden-Marathon überstand, waren die Gewinner diesmal bei den Privat-Teams zu suchen, wobei das North American Racing Team mit Masten Gregory und Jochen Rindt (275 LM) und den in siebter Position gelandeten Rodriguez und Vaccarella (365 P2) am Besten abschnitt. Fast hätte es für das belgische 275-LM-Team zum Erfolg gereicht, hätte sich nicht Gosselin kurz vor Rennende in der Mulsanne-Kurve gedreht und so den Sieg verschenkt. Der von der Ecurie Francorchamps eingesetzte 275 GTB/C landete übrigens auf dem dritten Rang und gewann überlegen die GT-Wertung.

REIMS `65

Da die Entscheidung im Weltpokal der Prototypen bereits gefallen war, fanden die 12 Stunden von Reims ohne Werksbeteiligung statt. Dadurch hatte der letzte Wertungslauf des Championats zwar deutlich an Klasse verloren; dennoch gelang es Rennleiter „Toto" Roche, einige der Hauptakteure der sich neigenden Saison zu verpflichten. Am Abend des 3. Juli starteten um 23 Uhr 22 Fahrer ihre Motoren - das heißt eigentlich nur 21, da Peter Clarkes' GTO wegen eines defekten Anlassers erst gar nicht ansprang. Leider kam es noch vor Ende der ersten Stunde zu einem folgenschweren Unfall, als Langlois' 275 LM von der Strecke abkam und dabei einen Renn-Kommissar und einen Feuerwehrmann tödlich verletzte. Nachdem der 330 P von Maranello Concessionaires unter Graham Hill und Joakim Bonnier nach sieben Stunden mit defekter Kraftübertagung aufgeben musste, revanchierte sich das mexikanisch-französische Duo Rodriguez/Guichet mit dem N.A.R.T.-365-P2 für die in Le Mans erlittene Niederlage. Obwohl ihr Spider beim Auswechseln der Kupplung 20 Minuten in den Boxen verloren hatte, lagen sie nach 284 Runden deutlich vor Surtees und Parkes, die mit dem robusten 4,4-Liter-P2 aus dem Rennstall des britischen Importeurs den zweiten Platz belegten.

Trotz des gigantischen Einsatzes war Ford im Challenge Mondial, das Ferrari mit 38 Punkten vor Porsche mit 29 Zählern gewann, kein Glück zuteil geworden. Die Internationale Marken-Weltmeisterschaft für GT-Wagen der Kategorie III (über 2 Liter) erlebte mit dem überlegenen Triumph der Daytona-Cobras, die in neun von zwölf WM-Läufen dominierten, eine faustdicke Überraschung. Dabei darf jedoch nicht vergessen werden, dass dieser Erfolg vorrangig durch die Homologationsverweigerung der FIA für den 250 LM und den neuen 275 GTB Competizione (der erst ab Le Mans als in der Kategorie „Gran Turismo" an den Start gehen durfte) zustande gekommen war.

1966
EIN ECHTES KRISENJAHR

Die Saison 1966 wurde nicht auf der Rennstrecke, sondern in den Gremien der italienischen Metallarbeiter-Gewerkschaften entschieden. Selbstverständlich hatte Ferrari die Absicht, mehr als nur drei Exemplare seines brandneuen 330 P3 (0844, 0846, 0848) zu produzieren. Leider vereitelten die auch auf das Ferrari-Werk in Maranello übergreifenden Streiks in der oberitalienischen Metallindustrie unter anderem den Bau der für die Homologation erforderlichen 50 Exemplare des neuen Dino 206 S, von dem am Ende lediglich 16 Exemplare vom Band liefen.

DAYTONA '66

Bill France, dem rührigen Cheforganisator des „Daytona Continental", war es gelungen, aus dem ehemals provinziellen 3-Stunden-Event Amerikas erstes 24-Stunden-Spektakel zu kreieren. Trotz der Abwesenheit der Ferrari-Werkswagen gingen am 5. und 6. Februar 12 italienische Vollblüter an den Start, wobei acht private 250 LM die Hauptstreitkraft stellten. Als größter Feind der Akteure entpuppten sich jedoch nicht die ungewohnt klirrende Kälte oder der beißende Wind, sondern der von der Rennleitung eingesetzte Computer, dessen stündlich erscheinendes Bulletin immer verwirrendere Ergebnisse präsentierte. Die Veteranen Lloyd Ruby und Ken Miles ließen sich dadurch nicht beirren und wiederholten mit dem neuen Siebenliter-Ford (Mk II) ihren Vorjahreserfolg. Lediglich Pedro Rodriguez und Mario Andretti gelang es, mit ihrem N.A.R.T.-365-P in die Phalanx der Ami-V8 einzubrechen und den vierten Platz zu erstreiten. Am 13. Februar präsentierte Franco Gozzi, Ferraris PR-Manager, den ersten von Piero Drogo karossierten 330 P3, der zusammen mit dem neuen Dino 206 P in Modena der Öffentlichkeit vorgestellt wurde.

SEBRING '66

Beide Wagen debütierten am 26. März beim 12-Stunden-Rennen von Sebring, das als eines der spektakulärsten Ereignisse in die Geschichte der Endurance-WM eingehen sollte. Während Scarfiotti beim Start wieder einmal seine Sprinterqualitäten unter Beweis stellte und mit dem kleinen Dino am besten weg kam, blieb Favorit

330 P3

V12 - 3967 ccm - 420 PS bei 8000/min

Um im immer heftiger werdenden Konkurrenzkampf gegen die Ford GT 40 die Nase weiterhin vorne halten zu können, war eine weitere Leistungssteigerung notwendig. Da aber eine Hubraumvergrößerung nicht mit der Philosophie von Ferrari zu vereinbaren war, hieß die Lösung Gewichtsreduktion und bessere Aerodynamik.

1966 kamen erstmals eine Lucas-Einspritzung und überarbeitete Zylinderköpfe zum Einsatz. Beibehalten wurden die Doppelzündung und die vier obenliegenden Nockenwellen. Die Leistung betrug nun 420 PS bei 8000/min, der Antrieb erfolgte über ein deutsches ZF-Getriebe und eine Borg & Beck-Kupplung. Piero Drogo war für die neue Formgebung der Karosserie zuständig. Sie entstand in der Werkstatt von Drogos Carrozzeria Sports Cars in Modena. Die Scuderia Ferrari setzte die in nur drei Exemplaren gebauten 330 P3 ein, für die Privatteams wurden die 365 P leicht modifiziert und die Karosserien von Piero Drogo angepasst.

Produziert 1966, 3 Exemplare
Fgst.-Nr. 0844, 0846, 0848

Dan Gurney im Ford GT 40 wie angewurzelt stehen, bis auch die langsamsten Teilnehmer am Horizont verschwunden waren. Es dauerte 1 Stunde und 16 Minuten bis Gurney Mike Parkes' P3 die Führung entriss, die er erst wenige hundert Meter vor dem Ziel abgeben musste - als nämlich dem gewaltigen Achtzylinder die Steuerkette riss. Unter dem frenetischen Jubel seiner Landsleute schob er den schweren Wagen allein bis ins Ziel, was ihm anstatt der verdienten Lorbeeren die Disqualifikation einbrachte. Bedauerlicherweise ereigneten sich an diesem Wochenende auch mehrere folgenschwere Unfälle. In Runde 182 unterlief Mario Andretti, der lange Zeit mit dem N.A.R.T.-4,4-Liter in aussichtsreicher Position gelegen hatte, ein folgenschwerer Fehler: Beim Zurückschalten vor der Webster-Kurve erwischte Mario versehentlich den ersten Gang und kreiselte prompt von der Strecke. Als er wieder auf die Piste schoss, traf er Don Westers Porsche 906, der aus der Bahn geriet und vier Zuschauer tötete. Andretti, der das Ausmaß der Katastrophe gar nicht mitbekommen hatte, fuhr noch einige Runden weiter, bis sein vom Unglück verfolgter Wagen beim nächsten Boxenstopp in Flammen aufging. Der einzige Ferrari, der die 12 Stunden überstand, war der Dino 206 S, den Bandini und Scarfiotti als Fünfte ins Ziel brachten.

MONZA '66

Analog zum letzten Jahr begann der europäische Teil der WM mit einem Paukenschlag für die Scuderia. Bei den 1000 Kilometern von Monza distanzierte die erstmals eingesetzte 330-P3-Berlinetta überlegen die sechs gestarteten Ford GT 40. Während das Training noch unter blauem, wolkenlosen Himmel abgelaufen war, hing am Sonntag eine dunkle Wolkendecke über dem Autodrom, die das Rennen in eine regelrechte Wasserschlacht verwandelte. Von Anfang an drehten Surtees und Parkes völlig ungefährdet ihre Runden, um nach 6:05,11 Stunden als Sieger abgewunken zu werden. Dass unter den bestplatzierten Piloten letztlich kein italienischer Fahrer zu finden war, lag in erster Linie an den mangelhaft gefertigten Scheibenwischerwellen ihrer Fahrzeuge, die im heftigen Regen nacheinander den Geist aufgaben. Bereits im ersten Umlauf versagte der Wischer der Dino-Werks-Berlinetta, in der Bandini und Scarfiotti wahre Wunder vollbrachten, um den V6 im Blindflug nach Hause zu schaukeln. Angesichts dieser Tatsache verdient ihr zehnter Rang auch heute noch großen Respekt.

TARGA FLORIO '66

Da die Ford-Rennabteilung offiziell auf eine Teilnahme bei der 50. Auflage der Targa Florio verzichteten, machte sich der Commendatore berechtigte Hoffnungen, die WM-Führung wieder zu übernehmen. Entscheidend war, wie gut seine springenden Pferde den kleinen Porsche-Boxern Paroli zu bieten vermochten. Ein Duell „rosso-bianco" bahnte sich an. Mit Nino Vaccarella und Lorenzo Bandini entsandte Rennleiter Dragoni zwei heißblütige sizilianische Lokalpatrioten in eine Schlacht fernab jeglicher Industrialisierung. Tatsächlich übernahm der ekstatisch verehrte Vaccarella mit dem 330-P3-Spider in der ersten Runde die Führung. Ab der dritten Runde wechselte das Volant des einzigen großvolumigen Ferrari an Lorenzo Bandini, der im erbarmungslosen Regen verzweifelt versuchte, den V12 auf der Piste zu halten. Es goss wie aus Kübeln, als Bandini in der 7. Runde beim Versuch, Marsalas GTO zu überholen, von der Strecke abkam und das Ende des Rennens im Straßengraben erleben musste. Da der siegreiche Porsche Carrera 6 in der Sportwagenkategorie antrat, verbuchten die zweitplatzierten Guichet und Baghetti mit der Zweiliter-Berlinetta 206 S wertvolle Zähler im Kampf um die Prototypen-WM.

SPA & NÜRBURGRING '66

Am Tag des Großen Preises von Monte Carlo, dem 22. Mai, erstritten Mike Parkes und Ludovico Scarfiotti im belgischen Spa den zweiten Gesamtsieg eines 330 P3, wobei sie dem Ford Mk II des britischen Alan-Mann-Teams nicht die geringste Chance ließen. Nicht ganz so gut lief es für den britischen Maranello-Concessionaires-Dino, der mit vier Runden Rückstand den sechsten Platz belegte. Das 1000-Kilometer-Rennen des ADAC wurde nach polizeilicher Schätzung von mehr als 350.000 Zuschauern erwartet, die die landschaftlich einzigartige Nürburgring-Nordschleife säumten. Das Zweite Deutsche Fernsehen übertrug erstmals das Rennen, bei dem sich die Motorsportjournalisten Paul Frère und Rainer Günzler mit einem alten Porsche 904 live ins Geschehen stürzten. Unter 77 gemel-

DINO 206 S

V6 - 1987 ccm - 218 PS bei 9000/min

Der neue Dino 206 S wurde zusammen mit dem 330 P3 im Februar 1966 in Maranello vorgestellt. Er verfügte über einen 218 PS starken Zweiliter-V6. Aufhängungen und Räder stammten vom Formel-1-Rennwagen. Die Karosserie des 206 S entstand in der Werkstatt von Piero Drogos Carrozzeria Sport Cars" in Modena und glich der des 330 P3.
Es entstanden drei Berlinetta und 15 Spider. Beabsichtigt war, den Dino in der Kategorie Sportwagen (2 Liter, Gruppe 4) zu homologieren. Doch dazu hätten mindestens 50 Stück gebaut werden müssen, was leider misslang, und so mussten die Dinos in der Prototypen-Kategorie starten. Einige 206 S erhielten 1967 Motoren mit Lucas-Einspritzung und drei Ventilen pro Brennraum.

Produziert 1966, 18 Exemplare
Fgst.-Nr. 0842 und 002 bis 034

deten Teams landeten sie auf dem 26. Startplatz. Nicht schlecht, wenn man bedenkt, dass die auf dem Beifahrersitz installierte Kamera samt Sender 70 zusätzliche Kilogramm wog. Während Surtees mit dem 330 P3 Spider in 8:31,9 min wieder einmal die absolut beste Trainingszeit hingelegt hatte, verzichtete Mauro Forghieri auf den Einsatz der P3-Berlinetta und schickte stattdessen zwei Dino 206 S ins Rennen. In den ersten sechs Runden flog „Big John" regelrecht über den Ring, wobei er seinen eigenen, aus dem Vorjahr stammenden Rundenrekord um 13,5 Sekunden verbesserte. Die Freude im Ferrari-Team sollte indes nicht lange währen, denn nach 37 Runden und mittlerweile drei gewechselten Stoßdämpfern ergaben sich Surtees und Parkes dem brutalen 7-Liter-Chaparral, den Hill und Bonnier erfolgreich ins Ziel brachten. Wenigstens erkämpften Scarfiotti/Bandini mit dem Werks-Dino und Rodriguez/Ginther auf dem N.A.R.T.-206 den zweiten bzw. dritten Platz im Gesamtklassement.

LE MANS '66

In der Nacht vom 17. auf den 18. Juni musste die Entscheidung im Kampf um die Internationale Prototypen-Trophäe fallen. Selten zuvor war ein Rennen mit so viel Spannung erwartet worden wie die 24 Stunden von Le Mans 1966. Erneut stand das Duell Ferrari gegen Ford im Rampenlicht der Weltöffentlichkeit. Henry Ford II. war persönlich angereist, um dem triumphalen dreifachen Erfolg seiner 7-Liter-Prototypen beizuwohnen.

Ferrari erlitt in der Schlacht an der Sarthe eine empfindliche Niederlage: Noch vor Rennbeginn hatte der Spitzenpilot der Scuderia, John Surtees, nach einem hitzigen Disput mit Rennleiter Dragoni endgültig Abschied von der Scuderia genommen. Von den 14 gestarteten Ferrari streckten die Dino 206 S als erste ihre Waffen: Nach nur 65 Minuten befand sich keiner der drei gestarteten Zweiliter mehr im Rennen. Ihnen folgte der Maranello-Concessionnaires-365-P2 von David Piper und Richard Attwood, der nur 28 Runden schaffte. Nach 6 Stunden führten der N.A.R.T.-P3 von Rodriguez und Ginther vor dem Werks-Vierliter von Parkes und Scarfiotti, der um 23:46 Uhr von Heligouins CD-Peugeot in die Leitplanken gezwungen wurde, wo ihm schließlich Jo Schlessers Matra-BRM den Garaus machte. Um 2:17 Uhr schied der N.A.R.T.-P3 mit Getriebeschaden aus, knapp zwei Stunden später folgte ihm der 365 P2 von Mairesse und Müller mit demselben Defekt. Wiederum eine Stunde später ereilte dieses Schicksal auch noch den 365 P2 der Ecurie Franchorchamps, und morgens gegen 9 Uhr drehte sich der schließlich letzte Werkswagen von Bandini und Guichet von der Strecke. Am Ende blieben lediglich zwei 275 GTB übrig. Einer davon (Courage/Pike) rettete nach 4.212,5 km den 8. Rang im Gesamtklassement und den Sieg in der GT-Wertung.
Zum ersten Mal seit 1959 hatten die roten Renner aus Maranello in Le Mans nicht nur verloren, sondern eine vernichtende Niederlage eingefahren, die Ferrari gleichzeitig den zwölften Weltmeistertitel kostete. Für 1967 sann ein wutentbrannter Enzo Ferrari auf Revanche.

So sahen die meisten Konkurrenten den Dino 206 S.

1967

Der grösste Triumph:

1-2-3 IN DAYTONA

Chaparral kam in dieser Saison wegen unerwarteter technischer Schwierigkeiten nicht recht zum Zuge, und das Alfa-Romeo-Team, das mit dem V8 „Tipo 33" in den Rennsport zurückgekehrt war, betrachtete die Saison ohnehin als eine Art „Testjahr". Da sich Ford auf die amerikanischen Rennen sowie die 24 Stunden von Le Mans konzentrierte, stand 1967 das Duell Porsche - Ferrari im Vordergrund der Internationalen Trophäe der Sportprototypen.

DAYTONA '67

Eröffnet wurde das Championat mit dem „Daytona 24 Hour Continental" in Florida, zu dem das Ferrari-Werksteam unter Leitung seines neuen Direktors Franco Lini in Höchstform erschien. Schon im Dezember des Vorjahres hatte man den neuen 330 P4 erfolgreich auf der 6,09 km langen Rundstrecke getestet, die aus einem Hochgeschwindigkeits-Oval und dem Innenkurs des Daytona-Speedway bestand. Während Bandini und Amon den P4 Spider erhielten, gingen Parkes und Scarfiotti mit der neuen P4 Berlinetta an den Start. Unterstützt wurde die Scuderia durch eine ganze Armada privat eingesetzter Rennwagen. Das N.A.R.T. meldete Rodriguez und Guichet mit dem neuen 412 P, wobei es sich um einen modifizierten 330 P3 handelte, sowie Schlesser und Gregory, die den von Drogo mit Langheck-Karosserie eingekleideten 365 P '65 pilotierten. Die belgischen Ecurie-Francorchamps-Fahrer Mairesse und „Beurlys" präsentierten sich ebenfalls in einem neuen 412 P. Piper und Attwood fuhren ihren eigenen bewährten 365 P2.

Als um 15 Uhr das Rennen gestartet wurde, gingen zusätzlich noch ein Dino, ein 250 LM und ein 275 GTB/S auf die Strecke. Nach drei Stunden lag Phil Hill mit dem Chaparral 2F deutlich in Führung und dokumentierte bis zu seinem (durch Unfall bedingten) Ausfall deutlich, dass der amerikanische Bolide der neuen Ferrari-Wunderwaffe durchaus gewachsen war. Als erstes fiel die gelbe 412er-Berlinetta aus der Spitzengruppe, die mit festgefressenen Bremsbelägen 16 Runden an den Boxen verlor und später mit Getriebeschaden aus-

330 P4

V12 - 3967 ccm - 450 PS bei 8000/min

Nach der katastrophalen Saison 1966 war im Winter 1966/67 erneut eine Modifizierung des alten Modells angesagt. Unter der Leitung des Ingenieurs Franco Rocchi entstand eine überarbeitete Version seines 312-F1-Motors, der den 1967 eingesetzten Werks-Prototypen 330 P4 als Antriebsaggregat diente. Der wie beim Formel-1-Wagen als tragendes Element eingesetzte Block wurde verstärkt und mit neu entwickelten Zylinderköpfen sowie erstmals mit drei Ventilen pro Zylinder (zwei Einlassventile und ein Auslassventil) bestückt. Die Doppelzündung wurde beibehalten. Durch diese Modifikation konnte die Leistung auf 450 PS bei 8000/min gesteigert werden.

Das ZF-Getriebe, Hauptgrund für die vielen Ausfälle im vergangenen Jahr, fand einen Ersatz in einem von Ferrari selbst gebauten Fünfganggetriebe. Beim Fahrgestell fielen vor allem die verbreiterte Spur und die nochmals breiteren Campagnolo-Felgen mit Fünfspeichen-Sternmuster auf. Die Girling-Scheibenbremsen waren nun außen bei den Hinterrädern platziert und durch große, in den Türen befindliche Öffnungen gekühlt. Obwohl Piero Drogo einige Detailmodifikationen an der Karosserie vorgenommen hatte, unterschied sich der P4 optisch nur wenig vom 330 P3. Die lediglich drei gebauten 330 P4 wurden alle vom Werk eingesetzt.

Produziert 1967, 3 Exemplare
Fgst.-Nr. 0856, 0858, 0860

was ihm noch den dritten Platz einbrachte. Nach 666 Runden inszenierten Rennleiter Dragoni und Konstrukteur Forghieri einen theatralischen Zieleinlauf, bei dem die drei Ferrari Seite an Seite, Nr. 23 rechts, Nr. 24 in der Mitte und Nr. 26 zur Linken, durchs Ziel fuhren. Ein Foto, das um die Welt ging.
Nach diesem Erfolg verzichtete die Scuderia auf die Teilnahme bei den 12 Stunden von Sebring, die Ford mit einem Doppelsieg beendete. Erwähnenswert ist lediglich der Einsatz der Rennsport-Amazonen Denise McCluggage und Pinki Rollo, die ihren 275-GTB/4-N.A.R.T.-Spider als 17. ins Ziel brachten.

MONZA '67

Am 25. April fanden die 1000 Kilometer von Monza ohne den offiziellen Einsatz der Ford statt, so dass dieser WM-Lauf wiederum eine leichte Beute der Italiener wurde. Während Nino Vaccarella seinen

Chris Amon, der größte Pechvogel der Formel 1, war Ferraris Starfahrer bei den Prototypen.

schied. Aus dem gleichen Grunde streckten auch die Prototypen von Piper und Gregory ihre Waffen. Sechs Stunden vor Schluss drehten die beiden Werkswagen mit der Präzision eines Schweizer Uhrwerkes ihre Runden, gefolgt vom N.A.R.T.-412-P, der jedoch nach 20 Stunden mit gebrochenem Schaltgestänge zum Stillstand kam. Pedro Rodriguez rannte zu den Boxen, holte ein Ersatzteil und reparierte den angeschlagenen Vierliter eigenhändig an der Strecke,

dritten Platz verspielte, als er sich mit dem neu ausgelieferten 412 P der Scuderia Filipinetti aus der Lesmo-Kurve drehte, übertrieb es auch Rodriguez und flog mit dem N.A.R.T.-412 aus einer Schikane. Den Sieg holten sich Bandini/Amon vor Parkes/Scarfiotti.

412 P

V12 - 3967 ccm - 410 PS bei 8200/min

Zusätzlich zum 330 P4 erfuhren die 1966 gebauten 330 P3 ein „Upgrade" zum 330 P3/4 oder 412 P, wie sie offiziell hießen. Die von den Privatteams eingesetzten Prototypen unterschieden sich in einigen Details vom Werks-P4, leider auch in bezug auf das Getriebe: Sie behielten das schwache ZF-Fünfganggetriebe. Es wurde zwar zusätzlich mit einem Ölkühler versehen, war aber trotzdem auch 1967 ein häufiger Ausfallgrund. Die Lucas-Einspritzung musste den altbewährten sechs Weber-Doppelvergasern vom Typ 42 DCN/2 weichen. Der 412 P erhielt außerdem nicht die beim 330 P4 verwendeten Dreiventil-Zylinderköpfe, sondern musste sich weiterhin mit zwei Ventilen pro Zylinder begnügen. Seine Leistung betrug 410 PS bei 8200/min. Zusätzlich zu den drei umgebauten 412 P (Fgst.-Nr. 0844, 0846 und 0848) wurden zwei neue 412 P gebaut (Fgst.-Nr. 0850 und 0854).

Produziert 1967, 5 Exemplare
Fgst.-Nr. 0844, 0846, 0848, 0850, 0854

SPA '67

Die 1000 Kilometer von Spa, nur eine Woche später, brachten der Scuderia wenig Glück. Parkes und Scarfiotti landeten mit dem einzigen gemeldeten Werkswagen nur auf dem fünften Platz. Noch übler erwischte es „Wild Willy" (Mairesse), der die gerade neu aufgebaute 412-Berlinetta der Ecurie Franchorchamps total zerlegte. Die Ehre der Zwölfzylinder retteten Bianchi und Attwood, die mit dem funkelnagelneuen 412 P des britischen Importuer-Teams von Maranello Concessionnaires den dritten Platz belegten, ohne indes die führenden Mirage-Mk1-Ford gefährden zu können.

Die Scuderia ging also mit einem leichtem Vorsprung in die zweite Saisonhälfte, die jedoch mit einer Katastrophe beginnen sollte: Am 7. Mai verunglückte der Liebling des Teams, Lorenzo Bandini, beim GP von Monaco tödlich.

TARGA FLORIO '67

Eine Woche später versagten beide Prototypen bei der 51. Ausgabe der Targa Florio, die bei brütender Hitze unter die Räder genommen wurde. Nach dem ersten Umlauf führte noch Lokalmatador Nino Vaccarella mit deutlichem Vorsprung, als er im Dörfchen Collesano aus einer Haarnadelkurve rutschte, wobei beide rechten Räder samt Aufhängung seines 330 P4 brachen. Der Vierliter der Scuderia Filipinetti, mit dem Guichet/Müller von nun an das Renngeschehen dominierten, hielt wenigstens bis zur siebten Runde, in der das ZF-Getriebe (die Achillesferse des 412 P), den Dienst versagte. Brillant schlugen sich hingegen Jonathan Williams und Vittorio Venturi, die mit ihrem alten Dino 206 P hinter den drei siegreichen Porsche Platz vier eroberten.

Da das 1000-Kilometer-Rennen in der Eifel nur zwei Wochen vor Le Mans stattfand, verzichtete Ferrari auf einen Start am Nürburgring. Da die Porsche nach spannendem Rennen gleich die ersten vier Ränge belegten, lag Ferrari plötzlich mit zehn Punkten Rückstand hinter den Zuffenhausenern und konzentrierte alle seine Kräfte auf den Einsatz beim 24-Stunden-Rennen in Le Mans.

LE MANS '67

Ford entsandte ein Aufgebot von sieben 7-Liter-Prototypen an die Sarthe-Rundstrecke, denen die Scuderia Ferrari drei offizielle P4 entgegensetzte. Da der 412 P der Scuderia Francorchamps noch nicht wieder aufgebaut war, lieh sich Jacques Swaters einen weiteren echten Werks-P4 für seine Fahrer Mairesse und „Beurlys". Diese „offiziellen" Werkswagen (Zylinderköpfe mit 36 Ventilen) fanden durch eine Hilfsflotte von drei 412-Prototypen Unterstützung, die vom N.A.R.T., der Scuderia Filipinetti und Colonel Ronnie Hoare (Maranello Concessionaires) an den Start gebracht wurden. Luigi Chinetti, Chef des N.A.R.T., der seine beiden Fahrzeuge in den amerikanischen Nationalfarben Blau-Weiß hatte lackieren lassen, meldete zusätzlich seinen alten 365 P, dem die auf die Luftleitflügel aufgemalten Elefanten den Spitznamen „Weißer Elefant" einbrachten. Schon in der vierten Stunde vergrub Richard Rodriguez, nicht zu verwechseln mit Ricardo, dem Bruder von Pedro Rodriguez, den „Elefanten" in einer Sandbank, aus der es kein Entrinnen mehr gab. Keine zwei Stunden später rollte der 412 P von Jean Guichet und Herbert Müller mit durchgebrannter Kopfdichtung an die Boxen. Von nun an ging es Schlag auf Schlag: Amon versuchte, mit einem Plattfuß die Boxen zu erreichen, doch die Fetzen des Reifens zerfetzten eine Benzinleitung und setzten den P4 in Brand. Gegen zwei Uhr morgens machte der N.A.R.T.-412 unter Pedro Rodriguez schlapp, und vier Stunden später folgte der dritte und letzte 412. Sechs Stunden vor Ende des Rennens - die übrigen Ferrari belegten zu diesem Zeitpunkt die Plätze 2, 3 und 4 - kam der 330 P4 von Klass und Sutcliff mit defekter Einspritzsteuerung auf der Strecke zum Stehen. Bis zuletzt hatte Franco Lini gehofft, dass der siegreiche Ford von Dan Gurney und A.J. Foyt das mörderische Tempo nicht durchhalten würde. Doch in Le Mans gelten bekanntlich eigene Gesetze, und so mussten sich Parkes/Scarfiotti und Mairesse/Beurlys mit dem zweiten und dritten Platz begnügen.

BRANDS HATCH '67

Vor dem letzten WM-Lauf (B.O.A.C. 500) auf der kurvenreichen Strecke von Brands Hatch führte Porsche mit 37 Punkten vor Ferrari mit 31 Zählern. Da allerdings nur die besten fünf Läufe in die Wertung kamen, hatte Ferrari noch eine Chance auf den Titel. Die Vorzeichen standen jedoch schlecht für Ferrari, da mit Mike Parkes (schwerer Unfall beim GP von Belgien) und Günter Klass (tödlicher Unfall in Mugello) gleich zwei Stammfahrer ersetzt werden mussten. Phil Hill und Mike Spence landeten mit ihrem texanischen Chaparral einen nicht erwarteten Sieg, gefolgt von Jackie Stewart und Chris

▲ *„Wunderknabe" Lorenzo Bandini im 330 P4 beim 1000-km-Rennen von Monza 1967.*

Amon im 330 P4, der nach sensationellem Endspurt (und einem hastigen Nachtankmanöver 20 Minuten vor Rennende) nur 58,6 Sekunden später die Ziellinie passierte - vor den leichtgewichtigen Porsche 910. Scarfiotti/Sutcliffe belegten trotz einer Karambolage mit de Klerks privatem 250 LM den fünften Platz. Mit jeweils zwei Runden Abstand folgten Williams/Hawkins im dritten P4-Spider und Piper/Attwood im Maranello Concessionnaires 412 P.

Die Entscheidung um den Sieg in der Internationalen Trophäe hätte knapper nicht ausfallen können: Die Punkte, die Ferrari für den zweiten Platz in Brands Hatch kassiert hatten, reichten zum Gewinn der Wertung - mit einem einzigen Punkt Vorsprung!

1968 WM OHNE FERRARI

Die Entscheidung um die Internationale Marken-Meisterschaft für Sportprototypen und Sportwagen des Jahres 1968 fiel erst im letzten Wertungslauf, den 24 Stunden von Le Mans, die wegen der französischen Studenten-Proteste im Mai auf den 28./29. September hatten verlegt werden müssen. Zuvor hatte Porsche deutlich an Boden gut gemacht und hegte berechtigte Hoffnungen, das prestigeträchtige Championat in diesem Jahr für sich zu entscheiden.
Die Chancen standen gut, denn erst am Ende der Rennsaison 1967 hatte das CSI seine drastischen Änderungen des WM-Reglements bekannt gegeben. Als Ursache für die Änderungen wird im Nachhinein die vom Le-Mans-Siegerfahrzeug 1967 zurückgelegte Rekorddistanz von 5232 Kilometern gewesen sein, die einem 24-Stunden-Durchschnitt von 218,038 km/h entsprachen - drei Jahre zuvor hatte eine solche Geschwindigkeit noch für einen Rundenrekord gereicht! Ein Hubraumlimit von 3 Litern in der Gruppe 6 (Prototypen) schien das geeignete Mittel, um die immer schnelleren Durchschnittsgeschwindigkeiten „einzubremsen". Lediglich in der Gruppe 4 (Sportwagen) durfte das Gesamt-Zylindervolumen bis zu 5000 ccm betragen - vorausgesetzt, der Hersteller konnte mindestens 50 baugleiche Fahrzeuge vorweisen.

Diese drakonischen Maßnahmen nahm der Meisterschaft viel von ihrem Reiz, da sie das sofortige Ausscheiden so großer Namen wie Ford und Chaparral nach sich zog. Auch Ferraris Wunderwaffe, der 330 P4, war durch die Neuregelung aus der Homologation gefallen, so dass der Commendatore in dieser Saison erstmals seit Beginn der Weltmeisterschaften im Jahre 1953 kein offizielles Werks-Team nominierte.
So entwickelte sich das internationale Championat zum Duell zwischen dem Porsche-Werksteam und der John Wyer Automotive Engineering Ltd. aus England. Während Porsche seit Monza mit dem Typ 908 als erstes Team über einen echten 3-Liter-Sportprototypen verfügte, warf Wyer mit kräftiger Unterstützung des Detroiter Ford-Mutterhauses und des Gulf-Mineralölkonzerns den altehrwürdigen Ford GT 40 mit neu gestalteten Gurney/Weslake-Leichtmetall-Zylinderköpfen in die Schlacht.

DAYTONA `68

Die Saison wurde am 3./4. Februar mit dem 24-Stunden-Rennen von Daytona eröffnet, bei dem die Achtzylinder-Langheck-Porsche einen eindrucksvollen dreifachen Sieg einfuhren. Schon das erste Rennen machte deutlich, dass die Ferrari in diesem Jahr keine Rolle spielen würden. Insgesamt gingen vier Fahrzeuge aus Maranello ins Rennen, von denen lediglich die 250-LM-Berlinetta des mexikanischen Trios Ortega/Merollo/Gunn die Zielflagge sah. Mit 592 absolvierten Runden landeten sie auf dem 8. Platz. Schlechter erging es den 275 LM von Vestey/Pike/Ridgway, die nach 11 Stunden in den Boxen verschwanden, sowie Gregory/Piper, die sich bereits in der vierten Stunde durch Unfall eliminierten. Der vom N.A.R.T. eingesetzte Dreiventiler-Dino des Teams Rodriguez/Kolb schied bereits in der 2. Stunde aus.

SEBRING & BRANDS HATCH `68

Beim zweiten Wertungslauf, dem Flugplatzrennen von Sebring, gingen insgesamt 69 Fahrzeuge an den Start. Zu den 33 Teilnehmern, die nicht die geforderten 12 Stunden überstanden, gehörte leider auch der einzige gemeldete Ferrari 275 LM, dem bereits in der Anfangsphase die Kupplung versagte. Einmal mehr dominierten die Porsche, die einen überlegenen Doppelsieg herausfuhren. Während Jacky Ickx und Brian Redman mit dem 4,7-Liter-Ford beim B.O.A.C. 500 von Brands Hatch für die erste Saison-Niederlage der Zuffenhausener sorgten, erkämpften Pedro Rodriguez und Roy Pierpoint mit der 275 LM-Berlinetta die beiden einzigen WM-Punkte für Ferrari.

MONZA UND DER GANZE REST

Bei den 1000 km von Monza lagen Vestey und Ridgway fast 280 Kilometer hinter dem siegreichen Ford GT 40, und bei der 52. Ausgabe der Targa Florio schafften die Schweden Wangstre und Christoffersson als bestes Ferrari-Team mit ihrem Dino 206 SP gerade mal den 16. Platz, was angesichts des Ergebnisses beim ADAC-1000-Kilometer-Rennen auf dem Nürburgring noch passabel erscheint: Während nämlich den 3,3-Liter-LM von Skailes und Liddell mangelnder Öldruck zur Strecke brachte, brannte der schwedische Dino in Folge eines Vergaserbrandes völlig aus.
Am 14. Juli gelang Kolb/Rodriguez mit dem kleinen N.A.R.T.-Dino ein Klassensieg in Watkins Glen, gefolgt von Grossman/Bucknum, die ihren 275 GTB/4 als Neunte ins Ziel brachten.
Vor den 24 Stunden von Le Mans führte Porsche deutlich vor Ford mit 61,5 zu 47 Zählern. Da jedoch nur die fünf besten Ergebnisse in die Wertung eingingen, konnte sich das Blatt theoretisch noch einmal wenden. Am Ende geschah das Unglaubliche: Pedro Rodriguez und Lucien Bianchi triumphierten im Wyer-GT-40, was Ford allen Unkenrufen zum Trotz erneut den WM-Titel bescherte. Piper und Attwood überstanden mit ihrem 275 LM als einziges Ferrari-Team die Marathonschlacht.

1969 AKUTER FAHRERMANGEL

Nach exakt einem Jahr Abstinenz, genauer gesagt am 14. Dezember 1968, kehrte Ferrari wieder auf die Bühne der internationalen Markenmeisterschaft zurück. Wie in früheren Zeiten präsentierte Enzo Ferrari seine neue „Wunderwaffe" für die kommende Saison im Rahmen einer Pressekonferenz, die traditionsgemäß im Hotel „Real Fini" in Modena abgehalten wurde. Chris Amon hatte die Ehre, den erst in der Nacht zuvor fertiggestellten Spider-Prototypen 312 P zu präsentieren.

▲ *Der private 275 LM von Zeccoli/Posey in Le Mans 1969.*

Da ab dem 1. Januar 1969 kein Mindestgewicht für Sportprototypen mehr vorgeschrieben war, galten die ohnehin schon ultraleichten Dreiliter-Porsche vom Typ 908 als schärfste Konkurrenz. Da an der vom 612 CanAm stammenden Karosserie noch erhebliche Modifikationen vorgenommen werden mussten, entsandte der verantwortliche Chefingenieur Caliri kein Team zum Saisonauftakt nach Daytona, wo überraschender Weise die unterschätzten Lola-Chevrolet siegten.

SEBRING & BRANDS HATCH `69

Am 21. März kam es in Sebring zum ersten Aufeinandertreffen der beiden Protagonisten in der Prototypen-Klasse. Im Training markierte Chris Amon sogleich die Beste aller Zeiten und führte bis zur Halbzeit, als ihm die Motorhaube eines vor ihm fahrenden Konkurrenten wie ein Geschoss in die Front seines Ferrari flog. Obendrein litt der 60°-Zwölfzylinder unter thermischen Problemen, so dass sich Amon und Andretti hinter dem siegreichen Ford GT 40 mit dem zweiten Platz zufrieden geben mussten.
Beim 3. Wertungslauf, den 500 Meilen von Brands Hatch, domi-

312 P

V12 - 2990 ccm - 420 PS bei 9800/min

Auf Grund der für 1968 angekündigten Reglementänderung, die den Hubraum auf 3 Liter begrenzte, konnte Ferrari seine 330 P4 an der Marken-Weltmeisterschaft von 1968 nicht mehr einsetzen, woraufhin der verärgerte Enzo die Marken-WM 1968 boykottierte. Dennoch entwickelte Ferrari einen Sportwagen mit 3 Liter Hubraum, mit dem man sich 1969 wieder an der Marken-WM beteiligen wollte.
Das Fahrgestell und die Karosserie des 312 P stammten vom 612 CanAm ab. Wie zu dieser Zeit üblich bestand das Fahrgestell aus einem Rohrrahmen, der mit Aluminiumblechen verstärkt wurde. Der Motor diente dabei als mittragendes Element und erhöhte damit die Festigkeit des Ganzen. Als Triebwerk fand das auch im 312 F1 verwendete Formel-1-Aggregat Verwendung, mit einer auf 9800/min begrenzten Höchstdrehzahl. Die Leistung mit 430 PS entsprach hingegen fast der des Formel-1-Motors. Der Antrieb erfolgte über ein im Hause Ferrari hergestelltes Fünfganggetriebe. Die Bremsscheiben lagen wieder innen beim Differenzial. Es wurden nur drei Exemplare gebaut, danach hatte der Dreiliter-V12 im Rennsport ausgedient.

Produziert 1969, 3 Exemplare
Fgst.-Nr. 0868, 0870, 0872

▲ *Der junge Römer Ignazio Giunti war Ferraris WM-Hoffnung.*

nierte die Porsche-Armada deutlich über die zusammengewürfelte Konkurrenz. Am besten schlugen sich noch Amon und Rodriguez, die mit dem zweiten produzierten 312 P Spider fast auf dem dritten Platz gelandet wären - wenn sich nicht in den letzten Runden der Gaszug verklemmt hätte.

MONZA '69

Das Heimspiel von Monza entwickelte sich zu einem regelrechten Reifenkrieg. Um den schnelleren 908-Coupés Paroli zu bieten, mussten die beiden eingesetzten 312 P Spider (intern „Projekt 233" genannt) wesentlich schneller aus den Kurven heraus beschleunigen, wodurch sich bei den Firestone-Pneus die Laufflächen von der Karkasse ablösten. Um nun die während den erforderlichen Boxenstopps verlorene Zeit wieder aufzuholen, gingen Andretti und Co. bis weit über die Belastungsgrenze ihrer 312 P hinaus. Als Erster bekam dies Chris Amon zu spüren, als ihm in der 39. Runde die Kurbelwelle seines Prototypen regelrecht um die Ohren flog. 27 Runden später kreiselte Rodriguez von der Bahn und schlug gegenüber der Tribünen in die Leitplanken ein. Zum Glück blieb Pedro unverletzt, sein Spider hatte jedoch nur noch Schrottwert.
Um seine Chancen in Le Mans zu wahren, verzichtete der Commendatore auf den Einsatz des nunmehr einzig verbliebenen Prototypen bei der mörderischen Targa Florio, die so erneut zur leichten Beute der Stuttgarter wurde.

SPA & NÜRBURGRING '69

Schon am 11. Mai stellte sich der einsame Ferrari wieder der geschlossenen Porsche-Meute, die einen neuen Trumpf aus dem Ärmel gezaubert hatten. Beim 1000-km-Rennen von Spa-Francorchamps debütierte mit dem Typ 917 ein kraftstrotzender 4,5-Liter-Bolide der Gruppe 4. Nach dem Anhang J zum Internationalen Automobil-Sportgesetz also ein „Sportwagen", von dem die zur Homologation erforderlichen 25 Exemplare auf die Räder gestellt worden waren. Eines der größten Probleme für die Scuderia während der Saison 1969 stellte der chronische Fahrermangel dar, so dass der erkrankte Amon durch den Privatier David Piper ersetzt werden musste. Obwohl Piper noch nie zuvor am Volant eines 312 P gesessen hatte, gelang es ihm mit Pedro Rodriguez, den zweiten Platz zu sichern.
So zog man denn guter Dinge über die Grenze, wo am 1. Juli am Nürburgring bereits die WM-Entscheidung fallen sollte. Für die gewaltige Porsche-Flotte war es nicht weiter schwierig, den einsamen „Roten" zu Tode zu hetzen. Um Anschluss zur Spitzengruppe zu halten, mussten Rodriguez und Amon, der im 28. Umlauf den absoluten Rundenrekord einstellte, immer wieder die letzten Kraftreserven mobilisieren, was dem Ferrari schließlich den Rest gab. Damit war für Ferrari nicht nur das Rennen, sondern auch die letzte Hoffnung auf den WM-Titel verloren.

LE MANS '69

Dennoch gab die Scuderia nicht auf und ließ ihre beiden Werks-Spider für die 24 Stunden von Le Mans in aerodynamischere Berlinetta-Versionen mit festem Dach umbauen, woraus eine um etwa 20 km/h höhere Endgeschwindigkeit resultierte. Doch schon während des Trainings kollidierten der Dino 206 S und die 365 GTB/4 Daytona Berlinetta des North American Racing Teams, so dass sie beide nicht an den Start gehen konnten - ein schlechtes Omen. Das Rennen begann bereits in der ersten Runde mit einer Katastrophe: Chris Amon lag unmittelbar hinter dem Porsche 917 des Engländers John Woolfe, als dieser in der „Maison Blanche"-Kurve die Kontrolle über seinen Wagen verlor und in die Absperrung krachte. Der 312 P des Neuseeländers schoss mit voller Wucht in den vom Porsche-Wrack abgetrennten Benzintank, schleuderte aus der Bahn und schlug in die Leitplanken. Während Amon sich unverletzt aus seinem brennenden Prototypen befreien konnte,

Chris Amon im 312 P beim ADAC-1000-km-Rennen auf dem Nürburgring.

Privatfahrer ergänzten 1969 die dezimierte Ferrari-Werksmannschaft: Hier David Piper im 312 P in Le Mans 1969.

erlag Woolfe seinen schweren Verletzungen. Für den zweiten Werks-Dreiliter, den sich Rodriguez und Piper teilten, kam das Ende in der 16. Stunde, als ihnen in achter Position liegend das Getriebe den Dienst versagte.
Trotz der Ferrari-Pleite entwickelte sich das Rennen in seinem weiteren Verlauf zum spannungsgeladenen Höhepunkt der Saison, und wieder hatte das Porsche-Team das Nachsehen. Diesmal fehlten den Zuffenhausern nach fast 5000 Kilometern ganze 120 Meter auf den siegreichen GT 40.
Da die Meisterschaft schon seit dem Nürburgring entschieden war, verzichte der Commendatore auf die Teilnahmen in Watkins Glen und Zeltweg. Um zukünftig gegen die Porsche 917 bestehen zu können, brauchte Ferrari finanzielle Unterstützung von außen. Am 18. Juni übernahm der Fiat-Konzern 50% der Ferrari-Anteile. Enzo Ferrari blieb Präsident auf Lebenszeit und uneingeschränkter Chef der Rennabteilung, des Riparto Corse.
Der Fehdehandschuh für die nächste Saison war geworfen, Ferrari nahm die Herausforderung an und setzte alles an die Entwicklung eines eigenen Fünfliter-Sportwagens, des Tipo 512 S.

1970 FERRARI BEISST SICH DIE ZÄHNE AUS

Ferraris Antwort auf den Porsche 917 ließ nicht lange auf sich warten, denn unmittelbar nach der Fusion mit dem allmächtigen Fiat-Konzern begann man mit der Konzeption eines Fünfliter-V12.
Gemäß des (ziemlich unsinnigen) Reglements der Gruppe 4 musste dieser „straßentaugliche Sportwagen" über zwei Sitze, Blinker und einen „Kofferraum" verfügen, in dem ein (wenn auch luftleeres)

Reserverad untergebracht werden konnte. Mauro Forghieri, der Technische Direktor von Ferrari, hatte wenig Zeit: Die neue „Wunderwaffe", intern Projekt 242 genannt, sollte bereits zu den 24 Stunden von

Daytona startklar sein, was natürlich eine völlige Motoren-Neukonzeption von vornherein ausschloss.
Am 2. November 1969 hatten Arturo Merzario und Ignazio Giunti erstmals den pfeilschnellen Prototypen des 512 S getestet, und be-

512 S

V12 - 4994 ccm - 550 PS bei 8500/min

Ende April 1969 kündigte Ferrari den Bau von 25 Sportwagen vom Typ 512 S für das Jahr 1970 an. Sie sollten gegen die Porsche 917 eingesetzt werden. Der 5-Liter-Motor stammte vom 612 CanAm ab. Durch die Reduzierung der Bohrung auf 87 mm und dank einer neuen Kurbelwelle mit 70 mm Hub konnte der Hubraum auf 4994 ccm gesenkt werden. So leistete das durch eine Lucas-Einspritzung mit Kraftstoff versorgte Triebwerk 550 PS bei 8500/min und erreichte sein bestes Drehmoment von 502,2 Nm bei 5500/min. Eine Dreischeiben-Trockenkupplung von Borg & Beck verband den Motor mit dem von Ferrari hergestellten Fünfgang-Getriebe. Das Fahrgestell bestand aus einem Gitterrohrrahmen mit vernieteten Alu-Blechen, eine Neuheit stellte die Verwendung von Kunststoff bei der Herstellung von Karosserieteilen dar.
In Turin stellten die Firmen Cigala und Bertinetti die Front- und Heckklappen sowie die sich nach vorne und oben öffnenden Türen her. Die meisten 512 S erhielten eine geschlossene Karosserie. Nur einige wenige offene Versionen mit anders geformten Hauben wurden gebaut. Für die Langstreckenrennen wurden später sogenannte „Langheck-Hauben" verwendet. Ferrari schaffte es, die erforderlichen 25 Exemplare des 512 S in Rekordzeit zu entwickeln und rechtzeitig zur Rennsaison fertig zu stellen. Interessanter Weise unterschieden sich erstmals die Werks- nicht von den Kunden-Fahrzeugen. Bei den Kunden-Fahrzeugen hatte es sich meistens um Rennwagen aus dem Vorjahr gehandelt, welche bei der Scuderia keine Verwendung mehr fanden. So zählten zu den Kunden-Teams beispielsweise das North American Racing Team (N.A.R.T.) des US-Importeurs Luigi Chinetti, die Scuderia Filipinetti (Schweiz), die Ecurie Francorchamps (Belgien), die Scuderia Picchino Rosso, die Escuderia Montjuic (Spanien), das deutsche „Gelo"-Racing-Team von Georg Loos, der Schweizer Herbert Müller, der Amerikaner Kirk F. White und andere.

Produziert 1970, 25 Exemplare
Fgst.-Nr. 1002 bis 1050

Die Armada der zur Kontrolle durch die Homologationsbehörde aufgereihten 512 S im Ferrari-Werk in Maranello.

Ein 512 S im Fahrerlager von Laguna Seca (Kalifornien).

reits vier Tage später war der „Porsche-Killer" im „Gatto Verde" (Grüne Katze), einem Restaurant in den Bergen von Maranello, präsentiert worden. Fiat hatte über 700 Millionen Lire in das Projekt gepumpt, und dennoch grenzte es fast an ein Wunder, dass die gestrengen FIA-Kommissare dem „512 S" die Homologation erteilten - zu Beginn der Saison konnte Ferrari nämlich erst 17 komplette Autos und 7 weitere in Form von Einzelteilen vorweisen.

DAYTONA `70

Tatsächlich gingen am 31. Januar 1970, dem Renndebüt des bis dato teuersten „Serien-Ferrari" (ca. 160.000 DM), fünf nagelneue Fünfliter auf dem Daytona Speedway ins Rennen, von denen vier vorzeitig ausschieden. Der 6131 m lange Hochgeschwindigkeitskurs mit seiner um 31 Grad überhöhten Steilkurve, die mit nahezu 300 km/h durchflogen wurde, forderte von Fahrern und Material das Äußerste. Dabei erwies sich Indy-Sieger Mario Andretti mit Abstand als bester Ferrari-Mann, was er mit seiner sensationellen Pole-Position (197,8 km/h) deutlich untermauerte. Ein Defekt beendete jedoch die Träume vom Sieg im ersten Rennen: Über eine Stunde verbrachte der 512 S in den Boxen, bevor Andretti und Ickx das Rennen fortsetzen und mit 48 Runden Rückstand auf die siegreichen Porsche in dritter Position beenden konnten.

SEBRING `70

Überraschender Weise gaben die Ferrari-Zwölfzylinder am 21. März beim 12-Stunden-Rennen von Sebring den Ton an und lagen zur Halbzeit auf den Rängen 1, 2 und 3. Mario Andretti und Arturo Merzario führten mit der neuen Spider-Variante mit 12 Runden Vorsprung, als ihnen anderthalb Stunden vor Schluss das Getriebe den Dienst versagte. Daraufhin übernahm ein wutschnaubender Andretti die 512-S-Berlinetta von Ignazio Giunti und Nino Vaccarella, die just zum Nachtanken in die Boxen kam, und begann eine wilde Verfolgungsjagd. Nach packendem Finish siegte schließlich Andretti mit 23,8 Sekunden Vorsprung vor dem Schauspieler Steve McQueen, der trotz Gipsfuß einen Porsche 908/2 pilotierte.

BRANDS HATCH & MONZA `70

Das B.O.A.C.-1000-Kilometer-Rennen von Brands Hatch bei London wurde von starken Regengüssen heimgesucht, die der Ferrari-Elektrik offenbar nicht gut bekamen, so dass sie viel Zeit in den Boxen verloren. In der Schlussphase rückte der von Amon und Merzario pilotierte 512 S kurzfristig auf die dritte Position vor, um dann eine Stunde vor Rennende mit beschädigter Benzinpumpe nochmals an die Boxen zu müssen, was ihn auf Platz fünf zurückwarf.
Der vierte Wertungslauf fand bei idealen Wetterbedingungen am 25. April auf der aus Sicherheitsgründen verkürzten Rundstrecke von Monza statt. Dabei lieferten sich die Porsche und Ferrari ein bis zum Ende packendes Duell, bei dem schlussendlich wieder ein 917 die Nase vorn hatte - gefolgt von drei 512 S.

TARGA FLORIO `70

Die 54. Targa Florio in den sizilianischen Bergen war wahrlich nicht das ideale Terrain für die über 850 Kilogramm schweren 512 S. Einzig der Courage des in Palermo lebenden Nino Vaccarella war es zu verdanken, dass sich ein Ferrari nach 6:39:05 Stunden auf dem dritten Rang platzierte.
Anfang Mai wurde auf der Autobahn Turin-Piacenza, die Fiat kurzerhand für Geschwindigkeitstests sperren ließ, erstmals die Langheck-Version („coda lunga") des 512 S erprobt, mit der Peter Schetty und Arturo Merzario 344,8 km/h erreichten. Bei den folgenden 1000 km von Spa pulverisierten die Akteure reihenweise den bestehenden Formel-1-Streckenrekord und durcheilten die Distanz in knapp über vier Stunden. Was jedoch noch wichtiger war: Die 512 S bewiesen ihre Standfestigkeit, denn alle vier gestarteten Boliden erreichten das Ziel. Am besten schlugen sich Ickx und Surtees (2.), gefolgt von Giunti und Vaccarella (4.) sowie Merzario und Schetty (7.). Newcomer Derek Bell, der mit der leuchtend gelb lackierten Ecurie-Franchorchamps-Berlinetta schneller als die meisten Werksfahrer unterwegs war, konnte in seinem Vorwärtsdrang nur durch einen Fahrzeugbrand gebremst werden, was ihn auf den achten Rang zurückwarf.

NÜRBURGRING `70

Mit dem prestigeträchtigen ADAC-1000-Kilometer-Rennen auf dem Nürburgring gewann Porsche den fünften von sechs Wertungsläufen zur Marken-WM. John Surtees und Nino Vaccarella

erreichten als Sieger der Kategorie Sportwagen hinter den wendigen Porsche-908-Prototypen immerhin den dritten Rang im Gesamt-Klassement, gefolgt vom britisch-schweizerischen Scuderia-Filipinetti-Gespann Parkes/Müller.
Für Porsche hatten sich die hohen Investitionen bereits gelohnt: Der deutsche Erzrivale lag in der WM-Wertung uneinholbar in Führung. Vom Prestige her war jedoch ein Triumph bei den „24 heures du Mans" weitaus bedeutungsvoller. Während Ferrari auf neun glanzvolle Siege zurückblicken konnte, versuchten die Zuffenhauser seit Jahren vergeblich, diese Marathon-Schlacht für sich zu entscheiden.

LE MANS `70

Mit insgesamt elf eingesetzten Tipo 512 S wollte die Scuderia Ferrari dem Porsche-Team, das seinerseits sieben ultrastarke 917 und zwei 908 an den Start brachte, das Siegen allerdings nicht allzu leicht machen.
In der dritten Stunde des Rennens ereignete sich für Ferrari jedoch eine regelrechte Katastrophe, als der schwedische Nachwuchsfahrer Reine Wissell, der durch seine ölverschmierte Frontscheibe fast nichts mehr sehen konnte, auf dem Wege in die Boxen war. Clay Regazzoni, der zuvor auf der „Hunaudières"-Geraden mit 325 km/h gestoppt worden war, konnte nicht mehr ausweichen und prallte mit seiner Langheck-Werks-Berlinetta nahezu ungebremst direkt auf den langsam fahrenden Scuderia-Filipinetti-512. Mike Parkes, der mit dem zweiten Filipinetti-512 dichtauf folgte, hatte keine Chance, den querstehenden Autos auszuweichen und komplettierte das

Crash-Trio. Zu allem Übel nahte dem Unglücksort ein hochmotivierter Derek Bell, der zwar geistesgegenwärtig abbremste, dabei aber den Motor seines Werkswagens überdrehte und ebenfalls ausschied. Mit einem Schlag hatte das Schicksal vier Ferrari-Streitrösser eliminiert.
Doch es sollte noch schlimmer kommen: In der neunten Stunde, exakt um 1:34 Uhr, kam der in zweiter Position liegende Ferrari von Jacky Ickx wegen einer blockierten Bremse ins Schleudern, überflog eine Abschrankung und tötete dabei einen Streckenposten. Das Haus mit dem stolzen Pferd im Emblem erlebte ein totales Desaster, denn lediglich zwei der mit Siegesambitionen ausgezogenen Boliden überstanden die Schlacht. Mit nahezu 400 km Rückstand überquerten die für das North American Racing Team gestarteten Duos Posey/Bucknum und Walker/de Fierlandt (Ecurie Franchorchamps) abgeschlagen die Ziellinie.

WATKINS GLEN & ZELTWEG `70

Auch beim neunten Rennen der Saison, den 6 Stunden von Watkins Glen im Wine County des US-Bundesstaates New York, riss die Siegesserie der John-Wyer-Porsche nicht ab. Einzig Mario Andretti

▲ *Auf den 512 S folgte der 512 M (für „modificata"). Da 15 von 25 „S"-Typen in jener Zeit auf die neue Spezifikation umgerüstet wurden, sind heute nur noch die „Modifizierten" erhalten – allerdings in erstaunlich großer Zahl.*
Das untere Bild oben zeigt „Nini" Vaccarella im 512 S im Karussell auf dem Nürburgring.

und Ignazio Giunti vermochten längere Zeit mit den 4,9-Liter-Porsche mitzuhalten und platzierten sich schließlich mit drei Runden Rückstand auf dem dritten Platz.
Beim Abschluss der europäischen WM-Serie, den 1000 Kilometern auf dem schnellen Österreichring von Zeltweg, zeigte die Scuderia erstmals ihren 512 M („modificata"), mit dem Jacky Ickx den von ihm selbst aufgestellten Formel-1-Rekord deutlich unterbot. Angesichts des frühen Ausfalls mit zusammengebrochener Stromversorgung und des eher schwachen Abschneidens während der ganzen Saison war dies jedoch nicht mehr als ein Trostpflaster. Die Saison 1970 endete allerdings mit einem Lichtblick: Jacky Ickx und Ignazio Giunti bewiesen mit ihrem Sieg beim nicht zur Meisterschaft zählendem Neun-Stunden-Rennen von Kyalami/Südafrika, dass die als unbezwingbar eingeschätzten Porsche 917 doch zu schlagen waren. So blickte man hoffnungsvoll in die Zukunft, war doch der neue bärenstarke 512 M zu einer ernstzunehmenden Waffe herangereift.

1971 ZWEI TRUMPFKARTEN OHNE STICH

Trotz der viel versprechenden Leistungssteigerung des 512 M vertraute der Commendatore 1971 auf den neu konstruierten Dreiliter-180°-Zwölfzylinder, der als Tipo 312 PB („prototipo boxer") für Furore sorgen sollte. Giacomo Caliri, verantwortlicher Chefingenieur, und der vom Fahrer zum Team-Manager aufgestiegene Schweizer Peter Schetty, hegten berechtigte Hoffnungen, dass diese Saison besser verlaufen würde.

BUENOS AIRES `71

Die Punktehatz setzte in diesem Jahr mit den „Mil Kilometros de Buenos Aires" besonders früh ein. Der erste Einsatz des 312 PB am 10. Januar 1970 kostete Ignazio Giunti, dem viel versprechendsten Nachwuchsfahrer Italiens, das Leben: In der 35. Runde schob Jean-Paul Beltoise seinen Matra, der mit leergefahrenen Tanks liegengeblieben war, mitten auf die Fahrbahn, um die noch rettenden Boxen zu erreichen. Spitzenreiter Giunti erkannte das Hindernis zu spät und knallte mit über 230 km/h ins Heck des blauen Matra 660. Der Ferrari fing sofort Feuer, die Streckenposten waren wie gelähmt, einzig Arturo Merzario stürzte sich in das Flammenmeer und versuchte den bewusstlosen Giunti herauszuziehen, für den jedoch jede Hilfe zu spät kam. Die drei von Privat-Teams eingesetzten 512 S und der in Kyalami siegreiche 512 M fuhren ein enttäuschendes Rennen und landeten auf den Rängen 5 bis 8.

DAYTONA `71

Bei den 24 Stunden von Daytona befanden sich gleich drei 512 M am Start, darunter der des neu gegründeten „Penske Racing Team", das beim Umbau keine Schraube und keinen Bolzen unangetastet gelassen hatte. Die in den Farben des Sponsors „Sunoco" blau-gelb lackierte Karosserie erhielt einen von Traco getunten Spezialmotor und wurde eigens mit einem aus der IndyCar-Serie stammenden Schnelltanksystem versehen. Bis zur 90. Runde lief alles wie am Schnürchen: Pole Position und absoluter Rundenrekord für Mark Donohue, der den vermeintlich überlegenen 5-Liter-Porsche schlicht und ergreifend davonfuhr. Was dann jedoch um 23.53 Uhr in die Boxengasse schlich, glich eher einem Wrack: Der Wagen hatte sich zuvor mit knapp 300 km/h tief in die Überreste zweier havarierter Porsche gebohrt hatte. Rennstallbesitzer Roger Penske gab jedoch nicht auf und hetzte seine gesamte Crew immer wieder auf den lediglich von Klebebandstreifen zusammengehaltenen 512 M, der trotz 33 (!) erforderlicher Boxenstopps hinter dem N.A.R.T.-512 von Bucknum und Adamowicz in dritter Position ins Ziel kam.

SEBRING `71

Auch beim nächsten WM-Lauf, den 12 Stunden von Sebring, riss die Pechsträhne der Ferrari-Teams nicht ab. Bereits in der 20. Runde flog Parsons N.A.R.T.-512-S von der Piste, als das Gaspedal steckenblieb. Neun Runden später überschlug sich Greg Young in der

512 M

V12 - 4994 ccm - 620 PS bei 8750/min

Die auffälligste Änderung erfuhr der 512 M durch eine neue Karosserie. Als Folge von Windkanaltests an der Universität in Stuttgart erhielt der 512 M vorne und hinten völlig neue Hauben sowie neue Türen, die alle aus dünnem, glasfaserverstärktem Kunststoff gefertigt waren, was zu einer deutlichen Gewichtsreduktion führte. Die Modifikation des Motors erfolgte durch neue Zylinderköpfe mit speziellen Ventilen und Nockenwellen. Auch neue, leichtere Zylinderlaufbüchsen wurden verwendet. Dadurch steigerte der Motor seine Kraft auf 620 Pferdestärken bei 8750/min und ein maximales Drehmoment von 544,5 Nm bei 5500/min. Fahrwerksseitig erhielt der 512 M vorne eine verbesserte Aufhängung und hinten größere Bremsscheiben. Das „M"-Paket kostete inklusive Aufhängungen und durchgeführter Motormodifikation in der Fabrik stolze $30.000.-, vorausgesetzt, man konnte seinen eigenen 512 S vorbeibringen. Es wurden 15 Fahrzeuge umgerüstet, alle als geschlossene Coupés.

Produziert 1971, 15 Exemplare
Fgst.-Nr. 1002 - 1050

▲ *Der in den Hausfarben des amerikanischen Mineralölkonzerns „Sunoco" lackierte 512 M des Penske-Teams war einer der erfolgreicheren Fünfliter-Boliden.*

312 PB

180°-V12 - 2991 ccm - 450 PS bei 10.800/min

Da für 1972 eine Änderung des Reglements mit einem Hubraumlimit von 3 Litern in der Sport- und Prototypen-Klasse zu erwarten war, hatte sich Ferrari vorbereitet und einen neuen 312 P. Journalisten und Fans verliehen der Modellbezeichnung ein zusätzliches „B", womit der „Boxer"-Motor bezeichnet wurde - der im Gunde gar keiner war, sondern ein auf 180° Zylinderwinkel gespreizter V12-Flachmotor.

Im Grunde handelte es sich beim 312 PB um einen echten Formel-1-Rennwagen mit Karosserie. Der Motor hatte seinen Ursprung im 1965 gebauten 512-F1-Motor mit 1,5 Liter Hubraum. 1969 gelang es Peter Schetty in einem mit auf zwei Liter Hubraum vergrößerten Flachmotor bestückten 212 E die Europa-Bergmeisterschaft überlegen zu gewinnen. Mit der nächsten Evolutionsstufe erreichte der Zwölfzylinder-Flachmotor bei einem Hubraum von 2991 ccm eine Leistung von 440 PS bei 10.800/min. Der inzwischen standardisierte Semi-Monocoque-Aufbau (Rohr/Blech) mit dem zur besseren Steifigkeit beitragenden Motor fand auch hier seine Verwendung. Die aus Kunststoff hergestellte Karosserie bestand aus zwei Hauben, die komplett entfernt werden konnten. Den Gewichtsausgleich zu dem auf der rechten Seite sitzenden Fahrer bot der Kraftstofftank in der linken Flanke. Bis Ende 1972 entstanden 13 Fahrzeuge (Fgst.-Nr. zwischen 0874 und 0900).

Produziert 1971 - 1972, 13 Exemplare
Fgst.-Nr. zwischen 0874 und 0900

Haarnadelkurve, weil die Bremsen seines 512 M blockierten. Den bereits sicher geglaubten Sieg des Penske-Ferrari verhinderte diesmal Pedro Rodriguez, der dem Wagen mit seinem Porsche 917 einen kräftigen Rammstoß verpasste. Schlussendlich erwischte es auch noch den einsamen 312-Werks-PB, dessen Vorsprung Ickx und Andretti zwischenzeitlich auf über fünf Runden ausgebaut hatten. Wahrlich kein glücklicher Tag für Ferrari.

BRANDS HATCH, MONZA & NÜRBURGRING '71

Bei den 1000 Kilometern von Brands Hatch glückte Alfa Romeo der erste Sieg in der langen Markenhistorie, und dies, obwohl der Erfolg eigentlich Jacky Ickx und Gianclaudio („Clay") Regazzoni gebührt hätte: Nach dem unerfreulichen Kontakt mit einem Erdwall fuhr das eingespielte Team wie entfesselt und brachte den Ferrari-Werks-Prototypen noch auf dem zweiten Platz ins Ziel.
Nach Brands Hatch setzte sich indes die Serie von Pleiten, Pech und Pannen fort. So eliminierten sich Ickx und Merzario bei den 1000 km von Monza gegenseitig, als sie sich mit ihren 312 PB bzw. 512 M ein wenig zu nahe kamen. Nicht viel besser lief es zwei Wochen später in den Ardennen, als Regazzoni, in dritter Position liegend, in der 55. Runde von einem Dulon-Porsche von der Bahn gefegt wurde.
Obwohl der wendige 312 PB für die kurvenreiche Targa Florio wie geschaffen war, verzichtete der Commendatore erneut auf den Einsatz seiner Squadra bei dieser materialmordenden Schlacht. Doch im Training zum ADAC-Rennen auf dem Nürburgring zeigte der 312 PB endlich wieder einmal, welches Potenzial in ihm steckte: Jacky Ickx distanzierte mit seiner sensationellen Bestzeit (7:36,1 min) die geschockte Konkurrenz um glatte neun Sekunden! Nichts schien den schnellen Belgier aufhalten zu können. In der 6. Runde war sein Vorsprung bereits auf 40 Sekunden angewachsen, als er wegen Kühlwasserverlusts zweimal in die Boxen musste, wodurch er auf den 6. Rang zurückfiel. Ickx startete eine fulminante Aufholjagd, und drei Runden später lag der rote Bolide bereits wieder an der Spitze. Das war eindeutig zuviel für den kleinen Motor - Clay Regazzoni konnte den qualmenden Dreiliter-Ferrari gerade noch in die Boxen retten.
Damit war offenkundig, dass der 312 PB einer Dauerprüfung wie Le Mans kaum würde standhalten können, weshalb Maranello auch auf diesen Einsatz verzichtete.

LE MANS '71

So fand sich das Penske-Team bei den 24 Stunden auf dem Sarthe-Kurs unversehens in der Rolle des Titelanwärters. Eine Favoritenrolle, der man allerdings nicht lange gerecht wurde: Bereits um 20.16 Uhr, nach einem Sechstel der Renndistanz, strich der königsblaue Ferrari die Segel. Der extrem mager eingestellte Motor (um mit einer Tankfüllung möglichst viele Runden absolvieren zu können) hatte den Geist aufgegeben. Um 4 Uhr früh führte das einzige Mal in diesem Rennen ein Ferrari. Zur allgemeinen Überraschung war es der spanische Montjuich-512-M, mit dem sich Nino Vaccarella und José Maria Juncadella Stunde um Stunde nach vorn gekämpft hatten. Einige Minuten später schied der gelb-grüne Fünfliter jedoch mit Antriebsschaden aus. Kurz zuvor hatte sich Mike Parkes' und Henri Pescarolos von der Scuderia Filipinetti präparierter 512 „F" verabschiedet, als sich Parkes aus der „Maison Blanche" drehte. Ein schadhaftes Getriebe beendete auch die Auftritte der beiden 512 M von Manfredi/Gagliardi aus der Schweiz sowie von de Cadenet/de Fierland aus Belgien, so dass von den insgesamt neun an den Start gegangenen Ferrari-Gruppe-4-Wagen lediglich zwei das Rennen beendeten. In der Ergebnisliste dominierten einmal mehr die Porsche, nur die auf den Plätzen 3 bis 5 liegenden Ferrari sprengten die Phalanx.

ZELTWEG & WATKINS GLEN '71

Bei leichtem Nieselregen erlebten die Zuschauer des 1000-km-Rennen im österreichischen Zeltweg wieder einmal einen Jacky Ickx in Höchstform, der seinen Werks-PB mit deutlichem Vorsprung an Regazzoni übergab. Leider fiel dem Tessiner nichts Besseres ein, als den Wagen in der 147. Runde völlig unmotiviert mit 250 km/h in die Leitplanken zu setzen - der vierte Totalschaden eines Werks-Spiders in der laufenden Saison.
Um der verkorksten Saison die Krone aufzusetzen, musste das glücklose Penske-Team bzw. sein Top-Fahrer Mark Donohue beim letzten Start der Saison in Watkins Glen - in Führung liegend - mit defekter Lenkung aufgeben.
Insgesamt war die Saison 1971 für die Scuderia nicht wie geplant verlaufen: Die „Trumpfkarte" 312 PB kam nicht zum Stich, und der als Joker gehandelte 512 M hatte auf der ganzen Linie versagt.

1972

DER MYTHOS DER UNBESIEGBARKEIT

Der Beschluss des CSI, die Internationale Markenmeisterschaft in Marken-Weltmeisterschaft umzubenennen, sollte nicht die einzige Änderung im Reglement bleiben. Weit schwerer wog die Verbannung der Fünfliter-Sportwagen der Gruppe 6 aus dem internationalen Rennzirkus, die bisher das Salz in der Suppe des Championats gewesen waren. Ab 1972 durften nur noch Prototypen der Gruppe 5 mit einem Hubraum bis 3000 ccm sowie Spezial-Grand-Tourisme-Wagen der Gruppe 4 ohne Hubraumlimit um die Marken-WM ringen, was die Hubraumgiganten Porsche 917 und Ferrari 512 M in die Interserie oder deren amerikanisches Pendant, die CanAm-Serie, verbannte. Da zusätzlich erstmals ein Mindestgewicht von 650 kg eingeführt wurde, zogen sich die Zuffenhausener verständlicher Weise komplett aus dem Langstrecken-Rennsport zurück. Abgesehen von den superschnellen Lola T 280, denen man durchaus Außenseiter-Chancen einräumen konnte, prognostizierte die Fachwelt ein spannendes Duell zwischen den Alfa Romeo 33TT3 und den Ferrari 312 PB. Der wichtigste Schritt in Richtung WM-Titel bestand bei Ferrari in einer völlig revolutionierten Rennstrategie, über die Team-Chef Peter Schetty generalstabsmäßig wachte. Zunächst wurden dem verbliebenen Vorjahres-312-PB sechs weitere Exemplare hinzugefügt, die man alternierend einsetze. Dabei bestritten jeweils 3 Werkswagen das entsprechende Rennen, während die anderen drei für den nächsten Einsatz präpariert wurden. Ein letztes Exemplar stand immer für den „Fall der Fälle" in Reserve bereit. Chef-Ingenieur Giacomo Caliri

312 PB

180°-V12 - 2991 ccm - 460 PS bei 10.800/min

Nachdem das Jahr 1971 als Entwicklungs-Saison eingestuft werden darf, folgte in der neuen Saison eine überaus professionelle Organisation des Sportwagen-Rennteams. So standen jeweils pro Renneinsatz drei Rennwagen zur Verfügung, während drei weitere Fahrzeuge in der Zwischenzeit fürs nächste Rennen vorbereitet wurden. Ein zusätzliches Fahrzeug stand jederzeit als Ersatzwagen bereit. Auch an Triebwerken mangelte es nicht, standen doch nicht weniger als 15 Motoren bereit.

Für 1972 waren am 312 PB nur einige kleine Modifikationen vorgenommen worden, um dem neuen Reglement zu entsprechen. Die Firestone-Reifen mit noch niedrigerem Querschnitt durften verwendet werden. Aber auch die Kontur des Cockpits wurde reglementkonform geändert. Der Überrollbügel wurde mit einem zusätzlichen Rohr verstärkt.

Produziert 1971 - 1972, 13 Exemplare
Fgst.-Nr. zwischen 0874 und 0900

Im Gegensatz zu Tim Schenken, der nach seiner erfolgreichen Ferrari-Zeit den Rennsport an den Nagel hängte, griff Jacky Ickx auch in der Formel 1 nach den Sternen.

unterstanden 18 Mechaniker, die sich um das Wohl der insgesamt 15 Zwölfzylinder-Flachmotoren kümmerten.

Das italienische Duell sollte indes nicht stattfinden, mehr noch: Nie zuvor wurde eine Marken-Weltmeisterschaft mit solcher Dominanz entschieden. Die in zehn von elf Rennen angetretenen Ferrari siegten bei all ihren Auftritten. Um es noch deutlicher zu dokumentieren: Von 29 insgesamt eingesetzten Wagen belegten 18 im Laufe der Saison einen der ersten beiden Plätze. Hätte es eine Fahrer-WM gegeben, wären die sieben Ferrari-Piloten auch auf den ersten sieben Plätzen gelandet. Aber der Reihe nach.

BUENOS AIRES '72

Das Debüt des überarbeiteten 312 PB fand bei sommerlichen Temperaturen am 9. Januar 1972 bei den 1000 km von Buenos Aires statt. Nach dem Höhenflug des Lola T 280, der sich ebenso schnell wie defektanfällig erwies, siegten überraschender Weise die Ferrari-Nachwuchstalente Ronnie Peterson aus Schweden und Tim Schenken aus Australien, die ihren Dreiliter als Erste über die Ziellinie brachten. Während ihnen Clay Regazzoni und Brian Redman dicht auf den Fersen blieben, liefen die haushohen Favoriten Jacky Ickx und Mario Andretti als Zehnte ein.

DAYTONA '72

Schon während der Trainingstage im Daytona International Speedway zeigte sich, dass der Doppelsieg der Ferrari keine Eintagsfliege bleiben würde. Nach der Aufwärmrunde zum Rennen gingen die drei Ferrari-Prototypen in geschlossener Formation in Führung, bis in der 26. Runde Regazzoni durch einen Reifenplatzer aus seiner Spitzenposition katapultiert wurde. Ickx und Andretti diktierten von nun an das Tempo und siegten überlegen vor dem zweiten 312 PB von Peterson und Schenken.

SEBRING '72

Vor dem 12-Hour-Endurance-Race von Sebring, dem 3. Lauf zur WM, bestand noch eine gewisse Unsicherheit, wie sich die filigranen Formel-1-Zweisitzer bei schlechten Streckenverhältnissen über diese Distanz schlagen würden. Nachdem jedoch die Alfa Romeo nach und nach ausschieden, legte sich eine gewisse Monotonie über das Rennen. In der zehnten Stunde führte Regazzoni mit zwei Runden Vorsprung vor dem Ickx-Andretti-Ferrari, aus dessen Heck bereits dichter Rauch quoll. Das Rennen schien bereits gelaufen, als an Regazzonis Wagen plötzlich die Antriebswelle brach und eine Ölleitung zerschlug. Sofort schlugen Stichflammen aus dem Wagen. Der Tessiner bremste aus voller Geschwindigkeit und sprang fluchtartig aus dem Ferrari, der wegen des unfähigen Streckenpersonals völlig ausbrannte. Am Ende gewannen Andretti/Ickx vor Peterson/Schenken, die die letzten Runden mit gedrosseltem Tempo zurücklegen konnten.

BRANDS HATCH '72

Das B.O.A.C.-1000-km-Rennen endete mit einem Doppelsieg der Ferrari von Ickx/Andretti vor Peterson/Schenken, während Regazzoni und Redman einmal mehr die Rolle der Pechvögel spielten und durch mehrere Boxenstopps auf den 6. Platz zurückfielen. Die ganze WM schien zu einer langweiligen Angelegenheit zu werden. Vier Starts, gleich 80 Punkte für Ferrari und ein Ende war nicht in Sicht. Schon bei der Regenschlacht von Monza lief es jedoch erstmals in der Saison nicht ganz nach Ferrari-Wunsch. In Runde 32 flog Redman aus der Ascari-Kurve, aus der wenig später auch Ronnie Peterson rutschte. Die Zuschauer trauten ihren Augen nicht, als der private Jöst-Porsche 908.03 in Führung ging und wenig später von einem De Tomaso Pantera überholt wurde. Am Ende siegten aber doch Ickx und Regazzoni für Ferrari, die nach einem Lichtmaschinenbrand eine fantastische Aufholjagd durch die Wassermassen gestartet hatten.

SPA & TARGA FLORIO '72

Nach einem Doppelsieg von Redman/Merzario vor Ickx/Regazzoni in Spa ging es am 21. Mai zur Targa Florio, auf die sich das Autodelta-Team mit vier Alfa 33 minutiös vorbereitet hatte. Der einzige für Ferrari ins Gefecht geschickte 312 PB, der von Arturo Merzario und Sandro Munari gesteuert wurde, stand unter der Leitung des späteren Lancia-Rallye-Teamchefs Cesare Fiorio. Als nach sechseinhalb knüppelharten Stunden die Ferrari triumphal durchs Ziel gefahren waren, feierten 400.000 temperamentvolle Sizilianer ausgelassen den Sieg ihrer Landsleute. Die sieben Jahre währende Durststrecke Ferraris bei der Targa war endlich beendet. Bereits mit diesem Sieg war Ferrari der WM-Titel nicht mehr zu nehmen.

NÜRBURGRING & LE MANS '72

Obwohl die Ferrari den neuen Gulf-Mirage auf dem Nürburgring in der Höchstgeschwindigkeit unterlegen waren, konnte Peterson den Flachmotor-Prototypen mit 9,4 Sekunden Vorsprung für die Pole-Position qualifizieren. Der Rennverlauf gestaltete sich wie die bisherigen Auftritte der roten Renner: Die Ferrari diktierten nach Belieben das Tempo und markierten ihren sechsten Doppelsieg dieser Saison. Lediglich bei den 24 Stunden von Le Mans kniff der Commendatore: Er wusste um die mangelnde Standfestigkeit der Motoren, die bei Tests spätestens nach 3500 km den Geist aufgaben. Er wollte die neu gewonnene Reputation der Unbesiegbarkeit nicht ausgerechnet an der Sarthe, der Stätte seiner größten Triumphe, aufs Spiel setzen. Das französische Matra-Team hatte sich ein ganzes Jahr auf diesen Wettbewerb vorbereitet und landete einen imponierenden Doppelsieg. Da kein Ferrari-Werksteam an den Start ging, vertrat eine Flotte von neun privat gemeldeten 365 GTB/4 „Daytona" die Ehre der Scuderia. Dabei schlug das französische Pozzi-Team den besten N.A.R.T.-Daytona nur um zwei Runden und sicherte sich mit seinem 5. Rang den Sieg in der GT-Wertung. Die Plätze 7 bis 9 gingen ebenfalls an die Gruppe-4-Berlinetten. Die Ereignisse wurden jedoch von Joakim Bonniers tödlichem Unfall überschattet, der in einer eigentlich harmlosen Rechtskurve mit dem 365 GTB/4 des Schweizers Vetsch kollidierte.

ÖSTERREICHRING & WATKINS GLEN '72

Nach der Kunstpause in Le Mans schickte Rennleiter Peter Schetty gleich vier 312 PB in die Steiermark, wo die Ferrari auf dem herrlich gelegenen Österreichring einen eindrucksvollen Vierfach-Triumph feierten. Erwartungsgemäß wurde auch das letzte Rennen der Saison, die 6 Stunden von Watkins Glen, zur leichten Beute der Ferraristi, die in diesem Jahr 208 WM-Punkte gesammelt hatten. Es folgten Alfa Romeo mit 85 und Porsche mit 75 Zählern - eindeutiger hatte nie zuvor eine Marke die WM beherrscht.

1973 NICHT IMMER SIEGT DER STÄRKERE

Im Verlauf der Saison 1972 waren sich die beiden großen Protagonisten, Ferrari und Matra, nie direkt gegenüber gestanden, da jeder ein anderes Ziel anvisiert hatte. Während Matra ausschließlich auf den Le-Mans-Sieg spekulierte, strebte Ferrari den Titelgewinn an. Und beide Rivalen verwirklichten letztlich ihr Ziel. Die Frage nach dem überlegenen Fahrzeug musste die kommende Saison zeigen.

Auf personellem Gebiet verlor der Commendatore die Mitarbeit des Organisators des 72er-Erfolges, Peter Schetty, der durch Ingenieur Giovanni Caliri ersetzt wurde. Dafür dirigierte von nun an Ermano Cuoghi die Crew der Mechaniker an der Rennstrecke.

Während Matra über einen scheinbar unbegrenzten Etat verfügte, musste man bei Ferrari 1973 den Gürtel wesentlich enger schnallen. Von den acht 312-PB-Chassis wurden drei verkauft, fünf blieben in den Diensten der Ferrari SEFAC SpA., von denen zumeist nur zwei zum Einsatz kamen.

DAYTONA & VALLELUNGA '73

Da das Rennen von Daytona wieder über 24 Stunden angesetzt worden war, verzichtete Ferrari auf einen offiziellen Werkseinsatz und überließ es den privaten 365 GTB/4, die Kastanien aus dem Feuer zu holen. In einem monotonen Rennen triumphierte erstmals der neue Porsche Carrera, der mit einem Vorsprung von 22 Runden auf den N.A.R.T.-Daytona von Minter und Migault durchs Ziel ging, die mit ihrem zweiten Platz aber 15 wichtige Punkte im Kampf um die Meisterschaft sammelten.

Die traditionellen 12 Stunden von Sebring waren von der CSI aus Sicherheitsgründen abgesagt worden, und so kam es erst bei den 6 Stunden von Vallelunga zu dem mit Spannung erwarteten Aufeinandertreffen zwischen Ferrari und Matra. Als Opfer einer neuerlichen italienischen Streikwelle konnte die Ferrari-Crew die Montage der 312 PB erst an Ort und Stelle beenden. Im Rennen tendierten die roten Prototypen stark zum Untersteuern, wodurch sich die Vorderreifen extrem stark abnutzten. Trotzdem konnten die drei Spider die Plätze 2 bis 4 hinter dem siegreichen Matra belegen.

DIJON & MONZA '73

Brands Hatch verzichtete auf die Organisation eines WM-Laufes, so dass der dritte Lauf auf dem brandneuen Rundkurs von Dijon-Prénois über die Bühne ging. Mit Rundenzeiten um eine Minute stellte sich dieser Kurs als ein regelrechter Micky-Maus-Parcours heraus, auf dem die schlechte Straßenlage der Ferrari offen zutage trat. Einzig Ickx und Redman war es mit ihrem zweiten Platz zu verdanken, dass Maranello in der Meisterschaftswertung immer noch in Führung lag.

Für die extrem schnelle Strecke von Monza wurden die Ferrari mit einer längeren Heckverkleidung ausgerüstet, um höhere Spitzengeschwindigkeiten zu erreichen. Dennoch erwiesen sich die Matra als schneller, wurden allerdings Opfer eines Fabrikationsfehlers, als an zwei Wagen die Achsschenkel brachen. Die beiden Ferrari von Ickx und Redman bzw. Reutemann und Schenken dominierten nun das Rennen und landeten einen spekta-

312 PB

180°-V12 - 2992 ccm - 475 PS bei 11.800/min

Mit dem Ziel, eine noch bessere Straßenlage zu verwirklichen, hatten die Modifikationen am 312 PB schon vor den letzten Rennen von 1972 begonnen. Der Radstand wurde um 14 cm verlängert, die Aufhängungen überarbeitet und die Bremsscheiben nach innen ans Differenzial verlegt. Das Hub-Verhältnis änderte sich auf 80 x 49,6 mm bei gleich bleibendem Hubraum. Der neue, kurzhubigere Motor aus dem Formel-1-Rennwagen 312 B2 leistete 475 PS bei 11.800/min und ersetzte das 1971 und 1972 eingesetzte Aggregat. Die zwei „Schwanzflossen" auf der hinteren Haube machten einem über die ganze Breite verlaufenden Flügel Platz.

Produziert 1971 - 1972, 13 Exemplare
Fgst.-Nr. zwischen 0874 und 0900

kulären Doppelsieg auf heimischem Boden - eine gelungene Revanche für die schmachvolle Niederlage von Vallelunga.

SPA '73

Im heimischen Belgien rechtfertigte Jacky Ickx seinen Titel „König von Spa", als er im Training den Rundenrekord pulverisierte, den bisher Pedro Rodriguez auf dem bärenstarken Porsche 917 gehalten hatte. Damit stand in der Saison 1973 erstmals seit Daytona kein Matra auf der Pole Position. Im Rennen fielen die Matra, die mit großen Reifenproblemen zu kämpfen hatten, bald zurück. Aber die Ferrari konnten keinen Nutzen daraus ziehen, denn beide Werkswagen wurden das Opfer eines Montagefehlers bei der Befestigung des Getriebeölkühlers, der sich durch Vibrationen löste. Während Carlos Pace und Arturo Merzario ihren arg ramponierten Ferrari, der nur noch über zwei Gänge verfügte, in vierter Position durchs Ziel schleppten, musste Ickx bereits in Runde 37 aufgeben. Ein Nervenkrieg, der es der Gulf-Mirage-Mannschaft erlaubte, ihren ersten Erfolg zu feiern - um so ausgelassener, da es sich um einen nie erwarteten Doppelsieg handelte.

▲ *Die Daytona „Competition" avancierten in den siebziger Jahren zu den beliebtesten Privatfahrer-Rennwagen und sicherten die Präsenz der Marke aus Maranello auch in den düsteren Zeiten ohne Werksengagement.*

TARGA FLORIO '73

Ferrari ging mit einem Vorsprung von 11 Punkten in die zweite Saisonhälfte, die mit einem sicheren Sieg in Sizilien beginnen sollte. Cesare Fiorio, Direktor der Lancia-Sportabteilung, leitete nach dem Erfolg von 1972 erneut die „Operation Targa Florio", die 1973 übrigens zum letzten Mal ausgetragen wurde. Um kein Risiko einzugehen, meldete er dieses Mal zwei Wagen und sicherte sich mit Nino Vaccarella und Arturo Merzario die besten „Targa"-Spezialisten. Im zweiten Ferrari saßen Streckenneuling Jacky Ickx und Brian Redman, der das Rennen bereits 1970 gewonnen hatte. Da es Matra und

365 GTB/4 DAYTONA COMPETITION III

V12 - 4390 ccm - 450 PS bei 8500/min

Ferrari baute zwischen 1971 und 1973 insgesamt 15 Daytona (fünf pro Jahr) als Daytona-Competition-Versionen. Diese vom Werk selbst nie eingesetzten Rennwagen waren für die Privatteams und ausgewählte Kunden bestimmt.
Anfang 1971 wurde mit dem Bau der ersten drei Fahrzeuge begonnen. Großer Wert wurde auf eine radikale Gewichtsreduktion gelegt. Die Karosserie bestand aus Aluminium, alle zu öffnenden Teile inklusive Verglasungen wie die Rückfenster und Seitenscheiben waren aus Kunststoff.
Die erste Drei-Wagen-Serie wurde durch zwei weitere Fahrzeuge ergänzt. Einziger Unterschied waren Glasscheiben anstelle der Plexiglasfenster (Fgst.-Nr. 14885 und 14889).
Im Winter 1971/72 wurden wiederum fünf Daytona Competition gebaut. Diese neuen Fahrzeuge der Serie II erhielten einen modifizierten Motor mit einer Leistung von nun 402 PS bei 8300/min. Die Karosserie mit größeren Belüftungsöffnungen in der Nase wurde bei dieser Serie aus Stahlblech gefertigt. Räder und Bereifung waren noch etwas breiter ausgefallen. Sonst gab es keine wesentlichen Änderungen gegenüber der ersten Serie.
Die erfolgreiche Rennsaison 1972 rechtfertigte noch größere Anstrengungen für die Rennsaison 1973. Eine neue Serie von fünf Daytona Competition (Serie III) wurde gebaut. Mit 450 PS bei 8500/min waren die Triebwerke noch stärker als ihre Vorgänger. Die wichtigsten Veränderungen des Motors gegenüber dem Vorjahr betrafen das auf 9,9:1 angehobene Verdichtungsverhältnis sowie Spezialkolben mit verchromten Ringen und verstärkten Bolzen. Die Renn-Pleuel waren wie bei den GTO-Typen aus einem Stück geschmiedet, die Nockenwellen gestatteten größere Ventilüberschneidungen. Auch wurden vier Benzinpumpen (statt zwei wie 1972) verwendet. Die N.A.R.T.-Fahrzeuge erhielten zudem eine Spezialvorrichtung zur Getriebekühlung. Schließlich waren die Bremssättel verändert worden, um größere Bremsbeläge aufnehmen zu können, sowie zwei spezielle Einfüllstutzen und zwei verformbare Kunststofftanks eingebaut. Alle 15 Competition-Daytonas wurden vom Ferrari-Kundenservice-Center in Modena zusammengebaut und nicht von der Rennabteilung in Maranello.

Produziert 1971, 5 Exemplare, Fgst.-Nr. 14407, 14429, 14437, 14885 und 14889 , 360 PS bei 7700/min
Produziert 1972, 5 Exemplare, Fgst.-Nr. 15225, 15373, 15667, 15681 und 15685 , 402 PS bei 8300/min
Produziert 1973, 5 Exemplare, Fgst.-Nr. 16343, 16363, 16367, 16407 und 16425 , 450 PS bei 8500/min

Arturo Merzario (rechts) galt als unerschrockener Kämpfer und genoss in den siebziger Jahren bei den italienischen Tifosi den Status eines Nationalhelden. Noch erfolgreicher waren nur der Belgier Jacky Ickx und der Südafrikaner Brian Redman (oben), die den 312 PB von Sieg zu Sieg lenkten.

Mirage verzogen, auf den Einsatz zu verzichten, rechnete die Fachwelt mit einem Duell zwischen den wiedererstarkten Alfa Romeo (TT12) und den Dreiliter-Ferrari - ein Duell, das nicht stattfinden sollte. Bereits in der ersten Runde hatte der Trainingsschnellste Arturo Merzario einen Reifendefekt und musste etwa 5 km rollen, um die Boxen zu erreichen. In der dritten von insgesamt elf Runden schlug das Schicksal erbarmungslos zu. Zuerst erwischte es wieder Merzario, der mit Achswellenbruch ausschied, vermutlich als Folge der Reifenpanne. Zu diesem Zeitpunkt lag Ickx in zweiter Position. Nur wenige Minuten später touchierte der Belgier einen Felsen und landete im Straßengraben - Aus für Ferrari. Doch auch die Alfa kamen nicht viel weiter, und Porsche konnte den zweiten Saison-Sieg herausfahren.

NÜRBURGRING '73

Vor den 1000 Kilometern auf dem Nürburgring brachte Mauro Forghieri einige Modifikationen an, die die Gewichtsverteilung und die Aerodynamik betrafen, wodurch die Bodenhaftung der Spider verbessert werden sollte. Da die schnelleren Matra und Alfa frühzeitig ausschieden, gestaltete sich der Rennverlauf recht eintönig: Die bis zum Zieleinlauf dauernde Ferrari-Prozession wurde nur durch den Zorn Merzarios belebt, der die Stallorder, Ickx nicht anzugreifen, ignorierte und den Kollegen mehrfach anschubste.
Obwohl sich Ingenieur Alessandro Colombo nicht so sicher war, ob die Zwölfzylinder-Flachmotoren über das notwendige Stehvermögen verfügten, war ein „Showdown" in Le Mans unausweichlich.

LE MANS '73

Im Verlauf des Trainings erwies sich Merzario als Schnellster aller Teilnehmer. Auch Ickx, der nur eine Sekunde langsamer war, konnte sich für die erste Startreihe qualifizieren. Auf der langen Geraden erreichten die PB eine Höchstgeschwindigkeit von 332 km/h, während sich die ins Rennen gegangenen 365 GTB/4 Daytona mit gemessenen 294 km/h ebenfalls recht tapfer schlugen.

Als um 16 Uhr das gesamte Feld an der Startflagge vorbei zog, übernahm Merzario augenblicklich die Spitze. Der drahtige Italiener distanzierte die verblüffte Konkurrenz um 8 bis 10 Sekunden pro Runde. Von nun an war klar, dass Arturo die Rolle des „Hasen" übernommen hatte, der die Matra zur Verfolgung verleiten sollte. Nach zwei Stunden übergab er das Lenkrad an Carlos Pace, der wenig später wegen eines Lecks im Sitztank benzingebadet an die Boxen kam und auf den 14. Platz zurückfiel. Nach einem Drittel der zu absolvierenden Distanz dominierte das Ferrari-Team überlegen mit zwei Wagen an der Spitze, bis Reutemann um 2:30 Uhr mit Motorschaden in die Boxengasse rollte. Von nun an führten Ickx und Redman sieben Stunden lang, bis auch sie mit Motorschaden ausfielen. Ironischerweise beendeten ausgerechnet Merzario und Pace nach vierundzwanzig Stunden das Rennen als Zweite, nachdem man sie ursprünglich doch nur als „Kanonenfutter" in die Schlacht entsandt hatte.

Der Matra-Sieg in Le Mans war eindeutig der Wendepunkt der Rennsaison. Es folgte ein problemloser Doppelsieg der blauen Spider bei den 1000 Kilometern von Österreich, wo sich die Ferrari mit Platz 3 und 6 begnügen mussten. Der komfortable Vorsprung war dahingeschmolzen.

Da die argentinischen Organisatoren auf die Ausrichtung des letzten WM-Laufes in Buenos Aires verzichteten, musste die Entscheidung in Watkins Glen fallen.

WATKINS GLEN '73

Das WM-Klassement wurde aus den 7 besten Läufen errechnet, Matra hatte sechs Mal gepunktet (104 Zähler), Ferrari bereits acht Mal (122), was hieß, dass Ferrari in der Endabrechnung ein oder zwei Streichresultate berücksichtigen musste. Die Marke, die in Watkins Glen gewinnen sollte, würde auch den Meisterschaftssieg davontragen.

Entsprechend hektisch gestaltete sich der Rennverlauf. Schon in der Anfangsphase kollidierten Jacky Ickx und Matra-Pilot François Cevert, aber beide konnten das Rennen fortsetzen. In Runde 92 musste Merzario die Bremsklötze wechseln lassen, wodurch der Matra seine Führung ausbauen konnte. Als nach 188 Runden schließlich noch der dritte gemeldete Ferrari in Händen von Reutemann und Schenken mit einem Defekt in der Benzinzufuhr ausfiel, war der Commendatore geschlagen.

Eine Entscheidung, mit der sich Enzo Ferrari nicht abfinden wollte. Vergeblich versuchte er noch einmal, das Ergebnis am Grünen Tisch zu revidieren, aber Matra blieb Weltmeister.

DIE SPORTWAGEN-WM IM SCHATTEN DER FORMEL 1

Noch am Ende der Saison 1973 hatte Ferrari die Teilnahme an einer Reihe von ausgewählten Langstreckenrennen mit einem völlig neu konstruierten 312-P-Chassis in Aussicht gestellt. Doch obwohl sich Niki Lauda und Clay Regazzoni durchaus positiv über die absolvierten Testfahrten äußerten, erschien der Wagen nie auf der Rennstrecke. Die Entscheidung, den neuen 312 PB '74 einzumotten, fiel aufgrund einer taktischen Überlegung: Ferrari befand sich zu Beginn dieser Sportwagensaison bereits an der Spitze der Formel-1-Meisterschaftswertung, so dass die Konzentration der Kräfte auf dieses Einzelprojekt äußerst sinnvoll erschien. Im Frühjahr 1974 beschloss Ferrari schließlich, das Projekt „Sportwagen" vorläufig einzustellen. Zwar schnappte Emerson Fittipaldi dem Schweizer Regazzoni den Titel des Formel-1-Weltmeisters noch in den letzten beiden Läufen weg, doch schon im nächsten Jahr konnte nichts und niemand mehr Niki Laudas Triumphzug gefährden. Gleich viermal, von 1975-1979, ging der Titel des Konstrukteurs-Weltmeisters in der Folge an Ferrari mit seinen dominanten 312-T-Monoposti.

Zwar versuchten auch ab der Ölkrise 1973/74 diverse Ferrari-GT-Piloten die Marke mit dem schwarzen Rappen im Emblem zu Ehren zu führen. Doch wie wir wissen, waren diese Versuche leider nicht von großem Erfolg gekrönt. Im Großen und Ganzen beschränkten sich die Anstrengungen dabei auf die 24 Stunden von Le Mans, wo immer wieder private Ferraristi mit den unterschiedlichsten Modellen auftauchten. Den letzten Versuch (bis zum Erscheinen des F333 SP im Jahre 1995), mit einem echten Ferrari-Sport-

365 GT4/BB

180°-V12 - 4390 ccm - 400-420 PS bei 7200/min

Das Ferrari-Werk hatte nie eine Rennversion des 365 GT4/BB hergestellt. Es konzentrierte sich auf die Formel 1 und überließ es den Privat-Teams, den 365 GT4/BB in Eigenregie umzubauen und einzusetzen. Luigi Chinetti und sein N.A.R.T. realisierten dieses Projekt. Der ganze Wagen wurde erheblich abgespeckt, seine Karosserie wurde verbreitert und die Leistung des Motors auf 400-420 PS gesteigert.

Produziert 1975-1978, 3 Exemplare
Fgst.-Nr. 17577, 18095 und 18139

512BB/LM

180°-V12 - 4942 ccm - 480 PS bei 7200/min

1978 wurden die ersten 512 BB in Competition-Versionen umgebaut. Sie erhielten verschiedene aerodynamische Verbesserungen sowie eine verlängerte, speziell windschlüpfige Nase und einen Formel-1-ähnlichen Heckflügel. Auch erhielten sie breitere Reifen.

Pininfarina entwickelte im eigenen Windkanal 1979 die neue Karosserie des 512 BB/LM. Der darin platzierte 5-Liter- Motor produzierte 480 PS bei 7800/min. Der Antrieb erfolgte über ein Fünfgang-Getriebe, das zusätzlich mit einem Ölkühler versehen war.

Vermutlich waren drei Faktoren maßgebend für das unwürdige Abschneiden der nicht konkurrenzfähigen 512 BB/LM bei ihren Renneinsätzen. Erstens: Das Gewicht war für ein Rennfahrzeug viel zu hoch. Zweitens: Es gab keine Unterstützung durch die Rennabteilung von Ferrari. Drittens: Die Probleme mit den Reifen und Rädern, d.h. welche Größe oder Marke sich am besten eignete, konnten nie richtig gelöst werden. Jedes Team war auf sich selbst angewiesen.

Zwischen 1978 und 1982 entstanden trotz aller Probleme 29 Exemplare (Fgst.-Nr. zwischen 22715 und 44023).

Produziert 1978-1982, 29 Exemplare
Fgst.-Nr. zwischen 22715 und 44023

Prototypen in den Kampf um die Endurance-Krone an der Sarthe einzugreifen, unternahmen 1974 Jean Claude Andruet und Teodore Zeccoli, die mit dem Chinetti-Special-312-P an den Start gingen. Nach 6 Stunden hatten sie sich auf den 7. Platz vorgearbeitet, mussten sich jedoch nach 4071,65 km mit Rang neun zufrieden geben. Besser schlugen sich das französische Team Grandet/Bardini sowie Heinz/Cudini, die mit ihren 365-GTB/4-Daytonas den 5. bzw. 6. Platz belegen konnten und damit souverän die GT-Wertung gewannen.

Eigentlich sollte 1975 in Le Mans mit dem 365 GT/4 BB ein völlig neues Modell an den Start gehen. Während des Trainings ging Luigi Chinetti davon aus, dass sich seine vier eingesetzten Wagen, zwei Daytonas, ein Dino 308 GT4 und der Berlinetta-Boxer qualifiziert hätten, doch in allerletzter Sekunde schnappte sich ein Porsche den Startplatz des Dino. Chinetti war darüber so erbost, dass er alle unter dem N.A.R.T.-Banner angetretenen Wagen zurückzog und wütend Le Mans verließ. Erst 1977 wagte er sich mit seinem Team wieder nach Frankreich, wo der 365 GT/4 BB unter Migault/Guittény den 16. Rang belegte - eine Platzierung, die sie im nächsten Jahr wiederholen sollten. Auch andere Ferraristi wie der französische Importeur Charles Pozzi und der Belgier Jean „Beurlys" Blaton folgten dem Beispiel Chinettis und engagierten sich von nun an in Le Mans. Die vier 1978 erstmals eingesetzten 512 BB konnten bei ihrem ersten Auftritt nicht überzeugen, da keiner der Fünfliter-Zwölfzylinder das Ziel erreichte. Ab 1979 tauchten speziell für Renneinsätze entwickelte 512 BB auf, die den Beinamen „Le Mans" trugen. Tatkräftige Schützenhilfe leistete dabei die Assistenza Clienti Ferrari in Modena, bei der insgesamt 29 Exemplare modifiziert wurden.

1979 überfuhr „Beurlys", der seine 15. Le-Mans-Teilnahme feierte, als 12. die Ziellinie. Wenn man bedenkt, dass der 480 PS starke Fünfliter dabei lediglich 490 Kilometer weiter kam als Luigi Chinettis zierliche Barchetta 30 Jahre zuvor, erscheint dies nicht gerade als große technische Weiterentwicklung. Mit mehr als 1200 Kilogramm Startgewicht - ohne die 160 Liter Superbenzin an Bord - konnte man jedoch nicht erwarten, dass die Ferrari in der Spitzengruppe würden mitmischen können. Immerhin gelang 1982 dem Prancing-Horse-Team von Dieudonné/Baird/Libert das Kunststück, mit 4387

absolvierten Kilometern den sechsten Platz im Gesamtklassement zu belegen. Aus der siegverwöhnten Ferrari-Perspektive zwar kein heraus ragendes, aber immerhin ein versöhnliches Resultat beim zweitletzten Einsatz des BB LM.

1984 schaffte der letzte in der GTX-Kategorie angetretene Ferrari gerade einmal 65 Runden, bevor sich der Vorhang für die einst unschlagbaren Zwölfzylinder für immer schloss.

GT-Einsätze der 90er Jahre

PRIVAT-VERGNÜGEN

Mitte der neunziger Jahre erlebte der GT-Sport eine Renaissance. Zahlreiche Privatfahrer und -teams nutzten die Chance, um mit mehr oder weniger stark modifizierten Ferrari-Modellen an den Start zu gehen. Zumeist nur mit bescheidenem Erfolg.

von Wolfgang Hörner; Fotos: Hörner, Kistler

Während Sportprototypen mit dem Ende der Endurance-Weltmeisterschaft für Gruppe-C-Fahrzeuge 1993 ganz aus Europa verschwanden, formte sich eine neue Bewegung, die in die Lücke der Langstreckenrennen vorstieß: der GT-Sport. Auch wenn Ferrari mit Fahrzeugen vom Schlage F40 und F50 heiße Eisen im Feuer gehabt hätte, fanden die Teilnahmen stets auf privater Basis statt. Das hatte zur Folge, dass die Auftritte der „Ferrari-Teams“ nicht nur wenig professionell wirkten, sondern dazu auch noch wenig erfolgreich waren.

Einer dieser schwachen Auftritte war die Rückkehr von Ferrari 1993 nach Le Mans. Der Ferrari 348 des Simpson-Teams qualifizierte sich nur knapp, nahm aber trotzdem nicht am Rennen teil: Ein Gruppe-C-Toyota hatte im Warm-Up den Hinterbänkler ins Aus befördert. Dennoch konzentrierte man sich in Ferrari-Kreisen ganz auf den 348, schließlich war die Produktion des F40 ein Jahr zuvor ausgelaufen und ein Nachfolger noch nicht in Sicht. So war es das Werk selbst, das anlässlich der Frankurter IAA im September 1993 einen 348 Competizione vorstellte, der bei Michelotto entwickelt worden war.

Der Prototyp besaß einige Anleihen aus dem hauseigenen Markenpokal (348 Challenge), war aber vor allem in Sachen Fahrwerk und Bremsen (letztere stammten aus dem F40 LM) überarbeitet worden. Dass der Austellungswagen (#96547) weder leistungsgesteigert noch deutlich gewichtsreduziert war, störte potenzielle Interessenten nur wenig. Erst als versuchte wurde, den Wagen für einen Einsatz im deutschen GT-Cup vorzubereiten, offenbarte das Fahrzeug, dass es besser für die Garagen betuchter Sammler geeignet war, als für den harten Renneinsatz. Die 348, die fortan bei Michelotto entstanden, mussten daher entweder nachgearbeitet werden oder entsprachen technisch nicht mehr dem Prototypen. Und so wurden die betagten F40, die bereits ab Werk das Rüstzeug für Renneinsätze mitbrachten, für viele Interessenten zu einer echten Alternative.

▲ *Auch wenn es bislang von wenig Erfolg gekrönt war: Das Le-Mans-Engagement verschiedener privater F40-Teams lockt jedes Jahr Tausende von Ferrari-Fans an die Sathe, nur um ihre Marke vertreten zu sehen.*

1994 ging es mit dem GT-Sport weiter voran: Das Trio Jürgen Barth, Patrick Peter und Stéphane Ratel rief eine internationale GT-Meisterschaft („BPR-Serie“) ins Leben, in der sich mehrere F40 sowie einige (völlig chancenlose) 348 tummelten. Auch wenn es im Gründungsjahr noch sehr amateurhaft zuging, konnte trotzdem nur einmal ein Ferrari ein Rennen für sich entscheiden: Das Vierstundenrennen von Vallelunga (I) wurde vom Duo Anders

Olofsson/Luciano della Noce auf einem F40 des Strandell-Teams gewonnen.
In den folgenden Jahren verschärfte sich die Konkurrenz zusehends. Gegen Neuentwicklungen wie McLaren F1 GTR oder Porsche 911 GT1 schienen die F40 chancenlos zu sein. Doch dank der hohen Fahrleistungen mischten die Ferrari trotzdem vorne mit. Je ein Sieg - beide Male beim Vierstundenrennen in Anderstorp (S) - waren 1995

(Michel Ferté/Olivier Thévenin im Aldix-Ferrari F40 LM) und 1996 (Anders Olofsson/Luciano della Noce im FCI-Ferrari F40 „GTE" für „Evoluzione") der Lohn harter Arbeit. Der beherzte Einsatz von Jean-Marc Gounon/Eric Bernard/Paul Belmondo im zweiten F40 „GTE" des Ferrari Club Italia bescherte Ferrari 1996 sogar lange Zeit Platz Zwei im Zwischenklassement.
Auch in nationalen GT-Serien kamen Ferrari zum Einsatz. In Deutschland war es Peter Mamerow, der 1995 einen F355 im ADAC-GT-Cup an den Start brachte. Das stark modifizierte Auto wollte allerdings nicht so recht in die Gänge kommen. Ein fünfter Platz war das beste Resultat. Heute ist das Fahrzeug ab und zu noch im Langstreckenpokal auf dem Nürburgring zu bewundern. In Italien gelang es dem Jolly Club zusammen mit dem Ferrari Club Italia 1994 die GT-Meisterschaft mit Vittorio Colombo auf einem F40 zu gewinnen.
Die verschiedenen Versuche zwischen 1993 und 1996 halbwegs erfolgreich in Le Mans mitzufahren waren hingegen stets von Misserfolg gezeichnet (bestes Resultat: elfter Gesamtrang 1994).

▲ *Besondere Aufmerksamkeit erfuhren in den Achtzigern die von Michelotto umgebauten 308 GTB, die bei diversen Berg- und Rundstreckenrennen von privater Hand eingesetzt wurden.*

▲ *Ganz mutige Enthusiasten wagten sich in den neunziger Jahren bisweilen sogar mit dezent modifizierten F355 an den Start.*

Im Herbst 1996 mehrten sich die Gerüchte, nach denen Ferrari 1997 in die Nachfolgeserie der BPR, die FIA-GT-Weltmeisterschaft, einsteigen würde. Tatsächlich umkreiste Ferrari-Testfahrer Nicola Larini mit einem F50 „GT1" die Strecke von Fiorano. Doch praktisch über Nacht und ohne Angabe von Gründen stoppten die Italiener das Projekt und verkauften zwei der drei Prototypen an Sammler.
Ironie des Schicksals: Seither beteiligten sich auch keine Ferrari mehr an bedeutenden GT-Rennen.

▲ *In der BPR-Rennserie profilierten sich die F40 in erster Linie mit schnellen Qualifikationszeiten - mit der Standfestigkeit war es zeitweise nicht weit her.*

Ferrari F333 SP

UND EWIG LOCKT AMERIKA

Nach zwanzigjähriger Abstinenz nahm Ferrari 1994 wieder an Sportwagenrennen teil. Der F333 SP sammelte sportlichen Lorbeer vor allem in Amerika, wo er 1995 die IMSA-Serie und auch die Langstrecken-Klassiker Sebring und Daytona gewann. In Europa wollte es hingegen bislang nicht so richtig klappen.

von Wolfgang Hörner
Fotos: A. Bianchetti, W. Hörner, „Kuni", B. Majer

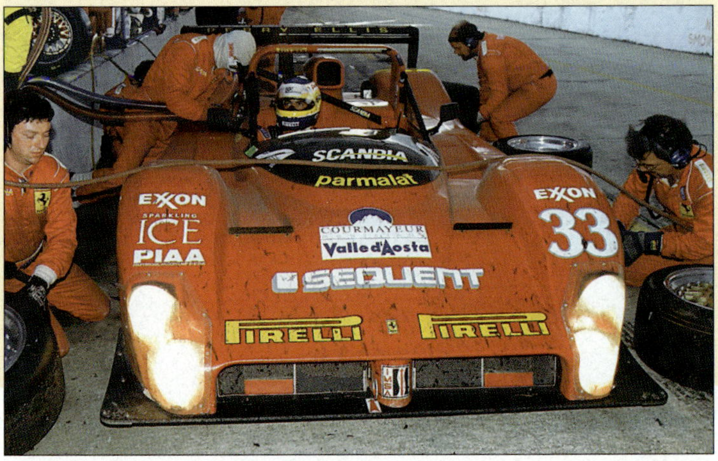

Eingefleischte Fans konnten es bis kurz vor der offiziellen Präsentation im Januar 1994 kaum glauben: Nach zwanzigjähriger Pause stellte Ferrari wieder einen Sportprototypen vor - eine kleine Sensation. Es klang fast ein wenig verlegen, als Piero Ferrari im Rahmen der Vorstellung zu erklären versuchte: „Es war der Wunsch unserer Kunden."

Ganz von der Hand weisen ließ sich diese Äußerung nicht, denn als eine der treibenden Kräfte hinter dem Projekt kann in der Tat ein sportbegeisterter Kunde angesehen werden. Autozubehör- und Lenkrad-Fabrikant Gianpiero Moretti (MOMO) hatte durch ständige Anfragen das Projekt in Maranello vorangetrieben. Unterstützung fand er dabei bei den Vertriebs- und Marketingleuten bei Ferrari, die mit dem US-Markt betraut waren. Für sie waren Sporteinsätze in Nordamerika das gesuchte Wundermittel, um die Absatzzahlen für den wichtigsten Exportmarkt weiter zu steigern. So verwunderte es nicht, dass Gian Luigi Buitoni, der Präsident von Ferrari North America, sich vorbehaltlos für die Sportwagen-Idee aussprach.

Der Vorstoß der Italiener hätte wohl kaum zu einem besseren Zeitpunkt stattfinden können. Nach dem Niedergang der kostenintensiven Sportwagen-Weltmeisterschaft für Gruppe-C-Fahrzeuge war auch die IMSA-Serie (International Motor Sports Association) grundlegend renoviert worden. Einfache Technik, klares Regelwerk und unkomplizierte Austragungsmodi kamen den Neueinsteigern aus Italien sehr entgegen. Außerdem mussten die Debütanten keine alt eingesessene Konkurrenz fürchten. Der Ferrari F333 SP wurde bei Ferrari Engineering unter der Leitung von Ingenieur Rioli entwickelt und beschäftigte gleich zwei Formel-1-erfahrene Konstrukteure: Giampaolo Dallara und Tony Southgate.

▲ *Im deutschsprachigem Raum macht vor allem das F333-IMSA-Engagement des Schweizer Unternehmers Fredy Lienhard („LISTA") von sich reden.*

▲ *In Le Mans wollte es 1997 nicht so recht klappen, dafür gelangen Siege in Sebring (1997) und beim US-Langstrecken-Klassiker in Daytona, das der MOMO-F333 1998 erstmals seit 1972 wieder für Ferrari entschied.*

Das Chassis bestand aus leichter Karbonfaser und Aluminiumwaben („Honeycomb") und sorgte dafür, dass der F333 SP nie mit Gewichtsproblemen zu kämpfen hatte. Als Antriebsquelle diente ein V12-Motor (Typ F130) mit 65° Zylinderwinkel - ein direkter Ableger des Formel-1-Triebwerks, das noch Anfang der neunziger Jahre eingesetzt worden war. Aus knapp vier Liter Hubraum schöpfte der Saugmotor über 600 PS bei 11.500/min. Doch die IMSA-Verantwortlichen nahmen Anstoß an der aufwendigen Technik (u.a. fünf Ventile pro Brennraum) des Zwölfzylinders. Außerdem konnte Ferrari zum Zeitpunkt der F333-Präsentation noch nicht das Serienfahrzeug vorweisen, auf dessen Triebwerk der Motor des IMSA-Sportwagens basieren musste: Der F50 wurde nämlich erst nach dem F333 SP vorgestellt und somit die IMSA-Regel im Grunde ad absurdum geführt.

Der F333 SP verfügte über ein sequenziell geschaltetes Fünfganggetriebe. Bei seinen ersten Testfahrten mit Mauro Baldi, Nicola Larini und Dario Benuzzi offenbarte der Prototyp (#001) allerdings gravierende Bremsen-Schwächen, die aber bald behoben werden konnten. Dafür sorgten zeitgemäße Pushrod-Aufhängungen (Formel-1-Technologie) von Beginn an für bestes Fahrverhalten. Verständlich, dass so hochwertige Technik nicht verschleudert wurde: 500.000 US-Dollar kostete ein nackter F333 SP, das rennfertige Paket verschlang fast das Doppelte (950.000 US-Dollar). In ihm waren zwei Ersatzmotoren, eine Ersatzkarosserie, Antriebswellen, Kühler, Bremsscheiben, Radaufhängungen und verschiedene Kleinteile enthalten.

Noch vor dem ersten Einsatz des F333 SP musste im Frühjahr 1994 die Truppe um Chefingenieur Rioli einen herben Rückschlag hinnehmen, als der Prototyp bei Testfahrten durch einem Unfall schwer beschädigt wurde. Damit war #001 (der von einem Sammler erworben wurde) jedoch nicht der einzige F333 SP, der nie zu Rennehren kam. Bis April 1994 entstanden fünf Fahrzeuge (#001 bis #005), von denen vier die 94er IMSA-Saison bestritten. In einer zweiten Produktionsperiode von Herbst 1994 bis Frühjahr 1995 entstanden vier weitere Rennwagen (#009 bis #012), praktisch ohne Änderungen gegenüber den Vorjahresfahrzeugen. Erst danach produzierte Ferrari drei Fahrzeuge (#006 bis #008) für ausgesuchte Sammler. Aber auch die Einsatzfahrzeuge gingen in Privathände. Bei Ferrari hatte man beschlossen, die Einsätze ausschließlich von Privatteams durchführen zu lassen. Neben dem Team von Gianpiero Moretti (MOMO Corse) erwarb 1994 das „Scandia"-Team von Andy Evans einen F333 SP, das „Euromotorsport"-Team von Antonio Ferrari (kein Verwandter) und Massimo Sigala zwei F333 SP.

1994

Bis die Fahrzeuge schließlich startklar waren, hatte die IMSA-Saison bereits begonnen. So feierte Ferrari seine Rückkehr in den Sportwagen-Zirkus erst am 17. April beim Rennen von Road Atlanta. Schon im Training hatte sich der F333 SP von Mauro Baldi die Pole-Position geholt. Das Rennen selbst wurde ein noch viel größerer Triumph: Jay Cochran (Euromotorsport) gewann das Debüt-Rennen, und der Wagen von MOMO Corse komplettierte den Doppelsieg.

Auch in den darauffolgenden Rennen lief alles wie am Schnürchen. Siege in Lime Rock (Dreifach-Triumph), Watkins Glen, Indianapolis (Doppelsieg) und Laguna Seca (Doppelsieg) zeugten von der übermächtigen Dominanz der Ferrari über die leistungsmäßig schwächeren Oldsmobile und Mazda. Durch den verspäteten Einstieg in die Serie verpasste Ferrari allerdings den Sieg in der Herstellerwertung um vier Punkte, und auch die Fahrerwertung gewann kein Ferrari-Pilot.

1995

Nach dem erfolgreichen Debüt waren die Erwartungen für 1995 groß. Anfang Februar traten in Daytona gleich vier F333 SP an, die für das 24-Stunden-Rennen nur geringfügig modifiziert worden waren. Bis zum Morgengrauen lagen die vier Ferrari in beeindruckender Formation an der Spitze des Feldes. Doch anstelle des erhofften Triumphs endete das Rennen in Florida mit einer herben Enttäuschung: Alle F333 SP bekamen Probleme mit ihrer Haltbarkeit. Drei Fahrzeuge fielen aus, und nur das Fahrzeug von Euromotorsport beendete das Rennen in Wertung (Platz Acht). Einen Monat später, beim 12-Stunden-Rennen von Sebring, gelang es dem Scandia-Team, diese Scharte auszuwetzen. Das Trio Andy

▲ *Nicht immer hielten alle gestarteten F333 das bis zu 12 Stunden lange Rennprogramm durch. Die guten Platzierungen der übrigen F333 sicherten Ferrari indes 1995 den Titel.*

▲ *In Sebring siegte der F333 von Andy Evans' Scandia-Team und beendete 1995 eine 23 Jahre lange Durstrecke für Ferrari.*

Evans/Fermin Velez/Eric van de Poele gewann das älteste Langstreckenrennen Amerikas. Für Ferrari war es der erste Sieg in Sebring seit 23 Jahren.

In den folgenden Rennen war die Ferrari-Armada - die ab Road Atlanta durch das Team des Schweizer Fredy Lienhard Verstärkung erhielt - zwar stets vorne mit dabei und gewann auch die Rennen in Halifax (Dreifachsieg), Lime Rock, Houston (Doppelsieg) und Phoenix, doch die Übermacht von 1994 war gebrochen. Dafür sammelten die F333 SP stetig Punkte, so dass Ferrari ein Rennen vor Saisonende als Gewinner der Herstellerwertung vor Ford und Oldsmobile fest stand. Ein vierter Platz beim Finale in New Orleans reichte dem Spanier Fermin Velez (Team Scandia), um auch den Fahrertitel für Ferrari zu sichern.

1996

Kaum weniger spannend entwickelte sich die 96er Saison. Zwar verpasste Ferrari durch viel Pech die Siege in

▲ *Ein interessantes Projekt war das „Racing for Belgium"-Sponsorprogramm für Le Mans 1996.*

Daytona und Sebring (jeweils nur Platz zwei), doch hatte das MOMO-Team mit der Verpflichtung von Massimiliano Papis einen guten Griff getan. „Mad Max" fuhr wie ein Besessener und holte mehrfach für sein Team in scheinbar aussichtslosen Situationen die Kastanien aus dem Feuer. Die Siege in Road Atlanta, Lime Rock und Watkins Glen brachten Papis an die Spitze der Fahrerwertung, und

Sebring 1995: Ferrari trug sich beim traditionsreichen amerikanischen Langstreckenrennen in diesem Jahr erstmals wieder in die Siegerlisten ein.

bis zur Saisonmitte sah es nach einer erfolgreichen Titelverteidigung aus. Letztlich blieb dem Italiener aber doch nur der Vizetitel: Ferrari musste punktgleich, aber mit weniger Siegen, den Markentitel an Oldsmobile abtreten.

1997

1997 kaufte der Rennstallbesitzer und Ferrari-Fan Andy Evans die gesamte IMSA-Serie auf und benannte sie in PSR (Professional Sportscar Racing) um. Die teilnehmenden F333 SP schafften es auch im dritten Anlauf nicht, die 24 Stunden von Daytona zu gewinnen - das Scandia-Team wurde wieder nur Zweiter. Dafür sicherte sich Ferrari den erneuten Sieg in Sebring, als die Kombination Andy Evans/Fermin Velez/Stefan Johansson/Yanick Dalmas (Team Scandia) das Zwölf-Stunden-Rennen gewannen. Siege in Lime Rock, Mosport, Pikes Peak und Sebring (Doppelsieg) ließen Ferrari erneut um den Markentitel mitfahren, den sie mit sechs Punkten Rückstand abermals nur knapp verloren. Allerdings konnte keiner der Ferrari-Piloten in den Kampf um die Fahrerwertung eingreifen.
Da das Interesse an Sportwagenrennen weiter wuchs, die Anzahl renntüchtiger F333 SP jedoch permanent zurückging, nahm die Firma Michelotto, Ferraris „externe Rennabteilung", im Winter 1997/98 den Aufbau mehrerer neuer Fahrzeuge in Angriff. Und was drei Jahre lang nicht geklappt hatte, glückte schließlich am 1. Februar 1998: Der MOMO-Ferrari von Gianpiero Moretti/Mauro Baldi/Didier Theys/Arie Luyendyk gewann die 24 Stunden von Le Mans. Für Ferrari war es der fünfte Daytona-Gesamtsieg, allerdings erst der zweite Triumph über die „lange Distanz" von 24 Stunden. Wenige Wochen darauf triumphierte das Team auch bei den 12 Stunden von Sebring.
In Europa waren die F333 SP bis dahin nur selten auf Rennstrecken zu sehen gewesen. Die Teilnahme des Euromotorsport-Teams 1995 in Le Mans - entgegen dem ausdrücklichen Wunsch von Ferrari - endete schon nach 30 Minuten. Nur unwesentlich besser machten es die beiden Scandia-Ferrari im Jahr darauf. Während für den ersten F333 SP schon nach drei Stunden das Aus kam, fuhr der zweite, vom belgischen Automobilclub gecharterte Ferrari („Racing for Belgium") auf einem respektablen Platz mit, bevor ein Fahrfehler in den Morgenstunden die Fahrt unsanft beendete. 1997 gelang wenigstens ein bescheidener Erfolg: Der MOMO-Ferrari von Gianpiero Moretti hielt den Marathon durch und sicherte Ferrari mit Platz Sechs das beste Ergebnis in Le Mans seit 1981. Der zweite F333 SP, den das Aldix-Team blau lackiert hatte, war dagegen schon in den Abendstunden gestrandet.

▲ *Le Mans 1997: Der MOMO-F333 von Gianpiero Moretti hielt erstmals den 24-Stunden-Marathon duch und bescherte Ferrari mit Platz 6 das beste Ergebnis seit mehr als 15 Jahren. Mit Morettis sensationellem Daytona-Erfolg 1988 meldete sich Ferrari nach unendlich langer Zeit erstmals wieder mit einem 24-Stunden-Sieg im Kreis der Langstrecken-Spezialisten zurück. Zum dauerhaften Erfolg fehlt jedoch ein werksseitiges Engagement.*

F333 SP Rennsportwagen & Prototypen

1998

Der neuerliche Anlauf der Ferrari-Teams im Jahr darauf verlief glücklicher. Die Fahrzeuge spielten jetzt ihre Ausgereiftheit aus, und so gewann ein F333 SP unter der Besetzung von Wayne Taylor/Eric van der Poele/Fermin Velez (Doyle-Risi Racing) in dem hochkarätig besetzten Rennen die Sportwagenklasse. Gianpiero Moretti, der nach seinen Erfolgen in Daytona und Sebring gerne das Triplet geschafft hätte, wurde in der WSC-Klasse Dritter.
Während es zunächst den Anschein hatte, Sportwagenrennen wären in den USA populärer als in der Alten Welt, formierte sich unter der Bezeichnung ISRS (International Sports Racing Series) die europäische Sportwagenszene. Dort gingen ausschließlich Privat-Teams an den Start, was bei Ferrari die Nachfrage nach dem F333 SP weiter verstärkte. Mehr als 15 Fahrzeuge wurden deshalb bislang von dem Evolutionsmodell bei Michelotto gebaut, was die Gesammtsumme aller F333 SP auf über 30 Stück steigen ließ (bis Ende 1999 exakt 34 Exemplare). Die „Nachbauten" sind an vielen kleinen Details von der ersten Serie zu unterscheiden. Unter anderem wurden Aerodynamik, Lenkung und Getriebe verfeinert.
Im Jahr 1998 hatten die Teams, die auf Ferrari setzten, die ISRS fest im Griff. Das JB Giesse Team gewann mit dem Fahrergespann Emanuel Collard/Vincenco Sospiri die europaweit ausgetragene Serie souverän.

1999

Auch im Jahr darauf schien es, als ob die Ferrari-Piloten die inzwischen in SRWC (Sports Racing World Cup) umbenannte Meisterschaft weiter dominieren würden. Doch die Konkurrenz hatte aufgeholt, und der Wettbewerb wurde härter. Erst im letzten Rennen fiel die Entscheidung - erneut zu Gunsten des F333 SP von Collard/Sospiri. Die Zeichen mehren sich aber, dass sechs Jahre nach der Präsentation des Ferrari-Sportprototypen, die Ära des F333 SP langsam zu Ende geht: Die aufstrebenden Sportwagenserien in Europa und den USA (Petit Le Mans Series) werden zunehmend von großen internationalen Herstellern entdeckt, die mit Werkswagen antreten. Trotzdem bleibt zu hoffen, dass die Ferrari-Privatfahrer auch weiterhin die Sportwagenszene beleben werden.

„Mad Max" Papis versetzte beim Ferrari-Festival „Tutte le Ferrari in Pista" 1996 mit seinen Darbietungen die Fans in helles Entzücken.

Ferrari
Club
Macerata
Ferrari Club
Ferrari
Club
Sieci
CASSA
DI RISPARMIO
DI FIRENZE
EJOT
RUBIG
53
LISTA
AVON

FERRARI CHALLENGE

FERRARIS PRIVATFAHRER-RENNSERIE

Ferrari Challenge

FOR GENTLEMEN ONLY

1993 rief Ferrari zum ersten Mal in der Firmengeschichte einen Markenpokal ins Leben, die Ferrari Challenge. Zunächst mit dem 348, später dann mit dem F355, konnten ambitionierte Ferrari-Fahrer unter der Schirmherrschaft der Scuderia Rennen fahren.

von Wolfgang Hörner und Peter Braun
Fotos: Hörner, „Kuni"

▲ *Identisches Material auf höchstem sportlichen Niveau sicherte der Ferrari Challenge vom Start weg eine hohe Leistungsdichte.*
Rechts: Ferrari auf den schönsten Rennstrecken Europas. Hier in Spa (B).

▲ *Bruno Staub, der schnelle Eidgenosse in der Challenge Europa (Zentral), hinterließ 1997 und 1998 fahrerisch den stärksten Eindruck.*

Es war schon immer mein Wunschtraum, einmal mit einem Ferrari Rennen zu bestreiten." Solche oder ähnliche Antworten erhält man zumeist, wenn man die Teilnehmer der Ferrari Challenge nach ihren Motiven befragt. Und da für die beiden Formel-1-Cockpits der Scuderia nur die Allerbesten der Besten in Frage kommen, ist der Markencup die ungleich einfachere Möglichkeit, sich dieses Ziel zu erfüllen. Zwar ist von Haus aus jeder Ferrari für sportliche Fahrweise konzipiert, doch stellen die harten Bedingungen auf der Rennstrecke ganz andere Anforderungen an das Material. Vorbei sind die Zeiten, als so mancher SWB-Besitzer wochenends die Tour „Büro-Rennstrecke-Büro" auf sich nahm: Während er am Sonntag noch mit seinem „Roten" auf dem Nürburgring um Zehntelsekunden kämpfte, fuhr er am Montag mit dem gleichen Fahrzeug wieder regulär zur Arbeit. Auch wenn es vielleicht schon damals nicht ganz so einfach gewesen sein mag wie eben geschildert, so inspirierte zumindest diese Idee die Schöpfer der Ferrari Challenge.

Die Änderungen, die im Herbst 1992 für den Ferrari 348 entwickelt wurden, sollten ihm jedoch keinesfalls seine Straßenzulassung entziehen. Außerdem mussten alle Modifikationen auch an bereits existierenden Fahrzeugen vorgenommen werden können. Als im Frühjahr 1993 die erste Ferrari Challenge ausgetragen wurde, hatten die 348 einiger Teilnehmer tatsächlich schon mehrere 10.000 Kilometer auf öffentlichen Straßen zurückgelegt. „Eigentlich ist der Wagen jetzt gerade erst richtig eingefahren", kommentierten einige Ferrari-Mechaniker damals die Situation.

Die Mühe, das Einsatzfahrzeug regelmäßig auf eigener Achse an die Rennstrecke zu bewegen, nahmen indes schon in der Anfangszeit der 348 Challenge nur ganz hartgesottene „Gentlemen" auf sich. Noch größer waren manchmal die Mühen, mit dem Renn-ramponierten Ferrari 348 wieder nach Hause zu kommen...

KUNDENBETREUUNG À LA FERRARI

Die Ferrari Challenge lockte seit 1993 viele Enthusiasten auf die Rennstrecke. Während im ersten Jahr nur eine italienische und eine rest-europäische Serie ausgetragen wurde, kamen im Jahr darauf zwei weitere hinzu. Zum einen wird seit 1994 auch in den USA eine Ferrari Challenge ausgetragen, zum anderen musste die europäische

FINA
BASTOS
FINA
BASTOS

Bernd Hahne, Challenge-Champion 1993 und 1996.

Charmante Gaststarterin: Tamara Vidali.

Karl Baron, Challenge-Meister 1999.

Auch DTM-Profi Roland Asch gab ein kurzes Gastspiel bei der Ferrari Challenge.

bei den Teilnehmern und Betreibern gleichermaßen. Doch Ferrari konnte von Beginn an auf die Partnerschaft dreier Unternehmen bauen, die sich tatkräftig an der Challenge beteiligen. So übernimmt Pirelli den Reifenservice und stellt den Teilnehmern kostenfrei (bzw. seit zwei Jahren gegen eine geringe Pauschale) Slicks und Regenreifen (P Zero) zur Verfügung. Die passenden Felgen spendierte erst Speedline, mit der Einführung des 360 Challenge BBS zu wirklichen Sonderpreisen. Treibstoff und Schmiermittel wurden zunächst gratis vom italienischen Mineralölkonzern Agip geliefert. Als der Vertrag mit Ferrari auslief, übernahm Shell diese Aufgabe - ebenfalls ohne Berechnung für die Piloten.

Serie in zwei einzelne Serien unterteilt werden - so groß war die Nachfrage von Seiten der Kunden. 1995 kam eine japanische Ferrari Challenge hinzu, im Jahr darauf folgte noch eine Pazifik-Serie. Höhepunkt im Challenge-Kalender ist daher seit Jahren das große, internationale Finale, bei dem sich die Teilnehmer aller Serien treffen und ihre Kräfte messen. Gerade die Piloten aus Übersee nahmen bislang gerne den weiten und kostspieligen Weg noch Mugello (Toskana) oder Pergusa (Sizilien) auf sich, um dabei sein zu können. Challenge-Fahren verbindet.

Voraussetzung für die Teilnahme an der Challenge ist der verbriefte Besitz eines Ferrari. Außerdem zwingt das Reglement zu einem engen Kunden-Händler-Kontakt. Schließlich kann die Einschreibung in die Rennserie nur über einen offiziellen Händler erfolgen. Verständlich, dass ein derartiges Engagement Kosten verursacht -

348 CHALLENGE

Ein wesentlicher Bestandteil der technischen Änderungen, die am 348 Challenge vorgenommen werden mussten, bezog sich auf die Sicherheitsausstattung. Diese umfasste den Einbau des obligatorischen Sicherheitskäfigs, die Verwendung von Vierpunkt-Sicherheitsgurten sowie das Anbringen eines Feuerlöschers, einer Abschlepp-Vorrichtung und eines externen Stromkreis-Unterbrechers. Alle möglichen technischen Änderungen mussten stets mit original Ferrari-Ersatzteilen durchgeführt werden. So konnte beispielsweise im Rahmen der Ersatzteil-Verfügbarkeit auch eine andere Getriebeübersetzung gewählt oder die Achsgeometrie geändert werden.

Motortuning war dagegen ebenso tabu wie Gewichtsreduktion: Mindestens 1360 Kilogramm musste der rennfertige 348 tb auf die

Waage bringen. Allerdings konnten einige Funktionen des Fahrzeugs, beispielsweise die Klimaanlage oder das Antiblockiersystem (nicht aber der Katalysator!) außer Betrieb gesetzt werden. Für die Ausstattung des Innenraums lieferte Ferrari spezielle Challenge-Sitze und eine spezielle Pedalerie.
Da im Herbst 1993 der modifizierte 348 vorgestellt wurde, der nominell 20 PS mehr leistete, wurde das Reglement der neuen Situation angepasst. Mit Hilfe eines Motoren-Kits sollten die alten Fahrzeuge den neuen ebenbürtig

▲ *Auch wenn die Cup-Fahrzeuge einen relativ hohen Wert darstellen, wird auf den vorderen Plätzen bisweilen mit harten Bandagen gekämpft. Manche Protagonisten können auf eine einschlägige semiprofessionelle Rennfahrerkarriere zurückblicken.*

▲ *Der regennasse Asphalt von Spa-Francorchamps hat es in sich: Hier dreht sich Daniel Künzli (CH) vor seinem Landsmann „Turi" Breitenmoser.*

werden. Tatsächlich funktionierte dies auch halbwegs, denn zumindest leistungsmäßig war der GTB dem tb nicht überlegen. Dafür bahnte sich im Sommer 1994 ein ungleich bedeutenderer Wachwechsel an: Der 348 wurde durch den F355 abgelöst, von dem Ferrari noch im Oktober desselben Jahres eine Challenge-Version vorstellte.

F355 CHALLENGE

Im Unterschied zum 348 wiesen die F355, die für Challenge-Einsätze vorgesehen waren, bereits ab Werk einige Modifikationen auf, wie zum Beispiel leichtere Stoßfänger oder vorgearbeitete Befestigungspunkte für den Sicherheitskäfig. Ein entsprechendes „Challenge-Paket" musste dennoch nachträglich eingebaut werden.

▲ *Harald Brutschin, zentraleuropäischer Challenge-Champion 1994 und 1995, scheute keinen Karosseriekontakt.*

Da es in den ersten Jahren hin und wieder zu Verstößen gegen das technische Reglement gekommen war, wurden Motor und Stoßdämpfer des F355 challenge verplombt. Damit war Chancengleichheit sichergestellt.
Die in den Augen vieler Piloten wichtigste Neuerung war indes die Verwendung der groß dimensionierten Bremsanlage aus dem 348 competizione, die auf der Rennstrecke nicht so rasch an ihre Grenzen stieß wie die Serien-Anlage. Allerdings erforderte der Einbau der Rennbremsen die Verwendung größerer Leichtmetallräder mit nun 18" Durchmesser. Damit erlosch die Allgemeine Betriebserlaubnis (ABE) für den deutschen Straßenverkehr, weshalb die Fahrzeuge nicht mehr auf öffentlichen Straßen bewegt werden konnten. Ähnlich sah es auch mit dem Sportauspuff aus, der optional schon im Jahr zuvor eingeführt worden war und der ebenfalls nicht den deutschen Zulassungsvorschriften entsprach.
Zum Ende der Saison 1995 wurden alle 348 aus den europäischen Serien verbannt (in Japan und den USA konnte man damit noch ein Jahr länger fahren). An den technischen Vorschriften änderte sich für den 1355 Kilogramm schweren F355 für die Saison 1996 nur wenig.
Ende 1997 präsentierten die Italiener schließlich die erste größere und augenfälligere Modifikation: Ein prominenter Heckflügel sollte die Geradeauslaufstabilität des 400 PS starken Gentleman-Rennwagen verbessern und in Kurven mehr Anpressdruck auf die Hinterräder liefern.
Der F355 Challenge '98, auch „Evoluzione" genannt, war im Gegensatz zu seinen Vorgängern bereits ab Werk in derart vielen Punkten modifiziert, dass eine spätere Umrüstung auf Straßenbetrieb nicht mehr möglich war. Auch ein nachträgliches Aufrüsten eines 98er Serien-F355 zum Challenge-Rennwagen war dadurch nicht möglich.
Neben diversen Maßnahmen zur Gewichtseinsparung, denen zum Beispiel auch die Scheinwerfer zum Opfer fielen (was ca. 15 kg sparen half) wies der F355 Challenge Evoluzione zahlreiche technische Verbesserungen gegenüber der Serie auf. Um die Verschleißerscheinungen im harten Rennbetrieb zu vermindern, erhielt das Getriebe einen voluminösen Ölkühler vorne links an der Frontschürze. Der Öl-Wasser-Wärmetauschers im V zwischen den beiden Zylinderreihen des technisch völlig serienmäßigen 3,5-Liter-

▲ *Im Jahr 2000 treten die Gentlemen erstmals mit dem brandneuen 360 Modena an.*

Achtzylinders wurde durch ein Verbindungsrohr ersetzt. Ein T-Stück in der Auspuffanlage fungierte wie eine Art Überdruckventil, das bei Drehzahlen über 3500/min die Auspuffgase an den Abgaskatalysatoren vorbei direkt in den Endschalldämpfer lenkt.

Das Resultat konnte sich sehen lassen: Ex-Ferrari-F1-Testfahrer und Alfa-STW-Pilot Nicola Larini, der sich um die Feinabstimmung des „Evoluzione" kümmerte, war in Mugello fast anderthalb Sekunden schneller als im '97er F355 Challenge. Aber auch in punkto passive Sicherheit macht der F355 Challenge „Evoluzione" mit einem verstärkten Überrollkäfig mit Seitenaufprallschutz und einer automatischen Feuerlöschanlage (auch vom Armaturenbrett aus mittels Knopfdruck zu aktivieren) einen weiteren Schritt nach vorn.

360 CHALLENGE

Im Rahmen der Ferrari Racing Days auf dem Nürburgring wurde Anfang Juli 1999 die Challenge-Version des neuen 360 Modena vorgestellt - von keinem Geringeren als Michael Schumacher, aber dies sei nur am Rande bemerkt.

In der Challenge-Saison 2000 fahren die 360 Modena zwar im gleichen Starterfeld wie die ebenfalls noch zugelassenen F355, aber in einer eigenen Wertung - wie vor einigen Jahren die damals neuen F355 neben den 348 challenge.

Der neue Challenge-Sportler ist um Einiges kompromissloser ausgelegt als die F355-Challenge-Versionen. So darf der Aluminium-Sportwagen aufgrund eines radikal ausgeräumten Cockpits, Plexiglas-Schiebefenstern und des Verzichts auf alle unnötigen Zusatzaggregate einen Gewichtsvorteil von 150 kg (1170 kg gegenüber 1320 kg) ins Feld führen. Eine Brembo-Rennbremsanlage unter großen BBS-Leichtmetallfelgen, eine Schnelltankanlage mit Sicherheitstank, eine automatische Feuerlöschanlage und ein einzelner Racing-Sitz in einem Gewürm von Überrollkäfig-Rohren qualifizieren den 360 Modena Challenge trotz seines weitgehend serienmäßig belassenen Triebwerks (400 PS) als reines Rennfahrzeug - ohne Chance auf eine Straßenzulassung.

Mit einem volldigitalen Instrumentenpanel (mit Möglichkeit zur interaktiven Datenabfrage oder Telemetrie) und dem sequenziellen, elektrohydraulisch geschalteten „F1"-Getriebe kommt der von Haus aus mit aktiven Radaufhängungen und „Fly-by-wire"-Gaspedal ausgestattete 360 Modena in der Challenge-Ausführung einem Formel-1-Rennwagen schon sehr nahe. Mit Ausnahme des Flügelwerks: Die aerodynamisch ausgefeilte Grundform von Pininfarina (mit verkleidetem Unterboden und Diffusor am Heck) erzeugt derart viel Abtrieb, dass auch die Challenge-Version des 360 Modena auf Spoiler und Geflügel verzichten kann.

CHAMPIONS DER FERRARI CHALLENGE EUROPA (ZENTRAL)

1993	Bernd Hahne	(D)	Auto Becker	348 tb
1994	Harald Brutschin	(D)	Lais Power	348 GTB
1995	Harald Brutschin	(D)	Lais Power	F355 Challenge
1996	Bernd Hahne	(D)	Auto Becker	F355 Challenge
1997	Bruno Staub	(CH)	Auto Becker	F355 Challenge
1998	Bruno Staub	(CH)	Auto Becker	F355 Challenge
1999	Karl Baron	(A)	Denzel Racing	F355 Challenge

▲ *Auch der anspruchsvolle Kurs am Salzburgring gehört zu den regelmäßigen Challenge-Rennstrecken.*

▲ *Der Waiblinger Harald Brutschin war Challenge-Champion in den Jahren 1994 und 1995.*

SHELL FERRARI MASERATI HISTORIC CHALLENGE

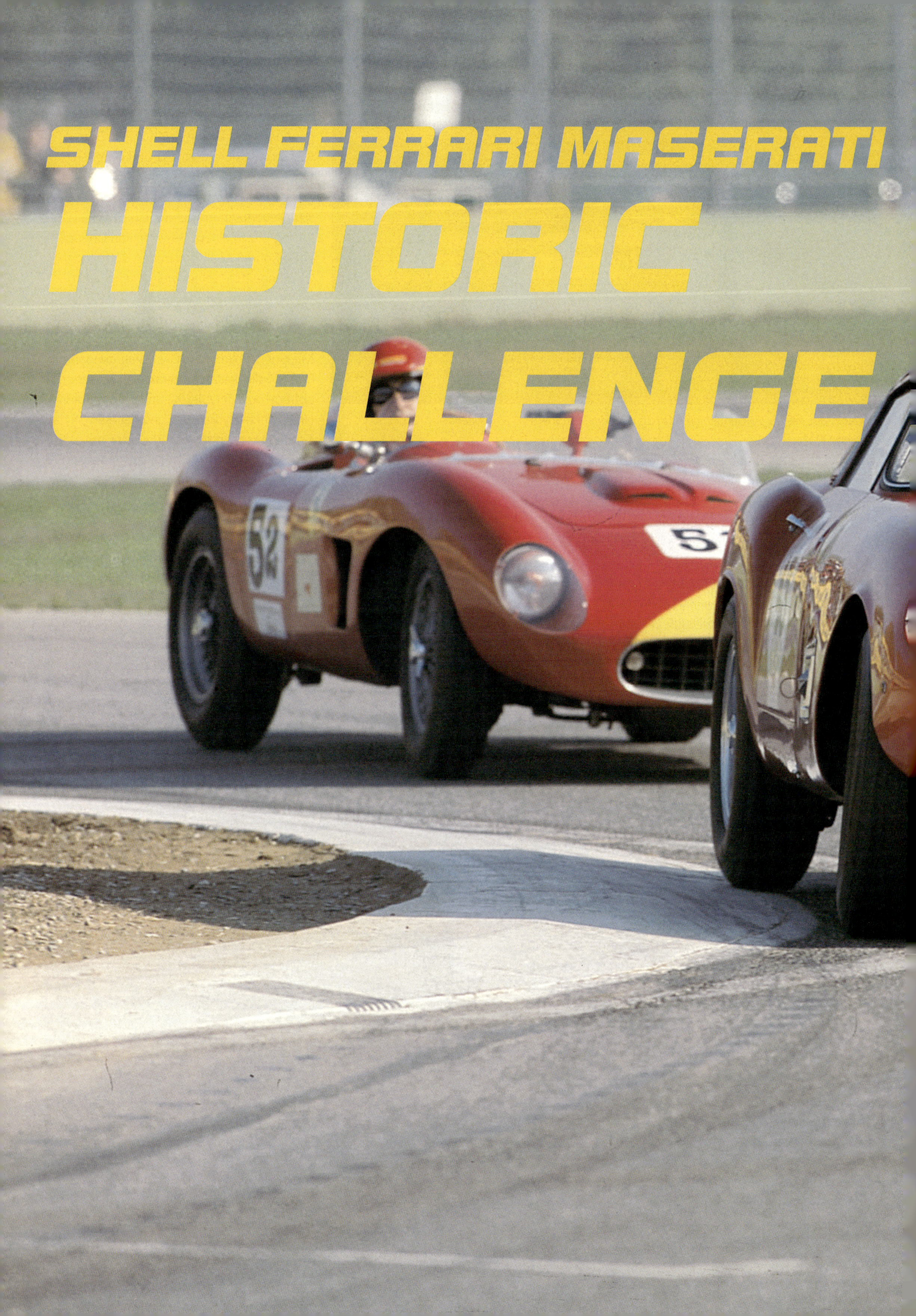

DAS RASENDE MUSEUM

Historic Challenge

GESCHICHTSBEWUSST-SEIN AUF ITALIENISCH

Geschichte hat Konjunktur, vor allem in der Autobranche. Ferrari würde seiner Stellung im Kreise der großen Namen nicht gerecht werden, hielt man nicht eine eigene Lösung der historischen Frage bereit. Da die Maranelleser Manufaktur wie kaum eine zweite ihre Wurzeln im Rennsport hat und fast jeder der seit 1947 produzierten Rennsportwagen in irgendeiner Form überlebt hat, lag die Lösung auf der Hand: ein Markenpokal für historische Rennwagen.

von Gregor Schulz
mit zusätzlichen Fotos von „Kuni"

▲ *Der Ex-Renault-F1-Rennleiter Jean Sage organisierte die ersten Rennen.*

Als nach anfänglicher Kontaktaufnahme auch die Besitzer der vierrädrigen Preziosen Interesse bekundet hatten, fand das erste Rennen 1995 im Rahmen der Ferrari Days in Spa statt. Diese waren bereits eine etablierte Veranstaltung, und überhaupt profitierte der Ferrari Historic Challenge von Anfang an von den Erfahrungen, der man in Maranello mit der 348 und der 355 Challenge gemacht hatte. Die Historic Challenge widmete sich Autos, deren Typ von Anfang an für den Wettbewerb gedacht war, oder solchen, die auf eine individuelle Rennhistorie verweisen können, obwohl sie von ihrem Erbauer für den Alltagsgebrauch bestimmt waren.

▲ *Auch die Besitzer kostbarer Museumsstücke gehen mitunter recht hemdsärmelig zur Sache, wenn das Rennfieber steigt.*

Das erste Rennen wartete sogleich mit einem Highlight auf, das sich bisher nie mehr wiederholt hat: Es siegte ein echter Formel-1-Weltmeister, nämlich Phil Hill am Steuer eines 250 Testa Rossa, der sich vom letzten Startplatz aus durch das Feld hindurch gearbeitet hatte. Dabei hatte der Champion von 1961 nicht etwa die langsamste Trainingszeit gefahren, vielmehr wollte die Rennleitung das Feld möglichst dicht beisammen halten, und schickte daher die Teilnehmer in umgekehrter Reihenfolge der Trainingszeiten auf die Reise.

Solche Eigenheiten, die natürlich auch eine gewisse Gefahr in sich bargen, wurden schnell ad acta gelegt. Dafür sorgte nicht zuletzt das Auftauchen ultra-schneller Mittelmotor-Boliden vom Schlage eines 512 M, die die klassischen Rennsportwagen mit Holzlenkrad und Drahtspeichenfelgen natürlich in Grund und Boden fuhren. Weil in der Historic Challenge, die seit ihrem zweiten Jahr den Beinamen von Seriensponsor Shell trägt, auch Alfa Romeo startberechtigt sind - sofern es sich um einen Typ handelt, der unter Regie der Scuderia Ferrari zum Einsatz kam -, konnten die Zuschauer schon einmal einen Alfa Monza dicht an dicht mit einem 512 M auf der Piste sehen.

▲ *Großveranstaltungen wie der Saisonabschluss in Italien (oben links: Imola 1998) mobilisieren Zuschauer und Akteure gleichermaßen.*

Verantwortlich für die Organisation und alle geschichtlichen Belange, etwa die Auswahl der startberechtigten Fahrzeuge, zeigte sich anfangs der Franzose Jean Sage, als ehemaliger Formel-1-Rennleiter von Renault einst ein sportlicher Gegner der Scuderia, privat jedoch schon seit Jahren ein engagierter Sammler historischer Ferrari.

Nach zwei Rennen 1995 gab es 1996 bereits deren drei: Spa, Nürburgring und Mugello. Gestiegen war auch die Zahl der Teilnehmer, denn binnen kürzester Zeit hatte sich die Attraktivität unter den Besitzern entsprechender Fahrzeuge weiter herum gesprochen. Es gab eine - wenn auch komplizierte - Gesamtwertung,

▼ *Damals wie heute am Ferrari-Volant: Der britische Haudegen David Piper.*

▲ *Die Shell Ferrari Maserati Historic Challenge bietet den typischen Fünfziger-Jahre-Sportwagen ein ideales Betätigungsfeld.*

die vom Briten Peter Hardman, einem Profi mit Formel-3- und Supertourenwagen-Vergangenheit gewonnen wurde. Er steuerte eine 330 LM Berlinetta, die 1963 in Le Mans in der Prototypenklasse rannte. Ein anderer Rennprofi verzichtete bei seinen Starts freiwillig auf Meisterschaftspunkte: Emanuele Pirro, der ehemalige Formel-1-Fahrer und dreimalige Tourenwagen-Champion. Der Römer fuhr 1996 beim Finale in Mugello einen 512 M mit Le-Mans-Vergangenheit unter dem Jubel seiner Landsleute zum Sieg.

▲ *Phil Hill siegte noch einmal auf Ferrari Testa Rossa: Beim Auftakt der ersten Challenge-Saison in Spa 1995.*

1997 ging die Historic Challenge mit einem neuen Rennkalender ins dritte Jahr. Auf dem Programm standen nun Monza, der Nürburgring, Silverstone und Enna-Pergusa in Sizilien.

Das Starterfeld ist so international wie die Klientel von Ferrari. Aus England, dem Mutterland des Motorsports, kommen neben dem 96er-Champion Peter Hardman einige besonders enthusiastische Cavallino-Aktivisten: Da ist das Ehepaar Sally und Dudley Mason-Styrron, das bei den Rennen fast immer mit einer 166 MM Barchetta und einem 365 GTB/4 Competizione vertreten ist. Dabei geht besonders die zierliche Sally gefühlvoll zur Sache und bewegt die Barchetta mit olympischer Contenance: „Dabeisein ist alles", und obwohl

▲ Große Vielfalt bietet das GT-Starterfeld, das Ferrari aus den fünfziger, sechziger und siebziger Jahren umfasst.

zu den besonders eifrigen Startern. Während Vater Engelbert an der Boxenmauer steht und das Geschehen auf Video bannt, sind seine Söhne Patrick und Christoph mit ihren 512 M und 312 PB meist auf dem Weg zu Podiumsplatzierungen. Aus Deutschland, dem mittlerweile zweitgrößten Ferrari-Markt der Welt, kommen u. a. der Oldtimer-Händler Mario Bernardi, der zuerst einen 250 MM Vignale Spider einsetzte und heute mit einem 365 GTB/4 Competizione unterwegs ist. Bernardis Berufskollege Klaus Werner aus Wuppertal bewegt wie die langjährigen Enthusiasten Hartmut Ibing und Burkhart von Schenk meist einen Vorkriegs-Alfa. Einen solchen fährt auch Robert Fink aus München, nämlich einen „Tipo B" oder P3, gut zu erkennen am spektakulären Fahrstil - am liebsten quer.

sie regelmäßig Letzte wird, gewinnt Sally meist als einzige Dame den Ladies-Cup. Ein weiterer Brite ist David Piper, der mit seinem Geburtsjahr 1930 problemlos der Vater vieler anderer Fahrer sein könnte. Piper, der seit den frühen 50er Jahren Motorsport betreibt, ist seit fast 40 Jahren Ferrari eng verbunden, hat sich von vielen seiner alten Boliden nie getrennt und verfügt über einen stattlichen Stall munterer Sprinter, die allesamt einsatzbereit sind.

Da Piper nach wie vor vom Rennsport lebt, ist oft mehr als ein Piper-Ferrari davon am Start - einen fährt der Chef, und einen zweiten zumeist ein zahlender Kunde. Der Hongkong-Chinese Brandon Wang aus London lässt in der Regel fahren und stellt seine ständiger Fluktuation unterworfene Ferrari-Armada professionellen Piloten zur Verfügung.

Einige der Historic-Challenge-Aktivisten treten regelmäßig den Weg über den Großen Teich an, darunter Ed Davies und Paul Pappalardo, Ferrari-Sammler aus Florida. Aus Italien, dem Mutterland des Cavallino Rampante, sei besonders Paolo Bozzetto erwähnt, der 1999 das Championat für sich entschied und mit einem 250 GT SWB oder einem 250 Testa Rossa unterwegs ist, sowie Corrado Cupellini aus Bergamo, der ebenfalls als Ferrari-Enthusiast der ersten Stunde gilt und über verschiedene historische Boliden verfügt.

Der deutsche Sprachraum wird in erster Linie von Deutschland und der Schweiz, gelegentlich aber auch von Österreich, repräsentiert. Unter den Eidgenossen zählt die Familie Stieger

Ferraristi aus deutschen Landen sind außerdem Dieter Roschmann (500 Mondial und 250 GT LWB), Dieter Streve-Mülhens (750 Monza) und Ernst Schuster (500 TRC und 250 GT SWB), um nur einige zu nennen, sowie Walter Schäfer, dessen Engagement allerdings mit dem Diebstahl seines 500 TR 1997 ein jähes Ende fand.

Alle diese Fahrer gehörten 1997 zum festen Stamm der Teilnehmer, je nach Austragungsort von lokalen Ferraristi ergänzt. Besonders das Rennen im Rahmen des Coys Historic Festival in Silverstone bereicherte das Feld, denn diese Veranstaltung zählt traditionell zu den Saisonhöhepunkten des historischen Rennsports und lockt viele Aktive an.

▲ Wenn die Daytonas mit ihren kurzen Auspuffstummeln um die Strecke von Spa brüllen, bleibt kein Auge trocken.

▲ *Er gibt meist die Pace vor: Patrick Stieger im 312 PB.*

▲ *Peter Heuberger bewegte bis 1998 den wohl berühmtesten 512 M in Sunoco-Rennfarben in der „Challenge".*

Vor der letzten Veranstaltung in Ferraris goldenem Jubiläumsjahr 1997, in dem es sogar ein (wertungsfreies) Rennen auf dem Grand-Prix-Kurs von Monaco gab, mussten die Teilnehmer ihre bisher längste Reise antreten: „Tutte le Ferrari in Pista" fand auf dem Hochgeschwindigkeitskurs von Enna-Pergusa auf Sizilien statt.

▲ *Gern gesehener Gaststarter: Jacky Ickx pilotiert mitunter „seinen" 312 PB.*

Erstmals wurde das enorme Starterfeld aufgeteilt, nämlich in je ein Rennen für Autos mit Scheiben- oder Trommelbremsen.

Zu Meisterehren gelangte der Brite Gary Pearson, einer der Stars der historischen Szene, dem Brandon Wang seinen 250 TR zur Verfügung gestellt hatte.

1998 war das letzte Jahr, in dem sich Ferrari selbst für die Durchführung der Historic Challenge verantwortlich zeigte. Mitte des Jahres kehrte Jean Sage Maranello den Rücken, und die letzten Rennen wurden von den Verantwortlichen der 355 Challenge mit betreut. Gefahren wurde 1998 in Spa, Dijon, Silverstone und Imola. Höhepunkte des Jahres waren sicherlich die Starts von Jacky Ickx mit einem 312 PB aus dem Hause Modena Motorsport in Langenfeld. Der Belgier fuhr mit seinem alten Arbeitsgerät im Regen von Spa wie entfesselt und holte zwei Laufsiege.

Die teilnehmenden Ferrari, darunter die Autos von Modena Motorsport, waren eine der wenigen Konstanten in 1999, dem fünften Jahr der Historic Challenge. Die Organisation war von Ferrari in die kundigen Hände der Pariser Agentur Peter Auto gegeben worden, die sich nicht nur mit der „Tour Auto" und der einstigen BPR-Serie einen Namen gemacht hatten. Neu war auch das Aufsplitten in verschiedene Veranstaltungen, denn das Starterfeld war vor dem Hintergrund der Übernahme von Maserati durch Ferrari angewachsen: Erstmals durften auch Renner mit Neptuns Dreizack im Wappen starten. Weil die Maserati-Rennszene mindestens ebenso gut organisiert ist wie die von Ferrari, drangen sofort zahlreiche neue Teilnehmer hinzu, und die starken Maserati 300 S machten den Ferrari den Sieg im mittlerweile zum festen Bestandteil gewordenen Rennen für trommelgebremste Renner streitig. Nur beim Weltfinale in Vallelunga vor den Toren Roms siegte Christian Gläsel mit einem 250 Testa Rossa.

Dank der guten Kontakte von Patrick Peter in seinem Heimatland Frankreich gibt es 2000 einen ganz besonderen Saisonhöhepunkt, dann nämlich, wenn die Motoren im Vorfeld der 24 Stunden von Le Mans auf dem legendären Hochgeschwindigkeitskurs im Westen Frankreichs dröhnen. Da auch das Interesse der Teilnehmer bei ständig wechselnden Rennstrecken fast unverändert hoch ist, scheint der Historic Challenge eine viel versprechende Zukunft beschieden. Geschichte hat schließlich Konjunktur.

FERRARI IN DER FORMEL 1:
DIE UNENDLICHE GESCHICHTE

mit Fotos von Rainer W. Schlegelmilch, Gunther Asshauer, Peter Braun, Günther Krause, Thomas Kunert („Kuni"), Archiv Ferrari World, Ernst Günther Rapp, Jörg-Thomas Födisch, Günther Molter

SENKRECHTSTARTER

Mit drei Siegen in den ersten drei Läufen der Formel-1-WM 2000 sicherte sich Michael Schumacher ein bekömmliches Punktepolster auf seine schärfsten Widersacher - nach langen Jahren in der Rolle des Verfolgers geht der Ferrari-Monoposto erstmals als Schrittmacher in die neue Saison.

von Peter Braun
mit Fotos von „Kuni" und Ferrari

Um ein Rennen zu gewinnen, muss man erst einmal ins Ziel kommen - es scheint, als berge heute allein die Beherzigung dieser Binsenweisheit schon den Schlüssel zum Erfolg in der Formel 1. Nicht, dass der neue Ferrari F1-2000 wenig mehr als ein braver, aber langsamer Hinterherfahrer sei, aber eine Pole Position macht noch keinen Sommer, wie die kurzen Auftritte der favorisierten McLaren vor Augen führen. Leistung ist eben doch nicht alles, aber wohl dem, der welche hat - und über 70 Runden behält. Dabei hatten die Techniker um Mercedes-Motorenchef Mario Illien mit Sicherheit ein ganz ähnliches Pflichtenheft durchzuarbeiten wie Paolo Martinellis Truppe, die schon im letzten März (1999!) mit der Entwicklung des neuen Ferrari-V10-Triebwerks mit der Codenummer 049 begonnen hatten: Revolutionen sind nicht mehr

▲ *Rank und schlank: An die 80 Kilogramm Untergewicht soll der neue Ferrari F1-2000 haben. Das gibt den Technikern mehr Möglichkeiten, Zusatzgewichte in der Nähe des Schwerpunkts anzubringen. Die pfeilartige Form des vorderen Spoilers ist einer stetigen Evolution unterworfen.*

MICHAEL SCHUMACHER: REIF FÜR DEN TITEL

In seiner 5. Saison für Ferrari trifft der Kerpener auf die bislang besten Voraussetzungen: Der Wagen ist vom Saisonstart an konkurrenzfähig und zuverlässig, das Team seines schärfsten Widersachers kämpft dagegen mit technischen Problemchen und geriet bereits in den ersten beiden Rennen des Jahres ins Hintertreffen. Zum ersten Mal kann Ferrari die Gangart der Weiterentwicklung aktiv vorgeben, statt von Rennen zu Rennen gegenüber der Konkurrenz nachbessern zu müssen.
Nach der verletzungsbedingten Zwangspause im vergangenen Jahr, die ihn mit größter Wahrscheinlichkeit den sicheren Fahrer-WM-Titel kostete, ist der zweifache Vater hoch motiviert. Der Beinbruch ist gut verheilt, ein ausgeklügeltes Fitnessprogramm (unter Aufsicht eines neuen Physiotherapeuten) hat über den Winter die sprichwörtliche Athleten-Kondition des Radsportlers und Fußballers wieder hergestellt. Wenn der Ferrari weiterhin so zuverlässig läuft, verträgt das Punktepolster auch die eine oder andere schlechtere Platzierung, was Michael Schumacher auf der psychologischen Seite einen zusätzlichen Bonus verschafft. Und in Rubens Barrichello hat Michael Schumacher schließlich einen Teamkollegen, der ihm von der Lebenseinstellung her (auch Barrichello ist glücklich verheiratet) näher steht als der notorische Playboy Eddie Irvine, und überdies in seiner ersten Saison bei Ferrari sowohl innerhalb des Teams als auch gegenüber der Außenwelt eher leisere Töne anschlägt.

gefragt in der modernen Formel 1, das Zauberwort heißt „Packaging" - das optimierte Arrangement der wichtigsten Baugruppen zur Reduzierung des Gewichts, Absenkung des Schwerpunkts und Verbesserung der Aerodynamik.
„Unsere Ziele waren nicht sehr hoch gesteckt", antwortet der Ferrari-Motorenpapst und rückt mit einer linkischen Handbewegung die etwas zu groß geratene Brille zurecht. „Leistung hatten wir zum Ende der letzten Saison eigentlich genug." Dass es trotzdem wieder ein paar Pferdchen mehr geworden sein mögen, will Martinelli jedoch nicht von vornherein ausschließen. „Wir haben im letzten Winter die Analyse-Möglichkeiten des Fiat Centro Ricerche (Entwicklungszentrum) in Turin vielleicht etwas ausgiebiger genutzt als in den Jahren zuvor, was uns bei der Auslotung der Belastbarkeitsgrenzen sicherlich geholfen hat."
„Packaging" bedeutet in Bezug auf den V10-Motor die bessere Integration des Triebwerks in das Chassis, die Absenkung des Schwerpunkts um weitere kostbare Millimeter und die Konzentration der wichtigsten Massen um den geometrischen

Mittelpunkt der kompakten Konstruktion. Ein weiterer Zylinderwinkel (90°), größere Zylinderbohrungen (bzw. ein kürzerer Hub), ein Motorblock aus extrem feinporigem und dichtem Leichtmetallguss sowie ein kompakteres Siebenganggetriebe aus eigener Fertigung sind die wichtigsten Grundzutaten für Martinellis neues Motoren-Rezept, der Rest ist pure Magie.
„Ich würde eher Handwerk sagen. Magneti Marelli hat ein neues, leistungsfähigeres und leichteres Motor-Management (Step 9) entwickelt, und wir haben die Zylinderköpfe der letzten Ausbaustufe C des alten Tipo-048-Motors im Bereich der Kanalführungen überarbeitet, nichts Revolutionäres, nur Feinabstimmung."

SCUDERIA 2000 Formel 1

▲ *„Der F1-2000 ist ein komplett neues Auto." Direttore Sportivo Ross Brawn reagierte bei der Pressekonferenz fast ein wenig beleidigt auf die Äusserungen eines Journalisten, der neue Rennwagen sehe genauso aus wie der alte.*

KONSEQUENTE EVOLUTION

Unter „Feinabstimmung" fällt laut Martinelli auch der zahmere Leistungseinsatz schon bei mittleren Drehzahlen, der für besser kontrollierbaren Dampf aus den Ecken heraus sorgt, ohne die schiere Höchstleistung jenseits der 17.000/min zu beschränken. Wie dem auch sei: Auf jeden Fall funktioniert das neu arrangierte Motor-Getriebe-Paket auf Anhieb problemlos.

In Bezug auf das Komplettfahrzeug kommt dem Begriff „Packaging" eine fast noch größere Bedeutung zu. Chefkonstrukteur Rory Byrne, auch er ein eher wortkarger Tiefstapler, mag sich nicht so recht zu seinen Fortschritten auf diesem Gebiet äußern. „Die Radaufhängungen sind neu berechnet, mit Umlenkhebeln aus Karbonfaser, neuen Federeinheiten und einer neuen Stabilisator-Sensorik, und dank des kompakten Triebwerks konnten wir den Schwerpunkt etwas weiter nach vorne und unten verschieben", lässt er sich mit Mühe entlocken, gibt aber dann doch zu, dass der F1-2000 „einen riesigen Entwicklungsschritt gegenüber dem F399" darstellt.

Man munkelt, dass die nackte Konstruktion um gut 80 Kilogramm leichter ist, als das Reglement als Mindestgewicht vorschreibt. Die

DIE TECHNIK DES FERRARI F1-2000

Motor: Tipo 049
V10, Zylinderwinkel 90°
Hubraum: 2997 ccm
Leistung: > 770 PS bei > 17.000/min
2 obenliegende, Zahnrad-getriebene Nockenwellen
4 pneumatisch betätigte Ventile pro Brennraum
elektronisch gesteuerte Zündung und Kraftstoffeinspritzung, Magneti Marelli „Step 9"

Getriebe: Sequenzielles, halbautomatisch geschaltetes Siebenganggetriebe, längs angeordnet; Sperrdifferenzial

Chassis: Monocoque aus Karbonfaser- und Honeycomb-Verbundwerkstoffen
Einzelradaufhängungen an Querlenkern und Reaktionsstreben vorn und hinten
über Schubstreben und Umlenkungen betätigte Drehstabfedern vorn und hinten
innenbelüftete Scheibenbremsen aus Karbonfaserwerkstoffen

Abmessungen und Gewichte:
Länge: 4397 mm
Breite: 1795 mm
Höhe: 959 mm
Radstand: 3010 mm
Spur vorne: 1490 mm
Spur hinten: 1405 mm
Gewicht*: 600 kg
Räder: 13"

* mit Kühl- und Schmiermittel sowie Fahrer, ohne Kraftstoff

fehlenden Kilos kann man in Form von Metallplatten als Ballast an günstiger Stelle unter dem Auto nach Belieben anbringen - letzten Endes ist dies der wahre Grund für den auf die Spitze getriebenen Schlankheitswahn der Formel-1-Techniker.
In punkto Aerodynamik profitierte der F1-2000 von der ungestörten Arbeit im hauseigenen Windkanal, aber da schnell bewegte Luft nun einmal ihren eigenen Gesetzen folgt, unterscheidet sich der neue Ferrari nur wenig von den anderen aktuellen Rennwagen. In Anbetracht der Vormachtstellung britischer Konstrukteure in der Formel-1-Szene darf man beruhigt von der „englischen Schule" sprechen, und der Ferrari macht hier - dank Rory Byrne und Ross Brawn - keine Ausnahme. Das Reglement ist allerdings mittlerweile so eng gefasst, dass bei Berücksichtigung der vorgeschriebenen Abmessungen die meisten Aerodynamiker auf ähnliche Lösungen kommen. Der F1-2000 hat sich vor allem im Bereich der Cockpit-Oberseite und der Motorabdeckung an die gängige Praxis angenähert, um einen möglichst ruhigen Luftstrom an den Heckflügel zu leiten. Und auch der Diffusor unter bzw. hinter dem Getriebe erinnert in seiner Form an andere Konstruktionen - mit den an der Karosserieoberseite mündenden Auspuffendrohren diktiert eben nur noch der flache Unterboden die Luftströmung an der „sechsten Seite", wie bei vielen anderen Wagen.

DIE NEUE SCUDERIA

Mit der Verpflichtung von Rubens Barrichello als neuer Nummer 2 (Einwand Barrichello: „Ich würde mich eher als Nummer 1b bezeichnen") stießen die Techniker auf ein unerwartetes Problem, das in den letzten Wochen des Winters unbedingt gelöst werden musste: Der Brasilianer ist einer der wenigen „Rechtsbremser" im aktuellen Fahrerfeld und braucht im Gegensatz zum „Linksbremser" Michael Schumacher ein anderes Pedal-Arrangement im Fußraum. Um den bei Rennen stets mitgeführten Einsatzwagen („Muletto") für beide Fahrer nutzbar zu machen, musste man eine modular aufgebaute Pedalbox konstruieren, die im Bedarfsfall mit wenigen Handgriffen ausgetauscht werden kann.
Der Brasilianer kam mit dem neuen Ferrari auf Anhieb gut zurecht, stieß bei den ersten Trainings und Funktionstests vor der Saison regelmäßig in die besten Schumacher-Zeitvorgaben und bewältigte den auf ihm lastenden Druck mit bemerkenswerter Unbekümmertheit. „Tief in meinem Innern sieht es allerdings ganz anders aus", gesteht der sympathische Strahlemann. „Als erster brasilianischer Ferrari-Werksfahrer - Chico Landi war seinerzeit ja nur ein sporadischer Gaststarter - stehe ich natürlich nicht nur in meiner Heimat im Rampenlicht. Und außerdem muss ich meine erste echte Chance in einem voll konkurrenzfähigen Formel-1-

SCUDERIA FERRARI MARLBORO 2000

Rennleiter:	Jean Todt
„Direttore Sportivo":	Ross Brawn
Chefkonstrukteur:	Rory Byrne
Motorenentwicklung:	Paolo Martinelli
Entwicklungschef:	Giorgio Ascanelli
Leitung Rennteam:	Ignazio Lunetta
Leitung Testteam:	Luigi Mazzola
Chefmechaniker Wagen #3:	Luca Baldisseri
Chefmechaniker Wagen #4:	Carlo Cantoni
Fahrer Wagen #3:	Michael Schumacher
Fahrer Wagen #4:	Rubens Barrichello
Testfahrer:	Luca Badoer

▲ *Fiat-Auto-Chef Paolo Cantarella (2. von links) und die „Graue Eminenz" Gianni Agnelli (2. von rechts) wurden von Ferrari-Präsident Luca di Montezemolo bei der Präsentation des F1-2000 aufs Podium gebeten, um dem neuen Rennwagen ihren Segen zu geben.*

▲ *Eine starke Truppe: Chefkonstrukteur Rory Byrne, Rennleiter Jean Todt, Direttore Sportivo Ross Brawn und Motorenentwickler Paolo Martinelli.*

Rennwagen nutzen, sonst ende ich womöglich noch als ‚ewiges Talent'."

Barrichello hat italienische Wurzeln, lernte aber die Sprache erst bei seiner ersten Europa-Saison in kleineren Formelklassen bei diversen italienischen Rennställen. „Die zwischenmenschliche Kommunikation mit den Teammitgliedern ist dadurch sicher einfacher", sagt Barrichello, „aber über die Technik unterhalten wir uns sowieso auf Englisch, schon um keine Missverständnisse entstehen zu lassen oder Michael irgendwie auszugrenzen."

Dass dieser bei der Vorstellung des neuen F1-2000 seinen italienischen Text auswendig aufsagte und nicht etwa (wie Byrne und Brawn) vom Blatt ablas, spricht dafür, dass er nicht beabsichtigt, sich auf irgend einem Gebiet ausgrenzen zu lassen.

IRVINE UND BARRICHELLO: ZWEI ZWEITE

Was verbindet Eddie Irvine und Rubens Barrichello? Der eine fuhr, der andere fährt zu einem Zeitpunkt bei Ferrari, zu dem es für einen Piloten kaum etwas zu gewinnen gab, respektive zu gewinnen gibt - und das im wahrsten Sinne des Wortes. Denn beiden Piloten ist gemeinsam, dass ihr deutscher Teamkollege zumindest hinter den Kulissen nur „Nummer-2-Fahrer" neben sich duldet.

Doch das ist nicht die einzige Gemeinsamkeit, die beide Piloten miteinander verbindet. Beide starteten zum Beispiel ihre Formel-1-Karriere 1993, beide im Jordan-Team, wo sie bis Ende 1995 sogar Teamkollegen waren. Erst danach trennten sich ihre Wege. Eddie Irvine wechselte als Teamgefährte von Michael Schumacher zu Ferrari - ein Transfer, für den auch schon seinerzeit Rubens Barrichello zur Debatte gestanden hatte. Doch für den Brasilianer war die Zeit noch nicht reif. So blieb er bei den Briten, auch auf die Gefahr hin, bei Jordan nur noch als Inventar betrachtet zu werden. Da kam 1997 das Angebot von Jackie Stewart gerade recht, zu seinem neu gegründeten Rennstall zu wechseln. Sportlich entpuppte sich das allerdings erst einmal als Flopp: 1997 sah der Südamerikaner nur dreimal die Zielflagge. Aus psychologischer Sicht war der Wechsel um so wichtiger, denn Barrichello erhielt bei Stewart die Anerkennung, die der stille Brasilianer - der zu Hause gerne als neuer Senna gefeiert worden wäre - brauchte. Stets setzte er sich gegen seine Teamkollegen durch, was bei Jan Magnussen allerdings auch keine Kunst war. Aber selbst Johnny Herbert wirkte 1999 schwach an der Seite des Brasilianers, auch wenn dem Engländer der wichtige erste Sieg des Stewart-Teams gelang.

Überhaupt sieht die sportliche Bilanz von „Rubinho" bislang eher schwach aus: Zwei Pole-Positions (Spa 1994, Frankreich 1999) und zwei zweite Plätze (Kanada 1994, Monaco 1997) lesen sich bescheiden. Doch andererseits hat der britische Formel-3-Meister von 1991 jede Menge Grand-Prix-Erfahrung (113 Rennen) vorzuweisen, und das bei einem vergleichsweise frischen Alter von nur 27 Jahren.

Nutzt die große Chance seines Lebens: Rubens Barichello macht im Ferrari neben Michael Schumacher eine gute Figur.

Ferrari braucht einen routinierten Piloten, der zwar offiziell nur die Nummer 2 ist, im Notfall aber auch einmal die Kastanien aus dem Feuer zu holen vermag. Eddie Irvine war ursprünglich auch nur als „Wasserträger" für Michael Schumacher angeheuert worden, und doch verdankt Ferrari dem Nordiren letztlich den Konstrukteurs-WM-Titel 1999.

Bleibt zu hoffen, dass Rubens Barrichello nicht so lange braucht, um aus dem Schatten seines Teamgefährten heraus zu treten. Eddie Irvine war dies erst gegen Ende seiner zweiten Saison gelungen, als er beim Japan-GP 1997 in einer atemberaubenden Aktion Jacques Villeneuve überholte und so Schumacher aktiv bei seinem Kampf um den WM-Titel unterstützte. Fortan wurde „Steady Eddie" stärker in die Testarbeit des Teams eingebunden, und schon im Jahr darauf war der Rückstand auf seinen Teamkollegen auf wenige Zehntelsekunden geschrumpft. Mit der würdigen Vertretung des verletzungsbedingt pausierenden Michael Schumacher in der Saison 1999 setzte sich Eddie Irvine selbst ein Denkmal, auch wenn er im Kampf um den ersten Ferrari-Fahrer-WM-Titel seit Jody Scheckter 1979 in letzter Instanz scheiterte.

125 FERRARI-SIEGE IN DER FORMEL 1

1. Gonzalez	ARG	375 F1	GP England	14.07.51	Silverstone
2. Ascari	I	375 F1	GP Deutschland	29.07.51	Nürburgring
3. Ascari	I	375 F1	GP Italien	16.09.51	Monza
4. Taruffi	I	500 F2	GP Schweiz	18.05.52	Bern-Bremgarten
5. Ascari	I	500 F2	GP Belgien	22.06.52	Spa-Francorchamps
6. Ascari	I	500 F2	GP Frankreich	06.07.52	Rouen-les-Essarts
7. Ascari	I	500 F2	GP England	19.07.52	Silverstone
8. Ascari	I	500 F2	GP Deutschland	03.08.52	Nürburgring
9. Ascari	I	500 F2	GP Holland	17.08.52	Zandvoort

10. Ascari	I	500 F2	GP Italien	07.09.52	Monza
11. Ascari	I	500 F2	GP Argentinien	18.01.53	Buenos Aires
12. Ascari	I	500 F2	GP Holland	07.06.53	Zandvoort
13. Ascari	I	500 F2	GP Belgien	21.06.53	Spa-Francorchamps
14. Hawthorn	GB	500 F2	GP Frankreich	05.07.53	Reims
15. Ascari	I	500 F2	GP England	18.07.53	Silverstone
16. Farina	I	500 F2	GP Deutschland	02.08.53	Nürburgring
17. Ascari	I	500 F2	GP Schweiz	23.08.53	Bern-Bremgarten
18. Gonzalez	ARG	625 F1	GP England	17.07.54	Silverstone
19. Hawthorn	GB	553 Squalo	GP Spanien	24.10.54	Barcelona

20. Trintignant	F	625 F1	GP Monaco	22.05.55	Monte Carlo
21. Fangio	ARG	D50	GP Argentinien	22.01.56	Buenos Aires Mendoza
22. Collins	GB	D50	GP Belgien	03.06.56	Spa-Francorchamps
23. Collins	GB	D50	GP Frankreich	01.07.56	Reims
24. Fangio	ARG	D50	GP England	14.07.56	Silverstone
25. Fangio	ARG	D50	GP Deutschland	05.08.56	Nürburgring
26. Hawthorn	GB	246 Dino F1	GP Frankreich	06.07.58	Reims
27. Collins	GB	246 Dino F1	GP England	19.07.58	Silverstone
28. Brooks	GB	246 Dino F1	GP Frankreich	05.07.59	Reims
29. Brooks	GB	246 Dino F1	GP Deutschland	02.08.59	AVUS Berlin

30. Hill	USA	246 Dino F1	GP Italien	04.09.60	Monza
31. von Trips	D	156 F1	GP Holland	22.05.61	Zandvoort
32. Hill	USA	156 F1	GP Belgien	18.06.61	Spa-Francorchamps
33. Baghetti	I	156 F1	GP Frankreich	02.07.61	Reims
34. von Trips	D	156 F1	GP England	15.07.61	Aintree
35. Hill	USA	156 F1	GP Italien	10.09.61	Monza
36. Surtees	GB	156 F1	GP Deutschland	04.08.63	Nürburgring
37. Surtees	GB	158 F1	GP Deutschland	02.08.64	Nürburgring
38. Bandini	I	156 F1	GP Österreich	23.08.64	Zeltweg
39. Surtees	GB	158 F1	GP Italien	06.09.64	Monza

40. Surtees	GB	312 F1	GP Belgien	12.06.66	Spa-Francorchamps
41. Scarfiotti	I	312 F1	GP Italien	04.09.66	Monza
42. Ickx	B	312 F1	GP Frankreich	07.07.68	Rouen-les-Essarts
43. Ickx	B	312 B1	GP Österreich	16.08.70	Österreichring
44. Regazzoni	CH	312 B1	GP Italien	06.09.70	Monza
45. Ickx	B	312 B1	GP Kanada	20.09.70	Mont Tremblant
46. Ickx	B	312 B1	GP Mexiko	25.10.70	Mexico City
47. Andretti	USA	312 B2	GP Südafrika	06.03.71	Kyalami
48. Ickx	B	312 B2	GP Holland	20.06.71	Zandvoort
49. Ickx	B	312 B2	GP Deutschland	30.07.72	Nürburgring

50. Lauda	A	312 B3	GP Spanien	28.04.74	Jarama
51. Lauda	A	312 B3	GP Holland	23.06.74	Zandvoort
52. Regazzoni	CH	312 B3	GP Deutschland	04.08.74	Nürburgring
53. Lauda	A	312T	GP Monaco	11.05.75	Monte Carlo
54. Lauda	A	312T	GP Belgien	25.05.75	Zolder
55. Lauda	A	312T	GP Schweden	08.06.75	Anderstorp
56. Lauda	A	312T	GP Frankreich	06.07.75	Le Castellet
57. Regazzoni	CH	312T	GP Italien	07.09.75	Monza
58. Lauda	A	312T	GP USA	05.10.75	Watkins Glen
59. Lauda	A	312 T2	GP Brasilien	25.01.76	Interlagos

60. Lauda	A	312 T2	GP Südafrika	06.03.76	Kyalami
61. Regazzoni	CH	312 T2	GP USA West	28.03.76	Long Beach
62. Lauda	A	312 T2	GP Belgien	16.05.76	Zolder
63. Lauda	A	312 T2	GP Monaco	30.05.76	Monte Carlo
64. Lauda	A	312 T2	GP England	18.07.76	Brands Hatch
65. Reutemann	BRA	312 T2	GP Brasilien	23.01.77	Interlagos
66. Lauda	A	312 T2	GP Südafrika	05.03.77	Kyalami
67. Lauda	A	312 T2	GP Deutschland	31.07.77	Hockenheim
68. Lauda	A	312 T2	GP Holland	28.08.77	Zandvoort
69. Reutemann	BRA	312 T2	GP Brasilien	29.01.78	Interlagos

70. Reutemann	BRA	312 T3	GP USA West	02.04.78	Long Beach
71. Reutemann	BRA	312 T3	GP England	16.07.78	Brands Hatch
72. Reutemann	BRA	312 T3	GP USA Ost	01.10.78	Watkins Glen
73. Villeneuve	CDN	312 T3	GP Kanada	08.10.78	Montreal
74. Villeneuve	CDN	312 T4	GP Südafrika	03.03.79	Kyalami
75. Villeneuve	CDN	312 T4	GP USA West	08.04.79	Long Beach
76. Scheckter	ZA	312 T4	GP Belgien	13.05.79	Zolder
77. Scheckter	ZA	312 T4	GP Monaco	27.05.79	Monte Carlo
78. Scheckter	ZA	312 T4	GP Italien	09.09.79	Monza
79. Villeneuve	CDN	312 T4	GP USA Ost	07.10.79	Watkins Glen

80. Villeneuve	CDN	126CK	GP Monaco	31.05.81	Monte Carlo
81. Villeneuve	CDN	126CK	GP Spanien	21.06.81	Jarama
82. Pironi	F	126 C2	GP San Marino	25.04.82	Imola
83. Pironi	F	126 C2	GP Holland	03.07.82	Zandvoort
84. Tambay	F	126 C2	GP Deutschland	08.08.82	Hockenheim
85. Tambay	F	126 C2B	GP San Marino	01.05.83	Imola
86. Arnoux	F	126 C2B	GP Kanada	12.06.83	Montreal
87. Arnoux	F	126 C3	GP Deutschland	07.08.83	Hockenheim
88. Arnoux	F	126 C3	GP Holland	28.08.83	Zandvoort
89. Alboreto	I	126 C4	GP Belgien	29.04.84	Zolder

90. Alboreto	I	156/85	GP Kanada	16.06.85	Montreal
91. Alboreto	I	156/85	GP Deutschland	04.08.85	Nürburgring
92. Berger	A	F1/87	GP Japan	01.11.87	Suzuka
93. Berger	A	F1/87	GP Australien	15.11.87	Adelaide
94. Berger	A	F1 87/88C	GP Italien	11.09.88	Monza
95. Mansell	GB	640	GP Brasilien	26.03.89	Jacarepagua
96. Mansell	GB	640	GP Ungarn	13.08.89	Hungaroring
97. Berger	A	640	GP Portugal	24.09.89	Estoril
98. Prost	F	641	GP Brasilien	25.03.90	Interlagos
99. Prost	F	641	GP Mexiko	24.06.90	Mexico City

100. Prost	F	641	GP Frankreich	08.07.90	Le Castellet
101. Prost	F	641	GP England	15.07.90	Silverstone
102. Mansell	GB	641	GP Portugal	23.09.90	Estoril
103. Prost	F	641	GP Spanien	30.09.90	Jerez
104. Berger	A	412 T1/B	GP Deutschland	31.07.94	Hockenheim
105. Alesi	F	412 T2	GP Kanada	11.06.95	Montreal
106. Schumacher	D	F310	GP Spanien	02.06.96	Barcelona
107. Schumacher	D	F310	GP Belgien	25.08.96	Spa
108. Schumacher	D	F310	GP Italien	08.09.96	Monza
109. Schumacher	D	F310B	GP Monaco	11.05.97	Monte Carlo

110. Schumacher	D	F310B	GP Kanada	15.06.97	Montreal
111. Schumacher	D	F310B	GP Frankreich	29.06.97	Magny-Cours
112. Schumacher	D	F310B	GP Belgien	24.08.97	Spa
113. Schumacher	D	F310B	GP Japan	12.10.97	Suzuka
114. Schumacher	D	F300	GP Argentinien	12.04.98	Buenos Aires
115. Schumacher	D	F300	GP Kanada	07.06.98	Montreal
116. Schumacher	D	F300	GP Frankreich	28.06.98	Magny-Cours
117. Schumacher	D	F300	GP England	09.07.98	Silverstone
118. Schumacher	D	F300	GP Ungarn	16.08.98	Hungaroring
119. Schumacher	D	F300	GP Italien	13.09.98	Monza

120. Irvine	GB	F399	GP Australien	07.03.99	Melbourne
121. Schumacher	D	F399	GP San Marino	02.05.99	Imola
122. Schumacher	D	F399	GP Monaco	16.05.99	Monte Carlo
123. Irvine	GB	F399	GP Österreich	25.07.99	A1-Ring
124. Irvine	GB	F399	GP Deutschland	01.08.99	Hockenheim
125. Irvine	GB	F399	GP Malaysia	17.10.99	Sepang

FORMEL-1-STATISTIK

Mit über 600 bestrittenen Grands Prix liegt Ferrari im aktuellen Starterfeld der teilnehmenden Rennställe uneinholbar in Front. Als einziges Team sind die Roten seit den ersten Rennen nach dem Reglement der 1951 ins Leben gerufenen „Formel 1" mit dabei. Die Formel 1 wäre ohne die Beteiligung des italienischen Traditionsrennstalls schlichtweg undenkbar und mit Sicherheit nicht halb so interessant.

Folgende Statistiken beleuchten die Größenordnung des über 50-jährigen Engagements im Monoposto-Rennsports und zitieren die erfolgreichsten Werksfahrer der Scuderia mit ihren teilweise höchst eindrucksvollen Errungenschaften.

FERRARI IN ZAHLEN:

125 Siege
46 Doppelsiege
8 Dreifachsiege
2 Vierfachsiege
127 Pole Postions
141 Schnellste Rennrunden
3258 WM-Punkte

9 FAHRER-WELTMEISTERTITEL:

1952	Alberto Ascari
1953	Alberto Ascari
1956	Juan Manuel Fangio
1958	Mike Hawthorn
1961	Phil Hill
1964	John Surtees
1975	Niki Lauda
1977	Niki Lauda
1979	Jody Scheckter

9 KONSTRUKTEURS-WELTMEISTERTITEL

1961	Konstrukteurspokal
1964	Konstrukteurspokal
1975	Konstrukteurspokal
1976	Konstrukteurspokal
1977	Konstrukteurspokal
1979	Konstrukteurspokal
1982	Konstrukteurs-Weltmeister
1983	Konstrukteurs-Weltmeister
1999	Konstrukteurs-Weltmeister

DIE BESTEN FAHRER DER SCUDERIA

Bestrittene Grands Prix

	Fahrer	Nat.	Anz.
1	Berger	A	96
2	Alboreto	I	80
3	Alesi	F	79
4	Regazzoni	CH	73
5	Villeneuve	CDN	66
6	Irvine	GB	65
7	Schumacher	D	59
8	Lauda	A	57
9	Ickx	B	55
10	Bandini	I	35

ERZIELTE GRAND-PRIX-SIEGE

	Fahrer	Nat.	Siege
1	Schumacher	D	16
2	Lauda	A	15
3	Ascari	I	13
4	Villeneuve	CDN	6
	Ickx	B	6
6	Prost	F	5
	Reutemann	ARG	5
	Berger	A	5
9	Surtees	GB	4
	Regazzoni	CH	4
	Irvine	GB	4

ERZIELTE PODIUMSPLÄTZE

	Fahrer	Nat.	Platzier.	1.	2.	3.	Anz. Starts
1	Schumacher	D	33	16	11	6	59
2	Lauda	A	32	15	12	5	57
3	Berger	A	24	5	8	11	96
4	Regazzoni	CH	23	4	11	8	73
	Irvine	GB	23	4	6	13	65
6	Alboreto	I	19	3	9	7	80
7	Ascari	I	17	13	4	0	27
8	Hill	USA	16	3	5	8	30
	Alesi	F	16	1	6	9	79
	Ickx	B	16	6	4	6	56
	Hawthorn	GB	16	3	9	4	34

ZIELANKÜNFTE IN DEN PUNKTERÄNGEN

	Fahrer	Nat.	Platzier.	Anz. Starts	Quote
1	Berger	A	43	96	44,8 %
2	Schumacher	D	41	59	69,5 %
3	Lauda	A	40	57	70,1 %
4	Regazzoni	CH	38	73	52,1 %
5	Irvine	GB	35	65	53,8 %
6	Alesi	F	33	79	41,8 %
7	Alboreto	I	31	80	38,8 %
8	Hawthorn	GB	24	34	70,6 %
	Ickx	B	24	55	43,6 %
10	Ascari	I	21	27	77,8 %
	Villeneuve	CDN	21	66	31,8 %

ERRUNGENE POLE-POSITIONS

	Fahrer	Nat.	PP	Anz. Starts	Quote
1	Lauda	A	23	57	40,3 %
2	Ascari	I	13	27	48,1 %
	Schumacher	D	13	59	22,1 %
4	Ickx	B	11	55	20 %
5	Berger	A	7	96	7,3 %
6	Hill	USA	6	30	20 %
	Fangio	ARG	6	7	85,7 %
8	Hawthorn	GB	4	34	11,8 %
	Regazzoni	CH	4	73	5,5 %
	Surtees	GB	4	30	13,3 %
	Tambay	F	4	21	19,1 %
	Arnoux	F	4	32	12,5 %

SCHNELLSTE RENNRUNDEN

	Fahrer	Nat.	SR	Anz. Starts	Quote
1	Schumacher	D	16	59	27,1 %
2	Regazzoni	CH	13	73	17,8 %
3	Lauda	A	12	57	21 %
4	Ickx	B	11	55	20 %
5	Berger	A	9	96	9,4 %
	Ascari	I	9	27	33,3 %
7	Villeneuve	CDN	7	66	10,6 %
8	Hill	USA	6	30	20 %
	Mansell	GB	6	31	19,3 %
	Surtees	GB	6	30	20 %
	Hawthorn	GB	6	34	17,6 %

ERZIELTE WM-PUNKTE

	Fahrer	Nat.	WM-Punkte	gewertet	Anz. Starts
1	Schumacher	D	267	267	59
2	Lauda	A	242.5	242,5	57
3	Berger	A	182	182	96
4	Regazzoni	CH	169	169	73
5	Irvine	GB	156	156	65
6	Alboreto	I	138.5	138,5	80
7	Ascari	I	138	106,5	27
8	Ickx	B	121	121	55
	Alesi	F	121	121	79
10	Hawthorn	GB	113.5	98,5	34

DURCHSCHNITTLICH ERZIELTE WM-PUNKTE

	Fahrer	Nat.	Durchschn.	Punkte ges.	Anz. Starts
1	Ascari	I	5,11	138	27
2	Fangio	ARG	4,7	13	37
3	Schumacher	D	4,52	267	59
4	Lauda	A	4,25	242,5	57
5	Brooks	GB	3,86	27	7
6	Farina	I	3,82	76,33	20
7	Gonzalez	ARG	3,77	56.5	15
8	Prost	F	3,45	107	31
9	Hawthorn	GB	3,34	113,5	34
10	Gurney	USA	3,25	13	4

(Stand aller Statistiken: 1.1.2000)

1950-1965

DIE ZEIT DER HOLZLENKRÄDER UND SPEICHENFELGEN

DIE EPOCHE DER GENTLEMEN-DRIVER

Seit nunmehr 50 Jahren kämpfen Monoposti der Marke Ferrari an (fast) jedem Grand-Prix-Wochenende irgendwo auf der Welt um Punkte für die Fahrer- und Konstrukteurs-Weltmeisterschaft. Insgesamt haben die Rennwagen aus Maranello einschließlich der Saison 1999 bislang an 619 Grands Prix teilgenommen und dabei nicht weniger als 125 Siege errungen. Kein anderer Rennstall hat eine auch nur annähernd vergleichbare Leistung vollbracht.

von Gregor Schulz

▲ *Luigi („Gigi") Villoresi (125F1, GP der Niederlande 1949)*

Kaum war der Zweite Weltkrieg zu Ende und in Europa wieder Frieden eingekehrt, versuchten einige begeisterte Männer, den Motorsport wieder zum Leben zu erwecken. Unter Ihnen war auch ein gewisser Enzo Ferrari. Geboren 1898 im italienischen Modena, hatte er sich in den frühen zwanziger Jahren als Rennfahrer versucht, war aber zu der Einsicht gelangt, dass er es nie zu einem großen Fahrer bringen würde. 1927 gründete Enzo daher seinen eigenen Rennstall, die Scuderia Ferrari, die sich über zehn Jahre lang um die sportlichen Geschicke von Alfa Romeo kümmern sollte, bis sich der Mann aus Modena mit der staatlich gelenkten Alfa-Konzernführung überwarf. Fortan wollte er Automobile unter eigenem Namen bauen und mit Ihnen Rennen gewinnen, ein Vorhaben, dass der Ausbruch des Krieges um einige Jahre hinauszögerte.

Aber 1946 war es soweit. Ingenieur Gioachino Colombo konstruierte im Auftrag Enzo Ferraris einen 1,5 Liter großen V12-Motor, dessen schnapsglasgroße Zylinder von je 125 ccm Inhalt in einem Winkel von 60° angeordnet waren.

Natürlich war es die Bestimmung dieses Motors, implantiert in ein Fahrgestell eigener Produktion, an Rennen teilzunehmen und zu siegen. Sein Debüt feierte der Ferrari 125 (die Typenbezeichnung fast aller Ferrari mit Frontmotor bezieht sich bis heute auf den Einzelhubraum pro Zylinder - ein Zwölfzylinder wird fast immer stillschweigend vorausgesetzt) als zweisitziger Sportwagen in Piacenza im Jahre 1947. Im Jahr drauf nahm mit dem Fürsten Igor Troubetzkoy am Steuer erstmals ein Ferrari an einem Grand Prix teil - in Monaco, wo sonst. Bei diesem Auto handelte es sich um einen durch Hubraumerweiterung zum 166 (x 12 = 1992 ccm) avancierten 125, einen umgebauten Sportwagen also.

Als 1950 zum ersten Mal eine Weltmeisterschaft der Fahrer mit Autos der seit 1947 gültigen Formel 1 ausgetragen wurde, war Ferrari natürlich dabei. Die neue Grand-Prix-Formel schrieb 1,5 Liter Maximalhubraum für kompressorgeladene und 4,5 Liter für normale Saugmotoren vor.

Mittlerweile verfügte man in Maranello auch über einen richtigen Rennwagen, einen Monoposto, der auf Grund seines Hubraums auch 125 hieß. Für die Entwicklung des Motors, der mit seinem Einstufen-Kompressor 280 PS leistete, war wiederum Gioachino Colombo zuständig. 1949 hatte die Scuderia mit diesem Auto einige gute Ergebnisse erzielt, wenn auch gegen schwache Konkurrenz. Für die erste Saison der neuen Meisterschaft hatte sich Jungingenieur Aurelio Lampredi des Zwölfzylinders angenommen und ihn u.a. mit zwei obenliegenden Nockenwellen je Zylinderreihe sowie einem zweistufigen Roots-Kompressor versehen.

Das erste zum neuen Championat zählende Rennen war der Große Preis von England am 13. Mai 1950. Ferrari fehlte bei diesem Debüt und ließ sich damit, aufgrund einer eklatanten Fehleinschätzung der spektakulären Entwicklung dieser Rennserie eine historische Chance entgehen. Enzo Ferraris ehemaliger Arbeitgeber Alfa Romeo errang unter Anwesenheit der Kronprinzessin Elisabeth einen

Dreifacherfolg mit Dr. Nino Farina, Luigi Fagioli und Reg Parnell, die den Tipo 158 fuhren. Die sogenannte «Alfetta» war eine Vorkriegskonstruktion mit acht Zylindern und Kompressor und seinerzeit noch auf Initiative des Rennleiters Enzo Ferrari von Colombo entworfen worden...

Beim zweiten Rennen in Monaco war auch das Team aus Maranello mit von der Partie. Alberto Ascari, Enzo Ferraris Fahrer Nummer 1 in den ersten vier Jahren, wurde auf seinem Ferrari 125 Zweiter hinter Alfa-Pilot Juan Manuel Fangio. Der Verlauf des Rennens war geprägt von einer spektakulären Karambolage in der Tabac-Kurve, in die nicht weniger als neun Autos verwickelt wurden. Auslöser waren Farina und Fagioli, die sich mit ihren Alfetten berührt hatten. Ascaris zweiter Platz sollte neben einem dritten von Peter Whitehead im französischen Reims der einzige nennenswerte Erfolg eines Ferrari 125 in einem Weltmeisterschaftslauf werden. Der zweite Platz, den Ascari zusammen mit Dorino Serafini im letzten Saisonlauf in Monza belegte, wurde bereits mit dem 375 F1 erzielt, einer völligen Neukonstruktion von Aurelio Lampredi.

Der junge Ingenieur hatte sich vom Prinzip der aufgeladenen Motoren mit winzigen Zylinderchen gelöst und sich schrittweise an das Hubraumlimit für Motoren ohne Kompressor herangewagt. Der 275 mit 3322 ccm debütierte in Spa, aber Ascari zeigte sich wenig begeistert. Ihm folgte der 340 mit 4102 ccm (dieser Wagen fuhr nur einmal, beim Grand Prix der Nationen in Genf, der nicht zur Meisterschaft zählte) und schließlich rechtzeitig zum italienischen Rennen der 375 mit 4494 ccm. Zwei Autos gingen an den Start, eines mit Ascari und ein zweites mit Dorino Serafini in seinem einzigen Grand Prix. Ascari fiel an zweiter Stelle liegend aus, übernahm das Auto von Serafini, der zu diesem Zeitpunkt an fünfter Stelle lag, und kämpfte sich wiederum auf dem zweiten Platz vor (Solche spannenden Fahrerwechsel waren bis einschließlich 1956 in Grand-Prix-Rennen erlaubt. Die errungenen Punkte wurden dann unter den beteiligten Fahrern aufgeteilt). In Monza gewann Farina und wurde erster Weltmeister der Formel 1. Sein Arbeitsgerät, die Alfetta, hatte sich in dieser Saison als unschlagbar erwiesen.

Für 1951 überarbeitete Alfa den Tipo 158 zum Tipo 159. Ferrari vertraute weiterhin auf den 375 hatte den Motor jedoch mit einer Doppelzündung versehen. Die 24 Zündkerzen bewirkten eine Leistungssteigerung um 30 Pferdestärken auf 380 PS bei 7500 U/min. Die Alfa-Vorherrschaft hatte auch in den ersten Rennen des Jahres 1951 Bestand. Alberto Ascari, Luigi Villoresi und der vor dem französischen Grand Prix neu zum Team gestoßene Argentinier José Froilàn Gonzalez platzierten ihre Ferrari aber regelmäßig unter den ersten Drei.

SIEG #1 - JOSÉ FROILÀN GONZALEZ

Der Wendepunkt kam am 14. Juli: Gonzalez, von seinen europäischen Bewunderern „der Puma" und von seinen Landsleuten „El Cabezòn" (etwa: „Großkopf") genannt, stellte seinen 375 beim Großen Preis von England in Silverstone auf die Pole Position - die Erste für Ferrari.

▲ *José Froilàn Gonzalez (der „Großkopf") beim historischen ersten Grand-Prix-Sieg für Ferrari (375F1, Silverstone 1951).*

Beim Start blieb Gonzalez an der Spitze, dicht gefolgt von seinem Lehrmeister und Mentor Fangio. Die Führung wechselte laufend zwischen den beiden Argentiniern, doch am Schluss gewann Gonzalez mit 51 Sekunden Vorsprung auf seinen berühmten Landsmann. Die Alfa-Mannschaft hatte kurz vor Rennende einen taktischen Fehler begangen: Fangio musste wegen des höheren Spritkonsums der Kompressor-Alfetta (um die 170 Liter pro 100 km) noch einmal zum Tanken an die Boxen. Ein paar Liter Methanol-Gemisch hätten gereicht, die Boxenmannschaft tankte den Alfa aber unsinnigerweise randvoll, wodurch Fangio die Chance auf den Sieg geraubt wurde. Gonzalez und vor allem Ferrari profitierten von diesem Lapsus und sicherten Ferrari den ersten Sieg in der Weltmeisterschaft. Seinen früheren Arbeitgeber Alfa Romeo zu besiegen, nachdem dieser über 27 Rennen (inklusive derer ohne WM-Status) hinweg ungeschlagen geblieben war, muss für Enzo Ferrari eine besondere Genugtuung gewesen sein. Schließlich war er als Alfa-Rennleiter vor dem Krieg maßgeblich an der Entwicklung des Tipo 158 „Alfetta" beteiligt gewesen, bevor man ihm quasi über Nacht den Stuhl vor die Tür gesetzt hatte.

SIEG #2 UND #3 - ALBERTO ASCARI

Nach Gonzales kam Alberto Ascari zum Zuge. Er gewann zwei Wochen später auf dem Nürburgring und im September in Monza - der Schritt zum großvolumigen Motor hatte sich als richtig erwiesen. Vor dem letzten Rennen in Spanien führte Fangio mit 28 Punkten die Wertung an, aber der mit 25 Zählern zweitplatzierte Ascari hatte noch immer die Möglichkeit, ihm den Weltmeistertitel streitig zu machen. Die Scuderia Ferrari befand sich nach drei Siegen hintereinander moralisch in der besseren Situation, doch leider verkalkulierte man sich bei der Wahl der Reifen, und Ascari kam nur auf einen bescheidenen vierten Platz. Weltmeister wurde Fangio, der das letzte Rennen der Saison und gleichzeitig den letzten Einsatz eines Werks-Alfa vor Gonzalez auf Ferrari gewann.

Nach zwei errungenen Weltmeisterschaften kam Alfas Rückzug aus dem Grand-Prix-Sport reichlich überraschend, doch die Erklärung war ebenso einfach wie einleuchtend: Der Tipo 159 hatte ausgedient, und die Entwicklung eines neuen Wagens hätte Geld gekostet, das zu geben man nicht bereit war.

Nach dem Rückzug von Alfa Romeo und dem Stocken des englischen BRM-F1-Projekt sah es Ende 1951 so aus, als würde Ferrari 1952 ohne ernstzunehmenden Gegner dastehen - Langeweile schien vorprogrammiert. Die FISA (Fédération International du Sport Automobile) reagierte zwei Jahre nach Einführung der Automobil-Weltmeisterschaft mit einem ungewöhnlichen Schachzug: Die Weltmeisterschaften der kommenden beiden Jahre wurde nicht für Rennwagen der Formel 1, sondern für Fahrzeuge der Formel 2 ausgeschrieben, also für einsitzige Wettbewerbswagen mit maximal 2 Litern Hubraum (Saugmotoren) bzw. 500 ccm (Kompressormotoren).

Als Enzo Ferrari erfuhr, unter welchen Bedingungen die kommenden Grands Prix gefahren wurden, beauftragte er Aurelio Lampredi

▲ Er dominierte die Weltmeisterschaften 1952 und 1953 wie kein Rennfahrer vor oder nach ihm: Alberto Ascari.

mit der Konstruktion eines geeigneten Triebwerks. Einmal mehr brachte er den kreativen und fleißigen Ingenieur damit um seine wohlverdiente Sonntagsruhe (ein 12-Stunden-Tag und die Bereitschaft zur Wochenendarbeit waren für den Commendatore selbstverständlich), aber die Zeit war, wie sich herausstellen sollte, gut investiert. Schon nach wenigen Stunden stand das Grundkonzept: Ein Reihenvierzylinder-Saugmotor mit zwei obenliegenden Nockenwellen sollte es sein, unter Ausschöpfung des Hubraumlimits. Die Typenbezeichnung ergab sich von selbst: Ferrari 500 F2, für 500 ccm Einzelhubraum und die Formel 2 als Einsatzgebiet. Für den Zwölfzylinder in der Formel 1 war also schon

▲ Alberto Ascari (375F1) beim Grand Prix von San Remo 1951.

ALBERTO ASCARI

***13.7.1918 † 26.5.1955**

Weltmeister mit Ferrari 1952/1953

von Gregor Schulz

Welchen Beruf Alberto Ascari einmal ergreifen würde, stand eigentlich schon fest, als er noch zur Grundschule ging. Als Sohn von Antonio Ascari, einem der besten Rennfahrer der zwanziger Jahre und Teamkollegen von Enzo Ferrari bei Alfa Romeo, gab es für ihn eigentlich nur eine Möglichkeit. Noch vor dem Krieg begann Alberto mit Motorradrennen, wobei er leider auf die Unterstützung seines berühmten Vaters verzichten musste, der bereits 1925 in Montlhéry tödlich verunglückt war. Am Steuer eines Rennwagens debütierte Ascari junior 1940 bei der Mille Miglia, einem Langstreckenrennen auf öffentlichen Straßen von Brescia nach Rom und wieder zurück. Das Auto dazu stellte ihm kein Geringerer als Enzo Ferrari zur Verfügung, wohl im Gedenken an seinen alten Freund und Weggefährten; es war seine erste Eigenkonstruktion, ein Auto Avio Costruzioni 815. Leider erreichte Ascari bei seinem ersten Rennen nicht das Ziel, und der Ausbruch des Zweiten Weltkriegs vereitelte weitere motorsportliche Aktionen. Nach dem Krieg dauerte es seine Zeit, bis sich der mittlerweile zum Familienvater gereifte Ascari wieder mit dem Rennsport-Bazillus infizierte. 1947 fuhr er erst einen kleinen Cisitalia, bevor er ins Werksteam von Maserati wechselte, um dort seine ersten Lorbeeren zu ernten. Endgültig in die Riege der Weltklasse-Fahrer stieg der Mailänder nach seinem Sieg beim argentinischen Grand Prix 1949 auf.

1950 verließ er zusammen mit seinem Freund Luigi („Gigi") Villoresi die Marke mit dem Dreizack und ging zu Ferrari. Diese Verbindung hielt über vier Jahre, in denen Alberto Ascari die ersten Weltmeisterschaftspunkte für Ferrari sammelte (2. Platz in Monaco 1950), insgesamt 13 Grands Prix und damit die Fahrer-Weltmeisterschaft 1952 und 1953 gewann sowie das erste ADAC-1000km-Rennen auf dem Nürburgring 1953 (zusammen mit Nino Farina) und zahlreiche andere Rennveranstaltungen für Ferrari entschied.

1954 wechselte Ascari zu Lancia und gewann mit einem D24 die berühmte Mille Miglia. Im Jahr darauf schien der neue Formel-1-Lancia D50 (der sein Potenzial später unter Ferraris Regie voll entfalten sollte) ein ernstzunehmender Konkurrent für die Silberpfeile von Mercedes zu sein - zumindest gab der Umstand, dass Ascari bei seinen Ausfällen in den ersten beiden Saisonrennen in Führung lag, berechtigten Anlass zur Hoffnung.

Die Art und Weise, wie sich Alberto Ascari aus dem Grand Prix von Monaco 1955 verabschiedete, war mindestens so spektakulär wie seine kraftvolle Fahrzeugbeherrschung im Grenzbereich: Sein Sturz ins Hafenbecken wurde zur Rennsportlegende. Als Ascaris kleine Blessuren (er hatte sich nur das Nasenbein gebrochen) verarztet wurden, konnte niemand ahnen, dass dies das letzte Rennen des Italieners gewesen war. Am Mittwoch nach dem Rennen in Monaco, am 26.5.1955, setzte er sich in Monza, nur so zum Spaß, ans Steuer eines Ferrari-Rennsportwagens. Ohne Helm, Krawatte und Hemd im Fahrtwind flatternd, ging er ahnungslos auf seine letzte Runde.

Alberto Ascari starb, wie sein Vater, im Alter von 36 Jahren am 26. eines Monats. Und wie bei seinem Vater fast genau dreißig Jahre zuvor wurde die Unfallursache nie geklärt.

nach nur zwei Jahren das Aus gekommen, und eine Wiedergeburt sollte es erst im Jahre 1964 geben.

SIEG #4 - PIERO TARUFFI
SIEG #5 BIS #10 - ALBERTO ASCARI

Der neue Ferrari gewann, unter Regie des Rennleiters Nello Ugolini, alle sieben zur Weltmeisterschaft des Jahres 1952 zählenden Grands Prix. Eine Erfolgsbilanz dieser Art hat es später nie mehr gegeben und sie wird sich auch nur schwer wiederholen lassen. Nur in Ausnahmefällen kam ein Team annähernd an dieses Resultat heran (z.B. Mercedes 1955 oder McLaren-Honda 1988). Darüberhinaus feierte Ferrari 1952 in der Schweiz, in Belgien und England einen Doppelsieg, in Frankreich und Holland einen Dreifacherfolg und in Deutschland auf dem Nürburgring triumphierten die roten Rennwagen sogar auf den Plätzen 1 bis 4.
Die Ergebnisse verraten, dass damals ein Team beliebig viele Autos an den Start bringen konnte und nicht wie heute auf zwei Wagen beschränkt war. Die Gesamtzahl der Autos, die ein Rennen bestreiten durften, war freilich auch damals schon limitiert. Ein weiterer Unterschied zum heutigen Reglement betraf den Bau des Chassis. Heute muss jedes Team zumindest die wichtigsten Teile des Chassis selbst hergestellt haben. Vor vierzig Jahren (und übrigens noch bis in die Siebziger hinein) konnte man ein komplettes Auto von einem Hersteller kaufen und privat bei Rennen einsetzen. Einer dieser Privatiers tat sich 1952 besonders hervor und verdient eine Erwähnung: Der Schweizer Rudi Fischer belegte mit seinen rot-weiß lackierten 500 F2 bei seinem Heim-Grand-Prix in Bern-Bremgarten den zweiten und auf dem Nürburgring den dritten Platz.
Die Art und Weise, wie Alberto Ascari seine Siege in diesem Jahr herausfuhr, war verhältnismäßig unspektakulär. Zu überlegen waren sein Werkzeug und seine Fähigkeiten des Gebrauchs. Auch von fahrerischer Seite her hatte er in jenem Jahr keinen echten Konkurrenten. Sein stärkster Widersacher, der Vorjahres-Weltmeister Juan Manuel Fangio, hatte nach Alfas Rückzug zu Maserati gewechselt, war aber zu Beginn der Saison beim nicht zur WM zählenden Großen Preis von Monza (nicht zu verwechseln mit dem Großen Preis von Italien, der ebenfalls in Monza ausgetragen wurde) schwer verunglückt. Seine Verletzungen zwangen ihn zu einem Jahr Pause, und nur der 1952 erstmals vorgeschriebene Sturzhelm hatte Schlimmeres verhindert. Das einzige Rennen, dass Ascari nicht gewann, war der Schweizer Grand Prix in Bremgarten. Hier siegte Pierro Taruffi, da Ascari zu diesem Zeitpunkt in den USA weilte, wo er bei den 500 Meilen von Indianapolis an den Start ging. Bis 1960 zählte dieser Klassiker nämlich zur Fahrer-Weltmeisterschaft, ohne dass jedoch jemand diesseits oder jenseits des Atlantiks dieser Tatsache besonders viel Beachtung geschenkt hätte (wie man an der Terminüberschneidung Bern-Indy sieht). Im den Vereinigten Staaten fuhr man nach einem anderen Reglement, und überhaupt herrschten dort andere Gesetze. Das musste auch die Scuderia feststellen, die mit Ihren modifizierten Vorjahres-375 im Training aussichtslos im Mittelfeld herumfuhr und im Rennen ausfiel. Von mangelnder Motorleistung und Drehmoment des eigentlich recht potenten Ferrari-V12 einmal ganz abgesehen waren vor allem die filigranen Speichenräder der einseitigen Belastung im Speedway-Oval nicht gewachsen: In den USA fuhr man schon zu diesem Zeitpunkt mit Alu-Scheibenrädern. Nach dieser Niederlage unternahmen die Italiener nie wieder einen Versuch dieser Art.

SIEG #11 BIS #13 - A. ASCARI
SIEG #14 - MIKE HAWTHORN

Alberto Ascari gewann also überlegen seinen ersten Weltmeistertitel. Der Plan, die WM 1952 und 1953 durch die Ausschreibung für Rennwagen der Formel 2 eine größere Markenvielfalt, Konkurrenz und Abwechslung zu erreichen, war fehlgeschlagen. Die Saison 1953 sah denn auch eine saubere Wiederholung der Vorjahres-Ereignisse: Die Ferrari waren das Maß aller Dinge.
Ascari begann die Saison mit Siegen in Argentinien, Holland und Belgien. Als viertes Rennen (ohne Indianapolis) stand der Grand Prix des Automobile Club de France auf dem Plan. Bis 1966 wurde dieser auf dem ultraschnellen Straßenkurs von Reims-Geux in der Champagne ausgetragen. Hier gewann der junge Engländer Mike Hawthorn, der seit Beginn der Saison in Ermangelung eines konkurrenzfähigen britischen Autos in italienischen Diensten stand, und er beendete die Rekord-Siegesserie von Alberto Ascari, der seit neun Grands Prix in Folge ungeschlagen war. Hawthorns Sieg war eine taktische Meisterleistung, angereichert mit einer Messerspitze Glück: Er gewann mit nur einer Sekunde Vorsprung auf den weltbesten Fahrer, den wieder genesenen Juan Manuel Fangio auf Maserati. 32 der insgesamt 60 Runden hatten sich Hawthorn und Fangio ein Rad-an-Rad-Duell geliefert. Am Schluss fuhren beide nahezu synchron, beobachteten sich gegenseitig in den weit ausgeschnittenen Cockpits. In der letzten Runde legte Fangio in der

▲ *Maurice Trintignant (625 F1, GP Monaco 1955).*

▲ *Enzo Ferrari mit Eugenio Castellotti (Monza 1955).*

Thillois-Kurve nicht wie sonst den ersten, sondern den zweiten Gang ein. Hawthorn schaltete zurück, was ihm den hauchdünnen Vorsprung einbrachte. Es war der erste Sieg des Briten und wohl sein bester, denn nur wenige Rennfahrer konnten sich brüsten, Juan Manuel Fangio im Infight besiegt zu haben.
Mike Hawthorn, damals gerade 24 Jahre alt, war der erste Engländer, der nach 1938 wieder einen Grand Prix gewann.

SIEG #15 - ALBERTO ASCARI
SIEG #16 - GIUSEPPE FARINA

Der nächste Sieg in England ging wieder an Ascari, und auf dem Nürburgring gewann Dr. Nino Farina, der erste Weltmeister von 1950, sein erstes Rennen für Ferrari. Dass sein Erfolg in der grünen Hölle gleichzeitig sein letzter Grand-Prix-Sieg sein sollte, konnte damals noch niemand ahnen.
Bei diesem deutschen Grand Prix saß zum ersten Mal auch ein Deutscher am Steuer eines Ferrari. Es handelte sich um Kurt Adolff aus Aachen, einen Privatier, der an jenem Tag seinen ersten und einzigen Weltmeisterschaftslauf bestritt, das Rennen aber nicht beenden konnte. Das Auto, das er an den Start brachte, gehörte der Schweizer Ecurie Espadon und war ein extra für diesen Rennstall gebauter 212 F2 mit V12-Motor.

SIEG #17 - A. ASCARI

In Bern gewann wiederum Ascari (auch er zum letzten Mal), um in Monza vor heimischem Publikum von Fangio auf Maserati geschlagen zu werden, der damit eine fast zwei Jahre dauernde Siegesserie der Scuderia Ferrari unterbrach. Dennoch war Ascari zum erneuten Male Weltmeister, zum zweiten Mal in Folge für Ferrari - obwohl sich die Scuderia strenggenommen den Titel nicht ans Revers heften dürfte, denn die Konstrukteurs-Weltmeisterschaft war noch nicht geboren. Bis 1958 handelte es sich um eine reine Fahrer-Weltmeisterschaft.
Mit dem Jahr 1953 ging der kurze Ausflug der Weltmeisterschaft in die Formel 2 zu Ende. Ab dem kommenden Jahr galt auf unbestimmte Zeit für die Formel 1 ein neues Reglement: 2,5 Liter maximaler Hubraum (750 ccm mit Kompressor), andere Vorschriften gab es nicht. Das neue Regelwerk, das sich von dem der Formel 2 ansonsten nicht grundlegend unterschied, war den Herstellern und Rennställen schon seit längerer Zeit bekannt, um durch eine üppige Vorbereitungszeit mehr Hersteller für die Teilnahme an der Weltmeisterschaft zu interessieren. Der Plan der FISA ging auf, sehr zum Leidwesen der erfolgsverwöhnten Scuderia Ferrari: Pünktlich zum Saisonbeginn 1954 schickte Maserati seinen neuen 250 F ins Rennen, und zur Saisonmitte hatte sich Mercedes-Benz angekündigt, ebenfalls mit einer Neukonstruktion...
Ferrari setzte dagegen weiterhin in erster Linie auf das Vorjahresmaterial: Schon bei der Ur-Konstruktion des Vierzylinders von 1951 hatte Lampredi sein Augenmerk auf ein potenzielles Hubraumwachstum gerichtet, und so war aus dem 500 F2 durch Verwendung neuer Zylinderlaufbüchsen ein 625 F1 geworden. Parallel dazu setzte Ferrari aber auch eine Neukonstruktion ein, den Typ 553 (die Zahl stand nicht für den Einzelhubraum, sondern für „Tipo 500" der „Generation 1953", dem Jahr, in dem der Wagen debütiert hatte). Der 553 sowie ein Jahr später auch der 555, der wegen seiner bauchigen Karosserieform bald überall nur „Squalo" (zu deutsch: „Hai") genannt werden sollte, verfügte im Gegensatz zu allen anderen bisher gebauten Ferrari-Rennwagen über einen filigranen Gitterrohrrahmen. Als weitere Neuerung waren seine zwei Tanks seitlich von Fahrer angeordnet (sie bewirkten die bauchige Karosserieform) und nicht mehr im Heck.
Mit dem in die Jahre gekommenen 625 F1 und dem defektanfälligen Squalo hatte Ferrari 1954 jedenfalls zunächst nicht viel gegen den starken Nachbarn (das Maserati-Werk befand sich ebenfalls in Modena) zu bestellen. Ab dem 4. Juli 1954 sollte es indes noch schlimmer kommen: Mercedes-Benz kehrte in den Grand-Prix-Sport

▲ *Juan Manuel Fangio, der erfolgreichste Rennfahrer aller Zeiten (D50, 1956).*

zurück, und Star-Fahrer Juan Manuel Fangio feierte am Steuer des neuen „Silberpfeils" W 196 einen grandiosen Sieg in Reims (am gleichen Tag wurde Deutschland übrigens auch Fußball-Weltmeister).

SIEG #18 - JOSÉ F. GONZALEZ

Hatte Mercedes in Frankreich noch triumphiert, so erwiesen sich die stromlinienförmig verkleideten Silberpfeile bereits im nächsten Rennen auf dem winkligen, mit Ölfässern markierten Kurs von Silverstone als überaus schwer zu fahren. Schon beim Start ging Gonzalez, der nach zwei Jahren bei Maserati zu Ferrari zurückgekehrt war, in Führung und gab sie bis ins Ziel nicht mehr ab. Mercedes konnte diese völlig unerwartete Niederlage natürlich nicht auf sich sitzen lassen und stellte bis zum nächsten Rennen auf dem Nürburgring einen Version des W 196 mit freistehenden Rädern her. Die Kombination Fangio-Mercedes erwies sich als nahezu unschlagbar.

SIEG #19 - MIKE HAWTHORN

Nur noch einmal im Verlauf der Saison 1954 schlug die Stunde von Ferrari, und wieder ziemlich unverhofft, beim Großen Preis von Spanien in Pedralbes. Wenige Runden nach dem Start hatte Ascari mit dem brandneuen Lancia D 50, von dem später noch die Rede sein wird, die Führung übernommen. In der neunten Runde kam für ihn das Aus, und Harry Schell auf Maserati übernahm die Spitze. Nach dessen Ausfall lag erstmals ein Ferrari in Front, der 625 des Franzosen Maurice Trintignant, der jedoch ebenfalls bald ausfiel. Nun führte plötzlich Mike Hawthorn, und er fuhr den eigenwilligen 553 Squalo zu seinem ersten und einzigen Sieg. Der Weltmeister des Jahres 1954 jedoch hieß Juan Manuel Fangio, der auch im Jahr darauf mit Mercedes das Geschehen dominiert, ähnlich wie die Kombination Ascari/Ferrari in den Jahren 1952 und 1953. Gonzalez wurde Vizeweltmeister, Hawthorn Dritter und Trintignant Vierter.

SIEG #20 - MAURICE TRINTIGNANT

Die einzige Niederlage der Silberpfeile in der Saison 1955 kam beim Großen Preis von Europa, der zum ersten Mal seit 1950 wieder auf dem Stadtkurs von Monaco ausgetragen wurde. Zu Beginn des Rennens hatten sich die beiden Mercedes von Fangio und Moss abgesetzt, bis für beide das technische Aus kam. Dann führte kurzzeitig Ascari auf Lancia, bis er einem der spektakulärsten Ausfälle der Formel-1-Geschichte zum Opfer fiel: Er rutschte in der Hafenschikane auf einer Ölspur aus und flog samt Auto kopfüber ins Mittelmeer. Der Mann aus Mailand trug nur ein gebrochenes Nasenbein davon und ahnte nicht, dass dies sein letzter Grand Prix gewesen war: Am Mittwoch nach dem Rennen verunglückte er in Monza tödlich, ausgerechnet bei privaten Testfahrten in einem Ferrari-Rennsportwagen.

Nun führte Trintignant, der vom neunten Platz aus gestartet war. Sein betagter 625 F1 erwies sich als standfester als die versammelte Konkurrenz, und der kleine Franzose gewann den Grand Prix de Monaco.

1956 fehlten die Hersteller Mercedes-Benz und Lancia in den Starterlisten der Formel-1-Weltmeisterschaft. Mercedes war unter anderem wegen der Tragödie von Le Mans (beim traditionsreichen 24-Stunden-Rennen hatte Mercedes-Fahrer Pierre Bouillon alias „Levegh" 80 Zuschauer mit in den Tod gerissen) aus dem Motorsport ausgestiegen, und der tragische Tod seines Starpiloten Alberto Ascari war für Gianni Lancia der Tropfen, der das Fass zum Überlaufen brachte. Das groß angelegte Motorsport-Engagement, sowohl bei Sportwagenrennen als auch in der Formel 1, hatte die kleine Firma an den Rand des Ruins getrieben. Während Fiat die Firma Lancia Automobili übernahm, erwarb die Scuderia Ferrari gegen einen symbolischen Obolus die komplette Rennsportabteilung, inklusive aller Autos, der umfangreichen Ausrüstung und eines Teils der Belegschaft. Diese „Geste großzügigen Verstehens", wie Ferrari das Geschenk nannte, brachte die Scuderia quasi über Nacht in den Besitz der modernsten Fahrzeug-Konstruktion und des wohl besten Konstrukteurs der gesamten Formel 1.

Bei Lancias Grand-Prix-Wagen mit der Typenbezeichnung D 50 handelte es sich um die geniale Konstruktion des Ingenieurs Vittorio Jano. Dieser hatte einen V8 mit 80°

▲ *Juan Manuel Fangio auf seinem Weg zum Sieg beim Großen Preis von Deutschland 1956 auf der Nordschleife des Nürburgrings (Lancia-Ferrari D50).*

JUAN MANUEL FANGIO

***26.6.1911 † 16.7.1995**

Weltmeister mit Ferrari 1956

von Gregor Schulz

Was hätte man von dem Sohn eines argentinischen Pampas-Bauern italienischer Abstammung erwarten können, der im Alter von 26 Jahren mit einem umgebauten Taxi sein erstes Autorennen bestritt, erst weitere 11 Jahre später am Steuer eines richtigen Grand-Prix-Wagens saß und fast 39 Lenze zählte, als er zum ersten Mal an einem Rennen um die Weltmeisterschaft teilnahm? Nein, ein Bilderbuch-Aspirant auf den WM-Titel war Juan Manuel Fangio sicher nicht, und doch gewann er vier seiner insgesamt fünf Weltmeistertitel in ununterbrochener Folge. Allein diese Tatsache macht den Argentinier zum erfolgreichsten Rennfahrer aller Zeiten.

Eigentlich war Fangio schon viel zu alt, um nach dem Zweiten Weltkrieg an einem staatlichen Programm zur Förderung des Motorsports teilhaben zu dürfen, dem Präsident Juan Peron persönlich vorstand. Mit dem argentinischen Nationalteam gewann der „Old Man" jedoch in seiner ersten europäischen Saison 1949 sechs von 10 Rennen, und nur einige technische Zwischenfälle bewahrten das Rennsport-Establishment der Alten Welt vor noch größerer Schmach.

Natürlich wurde angesichts solcher Leistungen eine große Marke (in diesem Fall Alfa Romeo) auf den mittlerweile 38-Jährigen aufmerksam und schickte ihn 1950 in den Kampf um die frisch aus der Taufe gehobene Formel-1-Weltmeisterschaft. Im ersten Jahr vereitelten mehrere Ausfälle den Titelgewinn, doch 1951 ging für den Argentinier alles glatt und er wurde Weltmeister vor Alberto Ascari auf Ferrari.

Nach Alfa Romeos Rückzug vom Grand-Prix-Sport sollte Fangio 1952 für Maserati fahren, doch nach einer strapaziösen Anreise zu einem nicht zur Weltmeisterschaft zählenden Rennen in Monza leistete sich der für seine eiserne Fahrdisziplin berühmte Profi in der zweiten Rennrunde einen Fahrfehler, den er um ein Haar mit dem Leben bezahlt hätte. Erst 1953 meldete er sich völlig genesen zurück und gewann neben einem Grand Prix das berühmt-berüchtigte mexikanische Langstreckenrennen, die Carrera Panamericana.

In den folgenden Jahren errang Fangio auf Mercedes seine Weltmeisterschaften zwei und drei, doch das Stuttgarter Werk zog sich Ende 1955 aus dem Rennsport zurück. Enzo Ferrari witterte seine Chance und sicherte sich für die Saison 1956 die Dienste des amtierenden Weltmeisters.

Es war eine Zweckgemeinschaft, darüber waren sich Ferrari und Fangio im Klaren, aber eine äußerst erfolgreiche, auch wenn sie später beide nicht gut aufeinander zu sprechen waren: Fangio sicherte Ferrari die WM und nebenbei noch das 12-Stunden-Rennen von Sebring.

1957 fuhr Fangio erneut für Maserati und holte sich seinen fünften Weltmeistertitel. Auf dem Nürburgring gewann er seinen letzten Grand Prix in einer Art und Weise, die ein letztes Mal von seiner wahren Klasse zeugte und ihn endgültig zur Legende machte. Durch einen zusätzlichen Boxenhalt über 40 Sekunden hinter die dicht an dicht führenden Hawthorn und Collins (beide auf Ferrari) zurückgeworfen, holte Fangio binnen weniger Runden den Rückstand auf, wobei er seinen eigenen Streckenrekord mehrmals unterbot - eine geradezu übermenschliche Leistung. Später gestand er, dass dies das einzige Rennen gewesen sei, in dem er jemals an die Grenzen seiner eigenen Fähigkeiten gegangen war.

Im Jahr darauf erklärte Juan Manuel Fangio im Alter von 48 Jahren seinen Rücktritt vom Rennsport. Sein letztes Rennen war der Grand Prix von Frankreich 1958. Sieger Mike Hawthorn (auf Ferrari) erwies Fangio seine Reverenz, indem er den mit Problemen kämpfenden, an vierter Stelle liegenden „Maestro" nicht überrundete.

Am 16. Juli 1995 starb Juan Manuel Fangio im Alter von 84 Jahren.

▲ *Mike Hawthorn (801, GP von Deutschland 1957).*

Zylinderwinkel geschaffen (2,5 Liter Hubraum waren zu diesem Zeitpunkt obligatorisch), der über 260 PS leistete und der als tragendes Teil des ganzen Fahrzeuges diente.

Auch auf fahrerischer Seite hatte Ferrari 1956 den höchsten Trumpf im Ärmel. Nach dem Rückzug von Mercedes war der amtierende Weltmeister Juan Manuel Fangio zu Ferrari gekommen. (Insgesamt

▲ *Luigi Musso (801, GP von Deutschland 1957).*

kam ein solcher Transfer in der Ferrari-Rennsportgeschichte nur drei Mal vor: Nach Fangio 1956 brachten 1990 Alain Prost und 1996 Michael Schumacher den Rennstall in den unverhofften Genuss der Startnummer 1). Im Regelfall verpflichtete der Commendatore jedoch junge und unverbrauchte Talente, die bei Ferrari ihre ersten Lorbeeren ernten sollten. Der Rest der Ferrari-Equipe bestand 1956 aus solchen „Greenhorns": Der Engländer Peter Collins war dabei, ebenso die Italiener Eugenio Castellotti und Luigi Musso. Außerdem gab es noch einige „Gelegenheitsarbeiter", darunter auch der deutsche Graf Wolfgang von Trips, der ein paar Jahre später eine Hauptrolle spielen sollte. 1956 sollte er indes über ein paar Trainingsrunden im F1 nicht hinauskommen.

Auch mit einem neuen Rennleiter hatte die Scuderia in jenem Jahr aufzuwarten. Es war Romolo Tavoni, der bis dahin Enzo Ferraris persönlicher Sekretär gewesen war.

SIEG #21 - JUAN MANUEL FANGIO

Die Saison 1956 begann wie üblich mit dem Großen Preis von Argentinien. Das Rennen wurde zu einer Hitzeschlacht. In Fangios Auto gab die Kraftstoffpumpe den Geist auf und er übernahm den Wagen von Musso (noch waren Fahrerwechsel erlaubt und nie zuvor hatten sie eine so entscheidende Rolle gespielt), um zum dritten

▲ Peter Collins (801, GP von Deutschland 1957).

SIEG #24 - JUAN MANUEL FANGIO

Das sechste Rennen des Jahres 1956 fand in England statt, wo im jährlichen Wechsel in Silverstone oder in Aintree gefahren wurde. Dieses Mal war die ehemalige Flugstaffelbasis der Royal Air Force in Silverstone an der Reihe, von wo aus im Zweiten Weltkrieg die RAF-Bomber Kurs auf Deutschland genommen hatten. Fangio gewann, und den zweiten Rang teilten sich Collins und der spanische Marquis de Portago.

SIEG #25 - J.M. FANGIO

Als nächstes Rennen stand der Große Preis von Deutschland auf dem Programm, ausgetragen auf Fangios erklärter Lieblingsstrecke, der langen Nürburgring-Nordschleife. Wie gut der Argentinier, der vor seiner Grand-Prix-Zeit sein Geld mit Langstreckenrennen über mörderische Distanzen quer durch den südamerikanischen Subkontinent verdient hatte, mit der eigentlich nicht auswendig erlernbaren Strecke zurecht kam, bewies er, indem er im freien Training (inoffiziell) mit einer Zeit von 9:25,8 Minuten den 17 Jahre alten Rundenrekord von Hermann Lang (damals auf einem der unglaublich starken Mercedes W 154 erzielt) um satte 27 Sekunden unterbot. Zu jener Zeit war es immer eine kleine Sensation, wenn die 10-, 9- oder später die 8-Minuten-Grenze für den 22,8 km langen Eifelkurs fiel (1975, beim vorletzten WM-Lauf auf der alten Nordschleife, fuhr übrigens Niki Lauda seinen Ferrari 312 T2 mit einer Zeit von 6:58,6 Minuten auf die Pole Position).

Vom Start weg führte Fangio, gefolgt von Collins und Moss. Collins' D 50 versagte in der sechsten Runde den Dienst, und er übernahm den Wagen von de Portago, der jedoch ebenfalls bald die Waffen streckte. Am Schluss war von der gestarteten Ferrari-Armada (fünf Autos) nur noch der D 50 von Fangio übrig, der einen überlegenen Start-Ziel-Sieg errang.

Mal seinen Heim-GP zu gewinnen - der Rest der favorisierten D 50 war ausgefallen.

Beim nächsten Rennen in Monaco gewann Stirling Moss, der in diesem Jahr für Maserati fuhr. Favorit Fangio hatte sich schon in der ersten Runde auf einer Ölspur gedreht und die Hinterachse seines D 50 beschädigt, was die Beherrschung des Autos äußerst heikel machte. Nachdem dann auch noch Kupplungsprobleme auftraten, übernahm „El Chueco", „der Krummbeinige", wie der Ex-Fußballer Fangio von seinen Landsleuten liebevoll genannt wurde, den Wagen von Collins. Das argentinisch-britische Gespann sicherte sich so den zweiten Platz, doch Fangio wurde aufgrund des kuriosen Punkte-Verteilungssystems gleichzeitig auch noch als Fünfter gewertet: Castellotti hatte, nachdem sein Auto gänzlich außer Betrieb war, den eingeschränkt fahrbereiten Wagen Fangios, der nutzlos in der Box herumstand, übernommen und ins Ziel gerettet.

SIEG #22 UND #23 - PETER COLLINS

Das kommende Rennen in Belgien gewann Peter Collins, nachdem Fangios Getriebe festgegangen war. Es war der erste Sieg des Briten, errungen auf der fahrerisch anspruchsvollen Strecke von Spa-Francorchamps. Auf den zweiten Platz kam der belgische Journalist Paul Frère, einer von jenen „Gastfahrern", die nur gelegentlich und dann auf Einladung (oder Anweisung) des Commendatore ins Ferrari-Cockpit kletterten.

Auch das nächste Rennen auf dem Hochgeschwindigkeitskurs von Reims (Frankreich) gewann Peter Collins, der damit sich und seinen Ferrari in die Führung der WM-Wertung brachte. Castellotti wurde Zweiter, Fangio mit Problemen Fünfter. Der Argentinier sicherte sich aber zumindest die schnellste Runde, für die es bis 1959 auch einen WM-Zähler gab.

▲ Peter Collins (246 Dino, GP von Deutschland 1958).

Eine Gentleman-Entscheidung: Ferraris erster Formel-1-Titel

▲ Ferrari 246 Dino (Phil Hill, GP von Deutschland 1958).

Das letzte Rennen der Saison fand traditionell in Monza statt. Vor dem Gran Premio d'Italia führte Fangio die WM mit 30 Punkten an. Collins hatte 22 Zähler auf seinem Konto, ebenso viele wie Maserati-Fahrer Behra (dem hier aber höchstens Außenseiterchancen eingeräumt wurden). Moss mit 18 Punkten hatte bereits keine Chancen mehr auf das Championnat. Peter Collins brauchte, um Fangio noch zu schlagen, einen Sieg und die schnellste Runde, unter der Voraussetzung, dass der Argentinier gar nicht punkten konnte. Das Problem der Ferrari waren die (von Enzo Ferrari preisgünstig erworbenen) Englebert-Reifen, die sich schon nach wenigen Runden schneller Fahrt in ihre Bestandteile auflösten. Dennoch gingen die beiden Italiener Musso und Castellotti mit den D 50 beim Start in Führung. Fangio und Collins hielten sich anfänglich etwas zurück, wurden jedoch, nachdem die Italiener schon in der vierten (!) Runde neue Reifen fassen mussten, weiter nach vorn gespült. An der Spitze lag zu diesem Zeitpunkt Stirling Moss mit seinem Werks-Maserati 250 F. Die Ferrari von de Portago und Castellotti verabschiedeten sich - wie nicht anders zu erwarten war - mit Reifenschäden. Bei Fangio ging eine Spurstange zu Bruch, was zur Folge hatte, dass sein linkes Vorderrad nicht mehr den Lenkbewegungen gehorchte. Der amtierende Weltmeister hatte sich bereits mit seinem Schicksal abgefunden, da Peter Collins noch gut im Rennen lag.
Da Fahrerwechsel ja noch erlaubt waren, rief man den an zweiter Stelle liegenden Musso, an die Box. Dieser weigerte sich jedoch, sein Auto dem Argentinier zu überlassen, denn er wollte die Chance, seinen Heim-Grand-Prix zu gewinnen, nicht verschenken. Fangio akzeptierte Mussos Entscheidung scheinbar gelassen, doch dann holte Rennleiter Romolo Tavoni Peter Collins mit der roten Flagge an die Box.
Was dann geschah, blieb in der Geschichte des Rennsports ohne Beispiel: Obwohl Collins selbst noch die Chance hatte, Weltmeister zu werden, überließ er ohne zu zögern Fangio das Auto. Fangio wurde Zweiter hinter Moss und damit Weltmeister des Jahres 1956, denn Musso war, in Führung liegend, mit dem gleichen Defekt ausgefallen wie zuvor Fangio.
Auf seine mehr als großzügige Geste angesprochen sagte der junge englische Gentleman später, er sei jung und habe noch viele Möglichkeiten, während Fangio mit seinen 45 Jahren nur mehr wenig Zeit für Erfolge blieb. Peter Collins starb mit 26 Jahren auf dem Nürburgring, ohne jemals Weltmeister geworden zu sein.
Die Saison 1957 verlief enttäuschend für Ferrari. Es war die erste Saison seit 1950, in der die Scuderia keinen einzigen Grand Prix mit WM-Status gewinnen konnte. Die Lancia D 50 waren eingehend überarbeitet worden. So waren z. B. die bis dato typischen, seitlichen Tanks verschwunden. Auch der Name Lancia tauchte nicht mehr auf, denn der Wagen hieß nun Ferrari Tipo 801.
Fangio hatte die Scuderia wegen Unstimmigkeiten zwischen ihm und dem Commendatore verlassen und sicherte sich auf Maserati unangefochten seinen fünften und letzten WM-Titel. Für Ferrari fuhren Peter Collins, Luigi Musso und Eugenio Castellotti. Wieder dabei war Mike Hawthorn, der 1956 für das britische BRM-Team gefahren war. Ein absoluter Neuling, sowohl bei Ferrari wie in der Formel 1 überhaupt, war der junge deutsche Wolfgang Graf Berghe von Trips, der im September des Vorjahres bei Ferrari unterschrieben

▲ Mike Hawthorn (246 Dino, GP von Deutschland 1958).

hatte. Beim folgenden Training zum Grand Prix in Monza 1956 hatte er bereits am Steuer eines D 50 gesessen. Der Heißsporn hatte bei dieser Gelegenheit den Rennwagen spektakulär in die Botanik befördert, war jedoch unverletzt geblieben. 1957 sollte der Graf, der bis Michael Schumacher 1996 einziger Deutscher am Steuer eines Werks-Grand-Prix-Ferrari war, mehrmals Gelegenheit zum Fahren erhalten, wobei er sein bestes Ergebnis (dritter Platz) in Monza erreichte.

Für Ferrari blieben in der Saison 1957 nur einige zweite Plätze. Charakteristisch für das verpatzte Rennjahr war das Rennen am Nürburgring, bei dem zunächst alles auf einen überragenden Doppelsieg der Ferrari gedeutet hatte. Sieben Runden vor Rennende lagen Hawthorn und Collins über 40 Sekunden vor Fangio auf dem Maserati. Doch dann geschah das Unglaubliche: Fangio eliminierte innerhalb weniger Runden den Vorsprung der Ferrari. Erst überholte er Collins auf der Gegengeraden zu Start-und-Ziel, dann Hawthorn auf dem Streckenabschnitt Bergwerk. Fangios Sieg an jenem Tag gilt als eine der denkwürdigsten Episoden der Grand-Prix-Geschichte, und Ferrari blieb der Trost einer der glanzvollsten Niederlagen der Historie.

Schlimmer als die magere Ferrari-Punktausbeute war jedoch der Verlust von Eugenio Castellotti, der bei Testfahrten in Modena am Steuer eines Formel-1-Ferrari sein Leben ließ, sowie des Spaniers Alfonso de Portago, der bei der Mille Miglia am Steuer eines Ferrari 335 S tödlich verunglückte.

Nachdem mit dem Lancia-Erbe im Jahre 1957 nicht mehr viel Staat zu machen war, entschloss man sich, 1958 den in der Formel 2 höchst erfolgreichen Dino 156 (die Zahl der Typenbezeichnung stand für 1,5 Liter und 6 Zylinder) als Dino 246 bzw. 256 (mit 2,4 oder 2,5 Litern Hubraum, je nach Einsatzzweck) auch in der Formel 1 einzusetzen. Als Fahrer standen wiederum Collins, Hawthorn, Musso und Graf Trips zur Verfügung. In Argentinien wurde Luigi Musso Zweiter mit nur 2,7 Sekunden Rückstand auf Stirling Moss, der ein ganz besonderes Auto fuhr: einen kleinen, wendigen Cooper, dessen nicht besonders lei-

▲ Phil Hill (246 Dino, GP von Deutschland 1958).

▲ Wolfgang Graf Berghe von Trips (246 Dino, GP von Deutschland 1958).

▲ Peter Collins (246 Dino, GP von Deutschland 1958).

▲ *Tony Brooks vor Phil Hill und Dan Gurney (246 Dino, GP von Deutschland 1958).*

stungsstarker Motor hinter dem Fahrer eingebaut war. Noch konnte niemand ahnen, dass mit diesem überraschenden Erfolg ein neues Kapitel in der Geschichte der Formel 1 eingeleitet wurde.

SIEG #26 - MIKE HAWTHORN
SIEG #27 - PETER COLLINS

Nach weiteren Erfolgen der britischen Konstrukteure Cooper und Vanwall (mit Frontmotor) gelang Ferrari der erste Sieg nach fast zwei Jahren Durststrecke im französischen Reims: Mike Hawthorn siegte mit dem Dino, Graf Trips wurde Dritter. Allerdings lag ein Schatten über diesem Erfolg, denn Luigi Musso war bei diesem Rennen tödlich verunglückt. Zwei Wochenenden später gab es für Ferrari einen Doppelsieg in Silverstone, denn der britische

▲ *246 Dino (Phil Hill, GP von Deutschland 1958).*

Gentleman Peter Collins gewann seinen Heim-Grand Prix vor seinem Busenfreund Mike Hawthorn. Nach einer überragenden kämpferischen Leistung feierte die Fachpresse den sympathischen und gutaussehenden Jungmädchenschwarm als neuen Stern am Formel-1-Firmament.

Doch der Stern des Briten leuchtete nicht lange: Am 3. August forderte die „Grüne Hölle", wie Jackie Stewart den Nürburgring später nennen sollte, ein neues Opfer. Nach dem Start war Moss auf dem Vanwall in Führung gegangen, hart bedrängt von Collins, Hawthorn und Brooks (Vanwall). Nach dem frühen Ausfall von Moss schienen die beiden Ferrari leichtes Spiel zu haben, und wohl mehr aus Spaß denn aus wahrem Kämpfertum wechseln sie sich mehrmals an der Spitze ab. Doch plötzlich war Tony Brooks da. Der britische Zahnarzt hatte Runde um Runde aufgeholt, um dann erst Hawthorn und dann Collins zu überholen. Das britische Trio klebte förmlich aneinander, jeder Fahrer wartete auf einen kleinen Fehler des anderen. Peter Collins war der Anspannung auf Dauer nicht gewachsen, und in einer Rechtskurve im Streckenabschnitt Pflanzgarten schoss er über den Pistenrand hinaus. Er starb wenige Stunden später in einem Bonner Krankenhaus. Mike Hawthorn, der den tödlichen Unfall seines Freundes aus nächster Nähe mitverfolgt hatte, fiel eine Runde später mit Motorschaden aus und war darüber sichtlich erleichtert: „Ein Sieg in diesem Rennen hätte mich mehr belastet", gestand er später.

Die Scuderia Ferrari hatte binnen weniger Wochen zwei Ihrer Fahrer verloren, und niemand mochte sich so recht über die unverändert guten WM-Chancen freuen. Am Ende der Saison hatte Stirling Moss vier Siege vorzuweisen, sein Teamkollege Tony Brooks drei und Mike Hawthorn sowie der verstorbene Peter Collins jeweils einen. Durch mehrere gute Platzierungen in den Punkten reichte am Ende des Jahres Hawthorns Polster ganz knapp, um den häufig ausgefallenen Moss den Weltmeistertitel 1958 vor der Nase wegzuschnappen.

MIKE HAWTHORN

***14.4.1929 † 22.1.1959**

Weltmeister mit Ferrari 1958

von Gregor Schulz

Mike Hawthorn war der Sohn eines Autohändlers und machte schon früh mit dem Automobil Bekanntschaft. 1949, im Alter von 22 Jahren, bestritt er sein erstes Rundstreckenrennen am Steuer eines Riley, und schon ein Jahr später, während seiner ersten Grand Prix-Saison für Cooper, wurde Enzo Ferrari auf den jungen Heißsporn aufmerksam. In Zandvoort hatte dieser es nämlich geschafft, seinen hoffnungslos unterlegenen Wagen neben drei Werks-Ferrari in die erste Startreihe zu stellen (die damals noch vier Autos fasste). Für das Jahr darauf verpflichtete der Commendatore Mike Hawthorn, und der Junge mit dem strohblonden Haarschopf, der so fabelhaft dem Klischee des Engländers entsprach, bedankte sich für das ihm entgegengebrachte Vertrauen, indem er den französischen Grand Prix gewann.
Auch in der Saison 1954 gewann Hawthorn für Ferrari einen Großen Preis, diesmal in Spanien, doch im Jahr darauf setzte er sich mit einem ungeschickten Schachzug matt: In der Annahme, endlich ein konkurrenzfähiges britisches Auto gefunden zu haben (auch Stirling Moss träumte übrigens den kleinen, chauvinistischen Traum vom britischen Weltmeister auf einem britischen Fabrikat), wechselte er zu Vanwall. Tony Vanderwells Team war jedoch von seinem späteren Leistungsstandard noch weit entfernt, und so ergab es sich, dass Mike die zweite Saisonhälfte 1955 wieder in das Steuer eines Ferrari griff, nur um ins Jahr 1956 erneut zu einem englischen Team, der Owen Racing Organisation bzw. BRM, zu wechseln. Dieser Weg erwies sich ebenfalls als Sackgasse, und so kehrte Mike Hawthorn 1957 zum zweiten Mal reumütig zur Scuderia Ferrari zurück.
1957 war für Ferrari leider kein besonders gutes Jahr: Kein einziger Sieg ging nach Maranello, weshalb ein zweiter Platz von Hawthorn auf dem Nürburgring fast schon als toller Erfolg gewertet wurde. 1958 hatte Fortuna endlich ein Einsehen mit dem fahrerisch außerordentlich talentierten jungen Blondschopf und gewährte Mike Hawthorn den Weltmeistertitel, obwohl er nur ein einziges Rennen gewonnen hatte. Fünf zweite Plätze sicherten ihm dennoch den Titel ganz knapp vor Stirling Moss, der auf Vanwall im Prinzip die letzte WM-Chance seiner Karriere verspielte.
Hawthorn war über den WM-Titel nie besonders glücklich, denn er hatte in der Saison 1958 seinen besten Freund, Landsmann und Ferrari-Teamkollegen Peter Collins bei einem tragischen Unfall auf der Nürburgring-Nordschleife verloren. Hawthorn hatte seiner Verlobten Jean Howarth, die er zusammen mit Peter kennengelernt hatte, versprochen, mit dem Rennsport Schluss zu machen und sie zu heiraten, sofern er den Titel gewinnen sollte.
Hawthorn, ganz Gentleman, hielt Wort und teilte unmittelbar nach seinem größten sportlichen Erfolg der Presse mit, dass er sich 1959 um seine Familie und als frischgebackener Ferrari-Importeur um den väterlichen Betrieb kümmern wolle.
Doch das traute Glück hielt nicht lange: Am 22. Januar 1959 verunglückte Mike Hawthorn bei einem leichtsinnigen Privatrennen auf öffentlicher Landstraße.

„Mon ami mate": Mike Hawthorn (links) und Peter Collins verband eine innige Männerfreundschaft.

▲ *Wolfgang Graf Berghe von Trips an den Boxen, dahinter der Wagen von Phil Hill (GP von Deutschland 1958).*

Ausschlaggebend hierfür war die Stallorder beim Grand Prix von Marokko (übrigens dem einzigen nordafrikanischen Rennen mit WM-Status überhaupt) gewesen: Moss hatte vor dem frisch zu Ferrari gestoßenen Amerikaner Phil Hill in Führung gelegen, Hawthorn hetzte mit einigem Abstand auf Platz drei liegend hinterher. Rennleiter Tavoni signalisierte Hill, seinen Teamkollegen vorbeizulassen, um diesem nicht wichtige WM-Punkte abzunehmen - denn am Ende waren es genau diese zwei Punkte, die Hawthorn die Meisterschaft sicherten.

Nach dem Gewinn der Weltmeisterschaft zog sich Hawthorn, der noch immer unter dem tragischen Verlust seines Freundes Peter Collins litt, aus dem Rennsport zurück. Ferrari hatte ihm den Großbritannien-Import für seine Serienfahrzeuge anvertraut, und außerdem trug sich der geläuterte Lebemann mit Heiratsabsichten. Doch am 22. Januar 1959, sechs Wochen nach der offiziellen Erklärung seines Rücktritts, starb Mike Hawthorn am Steuer seines getunten Jaguar bei einem Verkehrsunfall - weil er sich, immer noch ganz der Rennfahrer, von seinem Freund Rob Walker im Mercedes 300 SL nicht hatte abhängen lassen wollen.

Für das Jahr 1959 musste sich Enzo Ferrari nach einer neuen Fahrer-Riege umsehen. Nur Phil Hill war ihm erhalten geblieben: Wolfgang von Trips' Vertrag wurde nicht verlängert, wohl weil er sich die Freiheit genommen hatte, einige recht kostspielige Sportwagen des Hauses zu zerlegen. Die neue Mannschaft rekrutierte sich neben Hill aus den Briten Tony Brooks und Cliff Allison, dem Franzosen Jean Behra und aus Dan Gurney, einem weiteren Amerikaner.

Wieder setzte Ferrari auf den stark überarbeiteten Frontmotor-Dino, obwohl sich bereits abzeichnete, dass die Zukunft den Mittelmotor-Rennwagen gehörte.

SIEG #28 UND #29 - TONY BROOKS

1959 gelangen Ferrari nur zwei Siege, die beide von Tony Brooks erzielt wurden. Am fünften Juli siegte der hagere Brite beim Grand Prix de France auf der schnellen Strecke von Reims, wo die Ferrari ihr Leistungsplus schon im Training ausgespielt hatten. Tony Brooks hatte auf der Pole Position gestanden und fuhr einen ungefährdeten Start-Ziel-Sieg vor Markengefährten Phil Hill heraus.

Seinen zweiten Sieg in jenem Jahr (und den letzten seiner Karriere) errang der damals 27-jährige Brooks beim XXI. Großen Preis von Deutschland, der 1959 nicht wie üblich auf dem Nürburgring, sondern auf der Berliner AVUS ausgetragen wurde. Die Strecke bestand aus den zwei Parallelen einer Stadtautobahn, mit im Süden durch eine Spitzkehre und im Norden durch eine gepflasterte Steilkurve verbunden wurden. Die Weltelite der Rennfahrer war nicht gerade begeistert von diesem Nürburgring-Ersatz, und das Rennen von 1959 sollte das einzige Gastspiel der Formel-1-WM in der damals noch geteilten Stadt bleiben.

Abgesehen von der merkwürdigen Streckenführung war das Eigentümliche dieses Rennens seine Unterteilung in zwei Läufe à 30 Runden. Zu dieser Lösung hatten sich die zuständigen Sportkommissare entschieden, weil man Reifenwechsel während des Rennens vermeiden wollte -

▲ *Anthony („Tony") Brooks, der rennfahrende Zahnarzt, im Gespräch mit Rennleiter und Ingenieur Carlo Chiti (Monza 1960).*

aus welchen Gründen auch immer. Beide Läufe gerieten jedenfalls dank der überragenden Motorleistung der Dino 246 zu einer Ferrari-Prozession und wurden von Tony Brooks gewonnen. Am Ende der Saison fehlten Tony Brooks ganze vier Punkte auf Weltmeister Jack Brabham, der für Cooper fuhr.

SIEG #30 - PHIL HILL

1960 ging die Scuderia Ferrari mit dem Dino 246 ins dritte Jahr. Die Änderungen am Auto hielten sich in Grenzen, nur der Motor war zur besseren Gewichtsverteilung etwas versetzt eingebaut. Außerdem verfügte der Dino jetzt über vier einzeln aufgehängte Räder. 1960 war der Ferrari endgültig der „Dinosaurier" unter den Rennwagen, denn alle anderen Hersteller hatten mittlerweile auf das Mittelmotorkonzept umgestellt. Gegen die kleinen und wendigen Rennwagen der Briten wirkte der monströse Ferrari wie ein Wesen aus einer anderen Zeit. Weltmeister wurde erneut Jack Brabham auf dem Mittelmotor-Cooper.
Phil Hill gelang das Kunststück, den Dino dennoch ein letztes Mal mit sportlichem Lorbeer zu füttern. Er siegte auf Ferraris „Hausstrecke" in Monza, weil die gesamte englische Konkurrenz das Rennen boykottiert hatte, aus Furcht, die fragilen Mittelmotor-Leichtgewichte würden auf der holprigen (seit 1956 nicht mehr benutzten) Steilkurve auseinander brechen. Phil Hill gewann nach hitzigem Reifenwechsel-Gefecht vor seinen beiden Teamkollegen dieses Jahres, seinem Landsmann Richie Ginther und dem Belgier Willy Mairesse, alle auf Dino 246. Vierter wurde der Privatier Giulio Cabianca auf einem Cooper mit Ferrari-Motor (der von der Scuderia Castellotti eingesetzt worden war), und Fünfter Wolfgang von Trips, der Ende 1959 nach mehrmonatiger Abstinenz zur Scuderia Ferrari zurückgekehrt war.
Interessanterweise gelang von Trips diese Platzierung mit einem Formel-2-Rennwagen mit einem 1,5-Liter-Mittelmotor - ein erfolgreiches Debüt des Ferrari-Monoposto für die ab 1961 geltende 1,5-Liter-Hubraumformel.

▲ Phil Hill gewinnt mit dem 246 Dino den Großen Preis von Italien in Monza 1960. Es war gleichzeitig der letzte Frontmotor-Sieg in der Formel 1.

Triumph der Technik: Die Mittelmotor-Epoche

Die 1961 in Kraft tretende Hubraumbeschränkung beendete die Ära der Rennwagen mit Frontmotor endgültig. Als Wiedergutmachung für die sportlich nicht sonderlich erfolgreiche Saison 1960, in der Ferrari-Chefkonstrukteur Carlo Chiti die (ohnehin sinnlose) Weiterentwicklung des Dino 246 zugunsten eines neuen Rennwagens völlig vernachlässigt hatte, ging Ferrari schon beim ersten Rennen des Jahres 1961 bestens gerüstet an den Start. Der neue Mittelmotor-Ferrari hatte sein Potenzial bereits ein Jahr lang als erfolgreicher Formel-2-Rennwagen unter Beweis gestellt, während die britische Konkurrenz zu Beginn der neuen Saison noch keine wettbewerbsfähigen 1500er-Motoren zur Verfügung hatten.

▲ Wolfgang von Trips (156 F1, GP von Deutschland 1961).

Nach sieben Jahren 2,5-Liter-Formel galt nun das einstige Formel-2-Reglement, das eine Hubraumbeschränkung auf 1500 ccm (Minimum 1300 ccm) vorsah und die Aufladung durch Kompressoren verbot. Die neuen Formel-1-Rennwagen mussten erstmals ein Mindestgewicht von 750 Kilogramm aufweisen und mit handelsüblichem Tankstellen-Kraftstoff auskommen. Das Nachfüllen von Schmierstoffen während des Rennens war untersagt, ein Überrollbügel Vorschrift, und die Räder durften nicht verkleidet werden.
Die Fahrer reagierten eher zurückhaltend

▲ *Phil Hill (156 F1, GP von Deutschland 1961).*

auf die „Zurückstufung" ihrer Arbeitsgeräte, und Tony Brooks zum Beispiel reichte nach 1961 im Alter von nur 29 Jahren seinen Rücktritt vom Rennsport ein. Er hatte keinen Spaß mit den 1500er-„Go-Karts". Anders dagegen Wolfgang Graf Berghe von Trips, der als Porsche-Sportwagen- und Formel-2-Spezialist mit relativ leistungsschwachen Fahrzeugen überaus gut zurecht kam.
Ferraris Wunderwaffe für die 1,5-Liter-Formel war der Tipo 156 F1. Konstrukteur Carlo Chiti hatte den von Jano entwickelten Dino-V6 kräftig umgebaut und in ein solides Gitterrohrchassis verpflanzt. Markantestes Erkennungsmerkmal des flachen und langgestreckten Monoposto war seine spitz zulaufende Schnauze mit den beiden großen, nüsternförmigen Kühlluftöffnungen, die ihm den Spitznamen „Sharknose" („Hai-Schnauze") eintrugen.

SIEG #31 - W. VON TRIPS
SIEG #32 - PHIL HILL

Die Saison 1961 begann in Monaco mit einem vielversprechenden 2-3-4-Teilerfolg für die neuen Ferrari, und schon beim zweiten Rennen der Saison im holländischen Zandvoort trug die breite Ferrari-Offensive reichlich Früchte. Phil Hill stellte seinen Ferrari auf die Pole Position, von Trips und Ginther komplettierten die erste durchgehend rote erste Startreihe seit Jahren. Wolfgang von Trips übernahm beim Start sofort die Führung und gab sie bis ins Ziel nicht mehr ab. Zum ersten Mal in der Geschichte der Formel-1-Weltmeisterschaft siegte ein deutscher Fahrer. Von Trips' Erfolg löste damals in Deutschland eine Welle der Motorsportbegeisterung aus, ähnlich wie dreißig Jahre später Michael Schumacher. Mit dem Grand Prix de Belgique im kleinen Dörfchen Francorchamps unweit des mondänen Badeortes Spa ging der Kampf um den höchsten Titel im Rennsport in die dritte Runde. Phil Hill stand auf den Pole, daneben Wolfgang von Trips und der Belgier Olivier Gendebien, der seit langer Zeit der Ferrari-Sportwagenmannschaft angehörte (vier Siege in Le Mans!) und einen in der belgischen Rennfarbe Gelb lackierten, leihweise überlassenen 156 pilotierte. Gendebien ging beim Start sogar in Führung, doch die beiden Werksfahrer überholten ihn bald. Insgesamt sieben Mal wechselten sich Hill und von Trips an der Spitze ab. Am Schluss hatte der Amerikaner die Haifischnase seines Dino 156 nur sieben Zehntelsekunden vor der des Deutschen. Dritter wurde Ginther, Vierter Gendebien. Dabei ist interessant zu bemerken, dass ein solcher Vierfacherfolg in der gesamten Formel-1-Geschichte nur fünf Mal gelang - Ferrari übrigens gleich zweimal (Deutschland 1952 und Belgien 1961).

SIEG #33 - GIANCARLO BAGHETTI

Von Belgien zog der Formel-1-Tross weiter ins französische Reims, das zum Schauplatz eines Ereignisses werden sollte, das sich bis heute in der Grand-Prix-Szene nicht wiederholt hat: Giancarlo Baghetti, Ferraris „gute Tat" für die Saison 1961 (Baghetti startete im Rahmen eines Nachwuchs-Förderungsprogramms), bestritt seinen ersten Weltmeisterschaftslauf und gewann auf Anhieb - doch damit nicht genug: es sollte kurioserweise auch sein einziger Sieg bleiben. Der Rest der Ferrari-Werksmannschaft hatte indes in Reims weniger Glück: Von Trips' Motor überhitzte in der 17. Runde, als er in Führung lag, und Hill fiel, ebenfalls in Führung liegend, wegen eines Unfalls auf den neunten Rang zurück.

▲ *Trips signalisiert seiner Box: Daumen hoch! (156 F1, GP von Deutschland 1961).*

▲ Wolfgang von Trips (GP von Deutschland 1961).

▲ Willy Mairesse vor Richie Ginther (156 F1, GP von Deutschland 1961).

▲ „Wild Willy" Mairesse (156 F1, GP von Deutschland 1961).

▲ Start zum Großen Preis von Deutschland 1961.

SIEG #34 - VON TRIPS

Austragungsort des Britischen Grand Prix war 1961 wieder die Rennstrecke von Aintree im verregneten „Kohlenpott" der Insel. Beim Start setzten sich drei Ferrari an die Spitze des Feldes und blieben dort bis zum Fallen der karierten Flagge. Ab der siebten Runde hatte der junge Reichsgraf von Trips die Führung nicht mehr abgegeben und seine Teamkollegen Phil Hill und Richie Ginther auf die Plätze verwiesen. Wolfgang von Trips führte in der Meisterschaft nun mit 27 Punkten vor Phil Hill (25), und die Weltmeisterschaft 1961 hatte sich dank der technischen Überlegenheit der Ferrari zu einem teaminternen Duell dieser beiden Fahrer entwickelt.
Für den Großen Preis von Deutschland auf dem Nürburgring galt Wolfgang Graf Berghe von Trips selbstverständlich als Favorit, aber es war Phil Hill, der mit einer

▲ *Stil-Studie: Richie Ginther im 156 F1 (GP von Deutschland 1961).*

▲ *Phil Hill (156 F1, GP von Deutschland 1961).*

(inoffiziellen, da im Training erzielten) Zeit von 8:55,2 Minuten die magische 9-Minuten-Grenze unterschritt - ganz so langsam, schienen die 1,5-Liter-Renner also doch nicht zu sein.
Dass am „Ring" jedoch andere Gesetze gelten als auf den übrigen Rennstrecken bewies indes Stirling Moss, der auf einem untermotorisierten Lotus 18/21 gewann. Zweiter wurde Wolfgang von Trips, der sich bis zum Schluss ein Duell mit Phil Hill geliefert und dank einer geschickten Taktik für sich entschieden hatte. Für von Trips war es ein großer Erfolg, und er zeigte sich sogar geehrt, neben Stirling Moss, den er für den besten Fahrer hielt, auf dem Treppchen zu stehen.

SIEG #35 - PHIL HILL

Einen Monat nach dem Großen Preis von Deutschland fuhren die Formel-1-Rennwagen auf dem ultraschnellen Monza-Kurs (mit Steilwand). Es war das letzte Rennen in Europa und es sollte die Entscheidung bringen, welcher der beiden Ferrari-Piloten den Weltmeistertitel beanspruchen durfte. Wolfgang von Trips erfuhr sich die erste Pole Position seines Lebens. Neben ihm stand Ricardo Rodriguez, ein gerade 19-jähriger Wunderknabe aus Mexiko, dem der Commendatore für dieses Rennen einen Wagen anvertraut hatte. Ginther, Hill und Baghetti bildeten die zweite Startreihe: fünf Ferrari in Front. Beim Start setzte sich Phil Hill durch, während der Graf schlecht von der Linie kam und sich auf Platz Vier einreihte.
In der zweiten Runde geschah das Unfassbare: Wolfgang von Trips lag dicht vor Jim Clark auf dem Werks-Lotus, und beim Anbremsen der Parabolica-Kurve berührten sich das rechte Hinterrad des italienischen und das linke Vorderrad des englischen Autos. Der Ferrari bäumte sich auf und überschlug sich. Das Wrack durchbrach eine Absperrung und erschlug 11 Zuschauer. Graf Berghe von Trips war aus dem Auto herausgeschleudert worden und sofort tot.
Phil Hill gewann zwar das Rennen und wurde dadurch Weltmeister (der erste aus Amerika), doch als man ihm zusammen mit dem Siegerkranz die Nachricht vom Tod seines Freundes überbrachte, wandelte sich das strahlende Lächeln des Siegers zum versteinerten Blick.
Zum letzten Grand Prix des Jahres 1961 in den USA war Ferrari nicht angetreten. Der Renn- und Sportwagenhersteller steckte in einer tiefen Krise. Nach einer hitzigen Debatte über personelle Entscheidungen und den allgemeinen Führungsstil des Commendatore war es in Maranello zur legendären „Palastrevolution" gekommen, in deren Zuge sich mehrere führende Ingenieure und Mitglieder der Geschäftsleitung im Zorn von Ferrari getrennt hatten. Unter ihnen befanden sich zum Beispiel Carlo Chiti, verantwortlich für das Weltmeisterauto, Giotto Bizzarrini, der geistige Vater des später legendären GTO, sowie Romolo Tavoni, Ferraris engster Vertrauter der ersten Nachkriegsstunde und seit 1956 Rennleiter der Scuderia Ferrari.
Die Saison 1962 stand mit dem Verlust ei-

▲ *Richie Ginther (156 F1, GP von Deutschland 1961).*

WOLFGANG GRAF BERGHE VON TRIPS

***4.5.1928 † 10.9.1961**

von Gregor Schulz

Wolfgang Alexander Reichsgraf Berghe von Trips wurde am 4. Mai 1928 im rheinländischen Horrem geboren, nur wenige Kilometer von jenem Kerpen-Manheim entfernt, in dem ein halbes Jahrhundert später ein gewisser Michael Schumacher aufwachsen sollte.

Schon früh erwachte in dem Jungen das Interesse für Fahrzeugen mit eigener Antriebskraft. Nachdem er während und nach dem Krieg bei jeder sich bietenden Gelegenheit Fahrerfahrungen gesammelt hatte, kaufte sich der kleine Graf zu Beginn der fünfziger Jahre sein erstes Motorrad. Dieser ersten BMW folgten weitere, bis mit einem Porsche 356 das erste vierrädrige Fahrzeug im Hof der elterlichen Burg Hemmersbach stand.

Durch seine Erfolge auf zwei und vier Rädern (die er zu Anfang aus Rücksicht auf die besorgten Eltern noch unter dem Pseudonym „Axel Linther" errang) wurde auch Porsche auf den

Nachwuchsfahrer aufmerksam, und auf Vermittlung von Rennleiter Fritz Huschke von Hanstein bestritt Wolfgang von Trips 1954 seine erste Mille Miglia, die für ihn mit einem Klassensieg endete.

Auch Enzo Ferrari blieb das Talent des blaublütigen Heißsporns nicht verborgen, und nach einem Sportwagenrennen in Schweden, bei dem er zusammen mit Peter Collins Zweiter geworden war, durfte der Graf in Monza während des Trainings zum Großen Preis von Italien erstmals in einen Formel-1-Wagen steigen - mit dem er prompt einen Unfall hatte. Trips blieb zwar unverletzt, sein Grand-Prix-Debüt wurde jedoch auf den argentinischen Grand Prix des nächsten Jahres verschoben.

Seine erste komplette Ferrari-Saison 1957 verlief viel versprechend mit einem dritten Platz in Monza und einem sehr bemerkenswerten zweiten Platz bei der letzten klassischen Mille Miglia.

Bemerkenswert deshalb, weil Graf Trips eigentlich hätte gewinnen können, sich aber freiwillig mit dem zweiten Platz hinter dem in Ehren ergrauten Piero Taruffi begnügte.

Mit seinem Trainingsunfall vor dem 1000-Kilometer-Rennen auf dem Nürburgring wurde der Rheingraf (wieder einmal) seinem im angelsächsischen Sprachraum geprägten Beinamen „Count Crash" („Graf Unfall") gerecht. Enzo Ferrari war es leid, dem jungen Deutschen ständig neue Autos zur Verfügung stellen zu müssen, und er verlängerte von Trips' Vertrag für 1959 nicht.

Gegen Ende jenes Jahres tauchte von Trips aber wieder unter Bewerbung der Scuderia in den Programmheften auf, denn er hatte mit Enzo Ferrari eine neue Einigung erzielt. Dieses Übereinkommen sah (angeblich) auch vor, dass sich der Deutsche um die Vermarktung und den Vertrieb von Ferrari-Serienautos in seinem Heimatland kümmern sollte - ein Vorhaben, das leider nicht mehr realisiert werden konnte: Beim Großen Preis von Italien in Monza 1961 verunglückte von Trips nach einer Kollision mit Jim Clark tödlich.

▲ *Kolben-Krämer macht die Foto-Identifikation leicht: Phil Hill im Karussell (156 F1, GP von Deutschland 1961).*

Enzo Ferraris ursprünglicher Plan, Stirling Moss ins Team zu holen, ging nicht auf, denn Moss hatte sich zum Ziel gesetzt, erster britischer Weltmeister auf einem rein britischen Auto zu werden (was nach Moss' tragischem Vorsaison-Unfall in Goodwood übrigens nicht ihm, sondern Graham Hill auf BRM gelingen sollte). Phil Hill wurde nach der komplett sieglosen Saison 1962 von Ferrari entlassen.
Für 1963 hatte Hauptsponsor Shell dem Commendatore einen neuen Nummer-1-Fahrer anheimgestellt: Sein Name war John Surtees, er war Engländer und den italienischen Tifosi bestens bekannt. Von 1955 bis 1960 hatte er nämlich zur Werksmannschaft des Motorradherstellers MV Agusta gezählt und in dieser Zeit nicht weniger als sieben WM-Titel gewonnen.

nes seiner Top-Fahrer sowie quasi der gesamten Entwicklungsmannschaft für Ferrari unter keinem guten Stern. Die Konkurrenz hatte in der Zwischenzeit auch nicht geschlafen, und der noch vor wenigen Monaten unschlagbare 156 F1 war unversehens zur zweiten Garnitur degradiert. Zuständig für die Rennabteilung war nun Mauro Forghieri, ein Jungingenieur, der zwar über großes Talent verfügte (wie er bald beweisen sollte), aber nur wenig Erfahrung mitbrachte. Neuer Rennleiter war der Kosmetikfabrikant Eugenio Dragoni, der diese Rolle ehrenamtlich (und anfangs auch nicht sehr überzeugend) bekleidete.
Auf der Fahrerseite her hatte sich in der Scuderia auch einiges verändert. Phil Hill kam die Rolle des Altmeisters zu, unterstützt von den jungen Heißspornen Baghetti, Bandini, Rodriguez und Mairesse.

Als Surtees 1963 als Teamkollege von Willy Mairesse, Lorenzo Bandini und der italienischen Rennsport-Hoffnung Ludovico Scarfiotti zu Ferrari stieß, war er 29 Jahre alt.
Ferrari setzte 1963 nur noch zwei Wagen pro Grand Prix ein. Surtees bestritt sämtliche Rennen, die anderen Fahrer wechselten sich im Cockpit des zweiten Autos ab. Die Ingenieure Mauro Forghieri und Angelo Bellei konzentrierten sich auf die Entwicklung eines neuen Rennwagens für die Saison 1964, und so fuhr der aerodynamisch und technisch nur leicht modernisierte 156/63 (mittlerweile ohne Haifischmaul) der mit V8-Triebwerken von Coventry-Climax bestückten Konkurrenz chancenlos hinterher.
Im dritten Rennen der Saison in Zandvoort wurde Surtees überrundeter Dritter, bei seinem Heimrennen in Silverstone wurde er als Zweiter abgewunken. Jim Clark gewann die ersten fünf Rennen der Saison in Folge und sicherte sich und Lotus 1963 überlegen beide WM-Titel. Dabei hatte Enzo Ferrari noch vor wenigen Jahren die britischen „Garagisti" („Hinterhof-Mechaniker") mitleidig belächelt...

▲ *Training zum Großen Preis von Deutschland 1962. Auf dem Bild erkennt man ganz links Giancarlo Baghetti, vor dem Auto Ricardo Rodriguez, rechts daneben den jugendlichen Ingenieur Mauro Forghieri sowie den Weltmeister Phil Hill.*

SIEG #36 - JOHN SURTEES

Den einzigen Sieg für die Scuderia Ferrari im Jahre 1963 fuhr John Surtees auf dem Nürburgring heraus. Es war eine absolute Glanzleistung des Engländers, der seine auf dem Motorrad gesammelte Ring-Erfahrung dank der Zuverlässigkeit seines 156 F1 voll ausspielen konnte. Surtees lieferte sich ein atemberaubendes Duell mit Jim Clark auf

▲ Ricardo Rodriguez. Der Mexikaner starb als jüngster Formel-1-Rennfahrer im Alter von nur 20 Jahren 1962 am Steuer eines Lotus.

dem Lotus und behielt am Ende die Oberhand. Mit einer schnellsten Runde in 8:47,0 Minuten brach er gleichzeitig den von Phil Hill 1961 aufgestellten Rundenrekord und setzte mit einer Durchschnittsgeschwindigkeit von über 154 km/h einen neuen Eifel-Rekord. Für die Ferrari-Mannschaft rund um Rennleiter Dragoni und Ingenieur Forghieri war dieser erste Sieg unter ihrer Führung eine besondere Genugtuung, zumal er eine 15 Rennen dauernde Durststrecke beendete. Am Ende des Jahres sollte „Big John", wie Surtees genannt wurde, Platz Vier der Fahrerwertung für sich beanspruchen.

Als Ferrari 1964 erstmals den mit einem Semi-Monocoque-Chassis aus Rohren und Aluminiumblechen (von Ferrari „Aero-Monocoque" genannt) ausgestatteten 158 F1 an den Start ging, war man wild entschlossen, sich nach zwei mageren Jahren endlich wieder etwas Respekt zu verschaffen. Die ersten Rennen des Jahres verliefen zwar nicht gerade vielversprechend, doch der (ziemlich konventionell im Stil des Coventry-Climax-Motors gezeichnete) V8 wurde zusehends zuverlässiger, und die beiden Werksfahrer Surtees und Bandini kamen mit ihrem Arbeitsgerät immer besser zurecht.

SIEG #37 - JOHN SURTEES

Der Große Preis von Deutschland auf dem Nürburgring bescherte Ferrari die erste Pole der Saison. Ring-Spezialist John Surtees war eine ausgezeichnete Zeit von 8:39,3 gefahren, und auch Bandini stand in der ersten Startreihe, die damals vier Autos aufnahm. Beim Start ging der junge Italiener, der immer noch mit dem alten 156er-V6-Motor im neuen 158-„Aero"-Chassis vorlieb nehmen musste, in Führung, wurde aber binnen der folgende Minuten von Clark, Surtees und Gurney überholt. Jim Clark konnte seine Führung nur eine Runde lang behaupten, dann ging Surtees in der Südkehre nach Start und Ziel an ihm vorbei. Danach konnte sich Gurney zwar an die Spitze setzen, doch als dessen Brabham zu kränkeln begann, gab es für „Big John" kein Halten mehr.

▲ Weltmeister Phil Hill (156 F1, GP von Deutschland 1962).

▲ Phil Hill (156 F1, GP von Belgien 1962).

▲ Das ausgebrannte Wrack des 156 F1 von Willy Mairesse (GP von Belgien 1962).

SIEG #38 - LORENZO BANDINI
SIEG #39 - JOHN SURTEES

Beim nächsten Rennen handelte es sich um den ersten österreichischen Grand Prix mit WM-Status, der 1964 in Zeltweg ausgetragen wurde. Der Überraschungssieger hieß Lorenzo Bandini, der mit dem „Aero 156" über die versammelte Konkurrenz triumphierte. Es sollte der einzige Grand-Prix-Erfolg des Italieners bleiben, der einige Jahre später in Monaco sein Leben ließ.
Mit einem Sieg in Monza, der Heimstatt der enthusiastischsten Ferrari-Fans, holte John Surtees den dritten Saison-Erfolg in Serie für Ferrari, nachdem seine Konkurrenten von den verschiedensten Problemen geplagt worden waren.
Das nächste Rennen führte den Formel-1-Tross über den „Großen Teich" nach Watkins Glen. Aus Ferrari-Sicht wartete dieses Rennen mit zwei Besonderheiten auf. Zum einen debütierte hier ein neuer Motor: der erste Formel-1-Zwölfzylinder seit 1951, konstruiert von Mauro Forghieri und das einzige Modell in der Ferrari-Typnomenklatur mit vier Ziffern (1512, für 1,5-Liter-Zwölfzylinder). Erst beim F1-2000 tauchte erneut eine vierstellige Zahl auf, allerdings mit gänzlich anderer Bedeutung. Außerdem waren in den USA die Werks-Ferrari zum ersten Mal nicht rot lackiert, sondern erstrahlten in den amerikanischen Rennfarben Weiß und Blau. Nicht die Scuderia Ferrari, sondern das North American Racing Team des amerikanischen Ferrari-Importeurs Luigi Chinetti fungierte als Bewerber, da sich Ferrari mit dem italienischen Motorsportverband überworfen hatte und den nationalstolzen Funktionären eins auswischen wollte. Surtees wurde im weiß-blauen 158 Zweiter, und nun sollte der letzte Grand Prix des Jahres die WM entscheiden.
Surtees' Ausgangsposition war nicht gerade rosig: Er musste mindestens Zweiter werden und sowohl Graham Hill (BRM) als auch Jim Clark (Lotus) schlagen, um die Weltmeisterschaft zu sichern.
Lorenzo Bandini wurde (freiwillig oder unfreiwillig) zu einem WM-entscheidenden Faktor, als er bei dem Versuch, den an dritter Stelle vor ihm liegenden Hill in einen Fahrfehler zu drängen, ins Heck des BRM rutschte und dessen Auspuffanlage beschädigte. Der in Führung liegende Jim Clark musste in der letzten Rennrunde wegen einer geplatzten Ölleitung alle Hoffnungen auf den WM-Titel begraben, und der an zweiter Stelle liegende Bandini (auf dem klar schnelleren 1512) machte in einer großzügigen Geste seinem hinter ihm fahrenden Teamkollegen Surtees Platz. So gewann Surtees die WM 1964 mit einem Punkt Vorsprung auf Graham Hill und 8 Punkten auf Jim

▲ Ferrari 158 F1 (Surtees, GP von Monaco 1964).

▲ Lorenzo Bandini (1962).

PHIL HILL

***20.4.1927**

Weltmeister mit Ferrari 1961

von Gregor Schulz

Rundstreckenrennen, wie sie in Europa schon seit fast 100 Jahren ausgetragen werden, waren in der Frühzeit des Motorsports in den USA so gut wie unbekannt. Rennen auf Ovalkursen, Dragster-Beschleunigungswettbewerbe und Stock-Car-Rennen, eine Art frühes Altmetall-Recycling, seien für die US-Boys das Höchste der Gefühle, höhnte man in Europa. Den ersten amerikanischen Rennfahrern, die nach dem Zweiten Weltkrieg in die Alte Welt kamen, schenkte man daher kaum Beachtung, und auch das (erfolglose) Le-Mans-Debüt eines gewissen Phil Hill (1953 auf OSCA) vollzog sich weitgehend unter Ausschluss der Öffentlichkeit.
1954 wurde Enzo Ferrari auf den jungen, wohlerzogenen Ami aufmerksam, nachdem er bei der mörderischen Carrera Panamericana mit einem privat gemeldeten Ferrari den später siegreichen Ferrari-Werksfahrer Umberto Maglioli bis zur Erschöpfung vor sich her gehetzt hatte.
1956 fand sich Phil Hill unversehens am Steuer eines Werks-Ferrari wieder. Keinem Formel-1-Rennwagen zwar, sondern „nur" in einem Werks-Rennsportwagen, doch er schlug sich mehr als beachtlich. Nach zahlreichen triumphalen Sportwagen-Siegen in den Saisons 1956 und 1957 fühlte sich Hill reif für die Königsklasse, doch Ferrari hatte offenbar genug siegfähige Fahrer im Team, und außerdem wollte er sein Trumpf-As in der Sportwagen-Weltmeisterschaft nicht aufgeben.

So kam es, dass Hill sich seinen ersten Grand-Prix-Start regelrecht „erkaufen" musste: 1958 saß er in Reims am Steuer von Joakim Bonniers reichlich betagtem Maserati 250 F und erzielte einen beachtlichen siebten Rang.
Rechtzeitig zum Rennen auf dem Nürburgring 1958 hatte Ferrari dann aber doch ein Einsehen und stellte für Hill einen Formel-2-Werkswagen bereit. Von nun an war der zurückhaltende, musisch veranlagte Amerikaner ständiges Mitglied der Grand-Prix-Mannschaft. Seinen ersten Grand Prix gewann er zwei Jahre später (1960) in Monza, wenn auch gegen spärliche Konkurrenz. Es war der erste Sieg eines amerikanischen Rennfahrers in einem Grand Prix seit 1921, gleichzeitig der letzte Sieg für den Ferrari Dino 246 sowie der letzte Erfolg für einen Frontmotor-Formel-1-Rennwagen überhaupt.
Die Saison 1961 geriet zu einem Zweikampf der Ferrari-Topfahrer Phil Hill und Wolfgang von Trips, die mit dem neuen Mittelmotor-Rennwagen das erste Jahr der 1,5-Liter-Hubraumformel scheinbar nach Belieben beherrschten. Nachdem Hill und von Trips das ganze Jahr über in der WM-Wertung dicht an dicht gelegen hatten, sollte die Titelentscheidung beim Rennen in Monza fallen. Zum großen Show-down der beiden Ferrari-Piloten sollte es jedoch nicht kommen, denn Graf Berghe von Trips verunglückte bereits in der zweiten Runde tödlich. Phil Hill, der von alledem nichts mitbekommen hatte, fuhr vorne an der Spitze einen ungefährdeten Sieg heraus und sicherte sich die Weltmeisterschaft.
Es gibt einen Film, der Phil Hill während der Siegerehrung zeigt. Die erste Kameraeinstellung zeigt den strahlenden Sieger, doch dann nähert sich von hinten eine Gestalt, die dem Champion etwas ins Ohr flüstert. Im selben Moment verschwindet das Siegerlächeln aus Hills Gesicht, und man kann unschwer erahnen, welche Nachricht ihm da überbracht wurde.
1962 fuhr Phil Hill seine letzte Saison für die Scuderia. Er gewann die Sportwagenrennen auf dem Nürburgring und in Le Mans. In der Formel 1 kämpfte Hill mit dem Ferrari gegen die erstarkte Konkurrenz jedoch auf verlorenem Posten, weshalb er 1963 zu ATS wechselte, dem Rennstall des Ex-Ferrari-Konstrukteurs Carlo Chiti. Die Erfolge von früher wollten sich aber nicht mehr einstellen, und so beendete Phil Hill 1964 seine Formel-1-Karriere. Auf dem sensationellen Chaparral gewann er 1967 in Brands Hatch sein letztes Rennen, bevor er sich ganz aus dem Rennsport zurückzog.
Heute widmete sich Phil Hill in seinem Betrieb in Santa Monica der fachgerechten Restaurierung von Oldtimern. Außerdem arbeitet er seit vielen Jahren als Autotester für das amerikanische Fachmagazin „Road & Track" und lässt nur wenige Gelegenheit aus, um bei historischen Rennen seine einstigen Renner zu pilotieren.

▲ *Enzo Ferrari, „il Commendatore", rechnete sich für die Dreiliter-Hubraumformel gute Chancen aus.*

Clark, sicherte Ferrari gleichzeitig den Konstrukteurstitel und wurde ganz nebenbei der erste und bislang einzige Weltmeister auf zwei und vier Rädern.

1965 blieb bei Ferrari alles beim Alten, was Fahrer, Rennleiter, Ingenieur und Auto betraf. In letzterer Kategorie setzte man in fast jedem Rennen gleichzeitig einen 158 und einen 1512 ein. Surtees und Bandini wechselten sich am Lenkrad ab, wobei der Brite gegen Ende der Saison dem Zwölfzylinder den Vorzug gab. Alles in allem erwiesen sich die Ferrari im Jahre 1965 nicht als Siegerwagen, wenn auch Surtees in den ersten drei Rennen jeweils Zweiter wurde. Kein einziger Sieg ging in jenem Jahr an das amtierende Weltmeisterteam, und Jim Clark auf Lotus gewann zum zweiten Mal nach 1963 den WM-Titel. Die mäßigen Erfolge von Ferrari waren u.a. darauf zurückzuführen, dass ab 1966 ein neues Reglement in Kraft trat, das Motoren mit bis zu 3 Litern Hubraum erlaubte. Die Weiterentwicklung der 1500er-Aggregate machte wenig Sinn, und in Maranello arbeitete man fieberhaft an einen Dreiliter-V12, dessen Klang eine ganze Epoche der Formel-1-Geschichte prägen sollte.

▲ *Weltmeister John Surtees verließ nach einer enttäuschenden Saison 1965 die Scuderia.*

▲ *John Surtees (158 F1, GP von Belgien 1965).*

JOHN SURTEES

***11.2.1934**

Weltmeister mit Ferrari 1964

von Gregor Schulz

In der Geschichte des Automobilrennsports gab es immer wieder erfolgreiche Rennfahrer, die ihre Karriere auf dem Motorrad begonnen hatten, bevor sie auf ein Fahrzeug mit vier Rädern umstiegen. Beispiele hierfür sind Tazio Nuvolari, Bernd Rosemeyer, Alberto Ascari, Mike Hailwood oder Damon Hill. Doch nur einmal gelang es einem Fahrer, sowohl auf zwei, als auch auf vier Rädern Weltmeister zu werden: John Surtees.

Der Engländer wurde am 11. 2.1934 geboren, als Sohn eines rennsportbegeisterten Vaters, der seinen Sprössling nach Kräften unterstützte. Mit 17 Jahren begann Surtees seine Profi-Karriere auf zwei Rädern, zuerst für Norton, später für MV Agusta, und im Alter von 26 Jahren konnte er auf sieben gewonnene Weltmeisterschaften zurückblicken (in den Hubraumklassen bis 350 ccm und bis 500 ccm).

Aufgrund seiner fantastischen Leistungen wurden auch die Teamchefs der Formel 1 auf das Ausnahmetalent aufmerksam, und nach einigen Tests mit verschiedenen Marken gab Surtees 1960 in einem Lotus sein Grand-Prix-Debüt, um schon im zweiten Rennen einen zweiten Platz verbuchen zu können.

Nach einigen vielversprechenden Auftritten im Cooper und im Lola saß Surtees 1963 dann endlich am Steuer eines Ferrari. Seinen Einstand bei der Scuderia feierte er mit einem Sieg (zusammen mit Scarfiotti) im 12-Stunden-Rennen von Sebring, einem Lauf zur Sportwagen-Markenweltmeisterschaft.

Doch auch in der Formel 1 schlug sich der Engländer mehr als achtbar: Mit dem in jenem Jahr bereits hoffnungslos unterlegenen 156 F1 sicherte er sich je einen ersten, zweiten und dritten Platz, eine Pole Position sowie drei schnellste Rennrunden. Zwei seiner insgesamt vier Grand-Prix-Siege für die Scuderia sicherte sich Surtees auf der Nordschleife des Nürburgrings, seiner erklärten Lieblingsstrecke, die ihm von seiner Motorradzeit her bestens bekannt war. Neben den zwei GP-Siegen gelangen ihm zwei zweite Plätze sowie zwei bravouröse Erfolge bei den 1000-km-Rennen für Sportwagen.

1964 war Surtees' erfolgreichstes Jahr in der Formel 1, was aber nicht unbedingt bedeutet, dass er der überlegene Mann der Saison gewesen sei. In der Tat gewann Surtees die Weltmeisterschaft 1964 mit einer gehörigen Portion Glück bzw. durch das Pech seiner beiden größten Kontrahenten Jim Clark und Graham Hill. Und zu guter Letzt hatte sein treu ergebene Teamgefährte Lorenzo Bandini beim letzten Lauf der Saison ein wenig Fortuna gespielt...

Als 1966 die neue 3-Liter-Formel in Kraft trat, saß Surtees zwar immer noch im Cockpit eines Ferrari, aber die Situation zwischen ihm und Rennleiter Eugenio Dragoni war mehr als gespannt. Surtees war während der Formel-1-Winterpause am Steuer eines Lola-Sportwagens in einem Rennen in Kanada verunglückt, und obwohl Enzo Ferrari persönlich Surtees' Teilnahme gebilligt hatte, nutzte Dragoni den Zwischenfall, um Surtees aufs Abstellgleis zu schieben. Beim 24-Stunden-Rennen von Le Mans warf er ihm gar vor, noch nicht völlig genesen zu sein (dabei hatte Surtees in Spa 1966 bereits wieder einen Grand Prix gewonnen), und teilte ihn als „Wasserträger" für Scarfiotti ein.

John Surtees nahm tief gekränkt seinen Abschied von der Scuderia und widmete sich anderen Projekten, darunter die Konstruktion und Betreuung eines eigenen Formel-1-Rennwagens, der bis 1978 in den Starterfeldern auftauchte. Heute betätigt sich der vitale Geschäftsmann nebenbei als „Testfahrer" für verschiedene (britische) Klassiker-Zeitschriften und nutzt jede Gelegenheit, um bei historischen Rennveranstaltungen seine Arbeitsgeräte von einst zu bewegen.

1966-2000

Reutemann
FIAT
MAGNETI MARELLI
CHAMPION
brembo
arexons
CH POZZI

DIE MODERNE FORMEL 1

Renngeschichte 1966–2000

AUS AMATEUREN WERDEN PROFIS

Die Einführung der Dreiliter-Hubraumformel vor 35 Jahren war die Geburtsstunde der modernen Formel 1. Mit der Anhebung des Hubraums sicherte sie sich den Anspruch, die Königsklasse des Automobilrennsports zu sein. Als im Mai 1966 in Monaco das erste Rennen nach dem neuen Reglement gestartet wurde, hatte Ferrari 39 Siege in der Formel 1 errungen. Bis Sepang 1999 sollten noch 86 weitere hinzukommen.

von Wolfgang Hörner

▲ *Lorenzo Bandini (Dino 246T, Monaco 1966). Ferrari setzte zu Anfang der Saison noch auf ein 2,4-Liter-Auto aus der australischen Tasman-Serie.*

SIEG #40 - BELGIEN 1966 - JOHN SURTEES

Zu Beginn der ersten Saison der Dreiliter-Formel lastete ein ungeheurer Erfolgsdruck auf der Scuderia. Zum einen galt Ferrari seit der legendären GT- und Sportwagen-Triumphzüge ausgangs der fünfziger und Anfang der sechziger Jahre als absoluter Dreiliter-Spezialist, und zum anderen war hinlänglich bekannt, dass der Weltmeister von 1964, John Surtees, auf der Rennstrecke keinen Vergleich zu scheuen brauchte.

Mauro Forghieri hatte einen geradezu archetypischen Ferrari-Zwölfzylinder mit 60° Zylinderwinkel konstruiert und ihn in ein Chassis installiert, das im wesentlichen auf dem „Aero"-Monocoque des 158 F1 basierte.

▲ *Chris Amon (312, Silverstone 1967, hinter Jack Brabham).*

Den ersten Achtungserfolg erzielte indes Lorenzo Bandini mit einem ursprünglich für die australische Tasman-Serie gebauten Typ 158 mit dem alten Dino-246-V6-Triebwerk im Heck. Auf dem winkligen Stadtkurs von Monaco schlug sich der mit knapp 2,4 Liter Hubraum ins Rennen gehende 246T wacker gegen die Konkurrenz, und Bandini belegte einen achtbaren zweiten Platz. Schon beim zweiten Grand Prix des Jahres, in Belgien, verhalf jedoch John Surtees dem neuen Zwölfzylinder-Rennwagen 312 F1 zu seinem ersten Sieg, nachdem er der berüchtigten Massenkollision bei plötzlich einsetzendem, sintflutartigem Regen im Streckenabschnitt Malmédy wie durch ein Wunder unversehrt entkommen war.

SIEG #41 - ITALIEN 1966 - LUDOVICO SCARFIOTTI

Nachdem John Surtees nach einem Streit mit der Ferrari-Rennleitung während des 24-Stunden-Rennens von Le Mans die Scuderia enttäuscht verlassen hatte, ruhten alle Hoffnungen auf den beiden Werksfahrern Ludovico Scarfiotti und Mike Parkes, die aus der Riege der Ferrari-Versuchs- und Sportwagenabteilung in die Formel 1 aufgestiegen waren. Die beiden jungen Ausnahmetalente hatten keine Mühe, ihre 312 F1 in die erste Startreihe zu stellen. Während

▲ Chris Amon, der größte Pechvogel in der Geschichte der Formel 1. Trotz seines unbestrittenen Fahrtalents gelang ihm weder bei Ferrari noch in seiner Zeit danach jemals ein Grand-Prix-Sieg.

Scarfiotti sich in der zweiten Rennhälfte etwas „freischwimmen" konnte, hielt Parkes in einem atemberaubenden Duell um Platz 2 mit Dennis Hulme im Brabham-Repco seinem Teamkollegen den Rücken frei und beendete das Rennen sechs Sekunden hinter Scarfiotti, der als erster Italiener seit Ascari 1952 den Großen Preis von Italien gewann.

SIEG #42 - FRANKREICH 1968 - JACKY ICKX

Nach der für Ferrari rabenschwarzen Saison 1967, in der neben der Erfolglosigkeit im Grand Prix-Sport auch der tragische Tod Lorenzo Bandinis beim Rennen in Monte Carlo zu beklagen war, bot der Erfolg von Jacky Ickx in Frankreich nur einen kleinen Hoffnungsschimmer. Nach dem Rennen in Rouen wurde die Scuderia auch weiterhin nicht vom Erfolg verwöhnt. Nicht zuletzt wegen der knappen finanziellen Mittel, mit denen die Formel 1-Abteilung in diesen Jahren auskommen musste, war mit dem 312 kein wirklich konkurrenzfähiges Auto entwickelt worden. Trotzdem qualifizierte sich der damals erst dreiundzwanzigjährige Jacky Ickx für Startplatz 3. Vor dem Rennen pokerte der Belgier hoch und ließ im Gegensatz zu allen Konkurrenten Regenreifen aufziehen. Tatsächlich setzte kurz nach Rennbeginn Regen ein, was seine Mitstreiter zu hektischen Reifenwechseln zwang. Durch seinen Reifenvorteil dominierte Ickx das gesamte Rennen, das allerdings von dem tödlichen Unfall Jo Schlessers überschattet wurde. Der Sieg des Ferrari war der erste Sieg eines Formel-1-Wagens mit Heckflügel, einer aerodynamischen Hilfe, die erst wenige Rennen zuvor erstmalig aufgetaucht war.

SIEG #43 - ÖSTERREICH 1970 - JACKY ICKX

Auch mit dem neuentwickelten Ferrari 312 B wollte es nach dreizehn sieglosen Monaten nicht auf Anhieb klappen. Erst in der zwei-

▲ Chris Amon (312, Clermont-Ferrand 1969)

ten Saisonhälfte kam das Team richtig in Fahrt und nahm zum ersten Mal seit vier Jahren wieder mit drei Fahrzeugen - Jacky Ickx, Clay Regazzoni und Ignazio Giunti - an den Rennen teil. Der von Platz 2 aus ins Rennen gegangene Regazzoni übernahm sofort die Führung. Bereits nach einer Runde gab er sie jedoch an seinen von hinten heran stürmenden Teamkollegen Ickx ab, der die noch ausstehenden 59 Umläufe ungefährdet abspulte. Regazzoni, der sich als Nummer 2 wie abgesprochen zurückhielt, folgte Ickx über die gesamte Distanz mit einer Wagenlänge Abstand und vervollständigte den ersten Doppelsieg seit Italien 1966.

Enzo Ferrari und Rennleiter Franco Lini, Hockenheim 1970. ▲

▲ *Gianclaudio „Clay" Regazzoni (312B, Monza 1970)*

▲ *Sie fuhren schon einmal mit Shell: Ferrari 312 beim Tanken (Hockenheim 1970).*

SIEG #44 - ITALIEN 1970 - CLAY REGAZZONI

Zu dem Zeitpunkt, als sich Jacky Ickx mit einer schnellen Runde die Pole Position sicherte, war die Formel-1-Welt noch in Ordnung. Doch bereits im folgenden Training ließ die Nachricht vom tödlichen Unfall des WM-Anwärters Jochen Rindt die Stimmung in Monza auf den Nullpunkt sinken. Im Rennen hatte Ickx auch nur kurze Freude an seiner Pole, denn bereits in der dritten Runde übernahm Pedro Rodriguez die Spitze. Daraufhin entwickelte sich ein spannendes Rennen, denn fast in jeder Runde wechselte die Führung: Ickx, Rodriguez, Oliver, Hulme, Regazzoni und Stewart lieferten sich auf der Hochgeschwindigkeitsstrecke von Monza packende Windschattenduelle. Gegen Ende des Rennens gelang es Clay Regazzoni, der erst sein fünftes Formel-1-Rennen bestritt, sich von seinen Verfolgern zu lösen, und er feierte seinen ersten Sieg in der Königsklasse des Motorsports.

SIEG #45 - KANADA 1970 - JACKY ICKX

Bereits das Training zum GP von Kanada gab einen Vorgeschmack auf das Rennen: Jackie Stewart hatte sich mit einer schnellen Runde die Pole Position gesichert, doch auf den Plätzen 2 und 3 standen die Ferrari von Ickx und Regazzoni. Nach dem Start ging Stewart in Führung, gefolgt von dem Ferrari-Duo. Es gelang dem Schotten, sich weiter abzusetzen, und wahrscheinlich hätte er auch das Rennen gewinnen können, doch nach einem Drittel der Renndistanz brach unvermittelt eine Radaufhängung des Tyrrell. Durch das Ausscheiden Stewarts übernahm Ickx die Führung, und er errang zusammen mit Clay Regazzoni einen Doppelsieg für Ferrari.

SIEG #46 - MEXIKO 1970 - JACKY ICKX

Durch das plötzliche Erstarken der Ferraris und durch den Tod Jochen Rindts hatte sich nach dem Rennen in Kanada für Ickx unvermittelt eine Chance auf die Weltmeisterschaft eröffnet. Durch seinen Ausfall beim GP der USA war diese Hoffnung aber rasch zunichte gemacht worden, und Jochen

Rindt wurde posthum zum Weltmeister erklärt. Trotzdem kämpfte Ickx weiter und arbeitete sich in Mexiko von seinem vierten Startplatz an die Spitze vor, wo sich er und sein Kollege Regazzoni wechselweise mit der Führung ablösten. Unter chaotischen Zuständen - die Zuschauer hatten alle Absperrungen durchbrochen und säumten den Streckenrand - fuhr das Ferrari-Duo das Rennen zu Ende. Jacky Ickx sicherte sich mit seinem Sieg Platz 2 in der Weltmeisterschaft, für Regazzoni reichte es in seinem Premierenjahr für Rang 3.

▲ *Jacky Ickx (Zeltweg 1970).*

SIEG #47 - SÜDAFRIKA 1971 - MARIO ANDRETTI

Die neue Saison 1971 begann für Ferrari so, wie die alte geendet hatte: Mit einem Sieg des leicht modifizierten 312 B. Vom Start weg setzte sich in Kyalami der vom dritten Startplatz (damals noch ein Platz in der ersten Reihe) ins Rennen gegangene Clay Regazzoni an die Spitze. Während sein Ferrari ständig von Dennis Hulme attackiert wurde, bahnte sich der Italo-Amerikaner Mario Andretti seinen Weg nach vorne. Schließlich musste Regazzoni seinen Platz räumen, und ein Leistungsverlust des Motors ließ den Tessiner schnell weiter zurückfallen. Nun war Andrettis Stunde gekommen und er blies zum Angriff auf den nun in Führung liegenden Hulme. Während der Ferrari immer schneller wurde, verlor der McLaren des Neuseeländers zusehends an Tempo. Wenige Runden vor Schluss übernahm Andretti die Führung und bescherte der Scuderia ein Erfolgserlebnis - das man zu schätzen wusste, denn das Team litt noch immer noch unter dem tragischen Verlust des Werksfahrers Ignazio Giunti, der wenige Wochen zuvor beim 1000-Kilometer-Rennen von Buenos Aires ums Leben gekommen war.

▲ *Jacky Ickx (312B, Clermont-Ferrand 1970).*

SIEG #48 - HOLLAND 1971 - JACKY ICKX

Drei Rennen nach dem Triumph von Südafrika stand den Ferrari-Piloten mit dem 312 B2 ein neues Modell zur Verfügung, und prompt sicherte sich Jacky Ickx in Zandvoort die Pole Position. Als die Startflagge fiel, nutzte der Belgier seine Chance und setzte sich an die Spitze des

▲ *Jacky Ickx (Jarama 1970).*

▲ *Mario Andretti (312 B2, Nürburgring 1971).*

▲ *Clay Regazzoni (312 B2, Nürburgring 1972).*

Feldes. Im strömenden Regen waren die Firestone-bereiften Fahrzeuge - Ferrari und BRM - haushoch überlegen. Mit großem Vorsprung umrundete das Spitzenduo Jacky Ickx und Pedro Rodriguez den Dünenkurs, und obwohl der Mexikaner sich mehrmals am Ferrari vorbeischieben konnte, hatte Ickx im wichtigen letzten Umlauf die Nase vorne. Längerfristig entpuppte sich der 312 B2 jedoch nicht als geeignete Antwort auf die dominierenden Fahrzeuge der Konkurrenz, insbesondere Tyrrell, so dass während der restlichen Saison nur noch ein einziges Mal ein Ferrari-Fahrer auf dem Treppchen stand.

SIEG #49 - DEUTSCHLAND 1972 - JACKY ICKX

Als Anfang August die Formel 1 auf dem Nürburgring gastierte, schien es, als seien die guten Platzierungen von Jacky Ickx zu Beginn der Saison '72 nur ein Strohfeuer gewesen: Zu deutlich war die erneute Dominanz von Lotus-Fahrer Emerson Fittipaldi und Tyrrell-Pilot Jackie Stewart. Hinzu kam, dass der modifizierte Ferrari 312 B2 immer noch nicht ausgereift war und er seinen Piloten einige Male einen Strich durch die Rechnung machte. Doch einmal mehr zeigte es sich, dass die Nordschleife des Nürburgrings ihren eigenen Gesetze gehorchte: Bereits im Training deklassierte Jacky Ickx mit seinen Rekordrunden die Konkurrenz um fast 2 Sekunden. Das Rennen selbst war dann nur noch die logische Fortsetzung: Ickx gewann bei seinem Start-Ziel-Sieg mit neuem Streckenrekord. Clay Regazzoni, der nach einer Verletzungspause erstmals wieder ins Steuer griff, komplettierte den Erfolg zum Doppelsieg.

▲ *Clay Regazzoni, Jacky Ickx (Nürburgring 1972).*

SIEG #50 - SPANIEN 1974 - NIKI LAUDA

Die Saison 1973 hatte zu den Schwärzesten der ganzen Ferrari-Geschichte gezählt. Der Ferrari 312 B2 war mehrfach modifiziert worden, ohne dabei gegen die erneut überlegenen Tyrrell und Lotus anstinken zu können. Teilweise wurde sogar nur noch ein Fahrzeug von Ferrari eingesetzt, das zunächst von Jacky Ickx, später von Arturo Merzario pilotiert wurde. Zu Saisonmitte 1973 stellte das Team aus Maranello die Teilnahme an den Grands Prix sogar völlig ein.

Für 1974 sollte alles anders werden. Mit Clay Regazzoni und Niki Lauda verfügte Ferrari über neue, Erfolg versprechende Piloten, mit dem 312 B3 über ein gutes Fahrzeug und mit dem heutigen Ferrari-Präsidenten Luca di Montezemolo über einen cleveren Rennleiter. Prompt stellte sich bereits beim vierten Rennen in Jarama der Erfolg ein: Niki Lauda, der von seiner zweiten Pole Position startete, gab nie die Führung aus der Hand und gewann souverän. Laudas erster Sieg wurde durch den zweiten Platz Clay Regazzonis zum Doppelsieg für Ferrari aufgewertet.

NIKI LAUDA

***22.2.1949**

Weltmeister mit Ferrari 1975 und 1977

von Gregor Schulz

Nur ganz wenige Sportler schaffen es in ihrer aktiven Laufbahn (und erst recht danach), weit über die Grenzen ihrer Sportart hinaus bekannt zu werden. Einer, dem dies gelang, ist der Österreicher Nikolaus „Niki" Lauda: Drei Weltmeistertitel und 25 Formel-1-Siege (davon 15 auf Ferrari) machen Lauda zu einem der größten Rennfahrer aller Zeiten. Aber auch als erfolgreicher Besitzer einer Fluggesellschaft, als gefragter Management-Berater oder als sachkundiger Interviewpartner zu allen Fragen des Motorsports oder des aktuellen Zeitgeschehens ist der Mann mit der roten Mütze eine echte Persönlichkeit.

Das wohl einschneidendste Ereignis in der Laufbahn Niki Laudas war sein grauenhafter Feuerunfall am 1. August 1976 auf dem Nürburgring. Vier Fahrerkollegen zerrten Lauda aus dem brennenden Fahrzeug und retteten ihm so das Leben. Doch die Ärzte, die wochenlang um jeden Quadratzentimeter seiner verbrannten Haut rangen, konnten nicht verhindern, dass er fortan die Spuren des Unglücks sichtbar tragen muss.

Mit eisernem Willen hatte Lauda vom Krankenbett aus sein Comeback geplant - schon allein, um es Enzo Ferrari „zu zeigen", zu dem er ein sehr emotionsgeladenes Verhältnis hatte. Als er in Monza 30 Tage nach dem Nürburgring-Inferno in seinen Ferrari mit der Startnummer 12 stieg, machte er sich „vor Angst fast in die Hosen", wie er später gestand.

Auch wenn 1976 die fast schon sicher geglaubte Meisterschaft verloren ging, stand die Formel 1 zwischen den Jahren 1975 bis 1977 ganz in dem Zeichen des Österreichers: Unzählige Pole Positions, schnellste Rennrunden und natürlich seine Siege dokumentieren die Extraklasse des Niki Lauda. Mit seiner methodischen Vorgehensweise und seinem Willen, alles bis ins letzte Detail zu analysieren, wurde Lauda zum Vorreiter einer neuen Fahrergeneration. Neben Mut und Schnelligkeit waren fortan auch analytische Fähigkeiten gefragt.

Seine kampflose Aufgabe in der Regenschlacht des letzten Rennens 1976, die ihn den WM-Titel gekostet hatte, wollten ihm viele nie verzeihen. Als er dann 1977 erneut auf Titelkurs ging, schien aller Ärger vergessen. Um so überraschender kam die frühzeitige Ankündigung seines Abschieds von der Scuderia (nach dem Holland-GP) - die italienische Presse erging sich in Hasstiraden gegen den Österreicher, und selbst Enzo Ferrari nannte ihn einen „Judas". Als Renningenieur Tomaini im Training zum GP USA (Ost) Laudas Chefmechaniker Ermanno Cuoghi fristlos entlassen hatte, verzichtete der bereits als Weltmeister feststehende Lauda auf die letzten beiden Rennen in Kanada und Japan.

Während Laudas Jahre bei Brabham von eher bescheidenem Erfolg gekrönt waren (2 Siege), schlug sein „definitiver Rückzug" aus dem Rennsport 1979 mit seinem Rückzug aus der Formel 1 hohe Wellen. Er hätte Wichtigeres zu tun, als im Kreis herumzufahren, ließ Lauda die Öffentlichkeit wissen.

Drei Jahre später saß der Österreicher wieder in einem Formel-1-Cockpit, und allen Unkenrufen zum Trotz gelang ihm gleich im dritten Rennen für McLaren der erste Sieg. 1984 lief Lauda noch einmal zu ganz großer Form auf: Immer noch bei McLaren, setzte er sich mit einem halben Punkt Vorsprung gegen seinen Teamkollegen Alain Prost durch und wurde mit fünf Saisonsiegen zum dritten Mal Formel-1-Weltmeister. Nach der Saison 1985 zog er sich zum zweiten und letzten Mal aus dem Rennsport zurück.

▲ *Niki Lauda (Jarama 1974).*

SIEG #51 - HOLLAND 1974 - NIKI LAUDA

In Zandvoort schienen die beiden Ferrari in einer anderen Kategorie zu fahren. Vor allem Niki Lauda, aber auch der zweitplatzierte Clay Regazzoni dominierten das Training derart, dass sie selbst mit vollen Tanks der Konkurrenz davonfuhren. Auf dem Dünenkurs waren die bärenstarken Zwölfzylinder voll in ihrem Element, und dank hervorragender Flügelabstimmung konnten sie ihre Leistung auch auf den Asphalt bringen. Im Rennen bestand die eigentliche Spannung darin, welcher der beiden Ferrari letztendlich die Nase vorne haben würde. Niki Lauda hatte den erfahreneren Tessiner jedoch immer fest im Griff und sicherte sich seinen zweiten Formel-1-Sieg.

SIEG #52 - DEUTSCHLAND 1974 - CLAY REGAZZONI

Beim 11. WM-Lauf auf dem Nürburgring holte sich bereits zum achten Mal in der laufenden Saison ein Ferrari die beste Startposition. Und wieder war es Niki Lauda, der im auch Verlauf der gesamten Saison das teaminterne Trainingsduell, das oft dem Kampf um die „Pole" gleichkam, eindeutig für sich entscheiden konnte. Doch im Rennen fuhr Fortuna im Fahrzeug von Clay Regazzoni mit: Während Lauda mit technischen Problemen aufgeben musste, fuhr Regazzoni ein konstantes Rennen an der Spitze und holte sich seinen ersten Saisonsieg.

Durch diesen Sieg schob sich Regazzoni erstmals im Zwischenklassement an Lauda vorbei auf Platz 1. Bis zum letzten Lauf in den USA hatte der Schweizer die Chance auf den Titel, musste sich aber am Ende mit 3 Punkten Rückstand Emerson Fittipaldi auf McLaren geschlagen geben, der zum zweiten Mal nach 1972 zum Formel-1-Weltmeister gekürt wurde.

▲ *Clay Regazzoni (312 B3, Nürburgring 1974).*

Mit dem 312T zur Weltmeisterschaft

SIEG #53 - MONACO 1975 - NIKI LAUDA

Der Große Preis von Monte Carlo 1975 war eines der ganz großen Rennen Niki Laudas für Ferrari. Im Training sicherte er sich mit seinem 312 T die „Pole", verbesserte nach einem Unfall diese Zeit mit Regazzonis Wagen und konnte, als er von Konkurrenten bedrängt wurde, seine Zeit abermals scheinbar beliebig verbessern. Als das Rennen im Regen gestartet wurde, ging er auch erwartungsgemäß in Führung. Nach einem Drittel der Renndistanz brach bei allen Teams große Hektik aus, denn die Stecke trocknete ab und Reifenwechsel standen an. Während in der heutigen Zeit diese Übung bis ins letzte Detail perfektioniert ist, waren damals Reifenwechsel außergewöhnlich und bargen entsprechende Risiken. Allen Unwägbarkeiten zum Trotz büßte Lauda während dieser Aktion in den Straßen von Monte Carlo seine Führung nicht ein und gewann das Rennen nach taktisch kluger Fahrt. Nach dem Sieg Maurice Trintingants im Jahr 1955 war dies der zweite Sieg eines Ferrari in Monaco.

SIEG #54 - BELGIEN 1975 - NIKI LAUDA

In Zolder sicherte sich Niki Lauda die dritte Pole Position in Folge. Nach einem schlechten Start erkämpfte er sich bereits in Runde 7 wieder die Führung, die er bis in Ziel nicht mehr abgab. Trotzdem wurde es keine Spazierfahrt für den Österreicher: Hinter ihm drängte Jody Scheckter im Tyrrell. Doch selbst als am Ferrari der Auspuff brach, konnte dieser Lauda die Führung nicht ernsthaft streitig machen. Mit seinem Sieg übernahm Niki Lauda auch erstmals in seiner Karriere die Führung in der Formel-1-WM.

SIEG #55 - SCHWEDEN 1975 - NIKI LAUDA

Das Rennwochende von Anderstorp begann mit einer Sensation, denn nicht einer der schnellen Ferrari stand auf der Pole, sondern Vittorio Brambilla auf March - einem Team, das sonst höchstens für einen Platz im Mittelfeld gut war. Sage und schreibe 134 Runden drehte Lauda im Training, in der Hoffnung, den besten oder zumindest einen guten Startplatz zu bekommen. Doch es reichte nur für Platz 5. Im Rennen arbeitete sich Lauda Wagen für Wagen nach vorne und schaffte schließlich 10 Runden vor Schluss, sich an Leader Carlos Reutemann vorbei zu schieben. Das bedeutete den Hattrick für Niki Lauda: Er hatte drei aufeinander folgende Rennen gewonnen!

SIEG #56 - FRANKREICH 1975 - NIKI LAUDA

Erneut holte sich Niki Lauda iauf dem Circuit Paul Ricard die Pole Position. Diesmal musste er allerdings all' sein Können und seine ganze Fahrzeugbeherrschung in die Waagschale werfen, um ganz vorne stehen zu können. Mehrmals stand der Österreicher fast schon auf der Wiese, doch kurz vor Ende des Trainings hatte er sein Ziel erreicht: Er stand auf der „Pole". Von diesem Platz aus hatte

▲ *Regazzoni (11) und Lauda (12) beim Start zum GP von Italien in Monza 1975.*

▲ *Auf der Straße des Siegers: Niki Lauda (Jarama 1974).*

Lauda offenbar keine Mühe, im Rennen einen lupenreinen Start-Ziel-Sieg zu erringen und sich im Gesamtklassement weiter von seinen Verfolgern abzusetzen.

SIEG #57 - ITALIEN 1975 - CLAY REGAZZONI

Beim vorletzten Lauf der Saison 1975 in Monza hatte Niki Lauda die Chance, vorzeitig Weltmeister zu werden. Aber auch Clay Regazzoni wollte wieder einmal gut aussehen, denn nach zahlreichen technischen Problemen war die Saison für den Schweizer alles andere als positiv verlaufen. So war es nicht verwunderlich, dass beide Ferrari-Piloten im Training versuchten, sich gegenseitig die Pole Position streitig zu machen. Nicht weniger als sechs Mal wechselte diese hin und her, bis sie letzten Endes wieder Lauda zufiel. Im Rennen kam allerdings die kluge Taktik von Rennleiter Montezemolo zum Tragen: Clay Regazzoni fuhr vorne weg und Niki Lauda auf Platz 2 hinterher. Als der Hauptkonkurrent im Kampf um die Weltmeisterschaft, Carlos Reutemann, zurückfiel, ließ Lauda den von hinten drängenden Fittipaldi vorbei - Rang 3 reichte ihm ohnehin zum Gewinn der Weltmeisterschaft. Nach dem Rennen jubelten beide Ferrari-Piloten: Niki Lauda hatte seinen ersten WM-Titel erkämpft und damit Ferrari den ersten Titel seit 1964 geschenkt. Kaum weniger freute sich indes Clay Regazzoni über seinen ersten und einzigen Sieg in der Saison '75.

SIEG #58 - USA 1975 - NIKI LAUDA

Trotz - oder gerade wegen - des frisch errungenen Weltmeistertitels bestritt Niki Lauda das Training zum Grand Prix der USA in Watkins Glen in gewohnter Manier und sicherte sich die neunte Pole Position der Saison. Und eigentlich hätte sein neuerlicher Start-Ziel-Sieg für wenig Aufregung gesorgt, wenn nicht der zweitplatzierte Emerson Fittipaldi Ärger mit dem zweiten Ferrari bekommen hätte. Als das Führungsduo Lauda-Fittipaldi auf den wegen eines längeren Boxenstopps überrundeten Regazzoni auflief, ließ dieser Lauda artig passieren - nicht aber Fittipaldi. Während sich der Österreicher vorne zusehends absetzte, fuhr Regazzoni in aller Ruhe sein Rennen weiter. Auf den Geraden zu schnell, in den Kurven zu breit, blockierte er 10 Runden lang den wild gestikulierenden Fittipaldi. Schließlich winkte die Rennleitung Regazzoni herein, ließ ihn eine Art früher Stop-and-go Strafe absitzen und schickte ihn wieder ins Rennen. Das brachte Team-Manager Montezemolo so in Rage, dass er den Schweizer aus Protest aus dem Rennen nahm. Niki Lauda sicherte Ferrari währenddessen den ersten Sieg in der Geschichte des nordamerikanischen Grand Prix.

SIEG #59 - BRASILIEN 1976 - NIKI LAUDA

Beim Start in die neue Saison hatte einmal nicht ein Ferrari die „Pole" errungen, und trotzdem lautete die Reihenfolge nur wenige Sekunden nach dem Start wieder: Regazzoni vor Lauda. Doch der Schweizer konnte den Kurs ganz offensichtlich nicht so schnell wie seine Konkurrenten umrunden, so dass sich hinter dem modifizierten Vorjahres-Ferrari 312 T anfänglich ein regelrechter Stau bildete. Als erster ging Lauda an Regazzoni vorbei, dann folgten auch die anderen Fahrer. Der amtierende Weltmeister, der ebenfalls im Vorjahreswagen unterwegs war, schlug indes ein anderes Tempo ein, was ihn bald aus der Reichweite seiner Konkurrenten und schließlich auch auf den obersten Podestplatz brachte.

▲ *Duo Infernale: Ragazzoni und Lauda im 312 T (Nürburgring 1976).*

▲ *Carlos Reutemann (312 T2, Long Beach 1977).*

SIEG #60 - SÜDAFRIKA 1976 - NIKI LAUDA

Auch beim zweiten Lauf 1976 konnte sich kein Ferrari die Pole sichern und so blieb für Niki Lauda nur Startplatz 2. Erneut preschte jedoch ein Ferrari beim Start an die Spitze, und auch diesmal war es Lauda, der das Feld schon bald mit respektablem Vorsprung anführte. Gegen Ende des Rennens wurde es jedoch noch einmal spannend, denn Laudas Abstand zum zweitplatzierten James Hunt begann zusehends zu bröckeln. Als die Zielflagge fiel, trennte die Kontrahenten nur eine Sekunde, aber Lauda hatte seine Führung verteidigt.

SIEG #61 - USA (WEST) 1976 - CLAY REGAZZONI

Erstmals in der Saison hatte im Training ein Ferrari die Strecke als Schnellster umrundet, und so stand Clay Regazzoni bei der Premiere des Stadtkurses von Long Beach auf der Pole Position. Der Schweizer reagierte auch beim Start am schnellsten und ging sofort in Führung. Als sich wenige Runden später seine Konkurrenten selbst zu eleminieren begannen, rückte Niki Lauda auf Platz 2 vor. Das Ferrari-Tandem spulte Runde um Runde ab, ohne dass Lauda dem führenden Regazzoni hätte gefährlich werden können. Es war der erste Doppelsieg für Ferrari seit dem GP der Niederlande 1974.

SIEG #62 - BELGIEN 1976 - NIKI LAUDA

Als die Formel 1-Truppe in Belgien gastierte, war man noch fest davon überzeugt, dass Niki Lauda den GP von Spanien vierzehn Tage zuvor gewonnen hätte. Zwar hatte James Hunt die Ziellinie als Erster überfahren, aber wegen technischer Verstöße war er disqualifiziert worden, so dass der Sieg Lauda zugesprochen wurde. Einige Monate später wurde Hunt jedoch wieder rehabilitiert und der Ferrari auf Platz 2 zurückgestuft.

Im Zolder errang der Österreicher am Steuer eines neuen 312 T2 aber einen „echten" Sieg. Zunächst reservierte er zusammen mit seinem Markengefährten Regazzoni die erste Startreihe für Ferrari. Im Rennen reihte Lauda sich vor dem Schweizer ein, und das Duo lieferte einen perfekten Doppel-Start-Ziel-Sieg ab.

SIEG #63 - MONACO 1976 - NIKI LAUDA

Erneut kämpften die Ferrari in Monaco um die Pole Position und sicherten sich - Lauda vor Regazzoni - die erste Startreihe. Niki Lauda war es auch, der den gerade in Monte Carlo so wichtigen Start für sich entscheiden konnte. Bereits wenige Runden später war er wieder alleine unterwegs und hatte seine Verfolger abgeschüttelt. Auch die zahlreichen Überrundungen bewerkstelligte er meisterlich und wiederholte seinen Sieg vom Vorjahr.

SIEG #64 - ENGLAND 1976 - NIKI LAUDA

Auch im Heimatland von Niki Laudas Hauptgegner James Hunt qualifizierte sich der Österreicher knapp vor dem Briten für die „Pole". Beim Start zum Grand Prix von England kam es jedoch nicht zu dem erwarteten Aufeinandertreffen der beiden Meisterschaftsanwärter. Vielmehr traf Lauda in der ersten Kurve auf Regazzoni (oder umgekehrt), beide Fahrzeuge berührten sich, und im Nu war die Massenkarambolage perfekt. Als nach einer Stunde zum Neustart gerufen wurde, ging Lauda erneut in Führung, musste sich nun aber doch mit James Hunt auseinandersetzen. Nach mehr als der Hälfte des Rennens ließ Lauda den Briten ziehen, denn sich anbahnende Getriebeprobleme am Ferrari veranlassten den Österreicher zu schonender Fahrweise. Bei Zieleinlauf hatte sich Lauda bereits auf die 6 Punkte für Platz 2 eingestellt - zwei Monate später wurde er zum Sieger erklärt, da James Hunt laut Reglement bei dem Neustart nicht mehr hätte starten dürfen.

Nach dem GP von England besaß Niki Lauda („protestbereinigt") den größten Punktevorsprung auf James Hunt, der zu diesem Zeitpunkt mit Rang 4 noch nicht einmal als ernsthafter WM-Tietelaspirant gelten durfte. Der Österreicher schien einer sicheren Titelverteidigung entgegen zu fahren. Doch vierzehn Tage später schlug das Schicksal erbarmungslos zu: Niki Lauda verglückte am Nürburgring schwer und kam nur knapp mit dem Leben davon. Kaum aus dem Krankenhaus entlassen, saß er, von den Verbrennungen noch schwer gezeichnet, beim GP von Italien wieder im Rennwagen. Aber die Konkurrenz, insbesondere James Hunt, hatte nicht geschlafen, und Lauda verlor die Weltmeisterschaft mit einem Punkt Rückstand an seinen britischen Herausforderer.

SIEG #65 - BRASILIEN 1977 - CARLOS REUTEMANN

Beim zweiten Saisonlauf 1977 in Interlagos stand zum ersten Mal seit dem Großen Preis von Deutschland 1976 wieder ein Ferrari in der ersten Startreihe. Carlos Reutemann, der anstelle von Clay Regazzoni zur Scuderia gestoßen war, musste sich im Kampf um die Pole Position nur knapp Weltmeister James Hunt geschlagen geben. Doch im Rennen bezwang er den Briten und sicherte sich den fünften Grand-Prix-Sieg in seiner Karriere. Durch seinen Sieg führte er die WM-Wertung nun an, und was ihm sicherlich noch wichtiger war: Die Saison begann für ihn deutlich besser als für seinen Stallgefährten Niki Lauda, der von Platz 13 aus gestartet war und am Ende Dritter wurde. Enzo Ferrari betonte mehrfach, dass es in dieser Saison keinen erklärten Nummer-1-Fahrer gebe: Zu groß war sein Groll gegen Niki Lauda, der beim letzten Grand Prix 1976 den Fahrer-Weltmeistertitel in seinen Augen verschenkt hatte, weil er in der grausamen Regenschlacht von Mt. Fuji kein „idiotisches Risiko" eingehen wollte und sein Auto an den Boxen abgestellt hatte.

▲ Carlos Reutemann (Brands Hatch 1978).

SIEG #66 - SÜDAFRIKA 1977 - NIKI LAUDA

Der Sieg von Niki Lauda beim Grand Prix von Südafrika 1977 war von besonderer Wichtigkeit. Nicht nur, weil es Laudas erster Erfolg nach seinem Nürburgring-Unfall war, sondern vor allem auch, weil es dem Österreicher gelang, Carlos Reutemann in die Schranken zu verweisen. Zwar entbehrte Laudas Vorstellung im Training noch der Brillanz früherer Jahre, aber im Rennen bewies er, dass er nichts von seinem alten Biss verloren hatte. Schon beim Start machte er einige Plätze gut und jagte bereits in der Anfangsphase James Hunt so sehr, dass dieser ihn passieren ließ. Der Österreicher lag souverän in Führung, als es im Mittelfeld zu einem schweren Unfall kam, bei dem der Brite Tom Pryce sein Leben verlor. Beim Passieren der Unfallstelle beschädigte Lauda seinen Ferrari, so dass von nun an sein Vorsprung auf Lokalmatador Jody Scheckter immer geringer wurde. Doch Lauda gab nicht auf, behielt die Kontrolle über seine Verfolger und gewann letztlich verdient mit knappem Vorsprung.

SIEG #67 - DEUTSCHLAND 1977 - NIKI LAUDA

Obwohl Niki Lauda zwischen den Grands Prix von Südafrika und Deutschland keine weiteren Rennen mehr gewonnen hatte, führte er dank konstant guter Platzierungen seit dem französischen Grand Prix die WM-Zwischenwertung an. Aber auch auf dem Kurs von Hockenheim, auf dem fortan der GP von Deutschland stattfinden sollte, schaffte Lauda im Training nicht den Sprung in die erste Startreihe. Im Rennen hingegen bremste er mit einem klassischen Manöver seinen Hauptkonkurrenten Jody Scheckter aus und vergrößerte mit diesem Sieg seinen Vorsprung in der Meisterschaftswertung.

SIEG #68 - HOLLAND 1977 - NIKI LAUDA

Laudas Sieg in Zandvoort 1977 - von Platz 4 aus ins Rennen gegangen und nach einem Drittel der Distanz die Führung errungen - war weit weniger spektakulär als seine darauf folgende Ankündigung, sich zu Saisonende von Ferrari zu trennen. Die Presse, insbesondere die italienische, überschlug sich daraufhin mit Beschimpfungen, wobei die Bezeichnung „Verräter" noch zu den harmloseren Vokabeln zählte.
Da der Österreicher es nicht schaffte, bereits zum GP von Italien Weltmeister zu werden, musste er noch ein zweites Mal in dieser gespannten Atmosphäre antreten und sicherte sich beim GP der USA (Ost) vorzeitig den Titel. Quasi als Ersatz für Lauda, der an den beiden letzten Rennen der Saison nicht mehr teilnehmen wollte, verpflichtete Ferrari einen jungen, nahezu unbekannten Kandier: Gilles Villeneuve.

SIEG #69 - BRASILIEN 1978 - CARLOS REUTEMANN

Beim Start zum zweiten Lauf der Saison 1978 in Rio de Janeiro katapultierte sich Carlos Reutemann, der noch mit dem alten 312 T2 vorlieb nehmen musste, gleich an die Spitze des Feldes. Doch das Vorjahresfahrzeug war seit Beginn der Saison mit Reifen von Michelin ausgerüstet, was hier in Südamerika ein wesentlicher Vorteil war. Im heißesten Rennen seit dem GP von Frankreich 1959 deklassierte der Argentinier nicht zuletzt dank der neuentwickelten Reifen die versammelte Konkurrenz. Bei Zieldurchfahrt trennten den Ferrari nicht weniger als 49 Sekunden vom Zweitplatzierten.

▲ Gilles Villeneuve (312T3, Jarama 1978).

SIEG #70 - USA (WEST) 1978 - CARLOS REUTEMANN

In Long Beach hatten sich seit langer Zeit wieder einmal beide Ferrari - Reutemann vor Villeneuve - die erste Startreihe gesichert. Trotz seiner ungünstigeren Startposition wischte der Kanadier an seinem erfahrenen Kollegen vorbei und führte erstmalig einen Grand Prix an. Doch der Neuling musste schnell lernen, wie nahe Sieg und Niederlage im Motorsport beieinander liegen: Ein Fehler bei der Überrundung Regazzonis ließ Villeneuve in hohem Bogen in die Barrieren fliegen. Nun war die Reihe an Reutemann, den Sieg für Ferrari zu erringen, was er auch trotz des von hinten ungestüm drängelnden Alan Jones schaffte.

▲ *Jody Scheckter (312 T4, Monaco 1979).*

SIEG #71 - ENGLAND 1978 - CARLOS REUTEMANN

Bereits zu Saisonmitte war Lotus-Pilot Mario Andretti auf dem besten Weg, Weltmeister zu werden. Durch die phänomenale Straßenlage dank des von Colin Chapman erfolgreich umgesetzten „Wing-Car"-Konzepts dominierten die Lotus fast nach Belieben, und auch in Brands Hatch sah es zunächst nicht nach einem Sieg für Ferrari aus. Carlos Reutemann, der von Platz 7 aus ins Rennen gegangen war, arbeitete sich jedoch stetig nach vorne und lag nach dem Ausfall Andrettis auf Rang 2. Als gegen Ende des Rennens dem führenden Niki Lauda (mittlerweile bei Brabham-Alfa) bei einer Überrundung eine kleine Unachtsamkeit unterlief, nutzte der Argentinier seine Chance, überholte, und gewann den britischen Grand Prix.

SIEG #72 - USA (OST) 1978 - CARLOS REUTEMANN

Der Große Preis der USA (Ost) in Watkins Glen war sicherlich eines der blassesten Rennen der Saison 1978 - trotz Ferrari-Sieg. Das lag zum einen daran, dass Mario Andretti bereits als neuer Weltmeister feststand, und zum andreren, dass die Formel-1-Gemeinde immer noch um den beim Rennen in Monza tödlich verunglückten Ronnie Peterson trauerte. Auch in Watkins Glen sah es zunächst nach einem erneuten Sieg für Andretti aus, doch als dieser bereits nach zwei Runden wegen technischer Probleme zurückfiel, ging Reutemann in Führung und kreuzte nach 59 Runden als Erster die Ziellinie.

SIEG #73 - KANADA 1978 - GILLES VILLENEUVE

Den ersten Grand-Prix-Sieg ausgerechnet beim Rennen in der Heimat zu erringen, ist ein Erlebnis, das bisher nur wenigen Piloten, unter anderen eben auch Gilles Villeneuve, vergönnt war. Bis es jedoch für Villeneuve so weit war, musste sich der Kanadier in Geduld üben. An der Spitze fuhr zunächst Jean-Pierre Jarier auf und davon, und alles hatte sich schon auf einen erneuten Lotus-Sieg eingestellt, als gegen Ende des Rennens der Ölkühler des Franzosen seinen Geist aufgab. Vor dem jubelnden Publikum war somit der Weg frei für Villeneuves ersten Sieg. Da der zweitplatzierte Jody Scheckter schon als Ferrari-Werksfahrer für die Saison 1979 feststand, feierten die Italiener das Ergebnis fast wie einen Doppelsieg.

▲ *Die jungen Wilden: Gilles Villeneuve und Jody Scheckter.*

Letzter WM-Titel für einen Zwölfzylinder-Sauger

▲ *Jody Scheckter (312 T5, Brands Hatch 1980).*

SIEG #74 - SÜDAFRIKA 1979 - GILLES VILLENEUVE

Beim dritten Rennen zur laufenden Saison 1979 präsentierte Ferrari endlich seinen neuen 312 T4 und prompt qualifizierten sich Jody Scheckter und Gilles Villeneuve für die Startplätze 2 und 3. Bedingt durch das regnerische Wetter entwickelte sich das Rennen schnell zu einem Reifenpoker. Vom Start weg gingen beide Ferrari - Villeneuve vor Scheckter - in Führung, doch schon bald tauschten sie ihre Plätze und es schien, als ob Scheckter bei seinem Heim-Grand-Prix die richtige Reifenwahl getroffen hätte. Doch mit abtrocknender Strecke kam der Kanadier wieder besser in Fahrt, überholte Scheckter und gewann das Rennen. Scheckter verteidigte seinen zweiten Platz und stellte den ersten Doppelsieg für Ferrari seit Belgien 1976 sicher.

SIEG #75 - USA (WEST) 1979 - GILLES VILLENEUVE

Auch beim nächsten Lauf in Long Beach schlugen sich die Ferrari im Training hervorragend: Scheckter wurde Dritter und Villeneuve erkämpfte sich sogar seine erste Pole Position. Der junge Kanadier war beim Start derart aufgeregt, dass er nach der Einführungsrunde nicht stehen blieb sondern noch eine weitere anhängte. Dafür klappte sein Start um so besser, und er ging sofort in Führung. Offenbar lag den Ferrari die Strecke ausgezeichnet, denn nach Siegen 1976 und 1978 sowie einem zweiten Platz 1977 erreichte die Scuderia 1979 einen Sieg bzw. sogar einen Doppelsieg. In der Tabelle übernahm Villeneuve durch seinen zweiten Sieg die Führung in der Formel-1-WM.

SIEG #76 - BELGIEN 1979 - JODY SCHECKTER

In Zolder kamen die Ferrari zunächst nicht so gut zurecht und waren mit den Startplätzen sechs und sieben relativ weit hinten zu finden. Zu allem Überfluss kollidierten Scheckter und Villeneuve kurz nach dem Start mit Regazzoni im Williams. Während Scheckter mit dem Schrecken davonkam, fiel der Kanadier auf den letzten Platz zurück. In der für ihn bekannten Manier pflügte er daraufhin wieder durch das Feld, während Scheckter sich weiter vorne Fahrzeug für Fahrzeug vorarbeitete, schließlich sogar den führenden Laffite verdrängte und sein erstes Rennen für Ferrari gewann.

SIEG #77 - MONACO 1979 - JODY SCHECKTER

Im Fürstentum wurde Jody Scheckter erstmals seiner Nummer-1-Rolle bei Ferrari vollauf gerecht. Nachdem zunächst Villeneuve die schnellste Trainingszeit gefahren war, verdrängte ihn der Südafrikaner mit einer deutlich schnelleren Zeit auf Startplatz 2. Auch beim Start ließ er den Kanadier, der sogar noch von einigen anderen Konkurrenten überholt wurde, stehen und setzte sich schnell vom Feld ab. Während es für Jody Scheckter bis auf die letzten Runden, in denen er sich Regazzonis Angriffen erwehren musste, ein scheinbar müheloser Sieg war, musste Gilles Villeneuve hart kämpfen. Als der Kanadier endlich wieder auf Platz 2 fuhr, warf ihn ein Fahrfehler im Kampf mit einem Nachzügler aus dem Rennen. Durch seinen Sieg übernahm Scheckter die Tabellenführung.

▲ *Gilles Villeneuve (312 T5, Brands Hatch 1980).*

JODY SCHECKTER

***29.1.1950**

Weltmeister mit Ferrari 1979

von Gregor Schulz

Es versteht sich fast von selbst, dass ein Formel-1-Weltmeister in die Geschichte des Motorsports eingeht. Dass jedoch der Weltmeistertitel von Jody Scheckter häufiger als der anderer Champions zitiert wird, hätte sich sicher auch der Südafrikaner nicht träumen lassen: Als vorläufig letzter Weltmeister auf Ferrari wurde Scheckter ganz automatisch zum Fixpunkt der Tifosi und versank daher nicht wie andere Meister völlig in der Versenkung.

Sein Debüt in der Formel 1 gab Scheckter, der am 29. Januar 1950 in East London in der Nähe von Durban in Südafrika geboren wurde, 1972 beim GP der USA. Für das letzte Rennen der Saison hatten die Veranstalter des nordamerikanischen Grand Prix ein derart hohes Preisgeld ausgesetzt, dass viele Teams trotz der bereits entschiedenen Weltmeisterschaft ihre letzten Reserven mobilisierten und teilweise sogar mit drei Fahrzeugen an den Start gingen. Auf der Suche nach einem geeigneten Fahrer wurde das McLaren-Team auf den damals erst zweiundzwanzigjährigen Scheckter aufmerksam, der zu dieser Zeit erfolgreich Formel-2- und Formel-3-Rennen in Europa bestritt. Und prompt qualifizierte sich der Südafrikaner in dem 32 Fahrzeuge starken Starterfeld auch auf Platz 8. Bei seiner Premiere kannte Scheckter weder Lampenfieber noch Angst vor großen Namen: Er bezwang den frischgebackenen Weltmeister Emerson Fittipaldi, fuhr lange Zeit auf Platz 3 und fiel erst nach einem Dreher auf den neunten Platz zurück.

So unerschrocken wie Scheckter bei seinem Debüt auftrat, so wenig scheute er harte Zweikämpfe auch in seinen weiteren Rennen. Das ein oder andere Mal riskierte der Südafrikaner allerdings etwas zu viel, und so erhielt er zunächst den Ruf eines „Crash-Piloten". Mit zunehmender Rennerfahrung wandelte sich Scheckter jedoch zum kühlen Taktiker, der aber im Bedarfsfall immer noch wusste, wie man Gegner überholt.

Nach vereinzelten Einsätzen für McLaren wechselte Scheckter für die Saison 1974 zu Ken Tyrrell. Im Weltmeister-Team von 1971 und 1973 feierte der Südafrikaner seine ersten Erfolge und errang nach einem Sieg bei seinem Heim-Grand-Prix 1975 in Kyalami 1976 einen ganz besonderen Triumph: Scheckter sicherte dem legendären sechsrädrigen Tyrrell P34 den ersten und einzigen Sieg. In den beiden folgenen Jahren startete der Scheckter für das junge Team von Walter Wolf. 1977 führte er nach zwei Siegen die Meisterschaft sogar an, musste dann allerdings doch mit dem Titel des Vizemeisters vorlieb nehmen. Schon vor Ende der Saison 1978 gab Ferrari die Verpflichtung des Südafrikaners als Ersatz für Carlos Reutemann bekannt.

Für Scheckter war dieses Engagement ein wahrer Glücksfall. Er war zum richtigen Zeitpunkt in das richtige Team gewechselt und hatte in Gilles Villeneuve einen Teamkollegen, der sich an teaminterne Abmachungen hielt. Zwar war der Ferrari 312 T4 kein klassischer „Wing Car", doch die Leistung und die Zuverlässigkeit des Motors machten den aerodynamischen Nachteil wett. Auch wenn der zurückhaltende Krauskopf heute etwas im Schatten seines zur Legende gewordenen Teamkollegen steht, ging der WM-Titel 1979 verdientermaßen an den im Gegensatz zu Villeneuve beständiger punktenden Südafrikaner.

Im Jahr darauf erfolgte der jähe Absturz des Jody Scheckter und die Demontage eines Mythos: Der zum 312 T5 modifizierte Ferrari hinkte der Konkurrenz hoffnungslos hinterher. Der Tiefpunkt für den amtierenden Weltmeister kam schließlich in Form einer Nichtqualifikation zum Grand Prix von Kanada, für Ferrari die schmachvollste Niederlage seit dem GP von Monaco 1971. Jody Scheckter zog daraus seine Konsequenzen und beendete ein Rennen später seine wechselvolle Formel-1-Karriere.

SIEG #78 - ITALIEN 1979 - JODY SCHECKTER

Im Lauf der Saison hatte Scheckter ein beachtliches Punktekonto angesammelt und in Anbetracht eines neuen Reglements, das Streichresultate zuließ, hatte er die Chance, bereits in Monza Weltmeister zu werden. Im Training musste sich der Südafrikaner aber zunächst hinter den schnellen, aber wenig zuverlässigen Renault-Turbos anstellen. Im Rennen dauerte es genau 13 Runden, dann führte das Ferrari-Duo Scheckter und Villeneuve das Feld an. Als zusätzlich noch Scheckters Hauptgegner Laffite im Kampf um die Weltmeisterschaft ausfiel, war alles perfekt. Neben Scheckters Titel und dem Doppelsieg von Monza konnte sich Ferrari außerdem über den Gewinn der Konstrukteurs-Meisterschaft freuen.

▲ *Didier Pironi (126 C, Monaco 1981).*

SIEG #79 - USA (OST) 1979 - GILLES VILLENEUVE

Mit einem zweiten Platz bei seinem Heim-Grand-Prix in Kanada hatte Gilles Villeneuve seinen Vize-Titel bestätigt. Auch wenn nun nichts mehr auf dem Spiel stand, lieferten sich der Kanadier und der WM-Dritte Alan Jones ein packendes Duell an der Spitze, in dessen Verlauf sich mehrmals die Positionen änderten. Der Zweikampf fand jedoch ein jähes Ende, als Jones nach einem Reifenwechsel ein Rad verlor und ausschied. Nun begannen aber auch die Probleme bei Villeneuve: Der Öldruck des Ferrari-Motors brach zusammen, doch Villeneuve schaffte es noch, den Ferrari über die Ziellinie zu retten.

▲ *Didier Pironi im Gespräch mit Rennleiter Forghieri.*

▲ *Patrick Tambay (126 C2, Österreichring 1982).*

Die wilden 80er: Turbo-Power für das springende Pferdchen

SIEG #80 - MONACO 1981 - GILLES VILLENEUVE

Nach der völlig verkorksten Saison 1980 hatte sich Ferrari nicht nur von Jody Scheckter, sondern vor allem auch vom breiten Zwölfzylinder-Flachmotor getrennt. Die Italiener hatten den Trend zum Turbo-Motor erkannt (wenn auch mit etwas Verspätung) und bestritten die Saison 1981 mit einem neu entwickelten V6-Turbo in einem ebenfalls komplett neu entwickelten Chassis (126 C). Auch wenn das Fahrzeug noch viel Raum für Experimente und Verbesserungen ließ, zeigten Villeneuves „Pole" in Imola und einige gute Podestplätze das Potenzial das neuen Ferrari auf.
In Monte Carlo ging Villeneuve von Startplatz 2 aus ins Rennen und umrundete den Kurs zunächst an dritter Position liegend. Als sich nach zwei Dritteln der Renndistanz Spitzenreiter Nelson Piquet in die Leitplanken verabschiedete, war die Stunde des Kanadiers gekommen. Unaufhaltsam schob er sich an den vor ihm fahrenden Alan Jones heran und meisterte schließlich sogar das in Monaco stets besonders schwierige Überholmanöver. Somit war der Weg frei für Villeneuves fünften Sieg in der Formel 1 und den ersten Erfolg eines Turbo-Ferrari.

SIEG #81 - SPANIEN 1981 - GILLES VILLENEUVE

Drei Wochen später lief es im Training für die Ferrari nicht mehr so gut wie in noch in Monaco: Villeneuve war in Jarama Siebenter und Pironi gar nur Dreizehnter. Doch bereits beim Start brach der kleine Kanadier wieder nach vorne durch und ging zu Mitte des Rennens sogar in Führung. Die zweite Hälfte des WM-Laufs wurde dann zu

▲ René Arnoux (126 C2B, Monaco 1983).

▲ René Arnoux (Imola 1983).

einem der spannendsten und packendsten Rennen in der Geschichte der Formel 1. Fünf Fahrer - Gilles Villeneuve, Jacques Laffite, John Watson, Carlos Reutemann und Elio de Angelis - umkreisten Rad an Rad den Kurs. Ständig änderten sich die Positionen. Als das Quintett wie ein Jagdgeschwader die Ziellinie im Abstand von nur 1,24 (!) Sekunden überquerte, hatte Villeneuve seinen zweiten Saisonsieg in der Tasche, der gleichzeitig auch sein letzter sein sollte.

SIEG #82 - SAN MARINO 1982 - DIDIER PIRONI

Vor dem Hintergrund des Streits zwischen dem internationalen Automobilsportverband FISA und der Konstrukteursvereinigung FOCA traten in Imola nur 14 Fahrzeuge an. Das reichte aus, um dem Lauf das Prädikat eines Weltmeisterschaftslaufs zuzuteilen. Aber außer Ferrari und Renault (Letztere hatten sich im Training die erste Startreihe gesichert) waren keine wirklich konkurrenzfähigen Autos ins Fürstentum San Marino gekommen. So duellierten sich zunächst die Turbo-Ferrari und Turbo-Renaults, doch beide französischen Renner mussten im Laufe des Rennens mit Motorschaden aufgeben. Nun begann das vielleicht Berühmteste und Tragischste aller internen Teamduelle. Zunächst lag Villeneuve vor Pironi, der sich aber nicht mit dem zweiten Platz zufrieden geben wollte und alle Absprachen und Boxenzeichen missachtete. Beide Fahrer tauschten mehrfach ihre Positionen in einer Art, wie man sie sonst nur im Kampf um die Meisterschaft zwischen gegnerischen Teams sieht. Das Duell setzte sich bis in die letzte Runde hinein fort, und als sich die Zielflagge senkte, hatte der Franzose Pironi das bessere Ende für sich und bescherte zusammen mit Villeneuve Ferrari den ersten Doppelsieg seit drei Jahren. Villeneuve tobte: Er war - oder zumindest fühlte er sich so - die Nummer 1 bei Ferrari und hatte nach eigener Aussage gar nicht mehr mit einer finalen Attacke des Franzosen gerechnet. Vierzehn Tage später wollte der Kanadier beim Belgien die alte Hackordnung wieder herstellen, doch bei einer seiner schnellen Qualifikationsrunden verunglückte er im Training tödlich.

SIEG #83 - HOLLAND 1982 - DIDIER PIRONI

Hatte zu Beginn der Saison 1982 noch bisweilen der Defekt-Teufel bei Ferrari zugeschlagen, so kam der 126 C2 von Didier Pironi immer besser in Fahrt. Zwar ging auf dem Dünenkurs von Zandvoort einmal mehr die Pole Position an einen Renault-Fahrer, aber mit Startplatz 4 behielt Pironi alle Chancen. Als Nachfolger von Villeneuve hatte man dem Franzosen mit Patrick Tambay einen Landsmann zur Seite gestellt, der auf Anhieb gut mit dem Ferrari zurechtkam. Noch besser meisterte allerdings Pironi den Ferrari, den er bereits in Runde 5 in Führung brachte und bis ins Ziel in dieser Position hielt.

SIEG #84 - DEUTSCHLAND 1982 - PATRICK TAMBAY

Mit neun Punkten Vorsprung auf John Watson reiste Didier Pironi nach Deutschland. Offenbar übermotiviert, riskierte Pironi im freien Training zu viel und verunglückte im strömenden Regen schwer. Ferrari hatte also binnen weniger Monate beide Topfahrer verloren und auch wenn Pironi überlebte, so bedeutete der Unfall seinen Abschied vom Motorsport. Der Franzose hatte aber bereits so viele Punkte gesammelt, dass es für ihn auch sieben Rennen später noch zum Vizetitel reichte und Ferrari den Konstrukteurs-Titel gewann. In Hockenheim musste also Patrick Tambay die Ferrari-Fahne alleine hoch halten. Als nach der Hälfte des Rennens der führende Nelson Piquet bei einer Überrundung „abgeschossen" wurde, konnte der bis dahin auf Platz 2 fahrende Tambay seinen ersten Grand-Prix-Sieg ungehindert nach Hause fahren.

▲ 126 C2B (Le Castellet 1983).

▲ René Arnoux (126 C4, Monaco 1984).

▲ Stefan Johansson (Monza 1985).

▲ Michele Alboreto (Monza 1985).

SIEG #85 - SAN MARINO 1983 - PATRICK TAMBAY

Beim vierten Lauf zur Saison '83 klappte es endlich wieder einmal mit einem Ferrari-Sieg, auch wenn sowohl Patrick Tambay als auch der neu ins Team gekommene René Arnoux noch mit dem modifizierten Vorjahreswagen 126 C2B auskommen mussten. Bis zur Rennmitte folgten beide Ferrari dem führenden Riccardo Patrese auf dem Brabham. Als sich dieser auf einer Ölspur drehte und ausschied, brachen die Tifosi in Jubelstürme aus. Zwar war ein Italiener ausgefallen, und nun führte ein Franzose - aber auf Ferrari, und nur das zählte. Dass es nicht zu einem Doppelsieg kam, lag genau an jener Ölspur, die schon Patrese zum Verhängnis geworden war: Arnoux drehte sich ebenfalls und fiel auf Platz 3 zurück.

SIEG #86 - KANADA 1983 - RENÉ ARNOUX

In Kanada startete, ebenso wie beim Rennen zuvor in den USA, endlich wieder mal ein Ferrari von der Pole. Mit einer spektakulären Trainingsrunde hatte René Arnoux die Konkurrenz von Renault und Brabham hinter sich gelassen. Und die Tabellenführer Alain Prost und Nelson Piquet sahen im Rennen den Ferrari von Arnoux nur von hinten. Bis auf drei Runden (während der Reifen- und Tankstopps) lag der Franzose bis zum Rennende durchgehend an der Spitze des Feldes.

SIEG #87 - DEUTSCHLAND 1983 - RENÉ ARNOUX

Die Hochgeschwindigkeitsstrecke von Hockenheim war ein ideales Pflaster für den neuen Ferrari 126 C3. Beide Ferrari-Piloten dominierten bereits das Training ganz klar, und schon bald gehörte ihnen wieder die erste Startreihe. Im Unterschied zum vorangegangenen Rennen in England lautete diesmal die Reihenfolge allerdings Patrick Tambay vor René Arnoux. Bereits in der zweiten Runde des Rennens gab es jedoch für Arnoux kein Halten mehr: Er überholte Tambay, legte nach der Hälfte der Distanz seinen obligatorischen Tankstopp ein und gewann sein zweites Rennen für Ferrari. Sein Teamkollege hatte weniger Glück, denn ein kapitaler Motorschaden an Tambays Fahrzeug vereitelte einen Doppelsieg.

SIEG #88 - HOLLAND 1983 - RENÉ ARNOUX

Zwei Rennen später klappte es endlich mit dem Doppelsieg. Zunächst hatte es in Zandvoort jedoch nicht so erfreulich für Ferrari ausgesehen. Während sich Patrick Tambay im Training auf Platz 2 qualifizierte, kam René Arnoux nicht über den 10. Startplatz hinaus. Da sich bei Rennbeginn die Startprozedur ungewöhnlich lange hinzog, überhitzte die Kupplung am Fahrzeug Tambays, so dass dieser

▲ Stefan Johansson (156/85, Monaco 1985).

GILLES VILLENEUVE

***18.1.1950 † 8.5.1982**

von Gregor Schulz

Was Gilles Villeneuve zu einer Legende machte, lässt sich nicht aus den üblichen Renn-Statistiken entnehmen. Nur zwei Pole Positions, sechs GP-Siege und acht schnellste Rennrunden lassen nicht vermuten, dass sich hinter der Person des Kanadiers einer der schnellsten und vor allem einer der spektakulärsten Rennfahrer aller Zeiten verbarg.

Um sich überhaupt ein Bild von Villeneuve machen zu können, bedarf es eher unüblichen Zahlenmaterials. So hatte der Kanadier in seinen ersten sieben Formel-1-Rennen gleich drei haarsträubende Überschläge, und auch in seiner weiteren Karriere fand sich Villeneuve häufig neben der Piste wieder. Trotzdem war der zierliche Kanadier kein Pilot, der aus Unerfahrenheit oder gar mangelndem Talent in Unfälle verwickelt wurde. Vielmehr versuchte er ständig, das Beste aus seinem Fahrzeug zu holen, und wenn das Beste nicht gut genug war, machte sich Villeneuve an die letzten Reserven heran. Da passierte es schon das eine oder andere Mal, dass er die Grenzen des Machbaren überschritt. Sein Schutzengel konnte sich jedenfalls nicht über mangelnde Arbeit beklagen.

Gilles Villeneuve wurde am 18. Januar 1950 in Chambly, im Bundesstaat Quebec in Kanada geboren. Über die amerikanische Formel Atlantic, die er 1976 und 1977 gewann, schaffte er 1977 den Sprung in die Formel 1. McLaren stellte ihm einen Wagen und eine Mannschaft für den GP von England zur Verfügung, und die Erwartungen an den Rookie wurden wahrlich nicht enttäuscht. Auch wenn der 24-jährige Frankokanadier nur Platz 11 belegte, feierte ihn die Fachpresse euphorisch als „Man of the meeting". Als sich zwei Läufe vor Ende der Saison Niki Lauda von Ferrari trennte, holte Enzo Ferrari kurz entschlossen Villeneuve zur Scuderia. Zwischen beiden entwickelte sich in den folgenden Jahren eine Art Vater-Sohn-Beziehung. Enzo Ferrari liebte Villeneuve und bewunderte seinen Fahrstil so sehr, dass er ihm alle Un- und Ausfälle verzieh. Schnell wuchs Villeneuve in das Team und konnte bereits ein Jahr nach seinem Einstand bei Ferrari seinen Heimat-Grand Prix gewinnen. Im Jahr darauf reichte es sogar zu drei Siegen und dem Titel des Vizemeisters. Nicht zuletzt auch diese Erfolge machten ihn sowohl in Kanada als auch in Italien regelrecht zu einem Volkshelden. Wie kaum ein anderer Fahrer wurde Villeneuve zum Sympathieträger für die Scuderia Ferrari, für die er bis auf sein Debütrennen alle weiteren seiner insgesamt 67 Formel-1-Rennen bestritt.

Neben seiner Kämpfernatur war der Kanadier für seinen ausgeprägten Sportsgeist berühmt. 1978 ordnete er sich loyal dem älteren Teamkollegen Carlos Reutemann unter. Im Jahr darauf führte er die Meisterschaft sogar an, hielt sich aber dann zugunsten des erklärten WM-Kandidaten Jody Scheckter zurück. Mehrfach reihte sich Villeneuve hinter dem Südafrikaner ein und brachte sich so um die Chancen, selbst Weltmeister zu werden. Als im Jahr 1982 die Sterne endlich wieder einmal gut für die Scuderia standen, war die Reihe an Villeneuve, die Früchte seiner vierjährigen Arbeit bei Ferrari zu ernten. Doch beim GP von San Marino mißachtete sein französischer Teamkollege Didier Pironi die Stallorder, überholte Villeneuve wenige Meter vor dem Ziel und gewann das Rennen. Villeneuve war bitter enttäuscht: Vom Teamkollegen entgegen der Stallorder überholt zu werden war eine Angelegenheit, die der kleine Kanadier nicht verstand.

Es ist müßig, darüber zu spekulieren, wie die Saison nach diesem Vorfall für den Kanadier weitergegangen wäre.

Vierzehn Tage später, am 8. Mai 1982, verunglückte Gilles Villeneuve beim Qualifikationstraining zum GP von Belgien in Zolder nach einer Kollision mit Jochen Mass tödlich.

▲ Gerhard Berger (F1 87, Österreichring 1987).

▲ Michele Alboreto (F1 87, Jerez 1987).

bis fast an das Ende des Feldes zurückfiel. Runde um Runde kämpften sich beide Ferrari-Piloten wieder nach vorne. Arnoux lag bereits auf dem dritten Platz, als sich die vor ihm fahrenden Konkurrenten gegenseitig in die Quere kamen und ihm den Sieg quasi schenkten. Wenige Runden vor Schluss hatte auch Tambay seine Aufholjagd beendet und lag hinter Arnoux auf Rang 2.
Mit seinem dritten Sieg rangierte René Arnoux hinter Alain Prost auf Platz 2 der Weltmeisterschaft. Doch technische Gebrechen des 126 C3 machten die Hoffnung auf den Titelgewinn zunichte, und der Franzose musste sich mit Platz 3 in der WM zufriedengeben. Durch das zusätzliche Punktekonto von Patrick Tambay schaffte es Ferrari jedoch, 1983 den Konstrukteurspokal zu verteidigen.

SIEG #89 - BELGIEN 1984 - MICHELE ALBORETO

Wenn man gesehen hatte, wie klar die beiden Ferrari 126 C4 von Michele Alboreto und René Arnoux das gesamte Rennwochenende von Zolder dominierten, wunderte man sich, dass die Saison 1984 nicht erfolgreicher für den italienischen Hersteller verlief. Aus der „roten" ersten Startreihe - Alboreto vor Arnoux - sprintete Alboreto in seinem dritten Rennen für Ferrari an die Spitze und fuhr einen ungefährdeten Start-Ziel-Sieg sicher nach Hause. René Arnoux, der nach einem Reifendefekt weit zurückgefallen war, gelang mit Platz 3 ebenfalls der Sprung auf das Treppchen. Auch wenn die beiden Ferrari-Piloten in der weiteren Saison hin und wieder unter die drei Besten kamen, so wurde das Jahr doch ganz klar von Niki Lauda

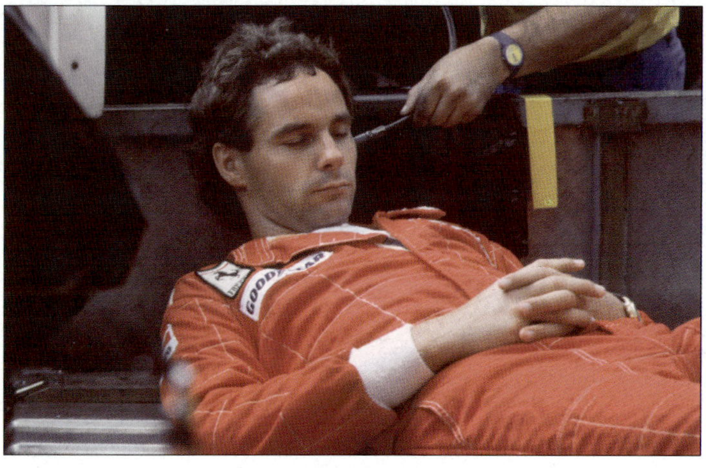

▲ Gerhard Berger F1 87/88C (Monaco 1988).

und Alain Prost in ihren McLaren beherrscht. Immerhin gelang es Ferrari aber noch, den Vizetitel im Konstrukteurspokal zu erringen.

SIEG #90 - KANADA 1985 - MICHELE ALBORETO

Bis zum fünften Lauf der WM 1985 in Montreal hatte sich Michele Alboreto mit drei zweiten Plätzen eine gute Ausgangsbasis für den Kampf um die Fahrer-WM geschaffen. Im Training des GP von Kanada mussten sich beiden Ferrari den dank Renault-Power wiedererstarkten Lotus beugen und belegten die zweite Startreihe. Doch die schwarz-goldenen Lotus konnten die Ferrari nur bis zur Mitte des Rennens halten, und Alboreto übernahm die Führung. Auch Stefan Johansson, der den zweiten Ferrari pilotierte, überholte den Lotus von Elio De Angelis, und so gelang der Scuderia der erste Doppelsieg seit fast zwei Jahren. Außerdem führte Michele Alboreto dank dieses Sieges nun erstmals die Weltmeisterschaft an.

SIEG #91 - DEUTSCHLAND 1985 - MICHELE ALBORETO

Seit 1976 war der Nürburgring 1985 erstmalig wieder Austragungsort für den Großen Preis von Deutschland. Michele Alboreto reiste immer noch als WM-Leader in die Eifel, und Ferrari hatte seinen Vorsprung in der Konstrukteurswertung weiter ausbauen können. Das Training bot einige Überraschungen, denn die Pole Position hatte sich der „Hinterbänkler" Teo Fabi auf Toleman (das Team, aus dem später Benetton entstand) gesichert. Für Platz 2 hatte sich mit Stefan Johansson ebenfalls eine eher ungewöhnliche Besetzung gefunden, während sein Teamkollege und WM-Favorit Alboreto nur auf Platz 8 kam. Im Rennen konnten die beiden Erstplatzierten ihren Vorsprung nicht umsetzen, und so ging zunächst Keke Rosberg auf Williams in Führung. Doch gegen Ende des Rennens kam Michele Alboreto, der sich stetig nach vorne gearbeitet hatte, immer besser in Fahrt, überholte den Finnen und gewann schließlich den Lauf. Durch diesen Sieg vergrößerte er seinen Vorsprung auf die Konkurrenz im Kampf um die Weltmeisterschaft. Doch nach dem nächsten Lauf in Österreich, bei dem der Italiener noch Platz 3 belegte, wollte bei Ferrari nichts mehr klappen. So verlor Alboreto die Meisterschaft an Alain Prost, und sogar der bereits sicher geglaubte Konstrukteurspokal ging nicht an Ferrari, sondern an McLaren.

SIEG #92 - JAPAN 1987 - GERHARD BERGER

So wie die Saison 1985 geendet hatte, verlief die gesamte 86er Saison. Es passte nichts mehr bei Ferrari, und insbesondere Michele Alboreto erlebte eine schwarze Saison, denn die wenigen guten Platzierungen, die Ferrari erzielte, gingen auf das Konto von Stefan Johansson.

1987 startete Ferrari mit großen Hoffnungen in das neue Jahr, denn man hatte den als Ausnahmetalent geltenden Gerhard Berger verpflichtet. Doch erneut ließ sich die Saison schwach an, und gegen die Williams, McLaren und Lotus schien kein Kraut gewachsen. Zwei Rennen vor Ende der Meisterschaft platzte dann doch noch der Knoten. Wie schon zuvor in Portugal sicherte sich Gerhard Berger mit seinem F1-87 in Suzuka die Pole. Der Österreicher beherrschte auch das Rennen überlegen und ließ dem zweitplatzierten Ayrton Senna keine Chance.

▲ *Nigel Mansell (640 V12, Monaco 1989).*

SIEG #93 - AUSTRALIEN 1987 - GERHARD BERGER

In der australischen Metropole Adelaide gelang Berger 1987 der Hattrick, und er sicherte sich die dritte Pole Position in Folge. Und wie schon in Japan hatte die Konkurrenz auch im Rennen nichts zu lachen: Der Österreicher fuhr eine schnelle Runde nach der anderen und kreuzte als erster Ziellinie. Als man den zweitplatzierten Ayrton Senna wegen einer nicht reglementskonformen Bremsanlage disqualifizierte, wurde durch den auf Platz 2 vorrückenden Michele Alboreto sogar ein Doppelsieg für Ferrari daraus. Ein versöhnliches Ende für eine Saison, die so schlecht begonnen hatte.

SIEG #94 - ITALIEN 1988 - GERHARD BERGER

1988 war ein bemerkenswertes Rennjahr: Noch nie in der jüngeren Formel-1-Geschichte wurde eine Saison so sehr von einem Team dominiert. McLaren-Honda gewann abwechselnd mit Ayrton Senna und Alain Prost 15 (!) der insgesamt 16 Rennen. Ausgerechnet in der Heimat der Tifosi siegte mit Ferrari ein anderer Hersteller. Aber zunächst hatte es auch in Monza nicht nach einem Ferrari-Sieg ausgesehen, obwohl sich Michele Alborto und Gerhard Berger hinter den beiden McLaren die zweite Startreihe teilten. Nach dem Start folgte dem Duo Senna-Prost das Duo Berger-Alboreto, und als Prost mit Motorschaden ausfiel, machten sich die Ferrari auf die Jagd nach Senna. Drei Runden vor Schluss hatte Berger zum McLaren aufgeschlossen, was Senna - nicht zuletzt auch wegen der zur Neige gehenden Benzinreserve - wohl nervös machte. Vor den tobenden Tifosi kollidierte der Brasilianer bei einem Überrundungsversuch und schied aus. Durch diesen Doppelsieg, dem ersten Sieg für die Scuderia seit Enzo Ferraris Tod drei Wochen zuvor, konnten sich die Italiener wenigstens noch den Vizetitel im Konstrukteurspokal und Berger den dritten Rang der Fahrer-WM sichern.

▲ *Nigel Mansell (640 V12, Rio de Janeiro 1989).*

SIEG #95 - BRASILIEN 1989 - NIGEL MANSELL

Mit Beginn der Saison 1989 waren die Turbos aus der Formel 1 verbannt worden. Stattdessen traten alle Teams mit 3,5-Liter-Saugmotoren an, die zum größten Teil frisch vom Reissbrett stammten. Ferrari hatte sich bei der Entwicklung des neuen V12 viel Zeit gelassen, so dass einmal mehr das Fahrzeug erst kurz vor Saisonbeginn fertig wurde. Trotzdem klappte es bereits im Training in Rio de Janeiro hervorragend, und Gerhard Berger und Neuzugang Nigel Mansell qualifizierten sich für die Plätze 4 und 5. Während Berger bereits kurz nach dem Start durch eine Kollision mit Ayrton Senna (McLaren) ausschied, hetzte Mansell der Spitze hinterher und trug mit seinem Einsatz zu einem der spannendsten Rennen der Saison bei. In Runde 16 übernahm er die Spitze von Riccardo Patrese (Williams), musste sie aber vier Runden später wieder an den Italiener abtreten. Nach weiteren zwei Runden war es Alain Prost (McLaren), der für 16 Runden die Führung übernahm und diese wiederum an Ferrari-Pilot Mansell verlor. Doch bereits nach einer weiteren Runde konterte Prost, überholte den Ferrari und wurde fortan von Mansell so sehr unter Druck gesetzt, dass er ihn zwei Runden später passieren lassen musste. Mansell fuhr das Rennen zu Ende und bescherte dem neuen Ferrari 640 V12 gleich bei seiner Feuertaufe einen Sieg.

▲ *Alain Prost (641/2, Silverstone 1990).*

Fast Weltmeister mit zwölf Zylindern

SIEG #96 - UNGARN 1989 - NIGEL MANSELL

Als die Formel 1 Mitte der Saison 1989 in Budapest auftrat, schien die Weltmeisterschaft wieder auf ein Duell zwischen den McLaren-Piloten Alain Prost und Ayrton Senna hinauszulaufen. Nigel Mansell fehlten bereits 28 Punkte auf den führenden Franzosen, und Gerhard Berger hatte noch nicht ein einziges Mal punkten können. Zu oft hatte das noch nicht ausgereifte Fahrzeug und insbesondere das revolutionäre halbautomatische Getriebe zu einem Ausfall der beiden Ferrari-Piloten geführt. Auch auf dem Hungaroring blieben die Ferrari im Training zunächst hinter den Erwartungen zurück, denn Berger hatte nur die sechst-, Mansell sogar nur die zwölftschnellste Zeit herausgefahren. Doch im Rennen katapultierte sich der für seinen Kampfgeist berühmte Brite nach vorne, duellierte sich mit Ayrton Senna um die Spitze, und ging 20 Runden vor Ende des Rennens in Führung.

SIEG #97 - PORTUGAL 1989 - GERHARD BERGER

In Estoril sah es im Training für beide Ferrari-Piloten endlich wieder einmal besser aus. Nigel Mansell hatte sich für Platz 3, Gerhard Berger, der zuvor beim GP von Italien mit seinem zweiten Platz erstmals in die Punkte gekommen war, für Startplatz 2 qualifiziert. Der Österreicher schob sich mit einem Blitzstart sogar am Trainingsschnellsten Senna vorbei und ging in Führung. Nach 10 Runden waren beide Ferrari in Front, denn Mansell hatte sich ebenfalls an dem Brasilianer vorbei gezwängt. Gemäß Stallorder tauschten daraufhin beide Ferrari ihre Position, und als Mansell in der 39. Runde zum obligatorischen Reifenwechsel herein kam, preschte er über die Markierungen seiner Boxenmannschaft hinaus. Anstatt sich von seinen Mechanikern zurück schieben zu lassen, legte der Brite - regelwidrig - den Rückwärtsgang ein. Als der Brite nach dem Stop auf Platz 4 liegend die Strecke umkreiste, wurde ihm von der Rennleitung die schwarze Flagge gezeigt: Disqualifikation. Mansell, der hinterher behauptete, die Flagge nicht gesehen zu haben, setzte sein Rennen unbeirrt fort und versuchte sogar, den vor ihm liegenden Senna zu überholen. Es kam wie es kommen musste und Mansell, der eigentlich disqualifiziert war, stieß Ayrton Senna, der die WM- Punkte dringend für die Titelverteidigung gebraucht hätte, bei einem Überholversuch von der Strecke. Während vorne Gerhard Berger seinem ersten Saisonsieg entgegenfuhr, wurde der Brite zu einer Zahlung von 50.000 Pfund Sterling und einem Rennen Fahrverbot verurteilt.

SIEG #98 - BRASILIEN 1990 - ALAIN PROST

Beim zweiten Lauf der Meisterschaft 1990 in Interlagos reichte es für die beiden Ferrari 641 nur für die dritte Startreihe. Doch Alain Prost, der als amtierender Weltmeister von McLaren zu Ferrari gewechselt war und somit auch die Nummer 1 mit zu den Italienern brachte, fuhr ein taktisch kluges Rennen und folgte seinem Erzrivalen Ayrton Senna Runde um Runde. Als der Brasilianer bei einem Überrundungsversuch einen Fehler beging und ausschied, war die Reihe an Prost, der das Rennen sicher zu Ende fuhr.

SIEG #99 - MEXIKO 1990 - ALAIN PROST

In Training vom Mexiko kam Alain Prost nicht über einen enttäuschenden 13. Startplatz hinaus, und auch die nach fünf Rennen angesammelten 17 Punkte Rückstand auf den führenden Ayrton Senna machten den Franzosen nicht gerade zu einem Top-Favoriten auf den WM-Titel. Doch in den folgenden Rennen sollte sich das Blatt zugunsten Prosts wenden: Bereits zu Rennmitte lautete die Reihenfolge Senna vor Mansell und Prost. Als der Brite bei einer Überrundung etwas behindert wurde, nutzte Prost seine Chance und ging an seinem Teamkollegen vorbei. Ganz offensichtlich hatte sich Ayrton Senna bei seiner Reifenwahl vergriffen, denn beide Ferrari-Piloten kamen in kürzester Zeit am McLaren vorbei und schafften einen Doppelsieg.

SIEG #100 - FRANKREICH 1990 - ALAIN PROST

Als erstem Rennstall in der Formel 1 gelang es Ferrari, 100 Siege zu erringen. Dass diese runde Zahl ausgerechnet beim Heim-Grand-Prix einer der Ferrari-Piloten erreicht wurde, war eine schöne Dreingabe.

▲ *Jean Alesi (642, Phoenix 1991).*

▲ *Während der Saison 1990 kam Alain Prost dem WM-Titel zum Greifen nahe – am Ende ging sein Griff jedoch ins Leere... (Hungaroring 1990, nach seinem Ausfall).*

Im Training hatte zunächst jedoch Nigel Mansell mit einer Fabelzeit mit Mittelpunkt gestanden, aber dafür lief im Rennen Prost zu großartiger Form auf. Als nach knapp zwei Dritteln der Renndistanz alle Reifenwechsel vollzogen waren, führte plötzlich Ivan Capelli auf einem völlig unterlegenen Leyton-House-Judd. Alain Prost hetzte dem späteren Ferrari-Werksfahrer Capelli hinterher, fuhr eine schnelle Runde nach der anderen und konnte zwei Runden vor Schluss am Italiener vorbeigehen.

SIEG #101 - ENGLAND 1990 - ALAIN PROST

Nur eine Woche später stand das Heimrennen von Nigel Mansell auf dem Programm, für das der Brite besonders hoch motiviert war. Nachdem er bereits in Frankreich die „Pole" errungen hatte, qualifizierte er sich auch in Silverstone vor der Konkurrenz. Da er beim Start Ayrton Senna den Vortritt gelassen hatte, musste sich der Brite in Runde 12 die Führung erst wieder zurückholen. Doch schon bald wurde Mansell von Gerhard Berger im McLaren unter Druck gesetzt, dem er sich schließlich auch geschlagen geben musste. Damit war die Angelegenheit für Mansell aber noch nicht erledigt und er machte sich an die Verfolgung des Österreichers. Hochmotiviert und unter dem Jubel der Zuschauer schob sich der Brite nach einigen Runden wieder am McLaren vorbei. Aber der von hinten heranrasende Alain Prost überholte Berger, so dass der Grand Prix nun von einem Ferrari-Duo angeführt wurde. Es sollte aber nicht Mansells Tag sein, denn ein Fehlerteufel im halbautomatischen Getriebe seines Ferrari führte zunächst dazu, dass der Brite von Prost überholt wurde und war bald darauf auch für den Ausfall Mansells verantwortlich. Mit seinen drei Siegen in Folge gelang Alain Prost ein gewaltiger Sprung in der Meisterschaftstabelle, die er jetzt sogar vor Senna anführte.

SIEG #102 - PORTUGAL 1990 - NIGEL MANSELL

Zum ersten und einzigen Mal in der Saison 1990 qualifizierten sich beide Ferrari - Mansell vor Prost - für die erste Startreihe. Trotzdem konnten beide Roten ihre gute Ausgangssituation nicht nutzen, und Mansell drängte beim Start so weit zu Prost herüber, dass beide McLaren an der Kurvenaußenseite an ihnen vorbei in Führung gehen konnten. Der Brite machte sich nun an die Verfolgung von Senna und Berger, und nach den Routinestopps zu Mitte des Rennens lag er auf Platz 2, gefolgt von Teamgefährte Prost. In einer typischen Mansell-Aktion drückte er sich aus dem Windschatten heraus an Senna vorbei. Als kurz darauf das Rennen nach einem Unfall am Ende des Feldes abgebrochen wurde, wurde Mansell als Sieger abgewunken.

SIEG #103 - SPANIEN 1990 - ALAIN PROST

Wollte Alain Prost seine kleine Chance auf die Titelverteidigung noch nutzen, musste er in Spanien unbedingt gewinnen. Schon im Training bemühte sich der „Professor" um den Sprung in die erste Startreihe und kam mit Startplatz 2 tatsächlich neben seinem Hauptkonkurrenten Senna zu stehen. Für den Renntag waren ein-

▲ *Talsohle erreicht: Jean Alesi, Ivan Capelli (F92A, Barcelona 1992).*

▲ *Generationskonflikt: Schumacher rammt Alesi (Monaco 1992).*

▲ *Gerhard Berger (F93A, Montreal 1993).*

deutig die Ferrari am besten in Form, und wenn auch Senna zunächst in Führung ging, die Ferrari waren nicht aufzuhalten. Nach einem guten Drittel der Distanz hatte das Duo Prost-Mansell die Führung erobert und schaffte den zweiten Doppelsieg der Saison. Trotzdem sollte es für Prost, der zwei Rennen vor Schluss 9 Punkte hinter Senna lag, nicht mehr für den WM-Titel reichen. Bereits beim nächsten Rennen, dem Grand Prix von Japan, kam es zu jener berüchtigten Kollision, bei der Senna in der ersten Kurve Prost von der Piste schoss und ihn so um alle verbliebenen WM-Chancen brachte.

SIEG #104 - DEUTSCHLAND 1994 - GERHARD BERGER

Ein Alpdruck hatte auf Ferrari gelastet: Seit 58 Rennen beziehungsweise dreieinhalb Jahren hatten die Roten keinen Sieg mehr errungen. Nach den miserablen Jahren 1991, 1992 und 1993 setzte Ferrari in den neuen 412 T1 große Hoffnungen. Wenn der Durchbruch auch in der ersten Saisonhälfte nicht klappen wollte, in Hockenheim kam er dafür umso abrupter: Beide Ferrari - Gerhard Berger vor Jean Alesi - sicherten sich mit Fabelzeiten die erste Startreihe, die erste „Rote" seit Portugal 1990. Doch die Freude der Ferrari-Fans erhielt bereits wenige Meter nach dem Start einen gewaltigen Dämpfer, als Jean Alesi mit einem Defekt an der Elektronik ausrollte. Derweil behauptete Gerhard Berger die Spitzenposition des Feldes, das durch eine Massenkarambolage beim Start bereits kräftig dezimiert war. Hinter Berger tauchte alsbald Michael Schumacher auf, aber noch bevor es zu einem echten Kampf der beiden Kontrahenten kam, schied der Deutsche mit Motorschaden aus. Einsam drehte fortan Gerhard Berger seine Runden und bescherte Ferrari den ersehnten Sieg. Auch in den folgenden Rennen, insbesondere in den Grands Prix von Belgien und Italien, fuhren die Ferrari-Piloten ganz vorne mit, aber wegen technischer Probleme reichte es kein weiteres Mal mehr zum Sieg.

SIEG #105 - KANADA 1995 - JEAN ALESI

Es gab wohl niemanden, der Jean Alesi diesen Sieg nicht gegönnt hätte: Nach vier erfolglosen Jahren bei Ferrari gelang dem sympathischen und temperamentvollen Franzosen im 91. Anlauf - einen Tag nach seinem 30. Geburtstag - in Kanada 1995 der erste Grand-Prix-Sieg. Dennoch war es im Grunde ein geschenkter Sieg: Michael Schumacher führte in seinem Benetton das Rennen klar an, als er 11 Runden vor Schluss des Rennens in Montreal wegen auftretender Elektronikprobleme die Boxen ansteuern musste. Der Deutsche ging kurz darauf zwar wieder ins Rennen, doch Alesi war längst vorbei und ließ sich bis zur Zieldurchfahrt das Ruder nicht mehr aus der Hand nehmen. Als dem freudentränenblinden Franzosen in der Ehrenrunde der Motor abstarb, nahm Schumacher ihn auf dem Seitenkasten seines Benetton mit zur Siegerehrung - ein Bild, das um die Welt ging.
Ansonsten gab die Saison keinen Anlass zu Jubelstürmen. Zwar machten die Ferrari-Piloten Alesi und Berger mit einigen guten

▲ *Grand-Prix-Sieg Nummer 1 für Alesi, Nummer 105 für Ferrari (Montreal 1995).*

▲ *Ende einer Durststrecke: Gerhard Berger gewinnt in Hockenheim 1994.*

▲ *Erfolgs-Duo aus Benetton-Zeiten: Rory Byrne und Michael Schumacher.*

Leistungen auf sich aufmerksam, wie beispielsweise Alesi bei seinem Parforce-Ritt beim GP von Europa, bei dem er sich nur ganz knapp Michael Schumacher geschlagen geben musste. Da aber Benetton und Williams mit dem kompakten und ultra-potenten Renault-Zehnzylinder über einen handfesten Wettbewerbsvorteil verfügten, war die Schlacht für die unhandlicheren und durchzugsschwächeren Ferrari-V12 bereits geschlagen.

Mit Schumacher zurück auf die Erfolgsstraße

▲ *Michael Schumacher (F310, Spa 1996).*

SIEG #106 - SPANIEN 1996 - MICHAEL SCHUMACHER

Der Wechsel des amtierenden Weltmeisters Michael Schumacher hatte die Scuderia in Euphorie versetzt. Tatsächlich waren die Fortschritte, die die Roten von Rennen zu Rennen machten, unübersehbar. Auch wenn der F310 kein Weltmeisterauto war, so spielte der Kerpener den „Schumi-Faktor" aus: Nach zwei Pole Positions in Imola und Monte Carlo bescherte er durch sein Fahrkönnen Ferrari bereits beim Großen Preis von Spanien den ersten Sieg. Im strömenden Regen deklassierte er die Konkurrenz, in dem er teilweise pro Runde mehrere Sekunden Vorsprung herausfuhr. Selbst die sonst so überlegenen Williams-Piloten hatten in Barcelona keine Chance - genauso, wie Teamkollege Eddie Irvine, der nach einem guten Saisonstart (Platz Drei in Australien) ohne Punkte blieb.

SIEG #107 - BELGIEN 1996 - MICHAEL SCHUMACHER

Nach dem Erfolg in Spanien erlebte Ferrari fünf harte Rennen. Durch technische Pannen schied Schumacher dreimal in Folge aus (in Magny-Cours bereits in der Einführungsrunde) und erlebte auch in Deutschland und Ungarn nur mittelmäßige Rennen. Doch beim Rennen in Spa-Francorchamps platzte der Knoten, und „Schumakka" holte seinen zweiten Ferrari-Sieg. Bis es allerdings so weit war, erlebte der Deutsche erst einmal eine Schrecksekunde: Im Training kam er im Streckenabschnitt Fagnes mit hoher Geschwindigkeit von der Piste ab, schlug in die Begrenzung ein und verletzte sich leicht am Oberschenkel. Doch dank seiner guten körperlichen Verfassung konnte der Ferrari-Pilot trotzdem an den Start gehen - indes ohne Hoffnung auf ein „zweites Barcelona", denn diesmal blieb es in den Ardennen trocken. Dafür erwies sich Schumacher einmal mehr als guter Taktiker und nutzte Safety-Car-Phasen für Boxenstopps. In Runde 24 übernahm der Ferrari schließlich die Führung, die er bis ins Ziel nicht mehr abgab. Eddie

▲ *Harte Bandagen: Eddie Irvine (F310B) wird von Jean Alesi (Benetton) gerammt (A1-Ring, 1997).*

Irvine blieb wegen eines Getriebedefekts wie im gesamten Sommer ohne WM-Zähler.

SIEG #108 - ITALIEN 1996 - MICHAEL SCHUMACHER

Für den Hochgeschwindigkeitskurs von Monza galt Ferrari nicht gerade als Favorit. Stattdessen vermutete man ein Duell der beiden Williams-Renault-Piloten, die in diesem Jahr den Titel unter sich ausmachten. Im Training erreichte Schumacher einmal mehr Startplatz drei und war damit schnellster „Nicht-Williams". Doch im Rennen entbrannte ein Reifenkrieg der ganz besonderen Art: An den Schikanen waren Reifenstapel als Ersatz für zu flache Kerbs aufgestellt worden. Es kam wie es kommen musste, und viele Piloten strauchelten an den Gummis. Schumacher, der beim Start mehrere Plätze zurückgefallen war, erbte auf diese Weise wieder Rang zwei hinter dem Benetton von Jean Alesi. Um seinen Vorgänger bei Ferrari überholen zu können, war jedoch Schumachers F310 zu langsam. Als es ans Nachtanken ging, hatte Ferrari hingegen die bessere Taktik. Schumacher übernahm die Führung und bescherte der Scuderia unter dem Jubel der Fans den ersten Sieg in Monza seit 1988 und den ersten „Folgesieg" seit 1990. Dadurch war endgültig Platz Zwei in der Konstrukteurs-WM und Schumachers dritter Platz in der Fahrer-WM gesichert.

SIEG #109 - MONACO 1997 - MICHAEL SCHUMACHER

Beim Saisonauftakt waren die Ferrari F310B eine Enttäuschung. Zwar errang Michael Schumacher in Australien und San Marino zwei zweite Plätze, aber erneut schien Williams-Renault das Maß der Dinge zu sein. Erst als der Formel-1-Tross in Moncao gastierte, wandelte sich das Bild. Der enge Straßenkurs forderte mehr Fahrgefühl, was die Chancen Schumachers verbesserte. Und diese stiegen weiter, als kurz vor dem Start zum Rennen Regen einsetzte. Ferrari entschied sich für Intermediate-Reifen, während die Mehrzahl der übrigen Starter „verwachste". Von Startplatz zwei aus ging der Deutsche sofort in Führung und bliebt auch dort, bis nach zwei Stunden das Rennen abgewunken wurde. Selbst eine Schrecksekunde, bei der Schumacher den Notausgang benutzte, blieb ohne Folgen. Eddie Irvine, auch 1997 Teamkollege des Kerpeners, komplettierte den Erfolg mit Platz Drei. Für Ferrari war es der erste Sieg in Monaco seit Gilles Villeneuves Triumph 1981.

SIEG #110 - KANADA 1997 - MICHAEL SCHUMACHER

Der Erfolg in Monte Carlo hatte Schumacher und Ferrari an die Spitze beider WM-Wertungen gespült. In Spanien hatte das Team dafür wieder zurückstecken müssen. Doch für den kanadischen Grand Prix hatten die Ingenieure zahlreiche Detailverbesserungen für den F310B im Gepäck. Prompt erreichte Schumacher die Pole-Position, während Irvine im Training nicht über einen enttäuschenden 12. Rang hinauskam. Vom Start weg nutzte Schumacher seine Chance und ging in Führung. Die hätte er wohl auch unangefochten behalten, wenn ihn nicht seine überdurchschnittlich stark abbauenden Reifen zu Rennmitte zu einem außerplanmäßigen Boxenstopp gezwungen hätten. Doch auch David Coulthard, der die Führung daraufhin geerbt hatte, legte noch einen Extra-Stopp ein.

▲ *Regenkönig: Michael Schumacher (F310B, Monaco 1997).*

▲ *Michael Schumacher (1997).*

▲ *Michael Schumacher und Eddie Irvine (Magny-Cours, 1997).*

Als ihm beim Anfahren zweimal der Motor abstarb, war Schumacher wieder am Schotten vorbei.

SIEG #111 - FRANKREICH 1997 - MICHAEL SCHUMACHER

Auch der Große Preis von Frankreich wurde zu einem Ferrari-Fest. Bereits im Qualifying holte sich Michael Schumacher den besten Startplatz - Kollege Irvine startete von Rang fünf. Während der Deutsche beim Start seine Platzierung verteidigte, konnte der Nordire sogar zwei Ränge gutmachen. Doch das war schon der spannendste Moment im ganzen Rennen, denn das Spitzentrio Schumacher-Frentzen-Irvine wechselte seine Positionen (außer während der Boxenstopps) nicht mehr. Nach dem Triumph von Schumacher war die Ferrari-Welt aus dem Häuschen: Schumacher führte mit 14 Punkten die Weltmeisterschaft vor Jacques Villeneuve an.

▲ *Im strömenden Regen lief Schumacher in Spa 1998 auf David Coulthard auf - und wollte ihn anschließend noch in der Boxengasse verprügeln.*

▲ *Michael Schumacher (F310 B, Montreal 1997)*

SIEG #112 - BELGIEN 1997 - MICHAEL SCHUMACHER

Nach drei mageren Rennen in England, Deutschland und Ungarn (nur neun WM-Punkte für Schumacher) führte der Ferrari-Pilot die Formel-1-WM nur noch mit drei Zählern an. Einmal mehr herrschte am Renntag launisches Ardennen-Wetter. Schließlich musste wegen des starken Regens erstmals in der Geschichte der Formel 1 hinter einem Pace-Car gestartet werden. Doch Michael Schumacher zeigte einmal mehr viel Gespür für Wetterprogrnosen. Als einziger Top-Pilot startete er mit Intermediate-Reifen und deklassiert dadurch im bei nachlassendem Niederschlag die Konkurrenz. Der Rest wurde zur Formsache: Nach dem Wechsel auf Slicks verteidigte der Kerpener die Führung bis ins Ziel.

SIEG #113 - JAPAN 1997 - MICHAEL SCHUMACHER

Mit neun Punkten Rückstand auf Jacques Villeneuve kam Michael Schumacher nach Japan - die Weltmeisterschaft schien nun fast schon entschieden zu sein. Doch erstmals konnte Eddie Irvine seinen Teamkollegen wirklich unterstützen: Während Spitzenreiter Villeneuve wegen eines schwebenden Verfahrens (Überholen unter gelber Flagge im Qualifying) nur im Bummeltempo unterwegs war, überrollte ihn der irische Ferrari-Pilot mit einem Husarenritt. Die Aktion zwang den Kanadier zum Handeln, der sein Tempo verschärfte. Das brachte auch dem drittplatzierten Schumacher wieder Vorsprung auf seine Verfolger. Aber erst bei den fälligen Routinestopps gelang es dem Deutschen, an dem Williams vorbei zu gehen. Ein verpatzter Boxenaufenthalt von Irvine sorgte indes dafür, dass Ferrari keinen Doppelsieg feiern konnte.

Das WM-Finale im spanischen Jerez gipfelte im Kampf um Platz Eins in einer Kollision zwischen Schumacher und Villeneuve. Der Ferrari-Pilot, der bei dieser Aktion ausfiel und den Titel verlor, nahm die Schuld auf sich. Die FIA erkannte ihm jedoch alle WM-Zähler des Jahres ab, wodurch er auch seinen zweiten Platz in der Weltmeisterschaft verlor.

SIEG #114 - ARGENTINIEN 1998 - MICHAEL SCHUMACHER

Bereits bis zum dritten WM-Lauf 1998, dem Großen Preis von Argentinien, war ein Großteil der Euphorie bei Ferrari für die neue Saison dahin: Zu deutlich hatte McLaren-Mercedes die ersten beiden Läufe für sich entschieden. Um so größer war schließlich die Überraschung in Buenos Aires, als Michael Schumacher im Qualifying mit seinem Ferrari das silberne Duo spalten konnte und auf Startplatz zwei vorfuhr. Im Rennen dauerte es nur fünf Umläufe, bis sich der Deutsche das Herz nahm, in einer sehenswerten Aktion an David Coulthard vorbei in Führung zu gehen. Auch wenn der Reigen der Boxenstopps kurzfristig die Rangfolge noch einmal veränderte, war Schumacher der Erste, der die Ziellinie überquerte. Nur zwei Plätze dahinter: Eddie Irvine.

SIEG #115 - KANADA 1998 - MICHAEL SCHUMACHER

Zum siebten Rennen der Saison reiste Michael Schumacher bereits mit nur etwa halb so vielen WM-Zählern nach Kanada, wie Spitzenreiter Mika Häkkinen. Selbst im vorherigen Rennen in Monte Carlo, für das sich der Ferrari-Pilot gute Chancen ausgerechnet hatte, blieb er ohne Punkte. Schon der Start zum kanadischen Grand Prix verlief turbulent, denn als es auch beim zweiten Anlauf zu einer Kollision kam, übernahm erst einmal das Safety-Car die Führung. Und erbarmungslos schlug diesmal der Defektteufel bei den Silbernen zu: Häkkinen war bereits nach einer Runde aus dem Rennen, Coulthard, der vor Schumacher lag, nach dem 19. Umlauf. Durch seinen Sieg verkürzte Schumacher seinen Abstand in der WM-Tabelle.

SIEG #116 - FRANKREICH 1998 - MICHAEL SCHUMACHER

Auch in der Startaufstellung zum französischen Grand Prix konnte Michael Schumacher wieder einmal das McLaren-Duo spalten. Zu Rennbeginn verwandelten sich beide Ferrari in Bodenraketen, und so schossen Schumacher auf Rang Eins, Irvine von Startplatz Vier auf Platz Zwei vor. Dahinter gaben sich die Piloten der Silberpfeile zwar alle Mühe, an den Roten vorbei zu kommen - doch auf der Strecke von Magny-Cours war Überholen fast unmöglich. So fuhren Schumacher und Irvine im Paarlauf dem ersten Ferrari-Doppelsieg seit dem spanischen Grand Prix 1990 entgegen, als damals Prost vor Mansell gewann. Und plötzlich waren es nur noch sechs WM-Punkte, die Schumacher auf Häkkinen fehlten.

SIEG #117 - ENGLAND 1998 - MICHAEL SCHUMACHER

Erneut stellte Michael Schumacher seinen Ferrari auf Startplatz Zwei. Doch man musste schon ein großer Optimist sein, um auf einen weiteren Ferrari-Sieg zu hoffen: Drei Siege in Folge sind schließlich eine höchst seltene Angelegenheit. Außerdem fiel Schumacher trotz feuchter Witterung beim Start mit beachtlichem Rückstand auf Platz Drei zurück. Aber auch ohne Rekordfahrt kam er auf Platz Zwei vor, denn Coulthard drehte sich im Regen aus dem Rennen. Erst als der Deutsche Regenreifen aufziehen ließ, startete er im Ferrari einen Höhenflug - und überholte Häkkinen. Doch das Rennen war noch nicht gewonnen, denn Schumacher wurde kurz vor Ende des Rennens mit einer Zeitstrafe wegen Überholens unter gelber Flagge belegt. Weil aber die Verwarnung viel zu spät kam und niemand so genau wusste, ob es eine Stop-And-Go- oder eine Additionsstrafe war, kam es zum möglicherweise skurrilsten Zieleinlauf in der Formel-1-Geschichte: Schumacher beendete das Rennen als Sieger in der Boxengasse. Entsprechende Proteste wurden abgelehnt.

SIEG #118 - UNGARN 1998 - MICHAEL SCHUMACHER

Hatte sich nach England Schumacher bis auf zwei Punkte an Häkkinen herangekämpft, so konterte der Finne mit zwei Siegen. Und auch in Ungarn sah es so aus, als ob der McLaren-Pilot seinen Vorsprung würde ausbauen können. Zwei Silberpfeile in der ersten Startreihe ließen für Schumacher die Chancen auf einen Sieg merklich sinken - speziell auf dem winkeligen Hungaroring. Die Reihenfolge Häkkinen-Coulthard-Schumacher schien im Rennen fast unabänderlich - zumindest so lange, bis Ferrari-Chef-Stratege Ross Brawn kurzfristig beschloss, von zwei auf drei Boxenstopps zu wechseln. Und seine Rechnung ging auf: Nach knapp zwei Drittel der Renndistanz übernahm der deutsche Ferrari-Pilot die Führung - bis ins Ziel.

SIEG #119 - ITALIEN 1998 - MICHAEL SCHUMACHER

Als die Formel 1 nach Monza reiste, beherrschte nur ein einziges Thema die Szene: Die Kollision zwischen Schumacher und dem überrundeten Coulthard 14 Tage zuvor beim belgischen Grand Prix. Der Ferrari-Pilot hatte dadurch den sicher geglaubten Sieg verloren.

▲ *Auch wenn in Hockenheim 1998 kein Sieg heraussprang: Schumacher fuhr in seinem dritten Jahr für Ferrari bis zum Schluss um den Titel.*

▲ *Deutsch-Italienischer Nationalfeiertag: Michael Schumacher gewinnt in Monza (F300, 1998).*

Nachdem es auf italienischem Boden wieder zur Versöhnung zwischen beiden Piloten gekommen war, gab Schumacher im Qualifying einen Beweis der aktuellen Ferrari-Stärke und stellte seinen F300 auf die Pole-Position. Doch beim Start zum Rennen wandelte sich das Bild: Beide McLaren zogen an Schumacher vorbei, der 16 Runden lang auf Platz Drei hinterher fuhr. Doch dann meinte es Fortuna gut mit Ferrari, denn plötzlich war wieder Schumacher vorne. Während Coulthard mit einem gewaltigen Motorplatzer ausschied, wurde Häkkinen davon für einen Moment so sehr irritiert, dass der Deutsche überholen konnte. Unter dem Jubel der Tifosi gewann schließlich Michael Schumacher das Rennen vor Eddie Irvine. Ein würdiges Ergebnis, und zu den Feierlichkeiten zum 600. Grand Prix für Ferrari (genaugenommen der 601.) gut passte.
Auch wenn Schumacher und Häkkinen punktgleich Monza verließen, hatte der Finne in der WM das bessere Ende für sich. Zwei Siege, am Nürburgring und in Japan, brachten ihm den Titel ein.

SIEG #120 - AUSTRALIEN 1999 - EDDIE IRVINE

Ein Ferrari-Sieg im ersten Rennen war ein Auftakt nach Maß für die Tifosi. Dass es aber Eddie Irvine war, der ganz oben auf dem Treppchen stand, war für manchen ein Wermutstropfen. Doch als die versammelte Konkurrenz, einschließlich Teamkollege Michael Schumacher, von technischen Problemen geplagt wurde, war der Weg für den ersten Formel-1-Sieg des Nordiren frei. Mühelos gewann er in seinem F399 das Rennen vor Heinz-Harald Frentzen und Ralf Schumacher. Immerhin war es der erste Ferrari-Sieg in Australien seit Bergers Erfolg 1987, und der Allererste in Melbourne.

SIEG #121 - SAN MARINO 1999 - MICHAEL SCHUMACHER

Gute Laune im Italien: Ein Ferrari-Pilot führte die Weltmeisterschaft an, denn noch war Eddie Irvine vorne. Doch einmal mehr gehörten die ersten Plätze im Training den Silbernen, die sie zunächst auch verteidigten - bis Mika Häkkinen ein klassischer Konzentrationsfehler unterlief, und der Finne an einer Mauer strandete. Jetzt lag nur noch ein McLaren vor Schumacher, was Stratege Ross Brawn sofort veranlasste, die Boxenstopp-Taktik zu ändern. Und diese Rechnung ging auf: Weil McLaren-Mercedes nicht rechtzeitig reagierte, war Schumacher plötzlich vorne. Während der Motor von Eddie Irvines Wagen plötzlich den Geist aufgab, gewann der Deutsche den Grand Prix von Imola sicher. Für Ferrari war es der erste Triumph dort seit Patrick Tambays Sieg '83.

SIEG #122 - MONACO 1999 - MICHAEL SCHUMACHER

Auch im „Fahrer-Paradies" Monaco schaffte es Michael Schumacher nicht, seinen Ferrari auf die Pole zu stellen, kam aber immerhin auf Startplatz Zwei. Als die Ampel auf Grün sprang, donnerte der

Deutsche an dem Silberpfeil vorbei an die Spitze. Um diese Position wurde es bis Rennende beinahe langweilig - so sehr hatte Schumacher das Feld im Griff. Aber auch Eddie Irvine war in Höchstform: Am Start schnappte er sich David Coulthard, um dann Druck auf Mika Häkkinen zu machen. Mit einer exzentrischen Tankstrategie (ein zweites Mal an die Box, um noch einmal einige wenige Liter nachzutanken) schaffte er es auch, den Ferrari-Doppelsieg perfekt zu machen.
Auch wenn Schumacher im Montreal die Pole Position eroberte, waren die Rennen in Spanien, Kanada und Frankreich mager (sechs WM-Punkte). Im Grand Prix von England verunglückte der Deutsche, als an seinem Ferrari die Bremsen versagten.

▲ *Kurz vor Ende seiner Ferrari-Karriere bewies Eddie Irvine seine Klasse.*

SIEG #123 - ÖSTERREICH 1999 - EDDIE IRVINE

Nachdem klar geworden war, dass Michael Schumacher für mehrere Rennen ausfallen würde, hatte man bei Ferrari Mika Salo als Ersatzpiloten verpflichtet, der sich bei seinem ersten Einsatz allerdings schwer tat. Dafür erhielt Irvine, der als Dritter ins Rennen gegangen war, unerwartete Schützenhilfe: Häkkinen wurde von Coulthard aus den Weg geräumt und fiel ans Ende des Felds zurück. Doch Irvine ließ es weiterhin ruhig angehen und schonte auf Anweisung die Bremsen und sparte Kraftstoff. Der dadurch erst spät fällige Boxenstopp zeigte genau die Wirkung, die sich Jean Todt gewünscht hatte: Der Nordire führte und gewann das Rennen.

▲ *Eddie Irvine (F399, Melbourne 1999)*

SIEG #124 - DEUTSCHLAND 1999 - EDDIE IRVINE

In Qualifying zum Großen Preis von Deutschland mussten die Ferrari-Piloten wieder zurückstecken - Platz vier für Salo, Platz fünf für Irvine. Beim Start brillierte dafür Mika Salo und setzte sich hinter seinen Landsmann und Namensvetter auf Platz Zwei. Und mehr noch: Der frischgebackene Ferrari-Pilot konnte Häkkinens Tempo mitgehen. Als schließlich McLaren auch noch beim Tankstopp patzte, übernahm Mika Salo die Führung. Artig ließ er Eddie Irvine, der sich inzwischen wieder vorgekämpft hatte, vorbei. Ungefährdet gelang ihnen der Doppelsieg, der Eddie Irvine mit acht Punkten Vorsprung vor Häkkinen an die WM-Spitze brachte.

SIEG #125 - MALAYSIA 1999 - EDDIE IRVINE

Vor dem erstmals ausgetragenen WM-Lauf in Malaysia hatte Mika Häkkinen Eddie Irvine in der WM-Tabelle wieder überholt. Doch der Nordire bekam einen neuen Verbündeten an die Seite gestellt: Michael Schumacher kehrte an seinen Arbeitsplatz zurück, selbstverständlich mit der Vorgabe, Irvine bei seinem Kampf zu unterstützen. Als ob der Deutsche nie weg gewesen wäre, setzte er seinen Ferrari auf die Pole Position. Irvine tat es ihm nach und komplettierte die erste Startreihe. Im Formationslauf umkreisen beide Roten nach dem Start den Kurs von Sepang. Schumacher machte, sobald er die Führung übernommen hatte, Platz frei für Irvine, der mit seinem vierten Saisonsieg die Führung in der WM übernahm. Schumacher blieb hinter dem Nordiren auf Platz zwei.
Wegen angeblicher illegaler Abmessungen aerodynamischer Teile wurden beide Ferrari im Anschluss an das Rennen disqualifiziert. Nach Tagen der Spannung gab das Berufungsgericht der FIA dem Einspruch von Ferrari statt, wodurch die Ferrari-Piloten ihre WM-Punkte zurück erhielten. Dennoch reichte es für Irvine nicht, im letzten Lauf in Japan Weltmeister zu werden. Die Scuderia gab sich mit dem Gewinn der Konstrukteurs-Meisterschaft zufrieden, die sie letztmalig 1983 gewonnen hatte.

MICHAEL SCHUMACHER

***3.1.1969**

von Peter Braun

Als Michael Schumacher Ende der Saison 1995 zur Scuderia Ferrari wechselte, war er zwar erst 27 Jahre alt, und doch hatte der junge Kerpener schon alles erreicht, was sich ein Formel-1-Rennfahrer nur erträumen kann. Sein kometenhafter Aufstieg hatte mit einem sensationellen siebten Platz in der Startaufstellung zu seinem ersten Grand Prix (Spa '91) begonnen, am Steuer eines nicht wirklich konkurrenzfähigen Jordan. Benetton-Rennleiter Flavio Briatore spannte das viel versprechende Talent dem irischen Teambesitzer aus und baute ihn in weniger als zwei Jahren zum absoluten Siegfahrer auf. 1994 sicherte er sich mit dem leistungsmäßig ins Hintertreffen geratenen Benetton-Ford-V8 den ersten Weltmeistertitel, den er im Jahr darauf scheinbar mühelos (und nun mit besserem Motoren-Material) verteidigte.

Noch während der ersten Testfahrten im '95er Ferrari-V12 im portugiesischen Estoril strafte er seine Vorgänger Gerhard Berger und Jean Alesi Lügen, die auf ihre alten Tage nicht müde wurden, das kritische Fahrverhalten und den ungestümen Leistungseinsatz des Ferrari zu geißeln: Schumacher unterbot nach wenigen Minuten der Eingewöhnung sowohl die besten Rundenzeiten der Ferrari-Piloten im wenige Wochen zurück liegenden Portugal-GP als auch seine eigene Benetton-Bestzeit. Die italienischen und deutschen Medien mochten sich furchtbar über das Schwindel erregende Salär des neuen Ferrari-Stars aufregen - aber dieser junge Mann war sein Gewicht in Gold wert.

In seiner ersten Ferrari-Saison (1996) holte Schumacher drei Siege, was weitaus mehr war, als der F310 unter objektiven Gesichtspunkten zu leisten imstande war. Im Jahr darauf stritt er mit Gilles Villeneuves Sohn Jacques (Williams-Renault) bereits ernsthaft um den WM-Titel, den er erst im letzten Rennen der Saison (Jerez) verspielte. Sein verzweifelter Rammstoß gegen Villeneuve offenbarte letzten Endes nur den immensen Druck der Ohnmacht, mit dem leistungsmäßig noch immer unterlegenen Ferrari gegen die perfekt funktionierende Maschine des Anderen antreten zu müssen. Dennoch ahndete die Sportbehörde Schumachers wenig sportliche Geste - zu Recht - mit dem Entzug aller Fahrer-WM-Punkte.

1998 war Schumacher in Mika Häkkinen (McLaren-Mercedes) ein neuer starker Gegner erwachsen. Am Ende des Jahres fehlten ihm die während des schwachen Saisonstarts entgangenen Punkte, und auch wenn die Titelentscheidung bereits am Nürburgring gefallen war, so brannte sich die traumatische Startszene zum letzten Rennen des Jahres in Suzuka unauslöschlich in die Gehirne der zu Millionen vor den TV-Bildschirmen versammelten Tifosi: Wenige Sekunden vor dem Start hob der Polesetter den rechten Arm, weil sein Motor ausgegangen war!

1999 leistete sich der unter enormem Titelverteidigungsdruck leidende Häkkinen etliche psychische Schwächen und Fahrfehler, und zur Saisonmitte schien alles für den Ferrari-Piloten zu laufen, da ereignete sich ein folgenschwerer Unfall: Wegen versagender Bremsen schoss Schumacher in Silverstone in einen Reifenstapel, brach sich ein Bein und musste sechs Rennen pausieren. In den letzten beiden Rennen der Saison trumpfte „Schumi" zwar noch einmal mächtig auf, doch um die Titelvergabe konnte er natürlich nicht mehr mitreden.

Um ein Haar wäre sein „Wasserträger" Eddie Irvine der erste Ferrari-Fahrer-Weltmeister seit Jody Scheckter 1979 geworden, doch nun sieht es so aus, als ob diese ehrenvolle Aufgabe allein dem schnellen Mann aus Kerpen-Manheim zustünde, der im Jahr 2000 alles daran setzen wird, seine auch so schon eindrucksvolle Karriere mit dem einzigen Mega-Triumph zu krönen, den der Motorsport zu bieten hat: Weltmeister auf einem Ferrari zu werden.

FORMEL 1
TECHNIK

ENTWICKLUNGS-GESCHICHTE

Ferrari hat im Rennsport alle erdenklichen Motor- und Fahrwerkskonzepte eingesetzt. Man bestritt Weltmeisterschaftsläufe mit 4, 6, 8, 10 und 12 Zylindern, den Motor mal vor, mal hinter dem Fahrer angeordnet. Die Ahnengalerie des aktuellen F1-2000, vorgestellt von

Peter Braun

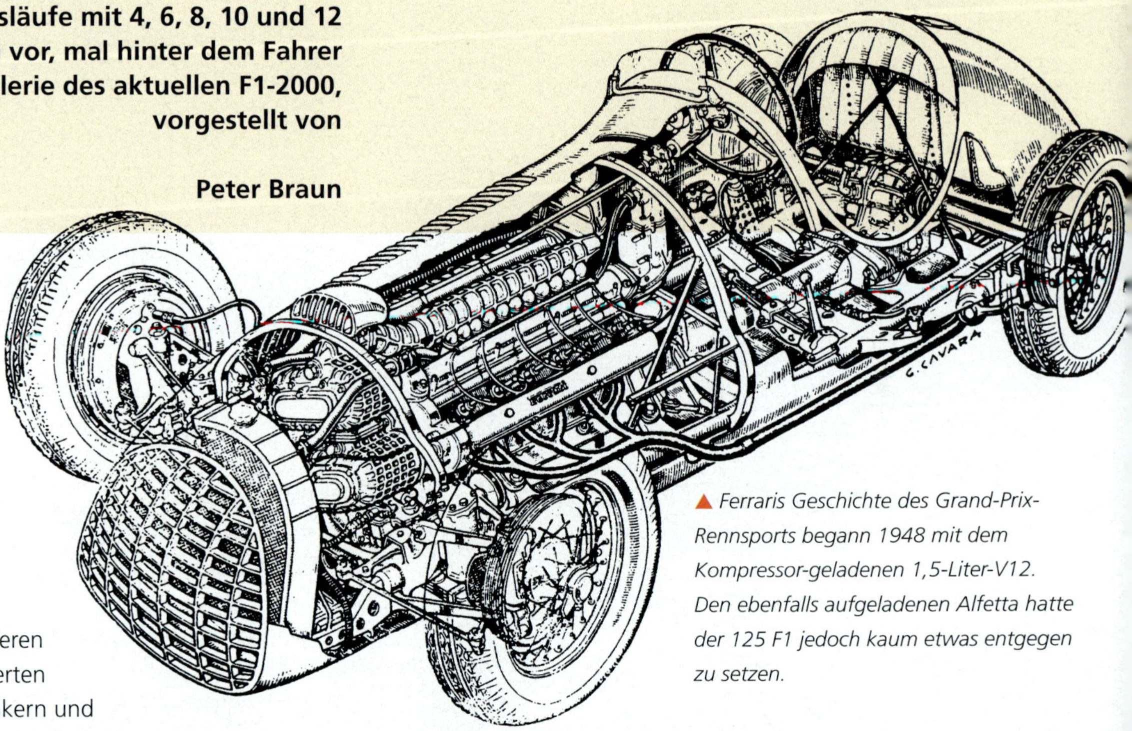

▲ *Ferraris Geschichte des Grand-Prix-Rennsports begann 1948 mit dem Kompressor-geladenen 1,5-Liter-V12. Den ebenfalls aufgeladenen Alfetta hatte der 125 F1 jedoch kaum etwas entgegen zu setzen.*

DIE VOR-GESCHICHTE

Der erste Grand-Prix-Renner mit einem springenden Pferdchen auf der Kühlermaske war ein überaus kompakter „Voiturette"-Rennwagen mit einem zierlichen Zwölfzylinder-V-Motor von knapp 1500 ccm Hubraum unter der vorderen Motorhaube, einer querblattgefederten Vorderachse mit einfachen Querlenkern und einer ebenfalls an kurzen Blattfedern aufgehängten Pendelachse hinten. Man schrieb das Jahr 1948, und Enzo Ferrari, aus der Vorkriegszeit vielen noch als rühriger Rennstallbesitzer und zeitweiliger Alfa-Rennleiter ein Begriff, hatte es eilig, nach achtjähriger Zwangspause durch den Zweiten Weltkrieg wieder Rennluft zu schnuppern.

Ferrari hatte in der Zwischenzeit sein Ziel, eigene Autos zu bauen, verwirklicht, und bereits der im Winter 1946/47 vorgestellte Sportwagen „Tipo 125" ließ keinen Zweifel daran, dass Enzo Ferrari sich nicht mit einer Statistenrolle begnügen wollte. Konstrukteur Gioachino Colombo hatte unmittelbar nach Kriegsende ein Triebwerk entworfen, das die etablierte Konkurrenz mit fassungslosem Staunen aufnahm. Wie die Typenbezeichnung „125" verriet, verteilte sich der Gesamthubraum von 1500 ccm auf 12 kleine Zylinderchen mit jeweils nur einem Achtelliter Inhalt - fürwahr eine höchst aufwendige Motorkonstruktion für einen Neuling, noch dazu in der unmittelbaren Nachkriegszeit.

Während die Serienversion des kurzhubigen Motörchens an sich schon erstaunliche 118 PS abgab, hauchte ein mechanischer Kompressor dem sehr robust ausgelegten V12 noch einmal über 100 zusätzliche Pferdestärken ein - genug, um den Wagen bei seinem ersten Einsatz beim Großen Preis von Italien in Turin in die erste Startreihe zu katapultieren.

1949 brachte Ferrari, wiederum zum Großen Preis von Italien, der diesmal in Monza ausgetragen wurde, bereits eine von Grund auf überarbeitete Motorenversion an den Start. Statt einer einzelnen, kettengetriebenen und natürlich obenliegenden Nockenwelle pro Zylinderreihe hatte der neue Motor nun deren zwei, die aufgrund des erhöhten Drehzahlniveaus über Zahnräder angetrieben waren. Ein ausgeklügeltes System von zwei in Reihe geschalteten, mechanischen Roots-Kompressoren verhalf dem immer noch lediglich 1500 ccm großen Motörchen zu über 300 PS, und Ferrari-Starfahrer Alberto Ascari gewann das Rennen mit einem unangefochtenen Start-Ziel-Sieg.

GEGEN DEN GROSSEN DURST: DER 4,5-LITER-V12

Ferrari hatte die besten Voraussetzungen für ein erfolgreiches Engagement in der 1950 ins Leben gerufenen Weltmeisterschaft, und doch stellte sich bald heraus, dass Alfa Romeo mit der Vorkriegs-„Alfetta" Typ 158 nach wie vor das heißeste Eisen im Feuer hatte und später in der Saison mit dem grundlegend überarbeiteten Typ 159 noch eine Schaufel Kohlen nachlegte. Die „Alfetta" hatte jedoch (wie alle Kompressormotoren) eine Achillesferse: Den gigantischen Kraftstoffverbrauch, der die schnellen Boliden pro Rennen bis zu drei Mal zum Nachtanken an die Boxen zwang. Der Grund hierfür lag in einem absichtlich überfetteten Methanol-Luft-Gemisch, das zur Innenkühlung der thermisch hoch belastenen Kompressormotoren verwendet wurde. Verbräuche von über 150 Liter auf 100 Kilometer waren daher keine Seltenheit. Dass man die an den Boxen zugebrachte Zeit auch sinnvoller nutzen konnte, bewies unter anderem Raymond Sommer beim Großen Preis von Belgien 1950 auf einem veralteten, leistungsmäßig hoffnungslos unterlegenen Talbot-Lago mit 4,5-Liter-Saugmotor, der mehrmals kurzzeitig in Führung lag, während die Kompressor-Konkurrenz (inklusive Ferrari) zum Nachfassen stillstand.

Ferraris neuer Motorenkonstrukteur Aurelio Lampredi, ursprünglich als Colombos Assistent angeheuert, konnte Enzo Ferrari davon überzeugen, dass das Potenzial eines 4,5-Liter-Saugmotors noch lange nicht ausgeschöpft war, und Ferrari gab ihm grünes Licht,

zunächst für einen 3,3 Liter großen V12-Sauger (Tipo 275) und schließlich für den 4,5-Liter-Rennwagen 375 F1, der auf Anhieb standfeste 310 PS produzierte.
Beim Großen Preis von England gelang es Ferrari 1951 zum ersten Mal, die bis dato ungebrochene Siegesserie der Alfetta 158 bzw. 159 in der noch jungen Formel-1-Geschichte zu brechen: Froilàn Gonzalez stellte nicht nur einen neuen Rundenrekord von Silverstone auf (über 100 Meilen Durchschnittsgeschwindigkeit), er gewann auch von der Pole Position das Rennen mit über einer Minute Vorsprung.

GUTE HAUSMANNSKOST: DIE VIERZYLINDER

Da für 1952 und 1953 im Prinzip kein Hersteller außer Ferrari ein brauchbares Formel-1-Auto (mit Kompressor bis 1,5 Liter, Sauger bis 4,5 Liter Hubraum) vorzuweisen hatte, wurde die Weltmeisterschaft in diesen Jahren kurzer Hand für Fahrzeuge der Formel 2 ausgeschrieben (Saugmotoren bis 2 Liter, mit Kompressor bis 500 ccm Hubraum). Wie sich bald herausstellte, war Ferrari jedoch auch in dieser Klasse mit dem besten Material gesegnet, denn der vierzylindrige Formel-2-Rennwagen vom Typ 500F2 erwies sich als standfest, schnell und dank De-Dion-Hinterachse auch mit einer guten Straßenlage gesegnet.
Sein Motor war eine saubere, moderne Konstruktion, bei der sein Schöpfer Aurelio Lampredi an nichts gespart hatte: Zwei Zahnradgetriebene obenliegende Nockenwellen betätigten je zwei Ventile pro Brennraum, die von Haarnadelfedern in ihre Sitze gepresst wurden, während doppelte Schraubenfedern die zwischen Ventil und Nockenwelle eingeschobenen Schlepphebel am Flattern hinderten. Der Zweiliter-Vierzylinder leistete 170 PS bei (für damalige Verhältnisse) horrenden 7000/min und produzierte schon bei mittleren Drehzahlen ein sattes Drehmoment. Lampredi, innerhalb der Scuderia Ferrari als ein Freund großvolumiger Zylinder bekannt, hatte zeitweise sogar mit einem Zweiliter-Zweizylinder geliebäugelt, der noch mehr Drehmoment bei noch niedrigeren Drehzahlen versprach. Doch daraus wurde nichts: Dem Vernehmen nach soll der Experimental-Zweizylinder so stark vibriert haben, dass er einmal sogar vom Motorenprüfstand hüpfte. Der Vierzylinder hingegen erwies sich als kerngesund, und Rennfahrer Alberto Ascari hieß der Mann der Stunde: er gewann 1952 und 1953 nicht weniger als neun Grands Prix in Folge und sicherte sich zweimal unangefochten die Weltmeisterschaft - wenn auch gegen spärliche Konkurrenz.
Das sollte sich 1954 grundlegend ändern, denn die Einführung der neuen Formel 1, in der nun auch die WM ausgefochten wurde, sah Saugmotoren bis 2,5 Liter Hubraum bzw. Kompressor-Triebwerke mit 750 ccm vor und lockte Maserati sowie Mercedes-Benz auf den Plan. Nicht zuletzt aus diesem Grund hatte Ferrari im Winter 1953/54 kurzzeitig mit Rücktrittsgedanken gespielt, nahm aber dann doch die Herausforderung an.
Leider erwiesen sich der direkt aus dem 500F2 weiterentwickelte Vierzylinder-Rennwagen 625F1 und die stark überarbeiteten, aber ebenfalls vierzylindrigen 553 „Squalo" („Haifisch") und 555 „Supersqualo" mit Gitterrohr-Chassis als relativ stumpfe Waffen im Kampf gegen die Mercedes W196.
Das Blatt wendete sich erst Ende 1955, als Ferrari die komplette Lancia-Werksmannschaft erbte (Lancia hatte sich nach dem Unfalltod seines Top-Piloten Alberto Ascari überraschend aus dem Rennsport zurückgezogen) und damit für die Saison 1956 über einen schnellen und zuverlässigen V8-Rennwagen samt dessen Konstrukteur Vittorio Jano verfügte.

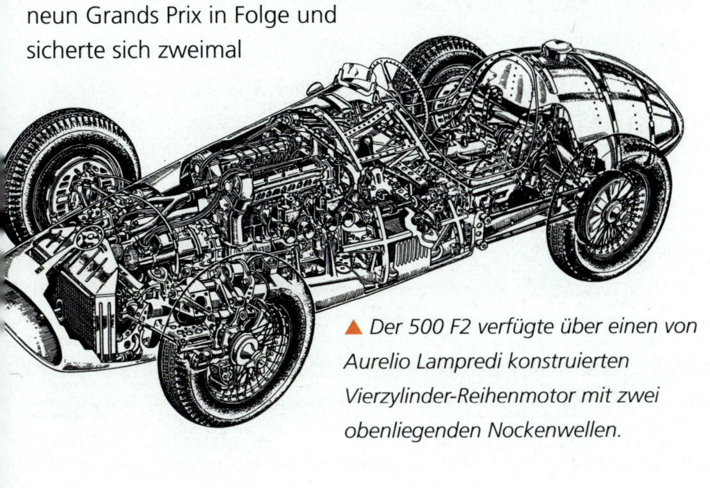

▲ *Der 500 F2 verfügte über einen von Aurelio Lampredi konstruierten Vierzylinder-Reihenmotor mit zwei obenliegenden Nockenwellen.*

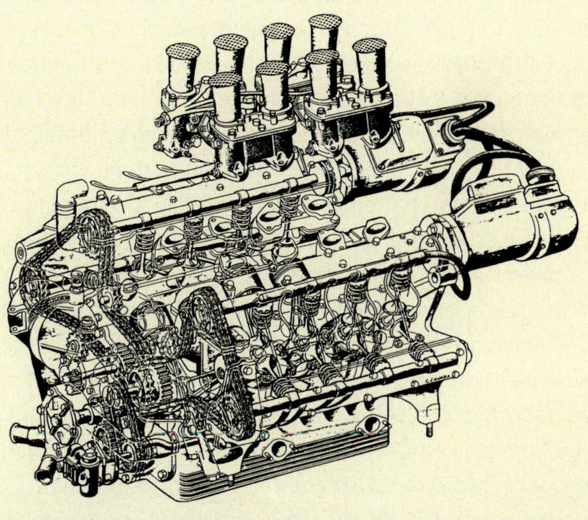

Vittorio Jano entwickelte den einst für Lancia konstruierten V8 des D50 für Ferrari kontinuierlich weiter, weshalb das Modell ab 1957 „Tipo 801" genannt wurde.

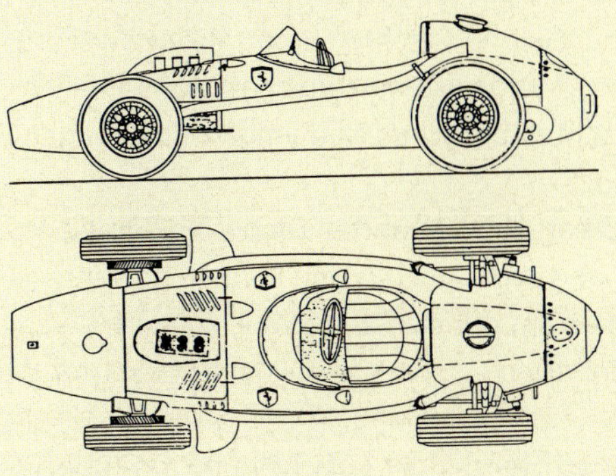

Der Dino 246 verfügte über ein von Jano ursprünglich für die Formel 2 (1500 ccm) entwickeltes V6-Triebwerk, bei dessen Konstruktion Enzo Ferraris Sohn mitgewirkt haben soll. In Erinnerung an den früh verstorbenen „Alfredino" wurden alle V6-Ferraris bis in die 70er Jahre mit dem Namenszusatz „Dino" versehen.

KOMPAKTE KRAFTWERKE: V8 UND V6

Der Lancia-Ferrari D50 war ein kompaktes, modern konzipiertes Rennauto, das sich in den Händen des für 1956 angeheuerten Doppelweltmeisters Juan Manuel Fangio zu einem echten Siegertyp mauserte und die Weltmeisterschaft nach Maranello holte.
Das kompakte Kraftwerk, das als mittragendes Teil in das Chassis integriert war, produzierte laut Lancia-Werksangaben standfeste 231 PS, und wenn man bedenkt, dass Ferrari in der vorher gegangenen Saison bereits die Leistung des 625 F1 mit 240 PS angegeben hatte, müssen die Lancia-Pferde wohl besonders kräftig gewesen sein...
Die Tanks des Lancia-Ferrari D50 waren links und rechts vom Cockpit angebracht, aber nicht wie beim Ferrari 553 „Squalo" (der 1955 zum noch erfolgloseren 555 „Supersqualo" gediehen war) in die Karosserie integriert. Vielmehr standen die an Streben aufgehängten Ponton-Tanks mit einigen Zentimetern Abstand völlig frei.
Der Vierzylinder von Lampredi hatte nach vier Jahren, zwei Weltmeistertiteln und insgesamt 17 Siegen endgültig ausgedient. Mit seinem Motor verabschiedete sich auch sein Konstrukteur: Aurelio Lampredi ging zu Fiat, wo er für den Personenwagenbereich zuständig war. Sein Nachfolger bei Ferrari war ebenfalls ein Teil der «Lancia-Erbmasse»: Vittorio Jano, den Enzo Ferrari noch aus seiner Zeit bei Alfa Romeo kannte und schätzte, war ein selbstbewusster, genialischer Motor-Wissenschaftler, auf dessen Konto unter anderem der legendäre „Alfetta"-Kompressormotor ging. Trotz umfangreicher motor- und fahrwerksseitiger Modifikationen (mittlerweile wurde das Auto „Ferrari Tipo 801" genannt und mit stolzen 280 PS Leistung angegeben) hatte der Lancia-Ferrari jedoch bereits im Jahr danach einen schweren Stand gegen die Paarung Fangio/Maserati, und so stand für 1958 eine Modellablösung ins Haus.
Jano hatte schon bei Lancia an einem V6-Motor gearbeitet, und unter seinen neuen Arbeitgeber Ferrari konnte er das Projekt nach kurzer Pause weiterführen. Angeblich in Zusammenarbeit mit Enzo Ferraris Sohn Alfredo („Alfredino" oder kurz „Dino" genannt) entwickelte Jano ein kompaktes V6-Kraftpaket mit zwei obenliegenden Nockenwellen pro Zylinderreihe und dem ungewöhnlichen Zylinderwinkel von 65° für die 1957 umstrukturierte Formel 2 (1,5 Liter Hubraum), das jedoch leicht auf Formel-1-Größe (2,5 Liter) aufgebohrt werden konnte. Der als Hommage an den zwischenzeitlich verstorbenen Ferrari-Sohn „Dino" getaufte Motor verhalf dem Ferrari 246/256 (2,4 bzw. 2,5 Liter, je nach Einsatzzweck, 270 bis 290 PS) im Jahre 1958 zu Weltmeisterehren unter Mike Hawthorn, der sich dank der schieren Motorleistung zumindest auf schnellen Rennstrecken vor den leichten britischen Mittelmotor-Rennwagen behaupten konnte.
Während Ferrari für 1959 an den bewährten Dino 246/256 mit Frontmotor-V6 festhielt und sogar noch einige Rennen gewann, sicherte sich Jack Brabham nicht nur die Fahrer-WM, sondern bescherte dem untermotorisierten Cooper-Climax mit Mittelmotor den Konstrukteurs-Titel.
Enzo Ferrari tat sich sehr schwer mit der Entscheidung, das überkommene Konzept vom Frontmotor mit Hinterradantrieb fallen zu lassen, genauso wie er sich bis 1957 (!) gegen die Einführung von Scheibenbremsen gewehrt hatte. Als sich Ferrari 1960 endlich zum Umstieg auf das Mittelmotorkonzept entschlossen hatte, zeichnete sich jedoch bereits das Ende der 2,5-Liter-Hubraumklasse für die Formel 1 ab: 1961 begann die fünfjährige Epoche der 1,5-Liter-Rennwagen.
Ferrari hatte alle verfügbaren Ingenieure unter der Leitung von Carlo Chiti auf die Weiterentwicklung des Dino-V6 aus der Formel 2 angesetzt, so dass die Werkspiloten 1960 noch einmal mit den mittlerweile recht betagt wirkenden Frontmotor-Dinos 246/256 antreten mussten - wie nicht anders zu erwarten mit mäßigem Erfolg. Beim Großen Preis von Monaco 1960 kam versuchsweise ein auf Mittelmotor „umgestrickter" Dino 246 zum Einsatz, doch Chiti konnte Ferrari überzeugen, dass es besser war, mit der Offensive bis zum ersten Rennen unter der neuen Hubraumformel zu warten.

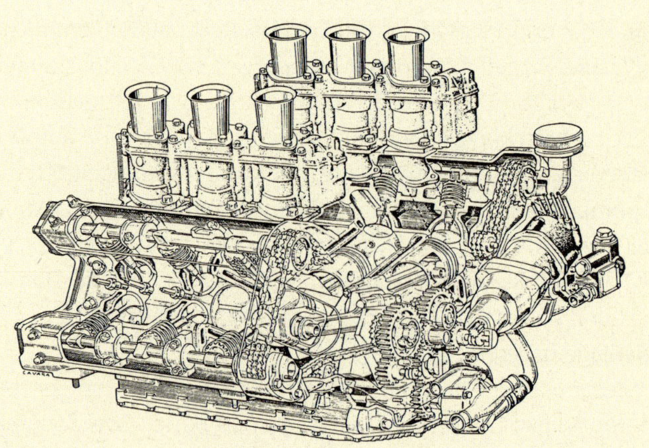

Ferrari-Chefingenieur Carlo Chiti entwickelte für die 1,5-Liter-Hubraumklasse 1961 auf der Basis des Formel-2-Triebwerks zwei V6-Motoren, einen mit 65° und einen mit 120° Zylinderwinkel.

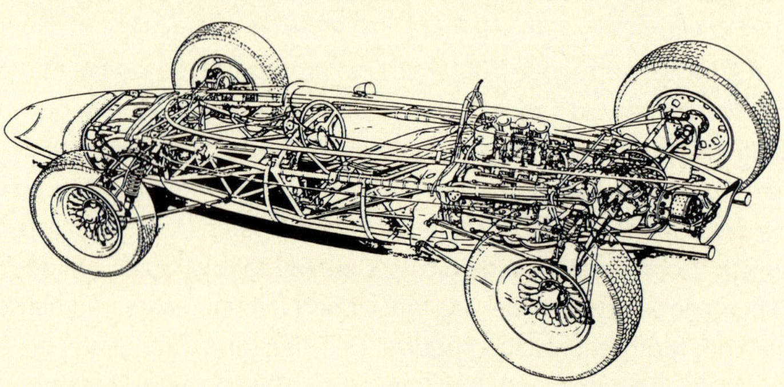

1963 verlor der 156 F1 sein charakteristisches „Haifischmaul". Er rollte erstmals nicht auf Drahtspeichenrädern, sondern auf gegossenen Magnesiumfelgen.

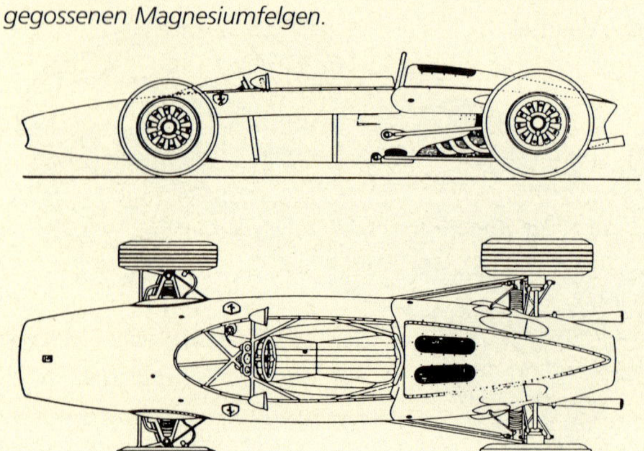

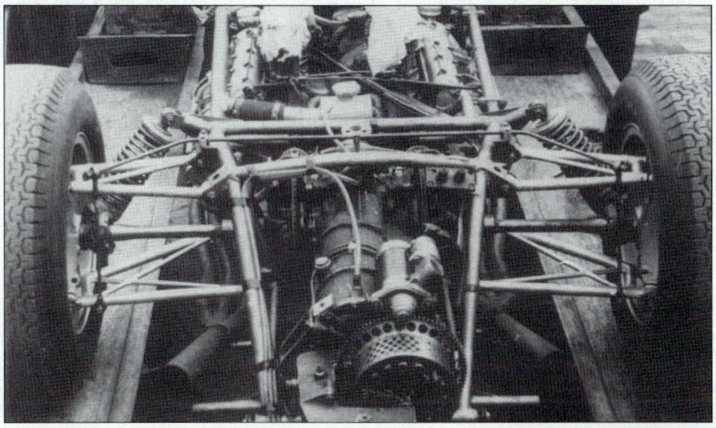

▲ Das Foto vom Nürburgring 1962 nimmt den Generationswechsel der 156-Baureihe vorweg: Vorne links der der 156/62 (Bandini) mit geänderter Karosserie, daneben das 61er Modell (Baghetti) und hinten der von Weltmeister Phil Hill gefahrene Prototyp mit vor der Hinterachse abgeordnetem Sechsganggetriebe.

◀ Wieder einmal war Ferrari am besten auf das neue Reglement vorbereitet, und bevor noch die britische Konkurrenz (BRM und Coventry-Climax) ihre Neukonstruktionen an den Start bringen konnte, hatte man die WM gewonnen. Die Aufnahme zeigt die erste Ausführung des 156 F1 (1961) mit hinter dem Differenzial angeordnetem Getriebe.

▼ Lorenzo Bandini im 158 F1 beim Grossen Preis von Holland, 1965.

EINE NEUE ÄRA: FERRARI SETZT AUF DEN MITTELMOTOR

Ferrari war wieder einmal der einzige Rennstall, der pünktlich zur Einführung eines neuen Reglements ein passendes Auto parat hatte. Die englischen Motorenlieferanten (Coventry-Climax und BRM) waren mit ihren 1,5-Liter-Achtzylindern noch längst nicht so weit, und so mussten sich die Chassishersteller Cooper und Lotus mit schwachbrüstigen Vierzylindermotoren begnügen. Ferrari hatte dagegen schon Ende der Saison 1960 zwei ultrapotente Sechszylinder-V-Motoren mit 1500 ccm Hubraum zur Verfügung, einen mit 65° und einen mit 120°

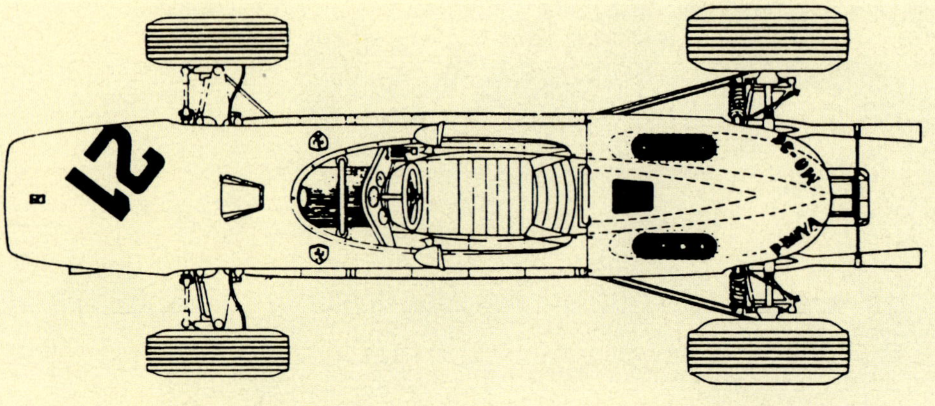

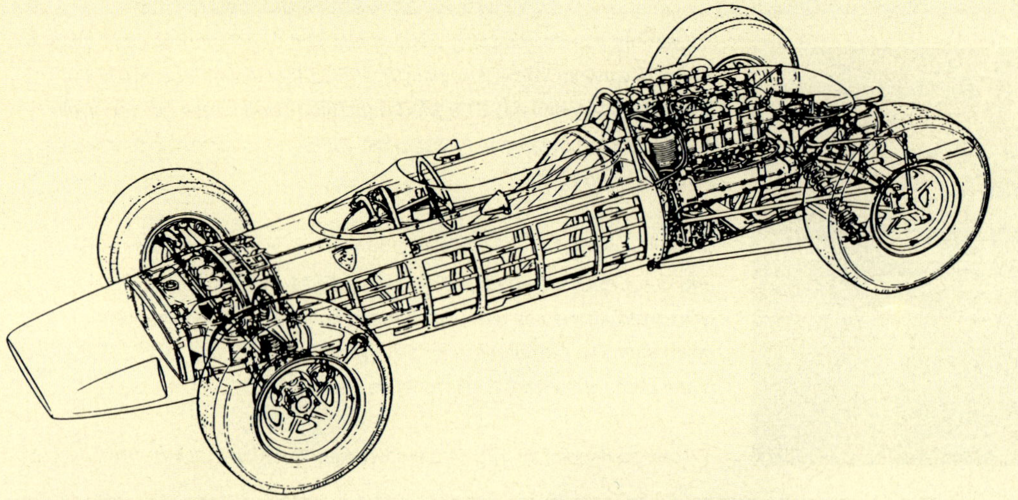

Das erste Monocoque, eine Lotus-Erfindung, fand sich bei Ferrari bereits 1964. Dennoch scheinen die Italiener der Festigkeit von Aluminiumblech allein nicht vertraut zu haben: Der 158 F1 verfügte über ein sogenanntes „Aero-Monocoque" mit tragendem Rohrgerüst.

Zylinderwinkel, wobei letzterer im Verlauf der nächsten drei Saisons weitestgehend den Vorzug erhielt.

Carlo Chiti hatte ein leichtes, verwindungssteifes Gitterrohr-Chassis entworfen, mit vier an doppelten Dreicksquerlenkern aufgehängten Rädern und einem längs hinter dem Fahrersitz vor Getriebe und Differenzial montierten Motor. Ursprünglich waren die Doppelnockenwellen-Zylinderköpfe mit zwei Ventilen und zwei Zündkerzen pro Brennraum ausgestattet, doch Chiti experimentierte während der gesamten Saison mit anderen Kombinationen (drei Kerzen mit zwei Ventilen, zwei Kerzen mit drei Ventilen), um schließlich bei einem Vierventiler mit einer zentralen Zündkerze zu landen, der jedoch erst im Jahr darauf zum Einsatz kommen sollte. Die Leistung bewegte sich langsam in Richtung 200 PS, was einer respektablen Literleistung von 133 PS/l entsprach.

Mit dem 156 F1, besser bekannt unter dem Spitznamen „sharknose" („Haifischmaul"), wendete sich das Blatt für Ferrari, und 1961 geriet zu einem wahren Triumphzug, wobei sich der Amerikaner Phil Hill am Ende des Jahres nicht recht über seinen Weltmeistertitel freuen konnte: Klarer Favorit war Wolfgang Graf Berghe von Trips gewesen, der beim vorletzten Rennen der Saison in Monza auf tragische Weise ums Leben gekommen war.

Zu Beginn der Saison 1962 kam zur Trauer über den Verlust des großen Fahrertalents noch der Ärger über den Verlust wichtiger Entscheidungsträger aus der Rennabteilung hinzu. Nach einem heftigen Disput mit der Geschäftsleitung hatten unter anderem Chefkonstrukteur Carlo Chiti, sein Assistent Giotto Bizzarrini und Rennleiter Romolo Tavoni, aber auch Finanzmanager Ermano Della Casa sowie Verkaufsleiter Federico Giberti Ferrari im Zorn verlassen. Die ganze Last der Weiterentwicklung des viel versprechenden 156 F1 lastete nun auf den schmalen Schultern des erst 26-jährigen Chiti-Lehrlings Mauro Forghieri und des ebenso jungen Motorenspezialisten Angelo Bellei.

Zu allem Überfluss waren die britischen Konstruktionen von BRM und Lotus- bzw. Cooper-Climax mittlerweile ihren Kinderschuhen entwachsen und machten den Ferrari 156 das Leben schwer. So schwer, dass Ferrari in der ganzen Saison 1962 keinen einzigen Sieg erringen konnte und seinen Fahrern nach dem Großen Preis von Italien freistellte, das Team zu verlassen.

Für 1963 fasste Ferrari jedoch wieder neuen Mut, und Forghieri reagierte mit mechanischer Kraftstoffeinspritzung und Vierventil-Zylinderköpfen für den 120°-V6 auf die britische Herausforderung. Gleichzeitig arbeiteten er und Bellei jedoch bereits an einem Nachfolger des Sechszylinders, wobei jeder der beiden jungen

▲ *Nach einer schweren Saison 1963 ruhten Ferraris Hoffnungen 1964 und 1965 auf dem von Angelo Bellei konstruierten V8-Rennmotor, der ab Monza 1964 durch einen von Forghieri entwickelten Zwölfzylinder-Flachmotor (180° Zylinderwinkel, aber kein Boxer) unterstützt wurde. Die Fahrwerke von 158 (oben) und 1512 (darunter) waren, wie die Aufnahmen zeigen, weitgehend identisch.*

▲ *Ferrari-Box beim GP von Holland, 1965.*

Männer einen eigenen Weg beschritt: Forghieri konstruierte einen Zwölfzylinder mit 180° Zylinderwinkel, Bellei einen V8 mit 90° Zylinderwinkel.
Beim ersten Rennen der Saison 1964 ging Ferrari mit einem radikal neuen Chassis an den Start. Es handelte sich nicht mehr um einen klassischen Gitterrohrrahmen (ein seit dem 553 „Squalo" 1953 verwendetes Prinzip), sondern um ein aluminiumbeplanktes Rohrgerippe, von den Italienern etwas vollmundig „Aero-Monocoque" genannt. Colin Chapman (Lotus) hatte die Gewicht sparende und höchst torsionssteife Monocoque-Schalenkonstruktion (in Reinkultur, d.h. ohne Rohrgerüst) aus dem Flugzeugbau abgekupfert und 1962 salonfähig gemacht.
Neben dem erprobten V6 stand in Monaco auch schon der von Angelo Bellei konstruierte V8 (der Wagen hieß konsequenterweise Typ 158 F1) zur Verfügung, der ursprünglich den V6 komplett ablösen sollte. Kurioserweise erlebte der V6 jedoch in der zweiten Jahreshälfte ein kleines Comeback, und zum Großen Preis von Italien im September trat Ferrari sogar mit drei verschiedenen Wagen an: einem 156 F1, zwei 158 F1 sowie dem am Donnerstag vor dem Training fertiggestellten Zwölfzylinder 1512 F1 aus der Feder von Mauro Forghieri.
John Surtees, der das ganze Jahr über den Achtzylinder bewegt hatte, sicherte sich im letzten Rennen in Mexiko die Fahrer-WM und Ferrari zum zweiten Mal nach 1961 den Konstrukteurs-Titel. 1965 stand der V6 dann jedoch endgültig auf dem Abstellgleis: Ferrari setzte voll auf die mit Benzineinspritzung ausgerüsteten Neukonstruktionen von Bellei und Forghieri, wobei sich zum Ende der Saison der Zwölfzylinder größerer Beliebtheit innerhalb des Teams erfreute. Wie so oft am Ende einer Reglementsperiode wurde die Pflege und Weiterentwicklung des bestehenden Modells zugunsten der Entwicklung eines völlig neuen Autos vernachlässigt, und in der Tat hatte die Arbeit an einem Dreiliter-Modell für die Saison 1966 Mauro Forghieri voll in Anspruch genommen. Angelo Bellei war inzwischen in die Serienproduktion bei Ferrari gewechselt, so dass die ganze Verantwortung wieder einmal auf Forghieri lastete.

ZURÜCK ZUR LEISTUNG: DIE DREILITER-FORMEL

Seit den großen GT- und Sportwagen-Erfolgen mit der 250er-Baureihe (Tour de France, SWB, GTO, Testarossa) Ende der fünfziger, Anfang der sechziger Jahre galt Ferrari als Dreiliter-Spezialist, und dementsprechend hoch waren die Erwartungen, die Presse und Publikum in den neuen Rennwagen stellten - zumal es sich um einen Zwölfzylinder handelte und diese Konfiguration schon seit jeher eine Ferrari-Domäne war. Forghieri hatte einen konventionellen Ferrari-V12 mit 60° Zylinderwinkel kon-

▲ 312 (24V), 1966.

312 B3, 1973. ▶

▼ 158, 1964.

struiert, mit zwei obenliegenden Nockenwellen pro Zylinderreihe und anfangs nur zwei Ventilen pro Brennraum, dafür aber einer Lucas-Kraftstoffeinspritzung. Das Triebwerk des 312 F1 war eine Weiterentwicklung aus dem 3,3-Liter-Motor des 275 P2, und auch die Radaufhängungen waren aus dem Sportwagenmodell abgeleitet. Gleichzeitig hatte man über den Winter 1965/66 aber auch einen speziellen 2,4-Liter-Wagen mit dem schon etwas älteren Dino-V6 (von 1964) in einem nahezu unveränderten 158-Chassis aufgebaut, mit dem Surtees im Januar und Februar 1966 an den Läufen zur australischen Tasman-Rennserie teilnehmen sollte. Zwar verhinderte eine Verletzung des Ex-Weltmeisters dieses Engagement, doch beim ersten Rennen unter der neuen Dreiliter-Hubraumformel in den Häuserschluchten von Monte Carlo erwies sich der leichte, kurze und wendige „Dino 246T" trotz seines Hubraum-

Handicaps als konkurrenzfähig.
A propos Konkurrenz: Zu Anfang der Saison 1966 schien Ferrari bereits als Weltmeistermarke festzustehen, denn die Engländer waren wieder einmal nicht rechtzeitig mit brauchbaren Motoren an den Start gekommen. Sie werteten die per Reglement verordnete „Rückkehr zur Leistung" ohnehin als Zugeständnis an die großen Hersteller, um nicht zu sagen als Geschenk der FISA an Ferrari, denn Enzo Ferrari fühlte sich durch die Erfolge der britischen „Bastelstuben" („assemblatori") in seinem Stolz als „echter" Renn- und Sportwagenhersteller („costruttore") gekränkt.
John Surtees' Abschied von Ferrari nach einem Streit beim Sportwagenrennen von Le Mans degradierte die Werksmannschaft jedoch zu einem zweitklassigen Team, und die Italiener mussten trotz überlegenen Materials ohnmächtig zusehen, wie Jack Brabham mit einem frisierten Serien-V8 aus amerikanisch/australischer Produktion Fahrer- und Konstrukteurs-Weltmeister wurde.
Trotz stetiger Weiterentwicklung des V12 durch Ingenieur Franco Rocchi (1967 kamen neue Zylinderköpfe mit je zwei Einlass- und einem Auslassventil pro Brennraum; die Auslasskanäle waren an die nach innen weisenden Flanken der Zylinderköpfe verlegt, während die Ansaugtrichter mit Einspritzdüsen nach wie vor zwischen den zwei obenliegenden Nockenwellen angeflanscht waren) verlor Ferrari den anfänglichen Leistungsvorsprung gegenüber der Konkurrenz. Lotus erhielt 1967 erstmals und zunächst noch exklusiv den neuen Ford-Cosworth DFV V8, der im Verlauf seiner langen Karriere zum erfolgreichsten und meist verwendeten Formel-1-Triebwerk avancieren sollte. Hinzu kam, dass Ferrari bzw. der neue Nummer-1-Pilot der Scuderia, Chris Amon, in seinen drei Jahren bei Ferrari vom Pech regelrecht verfolgt wurde.
Bei dem Versuch, das Schicksal mit schierer Motorleistung umzustimmen, überspannte Franco Rocchi den Bogen und entwickelte den einst unverwüstlichen V12 zu einem hochgezüchteten, launischen und defektanfälligen Biest. Während der laufenden Saison 1969 griff man in tiefer Verzweiflung sogar auf Vorjahres-Motorenmaterial zurück, doch es half nichts: ein neues Auto musste her.

▲ *Mauro Forghieri hatte dem Dreiliter-V12 zunächst zwei Ventile pro Brennraum spendiert, doch Franco Rocchi entwickelte noch 1966 zunächst eine Version mit 36 Ventilen und später sogar mit 48 Ventilen. Oben ein früher 24-Ventiler (1966, Monaco), darunter ein 48-Ventiler (1968, Spa).*

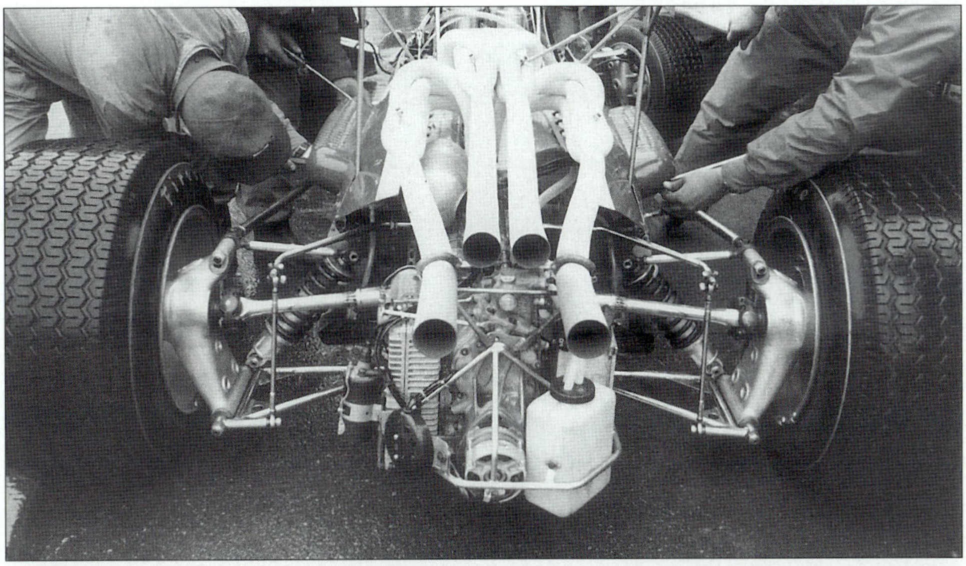

▲ *Noch bevor die Ära der V-Motoren zu Ende ging, wuchsen den Ferrari Flügel: Forghieri hatte 1968 in Belgien den ersten richtigen Heckspoiler der Formel-1-Geschichte eingesetzt – ein Jahr später hatte das „Flügelchen" bereits Servierbrett-Dimensionen angenommen.*

▲ Spezielle Fahrtwindkanäle leiteten beim 312B die anströmende Luft über die Motorabdeckung zu den am Heck angebrachten Ölkühlern.

▲ Noch flacher und keilförmiger als seine Vorgänger präsentierte sich der 312B3 von 1973. Der flache Motor erlaubte einen günstigen Fahrtwindfluss, der den Heckspoiler mit gebündelter Kraft traf.

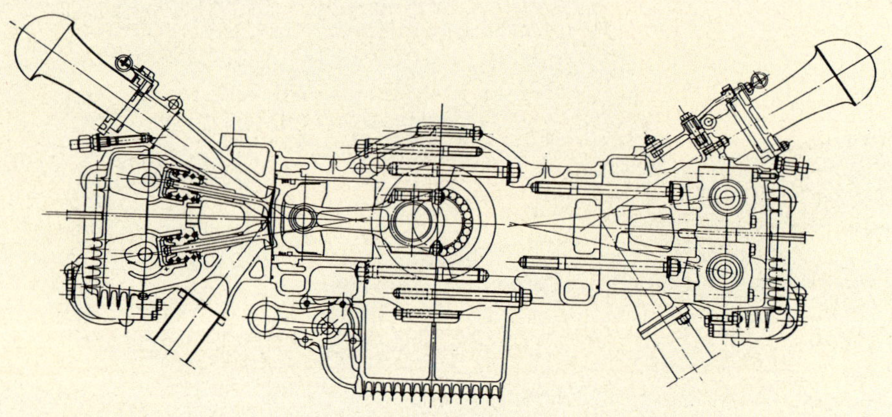

Mit dem aus dem Zweiliter-Triebwerk des Bergrennwagens 212E abgeleiteten Zwölfzylinder-Flachmotor des 312B (fälschlicherweise für „Boxer") begann für Ferrari 1970 einen neue Epoche in der Formel-1-Geschichte. Der Schnitt durch den 312B-Motor zeigt die engen Ventilwinkel und die kurzen, geraden Ein- und Auslasskanäle.

A STAR IS BORN: DER ZWÖLFZYLINDER-FLACHMOTOR

Die Ingenieure Mauro Forghieri, Giancarlo Bussi und Giacomo Caliri machten sich unverzüglich an die Arbeit zu einem Triebwerk, das Geschichte schreiben sollte: Einem 180°-V12 mit zwei obenliegenden Nockenwellen, basierend auf dem von Kollege Jacaponi 1969 für die Zweiliter-Bergmeisterschaft konzipierten 212E.

Der Zwölfzylinder-Flachmotor des 312B1 war mit 78,5 mm Bohrung und nur 51,5 mm Hub extrem überquadratisch ausgelegt und verfügte über fast parallel hängende Ventile: Die je zwei Einlass- und Auslassventile pro Brennraum standen sich in einem Winkel von nur 25° gegenüber. Die aus dem Vollen gedrehte und geschmiedete Kurbelwelle rotierte in nur vier Hauptlagern - interne Reibungsverluste waren der Pferdefuß des konventionell gelagerten V12 aus dem 312 F1 gewesen, den Rocchi durch immer schmalere Lagerböcke an den Rand des Kollaps gebracht hatte.

Das „Aero-Monocoque" des 312B1 war mit Fiberglaspaneelen verkleidet und trug an seinem Heck zwei lange Rohrausleger, an denen der Motor von unten angeschraubt war. Die vorderen Räder waren an doppelten Dreiecksquerlenkern aufgehängt, die oberen waren als Kipphebel ausgelegt und betätigten die im Bug untergebrachten Federbeine mit Koni-Dämpfern (seit langem Standard in der Formel 1). Die Hinterräder waren konventionell an außen angebrachten Federbeinen abgestützt und wurden von zwei langen Schubstreben geführt, die an der hinteren Cockpitwand verankert waren. Nichts Revolutionäres, aber nach einigen Kinderkrankheiten ein höchst effektives Gesamtpaket.

Dennoch musste der 312B erst zwei komplette Evolutionsstufen bzw. drei relativ durchwachsene Saisons durchlaufen, ehe Ferrari mit dem 312B3 (der erstmals über ein echtes Monocoque ohne tragendes Rohrgerüst verfügte) und dem frisch zum Team gestoßenen Ausnahmetalent Niki Lauda 1974 wieder in Schlagweite der Top-Teams Tyrrell, McLaren und Lotus (alle mit Ford-Motoren) kam.

Den Durchbruch brachte schließlich der Ende 1974 in Fiorano vorgestellte 312T mit quergestelltem Getriebe („T" wie „trasver-

sale“). Durch diesen Kunstgriff konzentrierte sich nun die gesamte Masse von Motor und Getriebe innerhalb des Radstands, während früher ein relativ schwerer Klotz (das Getriebe) weit über die Hinterachse hinausgeragt hatte. Das machte das Fahrverhalten zwar nicht gerade angenehmer, doch in den Händen der Ausnahmepiloten Lauda und Regazzoni wurde der 312T für die Saison 1975 zu einer echten Rakete. Auch sein Nachfolger für die Saisons 1976 und 1977, der 312T2, erwies sich dank ständiger Weiterentwicklung (u.a. durch Ingenieur Franco Rocchi) als schnellstes und beständigstes Fahrzeug im Feld, und so sicherte sich Ferrari als erster Rennstall in der Geschichte der Formel 1 dreimal in Folge den Konstrukteurspokal.
1978 wechselte Ferrari den Reifenhersteller, und die im Grunde wie Radialgürtelreifen aufgebauten Michelin-Pneus erforderten tiefgreifende Änderungen am Chassis des 312T2. Heraus kam der 312T3, der binnen Jahresfrist zum T4 mutierte und mit einer breiten „Karosserie“ mit strömungsgünstiger Oberfläche versuchte, den anströmenden Fahrtwind in Anpressdruck umzumünzen, ohne ihm zuviel Widerstand entgegenzusetzen.
Die mit Ford-V8-Motoren bestückte Konkurrenz tat sich in dieser Hinsicht leichter, denn seit Lotus-Chef Colin Chapman den „Ground Effect“ bzw. Saugnapf-Effekt entdeckt und in seinen Lotus 79 eingearbeitet hatte, kämpfte Ferrari aerodynamik- und fahrwerksseitig auf verlorenem Posten. Zwischen Hinterrad-Innenseite und Motorblock, wo die Konkurrenz die Luft durch breite Kanäle unter dem Wagenboden absaugte und dadurch den Wagen förmlich an die Straße presste, lagen beim Ferrari 312T4 nämlich die ausladenden Zylinder und Zylinderköpfe des Flachmotors. Begünstigt durch die schiere Kraft und die schon sprichwörtliche Zuverlässigkeit des Zwölfzylinders sicherte sich Ferrari 1979 noch ein letztes Mal Konstrukteurs- und Fahrer-WM-Titel, doch dann war die Ära des Flachmotors und beinahe gleichzeitig auch die Epoche der Saugmotoren unwiderruflich vorbei.

Oben: Regazzoni, 312T (75).
Mitte: Lauda, 312T2 (76).
Unten: Scheckter, 312T4 (79).

ROARING 80'S: DIE TURBO-ÄRA

Der Versuch, die Weltmeisterschaft 1980 mit einem kosmetisch überarbeiteten 312T5 zu verteidigen, schlug erwartungsgemäß fehl, und so gab Ferrari bereits vor Ablauf der Saison bekannt, dass man 1981 mit einem radikal neuen Turbo-„Wing Car" an den Start gehen wollte. Zusammen mit den aerodynamisch ausgefeilten „Flügelautos" (so genannt, weil ihre interne Karosserie-Struktur im Prinzip einer umgekehrten Flugzeugtragfläche entsprach) läutete die Abgasturbine eine echte Revolution in der Geschichte der Formel 1 ein.

Der französische Motorenhersteller Renault hatte auf diesem Gebiet Pionierarbeit geleistet und war bereits 1977 mit einem 1500 ccm großen Gordini-V6 mit Turbolader dem Feld hinterher gehetzt. Wenn die kleine Turbine im Auspuffkrümmer aber erst einmal auf ihre fünfstellige Nenndrehzahl beschleunigt hatte, stürmte das Kraftpaket mit über 500 PS nach vorne und rang auf langen Geraden so manchen Konkurrenten nieder. Die Beschleunigung aus den Kurven heraus war indes mehr als mäßig, denn vom Niedertreten des Gaspedals bis zum Einsatz des Turbo-Schubs vergingen wertvolle Zehntelsekunden. Während die Polesetter mit ihren Dreiliter-Saugmotoren vom Start weg enteilten, waren die hinter den Turbo-Renault startenden Fahrer auf engen und winkligen Kursen wie Monaco regelrecht hinter Jean-Pierre Jabouille und seinen Kollegen eingesperrt: Zum Ausbremsen reichte meist der Platz (schon da-

Die Ferrari-Turbo-V6, die von 1981 bis 1988 die italienischen Fahnen hochhielten, setzten der allgemeinen PS-Gigantomanie der achtziger Jahre die Krone auf. An Leistung mangelte es den 1,5 Liter grossen Turbo-Flügelautos nie, eher schon an der Zuverlässigkeit sowie an einer brauchbaren Art der Leistungsentfaltung. Villeneuve (126CK, 81, oben), Johansson (156/85, mitte) und Alboreto (F187/88C, unten) hatten jedenfalls ihre liebe Not mit den schwer beherrschbaren, ab 1989 verbotenen Ungetümen.

mals) nicht, und ehe man beim Herausbeschleunigen aus den Kurven an den gelben Hindernissen vorbei war, zogen sie dank Turbo-Power auf dem ersten geraden Streckenstück wieder nach vorn.
Renault hatte in den drei Jahren seit Beginn des Turbo-Experiments bereits die ärgsten Probleme beseitigt und durch die Verwendung zweier kleiner Lader (statt eines großen) sowie die Einführung eines sogenannten Wastegates, das die Turbine auch bei geschlossener Drosselklappe auf Touren hielt, die Ansprechverzögerung („Turbo-Loch") weitgehend in den Griff bekommen.
Ferrari konnte bei der Konstruktion des 126CK auf einige wertvolle Erfahrungen der Franzosen zurückgreifen. So wurde der 120°-V6, der in seinem weitwinkligen V genügend Platz für Lader, Zündanlage und Einspritzsystem bot, von Anfang an mit zwei kleinen KKK-Turboladern aus deutscher Produktion (Kühnle, Kopp und Kausch, früher Eberspächer) bestückt. Parallel hierzu experimentierte man mit dem von Brown, Boveri und Cie. (BBC) entwickelten, zahnriemengetriebenen Druckwellen-Lader „Comprex" im Typ 126CX, der jedoch nie zum Renneinsatz gelangte. Das Chassis des Ferrari-Turbo war wieder ein „Aero-Monocoque" aus Rohren und Blechen, doch das leichte und kompakte Triebwerk fungierte als mittragendes Fahrgestellteil, an dem die gesamte Hinterradaufhängung angelenkt war.
Was im Windkanal sehr gut funktionierte, wollte man auf der Strecke nicht so recht in den Griff bekommen. Im ersten Jahr hatte Ferrari ständig Probleme mit den beweglichen, seitlich am Boden schleifenden Schürzen, die den Unterdruck unter dem Fahrzeugboden stabilisieren halfen. Der britische Konstrukteur Harvey Postlethwaite stieß Mitte der Saison 1981 zu Ferrari, um an allen Fronten Feinarbeit zu leisten und den Teufel im Detail auszutreiben, der die Ferrari immer wieder lähmte. Die Entwicklung funktionierender Turbo-Systeme kostete Zeit und Geld, und doch mochte es sich Anfang der achtziger Jahre kein Formel-1-Rennstall leisten, das Turbo-Wagnis nicht einzugehen: Der verlockenden Vorstellung von einer nach oben prinzipiell offenen Leistungsskala konnte einfach niemand widerstehen.

Bereits 1980 war klar geworden, dass Ferrari ohne „Wing Car" keinen Blumentopf mehr gewinnen konnte. Da der breit und flach bauende Zwölfzylinder die Abführung der Luft unter dem Wagenboden verhinderte, hatte man für 1981 einen kleinen, leichten Turbo-V6 mit schmalem Kurbelgehäuse und 120° Zylinderwinkel konstruiert. (Oben der 126C4 von 1985, in der Mitte und unten das Nachfolgemodell F1-86).

1982 stand der 126C2 bereit, basierend auf einem von Postlethwaite konstruierten Chassis aus Aluminium-Honeycomb-Sandwich, Kohlefaserplatten und anderen exotischen Materialien aus der Luft- und Raumfahrt, unter denen sich jedoch stets das «Aero-Monocoque» mit Rohrrahmenseele verbarg. Drei Siege von Didier Pironi und Patrick Tambay sowie mehere gute Platzierungen sicherten Ferrari nach 1979 wieder den Konstrukteurs-WM-Titel.

1983 wurden die „Wing Cars" verboten - der Fahrzeugboden musste zwischen den beiden Achsen völlig glatt sein. Ohne „Ground Effect" hatten die Saugmotor-Dreiliter jedoch keine Chance gegen das Leistungs-Plus der immer zuverlässigeren Turbo-Autos, und am Ende der Saison sicherte sich Ferrari mit dem 126C2B (C2 mit Flachboden) und dem 126C3 (neues Chassis mit echtem Kohlefaser-Monocoque) unversehens die Konstrukteurs-WM.

Das Schlimmste, was Ferrari 1984 passieren konnte, war Michele Alboretos früher Sieg im belgischen Zolder auf dem von Mauro Forghieri facegelifteten 126C4, denn man sah sich bereits als zukünftige Weltmeister und ließ sowohl die Vorbereitung als auch die Weiterentwicklung des Wagens schleifen, der den McLaren-Porsche von Prost und Lauda im Grunde jedoch nie etwas entgegen zu setzen hatte.

Vielleicht handelte es sich aber auch nur um die typische Vernachlässigung eines

Oben: Der von John Barnard entwickelte 640 markierte 1989 nicht nur die Rückkehr zum V12, sondern auch den Anbruch der Formel-1-Neuzeit mit 3,5 Liter Hubraumlimit. Ausgestattet war er mit einem halbautomatischen Getriebe, das per Wippenbetätigung am Lenkrad geschaltet wurde. Seine Karosserie war vom tragenden Kohlefaser-Monocoque getrennt, um aerodynamische Modifikationen rascher durchführen zu können. Mit dem technisch gereiften V12 (Tipo 641/2) und einem fahrerisch sehr starken Team (Mansell/Prost) kam Ferrari 1990 der Weltmeisterkrone so nahe wie schon lange nicht mehr.

Rechts: Der von Aerodynamiker Jean-Claude Migeot und Konstrukteur Steve Nichols entwickelte F92A mit seinem doppelten Unterboden wird wohl als schönster Formel-1-Monoposto in die Geschichte eingehen – aus technischer und aerodynamischer Sicht war er ein Flop.

Auslaufmodells, denn 1985 ging Ferrari mit dem im eigenen Hause von den Ingenieuren Tomaini und Renzetti entwickelten 156/85 (Forghieri war in die Serienfertigung verbannt worden) an den Start, der in den ersten zwei Saisondritteln mächtig auftrumpfte. Unter dem Druck der rasch aufschließenden Konkurrenz (McLaren-Porsche, Lotus-Renault, Williams-Honda und Brabham-BMW) riss jedoch Ferraris Glücksfaden, und buchstäblich im letzten Rennen verlor man den sicher geglaubten Konstrukteurs-WM-Titel an McLaren. Der komplett überarbeitete F1/86 erfüllte nicht die in ihn gesetzten Erwartungen, und so ruhten 1987 alle Hoffnungen auf dem neuen Chassis von Ingenieur Gustav Brunner, der im Auftrag von Enzo Ferrari persönlich eine „italienische Alternative" zu dem von John Barnard in der Ferrari-Entwicklungsabteilung „GTO" in Guildford (GB) konzipierten Modell schaffen sollte. Nach dem Tod des Commendatore mussten Brunner und Postlethwaite gehen, John Barnard erhielt unumschränkte Verfügungsgewalt. Er entwickelte das Brunner-Chassis notgedrungen weiter, das in den letzten beiden Jahren der Turbo-Ära noch einen neuen Motor (V6 mit 90° Zylinderwinkel) spendiert bekommen hatte. Dennoch war es wohl eher dem Talent des neuen Nummer-1-Fahrers Gerhard Berger zuzuschreiben, dass Ferrari-Fans in diesen beiden letzten Saisons einer der verrücktesten Epochen der Formel-1-Geschichte dreimal die italienische Nationalhymne zu hören bekamen.

Nach dem Großen Preis von Australien 1988 war die fünfjährige PS-Orgie mit Qualifikations-Motorleistungen bis zu 1200 PS jedenfalls zu Ende, und Ferrari setzte für die ab 1989 ausschließlich für Saugmotoren mit 3,5 Liter Hubraum ausgeschriebene Formel 1 wieder auf einen V12.

RÜCKKEHR ZUR VERNUNFT: DIE 3,5-LITER-V12

Der Einstieg in die 3,5-Liter-Saugerformel sah John Barnards ersten wirklich großen Auftritt für die Scuderia. Sein mit etwas Verspätung fertiggestellter Ferrari 640 war mit einem V12 mit 65° Zylinderwinkel (Konstruktion: Claudio Lombardi) ausgestattet und brachte auf Anhieb über 600 PS auf den Prüfstand. Barnard hatte die tragende Chassisstruktur (Kohlefaser-Monocoque) von der Karosserie-Außenhaut getrennt, um aerodynamische Modifikationen anbringen zu können, ohne gleich die gesamte Struktur zu verändern. Außerdem war der 640 erstmals mit einem halbautomatischen Getriebe ausgrüstet, das über eine Lenkradwippe ohne Fuß-Kupplungsbetätigung geschaltet wurde. Der 641 bzw. 641/2 (ab Imola 1990) war eine konsequente Weiterentwicklung des 640, erheblich zuverlässiger und mit einem nun reibungslos funktionierenden Getriebe gesegnet. Über weite Strecken erwies sich der 641/2, speziell mit dem ab Ungarn eingesetzten V12 Tipo 037, als das schnellste Auto im Feld. Der von McLaren eingekaufte, amtierende Weltmeister Alain Prost verlor den Kampf um die Fahrer-WM 1990 am Ende eigentlich nur aufgrund einer falschen (bzw. nicht beachteten) Stallorder.

Nach der letzten Weiterentwicklung des 640 durch Steve Nichols (642 und 643) folgte mit dem F92 A eine eigenständige Konstruktion des Engländers, die wahrscheinlich als schönster Formel-1-Rennwagen aller Zeiten in die Geschichte eingehen wird. Der Clou mit dem doppelten Boden, der trotz glatter Oberflächen einen gewissen Ansaugeffekt produzieren sollte, erwies sich jedoch als aerodynamisches Vabanquespiel und entwickelte sich rasch zum Mega-Flop.

Um das Drehmoment-Defizit des hochtourigen Zwölfzylinders auszugleichen, entwickelte Ferrari-Chefkonstrukteur Steve Nichols für den 642 und 643 immer aufwändigere Chassiskonstruktionen, die der Konkurrenz jedoch stets einen Schritt hinterher hinkten.

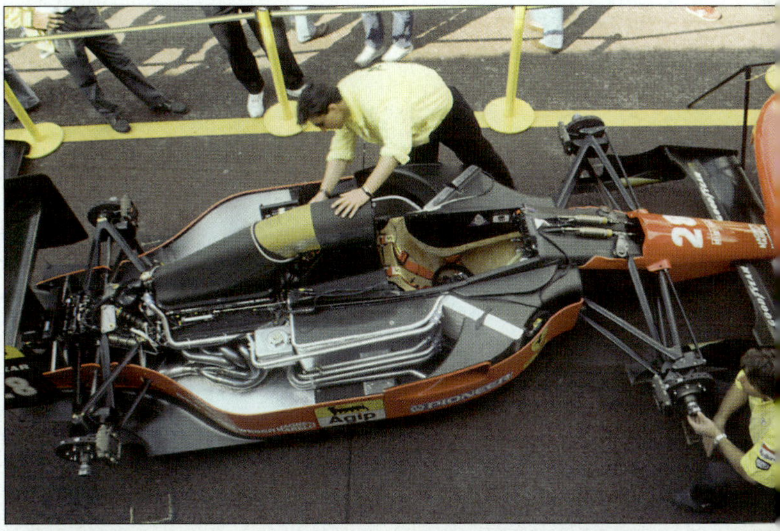

Steve Nichols wurde gefeuert, und John Barnard musste zusammen mit George Ryton innerhalb kürzester Zeit einen erfolgreicheren Nachfolger auf die Räder stellen - was den beiden nicht gelingen sollte, denn der F93 fuhr dem Feld hinterher wie seine beiden Vorgänger.

Große Hoffnungen ruhten daher auf Barnards erster kompletter Neuentwicklung nach seiner kurzen Abwesenheit, dem 412T1, dessen viel versprechende aerodynamische Entwicklung durch die Reglements-Intervention der FIA (nach dem schwarzen Wochenende von Imola, bei dem Roland Ratzenberger und Ayrton Senna ihr Leben gelassen hatten) unversehens eingebremst wurde. Gustav Brunner, der sich als verantwortlicher Ingenieur in Maranello um die kontinuierliche Weiterentwicklung der von John Barnard in England produzierten Konzepte kümmerte, krempelte den 412T1 innerhalb weniger Wochen um, bekam das problematische Fahrverhalten und die Leistungsentfaltung des neuen V12 (Tipo 043, 75° Zylinderwinkel) in den Griff und verhalf dadurch Gerhard Berger indirekt zu einem überraschenden 412T1B-Sieg in Hockenheim - dem ersten seit fast vier Jahren.

Der Schwanengesang des neuzeitlichen V12 ertönte 1995 noch etwas hochfrequenter als in den Jahren zuvor, denn als zweite FIA-Maßnahme zur Geschwindigkeitssenkung und Risikobegrenzung mussten die Formel-1-Teams mit nur drei Litern Hubraum antreten. Ferrari wurde seiner Rolle als Dreiliter-V12-Spezialist gerecht,

Ganz oben: Auch der eher konventionell gehaltene F93B konnte 1993 den mit verschiedenen Experimenten verlorenen Boden nicht wieder gutmachen, und wieder einmal tröstete sich Ferrari schon früh in der Saison mit dem Ausblick auf das kommende Jahr.

Der sonst so innovative John Barnard, der inzwischen wieder zu Ferrari gestoßen war, musste sich 1994 der Erkenntnis beugen, dass die Zeit der Erfolg versprechenden Experimente in der Formel 1 unwiederbringlich dahin war. Sein 412T1 (1994, oben) bzw. die reglementsbedingt auf 3 Liter Hubraum reduzierte Variante 412T2 (1995, rechts) waren sauber durchkonstruierte Rennwagen, die sich als einzigen exotischen Luxus ein V12-Triebwerk leisteten. Und dessen Tage waren gezählt...

und das neue Triebwerk (Tipo 044, Konstruktion Paolo Martinelli) erwies sich von Anfang an als standfest und stark. Doch wieder einmal schien Ferrari die Chancen eines endlich ausgereiften Fahrzeugs durch die frühe und exklusive Konzentration auf einen Nachfolger vertan zu haben.

Spätestens jetzt, nach der Hubraumreduktion, musste der Zwölfzylinder nämlich als hemmungslos „over-engineered" gelten: Zu viele Zylinder und deshalb zu kleine Einzelhubräume waren einem gesunden Drehmomentverlauf eher abträglich. Außerdem baute die Triebwerkseinheit zu lang und zu schwer, Nebenaggregate und vor allem Kühler mussten zu groß dimensioniert werden, um eine kompakte, aerodynamisch optimierte Konstruktion zu gestatten. Das Motorenteam um Paolo Martinelli und Ex-Honda-Ingenieur Osamu Goto, verstärkt durch zwei Ex-Renault-Mitarbeiter arbeitete bereits zur Saisonmitte fieberhaft an dem im Grunde längst überfälligen V10 - die Weiterentwicklung des V12 wurde de facto eingestellt. Neben zahlreichen guten Platzierungen und hoffnungsvollen Trainingszeiten war daher das einzig vorzeigbare Resultat 1995 ein glücklicher Sieg von Jean Alesi beim Großen Preis von Kanada.

Hinzu kam jedoch auch ein gerüttelt Maß an Missfortüne, das die beiden Ferraristi mit davon fliegenden Bordkameras, klemmenden Tankeinfüllstutzen und fatalen Getriebe-Software-Extravaganzen wechselweise um vier sicher geglaubte Siege brachte.

Der V12, obschon über die Jahre zu einem zuverlässigen, potenten und relativ unkomplizierten Triebwerk gereift, war im Grunde bereits bei seiner Wiedereinführung im Jahre 1989 ein Dinosaurier gewesen, der den kompakten (und nicht weniger leistungsstarken) V10-Motoren von Honda, Renault und später auch Ford nichts voraus hatte. Spät, fast zu spät trennte sich Ferrari vom Ballast des selbstgeschaffenen Mythos' vom Zwölfzylinder, dem man sich insbesondere nach dem Tod von Enzo Ferrari verpflichtet gefühlt hatte.

BEGINN DER NEUZEIT MIT ZEHN ZYLINDERN

Am 15. Februar 1996 wurde in Fiorano der F310 vorgestellt, die bis dato 42. Monoposto-Konstruktion von Ferrari. Das neue Chassis unterschied sich im Grunde nicht sehr vom 412T2 (und von Barnards erstem Ferrari-Entwurf, dem 640 vom 1989), lediglich der Motor (Tipo 046) war eine komplette Neukonstruktion von Ing. Paolo Martinelli und Ex-Honda-Motorenentwickler Osamu Goto: Ein Zehnzylinder, der sich vage an der Architektur des V12 orientierte und unter anderem dessen Zylinderwinkel von 75° beibehielt, die vier teilweise pneumatisch betätigten Ventile pro Brennraum sowie die Kurbelgehäusekonstruktion aus hochfestem, dünnwandigem Stahlguss.

Das gegenüber dem V12 kompaktere Kraftpaket hätte wohl ein etwas innovativeres neues Chassis erlaubt, doch Konstrukteur John Barnard beschränkte sich auf eine Verringerung des Radstands um knappe 15 mm, wenngleich er die Möglichkeiten zur besseren Konzentration der Massen um den Schwerpunkt des Wagens konsequent ausnutzte.

Eine Serie von peinlichen Pannen - darunter ein Motorplatzer in der Einführungsrunde zum GP von Frankreich - überschatteten den ersten Sommer des neuen Dream Teams. Dennoch gelangen Michael Schumacher in seiner Debüt-Saison für die Roten drei Siege - einer im strömenden Regen, was sicherlich eher auf das überragende Fahrkönnen des Kerpeners zurückzuführen war als auf die Qualitäten des „besten Nicht-Williams im Feld", und zwei dank einer ausgeklügelten Renntaktik und einer Portion Glück.

Der direkte Nachfolger des F310, der F310B, war letzten Endes auch nur wenig mehr als eine Evolutionsversion, doch Fahrer und Team leisteten gute Arbeit mit dem zuverlässiger gewordenen Material, und so konnte Michael Schumacher 1997 buchstäblich bis zum letz-

▲ *1996 ging Ferrari mit dem F310 zum ersten Mal in seiner Geschichte mit einem Zehnzylinder an den Start.*

▲ *Der neue hauseigene Windkanal auf dem Werksgelände ermöglicht Ferrari seit 1999 intensivere Aerodynamik-Tests.*

▲ *Der F399 sicherte Ferrari 1999 den Konstrukteurs-WM-Titel.*

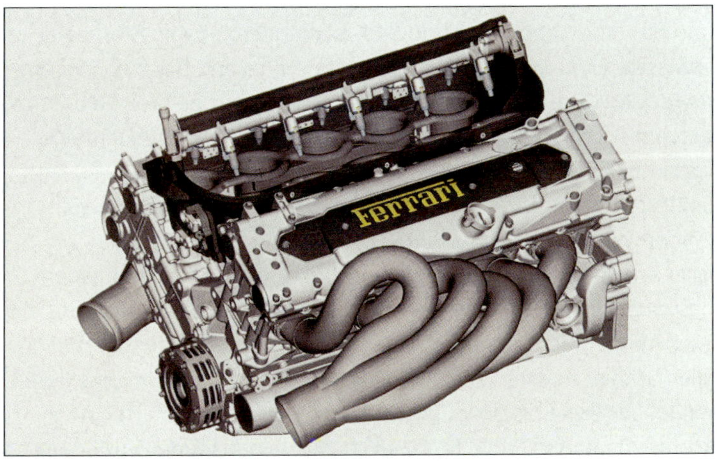

▲ *Das kompakte Zehnzylinder-Kraftpaket des F310 von 1998.*

ten Rennen ein gewichtiges Wörtchen um die Weltmeisterschaft mitreden. Schumacher hatte seinen ehemaligen Renningenieur aus Benetton-Zeiten, Ross Brawn, als neuen Technischen Direktor zur Scuderia gelockt, und dieser wiederum heuerte im Sommer einen weiteren alten Fahrensmann aus der ehemaligen Weltmeister-Truppe an: Den Chassis-Experten Rory Byrne. Bereits bevor John Barnard im August '97 seinen Abschied nahm, begann Byrne mit der Entwicklung eines neuen Autos, das dem neuen technischen Reglement für die Saison '98 von Anfang an Rechnung tragen sollte.

Als Reaktion auf Ayrton Sennas tödlichen Unfall zwei Jahre zuvor hatte die FIA verschiedene neue Sicherheits-Features (u.a. hochgezogene und versteifte Cockpitwände) und Sofortmaßnahmen zur Verringerung der Kurvengeschwindigkeiten verfügt, wie zum Beispiel die Beschneidung der Flügelflächen, die Reduzierung der Gesamtbreite von 2 m auf 1,80 m und die Einführung tiefer Profil-Längsrillen in den Pneus, um die Reifenaufstandsfläche zu verringern. Entwicklungs-Projektleiter Rory Byrne krempelte die Gewichtsverteilung zur Entlastung der stark belasteten Vorderräder um, Motorenchef Paolo Martinelli steuerte einen sanfter ansprechenden, drehmomentstärkeren Motor (Tipo 047) mit größerem Zylinderwinkel (80°) bei, der den Schwerpunkt absenken half und dank eines erneut verbesserten „Packagings" noch kompakter baute als der alte. Der F300, so die neue Bezeichnung, war bewusst untergewichtig gehalten (Reglement: Mindestgewicht 600 kg inklusive Flüssigkeiten und Fahrer), um durch flache Zusatz-Bleigewichte die Massen dort konzentrieren zu können, wo sie der Fahrdynamik nicht in die Quere kommen.

In die Quere kam dem Ferrari-Fahrerduo 1998 indes ein unglaublich starkes McLaren-Mercedes-Team, das sowohl technologisch als auch personell neue Messlatten in der Formel 1 legte und den zweifellos besten Ferrari-F1-Rennwagen der letzten Jahre wenige Runden vor Ende der Saison einbremste.

Der langjährige F1-Reifen-Alleinausstatter Goodyear zog sich zum

▲ *Schrecksekunde im Regen. Der Zusammenstoß mit McLaren-Pilot David Coulthard in Spa '98 kostete Schumacher bzw. Ferrari die WM.*

Ende der Saison 1998 aus dem Sport zurück und überließ die Entwicklung der neuen Reifengeneration (nun mit vier statt fünf Längsrillen) gänzlich dem japanischen Newcomer Bridgestone. Der hatte leider im Jahr zuvor in erster Linie für und mit McLaren zusammen gearbeitet, und so sollten die Silbernen 1999 von einem gewissen Erfahrungs-Vorsprung profitieren.
Der F399 profitierte dafür von dem im Jahr zuvor fertiggestellten Ferrari-Windkanal, einem der modernsten seiner Art, in dem ein Großteil der aerodynamischen Komponenten des neuen Ferrari-Formel-1-Renners entwickelt worden waren. Ein abermals erstarkter Motor mit einem noch breiteren nutzbaren Drehzahlband sowie in rascher Folge neu entwickelte Evolutions-Pakete sorgten dafür, dass Irvine und Schumacher nicht den Anschluss an die McLaren-Piloten verloren und die WM zunächst überaus spannend verlief. Dann kam ein Schuss Dramatik ins Spiel, als Michael Schumacher in Silverstone wegen defekter Bremsentlüftungsventile an der Hinterachse in die Reifenstapel krachte und sich ein Bein brach. In den folgenden Schumi-losen Rennen bewährte sich die „zweite Fahrergarnitur" mit Eddie Irvine und dem eilends verpflichteten Finnen Mika Salo glänzend, und der Ire konnte sich sogar bis zuletzt Chancen auf den WM-Titel ausrechnen - nicht zuletzt dank Schumachers hervorragender Unterstützung in der für ihn ungewohnten Rolle des „Wasserträgers".
Wie genau der zuverlässige und ungemein schnelle F399 von der Konkurrenz beobachtet wurde, zeigte sich an der (später wieder rückgängig gemachten) Disqualifikation nach dem fulminanten Doppelsieg in Sepang, Schumachers erstem Rennen nach der Verletzungspause. Und auch wenn der Fahrertitel wieder im letzten Rennen der Saison zu Gunsten der McLaren entschieden wurde, so gab es dank der beständigen Performance des F399 am Konstrukteurs-Weltmeistertitel nichts zu rütteln.
Mit einem Doppelsieg zum Auftakt der Saison 2000 meldete Ferrari mit der Erfolg versprechenden Fahrer-Kombination Michael Schumacher und Rubens Barrichello und der jüngsten Evolutionsstufe mit der Modellbezeichnung F1-2000 zum vierten Mal in Folge Ansprüche auf die Krone der Formel 1, den Fahrer-WM-Titel, an.
Ob es dieses Mal endlich gelingen wird?

▲ *Hektische Betriebsamkeit schon vor dem Start: Ein Heer von Mechanikern und Computertechnikern ist notwendig, um die hochgezüchteten Boliden überhaupt zum Anspringen zu bewegen (F300, 1998).*

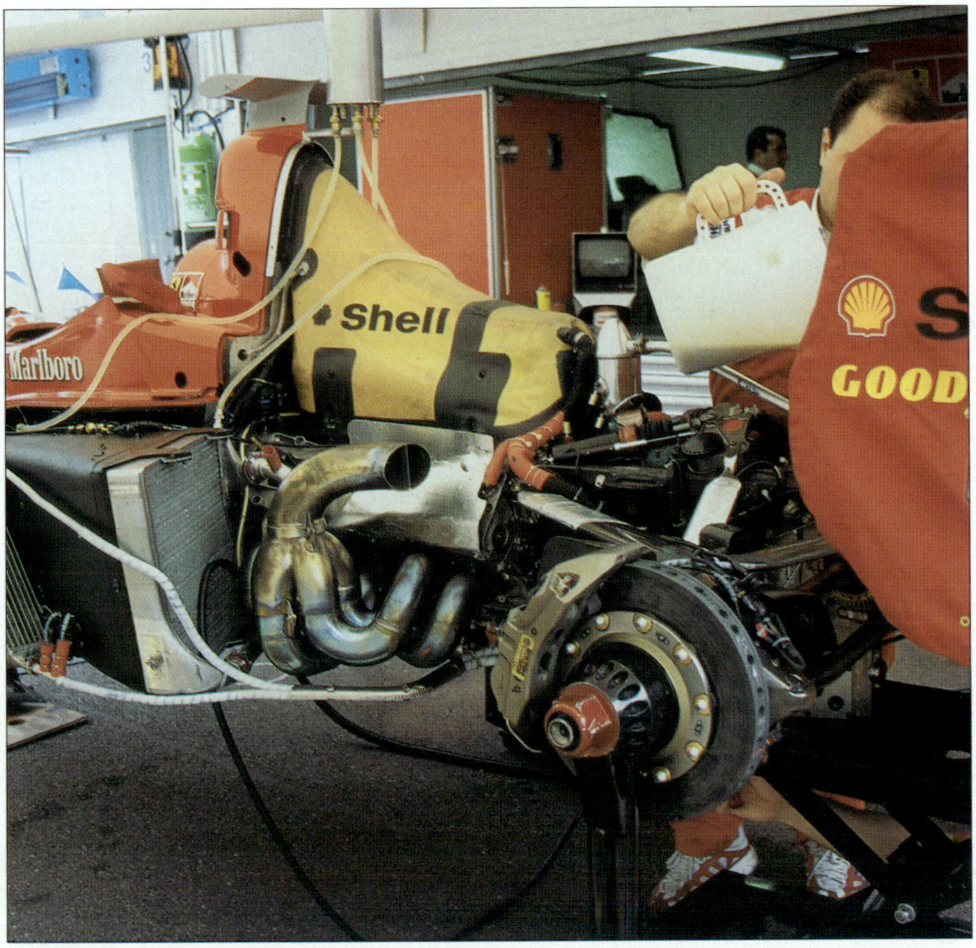

▲ *Die Verlegung der Auspuffmündungen an die Karosserie-Oberseite setzte 1998 einen neuen Trend.*

1953-1993 DIE SPORTWAGEN WM-ERGEBNISSE

1953:

12 STUNDEN VON SEBRING

8. März 1953 - 173 Runden = 1.448,356 km

1. Fitch/Walters	Cunningham C4R	173 Rd.
2. Parnell/Abecassis	Aston Martin DB 3S	172 Rd.
3. Johnston/Wilder	Jaguar C-Type	162 Rd.
6. Lunken/Hassan	Ferrari 166 MM	153 Rd.

MILLE MIGLIA

26. April 1953 - Brescia-Rom-Brescia = 1.520,5 km

1. G. Marzotto/Crosara	Ferrari 340 MM (0280 AM)	10:37:19
2. Fangio/Sala	Alfa Romeo 6C 3000 CM	10:49:03
3. Bonnetto/Peruzzi	Lancia D20	11:07:40

24. STUNDEN VON LE MANS

13./14. Juni 1953 - 302 Runden = 4.088,60 km

1. Hamilton/Rolt	Jaguar C-Type	4.088,60 km
2. Walker/Moss	Jaguar C-Type	4.041,19 km
3. Fitch/Walters	Cunningham C5R	4.020,33 km
5. G. Marzotto/P. Marzotto	Ferrari 340 MM (0320 AM)	3.956,66 km

24 HEURES DE SPA-FRANCORCHAMPS

25./26. Juli 1953 - 260 Runden = 3.670,4 km

1. Farina/Hawthorn	Ferrari 340 MM (0322 AM)	3.670,4 km
2. Scott-Douglas/Gale	Jaguar C-Type	3.411,1 km
3. Roosdorpe/Ulmen	Jaguar C-Type	3.245,8 km

ADAC 1000 KM-RENNEN

30. August 1953 - 44 Runden = 1.004 km

1. Ascari/Farina	Ferrari 340/375 MM (0286 AM)	8:20:44
2. Stewart/Salvadori	Jaguar C-Type	8:35:49
3. Bechem/Helfrich	Borgward H 1500 S	43 Rd.

TOURIST TROPHY

5. September 1953 - Handicap-Formel

1. Collins/Griffith	Aston Martin DB 3S	131,50 km/h
2. Parnell/Thompson	Aston Martin DB 3S	130,74 km/h
3. Wharton/Robb	Frazer Nash MkII	124,26 km/h
	(kein Ferrari am Start)	

CARRERA PANAMERICANA

19.-23. November 1953 - 3.144 km

1. Fangio/Bronzoni	Lancia D24	18:11:00
2. Taruffi/Maggio	Lancia D24	18:18:51
3. Castellotti/Luoni	Lancia D23	18:24:52
4. Mancini/Serena	Ferrari 340 MM (0322 AM)	19:40:29

ENDSTAND SPORTWAGEN-WM 1953:

(die vier besten von sieben Rennen gewertet)

Ferrari	27 (30)
Jaguar	24 (28)
Aston Martin	16

1954:

1000 KM DE LA CIUDAD DE BUENOS AIRES

24. Januar 1954 - 106 Runden = 1.004,56 km

1. Farina/Maglioli	Ferrari 375 MM (0370 AM)	6:41:50,8
2. Schell/Portago	Ferrari 250 MM (0332 MM)	103 Rd.
3. Collins/Griffith	Aston Martin DB 3S	101 Rd.

12 STUNDEN VON SEBRING

8. März 1954 - 167 Runden = 1.422,66 km

1. Moss/Lloyd	Osca MT4	168 Rd.
2. Rubirosa/Valenzano	Lancia D24	163 Rd.
3. Macklin/Huntoon	Austin-Healey 100S	163 Rd.
	(kein Ferrari im Ziel)	

MILLE MIGLIA

1./2. Mai 1954 - Brescia-Rom-Brescia = 1.605,78 km

1. Ascari	Lancia D24	11:26:10
2. V. Marzotto	Ferrari 500 Mondial	12:00:01
3. Musso/Zocco	Maserati A&GCS	12:00:10

24. STUNDEN VON LE MANS

12./13 Juni 1954 - 300 Runden = 4.061,15 km

1. Trintignant/Gonzalez	Ferrari 375 Plus (0396 AM)	4.061,15 km
2. Hamilton/Rolt	Jaguar D-Type	4.057,06 km
3. Spear/Johnston	Cunningham C4R	3.809,93 km

WM-Ergebnisse

TOURIST TROPHY

11. September 1954 - Handicap-Formel

1.	Laureau/Armagnac	DB Panhard	94,46 km/h
2.	Hawthorn/Trintignant	Ferrari 750 Monza	138,50 km/h
3.	Musso/Mantovani	Lancia D24	137,79 km/h

CARRERA PANAMERICANA

19.-23. November 1954 - 3.070 km

1.	Maglioli	Ferrari 375 Plus (0392 AM)	17:40:26
2.	P. Hill/Ginther	Ferrari 375 MM (0286 AM)	18:08:50
3.	Herrmann	Porsche 550	19:32:33

ENDSTAND SPORTWAGEN-WM 1954:

(vier von sechs Rennen gewertet)

Ferrari	32 (38)
Lancia	20
Jaguar	11

1955:

1000 KM DE LA CIUDAD DE BUENOS AIRES

23. Januar 1955 - 58 Runden = 993,89 km

1.	Saenz-Valiente/ Ibanez	Ferrari 375 Plus (0398 TF)	6:35:15,4
2.	Najurieta/Rivero	Ferrari 375 MM (0374 AM)	6:40:12,1
3.	Faraoni/Grandio	Maserati 300S	56 Rd.

12 STUNDEN VON SEBRING

13. März 1955 - 182 Runden = 1.518,90 km

1.	Hawthorn/Walters	Jaguar D-Type	182 Rd.
2.	P. Hill/Shelby	Ferrari 750 Monza (0510 M)	182 Rd.
3.	Sweikert/Ensley	Jaguar D-Type	180 Rd.

MILLE MIGLIA

1. Mai 1955 - Brescia-Rom-Brescia = 1.605,78 km

1.	Moss/Jenkinson	Mercedes-Benz 300 SLR	10:07:48
2.	Fangio	Mercedes-Benz 300 SLR	10:39,33
3.	Maglioli	Ferrari 118 LM	10:52:47

24. STUNDEN VON LE MANS

11./12. Juni 1955 - 306 Runden = 4.135,380 km

1.	Hawthorn/Bueb	Jaguar D-Type	4.135,38 km
2.	Collins/Frère	Aston Martin DB 3S	4.073,02 km
3.	Claes/Swaters	Jaguar D-Type	3.986,93 km
		(kein Ferrari im Ziel)	

TOURIST TROPHY

17. September 1955 - 84 Runden = 1.002,66 km

1.	Moss/Fitch	Mercedes-Benz 300 SLR	7:03:11
2.	Fangio/Kling	Mercedes-Benz 300 SLR	83 Rd.
3.	von Trips/Simon	Mercedes-Benz 300 SLR	82 Rd.
6.	Castellotti/Taruffi	Ferrari 857 S	79 Rd.

TARGA FLORIO

16. Oktober 1955 - 13 Runden = 936 km

1.	Moss/Collins	Mercedes-Benz 300 SLR	9:43:14,0
2.	Fangio/Kling	Mercedes-Benz 300 SLR	9:47:55,4
3.	Castellotti/Manzon	Ferrari 857 S (0570 M)	9:53:20,8

ENDSTAND SPORTWAGEN-WM 1955:

(vier von sechs Rennen gewertet)

Mercedes-Benz	24
Ferrari	22 (23)
Jaguar	16

1956:

1000 KM DE LA CIUDAD DE BUENOS AIRES

29. Januar 1956 - 106 Runden = 1.004,5 km

1.	Moss/Menditéguy	Maserati 300S	6:29:37,7
2.	Gendebien/P. Hill	Ferrari 290 MM	104 Rd.
3.	Behra/Gonzalez	Maserati 300S	101 Rd.

12 STUNDEN VON SEBRING

24. März 1956 - 194 Runden = 1.623,40 km

1.	Fangio/Castellotti	Ferrari 860 Monza (0604 M)	194 Rd.
2.	Musso/Schell	Ferrari 860 Monza (0602 M)	192 Rd.
3.	Sweikert/Ensley	Jaguar D-Type	188 Rd.

MILLE MIGLIA

29. Mai 1956 -Brescia-Rom-Brescia = 1.605,78 km

1.	Castellotti	Ferrari 290 MM (0616)	11:37:10
2.	Collins/Klemantaski	Ferrari 860 Monza (0628 M)	11:48:28
3.	Musso	Ferrari 860 Monza (0602 M)	12:11:49

ADAC 1000 KM-RENNEN

27.Mai 1956 - 44 Runden = 1.004,74 km

1.	Moss/Behra/ Schell/Taruffi	Maserati 300S	7:43:54,5
2.	Fangio/Castellotti	Ferrari 860 Monza (0602 M)	7:44:20,7
3.	Hill/Gendebien/ Portago/Wharton	Ferrari 860 Monza (0626 M)	7:53:55,9

SVERIGES GRAND PRIX

12. August 1956 - 153 Runden = 1.000,16 km

1.	Trintignant/P.Hill	Ferrari 290 MM (0606)	6:33:47,7
2.	Collins/von Trips	Ferrari 290 MM (0626)	6:34:27,6
3.	Hawthorn/Hamilton/ Portago	Ferrari 860 Monza (0602 M)	152 Rd.

ENDSTAND SPORTWAGEN-WM 1956:

(drei von fünf Rennen gewertet)

Ferrari	24 (36)
Maserati	18
Jaguar	7

WM-Ergebnisse Rennsportwagen & Prototypen

1957:

1000 KM DE LA CIUDAD DE BUENOS AIRES

20. Januar 1957 - 98 Runden = 993,4 km

1.	Gregory/Perdisa/ Castellotti/Musso	Ferrari 290 MM (0626)	6:10:29,9
2.	Behra/Menditéguy/Moss	Maserati 300S	6:11:53,4
3.	Portago/Trips/ Collins/Castellotti	Ferrari 290 MM (0628)	6:12:59,6

12 STUNDEN VON SEBRING

23. März 1957 - 197 Runden = 1.648,56 km

1.	Fangio/Behra	Maserati 450S	197 Rd.
2.	Moss/Schell	Maserati 300S	195 Rd.
3.	Hawthorn/Bueb	Jaguar D-Type	193 Rd.
4.	Gregory/Brero	Ferrari 290 MM (0656)	193 Rd.

MILLE MIGLIA

12. Mai 1957 - Brescia-Rom-Brescia = 1.605,78 km

1.	Taruffi	Ferrari 315 S (0684)	10:27:47
2.	von Trips	Ferrari 315 S (0674)	10:30:48
3.	Gendebien/Washer	Ferrari 250 GT LWB (0677 GT)	10:35:53

ADAC 1000 KM-RENNEN

26.Mai 1957 - 44 Runden = 1.004,74 km

1.	Brooks/ Cunningham-Reid	Aston Martin DBR1	7:33:38,2
2.	Collins/Gendebien	Ferrari 335 S (0700)	7:37:51,9
3.	Hawthorn/Trintignant	Ferrari 315 S (0656)	7:39:27,2

24 HEURES DU MANS

22./23. Juni 1957 - 326 Runden = 4.397,108 km

1.	Bueb/Flockart	Jaguar D-Type	4.397,11 km
2.	Sanderson/Lawrence	Jaguar D-Type	4.289,54 km
3.	Lucas/„Mary"	Jaguar D-Type	4.255,16 km
5.	Lewis-Evans/Severi	Ferrari 315 S (0684)	4.031,62 km

SVERIGES GRAND PRIX

11. August 1957 - 145 Runden = 947,68 km

1.	Behra/Moss	Maserati 450S	6:01:55,8
2.	P. Hill/Collins	Ferrari 335 S (0700)	144 Rd.
3.	Bonnier/Scarlatti/ Schell/Moss	Maserati 300S	138 Rd.

GRAN PREMIO DI VENEZUELA

3. November 1957 - 101 Runden = 1.007,6 km

1.	P. Hill/Collins	Ferrari 335 S (0700)	6:31:55,8
2.	Musso/Hawthorn	Ferrari 335 S (0674)	100 Rd.
3.	von Trips/Seidel	Ferrari 250 TR-Prototyp (0666 TR)	99 Rd.

ENDSTAND SPORTWAGEN-WM 1957:

(vier von sieben Rennen gewertet)

Ferrari	30 (41)
Maserati	25 (28)
Jaguar	17

1958:

1000 KM DE LA CIUDAD DE BUENOS AIRES

26. Januar 1958 - 106 Runden = 1.004,56 km

1.	P. Hill/Collins	Ferrari TR 58 (0704 TR)	6:19:55,4
2.	Gendebien/Trips/ Hawthorn/Musso	Ferrari TR Prototyp (0666 TR)	6:23:08,0
3.	Moss/Behra	Porsche 718 RSK	6:23:17,8

12 STUNDEN VON SEBRING

22. März 1958 - 200 Runden = 1.673,67 km

1.	P. Hill/Collins	Ferrari TR 58 (0704 TR)	200 Rd.
2.	Musso/Gendebien	Ferrari TR 58 (0726 TR)	199 Rd.
3.	Schell/Seidel	Porsche RS Spider	193 Rd.

TARGA FLORIO

11. Mai 1958 - 14 Runden = 1.007 km

1.	Musso/Gendebien	Ferrari TR 58 (0726 TR)	10:37:58,1
2.	Behra/Scarlatti	Porsche 718 RSK	10:43:37,9
3.	Hawthorn/von Trips	Ferrari TR 58 (0728 TR)	10:44:29,3

ADAC 1000 KM-RENNEN

1. Juni 1958 - 44 Runden = 1.004,74 km

1.	Moss/Brabham	Aston Martin DBR1/300	7:23:33
2.	Hawthorn/Collins	Ferrari TR 58 (0704 TR)	7:27:17
3.	Gendebien/von Trips	Ferrari TR 58 (0746 TR)	7:33:15

24 HEURES DU MANS

21./22. Juni 1958 - 304 Runden = 4.101,926 km

1.	Gendebien/P. Hill	Ferrari TR 58 (0728 TR)	4.101,93 km
2.	Whitehead/Whitehead	Aston Martin DB3 S	3.940,89 km
3.	Behra/Herrmann	Porsche 718 RSK	3.909,65 km

TOURIST TROPHY

13. September 1989 - 148 Runden = 572,17 km

1.	Moss/Brooks	Aston Martin DBR1/300	4:01:17,0
2.	Salvadori/Brabham	Aston Martin DBR1/300	4:01:17,4
3.	Shelby/Lewis-Evans	Aston Martin DBR1/300 (kein Ferrari am Start)	4:01:17,8

ENDSTAND SPORTWAGEN-WM 1958:

(vier von sechs Rennen gewertet)

Ferrari	32 (38)
Aston Martin	24
Porsche	21

1959:

12 STUNDEN VON SEBRING

21. März 1959 - 188 Runden = 1.573,3 km

1.	Gurney/Daigh/ Hill/Gendebien	Ferrari TR 59 (0766 TR)	188 Rd.
2.	Behra/Allison	Ferrari TR 59 (0768 TR)	187 Rd.
3.	Bonnier/von Trips	Porsche 718 RSK	184 Rd.

TARGA FLORIO
24. Mai 1959 - 14 Runden = 1.007 km

1.	Barth/Seidel	Porsche 718 RSK	11:02:21,8
2.	Linge/Scagliarini	Porsche RS Spider	11:24:20,2
3.	Pucci/von Hanstein	Porsche 718 RSK	11:31:44,0
8.	Cammarota/Tramontana	Ferrari TRC 500 (0670 MDTR)	12:14:45,4

ADAC 1000 KM-RENNEN
7. Juni 1959 - 44 Runden = 1.004,74 km

1.	Moss/Fairman	Aston Martin DBR1	7:33:18
2.	Gendebien/P. Hill	Ferrari TR 59 (0766 TR)	7:33:59
3.	Brooks/Behra	Ferrari TR 59 (0768 TR)	7:36:45

24 HEURES DU MANS
20./21. Juni 1959 - 322 Runden = 4.347,90 km

1.	Salvadori/Shelby	Aston Martin DBR1	4.347,90 km
2.	Trintignant/Frère	Aston Martin DBR1	4.337,56 km
3.	„Beurlys"/„Eldé"	Ferrari 250 GT LWB (1321 GT)	4.001,60 km

TOURIST TROPHY
5. September 1959 - 224 Runden =

1.	Shelby/Fairman/Moss	Aston Martin DBR1	224 Rd.
2.	Bonnier/von Trips	Porsche 718 RSK	223 Rd.
3.	Brooks/P. Hill/ Allison/Gendebien	Ferrari TR 59 (0766 TR)	223 Rd.

ENDSTAND SPORTWAGEN-WM 1959:
(vier von fünf Rennen gewertet)

Aston Martin	24
Ferrari	22
Porsche	21

1960:

1000 KM DE LA CIUDAD DE BUENOS AIRES
31. Januar 1960 - 106 Runden = 1.004,56 km

1.	P. Hill/Allison	Ferrari TR 59/60 (0774 TR)	6:17:12,1
2.	Ginther/von Trips	Ferrari TR 59/60 (0770 TR)	105 Rd.
3.	Bonnier/G.Hill	Porsche 718 RSK	101 Rd.

12 STUNDEN VON SEBRING
26. März 1960 - 196 Runden = 1.640,25 km

1.	Gendebien/Herrmann	Porsche 718 RSK	196 Rd.
2.	Holbert/Schechter/Fowler	Porsche 718 RSK	187 Rd.
3.	Nethercut/Lovely	Ferrari TR 59 (0768 TR)	186 Rd.

TARGA FLORIO
8. Mai 1960 - 10 Runden = 719 km

1.	Bonnier/Herrmann/G.Hill	Porsche RS 60	7:33:08,4
2.	von Trips/P. Hill	Ferrari Dino 246 S (0778)	7:39:11,0
3.	Gendebien/Herrmann	Porsche RS 60	7:41:46,0

ADAC 1000 KM-RENNEN
28. Mai 1960 - 44 Runden = 1.004,74 km

1.	Moss/Gurney	Maserati T61	7:31:40,5
2.	Bonnier/Gendebien	Porsche RS 60	7:34:32,9
3.	Allison/Mairesse/P. Hill	Ferrari TR 59/60 (0770 TR)	7:35:44,1

24 HEURES DU MANS
25./26. Juni 1960 - 313 Runden = 4.217,527 km

1.	Gendebien/Frère	Ferrari TR 59/60 (0772 TR)	4.217,53 km
2.	Rodriguez/Pilette	Ferrari TR 59 (0766 TR)	4.163,67 km
3.	Salvadori/Clarke	Aston Martin DBR1	4.117,71 km

ENDSTAND SPORTWAGEN-WM 1960:

Ferrari	22 (30)
Porsche	22 (26)
Maserati	11

1961:

12 STUNDEN VON SEBRING
25. März 1961 - 210 Runden = 1.757,03 km

1.	Hill/Gendebien	Ferrari TR 61 (0792 TR)	210 Rd.
2.	Mairesse/Baghetti	Ferrari TR 60/61 (0780 TR)	208 Rd.
3.	Rodriguez/Rodriguez	Ferrari TR 59/60 (0746 TR)	204 Rd.

TARGA FLORIO
30. April 1961 - 10 Runden = 719 km

1.	Ginther/Gendebien/Trips	Ferrari 246 SP (0790)	6:57:39,4
2.	Bonnier/Gurney	Porsche RS 61	7:02:03,2
3.	Herrmann/Barth	Porsche RS 61	7:14:14,0

ADAC 1000 KM-RENNEN
28. Mai 1961 - 44 Runden = 1.004,74 km

1.	Gregory/Casner	Maserati T61	7:51:39,2
2.	Rodriguez/Rodriguez	Ferrari TR 60/61 (0780 TR)	43 Rd.
3.	Ginther/Gendebien/Trips	Ferrari 246 SP (0790)	43 Rd.

24 HEURES DU MANS
10./11. Juni 1961 - 332 Runden = 4.476,58 km

1.	Gendebien/Hill	Ferrari TR 61 (0794 TR)	4.476,58 km
2.	Mairesse/Parkes	Ferrari TR 60/61 (0780 TR)	4.438,72 km
3.	Noblet/Guichet (1. GT)	Ferrari 250 GT (2689 GT)	4.258,01 km

4 ORE DI PESCARA
15. August 1961 - 22 Runden = 572,40 km

1.	Bandini/Scarlatti	Ferrari TR 60/61 (0780 TR)	572,40 km
2.	Barth/Orthuber	Porsche RS 61	560,19 km
3.	Boffa	Maserati T60	548,19 km

ENDSTAND SPORTWAGEN-WM 1961:

Ferrari	24 (34)
Maserati	14 (16)
Porsche	14

WM-Ergebnisse Rennsportwagen & Prototypen

1962:

12 STUNDEN VON SEBRING

24. März 1962 - 206 Runden = 1.723,56 km

1.	Bonnier/Bianchi	Ferrari TRI '61 (0792)	206 Rd.
2.	Hill/Gendebien (1. GT)	Ferrari 250 GTO (3387 GT)	196 Rd.
3.	Jennings/Rand/Wüsthoff	Porsche RS 60	195 Rd.

TARGA FLORIO

6. Mai 1962 - 10 Runden = 719 km

1.	Mairesse/Rodriguez	Ferrari 246 SP (0796)	7:02:56,6
2.	Baghetti/Bandini	Ferrari 196 SP (0804)	7:14:24,0
3.	Bonnier/Vaccarella	Porsche RS 62	7:17:20,0
4.	Scarlatti/Ferraro (1. GT)	Ferrari 250 GTO (3451GT)	7:22:08,1

ADAC 1000 KM-RENNEN

27. Mai 1962 - 44 Runden = 1.004,74 km

1.	Gendebien/Hill	Ferrari 246 SP (0790)	7:32:27,7
2.	Mairesse/Parkes	Ferrari 330 LM (3765 SA)	7:35:49,2
3.	Hill/Herrmann	Porsche RS 62	7:42:24,6
5.	Nöcker/Seidel (1. GT)	Ferrari 250 GT (1917 GT)	41 Rd.

24 HEURES DU MANS

23./24. Juni 1962 - 330 Runden = 4.677,11 km

1.	Gendebien/Hill	Ferrari 330 TRI/LM (0808)	4.451,25 km
2.	Guichet/Noblet (1. GT)	Ferrari 250 GTO (3705 GT)	4.384,13 km
3.	„Eldé"/„Beurlys"	Ferrari 250 GTO (3757 GT)	4.213,88 km

WM-ENDSTAND GT KAT. III 1962:

(fünf von acht Rennen gewertet)

Ferrari	45
Jaguar	16
Chevrolet	9

ENDSTAND CHALLENGE MONDIAL 1962:

(alle vier Rennen gewertet)

Ferrari	36
Porsche	12

1963:

12 STUNDEN VON SEBRING

23. März 1963 - 209 Runden = 1.749 km

1.	Surtees/Scarfiotti	Ferrari 250 P	209 Rd.
2.	Mairesse/Vaccarella	Ferrari 250 P	208 Rd.
3.	Rodriguez/G.Hill	Ferrari 330 TRI/LM (0808)	207 Rd.
4.	Penske/Pabst (1. GT)	Ferrari 250 GTO (3987 GT)	203 Rd.

TARGA FLORIO

5. Mai 1963 - 10 Runden = 719 km

1.	Bonnier/Abate	Porsche RS 62	6:55:45,2
2.	Bandini/Scarfiotti/ Mairesse	Ferrari 196 SP (0802)	6:55:57,0
3.	Barth/Linge	Porsche 356 Carrera 2	7:25:19,4
4.	Grana/Bulgari (1. GT)	Ferrari 250 GTO (3413 GT)	7:26:31,4

ADAC 1000 KM-RENNEN

19. Mai 1963 - 44 Runden = 1.004,74 km

1.	Surtees/Mairesse	Ferrari 250 P	7:32:18,4
2.	Guichet/Noblet (1. GT)	Ferrari 250 GTO (3943 GT)	7:40:03,0
3.	Abate/Maglioli	Ferrari TRI '61 (0792 TR)	43 Rd.

24 HEURES DU MANS

15./16. Juni 1963 - 338 Runden = 4.677,11 km

1.	Scarfiotti/Bandini	Ferrari 250 P (0814)	4.561,71 km
2.	„Beurlys"/van Ophem (1. GT)	Ferrari 250 GTO (4293 GT)	4.346,32 km
3.	Parkes/Maglioli	Ferrari 250 P (0810)	4.346,20 km

WM-ENDSTAND GT KAT. III 1963:

Ferrari
Jaguar
Cobra-Ford

ENDSTAND CHALLENGE MONDIAL 1963:

Ferrari	39
Porsche	35

1964:

DAYTONA CONTINENTAL

16. Februar 1964 - 327 Runden = 2.004,60 km

1.	Hill/Rodriguez (1. GT)	Ferrari 250 GTO (5571 GT)	12:40:25,8
2.	Piper/Bianchi	Ferrari 250 GTO (4491 GT)	323 Rd.
3.	Grossman/Hansgen	Ferrari 250 GTO (4713 GT)	319 Rd.

12 STUNDEN VON SEBRING

21. März 1964 - 214 Runden = 1.790,49 km

1.	Parkes/Maglioli	Ferrari 275 P	214 Rd.
2.	Scarfiotti/Vaccarella	Ferrari 275 P (0820)	213 Rd.
3.	Surtees/Bandini	Ferrari 330 P	212 Rd.

TARGA FLORIO

26 April 1964 - 10 Runden = 719 km

1.	Pucci/Davis	Porsche 904 GTS	7:10:53,6
2.	Balzarini/Linge	Porsche 904 GTS	7:23:15,3
3.	Bussinello/Todaro	Alfa Romeo Giulia TZ	7:27:07,0
5.	Ferlaino/Taramazzo (1. GT)	Ferrari 250 GTO (3413GT)	7:28:25,0

ADAC 1000 KM-RENNEN

31. Mai 1964 - 44 Runden = 1.004,74 km

1. Scarfiotti/Vaccarella	Ferrari 275 P (0820)	7:08:27,0
2. Parkes/Guichet (1. GT)	Ferrari 250 GTO '64 (5573 GT)	43 Rd.
3. Pon/Koch	Porsche 904 GTS	43 Rd.

24 HEURES DU MANS

20./21. Juni 1964 - 348 Runden = 4.695,31 km

1. Guichet/Vaccarella	Ferrari 275 P (0816)	4.695,31 km
2. Bonnier/G.Hill	Ferrari 330 P (0818)	4.622,64 km
3. Surtees/Bandini	Ferrari 330 P (0822)	4.530,14 km

12 HEURES DE REIMS

5. Juli 1964 - 293 Runden = 2.445,34 km

1. Bonnier/G.Hill	Ferrari 250 LM (5907)	293 Rd.
2. Surtees/Bandini	Ferrari 250 LM (5909)	277 Rd,
3. Parkes/Scarfiotti (1. GT)	Ferrari 250 GTO '64 (4399 GT)	253 Rd.

TOURIST TROPHY

29. August 1964 - 130 Runden = 502,01 km

1. G. Hill	Ferrari 330 P (0818)	3:12:43,6
2. Piper	Ferrari 250 LM (5897)	129 Rd.
3. Gurney (1. GT)	Cobra Daytona	129 Rd.

WM-ENDSTAND GT KAT. III 1964:

(sieben von zehn Rennen gewertet)

Ferrari	84,6 (105,3)
Cobra-Ford	78,3 (90,5)

ENDSTAND CHALLENGE MONDIAL 1964:

(alle vier Rennen gewertet)

Ferrari	36
Porsche	30

1965

DAYTONA CONTINENTAL 2000 KM

1. März 1965 - 327 Runden = 2.004,60 km

1. Miles/Ruby	Ford GT 40	12:27:09,0
2. Schlesser/Keck/Johnson (1. GT)	Cobra Daytona	322 Rd.
3. Ginther/Bondurant	Ford GT 40	319 Rd.
	(kein Ferrari im Ziel)	

12 STUNDEN VON SEBRING

27. März 1965 - 196 Runden = 1.640,30 km

1. Hall/Sharp	Chaparral 2D	196 Rd.
2. Miles/McLaren	Ford GT 40	192 Rd.
3. Piper/Maggs	Ferrari 250 LM (5897)	190 Rd.

1000 KM DI MONZA

27. April 1965 - 100 Runden = 1.010 km

1. Parkes/Guichet	Ferrari 275 P2	4:56:08,0
2. Surtees/Scarfiotti	Ferrari 330 P2 (0828)	4:57:59,9
3. Miles/McLaren	Ford GT 40	96 Rd.

TARGA FLORIO

9. Mai 1965 - 10 Runden = 719 km

1. Vaccarella/Bandini	Ferrari 275 P2	7:01:12,4
2. Davis/Mitter	Porsche RS 62	7:05:34,0
3. Maglioli/Linge	Porsche 906	7:06:58,0
12. Ravetto/Starrabba (1. GT)	Ferrari 250 GTO '64 (4091GT)	7:50:57,1

ADAC 1000 KM-RENNEN

23. Mai 1965 - 44 Runden = 1.004,74 km

1. Surtees/Scarfiotti	Ferrari 330 P2 (0828)	6:53:05,4
2. Parkes/Guichet	Ferrari 275 P2	6:53:50,2
3. Bonnier/Rindt	Porsche RS 62	7:00:59,6

24 HEURES DU MANS

19./20. Juni 1965 - 347 Runden = 4.677,11 km

1. Gregory/Rindt	Ferrari 250 LM (5893)	4.677,11 km
2. Dumay/Gosselin	Ferrari 250 LM (6313)	4.602,60 km
3. Mairesse/„Beurlys" (1. GT)	Ferrari 275 GTB/C (6885)	4.562,05 km

12 HEURES DE REIMS

3./4. Juli 1965 - 284 Runden = 2.370,23 km

1. Rodriguez/Guichet	Ferrari 365 P (0838)	284 Rd.
2. Surtees/Parkes	Ferrari 365 P (0826)	282 Rd,
3. Mairesse/„Beurlys"	Ferrari 250 LM (6023)	279 Rd.

WM-ENDSTAND GT KAT. III 1965:

Ford-Cobra	90,3 (133,2)
Ferrari	71,3 (80,9)

ENDSTAND CHALLENGE MONDIAL 1965:

Ferrari	38
Porsche	29

1966

24 STUNDEN VON DAYTONA BEACH

5./6. Februar 1966 - 678 Runden = 4.137,06 km

1. Miles/Ruby	Ford Mk. II	678 Rd.
2. Gurney/Grant	Ford Mk. II	670 Rd.
3. Hansgen/Donohue	Ford Mk. II	669 Rd.
4. Rodriguez/Andretti	Ferrari 365 P2 (0838)	664 Rd.

WM-Ergebnisse Rennsportwagen & Prototypen

12 STUNDEN VON SEBRING

26. März 1966 - 228 Runden = 1.908,03 km

1.	Miles/Ruby	Ford GT X1 Roadster	228 Rd.
2.	Hansgen/Donohue	Ford Mk. II	216 Rd.
3.	Revson/Scott	Ford GT 40	213 Rd.
5.	Bandini/Scarfiotti	Ferrari 206 P (0842)	206 Rd.

1000 KM DI MONZA

25. April 1969 - 100 Runden = 1.010 km

1.	Surtees/Parkes	Ferrari 330 P3 Berlinetta (0848)	6:05:11,6
2.	Whitmore/Gregory	Ford GT 40	99 Rd.
3.	Müller/Mairesse	Ford GT 40	98 Rd.

TARGA FLORIO

8. Mai 1966 - 10 Runden = 719 km

1.	Müller/Mairesse	Porsche 906 Carrera 6	7:16:32,3
2.	Guichet/Baghetti	Ferrari 206 S (0852/002)	7:25:02,2
3.	Pucci/Arena	Porsche 906 Carrera 6	7:34:08,0

1000 KM DE SPA-FRANCORCHAMPS

22. Mai 1966 - 71 Runden = 1.000,85 km

1.	Parkes/Scarfiotti	Ferrari 330 P3 Berlinetta (0848)	4:43:24,0
2.	Whitmore/Gardner	Ford Mk. II	70 Rd.
3.	Scott/Revson	Ford GT 40	69 Rd.

ADAC 1000 KM-RENNEN

5. Juni 1966 - 44 Runden = 1.004,74 km

1.	Hill/Bonnier	Chaparral 2D	6:58:47,6
2.	Scarfiotti/Bandini	Ferrari 206 S (004)	6:59:29,2
3.	Rodriguez/Ginther	Ferrari 206 S (008)	7:00:02,4

24 HEURES DU MANS

17./18. Juni 1966 - 359 Runden = 5.232,90 km

1.	Amon/McLaren	Ford Mk. II	4.843,09 km
2.	Miles/Hulme	Ford Mk. II	4.843,07 km
3.	Bucknum/Hutcherson	Ford Mk. II	4.681,57 km
8.	Pike/Courage	Ferrari 275 GTB (09035)	4.212,50 km

WM-ENDSTAND 1966:

(vier von sieben Rennen gewertet)

Ford	38
Ferrari	36 (40)

1967

24 STUNDEN VON DAYTONA BEACH

4./5. Februar 1967 - 666 Runden = 4.083,9 km

1.	Amon/Bandini	Ferrari 330 P4 (0846)	666 Rd.
2.	Parkes/Scarfiotti	Ferrari 330 P4 (0856)	663 Rd.
3.	Rodriguez/Guichet	Ferrari 412 P (0844)	637 Rd.

12 STUNDEN VON SEBRING

1. April 1967 - 238 Runden = 1.991,71 km

1.	Andretti/McLaren	Ford Mk. IV	238 Rd.
2.	Foyt/Ruby	Ford Mk. II	226 Rd.
3.	Mitter/Patrick	Porsche 910	226 Rd.
17.	McCluggage/Rollo	Ferrari 275 GTB/4 NART Spyder	185 Rd.

1000 KM DI MONZA

25. April 1969 - 100 Runden = 1.010 km

1.	Amon/Bandini	Ferrari 330 P4 (0856)	5:07:43,0
2.	Parkes/Scarfiotti	Ferrari 330 P4 (0858)	5:10:59,2
3.	Mitter/Rindt	Porsche 910/6	96 Rd.

1000 KM DE SPA-FRANCORCHAMPS

1. Mai 1967 - 71 Runden = 1.000,85 km

1.	Ickx/Thompson	Mirage-Ford Mk. 1	5:09:46,5
2.	Hermann/Siffert	Porsche 910/2	70 Rd.
3.	Bianchi/Attwood	Ferrari 412 P (0854)	70 Rd.

TARGA FLORIO

14. Mai 1967 - 10 Runden = 719 km

1.	Hawkins/Stommelen	Porsche 910/8	6:37:01,0
2.	Cella/Biscaldi	Porsche 910/6	6:37:48,2
3.	Neerpasch/Elford	Porsche 910/6	6:41:03,8
4.	Venturi/Williams	Ferrari 206 P (0834)	6:52:10,2

ADAC 1000 KM-RENNEN

28. Mai 1967 - 44 Runden = 1.004,74 km

1.	Schütz/Buzzetta	Porsche 910/6	6:54:12,9
2.	Hawkins/Koch	Porsche 910/6	6:54:13,1
3.	Neerpasch/Elford	Porsche 910/6	6:58:32,6
14.	Walter/Ditzler	Ferrari 250 LM (5905)	38 Rd.

24 HEURES DU MANS

10./11. Juni 1967 - 388 Runden = 5.232,90 km

1.	Gurney/Foyt	Ford GT 40 Mk.4	388 Rd.
2.	Scarfiotti/Parkes	Ferrari 330 P4 (0858)	384 Rd.
3.	Mairesse/„Beurlys"	Ferrari 330 P4 (0856)	377 Rd.

BOAC 6 HOURS

30. Juli 1967 - 211 Runden = 899,67 km

1.	Hill/Spence	Chaparral 2F	211 Rd.
2.	Stewart/Amon	Ferrari 330 P4 (0860)	211 Rd.
3.	Herrmann/Neerpasch	Porsche 910/8	209 Rd.

WM-ENDSTAND 1967:

(fünf von acht Rennen gewertet)

Ferrari	34 (37)
Porsche	32 (41)
Ford	22 (23)

1968

In der ganzen Saison startete kein offizielles Ferrari-Werks-Team

24 STUNDEN VON DAYTONA BEACH

3./4. Februar 1968 - 673 Runden = 4.066,353 km

1.	Elford/Neerpasch etc.	Porsche 907/8	673 Rd.
2.	Siffert/Herrmann	Porsche 907/8	668 Rd.
3.	Buzzetta/Schlesser	Porsche 907/8	659 Rd.
8.	Ortega/Merello/Gunn	Ferrari 250 LM (6107)	592 Rd.

12 STUNDEN VON SEBRING

23. März 1968 - 239 Runden = 1.999,66 km

1.	Herrmann/Siffert	Porsche 907/8	237 Rd.
2.	Elford/Neerpasch	Porsche 907/8	226 Rd.
3.	Donuhue/Fischer	Chevrolet Camaro	221 Rd.
	(kein Ferrari im Ziel)		

BOAC 6 HOURS VON BRANDS HATCH

7. April 1968 - 218 Runden = 929,52 km

1.	Ickx/Redman	Ford GT 40	218 Rd.
2.	Scarfiotti/Mitter	Porsche 907/8	218 Rd.
3.	Elford/Neerpasch	Porsche 907/8	216 Rd.
5.	Rodriguez/Pierpoint	Ferrari 250 LM (8165)	209 Rd.

1000 KM DI MONZA

25. April 1968 - 100 Runden = 1.010 km

1.	Hawkins/Hobbs	Ford GT 40	5:18:03,4
2.	Stommelen/Neerpasch	Porsche 907/8	5:20:15,8
3.	Depailler/de Cortanze	Alpine Renault A211	97 Rd.
20.	Vestey/Ridgway	Ferrari 250 LM (6167)	72 Rd.

TARGA FLORIO

5. Mai 1968 - 10 Runden = 720 km

1.	Elford/Maglioli	Porsche 907/8	6:28:47,9
2.	Galli/Giunti	Alfa Romeo T33	6:31:30,7
3.	Cason/Bianchi	Alfa Romeo T33	6:37:55,1
22.	Wangstre/Christoffersson	Ferrari 206 S (006)	9 Rd.

ADAC 1000 KM-RENNEN

19. Mai 1968 - 44 Runden = 1.004,74 km

1.	Siffert/Elford	Porsche 908	6:34:06,3
2.	Herrmann/Stommelen	Porsche 907/8	6:37:07,8
3.	Ickx/Hawkins	Ford GT 40	6:37:57,5
	(kein Ferrari im Ziel)		

1000 KM DE SPA-FRANCORCHAMPS

26. Mai 1968 - 71 Runden = 1.000,85 km

1.	Ickx/Redman	Ford GT 40	5:05:19,3
2.	Mitter/Schlesser	Porsche 907/8	70 Rd.
3.	Herrmann/ Stommelen/Ikus.	Porsche 908	70 Rd.

WATKINS GLEN 6 HOURS

14. Juli 1968 - 286 Runden = 1.081,41 km

1.	Ickx/Bianchi	Ford GT 40	286 Rd.
2.	Hobbs/Hawkins	Ford GT 40	286 Rd.
3.	Thompson/Heppenstall	Howmet TX Turbine	267 Rd.
7.	Kolb/Rodriguez	Ferrari 206 S (014)	247 Rd.

GROSSER PREIS VON ÖSTERREICH

25. August 1968 - 157 Runden = 502,2 km
(halbe Punktzahl wegen zu geringer Strecke)

1.	Siffert/Herrmann	Porsche 908	2:55:17,79
2.	Herrmann/Ahrens	Porsche 908	2:55:30,23
3.	Hawkins	Ford GT 40	152 Rd.

24 HEURES DU MANS

28./29. September 1968 - 330 Runden = 4.452,88 km

1.	Rodriguez/Bianchi	Ford GT 40	4.452,88 km
2.	Spoerry/Steinemann	Porsche 907/8	4.378,72 km
3.	Stommelen/Neerpasch	Porsche 908 LH	4.366,22 km
7.	Piper/Attwood	Ferrari 250 LM (8165)	4.060,39 km

ENDSTAND 1968:

(fünf von zehn Rennen gewertet)

Ford	45 (56)
Porsche	42 (67,5)
Alfa-Romeo	14,5
Ferrari	2

1969

24 STUNDEN VON DAYTONA BEACH

1./2. Februar 1969 - 626 Runden = 3.837,56 km

1.	Donohue/Parsons	Lola T70-Chevrolet	626 Rd.
2.	Motschenbacher/Leslie	Lola T70-Chevrolet	596 Rd.
3.	Ward/Titus	Pontiac Firebird	591 Rd.
23.	Posey/Rodriguez	Ferrari 275 GTB	

12 STUNDEN VON SEBRING

22. März 1969 - 239 Runden = 1.999,66 km

1.	Ickx/Oliver	Ford GT 40	239 Rd.
2.	Amon/Andretti	Ferrari 312 P (0868)	238 Rd.
3.	Buzzetta/Stommelen	Porsche 908/2	235 Rd.

BOAC 6 HOURS VON BRANDS HATCH

13. April 1969 - 227 Runden = 967,89 km

1.	Siffert/Redman	Porsche 908/2	227 Rd.
2.	Elford/Attwood	Porsche 908/2	225 Rd.
3.	Mitter/Schütz	Porsche 908/2	223 Rd.
4.	Amon/Rodriguez	Ferrari 312 P (0870)	223 Rd.

WM-Ergebnisse Rennsportwagen & Prototypen

1000 KM DI MONZA

25. April 1969 - 100 Runden = 1.010 km

1. Siffert/Redman	Porsche 908 LH	4:53:51,2
2. Herrmann/Ahrens	Porsche 908 LH	99 Rd.
3. Koch/Dechent	Porsche 907/8	92 Rd.
(kein Ferrari im Ziel)		

TARGA FLORIO

4. Mai 1969 - 10 Runden = 719 km

1. Mitter/Schütz	Porsche 908/2	6:07:45,3
2. Elford/Maglioli	Porsche 908/2	6:10:34,0
3. Herrmann/Stommelen	Porsche 908/2	6:21:26,7
26. Cinno/Barbuscia	Ferrari 206 S (032)	7 Rd.

1000 KM DE SPA-FRANCORCHAMPS

11. Mai 1969 - 71 Runden = 1.000,85 km

1. Siffert/Redman	Porsche 908 LH	4:24:19,6
2. Rodriguez/Piper	Ferrari 312 P (0870)	4:27:52,1
3. Elford/Ahrens	Porsche 908 LH	70 Rd.

ADAC 1000 KM-RENNEN AUF DEM NÜRBURGRING

1. Juni 1969 - 44 Runden = 1.004,74 km

1. Siffert/Redman	Porsche 908/2	6:11:02,3
2. Stommelen/Herrmann	Porsche 908/2	6:15:04,2
3. Elford/Ahrens	Porsche 908/2	6:16:09,8

24 HEURES DU MANS

14./15. Juni 1969 - 371 Runden = 4.997,995 km

1. Ickx/Oliver	Ford GT 40	371 Rd.
2. Herrmann/Larrousse	Porsche 908 LH	371 Rd.
3. Hobbs/Hailwood	Ford GT 40	367 Rd.
8. Zeccoli/Posey	Ferrari 250 LM (5893)	328 Rd.

WATKINS GLEN 6 HOURS

13. Juli 1969 - 291 Runden = 1.076,651 km

1. Siffert/Redman	Porsche 908/2	291 Rd.
2. Elford/Attwood	Porsche 908/2	291 Rd.
3. Lins/Buzetta	Porsche 908/2	282 Rd.
(kein Ferrari-Werksteam am Start)		

GROSSER PREIS VON ÖSTERREICH IN ZELTWEG

10. August 1969 - 170 Runden = 1.004,68 km

1. Siffert/Ahrens	Porsche 917	5:23:36,98
2. Bonnier/Müller	Lola T70-Chevrolet	5:24:44,13
3. Attwood/Redman	Porsche 917	169 Rd.
(kein Ferrari-Werksteam am Start)		

WM-ENDSTAND 1969:

Porsche	45 (77)
Ford	25 (26)
Lola-Chevrolet	20
Ferrari	15

1970

24 STUNDEN VON DAYTONA BEACH

31.1./1.2. 1970 - 724 Runden = 4.438,84 km

1. Rodriguez/Kinnunen	Porsche 917	724 Rd.
2. Siffert/Redman	Porsche 917	679 Rd.
3. Andretti/Ickx/Merzario	Ferrari 512 S Berlinetta (1026)	676 Rd.

12 STUNDEN VON SEBRING

21. März 1970 - 248 Runden = 2.074,4 km

1. Giunti/Vaccarella/Andretti	Ferrari 512 S Spider (1026)	248 Rd.
2. McQueen/Revson	Porsche 908/2	248 Rd.
3. Gregory/Hezemans	Alfa Romeo T33/3	247 Rd.

BOAC 1000 KM VON BRANDS HATCH

12. April 1970 - 235 Runden = 1.002,00 km

1. Rodriguez/Kinnunen	Porsche 917	6:45:29,6
2. Elford/Hulme	Porsche 917	230 Rd.
3. Herrman/Attwood	Porsche 917	227 Rd.
5. Amon/Merzario	Ferrari 512 S Spider (1012)	225 Rd.

1000 KM DI MONZA

25. April 1970 - 174 Runden = 1.003,2 km

1. Rodriguez/Kinnunen	Porsche 917	4:18:01,7
2. Giunti/Vaccarella/Amon	Ferrari 512 S Spider (1004)	4:19:27,6
3. Surtees/Schetty	Ferrari 512 S Berlinetta (1042)	171 Rd.

TARGA FLORIO

3. Mai 1970 - 11 Runden = 790,9 km

1. Siffert/Redman	Porsche 908/3	6:35:30,0
2. Rodriguez/Kinnunen	Porsche 908/3	6:37:12,5
3. Vaccarella/Giunti	Ferrari 512 S Spider (1004)	6:39:05,2

1000 KM DE SPA-FRANCORCHAMPS

17. Mai 1970 - 71 Runden = 1.001,1 km

1. Siffert/Redman	Porsche 917 K	4:09:47,8
2. Ickx/Surtees	Ferrari 512 S Berlinetta (1038)	4:12:23,3
3. Elford/Ahrens	Porsche 917 K	70 Rd.

ADAC 1000 KM-RENNEN

31. Mai 1970 - 44 Runden = 1.004,74 km

1. Ahrens/Elford	Porsche 908/3	6:05:21,2
2. Herrmann/Attwood	Porsche 908/3	6:10:34,8
3. Surtees/Vaccarella	Ferrari 512 S Spider (1042)	43 Rd.

24 HEURES DU MANS

13./15. Juni 1970 - 342 Runden = 4.407,810 km

1. Attwood/Herrmann	Porsche 917 K	4.607,81 km
2. Larrousse/Kauhsen	Porsche 917 LH	4.541,95 km
3. Lins/Marko	Porsche 908/2 LH	4.502,78 km
4. Posey/Bucknum	Ferrari 512 S Berlinetta Lungo (1014)	4.209,60 km

WATKINS GLEN 6 HOURS

11. Juli 1970 - 308 Runden = 1.149,82 km

1.	Rodriguez/Kinnunen	Porsche 917 K	308 Rd.
2.	Siffert/Redman	Porsche 917 K	308 Rd.
3.	Andretti/Giunti	Ferrari 512 S Spider (1042)	305 Rd.

1 000 KM VON ÖSTERREICH

11. Oktober 1970 - 170 Runden = 1.004,7 km

1.	Siffert/Redman	Porsche 917 K	5:08:04,67
2.	de Adamich/Pescarolo	Alfa Romeo T33/3	168 Rd.
3.	Larrousse/Lins	Porsche 908/2	167 Rd.
7.	Loos/Pesch	Ferrari 512 S Spider (1018)	156 Rd.

WM-ENDSTAND 1970:

(sieben von zehn Rennen gewertet)

Porsche	63 (87)
Ferrari	37 (42)
Alfa Romeo	10

1971

1 000 KM DE LA CIUDAD DE BUENOS AIRES

10. Januar 1971 - 164 Runden = 978,72 km

1.	Siffert/Bell	Porsche 917 K	5:25:25,94
2.	Rodriguez/Oliver	Porsche 917 K	164 Rd.
3.	Galli/Stommelen	Alfa Romeo T33/3	163 Rd.
5.	Juncadella/Pairetti	Ferrari 512 S Spider (1002)	155 Rd.

24 STUNDEN VON DAYTONA BEACH

30./31. Januar 1971 - 688 Runden = 4.217,64 km

1.	RodriguezOliver	Porsche 917 K	688 Rd.
2.	Bucknum/Adamowicz	Ferrari 512 S Spider (1006)	687 Rd.
3.	Donohue/Hobbs	Ferrari 512 M Berlinetta (1040)	674 Rd.

12 STUNDEN VON SEBRING

20. März 1971 - 260 Runden = 2.175,37 km

1.	Elford/Larrousse	Porsche 917 K	260 Rd.
2.	Galli/Stommelen	Alfa Romeo T33/3	257 Rd.
3.	de Adamich/Pescarolo/ Vaccarella	Alfa Romeo T33/3	248 Rd.
6.	Donohue/Hobbs	Ferrari 512 M Berlinetta (1040)	243 Rd.

BOAC 1 000 KM VON BRANDS HATCH

4. April 1971 - 235 Runden = 1.002,00 km

1	de Adamich/Pescarolo	Alfa Romeo T33/3	6:24:32,2
2.	Ickx/Regazzoni	Ferrari 312 PB (0878)	232 Rd.
3.	Siffert/Bell	Porsche 917 K	229 Rd.

1 000 KM DI MONZA

25. April 1970 - 175 Runden = 1.006,07 km

1.	Rodriguez/Oliver	Porsche 917 K	4:14:32,6
2.	Siffert/Bell	Porsche 917 K	172 Rd.
3.	de Adamich/Pescarolo	Alfa Romeo T33/3	169 Rd.
6.	Müller/Herzog	Ferrari 512 M Berlinetta (1044)	167 Rd.

1 000 KM DE SPA-FRANCORCHAMPS

9. Mai 1971 - 71 Runden = 1.001,1 km

1.	Rodriguez/Oliver	Porsche 917 K	4:01:09,7
2.	Siffert/Bell	Porsche 917 K	4:01.10,1
3.	de Adamich/Pescarolo	Alfa Romeo T33/3	67 Rd.
8.	Ickx/Regazzoni	Ferrari 312 PB (0878)	54 Rd.

TARGA FLORIO

16. Mai 1971 - 11 Runden = 790,9 km

1.	Vaccarella/Hezemanns	Alfa Romeo T33/3	6:35:46,2
2.	de Adamich/van Lennep	Alfa Romeo T33/2	6:36:57,9
3.	Bonnier/Attwood	Lola T212	7:00:05,2
30.	Verna/Cosentino	Ferrari Dino 246 GT	8 Rd.

ADAC 1 000 KM-RENNEN

30. Mai 1971 - 44 Runden = 1.004,74 km

1.	Elford/Larousse	Porsche 908/3	5:51:49,3
2.	Rodriguez/Siffert	Porsche 908/3	5:53:33,4
3.	Marko/van Lennep	Porsche 908/3	5:53:33,5
9.	Loos/Pesch	Ferrari 512 M Berlinetta (1018)	40 Rd.

24 HEURES DU MANS

12./13. Juni 1971 - 396 Runden = 5.335,31 km

1.	Marko/van Lennep	Porsche 917 K	5.335,31 km
2.	Müller/Attwood	Porsche 917 K	5.308,39 km
3.	Posey/Adamowicz	Ferrari 512 M Berlinetta (1020)	4.922,09 km

1 000 KM VON ÖSTERREICH

27. Juni 1971 - 170 Runden = 1.004,7 km

1.	Rodriguez/Attwood	Porsche 917 K	5:04:26,01
2.	Hezemans/Vaccarella	Alfa Romeo T33/3	168 Rd.
3.	Galli/Stommelen	Alfa Romeo T33/3	168 Rd.
4.	Pasotti/Casoni	Ferrari 512 M Berlinetta (1024)	159 Rd.

WATKINS GLEN 6 HOURS

24. Juli 1971 - 279 Runden = 1.090,86 km

1.	de Adamich/Peterson	Alfa Romeo T33/3	279 Rd.
2.	Siffert/van Lennep	Porsche 917 K	277 Rd.
3.	Bell/Attwood	Porsche 917 K	259 Rd.
5.	de Cadenet/ Motschenbacher	Ferrari 512 M Berlinetta (1030)	253 Rd.

WM-ENDSTAND 1971:

(sieben von zehn Rennen gewertet)

Porsche	63 (85)
Alfa Romeo	47 (54)
Ferrari	24 (25)

WM-Ergebnisse Rennsportwagen & Prototypen

1972

1000 KM DE LA CIUDAD DE BUENOS AIRES

9. Januar 1972 - 168 Runden = 1.002,624 km

1.	Peterson/Schenken	Ferrari 312 PB (0886)	5:45:58,22
2.	Regazzoni/Redman	Ferrari 312 PB (0884)	5:48:02,99
3.	Alberti/de Adamich	Alfa Romeo 33TT 3	162 Rd.

6 HOURS OF DAYTONA

6. Februar 1972 - 194 Runden = 1.189,414 km

1.	Ickx/Andretti	Ferrari 312 PB (0888)	194 Rd.
2.	Peterson/Schenken	Ferrari 312 PB (0892)	192 Rd.
3.	Elford/Marko	Alfa Romeo 33TT 3	190 Rd.

12 STUNDEN VON SEBRING

25. März 1972 - 259 Runden = 2.165,24 km

1.	Ickx/Andretti	Ferrari 312 PB (0882)	259 Rd.
2.	Peterson/Schenken	Ferrari 312 PB (0886)	257 Rd.
3.	Hezemans/Vaccarella	Alfa Romeo 33TT 3	233 Rd.

BOAC 1000 KM VON BRANDS HATCH

16. April 1972 - 235 Runden = 1.001 km

1.	Ickx/Andretti	Ferrari 312 PB (0888)	5:55:27,5
2.	Peterson/Schenken	Ferrari 312 PB (0894)	234 Rd.
3.	Stommelen/Revson	Alfa Romeo 33TT 3	233 Rd.

1000 KM DI MONZA

25. April 1972 - 174 Runden = 1.000,5 km

1.	Ickx/Regazzoni	Ferrari 312 PB (0882)	5:52:05,6
2.	Jöst/Schüller	Porsche 908/3	170 Rd.
3.	Peterson/Schenken	Ferrari 312 PB (0884)	165 Rd.

1000 KM DE SPA-FRANCORCHAMPS

7. Mai 1972 - 71 Runden = 1.001,1 km

1.	Redman/Merzario	Ferrari 312 PB (0890)	4:17:19,1
2.	Ickx/Regazzoni	Ferrari 312 PB (0886)	70 Rd.
3.	Hine/Bridges	Chevron B19/21	65 Rd.

TARGA FLORIO

21. Mai 1972 - 11 Runden = 792 km

1.	Merzario/Munari	Ferrari 312 PB (0884)	6:27:48,0
2.	Marko/Galli	Alfa Romeo 33TT 3	6:28:04,9
3.	de Adamich/Hezemans	Alfa Romeo 33TT 3	6:46:12,2

ADAC 1000 KM-RENNEN

28. Mai 1972 - 44 Runden = 1.003,2 km

1.	Peterson/Schenken	Ferrari 312 PB (0886)	6:01:40,2
2.	Redman/Merzario	Ferrari 312 PB (0890)	6:06:09,9
3.	de Adamich/Marko	Alfa Romeo 33TT 3	43 Rd.

24 HEURES DU MANS

10./11. Juni 1972 - 343 Runden = 4.691,343 km

1.	Pescarolo/G.Hill	Matra-Simca MS670	4.691,34 km
2.	Cevert/Ganley	Matra-Simca MS670	4.554,93 km
3.	Joest/Weber/Casoni	Porsche 908 LH	4.428,90 km
5.	Andruet/Lena/Migault	Ferrari 365 GTB/4 (15667)	4.162,66 km

1000 KM VON ÖSTERREICH

25. Juni 1972 - 170 Runden = 1.004,87 km

1.	Ickx/Redman	Ferrari 312 PB (0888)	4:58:46,28
2.	Marko/Pace	Ferrari 312 PB (0896)	169 Rd.
3.	Peterson/Schenken	Ferrari 312 PB (0894)	166 Rd.
4.	Merzario/Munari	Ferrari 312 PB (0884)	164 Rd.

WATKINS GLEN 6 HOURS

22. Juli 1972 - 195 Runden = 1.058,85 km

1.	Ickx/Andretti	Ferrari 312 PB (0896)	6:01:11,28
2.	Peterson/Schenken	Ferrari 312 PB (0894)	6:01:25,30
3.	Bell/Pace	Mirage M6	181 Rd.

WM-ENDSTAND 1972:

(acht von zehn Rennen gewertet)

Ferrari	160 (208)
Alfa Romeo	85
Porsche	66 (71)

1973

DAYTONA 24 HOURS

3./4. Februar 1973 - 194 Runden = 4.107,77 km

1.	Gregg/Haywood	Porsche 911 Carrera RS	670 Rd.
2.	Minter/Migault	Ferrari 365 GTB/4 (14141)	648 Rd.
3.	Heinz/McClure	Chevrolet Corvette	644 Rd.

6 ORE DI VALLELUNGA

25. März 1973 - 290 Runden = 929,636 km

1.	Pescarolo/Larrousse/ Cevert	Matra-Simca MS670	290 Rd.
2.	Schenken/Reutemann	Ferrari 312 PB (0894)	289 Rd.
3.	Ickx/Redman	Ferrari 312 PB (0888)	289 Rd.

1000 KM DE DIJON

15. April 1973 - 312 Runden = 1.001,208 km

1.	Pescarolo/Larrousse	Matra-Simca MS670	5:34:37,1
2.	Ickx/Redman	Ferrari 312 PB (0890)	311 Rd.
3.	Beltoise/Cevert	Matra-Simca MS670	308 Rd.

1000 KM DI MONZA

25. April 1973 - 174 Runden = 1.000,5 km

1.	Ickx/Redman	Ferrari 312 PB (0888)	4:07:34,4
2.	Schenken/Reutemann	Ferrari 312 PB (0894)	171 Rd.
3.	Pescarolo/Larrousse	Matra-Simca MS670	164 Rd.

WM-Ergebnisse

1000 KM DE SPA-FRANCORCHAMPS

6. Mai 1973 - 71 Runden = 1.001,1 km

1.	Bell/Hailwood	Mirage M6	4:05:43,5
2.	Hailwood/Schuppan/ Gainley	Mirage M6	69 Rd.
3.	Pescarolo/Larrousse/ Amon	Matra-Simca MS670	68 Rd.
4.	Merzario/Pace	Ferrari 312 PB (0896)	67 Rd.

TARGA FLORIO

13. Mai 1973 - 11 Runden = 792 km

1.	van Lennep/Müller	Porsche 911 Carrera RS	6:54:19,9
2.	Murani/Andruet	Lancia Stratos	7:00:30,5
3.	Kinnunen/Haldi	Porsche 911 Carrera RS	7:12:42,5

ADAC 1000 KM-RENNEN

27. Mai 1973 - 44 Runden = 1.003,2 km

1.	Ickx/Redman	Ferrari 312 PB (0888)	5:36:53,4
2.	Merzario/Pace	Ferrari 312 PB (0890)	5:36:53,5
3.	Burton/Bridges	Chevron B23	40 Rd.

24 HEURES DU MANS

9./10. Juni 1973 - 355 Runden = 4.853,945 km

1.	Pescarolo/G.Hill	Matra-Simca MS670	4.853,94 km
2.	Merzario/Pace	Ferrari 312 PB (0892)	4.772,29 km
3.	Jabouille/Jausseaud	Matra-Simca MS670	4.526,16 km

1000 KM VON ÖSTERREICH

24. Juni 1973 - 170 Runden = 1.004,87 km

1.	Pescarolo/Larrousse	Matra-Simca MS670	4:48:57,80
2.	Beltoise/Cevert	Matra-Simca MS670	4:49:44,43
3.	Ickx/Redman	Ferrari 312 PB (0896)	169 Rd.

WATKINS GLEN 6 HOURS

21. Juli 1973 - 199 Runden = 1.081,167 km

1.	Pescarolo/Larrousse	Matra-Simca MS670	199 Rd.
2.	Ickx/Redman	Ferrari 312 PB (0896)	197 Rd.
3.	Merzario/Pace	Ferrari 312 PB (0890)	196 Rd.

WM-ENDSTAND 1973:

(sieben von zehn Rennen gewertet)

Matra-Simca	124
Ferrari	115 (137)
Porsche	82 (91)

ALLE 618 BESTRITTENEN GRANDS PRIX

1950

Monte Carlo	Ascari	125	2.
	Sommer	125	4.
	Villoresi	125	aus (Hinterachse)
Bern	Sommer	125	aus (Aufhängung)
	Villoresi	125	aus (Getriebe)
	Ascari	125	aus (Ölleitung)
Spa	Ascari	275	5.
	Villoresi	125	6.
Reims	Whitehead	125	3.
Monza	Serafini	375	2.=
	Ascari	375	2.=
	Whitehead	125	7.
	Biondetti	166S	aus (Motor)

1951

Bern	Taruffi	375	2.
	Ascari	375	6.
	Fischer	212	11.
	Whitehead	125	aus (Unfall)
	Villoresi	375	aus (Unfall)
Spa	Ascari	375	2.
	Villoresi	375	3.
	Taruffi	375	aus (Hinterachse)
Reims	Gonzalez	375	2.=
	Ascari	375	2.=
	Villoresi	375	3.
	Parnell	375 Thin Wall	4.
	Whitehead	125	aus (Kopfdichtung)
Silverstone	Gonzalez	375	1.
	Villoresi	375	3.
	Whitehead	375 Thin Wall	9.
	Ascari	375	aus (Getriebe)
Nürburgring	Ascari	375	1.
	Gonzalez	375	3.
	Villoresi	375	4.
	Taruffi	375	5.
	Fischer	212	6.
Monza	Ascari	375	1.
	Gonzalez	375	2.
	Villoresi	375	4.
	Taruffi	375	5.
	Whitehead	125	aus (Kolben)
	Landi	375	aus (Getriebe)
Pedralbes	Gonzalez	375	2.
	Ascari	375	4.
	Villoresi	375	aus (Zündung)
	Taruffi	375	aus (Rad verloren)

1952

Bern	Taruffi	500	1.
	Fischer	500	2.
	Hirt	212	7.
	Simon	500	aus
	Farina	500	aus (Zündmagnet)
	Rosier	500	aus (Unfall)
Indianapolis	Ascari	375	31. (aus, Radnabe, Dreher)
Spa	Ascari	500	1.
	Farina	500	2.
	de Tornaco	500	7.
	Taruffi	500	aus (Unfall)
	Rosier	500	aus (Getriebe)
Rouen	Ascari	500	1.
	Farina	500	2.
	Taruffi	500	3.
	Fischer	212	11.=
	Hirt	212	11.=
	Comotti	166	12.
	Rosier	500	aus (Motor)
	Carini	166	aus (Kopfdichtung)
Silverstone	Ascari	500	1.
	Taruffi	500	2.
	Farina	500	6.
	Salvadori	500	8.
	Whitehead	125	10.
	Fischer	500	13.
	Hirt	212	aus (Bremsen)
Nürburgring	Ascari	500	1.
	Farina	500	2.
	Fischer	500	3.
	Taruffi	500	4.
	Laurent	500	6.
	Schoeller	212	aus (Aufhängung)
	Carini	166	aus (Bremsen)
Zandvoort	Ascari	500	1.
	Farina	500	2.
	Villoresi	500	3.
	de Tornaco	500	aus (Ventil abgerissen)
Monza	Ascari	500	1.
	Villoresi	500	3.
	Farina	500	4.
	Simon	500	6.
	Taruffi	500	7.
	Rosier	500	10.
	Fischer	500	aus (Motor)

1953

Buenos Aires	Ascari	500	1.
	Villoresi	500	2.
	Hawthorn	500	4.
	Farina	500	aus (Unfall)
Zandvoort	Ascari	500	1.
	Farina	500	2.
	Hawthorn	500	4.
	Rosier	500	7.
	Villoresi	500	aus (Gasgestänge)
Spa	Ascari	500	1.
	Villoresi	500	2.
	Hawthorn	500	6.
	Rosier	500	8.
	Farina	500	aus (Motor)
Reims	Hawthorn	500	1.
	Ascari	500	4.
	Farina	500	5.
	Villoresi	500	6.
	Rosier	500	8.
Silverstone	Ascari	500	1.
	Farina	500	3.
	Hawthorn	500	5.
	Rosier	500	10.
	Villoresi	500	aus (Hinterachse)
Nürburgring	Farina	500	1.
	Hawthorn	500	3.
	Swaters	500	7.
	Ascari	500	8.=
	Villoresi	500	8.=
	Rosier	500	10.
	Adolff	166	aus
Bern	Ascari	500	1.
	Farina	500	2.
	Hawthorn	500	3.
	Villoresi	500	6.
	de Terra	166	8.
	Hirt	500	aus (Ölverlust)
	Rosier	500	aus (Unfall)
	Swaters	500	aus (Unfall)
Monza	Farina	500	2.
	Ascari	500	3.
	Villoresi	500	4.
	Hawthorn	500	5.
	Maglioli	553	8.
	Rosier	500	16.
	Carini	553	aus (Motor)

1954

Buenos Aires	Farina	625	2.
	Gonzalez	625	3.
	Trintignant	625	4.
	Maglioli	625	9.
	Hawthorn	625	disq.
	Rosier	500	aus (Unfall)
Spa	Trintignant	625	2.
	Hawthorn	625	4.=
	Gonzalez	625	4.=
	Farina	553	aus (Zündung)
	Swaters	500	aus (Motor)
	Gonzalez	553	aus (Ölleitung)
Reims	Manzon	625	3.
	Trintignant	625	aus (Kolben)
	Rosier	500	aus (Motor)
	Gonzalez	553	aus (Motor)
	Hawthorn	553	aus (Motor)
Silverstone	Gonzalez	625	1.
	Hawthorn	625	2.
	Trintignant	625	5.
	Parnell	500	aus (Motor)
	Manzon	625	aus (Motor)
	Rosier	500	aus (Motor)
Nürburgring	Gonzalez	625	2.
	Hawthorn	625	3.
	Trintignant	625	4.
	Taruffi	625	6.
	Rosier	500	8.
	Manzon	625	9.
	Hawthorn	625	aus (Hinterachse)
Bern	Gonzalez	625	2.
	Maglioli	553	7.
	Swaters	500	8.
	Trintignant	625	aus (Motor)
	Hawthorn	625	aus (Ölpumpe)
Monza	Hawthorn	625	2.
	Maglioli	625	3.=
	Gonzalez	625	3.=
	Trintignant	625	5.
	Ascari	625	aus (Ventiltrieb)
	Manzon	625	aus (Motor)
Pedralbes	Hawthorn	553	1.
	Trintignant	625	aus (Getriebe)
	Swaters	500	aus (Motor)
	Manzon	625	aus (Motor)

1955

Buenos Aires	Gonzalez	625	2.=
	Farina	625	2.=
	Trintignant	625	2.=
	Farina	625	3.=
	Maglioli	625	3.=
	Trintignant	625	3.=
Monte Carlo	Trintignant	625	1.
	Farina	625	4.
	Taruffi	555	8.=
	Frère	555	8.=
	Schell	555	aus (Motor)

Alle GP-Platzierungen

Spa	Farina	555	3.
	Frère	555	4.
	Trintignant	555	6.
Zandvoort	Castellotti	555	5.
	Hawthorn	555	7.
	Claes	500	11.
	Trintignant	555	aus (Getriebe)
Aintree	Hawthorn	625	6.=
	Castellotti	625	6.=
	Trintignant	625	aus (Motor überhitzt)
	Castellotti	625	aus (Getriebe)
Monza	Castellotti	555	3.
	Maglioli	555	6.
	Trintignant	555	8.
	Hawthorn	555	aus (Getriebehalterung)

1956

Buenos Aires	Musso	D50	1.=
	Fangio	D50	1.=
	Gendebien	D50/555	5.
	Collins	555	aus (Unfall)
	Castellotti	D50	aus (Getriebe)
Monte Carlo	Collins	D50	2.=
	Fangio	D50	2.=
	Fangio	D50	4.=
	Castellotti	D50	4.=
	Musso	D50	aus (Unfall)
Spa	Collins	D50	1.
	Frère	D50	2.
	Pilette	D50	6.
	Fangio	D50	aus (Getriebe)
	Castellotti	D50	aus (Getriebe)
Reims	Collins	D50	1.
	Castellotti	D50	2.
	Fangio	D50	4.
	Gendebien	D50	aus (Kupplung)
	de Portago	D50	aus (Getriebe)
Silverstone	Fangio	D50	1.
	de Portago	D50	2.=
	Collins	D50	2.=
	Castellotti	D50	10.=
	de Portago	D50	10.=
Nürburgring	Fangio	D50	1.
	de Portago	D50	aus
	Collins	D50	aus (Unfall)
	Musso	D50	aus
	Castellotti	D50	aus (Unfall)
Monza	Collins	D50	2.=
	Fangio	D50	2.=
	Fangio	D50	8.=
	Castellotti	D50	8.=
	Musso	D50	aus (Lenkung)

1957

Buenos Aires	Gonzalez	801	5.=
	de Portago	801	5.=
	Perdisa	801	6.=
	Collins	801	6.=
	von Trips	801	6.=
	Castellotti	801	aus (Radnabe)
	Hawthorn	801	Kupplung
	Musso	801	Kupplung
Monte Carlo	Trintignant	801	5.
	von Trips	801	aus (Motor)
	Hawthorn	801	aus (Motor)
	Collins	801	aus (Unfall)
Rouen	Musso	801	2.
	Collins	801	3.
	Hawthorn	801	4.
	Trintignant	801	aus (Zündung)
Aintree	Musso	801	2.
	Hawthorn	801	3.
	Trintignant	801	4.=
	Collins	801	4.=
Nürburgring	Hawthorn	801	2.
	Collins	801	3.
	Musso	801	4.
Pescara	Musso	801	aus (Öltank undicht)
Monza	von Trips	801	3.
	Hawthorn	801	6.
	Musso	801	8.
	Collins	801	aus (Ventil abgerissen)

1958

Buenos Aires	Musso	246	2.
	Hawthorn	246	3.
	Collins	246	aus (Hinterachse)
Monte Carlo	Musso	246	2.
	Collins	246	3.
	von Trips	246	aus (Motor)
	Hawthorn	246	aus (Benzinpumpe)
Zandvoort	Hawthorn	246	5.
	Musso	246	7.
	Collins	246	aus (Dreher)
Spa	Hawthorn	246	2.
	Gendebien	246	6.
	Musso	246	aus (Unfall)
	Collins	246	aus (Motor überhitzt)
Reims	Hawthorn	246	1.
	von Trips	246	3.
	Collins	246	5.
	Musso	246	aus (tödl. Unfall)
Silverstone	Collins	246	1.
	Hawthorn	246	2.
	von Trips	246	aus (Motor)
Nürburgring	von Trips	246	4.
	Hill	156F2	9.
	Hawthorn	246	aus (Kupplung)
	Collins	246	aus (tödl. Unfall)
Porto	Hawthorn	246	2.
	von Trips	246	5.
Monza	Hawthorn	246	2.
	Hill	246	3.
	Gendebien	246	aus (Hinterachse)
	von Trips	246	aus (Unfall)
Casablanca	Hawthorn	246	2.
	Hill	246	3.
	Gendebien	246	aus (Unfall)

1959

Monte Carlo	Brooks	246	2.
	Hill	246	4.
	Behra	246	aus (Motor)
	Allison	246	aus (Unfall)
Zandvoort	Behra	246	5.
	Hill	246	6.
	Allison	246	9.
	Brooks	246	aus (Ölleck)
Reims	Brooks	246	1.
	Hill	246	2.
	Gendebien	246	4.
	Behra	246	aus (Kolben)
	Gurney	246	aus (Kühler)
AVUS	Brooks	246	1.
	Gurney	246	2.
	Hill	246	3.
	Allison	246	aus (Kupplung)
Monsanto Park	Gurney	246	3.
	Brooks	246	9.
	Hill	246	aus (Unfall)
Monza	Gurney	246	4.
	Allison	246	5.
	Gendebien	246	6.
	Brooks	246	aus (Kolben)
Sebring	Brooks	246	3.
	von Trips	246	6.
	Allison	246	aus (Kupplung)
	Hill	246	aus (Kupplung)

1960

Buenos Aires	Allison	246	2.
	von Trips	246	5.
	Hill	246	8.
	Gonzalez	246	10.
Monte Carlo	Hill	246	3.
	Ginther	246	6.
	von Trips	246	aus (Kupplung)
Zandvoort	von Trips	246	5.
	Ginther	246	6.
	Hill	246	aus (Motor)
Spa	Hill	246	4.
	Mairesse	246	aus (Getriebe)
	von Trips	246	aus (Getriebe)
Reims	von Trips	246	aus (Getriebe)
	Hill	246	aus (Getriebe)
	Mairesse	246	aus (Getriebe)
Silverstone	von Trips	246	6.
	Hill	246	7.
Porto	von Trips	246	4.
	Hill	246	aus (Unfall)
Monza	Hill	246	1.
	Ginther	246	2.
	Mairesse	246	3.
	von Trips	156F2	5.

1961

Monte Carlo	Ginther	156	2.
	Hill	156	3.
	von Trips	156	4.
Zandvoort	von Trips	156	1.
	Hill	156	2.
Spa	Hill	156	1.
	von Trips	156	2.
	Ginther	156	3.
	Gendebien	156	4.
Reims	Baghetti	156	1.
	Hill	156	9.
	Ginther	156	aus (Öldruck)
	von Trips	156	aus (Motor)
Aintree	von Trips	156	1.
	Hill	156	2.
	Ginther	156	3.
	Baghetti	156	aus (Dreher)
Nürburgring	von Trips	156	2.
	Hill	156	3.
	Ginther	156	8.
	Mairesse	156	aus (Unfall)
Monza	Hill	156	1.
	Ginther	156	aus (Motor)
	Baghetti	156	aus (Motor)
	R. Rodriguez	156	aus (Motor)
	von Trips	156	aus (tödl. Unfall)

1962

Zandvoort	Hill	156	3.
	Baghetti	156	4.
	R. Rodriguez	156	aus (Dreher)
Monte Carlo	Hill	156	2.
	Bandini	156	3.
	Mairesse	156	aus (Öldruck)
Spa	Hill	156	3.
	R. Rodriguez	156	4.
	Mairesse	156	aus (Unfall)
	Baghetti	156	aus (Zündkabel)
Aintree	Hill	156	aus (Zündverteiler)
Nürburgring	R. Rodriguez	156	6.
	Baghetti	156	10.

Alle GP-Platzierungen Formel 1

	Hill	156	aus (Aufhängung)
	Bandini	156	aus (Unfall)
Monza	Mairesse	156	4.
	Baghetti	156	5.
	Bandini	156	8.
	Hill	156	10.
	R. Rodriguez	156	aus (Motor)

1963

Monte Carlo	Surtees	156	4.
	Mairesse	156	aus (Kupplung)
Spa	Surtees	156	aus (Benzindruck)
	Mairesse	156	aus (Ventil abgerissen)
Zandvoort	Surtees	156	3.
	Scarfiotti	156	6.
Reims	Surtees	156	aus (Benzinpumpe)
Silverstone	Surtees	156	2.
Nürburgring	Surtees	156	1.
	Mairesse	156	aus (Unfall)
Monza	Bandini	156	aus (Getriebe)
	Surtees	156	aus (Motor)
Watkins Glen	Bandini	156	5.
	Surtees	156	aus (Motor)
Mexico City	Bandini	156	aus (Fehlzündungen)
	Surtees	156	disq.
East London (ZA)	Bandini	156	5.
	Surtees	156	aus (Motor)

1964

Monte Carlo	Bandini	156	aus (Getriebe)
	Surtees	158	aus (Getriebe)
Zandvoort	Surtees	158	2.
	Bandini	158	aus (Einspritzanlage)
Spa	Bandini	158	aus (Motor)
	Surtees	158	aus (Motor)
Rouen	Bandini	158	9.
	Surtees	158	aus (Motor)
Brands Hatch	Surtees	158	3.
	Bandini	158	5.
Nürburgring	Surtees	158	1.
	Bandini	158	3.
Zeltweg	Bandini	158	1.
	Surtees	158	aus (Aufhängung)
Monza	Surtees	158	1.
	Bandini	158	3.
	Scarfiotti	156	9.
Watkins Glen	Surtees	158	2.
	Bandini	158	aus (Motor)
Mexico City	Surtees	158	2.
	Bandini	1512	3.
	P. Rodriguez	156	6.

1965

East London (ZA)	Surtees	158	2.
	Bandini	1512	aus (Elektrik)
Monte Carlo	Bandini	1512	2.
	Surtees	158	4. aus (Benzin alle)
Spa	Bandini	1512	9.
	Surtees	158	aus (Zündung)
Clermont-Ferrand	Surtees	158	3.
	Bandini	1512	aus (Rad verloren, Unfall)
Silverstone	Surtees	1512	3.
	Bandini	158	aus (Kolben)
Zandvoort	Surtees	1512	7.
	Bandini	158	9.
Nürburgring	Bandini	158	6.
	Surtees	1512	aus (Getriebe)
Monza	Bandini	1512	4.
	Vaccarella	158	aus (Motor)
	Surtees	1512	aus (Kupplung)
Watkins Glen	Bandini	1512	4.
	P. Rodriguez	1512	5.
	Bondurant	158	9.
Mexico City	P. Rodriguez	1512	7.
	Bandini	1512	8.

1966

Monte Carlo	Bandini	246T	2.
	Surtees	312	aus (Getriebe)
Spa	Surtees	312	1.
	Bandini	246T	3.
Reims	Parkes	312	2.
	Bandini	312	nicht gewertet
Zandvoort	Bandini	312	6.
	Parkes	312	aus (Unfall)
Nürburgring	Bandini	312	6.
	Scarfiotti	246T	aus (Elektrik)
	Parkes	312	aus (Unfall)
Monza	Scarfiotti	312	1.
	Parkes	312	2.
	Baghetti	246T	nicht gewertet
Watkins Glen	Bandini	312	aus (Motor)

1967

Monte Carlo	Amon	312	3.
	Bandini	312	aus (tödl. Unfall)
Zandvoort	Amon	312	4.
	Parkes	312	5.
	Scarfiotti	312	6.
Spa	Amon	312	3.
	Scarfiotti	312	nicht gewertet
	Parkes	312	aus (Unfall)
Le Mans	Amon	312	aus (Gasgestänge)
Silverstone	Amon	312	3.
Nürburgring	Amon	312	3.
Mosport Park	Amon	312	6.
Monza	Amon	312	7.
Watkins Glen	Amon	312	aus (Öldruck)
Mexico City	Williams	312	8.
	Amon	312	9.

1968

Kyalami	Amon	312	4.
	Ickx	312	aus (Öltank geplatzt)
	de Adamich	312	aus (Unfall)
Jarama	Amon	312	aus (Benzinpumpe)
	Ickx	312	Zündung
Spa	Ickx	312	3.
	Amon	312	aus (Kühler)
Zandvoort	Ickx	312	4.
	Amon	312	6.
Rouen	Ickx	312	1.
	Amon	312	11.
Brands Hatch	Amon	312	2.
	Ickx	312	3.
Nürburgring	Ickx	312	4.
	Amon	312	aus (Unfall)
Monza	Ickx	312	3.
	Amon	312	aus (Unfall)
	Bell	312	aus (Einspritzung)
Mont-Tremblant	Amon	312	aus (Getriebe)
	Ickx	312	aus (Unfall)
Watkins Glen	Amon	312	aus (Kühlwasserschlauch)
	Bell	312	aus (Motor)
Mexico City	Amon	312	aus (Wasserpumpe)
	Ickx	312	aus (Zündung)

1969

Kyalami	Amon	312	aus (Motor)
Montjuich	Amon	312	aus (Motor)
Monte Carlo	Amon	312	aus (Differenzial)
Zandvoort	Amon	312	3.
Clermont-Ferrand	Amon	312	aus (Motor)
Silverstone	P. Rodriguez	312	aus (Motor)
	Amon	312	aus (Getriebe)
Monza	P. Rodriguez	312	6.
Mosport Park	P. Rodriguez	312	aus (Öldruck)
Watkins Glen	P. Rodriguez	312	5.
Mexico City	P. Rodriguez	312	7.

1970

Kyalami	Ickx	312B	aus (Motor)
Jarama	Ickx	312B	aus (Unfall)
Monte Carlo	Ickx	312B	aus (Kreuzgelenk)
Spa	Giunti	312B	4.
	Ickx	312B	8.
Zandvoort	Ickx	312B	3.
	Regazzoni	312B	4.
Clermont-Ferrand	Giunti	312B	14.
	Ickx	312B	aus (Ventil)
Brands Hatch	Regazzoni	312B	4.
	Ickx	312B	aus (Differenzial)
Hockenheim	Ickx	312B	2.
	Regazzoni	312B	aus (Motor)
Österreichring	Ickx	312B	1.
	Regazzoni	312B	2.
Monza	Regazzoni	312B	1.
	Ickx	312B	aus (Kupplung)
Mont Tremblant	Ickx	312B	1.
	Regazzoni	312B	2.
Watkins Glen	Ickx	312B	4.
	Regazzoni	312B	13.
Mexico City	Ickx	312B	1.
	Regazzoni	312B	2.

1971

Kyalami	Andretti	312B	1.
	Regazzoni	312B	3.
	Ickx	312B	8.
Montjuich	Ickx	312B	2.
	Andretti	312B	aus (Benzinpumpe/Öldruck)
	Regazzoni	312B	aus (Motor)
Monte Carlo	Ickx	312B2	3.
	Regazzoni	312B2	aus (Unfall)
Zandvoort	Ickx	312B2	1.
	Regazzoni	312B2	3.
	Andretti	312B	aus (Motor)

Formel 1

Alle GP-Platzierungen

Paul Ricard	Regazzoni	312B2	aus (Dreher, Rad verloren)
	Ickx	312B2	aus (Motor)
Silverstone	Ickx	312B2	aus (Motor)
	Regazzoni	312B2	aus (Öldruck)
Nürburgring	Regazzoni	312B2	3.
	Andretti	312B2	4.
	Ickx	312B2	aus (Unfall)
Österreichring	Ickx	312B2	aus (Zündkabel)
	Regazzoni	312B2	aus (Motor)
Monza	Regazzoni	312B2	aus (Motor)
	Ickx	312B2	aus (Motor)
Mosport Park	Ickx	312B2	8.
	Andretti	312B2	13.
	Regazzoni	312B2	aus (Unfall)
Watkins Glen	Regazzoni	312B2	6.
	Ickx	312B2	aus (Lichtmaschine)

1972

Buenos Aires	Ickx	312B2	3.
	Regazzoni	312B2	4.
Kyalami	Andretti	312B2	4.
	Ickx	312B2	8.
	Regazzoni	312B2	12.
Jarama	Ickx	312B2	2.
	Regazzoni	312B2	3.
	Andretti	312B2	aus (Öldruck)
Monte Carlo	Ickx	312B2	2.
	Regazzoni	312B2	aus (Unfall)
Nivelles	Regazzoni	312B2	aus (Unfall)
	Ickx	312B2	aus (Einspritzung)
Clermont-Ferrand	Ickx	312B2	11.
	Galli	312B2	13.
Brands Hatch	Merzario	312B2	6.
	Ickx	312B2	aus (Ölkühlerleck)
Nürburgring	Ickx	312B2	1.
	Regazzoni	312B2	2.
	Merzario	312B2	12.
Österreichring	Ickx	312B2	aus (Benzinzufuhr)
	Regazzoni	312B2	aus (Benzinzufuhr)
Monza	Andretti	312B2	7.
	Ickx	312B2	aus (Batterie)
	Regazzoni	312B2	aus (Unfall)
Mosport Park	Regazzoni	312B2	5.
	Ickx	312B2	12.
Watkins Glen	Ickx	312B2	5.
	Andretti	312B2	6.
	Regazzoni	312B2	8.

1973

Buenos Aires	Ickx	312B2	4.
	Merzario	312B2	9.
Interlagos	Merzario	312B2	4.
	Ickx	312B2	5.
Kyalami	Merzario	312B2	4.
	Ickx	312B2	aus (Unfall)
Montjuich	Ickx	312B3	12.
Zolder	Ickx	312B3	aus (Ölpumpe)
Monte Carlo	Merzario	312B3	aus (Öldruck)
	Ickx	312B3	aus (Antriebswelle)
Anderstorp	Ickx	312B3	6.
Paul Ricard	Ickx	312B3	5.
	Merzario	312B3	7.
Silverstone	Ickx	312B3	8.
Österreichring	Merzario	312B3	7.
Monza	Ickx	312B3	8.
	Merzario	312B3	aus (Unfall)
Mosport Park	Merzario	312B3	15.
Watkins Glen	Merzario	312B3	16.

1974

Buenos Aires	Lauda	312B3	2.
	Regazzoni	312B3	3.
Interlagos	Regazzoni	312B3	2.
	Lauda	312B3	aus (Motor)
Kyalami	Lauda	312B3	aus (Zündung)
	Regazzoni	312B3	aus (Öldruck)
Jarama	Lauda	312B3	1.
	Regazzoni	312B3	2.
Nivelles	Lauda	312B3	2.
	Regazzoni	312B3	4.
Monte Carlo	Regazzoni	312B3	4.
Anderstorp	Lauda	312B3	aus (Getriebe)
	Regazzoni	312B3	aus (Getriebe)
Zandvoort	Lauda	312B3	1.
	Regazzoni	312B3	2.
Dijon	Lauda	312B3	2.
	Regazzoni	312B3	3.
Brands Hatch	Regazzoni	312B3	4.
	Lauda	312B3	5.
Nürburgring	Regazzoni	312B3	1.
	Lauda	312B3	aus (Unfall)
Österreichring	Regazzoni	312B3	5.
	Lauda	312B3	aus (Ventil)
Monza	Regazzoni	312B3	aus (Ölverlust)
	Lauda	312B3	aus (Wasserverlust)
Mosport Park	Regazzoni	312B3	2.
	Lauda	312B3	aus (Unfall)
Watkins Glen	Regazzoni	312B3	11.
	Lauda	312B3	aus (Vorderachse)

1975

Buenos Aires	Regazzoni	312B3	4.
	Lauda	312B3	6.
Interlagos	Regazzoni	312B3	4.
	Lauda	312B3	5.
Kyalami	Lauda	312T	5.
	Regazzoni	312T	aus (Gasgestänge)
Montjuich	Regazzoni	312T	nicht gewertet
	Lauda	312T	aus (Unfall)
Monte Carlo	Lauda	312T	1.
	Regazzoni	312T	aus (Unfall)
Zolder	Lauda	312T	1.
	Regazzoni	312T	5.
Anderstorp	Lauda	312T	1.
	Regazzoni	312T	3.
Zandvoort	Lauda	312T	2.
	Regazzoni	312T	3.
Paul Ricard	Lauda	312T	1.
	Regazzoni	312T	aus (Motor)
Silverstone	Lauda	312T	8.
	Regazzoni	312T	13.
Nürburgring	Lauda	312T	3.
	Regazzoni	312T	aus (Motor)
Österreichring	Lauda	312T	6.
	Regazzoni	312T	7.
Monza	Regazzoni	312T	1.
	Lauda	312T	3.
Watkins Glen	Lauda	312T	1.
	Regazzoni	312T	aus (zurückgezogen/Protest)

1976

Interlagos	Lauda	312T	1.
	Regazzoni	312T	7.
Kyalami	Lauda	312T	1.
	Regazzoni	312T	aus (Motor)
Long Beach	Regazzoni	312T	1.
	Lauda	312T	2.
Jarama	Lauda	312T2	2.
	Regazzoni	312T2	11.
Zolder	Lauda	312T2	1.
	Regazzoni	312T2	2.
Monte Carlo	Lauda	312T2	1.
	Regazzoni	312T2	aus (Unfall)
Anderstorp	Lauda	312T2	3.
	Regazzoni	312T2	6.
Paul Ricard	Regazzoni	312T2	aus (Motor)
	Lauda	312T2	aus (Motor)
Brands Hatch	Lauda	312T2	2.
	Regazzoni	312T2	disq.
Nürburgring	Regazzoni	312T2	9.
	Lauda	312T2	aus (Unfall)
Zandvoort	Regazzoni	312T2	2.
Monza	Regazzoni	312T2	2.
	Lauda	312T2	4.
Mosport Park	Regazzoni	312T2	6.
	Lauda	312T2	8.
Watkins Glen	Lauda	312T2	3.
	Regazzoni	312T2	7.
Fuji	Regazzoni	312T2	5.
	Lauda	312T2	aus (Aufgabe)

1977

Buenos Aires	Reutemann	312T2	3.
	Lauda	312T2	aus (Einspritzung)
Interlagos	Reutemann	312T2	1.
	Lauda	312T2	3.
Kyalami	Lauda	312T2	1.
	Reutemann	312T2	8.
Long Beach	Lauda	312T2	2.
	Reutemann	312T2	aus (Unfall)
Jarama	Reutemann	312T2	2.
Monte Carlo	Lauda	312T2	2.
	Reutemann	312T2	3.
Zolder	Lauda	312T2	2.
	Reutemann	312T2	aus (Unfall)
Anderstorp	Reutemann	312T2	3.
	Lauda	312T2	aus (Handling)
Dijon	Lauda	312T2	5.
	Reutemann	312T2	6.
Silverstone	Lauda	312T2	2.
	Reutemann	312T2	15.
Hockenheim	Lauda	312T2	1.
	Reutemann	312T2	4.
Österreichring	Lauda	312T2	2.
	Reutemann	312T2	4.

Alle GP-Platzierungen Formel 1

Zandvoort	Lauda	312T2	1.
	Reutemann	312T2	6.
Monza	Lauda	312T2	2.
	Reutemann	312T2	aus (Unfall)
Watkins Glen	Lauda	312T2	4.
	Reutemann	312T2	6.
Mosport Park	Villeneuve	312T2	aus (Antriebswelle)
	Reutemann	312T2	aus (Benzinpumpe)
Fuji	Reutemann	312T2	2.
	Villeneuve	312T2	aus (Unfall)

1978

Buenos Aires	Reutemann	312T2	7.
	Villeneuve	312T2	8.
Rio de Janeiro	Reutemann	312T2	1.
	Villeneuve	312T2	aus (Unfall)
Kyalami	Reutemann	312T3	aus (Unfall)
	Villeneuve	312T3	aus (Ölleck)
Long Beach	Reutemann	312T3	1.
	Villeneuve	312T3	aus (Unfall)
Monte Carlo	Reutemann	312T3	8.
	Villeneuve	312T3	aus (Reifenplatzer/Unfall)
Zolder	Reutemann	312T3	3.
	Villeneuve	312T3	4.
Jarama	Villeneuve	312T3	10.
	Reutemann	312T3	aus (Antriebswelle/Unfall)
Anderstorp	Villeneuve	312T3	9.
	Reutemann	312T3	10.
Paul Ricard	Villeneuve	312T3	12.
	Reutemann	312T3	18.
Brands Hatch	Reutemann	312T3	1.
	Villeneuve	312T3	aus (Antriebswelle)
Hockenheim	Villeneuve	312T3	8.
	Reutemann	312T3	aus (Benzinzufuhr)
Österreichring	Villeneuve	312T3	3.
	Reutemann	312T3	disq.
Zandvoort	Villeneuve	312T3	6.
	Reutemann	312T3	7.
Monza	Reutemann	312T3	3.
	Villeneuve	312T3	7.
Watkins Glen	Reutemann	312T3	1.
	Villeneuve	312T3	aus (Motor)
Montreal	Villeneuve	312T3	1.
	Reutemann	312T3	3.

1979

Buenos Aires	Villeneuve	312T3	aus (Motor)
	Scheckter	312T3	aus (Unfall)
Interlagos	Villeneuve	312T3	5.
	Scheckter	312T3	6.
Kyalami	Villeneuve	312T4	1.
	Scheckter	312T4	2.
Long Beach	Villeneuve	312T4	1.
	Scheckter	312T4	2.
Jarama	Scheckter	312T4	4.
	Villeneuve	312T4	7.
Zolder	Scheckter	312T4	1.
	Villeneuve	312T4	7. (aus, kein Benzin)
Monte Carlo	Scheckter	312T4	1.
	Villeneuve	312T4	aus (Getriebe)
Dijon	Villeneuve	312T4	2.
	Scheckter	312T4	7.
Silverstone	Scheckter	312T4	5.
	Villeneuve	312T4	aus (Benzinzufuhr)
Hockenheim	Scheckter	312T4	4.
	Villeneuve	312T4	8.
Österreichring	Villeneuve	312T4	2.
	Scheckter	312T4	4.
Zandvoort	Scheckter	312T4	2.
	Villeneuve	312T4	aus (Plattfuß)
Monza	Scheckter	312T4	1.
	Villeneuve	312T4	2.
Montreal	Villeneuve	312T4	2.
	Scheckter	312T4	4.
Watkins Glen	Villeneuve	312T4	1.
	Scheckter	312T4	aus (Reifenplatzer)

1980

Buenos Aires	Scheckter	312T5	aus (Motor)
	Villeneuve	312T5	aus (Lenkung/Unfall)
Interlagos	Villeneuve	312T5	aus (Gasgestänge/Dreher)
	Scheckter	312T5	aus (Motor)
Kyalami	Villeneuve	312T5	aus (Getriebe)
	Scheckter	312T5	aus (Motor/Elektrik)
Long Beach	Scheckter	312T5	5.
	Villeneuve	312T5	aus (Antriebswelle)
Zolder	Villeneuve	312T5	6.
	Scheckter	312T5	8.
Monte Carlo	Villeneuve	312T5	5.
	Scheckter	312T5	aus (Handling)
Paul Ricard	Villeneuve	312T5	8.
	Scheckter	312T5	12.
Brands Hatch	Scheckter	312T5	10.
	Villeneuve	312T5	aus (Motor)
Hockenheim	Villeneuve	312T5	8.
	Scheckter	312T5	13.
Zandvoort	Villeneuve	312T5	7.
	Scheckter	312T5	9.
Imola	Scheckter	312T5	8.
	Villeneuve	312T5	aus (Plattfuß/Unfall)
Montreal	Villeneuve	312T5	5.
Watkins Glen	Scheckter	312T5	11.
	Villeneuve	312T5	aus (Unfall)

1981

Long Beach	Pironi	126CK	aus (Motor)
	Villeneuve	126CK	aus (Antriebswelle)
Rio de Janeiro	Villeneuve	126CK	aus (Turbo)
	Pironi	126CK	aus (Unfall)
Buenos Aires	Villeneuve	126CK	aus (Antriebswelle)
	Pironi	126CK	aus (Motor)
Imola	Pironi	126CK	5.
	Villeneuve	126CK	7.
Zolder	Villeneuve	126CK	4.
	Pironi	126CK	8.
Monte Carlo	Villeneuve	126CK	1.
	Pironi	126CK	4.
Jarama	Villeneuve	126CK	1.
	Pironi	126CK	15.
Dijon	Pironi	126CK	5.
	Villeneuve	126CK	aus (Elektrik)
Silverstone	Pironi	126CK	aus (Motor)
	Villeneuve	126CK	aus (Unfall)
Hockenheim	Villeneuve	126CK	10.
	Pironi	126CK	aus (Motor)
Österreichring	Pironi	126CK	9.
Zandvoort	Pironi	126CK	aus (Motor)
	Villeneuve	126CK	aus (Unfall)
Monza	Pironi	126CK	5.
	Villeneuve	126CK	aus (Turbo)
Montreal	Villeneuve	126CK	3.
	Pironi	126CK	aus (Motor)
Las Vegas	Pironi	126CK	9.
	Villeneuve	126CK	disq.

1982

Kyalami	Pironi	126C2	18.
	Villeneuve	126C2	aus (Turbo)
Rio de Janeiro	Pironi	126C2	6.
	Villeneuve	126C2	aus (Unfall)
Long Beach	Villeneuve	126C2	disq.
	Pironi	126C2	aus (Unfall)
Imola	Pironi	126C2	1.
	Villeneuve	126C2	2.
Monte Carlo	Pironi	126C2	2.
Detroit	Pironi	126C2	3.
Montreal	Pironi	126C2	9.
Zandvoort	Pironi	126C2	1.
	Tambay	126C2	8.
Brands Hatch	Pironi	126C2	2.
	Tambay	126C2	3.
Paul Ricard	Pironi	126C2	3.
	Tambay	126C2	4.
Hockenheim	Tambay	126C2	1.
	Pironi	126C2	ns (Unfall/Verletzung)
Österreichring	Tambay	126C2	4.
Monza	Tambay	126C2	2.
	Andretti	126C2	3.
Las Vegas	Andretti	126C2	aus (Hinterradaufhängung)

1983

Rio de Janeiro	Tambay	126C2B	5.
	Arnoux	126C2B	10.
Long Beach	Arnoux	126C2B	3.
	Tambay	126C2B	aus (Unfall)
Paul Ricard	Tambay	126C2B	4.
	Arnoux	126C2B	7.
Imola	Tambay	126C2B	1.
	Arnoux	126C2B	3.
Monte Carlo	Tambay	126C2B	4.
	Arnoux	126C2B	aus (Unfall)
Spa	Tambay	126C2B	2.
	Arnoux	126C2B	aus (Motor)
Detroit	Arnoux	126C2B	aus (Elektrik)
	Tambay	126C2B	aus (am Start abgewürgt)
Montreal	Arnoux	126C2B	1.
	Tambay	126C2B	3.
Silverstone	Tambay	126C3	3.
	Arnoux	126C3	5.
Hockenheim	Arnoux	126C3	1.
	Tambay	126C3	aus (Motor)
Österreichring	Arnoux	126C3	2.
	Tambay	126C3	aus (Motor)

Alle GP-Platzierungen

Zandvoort	Arnoux	126C3	1.
	Tambay	126C3	2.
Monza	Arnoux	126C3	2.
	Tambay	126C3	4.
Brands Hatch	Arnoux	126C3	9.
	Tambay	126C3	aus (Unfall)
Kyalami	Tambay	126C3	aus (Turbo)
	Arnoux	126C3	aus (Motor)

1984

Rio de Janeiro	Arnoux	126C4	aus (Batterie)
	Alboreto	126C4	aus (Bremsen)
Kyalami	Alboreto	126C4	aus (Zündung)
	Arnoux	126C4	aus (Einspritzung)
Zolder	Alboreto	126C4	1.
	Arnoux	126C4	3.
Imola	Arnoux	126C4	2.
	Alboreto	126C4	aus (Auspuff)
Dijon	Arnoux	126C4	4.
	Alboreto	126C4	aus (Motor)
Monte Carlo	Arnoux	126C4	4.
	Alboreto	126C4	6.
Montreal	Arnoux	126C4	5.
	Alboreto	126C4	aus (Motor)
Detroit	Alboreto	126C4	aus (Motor)
	Arnoux	126C4	aus (Unfall)
Dallas	Arnoux	126C4	2.
	Alboreto	126C4	aus (Unfall)
Brands Hatch	Alboreto	126C4	5.
	Arnoux	126C4	6.
Hockenheim	Arnoux	126C4	6.
	Alboreto	126C4	aus (Fehlzündungen)
Österreichring	Alboreto	126C4	3.
	Arnoux	126C4	7.
Zandvoort	Arnoux	126C4	aus (Elektrik)
	Alboreto	126C4	aus (Motor)
Monza	Alboreto	126C4	2.
	Arnoux	126C4	aus (Getriebe)
Nürburgring	Alboreto	126C4	2.
	Arnoux	126C4	5.
Estoril	Alboreto	126C4	4.
	Arnoux	126C4	9.

1985

Rio de Janeiro	Alboreto	156/85	2.
	Arnoux	156/85	4.
Estoril	Alboreto	156/85	2.
	Johansson	156/85	8.
Imola	Johansson	156/85	aus (Benzin alle)
	Alboreto	156/85	aus (Elektrik)
Monte Carlo	Alboreto	156/85	2.
	Johansson	156/85	aus (Unfall)
Montreal	Alboreto	156/85	1.
	Johansson	156/85	2.
Detroit	Johansson	156/85	2.
	Alboreto	156/85	3.
Paul Ricard	Johansson	156/85	4.
	Alboreto	156/85	aus (Turbo)
Silverstone	Alboreto	156/85	2.
	Johansson	156/85	aus (Unfall)
Nürburgring	Alboreto	156/85	1.
	Johansson	156/85	9.
Österreichring	Alboreto	156/85	3.
	Johansson	156/85	4.
Zandvoort	Alboreto	156/85	4.
	Johansson	156/85	aus (Motor)
Monza	Johansson	156/85	aus (Benzin alle)
	Alboreto	156/85	aus (Motor)
Spa	Johansson	156/85	aus (Motor/Dreher)
Brands Hatch	Johansson	156/85	aus (Elektrik)
	Alboreto	156/85	aus (Turbo/Feuer)
Kyalami	Johansson	156/85	4.
	Alboreto	156/85	aus (Turbo)
Adelaide	Johansson	156/85	5.
	Alboreto	156/85	aus (Schaltung)

1986

Rio de Janeiro	Alboreto	F186	aus (Benzinpumpe)
	Johansson	F186	aus (Bremsen/Dreher)
Jerez	Alboreto	F186	aus (Radlager)
	Johansson	F186	aus (Bremsen/Unfall)
Imola	Johansson	F186	4.
	Alboreto	F186	aus (Turbo)
Monte Carlo	Johansson	F186	10.
	Alboreto	F186	aus (Turbo)
Spa	Johansson	F186	3.
	Alboreto	F186	4.
Montreal	Alboreto	F186	8.
	Johansson	F186	aus (Unfall)
Detroit	Alboreto	F186	4.
	Johansson	F186	aus (Elektrik)
Paul Ricard	Alboreto	F186	8.
	Johansson	F186	aus (Turbo)
Brands Hatch	Alboreto	F186	aus (Turbo)
	Johansson	F186	aus (Kühler)
Hockenheim	Johansson	F186	aus (Heckflügel)
	Alboreto	F186	aus (Getriebe)
Hungaroring	Johansson	F186	4.
	Alboreto	F186	aus (Unfall)
Österreichring	Alboreto	F186	2.
	Johansson	F186	3.
Monza	Johansson	F186	3.
	Alboreto	F186	aus (Motor)
Estoril	Alboreto	F186	5.
	Johansson	F186	6.
Mexico City	Johansson	F186	aus (Turbo)
	Alboreto	F186	aus (Turbo)
Adelaide	Johansson	F186	3.
	Alboreto	F186	aus (Unfall)

1987

Rio de Janeiro	Berger	F187	4.
	Alboreto	F187	aus (Dreher)
Imola	Alboreto	F187	3.
	Berger	F187	aus (Elektronik)
Spa	Alboreto	F187	aus (Getriebe)
	Berger	F187	aus (Turbo)
Monte Carlo	Alboreto	F187	3.
	Berger	F187	4.
Detroit	Berger	F187	4.
	Alboreto	F187	aus (Getriebe)
Paul Ricard	Berger	F187	aus (Radaufhängung/Dreher)
	Alboreto	F187	aus (Motor)
Silverstone	Alboreto	F187	aus (Hinterradaufhängung)
	Berger	F187	aus (Unfall)
Hockenheim	Berger	F187	aus (Turbo)
	Alboreto	F187	aus (Turbo)
Hungaroring	Alboreto	F187	aus (Motor)
	Berger	F187	aus (Antriebswelle)
Österreichring	Alboreto	F187	aus (Auspuff)
	Berger	F187	aus (Turbo)
Monza	Berger	F187	4.
	Alboreto	F187	aus (Turbo)
Estoril	Berger	F187	2.
	Alboreto	F187	aus (Schaltgestänge)
Jerez	Alboreto	F187	aus (Motor)
	Berger	F187	aus (Ölkühler/Motor)
Mexico City	Berger	F187	aus (Motor)
	Alboreto	F187	aus (Motor)
Suzuka	Berger	F187	1.
	Alboreto	F187	4.
Adelaide	Berger	F187	1.
	Alboreto	F187	2.

1988

Rio de Janeiro	Berger	F187/88C	2.
	Alboreto	F187/88C	5.
Imola	Berger	F187/88C	5.
	Alboreto	F187/88C	aus (Motor)
Monte Carlo	Berger	F187/88C	2.
	Alboreto	F187/88C	3.
Mexico City	Berger	F187/88C	3.
	Alboreto	F187/88C	4.
Montreal	Alboreto	F187/88C	aus (Motor)
	Berger	F187/88C	aus (Zündung)
Detroit	Alboreto	F187/88C	aus (Dreher)
	Berger	F187/88C	aus (Plattfuß)
Paul Ricard	Alboreto	F187/88C	3.
	Berger	F187/88C	4.
Silverstone	Berger	F187/88C	9.
	Alboreto	F187/88C	aus (Benzin alle)
Hockenheim	Berger	F187/88C	3.
	Alboreto	F187/88C	4.
Hungaroring	Berger	F187/88C	4.
	Alboreto	F187/88C	aus (Motor)
Spa	Alboreto	F187/88C	aus (Motor)
	Berger	F187/88C	aus (Elektronik)
Monza	Berger	F187/88C	1.
	Alboreto	F187/88C	2.
Estoril	Alboreto	F187/88C	5.
	Berger	F187/88C	aus (Feuerlöscher/Unfall)
Jerez	Berger	F187/88C	6.
	Alboreto	F187/88C	aus (Motor)
Suzuka	Berger	F187/88C	4.
	Alboreto	F187/88C	11.
Adelaide	Berger	F187/88C	aus (Unfall)
	Alboreto	F187/88C	aus (Unfall)

1989

Rio de Janeiro	Mansell	640	1.
	Berger	640	aus (Unfall)
Imola	Mansell	640	aus (Getriebe)
	Berger	640	aus (Unfall/Feuer)
Monte Carlo	Mansell	640	aus (Getriebe)

Alle GP-Platzierungen Formel 1

Mexico City	Mansell	640	aus (Getriebe)
	Berger	640	aus (Getriebe)
Phoenix	Berger	640	aus (Lichtmaschine)
	Mansell	640	aus (Getriebe)
Montreal	Berger	640	aus (Lima-Zahnriemen)
	Mansell	640	disq.
Paul Ricard	Mansell	640	2.
	Berger	640	aus (Getriebe)
Silverstone	Mansell	640	2.
	Berger	640	aus (Getriebe)
Hockenheim	Mansell	640	3.
	Berger	640	aus (Plattfuß/Unfall)
Hungaroring	Mansell	640	1.
	Berger	640	aus (Getriebe)
Spa	Mansell	640	3.
	Berger	640	aus (Dreher)
Monza	Berger	640	2.
	Mansell	640	aus (Getriebe)
Estoril	Berger	640	1.
	Mansell	640	disq.
Jerez	Berger	640	2.
Suzuka	Mansell	640	aus (Motor)
	Berger	640	aus (Getriebe)
Adelaide	Mansell	640	aus (Unfall)
	Berger	640	aus (Unfall)

1990

Phoenix	Mansell	641	aus (Kupplung/Feuer)
	Prost	641	aus (Ölleck)
Interlagos	Prost	641	1.
	Mansell	641	4.
Imola	Prost	641	4.
	Mansell	641	aus (Motor)
Monte Carlo	Mansell	641	aus (Batterie)
	Prost	641	aus (Batterie)
Montreal	Mansell	641	3.
	Prost	641	5.
Mexico City	Prost	641	1.
	Mansell	641	2.
Paul Ricard	Prost	641	1.
	Mansell	641	aus (Motor)
Silverstone	Prost	641	1.
	Mansell	641	aus (Getriebe)
Hockenheim	Prost	641	4.
	Mansell	641	aus (Unterboden)
Hungaroring	Mansell	641	aus (Unfall)
	Prost	641	aus (Getriebe/Dreher)
Spa	Prost	641	2.
	Mansell	641	aus (Handling)
Monza	Prost	641	2.
	Mansell	641	4.
Estoril	Mansell	641	1.
	Prost	641	3.
Jerez	Prost	641	1.
	Mansell	641	2.
Suzuka	Mansell	641	aus (Antriebswelle)
	Prost	641	aus (Unfall)
Adelaide	Mansell	641	2.
	Prost	641	3.

1991

Phoenix	Prost	642	2.
	Alesi	642	aus (Getriebe)
Interlagos	Prost	642	4.
	Alesi	642	6.
Imola	Alesi	642	aus (Dreher)
	Prost	642	aus (Dreher)
Monte Carlo	Alesi	642	3.
	Prost	642	5.
Montreal	Alesi	642	aus (Motor)
	Prost	642	aus (Getriebe)
Mexico City	Alesi	642	aus (Kupplung)
	Prost	642	aus (Lichtmaschine)
Magny-Cours	Prost	643	2.
	Alesi	643	4.
Silverstone	Prost	643	3.
	Alesi	643	aus (Unfall)
Hockenheim	Alesi	643	3.
	Prost	643	aus (Unfall)
Hungaroring	Alesi	643	5.
	Prost	643	aus (Motor)
Spa	Alesi	643	aus (Motor)
	Prost	643	aus (Motor)
Monza	Prost	643	3.
	Alesi	643	aus (Motor)
Estoril	Alesi	643	3.
	Prost	643	aus (Motor)
Barcelona	Prost	643	2.
	Alesi	643	2.
Suzuka	Prost	643	4.
	Alesi	643	aus (Motor)
Adelaide	Morbidelli	643	6.
	Alesi	643	aus (Unfall)

1992

Kyalami	Alesi	F92A	aus (Motor)
	Capelli	F92A	aus (Motor)
Mexico City	Alesi	F92A	aus (Motor)
	Capelli	F92A	aus (Unfall)
Interlagos	Alesi	F92A	4.
	Capelli	F92A	5.
Barcelona	Alesi	F92A	3.
	Capelli	F92A	aus (Dreher)
Imola	Alesi	F92A	aus (Unfall)
	Capelli	F92A	aus (Dreher)
Monte Carlo	Capelli	F92A	aus (Unfall)
	Alesi	F92A	aus (Getriebe)
Montreal	Alesi	F92A	3.
	Capelli	F92A	aus (Unfall)
Magny-Cours	Alesi	F92A	aus (Motor)
	Capelli	F92A	aus (Elektrik)
Silverstone	Capelli	F92A	9.
	Alesi	F92A	aus (Feuerlöscher)
Hockenheim	Alesi	F92A	5.
	Capelli	F92A	aus (Motor)
Hungaroring	Capelli	F92A	6.
	Alesi	F92A	aus (Dreher)
Spa	Capelli	F92A	aus (Motor)
	Alesi	F92AT	aus (Dreher)
Monza	Alesi	F92AT	aus (Benzindruck)
	Capelli	F92AT	aus (Dreher)
Estoril	Capelli	F92AT	aus (Motor)
	Alesi	F92AT	aus (Dreher)
Suzuka	Alesi	F92AT	5.
	Larini	F92AT	12.
Adelaide	Alesi	F92AT	4.
	Larini	F92AT	11.

1993

Kyalami	Berger	F93A	aus (Motor)
	Alesi	F93A	aus (Hydraulik)
Interlagos	Alesi	F93A	8.
	Berger	F93A	aus (Unfall)
Donington	Alesi	F93A	aus (Hydraulik)
	Berger	F93A	aus (Hydraulik)
Imola	Alesi	F93A	aus (Kupplung)
	Berger	F93A	aus (Getriebe)
Barcelona	Berger	F93A	6.
	Alesi	F93A	aus (Motor)
Monte Carlo	Alesi	F93A	3.
	Berger	F93A	aus (Unfall)
Montreal	Berger	F93A	4.
	Alesi	F93A	aus (Motor)
Magny-Cours	Berger	F93A	aus (Motor)
	Alesi	F93A	aus (Motor)
Silverstone	Alesi	F93A	9.
	Berger	F93A	aus (Radaufhängung)
Hockenheim	Berger	F93A	6.
	Alesi	F93A	7.
Hungaroring	Berger	F93A	3.
	Alesi	F93A	aus (Unfall)
Spa	Berger	F93A	aus (Unfall)
	Alesi	F93A	aus (Radaufhängung)
Monza	Alesi	F93A	2.
	Berger	F93A	aus (Radaufhängung)
Estoril	Alesi	F93A	4.
	Berger	F93A	aus (Radaufhängung)
Suzuka	Berger	F93A	aus (Motor)
	Alesi	F93A	aus (Elektrik)
Adelaide	Alesi	F93A	4.
	Berger	F93A	5.

1994

Interlagos	Alesi	412T1	3.
	Berger	412T1	aus (Motor)
Aida	Berger	412T1	2.
	Alesi	412T1	aus (Unfall)
Imola	Larini	412T1	2.
	Berger	412T1	aus (Handling)
Monte Carlo	Berger	412T1	3.
	Alesi	412T1	5.
Barcelona	Alesi	412T1	4.
	Berger	412T1	aus (Getriebe)
Montreal	Alesi	412T1	3.
	Berger	412T1	4.
Magny-Cours	Berger	412T1B	3.
	Alesi	412T1B	aus (Unfall)
Silverstone	Alesi	412T1B	2.
	Berger	412T1B	aus (Motor)
Hockenheim	Berger	412T1B	1.
	Alesi	412T1B	aus (Elektrik)
Hungaroring	Berger	412T1B	aus (Ventil)
	Alesi	412T1B	aus (Getriebe)
Spa	Berger	412T1B	aus (Motor)
	Alesi	412T1B	aus (Motor)

Alle GP-Platzierungen

Monza	Berger	412T1B	2.
	Alesi	412T1B	aus (Getriebe)
Estoril	Alesi	412T1B	aus (Unfall)
	Berger	412T1B	aus (Getriebe)
Jerez	Berger	412T1B	4.
	Alesi	412T1B	10.
Suzuka	Alesi	412T1B	3.
	Berger	412T1B	aus (Zündspule)
Adelaide	Berger	412T1B	2.
	Alesi	412T1B	6.

1995

Interlagos	Berger	412T2	3.
	Alesi	412T2	5.
Buenos Aires	Alesi	412T2	2.
	Berger	412T2	6.
Imola	Alesi	412T2	2.
	Berger	412T2	3.
Barcelona	Berger	412T2	3.
	Alesi	412T2	aus (Motor)
Monte Carlo	Berger	412T2	3.
	Alesi	412T2	aus (Unfall)
Montreal	Alesi	412T2	1.
	Berger	412T2	aus (Unfall)
Magny-Cours	Alesi	412T2	5.
	Berger	412T2	12.
Silverstone	Alesi	412T2	2.
	Berger	412T2	aus (Rad locker)
Hockenheim	Berger	412T2	3.
	Alesi	412T2	aus (Motor)
Hungaroring	Berger	412T2	3.
	Alesi	412T2	aus (Motor)
Spa	Berger	412T2	aus (Elektronik)
	Alesi	412T2	aus (Aufhängung)
Monza	Alesi	412T2	aus (Aufhängung)
	Berger	412T2	aus (wg. Bordkamera)
Estoril	Berger	412T2	4.
	Alesi	412T2	5.
Nürburgring	Alesi	412T2	2.
	Berger	412T2	aus (Elektrik)
Aida	Berger	412T2	4.
	Alesi	412T2	5.
Suzuka	Alesi	412T2	aus (Differenzial)
	Berger	412T2	aus (Elektronik)
Adelaide	Berger	412T2	aus (Motor)
	Alesi	412T2	aus (Aufhängung)

1996

Melbourne	Irvine	F310	3.
	Schumacher	F310	aus (Bremshydraulik)
Interlagos	Schumacher	F310	3.
	Irvine	F310	7.
Buenos Aires	Irvine	F310	5.
	Schumacher	F310	aus (Heckflügel)
Nürburgring	Schumacher	F310	2.
	Irvine	F310	aus (Fehlzündungen)
Imola	Schumacher	F310	2.
	Irvine	F310	4.
Monte Carlo	Irvine	F310	7.
	Schumacher	F310	aus (Unfall)
Barcelona	Schumacher	F310	1.
	Irvine	F310	aus (Dreher)
Montreal	Irvine	F310	aus (Aufhängung)
	Schumacher	F310	aus (Antriebswelle)
Magny-Cours	Schumacher	F310	aus (Einführungsrunde)
	Irvine	F310	aus (Getriebesteuerung)
Silverstone	Schumacher	F310	aus (Hydraulik)
	Irvine	F310	aus (Getriebe)
Hockenheim	Schumacher	F310	4.
	Irvine	F310	aus (Getriebe)
Hungaroring	Schumacher	F310	9.
	Irvine	F310	aus (Getriebe)
Spa	Schumacher	F310	1.
	Irvine	F310	aus (Getriebe)
Monza	Schumacher	F310	1.
	Irvine	F310	aus (Aufhängung)
Suzuka	Schumacher	F310	2.
	Irvine	F310	aus (Unfall)

1997

Melbourne	Schumacher	F310B	2.
	Irvine	F310B	aus (Unfall)
Interlagos	Schumacher	F310B	5.
	Irvine	F310B	16.
Buenos Aires	Irvine	F310B	2.
	Schumacher	F310B	aus (Unfall)
Imola	Schumacher	F310B	2.
	Irvine	F310B	3.
Monte Carlo	Schumacher	F310B	1.
	Irvine	F310B	3.
Barcelona	Schumacher	F310B	4.
	Irvine	F310B	12.
Montreal	Schumacher	F310B	1.
	Irvine	F310B	aus (Dreher)
Magny-Cours	Schumacher	F310B	1.
	Irvine	F310B	3.
Silverstone	Schumacher	F310B	aus (Radlager)
	Irvine	F310B	aus (Antrieb)
Hockenheim	Schumacher	F310B	2.
	Irvine	F310B	aus (Unfall)
Hungaroring	Schumacher	F310B	4.
	Irvine	F310B	9.
Spa	Schumacher	F310B	1.
	Irvine	F310B	10.
Monza	Schumacher	F310B	6.
	Irvine	F310	8.
A1-Ring	Schumacher	F310B	6.
	Irvine	F310B	aus (Unfall)
Nürburgring	Schumacher	F310B	aus (Unfallfolgen)
	Irvine	F310B	aus (Motor)
Suzuka	Schumacher	F310B	1.
	Irvine	F310B	3.
Jerez	Irvine	F310B	5.
	Schumacher	F310B	aus (Unfall)

1998

Melbourne	Irvine	F300	4.
	Schumacher	F300	aus (Motor)
Interlagos	Schumacher	F300	3.
	Irvine	F300	8.
Buenos Aires	Schumacher	F300	1.
	Irvine	F300	3.
Imola	Schumacher	F300	2.
	Irvine	F300	3.
Barcelona	Schumacher	F300	3.
	Irvine	F300	aus (Unfall)
Monte Carlo	Irvine	F300	3.
	Schumacher	F300	10.
Montreal	Schumacher	F300	1.
	Irvine	F300	3.
Magny-Cours	Schumacher	F300	1.
	Irvine	F300	2.
Silverstone	Schumacher	F300	1.
	Irvine	F300	3.
A1-Ring	Schumacher	F300	3.
	Irvine	F300	4.
Hockenheim	Schumacher	F300	5.
	Irvine	F300	8.
Hungaroring	Schumacher	F300	1.
	Irvine	F300	aus (Getriebe)
Spa	Schumacher	F300	aus (Unfall)
	Irvine	F300	aus (Getriebe)
Monza	Schumacher	F300	1.
	Irvine	F300	2.
Nürburgring	Schumacher	F300	2.
	Irvine	F300	4.
Suzuka	Irvine	F300	2.
	Schumacher	F300	aus (Reifenschaden)

1999

Melbourne	Irvine	F399	1.
	Schumacher	F399	8.
Interlagos	Schumacher	F399	2.
	Irvine	F399	5.
Imola	Schumacher	F399	1.
	Irvine	F399	aus (Motor)
Monte Carlo	Schumacher	F399	1.
	Irvine	F399	2.
Barcelona	Schumacher	F399	3.
	Irvine	F399	4.
Montreal	Irvine	F399	3.
	Schumacher	F399	aus (Unfall)
Magny-Cours	Schumacher	F399	5.
	Irvine	F399	6.
Silverstone	Irvine	F399	2.
	Schumacher	F399	aus (Unfall)
A1-Ring	Irvine	F399	1.
	Salo	F399	9.
Hockenheim	Irvine	F399	1.
	Salo	F399	2.
Hungaroring	Irvine	F399	3.
	Salo	F399	12.
Spa	Irvine	F399	4.
	Salo	F399	7.
Monza	Salo	F399	3.
	Irvine	F399	6.
Nürburgring	Irvine	F399	7.
	Salo	F399	aus (Dreher)
Sepang	Irvine	F399	1.
	Schumacher	F399	2.
Suzuka	Schumacher	F399	2.
	Irvine	F399	3.

In allen Tabellen sind die Ergebnisse bis Ende 1999 berücksichtigt.

TECHNISCHE DATEN

180
200
220
240
280
360
km/h
20

Technische Daten Serienmodelle

BAUREIHE/TYP	**125**	**166/195/212**	**250 MM**
gebaut von - bis	1947	1948 - 1953	1953
MOTOR			
Bauart	V12, 60° (Colombo), Frontmotor	V12, 60° (Colombo), Frontmotor	V12, 60° (Colombo), Frontmotor
Ventilsteuerung	ohc, Kette, 2 Ventile	ohc, Kette, 2 Ventile	ohc, Kette, 2 Ventile
Hubraum	1498 ccm	1995 ccm (166) 2341 ccm (195) 2562 ccm (212)	2953 ccm
Bohrung x Hub	55 x 52,5 mm	60 x 58,8 mm (166) 65 x 58,8 mm (195) 68 x 58,8 mm (212)	73 x 58,8 mm
Leistung	72 PS bei 6000/min	110-160 PS bei 6000-7000/min (166) ca. 135 PS bei 6000/min (195) 150-170 PS bei 6500/min (212)	ca. 240 PS bei 7200/min
Gemischaufbereitung	1 Weber 30 DCF	1 Weber-Doppelvergaser 32 DCF (166, 195) 1 oder 3 Weber Doppelvergaser 36 DCF (212)	3 Weber-Vierfachvergaser 36 IF4C
Zündanlage	2 Zündverteiler	2 Zündverteiler	2 Zündverteiler
Getriebe	Fünfgang	Fünfgang	Viergang
CHASSIS			
Bauart	Ovalrohrrahmen	Ovalrohrrahmen	Ovalrohrrahmen
Radaufhängung	Doppelquerlenker/Querblattfeder vorne Starrachse/Längsblattfedern hinten	Doppelquerlenker/Querblattfeder vorne Starrachse/Längsblattfedern hinten	Doppelquerlenker/Querblattfeder vorne Starrachse/Längsblattfedern hinten
Bremsen	Trommelbremsen rundum	Trommelbremsen rundum	Trommelbremsen rundum
ABMESSUNGEN			
Radstand	2200 mm	2250 mm (166 MM, 212 Export) 2420 mm (166 Inter) 2500 mm (195 Inter) 2600 mm (212 Inter)	2400 mm
Länge	-	-	-
Breite	-	-	-
Höhe	-	-	-
Gewicht	-	650 kg (166 MM Barchetta) 800 kg (166 Coupé) 950 kg (195 & 212 Coupé)	850 kg
Höchstgeschwindigkeit	-	ca. 170 km/h (166) ca. 180 km/h (195, 212) ca. 200 km/h (166 MM)	ca. 250 km/h

Serienmodelle Technische Daten

340/375 1951 - 1954	**500/750/860** 1954 - 1957	**250 GT** 1954 - 1964	**250 GTO** 1962 - 1964
V12, 60° (Lampredi), Frontmotor	4 Zyl. in Reihe, Frontmotor	V12, 60° (Colombo), Frontmotor	V12, 60° (Colombo), Frontmotor
ohc, Kette, 2 Ventile	dohc, Zahnräder, 2 Ventile	ohc, Kette, 2 Ventile	ohc, Kette, 2 Ventile
4101 ccm (340) 4494 ccm (375 Rennversion) 4522 ccm (375 Kundenversion)	1984 ccm (500 MD, TR, TRC) 2999 ccm (750 Monza) 3431 ccm (860 Monza)	2953 ccm	2953 ccm
80 x 68 mm (340) 80 x 74,5 mm (375 Rennversion) 84 x 68 mm (375 Kundenversion)	90 x 78 mm (500 MD, TR, TRC) 103 x 90 mm (750 Monza) 102 x 105 mm (860 Monza)	73 x 58,8 mm	73 x 58,8 mm
ca. 220 PS bei 6000/min (340 AM) ca. 300 PS bei 6000/min (340 MM) ca. 340 PS bei 7000/min (375 MM)	ca. 160 - 190 PS bei 7000/min (500) ca. 260 PS bei 6000/min (750) ca. 310 PS bei 6200/min (860)	ca. 220 - 280 PS bei 7000/min	ca. 300 PS bei 7500/min
3 Weber-Vierfachvergaser 40 IF4C (340 MM, 375 MM) 3 Weber Doppelvergaser 40 DCZ (375 MM Rennversion)	2 Weber-Doppelverg. 40-45 DCOA3 (500) 2 Weber-Doppelvergaser 50 DCOA3 (750) 2 Weber-Doppelvergaser 58 DCOA (860)	3 Weber-Doppelverg. 36 DCL, DCZ od. DCF 3 Weber-Doppelvergaser 36 DCL6 (Spyder California, 250 GT SWB)	6 Weber-Doppelvergaser 36 DCN
2 Magnetzünder	2 Zündverteiler	2 Zündverteiler	2 Zündverteiler
Viergang	Viergang Fünfgang (500 MD S2)	Viergang (ww. mit Overdrive bei PF Coupé und Cabriolet S2)	Fünfgang
Ovalrohrrahmen	Ovalrohrrahmen	Ovalrohrrahmen	Ovalrohrrahmen
Doppelquerlenker/Querblattfeder vorne Starrachse/Längsblattfedern hinten	Doppelquerlenker/Schraubenfedern vorne (500 MD S1: Querblattfeder) DeDion-Achse/Querblattfeder hinten (500 TR/TRC: Starrachse/Längsblattfedern)	Doppelquerlenker/Schraubenfedern vorne Starrachse/Längsblattfedern hinten	Doppelquerlenker/Schraubenfedern vorne Starrachse/Längsblattfedern hinten
Trommelbremsen rundum	Trommelbremsen rundum	Trommelbremsen rundum ab 1960 Scheibenbremsen rundum	Scheibenbremsen rundum
2420 mm (340 AM) 2500 mm (340 MM) 2600 mm (342 AM) 2800 mm (375 AM)	2250 mm 2350 mm (860 Monza)	2400 mm (SWB) 2600 mm (LWB)	2400 mm
-	-	-	-
-	-	-	-
-	-	-	-
800 - 900 kg	700 - 750 kg	1050 kg (California Spyder LWB) 1100 kg (SWB, PF Cabriolet S1) 1200 kg (TdF, GTL) 1300 kg (PF Coupé) 1400/1450 kg (PF Cabriolet S2/GTE)	1100 kg
ca. 220 km/h (342 AM) ca. 280 km/h (340 MM) ca. 300 km/h (375 MM)	230 - 300 km/h	ca. 220 - 260 km/h	ca. 280 km/h

Technische Daten Serienmodelle

BAUREIHE/TYP gebaut von - bis	**330/365** 1964 - 1971	**275 GTB & 275 GTB/4** 1964 - 1967	**365 GTB/4 „Daytona"** 1968 - 1973
MOTOR			
Bauart	V12, 60°, Frontmotor	V12, 60°, Frontmotor	V12, 60°, Frontmotor
Ventilsteuerung	ohc, Kette, 2 Ventile	ohc (GTB/4: dohc), Kette, 2 Ventile	dohc, Kette, 2 Ventile
Hubraum	3967 ccm (330) 4390 ccm (365)	3286 ccm	4390 ccm
Bohrung x Hub	77 x 71 mm (330) 81 x 71 mm (365)	77 x 58,8 mm	81 x 71 mm
Leistung	ca. 300 PS bei 7000/min (330) ca. 320 PS bei 6600/min (365)	ca. 280 PS bei 7500/min (275 GTB/GTS) ca. 300 PS bei 8000/min (275 GTB/4)	352 PS bei 7500/min
Gemischaufbereitung	3 Weber-Doppelvergaser 40 DCZ/6 (330) 3 Weber-Doppelvergaser 40 DFI/5 (365)	3 Weber-Doppel 40 DCZ/6 (275 GTB/GTS) 6 Weber-Doppelverg. 40 DCN/3 (275 GTB) 6 Weber-Doppel 40 DCN/9, 17 oder 18 (275 GTB/4)	6 Weber-Doppelvergaser 40 DCN/20 oder 21
Zündanlage	2 Zündverteiler	2 Zündverteiler	2 Zündverteiler
Getriebe	Fünfgang	Fünfgang, Transaxle-Bauweise	Fünfgang, Transaxle-Bauweise
CHASSIS			
Bauart	Ovalrohrrahmen	Ovalrohrrahmen	Ovalrohrrahmen
Radaufhängung	Doppelquerlenker/Schraubenfedern rundum	Doppelquerlenker/Schraubenfedern rundum	Doppelquerlenker/Schraubenfedern rundum
Bremsen	Scheibenbremsen rundum	Scheibenbremsen rundum	innenbelüftete Scheibenbremsen rundum
ABMESSUNGEN			
Radstand	2400 mm (330/365 GTC & GTS) 2650 mm (330/365 GT 2+2)	2400 mm	2400 mm
Länge	-	4390 mm	4425 mm
Breite	-	1715 mm	1760 mm
Höhe	-	1245 mm	1245 mm
Gewicht	-	1100 kg (275 GTB) 1150 kg (275 GTB/4)	1600 kg
Höchstgeschwindigkeit	ca. 220 - 240 km/h	ca. 250 - 270 km/h	ca. 280 km/h

Serienmodelle

Technische Daten

Dino 206/246 1968 - 1974	**365 GT/4 2+2, 400 i, 412** 1972 - 1989	**365 GT/4 BB, 512 BBi** 1974 - 1984	**308 GTB, 328 GTB** 1976 - 1989
V6, 65°, Mittelmotor	V12, 60°, Frontmotor	V12, 180°, Mittelmotor	V8, 90°, Mittelmotor
dohc, Kette, 2 Ventile	dohc, Kette, 2 Ventile	dohc, Kette, 2 Ventile	dohc, Zahnriemen, 2 Ventile (4 Ventile ab 1983)
1986 ccm (206) 2418 ccm (246)	4390 ccm (365 GT/4 2 + 2) 4823 ccm (400, 400i) 4942 ccm (412)	4390 ccm (365) 4943 ccm (512)	2926 ccm (308) 3195 ccm (328)
86 x 57 mm (206) 92,5 x 60 mm (246)	81 x 71 mm (365) 81 x 78 mm (400) 82 x 78 mm (412)	81 x 71 mm (365) 82 x 78 mm (512)	81 x 71 mm (308) 83 x 73,6 mm (328)
180 PS bei 8000/min (206) 195 PS bei 7600/min (246)	340 PS bei 6800/min (365) 310 PS bei 6400/min (400) 340 PS bei 6000/min (412)	380 PS bei 7500/min (365) 340 PS bei 6000/min (512)	255 PS bei 7700/min (308) 270 PS bei 7000/min (328)
3 Weber-Doppelvergaser 40 DCF oder 40 DCNF	6 Weber-Doppelvergaser 38 DCOE (365) Bosch K-jetronic (400, 412)	4 Weber-Dreifachvergaser 40IF3C (365, 512 BB) Bosch K-jetronic	ab 1980 Bosch K-jetronic/Digiplex
1 Zündverteiler	2 Zündverteiler	2 Zündverteiler	kontaktlos
Fünfgang	Fünfgang (400 & 412 ww. mit Dreigang-Hydramatic)	Fünfgang	Fünfgang
Rohrrahmen	Rohrrahmen	Rohrrahmen	Rohrrahmen
Doppelquerlenker/Schraubenfedern rundum	Doppelquerlenker/Schraubenfedern rundum	Doppelquerlenker/Schraubenfedern (hinten doppelt) rundum	Doppelquerlenker/Schraubenfedern rundum
innenbelüftete Scheibenbremsen rundum	Scheibenbremsen rundum	Scheibenbremsen rundum	Scheibenbremsen rundum
2280 mm (206) 2340 mm (246)	2700 mm	2500 mm	2340 mm
4150 mm (206) 4235 mm (246) 1700 mm 1115 mm (206) 1135 mm (246)	4800 mm 1800 mm 1290 mm	4360 mm 1800 mm 1120 mm	4230 mm 1720 mm 1120 mm
900 kg (206) 1080 (246)	1500 kg	1120 kg	1090 kg
235 km/h	240 - 255 km/h	280 km/h	252 km/h (308) 263 km/h (328)

Technische Daten Serienmodelle

BAUREIHE/TYP gebaut von - bis	288 GTO 1984 - 1985	Testarossa, 512 TR, F512 M 1985 - 1996	F40 1988 - 1992
MOTOR			
Bauart	V8, 90°, Mittelmotor	V12, 180°, Mittelmotor (180°)	V8, 90°, Mittelmotor
Ventilsteuerung	dohc, Zahnriemen, 4 Ventile	dohc, Zahnriemen, 4 Ventile	dohc, Zahnriemen, 4 Ventile
Hubraum	2855 ccm	4942 ccm	2936 ccm
Bohrung x Hub	81 x 71 mm	82 x 78 mm	82 x 69,5 mm
Leistung	400 PS bei 7000/min	390 PS bei 6300/min (Testarossa) 428 PS bei 6750/min (512 TR) 441 PS bei 6750/min (F512 M)	478 PS bei 7000/min
Gemischaufbereitung	Abgasturbolader, Kraftstoffeinspritzung	elektronische Kraftstoffeinspritzung	Doppelturbolader, Kraftstoffeinspritzung
Zündanlage	elektronische Zündung	elektronische Zündung, digitales Motor-Management (F512 M)	elektronische Zündung
Getriebe	Fünfgang	Fünfgang	Fünfgang
CHASSIS			
Bauart	Rohrrahmen	Rohrrahmen	Rahmen aus Stahl und Verbundwerkstoffen
Radaufhängung	Doppelquerlenker/Schraubenfedern rundum	Doppelquerlenker/Schraubenfedern (hinten doppelt) rundum	Doppelquerlenker/Schraubenfedern rundum
Bremsen	innenbelüftete Scheibenbremsen rundum	innenbelüftete Scheibenbremsen rundum	innenbelüftete Scheibenbremsen rundum
ABMESSUNGEN			
Radstand	2450 mm	2550 mm	2450 mm
Länge	4290 mm	4490 mm	4300 mm
Breite	1910 mm	1970 mm	1970 mm
Höhe	1120 mm	1130 mm	1120 mm
Gewicht	1160 kg	1630 kg	1235 kg
Höchstgeschwindigkeit	305 km/h	290 km/h (Testarossa) 307 km/h (512 TR) 315 km/h (F512 M)	324 km/h

Serienmodelle **Technische Daten**

348, F355 1991-1995/1995-1999	**F50** 1995-1998	**456(M) GT/550 Maranello** seit 1993 (1996)	**360 Modena** seit 1999
V8, 90°, Mittelmotor	V12, 65°, Mittelmotor	V12, 65°, Frontmotor	V8, 90°, Mittelmotor
dohc, Zahnriemen, 4 Ventile (F355: 5 Ventile)	dohc, Zahnräder, 5 Ventile	dohc, Zahnriemen, 4 Ventile	dohc, Zahnriemen, 5 Ventile
3405 ccm (348) 3496 ccm (F355)	4698 ccm	5474 ccm	3586 ccm
85 x 75 mm (348) 85 x 77 mm (F355)	85 x 69 mm	88 x 75 mm	85 x 79 mm
300/320 PS bei 7200/min (348) 380 PS bei 8200/min (F355)	520 PS bei 8500/min	442 PS bei 6200/min (456) 485 PS bei 7000/min (550)	400 PS bei 8500/min
elektronische Kraftstoffeinspritzung	elektronische Kraftstoffeinspritzung	elektronische Kraftstoffeinspritzung	elektronische Kraftstoffeinspritzung
digitales Motor-Management	digitales Motor-Management	digitales Motor-Management	digitales Motor-Management
Fünfgang (348) Sechsgang (F355)	Sechsgang	Sechsgang oder Viergang-Schaltautomatik (456 bzw. 456A) Sechsgang (550)	Sechsgang
Selbsttragende Karosserie mit Fachwerkrahmen	Selbsttragende Kohlefaser-Karosserie	Rohrrahmen	Selbsttragende Karosserie mit Leichtmetall-Fachwerkrahmen
Doppelquerlenker/Schraubenfedern rundum	Doppelquerlenker mit Umlenkhebeln und Schraubenfedern rundum	Doppelquerlenker/Schraubenfedern rundum	Doppelquerlenker/Schraubenfedern rundum
innenbelüftete Scheibenbremsen rundum	innenbelüftete Scheibenbremsen rundum	innenbelüftete Scheibenbremsen rundum	innenbelüftete Scheibenbremsen rundum
2450 mm	2580 mm	2600 mm (456) 2500 mm (550)	2600 mm
4230/4250 mm (348/F355) 1890/1900 mm (348/F355) 1170 mm	4480 mm 1990 mm 1120 mm	4730 mm (456) 4550 mm (550) 1920 mm (456) 1940 mm (550) 1200 mm (456) 1280 mm (550)	4477 mm 1922 mm 1214 mm
1395 kg (348) 1430 kg (F355)	1230 kg	1790 kg (456) 1690 kg (550)	1290 kg
275 km/h (348) 295 km/h (F355)	325 km/h	300 km/h (456) 320 km/h (550)	über 295 km/h

Technische Daten Rennsportwagen

BAUREIHE/TYP	125 Sport	166 Sport	166 MM
gebaut von - bis	1947	1948	1948 - 1951
MOTOR			
Typ			Tipo 159
Bauart	V12, 60°, Colombo, Frontmotor	V12, 60°, Colombo, Frontmotor	V12, 60°, Colombo, Frontmotor
Ventilsteuerung	ohc, Kette, 2V	ohc, Kette, 2V	ohc, Kette, 2V
Bohrung x Hub (mm)	55 x 52,5	60 x 58,8	60 x 58,8
Hubraum (ccm)	1496,77	1995	1995
Verdichtungsverhältnis	8.5:1	6,8:1	8.5:1
Leistung (PS/min)	72 / 6000	90 / 5600	140 / 7000
Gemischaufbereitung	3 Weber-Doppelvergaser 30 DCF	1 Weber-Doppelvergaser 32 DCF	3 Weber-Doppelvergaser 32 DCF
Zündanlage	2 Magnetzünder (Einfachzündung)	2 Zündverteiler	2 Magnetzünder (Einfachzündung)
Schmierung	Druckumlauf	Druckumlauf	Druckumlauf
Getriebe	5-Gang unsynchronisiert	5-Gang	5-Gang
CHASSIS			
Typ/Bauart	Ovalrohrrahmen	Ovalrohrrahmen	Ovalrohrrahmen
Radaufhängung vorne	Doppelquerlenker / Querblattfeder	Doppelquerlenker / Querblattfeder	Doppelquerlenker / Querblattfeder
Radaufhängung hinten	Starrachse / Längsblattfedern	Starrachse / Längsblattfedern	Starrachse / Längsblattfedern
Bremsen	Trommelbremsen rundum	Trommelbremsen rundum	Trommelbremsen rundum
Räder/Bereifung vorne	5.50 x 15"	15" / 5.90 x 15"	4.50 x 15" / 5.50 x 15"
Räder/Bereifung hinten	5.50 x 15"	15" / 5.90 x 15"	4.50 x 15" / 5.50 x 15"
ABMESSUNGEN			
Radstand (mm)	2420	2620	2200
Spur vorne/hinten (mm)	1255 / 1200	1270 / 1250	1250 / 1200
Länge (mm)	-	-	3616 (Touring Barchetta)
Breite (mm)	-	-	1523
Höhe (mm)	-	-	926
Gewicht (kg)	750 (trocken)	900 (trocken)	650 (trocken)
Tankinhalt (l)	-	72	100
Höchstgeschwindigkeit (km/h)	170	150	210

Technische Daten

195 Sport Touring Berlinetta „Le Mans“ 1950, 1 Exemplar	**275 S Touring Barchetta** 1950, 2 Exemplare	**212 Inter** 1951 - 1953, 80 Exemplare	**340 America** 1950 - 1953, 25 Exemplare
V12, 60°, Colombo, Frontmotor	V12, 60°, Lampredi, Frontmotor	V12, 60°, Colombo, Frontmotor	V12, 60°, Lampredi, Frontmotor
ohc, Kette, 2V	ohc, Kette, 2V	ohc, Kette, 2V	ohc, Kette, 2V
65 x 58,8	72 x 68	68 x 58,8	80 x 68
2341	3322	2562,51	4101,66
8,5:1	8.0:1	7,5:1 / 8:1	8.0:1
180 / 7000	270 / 7200	130 / 6500 oder 170 / 6500	230 / 6000
3 Weber-Doppelvergaser 32 DCF	3 Weber-Doppelvergaser 40 DCF	1 oder 3 Weber-Doppelvergaser 36 DCF	3 Weber-Doppelvergaser 42 DCF
2 Zündverteiler	2 Zündverteiler (Einfachzündung)	2 Zündverteiler	2 Zündverteiler (Einfachzündung)
Druckumlauf	Druckumlauf	Druckumlauf	Trockensumpf
5-Gang	5-Gang	5-Gang	5-Gang
Ovalrohrrahmen	Ovalrohrrahmen	Ovalrohrrahmen	Ovalrohrrahmen
Doppelquerlenker / Querblattfeder Starrachse / Längsblattfedern	Doppelquerlenker / Querblattfeder Starrachse / Längsblattfedern	Doppelquerlenker / Querblattfeder Starrachse / Längsblattfedern	Doppelquerlenker / Querblattfeder Starrachse / Längsblattfedern
Trommelbremsen rundum	Trommelbremsen rundum	Trommelbremsen rundum	Trommelbremsen rundum
5.50 x 15″ / 5.50 x 15″ 5.50 x 15″ / 6.00 x 15″	5.50 x 15″ 5.50 x 15″	4.50 x 15″ / 5.50 x 15″ 4.50 x 15″ / 5.50 x 15″	4.50 x 16″ / 6.00 x 16″ 4.50 x 16″ / 6.50 x 16″
2250	2250	2600	2420
1200 / 1250	1270 / 1250	1278 / 1250	1278 / 1250
- - -	- - -	- - -	3832 (Vignale Coupé) 1586 1345
800 (trocken)	-	850 (trocken)	930 (trocken)
120	-	80 - 120	
ca. 180	-	220	240

Technische Daten Rennsportwagen

BAUREIHE/TYP gebaut von - bis	250 Sport 1952	340 Mexico 1952	340 MM 1953
MOTOR			
Typ			
Bauart	V12, 60°, Colombo, Frontmotor	V12, 60°, Lampredi, Frontmotor	V12, 60°, Lampredi, Frontmotor
Ventilsteuerung	ohc, Kette, 2V	ohc, Kette, 2V	ohc, Kette, 2V
Bohrung x Hub (mm)	73 x 58,8	80 x 68	80 x 68
Hubraum (ccm)	2953,21	4101,66	4101,66
Verdichtungsverhältnis	9:1	8,5:1	8:1
Leistung (PS/min)	230 / 7500	280 / 6600	300 / 6600
Gemischaufbereitung	3 Weber-Doppelvergaser 36DCF	3 Weber-Doppelvergaser 40 DCF/3	3 Weber-Vierfachvergaser 40 IF4C oder 3 Weber-Doppelvergaser 40 DCF
Zündanlage	2 Zündverteiler	2 Zündverteiler	2 Magnetzünder
Schmierung	Druckumlauf	Trockensumpf	Trockensumpf
Getriebe	5-Gang	5-Gang (unsynchronisiert)	4-Gang
CHASSIS			
Typ/Bauart	Ovalrohrrahmen	Ovalrohrrahmen	Ovalrohrrahmen
Radaufhängung vorne	Doppelquerlenker / Querblattfeder	Doppelquerlenker / Querblattfeder	Doppelquerlenker / Querblattfeder
Radaufhängung hinten	Starrachse / Längsblattfedern	Starrachse / Längsblattfedern	Starrachse / Längsblattfedern
Bremsen	Trommelbremsen rundum	Trommelbremsen rundum	Trommelbremsen rundum
Räder/Bereifung vorne	5.50 x 16"	6.00 x 16"	5.00 x 16" / 6.00 x 16"
Räder/Bereifung hinten	6.00 x 16"	6.50 x 16"	5.50 x 16" / 6.50 x 16"
ABMESSUNGEN			
Radstand (mm)	2400	2600	2500
Spur vorne/hinten (mm)	1300 / 1320	1278 / 1250	1325 / 1320
Länge (mm)	-	4191	4102 (Vignale Spider)
Breite (mm)	-	1499	1651
Höhe (mm)	-	1333	1130
Gewicht (kg)	800 (trocken)	900 (trocken)	850 (trocken)
Tankinhalt (l)	-	150	180
Höchstgeschwindigkeit (km/h)	250	280	280

Technische Daten

375 MM 1953 - 1954	**375 Plus** 1954	**500 Mondial** 1954 - 1955	**750 Monza** 1954 - 1955
Tipo 102, 108	Tipo 113	Tipo 110 (111)(Serie II in Klammern)	Tipo 119
V12, 60°, Lampredi, Frontmotor	V12, 60°, Lampredi, Frontmotor	4 Zylinder in Reihe, Lampredi, Frontmotor	4 Zylinder in Reihe, Lampredi, Frontmotor
ohc, Kette, 2V	ohc, Kette, 2V	dohc, Zahnräder, 2V	dohc, Zahnräder, 2V
80 x 74,5 oder 84 x 68	84 x 74,5	90 x 78	103 x 90
4494 oder 4522	4954,34	1984,85	2992,62
8:1	9.2:1	8:1	8,6:1
340 / 7000	330 / 6000	155 (170) / 7000	260 / 6000
3 Weber-Doppelvergaser 40 DCZ oder 3 Weber-Vierfachvergaser 40 IF4C	3 Weber-Doppelvergaser 46 DCF/3	2 Weber-Doppelvergaser 42 DCOA (45 DCOA/3)	2 Weber-Doppelvergaser 58 DCOA/3
2 Magnetzünder	2 Magnetzünder	2 Zündverteiler oder 2 Magnetzünder (Doppelzündung)	2 Magnetzünder (Doppelzündung)
Druckumlauf	Trockensumpf	Trockensumpf	Trockensumpf
4-Gang synchronisiert	4-Gang synchronisiert	4- bzw. 5-Gang synchronisiert	5-Gang synchronisiert
Tipo 102/Ovalrohrrahmen	Tipo 505/Plus/Ovalrohrrahmen	Tipo 501 (510)/Ovalrohrrahmen	Tipo 510/Ovalrohrrahmen
Doppelquerlenker / Querblattfeder Starrachse / Längsblattfedern	Doppelquerlenker / Querblattfeder DeDion-Hinterachse / Querblattfeder	Doppelquerlenker / Querblattfeder (Schraubenfedern) DeDion-Hinterachse / Querblattfeder	Doppelquerlenker / Schraubenfedern DeDion-Hinterachse / Querblattfeder
Trommelbremsen rundum	Trommelbremsen rundum	Trommelbremsen rundum	Trommelbremsen rundum
5.00 x 16" / 6.00 x 16" 5.00 x 16" / 7.00 x 16"	6.00 x 16" 6.00 /7.00 x 16"	16" / 4.50x16" (5.00 x 16") 16" / 5.25/5.50 x 16" (5.25/6.00x16")	16" / 5.25 x 16" 16" / 6.50 x 16"
2600	2600	2250	2250
1325 / 1320	1325 / 1284	1278 / 1284	1278 / 1284
4191 1638 -	4187 (Pininfarina Spider) 1624 1092	4089 1638 1092	4165 1651 1054
900 (trocken)	900	750 (trocken)	760 (trocken)
180	150	145	150
bis 296	270	236	264

Technische Daten Rennsportwagen

BAUREIHE/TYP	**118 LM**	**121 LM**	**290 MM**
gebaut von - bis	1955	1955	1956
MOTOR			
Typ	Tipo 118	Tipo 121	Tipo 130
Bauart	6 Zylinder in Reihe, Lampredi, Frontmotor	6 Zylinder in Reihe, Lampredi, Frontmotor	V12, 60°, Lampredi, Frontmotor
Ventilsteuerung	dohc, Zahnräder, 2V	dohc, Zahnräder, 2V	ohc, Kette, 2V
Bohrung x Hub (mm)	94 x 90	102 x 90	73 x 69,5
Hubraum (ccm)	3747,48	4412,49	3490,61
Verdichtungsverhältnis	8,9:1	8,6:1	9:1
Leistung (PS/min)	280 / 6400	330 / 6000	320 / 7300
Gemischaufbereitung	3 Weber-Doppelvergaser 45 DCOA oder 58 DCOA/3	3 Weber-Doppelvergaser 50 DCOA/3	3 Weber-Doppelvergaser 40 DCF oder 3 Weber-Vierfachvergaser 36 IR4 / C1
Zündanlage	2 Magnetzünder, Doppelzündung	2 Magnetzünder, Doppelzündung	4 Zündverteiler
Schmierung	Trockensumpf	Trockensumpf	Trockensumpf
Getriebe	5-Gang synchronisiert	5-Gang synchronisiert	4-Gang synchronisiert
CHASSIS			
Typ/Bauart	Tipo 509/Ovalrohrrahmen	Tipo 519C/Ovalrohrrahmen	Tipo 520/Ovalrohrrahmen
Radaufhängung vorne	Doppelquerlenker / Schraubenfedern	Doppelquerlenker / Schraubenfedern	Doppelquerlenker / Schraubenfedern
Radaufhängung hinten	DeDion-Hinterachse / Querblattfeder	DeDion-Hinterachse / Querblattfeder	DeDion-Hinterachse / Querblattfeder
Bremsen	Trommelbremsen rundum	Trommelbremsen rundum	Trommelbremsen rundum
Räder/Bereifung vorne	16" / 6.00 x 16"	16" / 6.00 x 16"	6.00 x 16"
Räder/Bereifung hinten	16" / 7.50 x 16"	16" / 7.00 x 16"	7.00 x 16"
ABMESSUNGEN			
Radstand (mm)	2400	2400	2350
Spur vorne/hinten (mm)	1278 / 1284	1316 / 1284	1310 / 1286
Länge (mm)	-	4254	-
Breite (mm)	-	1651	-
Höhe (mm)	-	1079	-
Gewicht (kg)	850	900	880 (trocken)
Tankinhalt (l)	150	150	-
Höchstgeschwindigkeit (km/h)	260	260	280

Technische Daten

410 Sport 1955	**500 TR** 1956	**860 Monza** 1956	**315 Sport** 1957
Tipo 126C	Tipo 131	Tipo 129	Tipo 140
V12, 60°, Lampredi, Frontmotor	4 Zylinder in Reihe, Lampredi, Frontmotor	4 Zylinder in Reihe, Lampredi, Frontmotor	V12, 60°, Lampredi, Frontmotor
ohc, Kette, 2V	dohc, Zahnräder, 2V	dohc, Zahnräder, 2V	dohc, Kette, 2V
88 x 68	90 x 78	102 x 105	76 x 69,5
4962	1984,85	3431	3783,40
8,6:1	8,5:1	8,6:1	9:1
380 / 7000	180 / 7000	310 / 6200	360 / 7800
3 Weber-Doppelvergaser 46 DCF/3	2 Weber-Doppelvergaser 40 DCO/3	2 Weber-Doppelvergaser 58 DCOA/3	6 Weber-Doppelvergaser 42 DCN
2 Zündverteiler (Fgst.-Nr. 0592CM, 0594CM) 4 Zündverteiler (Doppelzündung) (Fgst.-Nr. 0596CM, 0598CM)	2 Zündverteiler, Doppelzündung Trockensumpf	2 Zündverteiler, Doppelzündung Trockensumpf	2 Zündverteiler (Doppelzündung) Trockensumpf
5-Gang	4-Gang synchronisiert	4-Gang synchronisiert	4-Gang
Tipo 519C/Ovalrohrrahmen	Tipo 518/Ovalrohrrahmen	Tipo 520/Ovalrohrrahmen	Tipo 520/Ovalrohrrahmen
Doppelquerlenker / Schraubenfedern DeDion Hinterachse / Querblattfeder	Doppelquerlenker / Schraubenfedern Starrachse / Schraubenfedern	Doppelquerlenker / Schraubenfedern Starrachse / Querblattfeder	Doppelquerlenker / Schraubenfedern DeDion Hinterachse / Querblattfeder
Trommelbremsen rundum	Trommelbremsen rundum	Trommelbremsen rundum	Trommelbremsen rundum
- -	16" / 5.50 x 16" 16" / 6.00 x 16"	16" / 6.00 x 16" 16" / 6.00 x 16"	16" / 6.00 x 16" 16" / 7.00 x 16"
2350	2250	2350	2350
1316 / 1286	1308 / 1250	1316 / 1286	1310 / 1286
- - -	- - -	- - -	- - -
-	680 (trocken)	860 (trocken)	880 (trocken)
-	120	165	-
-	245	260	290

Technische Daten Rennsportwagen

BAUREIHE/TYP gebaut von - bis	335 Sport 1957	500 TRC 1957	250 Testa Rossa 1957 - 1958
MOTOR			
Typ	Tipo 141	Tipo 131C	Tipo 128LM
Bauart	V12, 60°, Lampredi, Frontmotor	4 Zylinder in Reihe, Lampredi, Frontmotor	V12, 60°, Colombo, Frontmotor
Ventilsteuerung	dohc, Kette, 2V	dohc, Zahnräder, 2V	ohc, Kette, 2V
Bohrung x Hub (mm)	77 x 72	90 x 78	73 x 58,8
Hubraum (ccm)	4023,32	1984,85	2953,211
Verdichtungsverhältnis	9,2:1	8,5:1	9,8:1
Leistung (PS/min)	390 / 7800	180 / 7000	300 / 7200
Gemischaufbereitung	6 Weber-Doppelvergaser 42 DCN	2 Weber-Doppelvergaser 40 DCO/3	6 Weber-Doppelvergaser 38 DCN
Zündanlage	2 Zündverteiler (Doppelzündung)	2 Zündverteiler (Doppelzündung)	2 Zündverteiler (Einfachzündung)
Schmierung	Trockensumpf	Trockensumpf	Druckumlauf
Getriebe	4-Gang	4-Gang synchronisiert	4-Gang
CHASSIS			
Typ/Bauart	Tipo 520B/Ovalrohrrahmen	Tipo 518C/Ovalrohrrahmen	Tipo 256D/Ovalrohrrahmen
Radaufhängung vorne	Doppelquerlenker / Schraubenfedern	Doppelquerlenker / Schraubenfedern	Doppelquerlenker / Schraubenfedern
Radaufhängung hinten	DeDion Hinterachse / Querblattfeder	Starrachse / Schraubenfedern	Starrachse / Querblattfeder u. Hebelarmfedern
Bremsen	Trommelbremsen rundum	Trommelbremsen rundum	Trommelbremsen rundum
Räder/Bereifung vorne	6.00 x 16"	5.50 x 16" / 5.50 x 16"	5.50 x 16" / 5.50 x 16"
Räder/Bereifung hinten	7.00 x 16"	5.50 x 16" / 6.00 x 16"	6.00 x 16" / 6.00 x 16"
ABMESSUNGEN			
Radstand (mm)	2350	2250	2350
Spur vorne/hinten (mm)	1310 / 1286	1308 / 1250	1308 / 1300
Länge (mm)	-	3937	3959
Breite (mm)	-	1638	1523
Höhe (mm)	-	965	964
Gewicht (kg)	880 (trocken)	680 (trocken)	800 (trocken)
Tankinhalt (l)	-	150	140
Höchstgeschwindigkeit (km/h)	300	260	270

Technische Daten

250 TR '58 1957 - 1958	**250 TR '59/60** 1960	**250 GT LWB „Interim"** 1959	**250 TR '59** 1959
Tipo 128LM/58	Tipo 128LM/59	Tipo 128F, 128DF	Tipo 128LM/59
V12, 60°, Colombo, Frontmotor	V12, 60°, Colombo, Frontmotor	V12, 60°, Colombo, Frontmotor	V12, 60°, Colombo, Frontmotor
ohc, Kette, 2V	ohc, Kette, 2V	ohc, Kette, 2V	ohc, Kette, 2V
73 x 58,8	73 x 58,8	73 x 58,8	73 x 58,8
2953,211	2953,211	2953	2953,211
9,8:1	9,8:1	9,2:1 bis 9,7:1	9,8:1
300 / 7200	300 / 7200	260 / 7000	300 / 8000
6 Weber-Doppelvergaser 38 DCN/3	6 Weber-Doppelvergaser 38 DCN	3 Weber-Doppelvergaser 36 DCL	6 Weber-Doppelvergaser 38 DCN
2 Zündverteiler (Einfachzündung)	2 Zündverteiler (Einfachzündung)	2 Zündverteiler	2 Zündverteiler (Einfachzündung)
Druckumlauf	Trockensumpf	Druckumlauf	Druckumlauf, später Trockensumpf
4-Gang	5-Gang	4-Gang synchronisiert	5-Gang
Tipo 525/Ovalrohrrahmen	Tipo 532D/Ovalrohrrahmen	Tipo 508D/Ovalrohrrahmen	Tipo 532D/Ovalrohrrahmen
Doppelquerlenker / Schraubenfedern Starrachse oder DeDion-Hinterachse / Schraubenfedern	Doppelquerlenker / Schraubenfedern DeDion-Hinterachse / Schraubenfedern	Doppelquerlenker / Schraubenfedern Starrachse / Längsblattfedern	Doppelquerlenker / Schraubenfedern DeDion-Hinterachse / Schraubenfedern
Trommelbremsen rundum	Scheibenbremsen rundum	Trommelbremsen rundum	Dunlop-Scheibenbremsen rundum
5.50 x 16" / 5.50 x 16" 6.00 x 16" / 6.00 x 16"	5.50 x 16" / 5.50 x 16" 5.50 x 16" / 6.00 x 16"	16" / 6.00 x 16" 16" / 6.00 x 16"	5.50 x 16" / 5.50 x 16" 6.00 x 16" / 6.50 x 16"
2350	2280	2600	2320
1308 / 1300	1308 / 1300	1354 / 1349	1308 / 1300
3959 1523 964	- - -	4394 1651 1283	- - -
800 (trocken)	750 (trocken)	1000 (trocken)	750 (trocken)
140	155	136	155
270	260	ca. 230 - 250	270

Technische Daten Rennsportwagen

BAUREIHE/TYP	Dino 246S	250 TRI '60	Dino 246 SP
gebaut von - bis	1960	1960	1961
MOTOR			
Typ	Tipo 169	Tipo 128LM/59	
Bauart	V6, 60°, Dino Ferrari / Jano, Frontmotor	V12, 60°, Colombo, Frontmotor	V6, 65°, Dino Ferrari / Jano, Mittelmotor
Ventilsteuerung	ohc, 2V	ohc, Kette, 2V	dohc, Kette, 2V
Bohrung x Hub (mm)	85 x 71	73 x 58,8	85 x 71
Hubraum (ccm)	2417	2953,211	2417
Verdichtungsverhältnis	9,8:1	9,8:1	9,8:1
Leistung (PS/min)	248 / 7500	300 / 7200	270 / 8000
Gemischaufbereitung	3 Weber-Doppelvergaser 42 DCN	6 Weber-Doppelvergaser 38 DCN	3 Weber-Doppelvergaser 42 DCN
Zündanlage	Zündverteiler (Einfachzündung)	2 Zündverteiler (Einfachzündung)	2 Zündverteiler (Doppelzündung)
Schmierung	Druckumlauf	Trockensumpf	Trockensumpf
Getriebe	5-Gang	5-Gang	5-Gang
CHASSIS			
Typ/Bauart	Tipo 544/Ovalrohrrahmen	Tipo 532D/Ovalrohrrahmen	Tipo 561/Ovalrohrrahmen
Radaufhängung vorne	Doppelquerlenker / Schraubenfedern	Doppelquerlenker / Schraubenfedern	Doppelquerlenker / Schraubenfedern
Radaufhängung hinten	Doppelquerlenker / Schraubenfedern	Doppelquerlenker / Schraubenfedern	Doppelquerlenker / Schraubenfedern
Bremsen	Scheibenbremsen rundum	innenbelüftete Scheibenbremsen rundum	Scheibenbremsen rundum
Räder/Bereifung vorne	5.50 x 16"	5.50 x 16" / 5.50 x 16"	5.50 x 15"
Räder/Bereifung hinten	6.00 x 16"	6.00 x 16" / 6.50 x 16"	7.00 x 15"
ABMESSUNGEN			
Radstand (mm)	2160	2250	2320
Spur vorne/hinten (mm)	1245 / 1205	1308 / 1300	1310 / 1300
Länge (mm)	-	-	4065
Breite (mm)	-	-	1480
Höhe (mm)	-	-	1069
Gewicht (kg)	680 (trocken)	685 (trocken)	750 (trocken)
Tankinhalt (l)	-	155	-
Höchstgeschwindigkeit (km/h)	240	260	270

Technische Daten

250 TRI '61 1961	**330 TRI** 1962	**250 GTO** 1962 - 1964	**250 P** 1963
Tipo 128LM/61	Tipo 163	Tipo 168/62 Comp	
V12, 60°, Colombo, Frontmotor	V12, 60°, Colombo, Frontmotor	V12, 60°, Colombo, Frontmotor	V12, 60°, Colombo, Mittelmotor
ohc, Kette, 2V	ohc, Kette, 2V	ohc, Kette, 2V	ohc, Kette, 2V
73 x 58,8	77 x 71	73 x 58,8	73 x 58,8
2953,211	3967,44	2953	2953,21
9,8:1	8,7:1	9,6:1 / 9,7:1	9,5:1
315 / 7500	390 / 7500	300 / 7500	310 / 7500
6 Weber-Doppelvergaser 38 DCN	3, später 6 Weber-Doppelvergaser 42 DCN	6 Weber-Doppelvergaser 38 DCN	6 Weber-Doppelvergaser 38 DCN
2 Zündverteiler (Einfachzündung)	2 Zündverteiler (Einfachzündung)	2 Zündverteiler	2 Zündverteiler (Einfachzündung)
Trockensumpf	Trockensumpf	Trockensumpf	Trockensumpf
5-Gang	5-Gang	5-Gang synchronisiert	5-Gang (unsynchronisiert)
Tipo 547/Ovalrohrrahmen	Tipo 568/Ovalrohrrahmen	Tipo 539/62 Comp/Ovalrohrrahmen	Ovalrohrrahmen
Doppelquerlenker / Schraubenfedern Doppelquerlenker / Schraubenfedern	Doppelquerlenker / Schraubenfedern Doppelquerlenker / Schraubenfedern	Doppelquerlenker / Schraubenfedern Starrachse / Längsblattfedern + Zusatzschraubenfedern	Doppelquerlenker / Schraubenfedern Doppelquerlenker / Schraubenfedern
Scheibenbremsen rundum	Scheibenbremsen rundum	Scheibenbremsen rundum	Scheibenbremsen rundum
5.50 x 16" / 5.50 x 16" 6.00 x 16" / 6.50 x 16"	6.00 x 16" 7.00 x 16"	6.00 x 15" / 6.00 x 15" 6.50 x 15" / 7.00 x 15"	5.50 x 15" 7.00 x 15"
2324	2420	2400	2400
1308 / 1300	1354 / 1350	1354 / 1350	1350 / 1340
-	-	4400	4015
-	-	-	1670
-	-	1245	1080
685 (trocken)	-	880 (trocken)	760 (trocken)
155	143	133	-
270	-	300	286

Technische Daten Rennsportwagen

BAUREIHE/TYP gebaut von - bis	330 LMB 1962	275 P 1964	330 P 1964
MOTOR			
Typ	Tipo 163LM		
Bauart	V12, 60°, Lampredi, Frontmotor	V12, 60°, Colombo, Mittelmotor	V12, 60°, Colombo, Mittelmotor
Ventilsteuerung	ohc, Kette, 2V	ohc, Kette, 2V	ohc, Kette, 2V
Bohrung x Hub (mm)	77 x 71	77 x 58,8	77 x 71
Hubraum (ccm)	3967,44	3286	3967
Verdichtungsverhältnis	8,7:1	9,8:1	9:1
Leistung (PS/min)	400 / 7500	320 / 7700	390 / 7500
Gemischaufbereitung	6 Weber-Doppelvergaser 42 DCN	6 Weber-Doppelvergaser 38 DCN	6 Weber-Doppelvergaser 42 DCN
Zündanlage	2 Zündverteiler (Einfachzündung)	2 Zündverteiler (Einfachzündung)	2 Zündverteiler (Einfachzündung)
Schmierung	Trockensumpf	Trockensumpf	Trockensumpf
Getriebe	4-Gang (synchronisiert)	5-Gang	5-Gang
CHASSIS			
Typ/Bauart	Tipo 574/Ovalrohrrahmen	Ovalrohrrahmen	Ovalrohrrahmen
Radaufhängung vorne	Doppelquerlenker / Schraubenfedern	Doppelquerlenker / Schraubenfedern	Doppelquerlenker / Schraubenfedern
Radaufhängung hinten	Starrachse / Längsblattfedern und Zusatzschraubenfedern	Doppelquerlenker / Schraubenfedern	Doppelquerlenker / Schraubenfedern
Bremsen	Scheibenbremsen rundum	Scheibenbremsen rundum	Scheibenbremsen rundum
Räder/Bereifung vorne	6.00 x 15″	5.50 x 15″	5.50 x 15″
Räder/Bereifung hinten	7.00 x 15″	7.00 x 15″	7.00 x 15″
ABMESSUNGEN			
Radstand (mm)	2500	2400	2400
Spur vorne/hinten (mm)	1422 / 1414	1350 / 1340	1350 / 1340
Länge (mm)	4485	4160	4015
Breite (mm)	1750	1675	1670
Höhe (mm)	1275	1055	1080
Gewicht (kg)	1000 (trocken)	755 (trocken)	785 (trocken)
Tankinhalt (l)	-	-	-
Höchstgeschwindigkeit (km/h)	280	300	300

Rennsportwagen

Technische Daten

250 GTO '64 1964	**250 LM** 1964 - 1965	**Dino 166 P** 1965	**275 P2** 1965
Tipo 168/62 Comp	Tipo 210 (128LM)	Tipo 231	Tipo 215
V12, 60°, Colombo, Frontmotor	V12, 60°, Colombo, Frontmotor	V6, 65°, Rocchi, Mittelmotor	V12, 60°, Forghieri, Mittelmotor
ohc, Kette, 2V	ohc, Kette, 2V	dohc, Kette, 2V	dohc, Kette, 2V
73 x 58,8	73 x 58,8 später 77 x 58,8	77 x 57	77 x 58,8
2953	2953,211 später 3285,72	1592,35	3285,72
9,6:1 / 9,7:1	9,7:1	9,8:1	9,8:1
300 / 7500	300 / 7500 später 320 / 7500	185/ 9000	350 / 8500
6 Weber-Doppelvergaser 38 DCN	6 Weber-Doppelvergaser 38 DCN	3 Weber-Doppelvergaser 38 DCN	6 Weber-Doppelvergaser 40 DCN/2
2 Zündverteiler	2 Zündverteiler	2 Zündverteiler (Doppelzündung)	Zündverteiler (Doppelzündung)
Trockensumpf	Trockensumpf	Trockensumpf	Trockensumpf
5-Gang synchronisiert	5-Gang unsynchronisiert	5-Gang	5-Gang
Tipo 539/64 Comp/Ovalrohrrahmen	Tipo 577/Ovalrohrrahmen	Tipo 573/Ovalrohrrahmen	Halb-Monocoque
Doppelquerlenker / Schraubenfedern Starrachse / Längsblattfedern + Zusatzschraubenfedern	Doppelquerlenker / Schraubenfedern Doppelquerlenker / Schraubenfedern	Doppelquerlenker / Schraubenfedern Doppelquerlenker / Schraubenfedern	Doppelquerlenker / Schraubenfedern Doppelquerlenker / Schraubenfedern
Scheibenbremsen rundum	Scheibenbremsen rundum	innenbelüftete Dunlop-Scheibenbremsen rundum	innenbelüftete Scheibenbremsen rundum
6.00 x 15" / 6.00 x 15" 6.50 x 15" / 7.00 x 15"	15" / 5.50 x 15" 15" / 7.00 x 15"	5.50 x 13" 7.00 x 13"	8" x 15" / 5.50 x 15" 9" x 15" / 7.00 x 15"
2400	2400	2280	2400
1354 / 1350	1350 / 1340	1350 / 1350 (206P: 1392 / 1414)	1400 / 1370
4400 - 1245	4270 1700 1115	3820 1570 960	4260 1675 1040
880 (trocken)	820 (trocken)	586 (trocken)	-
130	130	-	-
300	290	260	300

Technische Daten Rennsportwagen

BAUREIHE/TYP gebaut von - bis	**330 P2** 1965	**365 P** 1965	**Dino 206 S** 1966
MOTOR			
Typ	Tipo 216		Tipo 227L
Bauart	V12, 60°, Forghieri, Mittelmotor	V12, 60°, Mittelmotor	V6, 65°, Rocchi, Mittelmotor
Ventilsteuerung	dohc, Kette, 2V	ohc, Kette, 2V	dohc, Kette, 2V später 3V
Bohrung x Hub (mm)	77 x 71	81 x 71	86 x 57
Hubraum (ccm)	3967,44	4390,35	1986,34
Verdichtungsverhältnis	9,8:1	9,0:1	10,8:1
Leistung (PS/min)	410 / 8200	380 / 7300	218 / 9000
Gemischaufbereitung	6 Weber-Doppelvergaser 40 DCN/2	6 Weber-Doppelvergaser 42 DCN	3 Weber-Doppelvergaser 40 DCN2 oder Lucas-Einspritzung
Zündanlage	4 Zündverteiler (Doppelzündung)	Zündverteiler (Einfachzündung)	1 Zündverteiler (Einfach oder Doppelzündung)
Schmierung	Trockensumpf	Trockensumpf	Trockensumpf
Getriebe	5-Gang	5-Gang	5-Gang
CHASSIS			
Typ/Bauart	Tipo/Halb-Monocoque	Tipo/Halb-Monocoque	Tipo 585/Halb-Monocoque
Radaufhängung vorne	Doppelquerlenker / Schraubenfedern	Doppelquerlenker / Schraubenfedern	Doppelquerlenker / Schraubenfedern
Radaufhängung hinten	Doppelquerlenker / Schraubenfedern	Doppelquerlenker / Schraubenfedern	Doppelquerlenker / Schraubenfedern
Bremsen	Scheibenbremsen rundum	Scheibenbremsen rundum	innenbel. Girling-Scheibenbremsen rundum
Räder/Bereifung vorne	8" x 15" / 5.50 x 15"	6" x 15" / 5.50 x 15"	7.50 x 13"
Räder/Bereifung hinten	9" x 15" / 7.00 x 15"	7,5" x 15" / 7.00 x 15"	8.50 x 13"
ABMESSUNGEN			
Radstand (mm)	2400	2400	2280
Spur vorne/hinten (mm)	1400 / 1370	1400 / 1370	1355 / 1353
Länge (mm)	-	4160	3875
Breite (mm)	-	1675	-
Höhe (mm)	-	1055	Coupé 985, Spider 972
Gewicht (kg)	820 (trocken)	785 (trocken)	Coupé 654, Spider 612 (trocken)
Tankinhalt (l)	-	-	103
Höchstgeschwindigkeit (km/h)	300	300	260

Technische Daten

330 P3 1966	**330 P4** 1967	**312 P** 1969	**512 S** 1970
Tipo 216B	Tipo 237		Tipo 261C
V12, 60°, Mittelmotor	V12, 60°, Rocchi, Mittelmotor	V12, 60°, Mittelmotor	V12, 60°, Forghieri, Mittelmotor
dohc, Kette, 2V	dohc, Kette, 3V	dohc, Kette, 4V	dohc, Kette, 2V
77 x 71	77 x 71	77 x 53,5	87 x 70
3967,44	3967,44	2989,56	4993,53
11,4:1	11:1	11:1	11,8:1
420 / 8000	450 / 8000	420 / 9800	580 / 8500
Lucas-Einspritzung	Lucas-Einspritzung	Lucas-Einspritzung	Lucas-Einspritzung
2 Zündverteiler (Doppelzündung)	2 Zündverteiler (Doppelzündung)	Dinoplex (Einfachzündung)	Dinoplex
Trockensumpf	Trockensumpf	Trockensumpf	Trockensumpf
ZF 5-Gang Tipo 593	5-Gang	5-Gang	5-Gang
Tipo 593/Halb-Monocoque	Tipo 603/Halb-Monocoque	Tipo/Halb-Monocoque	Tipo 617/Halb-Monocoque
Doppelquerlenker / Schraubenfedern Doppelquerlenker / Schraubenfedern	Doppelquerlenker / Schraubenfedern Doppelquerlenker / Schraubenfedern	Doppelquerlenker / Schraubenfedern Einzelradaufhängung / Schraubenfedern	Doppelquerlenker / Schraubenfedern Doppelquerlenker / Schraubenfedern
innenbel. Girling-Scheibenbremsen rundum	innenbelüftete Scheibenbremsen rundum	Girling-Scheibenbremsen rundum	innenbelüftete Scheibenbremsen rundum
8,5" x 15" / 5.50 x 15" 9,5" x 15" / 7.00 x 15"	9.5" x 15" / 4.75" x 15" 12.5" x 15" / 6.5" x 15"	10,5 x 15" 13,5 x 15"	4.25-11.50 x 15" 6.00-14.50 x 15"
2400	2400	2370	2400
1463 / 1430	1488 / 1477	1485 / 1500	1518 / 1511
4170 1780 950 (Spider), 990 (Berlinetta)	4185 1810 1000	4230 1980 890	4060 2000 972
720 (trocken)	792 (trocken)	680 (trocken)	868 (Berlinetta) (trocken) 862 (Spider) (trocken)
143	140	120	120
310	320	320	340

Technische Daten Rennsportwagen

BAUREIHE/TYP gebaut von - bis	**312 PB** 1971 - 1972	**312 PB** **1971 - 1972**	**312 PB** 1971 - 1972
MOTOR			
Typ	Tipo 623/001	Tipo 623/001	Tipo 623/004
Bauart	Flach 12, 180°, Forghieri, Mittelmotor	Flach 12, 180°, Forghieri, Mittelmotor	Flach 12, 180°, Forghieri, Mittelmotor
Ventilsteuerung	dohc, Zahnräder, 4V	dohc, Zahnräder, 4V	dohc, Zahnräder, 4V
Bohrung x Hub (mm)	78,5 x 51,5	78,5 x 51,5 / 80 x 49,6	78,5 x 51,5 / 80 x 49,6
Hubraum (ccm)	2990,59	2990,59	2991,8
Verdichtungsverhältnis	11,5:1	11,5:1	11,5:1
Leistung (PS/min)	450 / 10.800	460 / 10.800	475 / 11.800
Gemischaufbereitung	Lucas Einspritzung	Lucas Einspritzung	Lucas Einspritzung
Zündanlage	Dinoplex	Dinoplex	Dinoplex
Schmierung	Trockensumpf	Trockensumpf	Trockensumpf
Getriebe	5-Gang	5-Gang	5-Gang
CHASSIS			
Typ/Bauart	Tipo 623/001 und 004/Halb-Monocoque	Tipo 623/008/Halb-Monocoque Tipo 623/012/Halb-Monocoque	Tipo 623/008/Halb-Monocoque Tipo 623/012/Halb-Monocoque
Radaufhängung vorne	Doppelquerlenker / Schraubenfedern	Doppelquerlenker / Schraubenfedern	Doppelquerlenker / Schraubenfedern
Radaufhängung hinten	Einzelradaufhängung / Schraubenfedern	Einzelradaufhängung / Schraubenfedern	Einzelradaufhängung / Schraubenfedern
Bremsen	innenbelüftete Scheibenbremsen rundum	innenbelüftete Scheibenbremsen rundum	innenbelüftete Scheibenbremsen rundum
Räder/Bereifung vorne	10-11 x 13"	10-11 x 13"	10-11 x 13"
Räder/Bereifung hinten	15-17 x 13"	15-17 x 13"	15-17 x 13"
ABMESSUNGEN			
Radstand (mm)	2220	2220	2340
Spur vorne/hinten (mm)	1425 / 1400	1425 / 1448	1426 / 1486
Länge (mm)	3500	3500	3500
Breite (mm)	1880	1880	1880
Höhe (mm)	956	956	956
Gewicht (kg)	585 (trocken)	650 (trocken)	680 (nass)
Tankinhalt (l)	120	120	120
Höchstgeschwindigkeit (km/h)	320	320	320

Rennsportwagen

Technische Daten

512 M 1971	**365 GTB/4 Daytona Competition III** 1971	**365GT4/BB** 1975-78	**512BB/LM** **1978-82**
Tipo 261C	Tipo 251F	Tipo	Tipo
V12, 60°, Forghieri/Rocchi, Mittelmotor	V12, 60°, Colombo, Frontmotor	Flach 12, 180°, Mittelmotor	Flach 12, 180°, Mittelmotor
dohc, Kette, 4V	dohc, Kette, 2V	dohc, Kette, 2V	dohc, Kette, 2V
87 x 70	81 x 71	81 x 71	82 x 78
4993,53	4390	4390	4942
11,8:1	9,9:1	8,8:1	9,2:1
620 / 8750	450 / 8500	400 - 420 / 7200	480 / 7200
Lucas-Einspritzung	6 Weber-Doppelvergaser 40 DCN 20	4 Weber-Dreifachvergaser 40 IF3C	Einspritzung
Dinoplex	2 Zündverteiler	Marelli Dinoflex	Marelli Dinoflex
Trockensumpf	Trockensumpf	Trockensumpf	Trockensumpf
5-Gang	5-Gang synchronisiert	5-Gang synchronisiert	5-Gang synchronisiert
Tipo 617/Halb-Monocoque	Tipo 605F/Ovalrohrrahmen	Tipo/Rohrrahmen mit selbsttragender Karosserie	Tipo/Ovalrohrrahmen
Doppelquerlenker / Schraubenfedern Doppelquerlenker / Schraubenfedern	Doppelquerlenker / Schraubenfedern Doppelquerlenker / Schraubenfedern	Doppelquerlenker / Schraubenfedern Doppelquerlenker / Schraubenfedern	Doppelquerlenker / Schraubenfedern Doppelquerlenker / Schraubenfedern
innenbelüftete Scheibenbremsen rundum	innenbelüftete Scheibenbremsen rundum	innenbelüftete Scheibenbremsen rundum	Scheibenbremsen rundum
11" x 15" / 4.25-11.50 x 15" 16" x 15" / 6.00-14.50 x 15"	9.00 x 15" / 25 - 10 x 15 11.00 x 15" / 27 - 11 x 15	7,5 x 15" 9 x 15"	10 x 15" 13 x 15"
2400	2400	2500	2500
1518 / 1511	1490 / 1475	1500 / 1520	1500 / 1563
4360 2000 970	4292 1802 1245	4360 1800 1120	4440 1830 1120
796 (trocken)	1380 (trocken)	1120 (trocken)	1100 (trocken)
120	128	120	120
340	über 280	300	300

Technische Daten Formel 1

	1950/51	1950/51	1952/53
	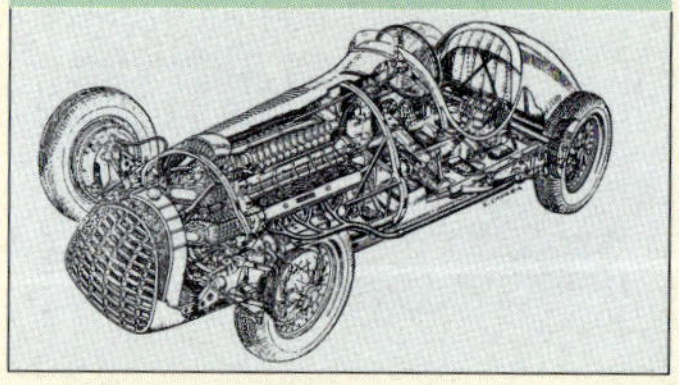		
MODELL eingesetzt ab	**125 F1** GP Italien 1948	**375 F1** GP Italien 1950	**500 F2** GP Bari (F2) 1951
MOTOR			
Typ	-	-	-
Bauart	V12, 60°	V12, 60°	Reihe 4
Ventilsteuerung	ohc / Kette, 2V	ohc / Kette, 2V	dohc / Zahnrad, 2V
Bohrung x Hub (mm)	55 x 52,5	80 x 74,5	90 x 78
Hubraum gesamt/pro Zylinder (ccm)	1497 / 125	4494 / 374	1985 / 496
Verdichtungsverhältnis	6,5:1	11:1	13:1
Leistung (PS/min)	230 / 7000	350 / 7000	185 / 7500
Gemischaufbereitung	Roots-Kompressor, 1 x Weber 40 DO3C	3 x Weber 42 DCF	2 x Weber 50DCO oder 4 x Weber 45 DOE
Zündanlage	2 Zündmagnete, Einfachzündung	2 Zündmagnete, Einfachzündung	2 Zündmagnete, Doppelzündung
Schmierung	Trockensumpf	Trockensumpf	Trockensumpf
Getriebe	5+R, Einscheiben-Trockenkupplung	4+R, Mehrscheibenkupplung	Transaxle 4+R, Mehrscheibenkupplung
CHASSIS			
Bauart	Rohrrahmen, 2 ovale Längsträger	Rohrrahmen, 2 ovale Längsträger	Rohrrahmen, 2 ovale Längsträger
Radaufhängung vorn	Doppelquerlenker, Querblattfeder, Hebelstoßdämpfer	Doppelquerlenker, Querblattfeder, Hebelstoßdämpfer	Doppelquerlenker, Querblattfeder, Hebelstoßdämpfer
hinten	Pendelachse mit Schubstreben, Querblattfeder, Hebelstoßdämpfer	DeDion-Achse, Querblattfeder, Hebelstoßdämpfer	DeDion-Achse, Querblattfeder, Hebelstoßdämpfer
Bremsen	4 hydraulisch betätigte Trommelbremsen	4 hydraulisch betätigte Trommelbremsen	4 hydraulisch betätigte Trommelbremsen
Räder/Bereifung vorn	5.50 x 15"	5.50 x 16"	5.25 x 16"
hinten	7.00 x 15"	7.50 x 17"	5.50 x 16"
ABMESSUNGEN			
Radstand (mm)	2160	2320	2160
Spur vorne/hinten (mm)	1278 / 1250	1278 / 1250	1270 / 1250
Länge (mm)	3685	3937	-
Breite (mm)	1400	1428	-
Höhe (mm)	1025	960	-
Gewicht (kg)	710 (inkl. Wasser & Öl)	720 (inkl. Wasser & Öl)	560 (inkl. Wasser & Öl)
Tankinhalt (l)	120	195	-

Formel 1 Technische Daten

1954/55

1956/57

1958/60

1954/55	1956/57	1958/60
625 F1 GP Argentinien 1954	**D50 (801)** Oulton Park 1955	**246 (256) Dino F1** GP Argentinien 1958
Tipo 107	-	Tipo 143 (155/59)
Reihe 4	V8, 90°	V6, 65°
dohc/Zahnrad, 2V	dohc/Kette, 2V	dohc/Kette, 2V
94 x 90	76 x 68,5	85 x 71 (86 x 71)
2498/625	2486/311	2417/403 (2474/412)
13:1	11,9:1	9,8:1
250 / 7200	265 / 8000 (275/8400)	280 / 8500 (295/8600)
2 x Weber 50DCOA/3	4 x Solex 40PII	3 x Weber 42 DCN (45 DCN)
2 Zündmagnete, Doppelzündung	2 Zündmagnete, Doppelzündung	1 Zündmagnet, Doppelzündung
Trockensumpf	Trockensumpf	Trockensumpf
Transaxle 4+R, Mehrscheibenkupplung	Transaxle 5+R, Doppelscheiben-Trockenkupplung	Transaxle 4+R (5+R), Mehrscheibenkupplung
Rohrrahmen, 2 ovale Längsträger	Rohrrahmen, mittragender Motor	Tipo 528, 528/B Rohrrahmen, 2 ovale Längsträger
Doppelquerlenker, Querblattfeder, Hebelstoßdämpfer DeDion-Achse, Querblattfeder, Hebelstoßdämpfer	Doppelquerlenker, Querblattfeder (Schraubenfedern), Teleskopstoßdämpfer DeDion-Achse, Querblattfeder, Hebelstoßdämpfer	Doppelquerlenker, Schraubenfedern, Teleskopstoßdämpfer DeDion-Achse, Querblattfeder, Hebelstoßdämpfer (Teleskopstoßdämpfer)
4 hydraulisch betätigte Trommelbremsen	4 hydraulisch betätigte Trommelbremsen	4 hydraulisch betätigte Scheibenbremsen
5.25 x 16" 7.00 x 16"	5.50 x 16" 7.00 x 16"	5.50 x 16" 6.50 x 16" (7.00x16")
2160	2280	2160 (2220)
1278 / 1250	1270 / 1270 (1305/1334)	1240 / 1240 (1240 / 1300)
3988 1427 1020	3850 1448 962	4030 1500 980
600 (inkl. Wasser & Öl)	650 (inkl. Wasser & Öl)	560 (inkl. Wasser & Öl)
180	200	160 (167)

Technische Daten Formel 1

1961/64

1964/65

1966/69

	1961/64	1964/65	1966/69
MODELL	**156 F1**	**158 F1**	**312 F1**
eingesetzt ab	GP Monaco 1961	GP Syrakus 1964	GP Syrakus 1966
MOTOR			
Typ	Tipo 178	Tipo 205/B	Tipo 218/242/255C
Bauart	V6, 120°, Mittelmotor	V8, 90°, Mittelmotor	V12, 60°, Mittelmotor
Ventilsteuerung	dohc/Kette, 2V	dohc/Kette, 2V	dohc/Kette, 2V (1969: 4V)
Bohrung x Hub (mm)	73 x 58,8	67 x 52,8	77 x 53,5
Hubraum gesamt/pro Zylinder (ccm)	1476 / 246	1489 / 186	2989 / 249
Verdichtungsverhältnis	9,8:1	10,5:1	11,8:1
Leistung (PS/min)	190 / 9500 (205/10.500)	210 / 11.000	360 / 10.000 (1969: 436 / 11.000)
Gemischaufbereitung	3 x Weber 40 IF3C (mechanische Bosch-Kraftstoffeinspritzung)	mechanische Bosch-Kraftstoffeinspritzung	Lucas-Kraftstoffeinspritzung
Zündanlage	Spulen-Doppelzündung	Spulen-Doppelzündung	Spulenzündung
Schmierung	Trockensumpf	Trockensumpf	Trockensumpf
Getriebe	5+R (6+R), Mehrscheibenkupplung	5+R, Mehrscheibenkupplung	5+R, Mehrscheibenkupplung
CHASSIS			
Bauart	Tipo 543/C (565/C) Gitterrohrrahmen	Tipo 579 Monocoque/Gitterrohrrahmen	Tipo 589/606/609 Monocoque/Gitterrohrrahmen
Radaufhängung vorn	Doppelquerlenker, Schraubenfedern, Teleskopstoßdämpfer	Doppelquerlenker, Schraubenfedern, Teleskopstoßdämpfer	Doppelquerlenker, innenliegende Schraubenfedern und Teleskopstoßdämpfer
hinten	Doppelquerlenker, Schraubenfedern, Teleskopstoßdämpfer	Doppelquerlenker, Schraubenfedern, Teleskopstoßdämpfer	Doppelquerlenker, Schraubenfedern, Teleskopstoßdämpfer
Bremsen	4 hydraulisch betätigte Scheibenbremsen	4 hydraulisch betätigte Scheibenbremsen	4 hydraulisch betätigte Scheibenbremsen
Räder/Bereifung vorn	5.00x15"	5.50/6.00x13"	5.50x14" (1969: 5.00-10.00-13")
hinten	6.00x15" (6.50x15")	7.00x13"	7.00x14" (1969: 6.00-13.50-15")
ABMESSUNGEN			
Radstand (mm)	2320 (2380)	2380	2400
Spur vorne/hinten (mm)	1200 / 1200 (1330/1358)	1350 / 1350	1450 / 1435
Länge (mm)	4060 (3900)	3950	3830
Breite (mm)	865 (790)	679	760
Höhe (mm)	1000 (810)	768	870
Gewicht (kg)	460 (inkl. Wasser & Öl)	468 (inkl. Wasser & Öl)	610 (inkl. Wasser & Öl)
Tankinhalt (l)	150 (120)	125	158

Formel 1 Technische Daten

1970/71	1973/74	1975	1976/78

312 B GP Südafrika 1970	**312 B3** GP Spanien 1973	**312T** GP Südafrika 1975	**312 T2** Race of Champions 1976
Tipo 001	Tipo 001/11 & 12	Tipo 015	Tipo 015
V12, 180°, Mittelmotor	V12, 180°, Mittelmotor	V12, 180°, Mittelmotor	V12, 180°, Mittelmotor
dohc / Zahnrad, 4V	dohc / Zahnrad, 4V	dohc / Zahnrad, 4V	dohc / Zahnrad, 4V
78,5 x 51,5	80 x 49,6	80 x 49,6	80 x 49,6
2991/249	2992 / 249	2992 / 249	2992 / 249
11,8:1	11,5:1	11,5:1	11,5:1
460/12.000	485 / 12.500	495 / 12.200	500 / 12.200
Lucas-Kraftstoffeinspritzung	Lucas-Kraftstoffeinspritzung	Lucas-Kraftstoffeinspritzung	Lucas-Kraftstoffeinspritzung
elektronische Spulenzündung Dinoplex	elektronische Spulenzündung Dinoplex	elektronische Spulenzündung Dinoplex	elektronische Spulenzündung Dinoplex
Trockensumpf	Trockensumpf	Trockensumpf	Trockensumpf
5+R, Mehrscheibenkupplung	5+R, Mehrscheibenkupplung	5+R, quer eingebaut, Mehrscheibenkupplung	5+R, quer eingebaut, Mehrscheibenkupplung
Tipo 001/621A Monocoque/Gitterrohrrahmen Doppelquerlenker, innenliegende Schraubenfedern und Teleskopstoßdämpfer Doppelquerlenker, Schraubenfedern, Teleskopstoßdämpfer	Tipo 628, 628/B Aluminium-Monocoque Doppelquerlenker, innenliegende Schraubenfedern und Teleskopstoßdämpfer Doppelquerlenker, Schraubenfedern, Teleskopstoßdämpfer	Tipo 015 Monocoque/Gitterrohr Doppelquerlenker, innenliegende Schraubenfedern und Teleskopstoßdämpfer Doppelquerlenker, Schraubenfedern, Teleskopstoßdämpfer	Tipo 629 Monocoque/Gitterrohr Doppelquerlenker, innenliegende Schraubenfedern und Teleskopstoßdämpfer Doppelquerlenker, Schraubenfedern, Teleskopstoßdämpfer
4 hydraulisch betätigte Scheibenbremsen	4 hydraulisch betätigte Scheibenbremsen	4 hydraulisch betätigte Scheibenbremsen	4 hydraulisch betätigte Scheibenbremsen
9-22-13" 12.5-26-15"	10 x 13" 16 x 13"	10 x 13" 17/18 x 13"	10 x 13" 19 x 13"
2385	2500	2518	2560
1553 / 1550	1625 / 1604	1510 / 1530	1510 / 1420
4020 742 956	4335 2056 900	4143 2030 1275	4316 1930 1430
551 (inkl. Wasser & Öl)	603 (inkl. Wasser & Öl)	606 (inkl. Wasser & Öl)	592 (inkl. Wasser & Öl)
240	230	200	200

Technische Daten Formel 1

1979

1981

1982/83

	1979	1981	1982/83
MODELL	**312 T4**	**126 CK**	**126 C2(B)**
eingesetzt ab	GP Südafrika 1979	GP USA 1981	GP Südafrika 1982
MOTOR			
Typ	Tipo 015	Tipo 021	Tipo 021
Bauart	V12, 180°, Mittelmotor	V6, 120°, Mittelmotor	V6, 120°, Mittelmotor
Ventilsteuerung	dohc / Zahnrad, 4V	dohc / Zahnrad, 4V	dohc / Zahnrad, 4V
Bohrung x Hub (mm)	80 x 49,6	81 x 48,4	81 x 48,4
Hubraum gesamt/pro Zylinder (ccm)	2992/249	1496/249	1496/249
Verdichtungsverhältnis	11,5:1	6,7:1	6,5:1
Leistung (PS/min)	515 / 12.300	580 / 11.500	580 / 11.000
Gemischaufbereitung	Lucas-Kraftstoffeinspritzung	2 KKK-Abgasturbolader, Lucas/Ferrari-Kraftstoffeinspritzung	2 KKK-Abgasturbolader, Lucas/Ferrari-Kraftstoffeinspritzung
Zündanlage	elektronische Spulenzündung Dinoplex	elektronische Spulenzündung Raceplex	elektronische Spulenzündung Raceplex
Schmierung	Trockensumpf	Trockensumpf	Trockensumpf
Getriebe	5+R, quer eingebaut, Mehrscheibenkupplung	5+R, quer eingebaut, Mehrscheibenkupplung	5+R, quer eingebaut, Mehrscheibenkupplung
CHASSIS			
Bauart	Tipo 022 Monocoque/Gitterrohr	Tipo 024 Monocoque/Gitterrohr	Tipo 631 / Monocoque, Aluminium/Karbonfaser-Honeycomb (Hexcel)
Radaufhängung vorn	Doppelquerlenker, innenliegende Schraubenfedern und Teleskopstoßdämpfer	Doppelquerlenker, innenliegende Schraubenfedern und Teleskopstoßdämpfer	Doppelquerlenker, innenliegende Schraubenfedern und Teleskopstoßdämpfer
hinten	Doppelquerlenker, innenliegende Schraubenfedern und Teleskopstoßdämpfer	Doppelquerlenker, Schraubenfedern, Teleskopstoßdämpfer	Doppelquerlenker, Schraubenfedern, Teleskopstoßdämpfer
Bremsen	4 hydraulisch betätigte, innenbelüftete Scheibenbremsen	4 hydraulisch betätigte, innenbelüftete Scheibenbremsen	4 hydraulisch betätigte, innenbelüftete Scheibenbremsen
Räder/Bereifung vorn	12 x 13"	11 x 13"	11 x 13"
hinten	19 x 13"	16 / 16.5x13"	16.5 x 13"
ABMESSUNGEN			
Radstand (mm)	2700	2718	2657,8
Spur vorne/hinten (mm)	1700 / 1600	1700 / 1685	1787,4 / 1644
Länge (mm)	4460	4468	4333
Breite (mm)	2120	2110	2110
Höhe (mm)	1010	1025	1025
Gewicht (kg)	605 (inkl. Wasser & Öl)	611 (inkl. Wasser & Öl)	587,5/597,5 (inkl. Wasser & Öl)
Tankinhalt (l)	175 / 190	210	240

Formel 1 Technische Daten

1985	1987	1989	1990
156/85 GP Brasilien 1985	**F1-87** GP Brasilien 1987	**F1-89 (640)** GP Brasilien 1989	**F1-90 (641, 641/2)** GP USA 1990
Tipo 031	Tipo 033/D	Tipo 035/5	Tipo 036
V6, 120°, Mittelmotor	V6, 90°, Mittelmotor	V12, 65°, Mittelmotor	V12, 65°, Mittelmotor
dohc / Zahnrad, 4V	dohc / Zahnrad, 4V	dohc / Zahnrad, 5V	dohc / Zahnrad, 5V
81 x 48,4	81 x 48,4	84 x 52,6	84 x 52,6
1496/249	1496 / 249	3498 / 291	3498 / 291
7:1	8:1	11,5:1	12,5:1
780/11.000 (im Rennen)	880 / 11.500 (im Rennen)	600 / 12.500	680 / 12.750
2 KKK-Abgasturbolader, Weber-Marelli-Kraftstoffeinspritzung elektronische Spulenzündung	2 Garrett-Abgasturbolader, Weber-Marelli-Kraftstoffeinspritzung elektronische Spulenzündung	Weber-Marelli-Kraftstoffeinspritzung elektronische Spulenzündung	Weber-Marelli-Kraftstoffeinspritzung elektronische Spulenzündung
Trockensumpf	Trockensumpf	Trockensumpf	Trockensumpf
5+R, quer eingebaut, Mehrscheibenkupplung	5+R, längs eingebaut, Mehrscheibenkupplung	7+R, längs eingebaut, elektronisch gesteuerte Halbautomatik	7+R, längs eingebaut, elektronisch gesteuerte Halbautomatik
Tipo 635 Monocoque, Kevlar/Karbonfaser-Honeycomb Doppelquerlenker, pull-rod-Umlenkung an innenliegende Federbeine Doppelquerlenker, pull-rod-Umlenkung an innenliegende Federbeine	Tipo 638 Monocoque, Kevlar/Karbonfaser Doppelquerlenker, pull-rod-Umlenkung an innenliegende Federbeine Doppelquerlenker, pull-rod-Umlenkung an innenliegende Federbeine	Tipo 640 Monocoque, Kevlar/Karbonfaser Doppelquerlenker, push-rod-Umlenkung an innenliegende Drehstabfedern Doppelquerlenker, push-rod-Umlenkung an innenliegende Drehstabfedern	Tipo 641 Monocoque, Kevlar/Karbonfaser Doppelquerlenker, push-rod-Umlenkung an innenliegende Drehstabfedern Doppelquerlenker, push-rod-Umlenkung an innenliegende Drehstabfedern
4 hydraulisch betätigte, innenbelüftete Karbonfaser-Scheibenbremsen 12.5x13" 16.5x13"	4 hydraulisch betätigte, innenbelüftete Karbonfaser-Scheibenbremsen 12x13" 16.3x13"	4 hydraulisch betätigte, innenbelüftete Karbonfaser-Scheibenbremsen 11.75x13" 16x13"	4 hydraulisch betätigte, innenbelüftete Karbonfaser-Scheibenbremsen 11.75x13" 16x13"
2762	2800,5	2855	2855
1797/1663	1791,4 / 1677,6	1800 / 1675	1800 / 1675
4292 2135 1080	4280 2120 1000	4400 2130 950	4460 2130 1000
548 (inkl. Wasser & Öl)	542 (inkl. Wasser & Öl)	515 (inkl. Wasser & Öl)	503 (inkl. Wasser & Öl)
220	195	192/203	220

Technische Daten Formel 1

	1990	1993	1995

MODELL	**F92 A (AT)**	**F93 A/B**	**412 T2**
eingesetzt ab	GP Südafrika 1992	GP Südafrika 1993	GP Brasilien 1995
MOTOR			
Typ	Tipo E1A-92	Tipo E2A-93	Tipo 044/1
Bauart	V12, 65°, Mittelmotor	V12, 65°, Mittelmotor	V12, 75°, Mittelmotor
Ventilsteuerung	dohc / Zahnrad, 5V	dohc / Zahnrad, 5V (ab Monza: 4V)	dohc / Zahnrad, 4V
Bohrung x Hub (mm)	n.a.	n.a.	n.a.
Hubraum gesamt/pro Zylinder (ccm)	3498 / 291	3498 / 291	2997 / 249
Verdichtungsverhältnis	n.a.	n.a.	n.a.
Leistung (PS/min)	700 / n.a.	700 / n.a.	600 / n.a.
Gemischaufbereitung	Weber-Marelli-Kraftstoffeinspritzung	Weber-Marelli-Kraftstoffeinspritzung	Weber-Marelli-Kraftstoffeinspritzung
Zündanlage	elektronische Spulenzündung	elektronische Spulenzündung	elektronische Spulenzündung
Schmierung	Trockensumpf	Trockensumpf	Trockensumpf
Getriebe	6+R, längs (quer) eingebaut, elektronisch gesteuerte Halbautomatik	6+R, quer eingebaut, elektronisch gesteuerte Halbautomatik	6+R, quer eingebaut, elektronisch gesteuerte Halbautomatik
CHASSIS			
Bauart	Karbonfaser-Monocoque	Karbonfaser-Monocoque	Karbonfaser-Monocoque
Radaufhängung vorn	Doppelquerlenker, innenliegende Federbeine	Doppelquerlenker, innenliegende Federbeine, elektronisch gesteuert	Doppelquerlenker, innenliegende Drehstabfedern
hinten	Doppelquerlenker, innenliegende Federbeine	Doppelquerlenker, innenliegende Federbeine, elektronisch gesteuert	Doppelquerlenker, innenliegende Drehstabfedern
Bremsen	4 hydraulisch betätigte, innenbelüftete Karbonfaser-Scheibenbremsen	4 hydraulisch betätigte, innenbelüftete Karbonfaser-Scheibenbremsen	4 hydraulisch betätigte, innenbelüftete Karbonfaser-Scheibenbremsen
Räder/Bereifung vorn	13"	13"	13"
hinten	13"	13"	13"
ABMESSUNGEN			
Radstand (mm)	n.a.	n.a.	2915
Spur vorne/hinten (mm)	1810 / 1678	1690 / 1605	1690 / 1605
Länge (mm)	4350	4350	4380
Breite (mm)	2135	1995	1995
Höhe (mm)	978	995	980
Gewicht (kg)	505 (inkl. Wasser & Öl)	505 (inkl. Wasser & Öl)	595 (inkl. Wasser, Öl und Fahrer)
Tankinhalt (l)	n.a.	n.a.	n.a.

Formel 1

Technische Daten

1996/97	1998	1999	2000

F310 GP Australien 1996	**F300** GP Australien 1998	**F399** GP Australien 1999	**F1-2000** GP Australien 2000
Tipo 046	Tipo 047	Tipo 048	Tipo 049
V10, 75°, Mittelmotor	V10, 80°, Mittelmotor	V10, 80°, Mittelmotor	V10, 80°, Mittelmotor
dohc / Zahnrad, 4V	dohc / Zahnrad, 4V	dohc / Zahnrad, 4V	dohc / Zahnrad, 4V
n.a.	n.a.	n.a.	n.a.
2998/249	2997 / 249	2997 / 249	2997 / 249
n.a.	n.a.	n.a.	n.a.
600/n.a.	>700 / n.a.	>750 / n.a.	>770 / n.a.
Magneti-Marelli-Kraftstoffeinspritzung	elektronisches Motor-Management mit elektronisch gesteuerter Kraftstoffeinspritzung	elektronisches Motor-Management mit elektronisch gesteuerter Kraftstoffeinspritzung	elektronisches Motor-Management (Step 9) mit elektronisch gesteuerter Kraftstoffeinspritzung
elektronische Spulenzündung	kontaktlose, statische Zündanlage (alle Komponenten von Magneti Marelli)	kontaktlose, statische Zündanlage (alle Komponenten von Magneti Marelli)	kontaktlose, statische Zündanlage (alle Komponenten von Magneti Marelli)
Trockensumpf	Trockensumpf	Trockensumpf	Trockensumpf
6+R, quer eingebaut, elektronisch gesteuerte Halbautomatik	7+R, längs eingebaut, sequenziell geschaltet und elektronisch gesteuert	7+R, längs eingebaut, sequenziell geschaltet und elektronisch gesteuert	7+R, längs eingebaut, sequenziell geschaltet und elektronisch gesteuert
Karbonfaser-Monocoque	Monocoque aus Karbonfaser und Verbundwerkstoffen	Monocoque aus Karbonfaser und Verbundwerkstoffen	Monocoque aus Karbonfaser und Verbundwerkstoffen
Doppelquerlenker, innenliegende Drehstabfedern	Querlenker und Reaktionsstreben, über Pushrods betätigte Drehstabfedern	Querlenker und Reaktionsstreben, über Pushrods betätigte Drehstabfedern	Querlenker und Reaktionsstreben, über Pushrods betätigte Drehstabfedern
Doppelquerlenker, innenliegende Drehstabfedern	Querlenker und Reaktionsstreben, über Pushrods betätigte Drehstabfedern	Querlenker und Reaktionsstreben, über Pushrods betätigte Drehstabfedern	Querlenker und Reaktionsstreben, über Pushrods betätigte Drehstabfedern
4 hydraulisch betätigte, innenbelüftete Karbonfaser-Scheibenbremsen	4 hydraulisch betätigte, innenbelüftete Karbonfaser-Scheibenbremsen	4 hydraulisch betätigte, innenbelüftete Karbonfaser-Scheibenbremsen	4 hydraulisch betätigte, innenbelüftete Karbonfaser-Scheibenbremsen
13"	13"	13"	13"
13"	13"	13"	13"
2900	2953	3000	3010
1690/1605	1490 / 1405	1490 / 1405	1490 / 1405
4355	4340	4387	4397
1995	1795	1795	1795
970	961	961	959
600 (inkl. Wasser, Öl und Fahrer)	600 (inkl. Wasser, Öl und Fahrer)	600 (inkl. Wasser, Öl und Fahrer)	600 (inkl. Wasser, Öl und Fahrer)
n.a.	n.a.	n.a.	n.a.